国家社科基金
后期资助项目

躁动的"受托人"

美国社会的"文明"身份与帝国构建
（1882—1919年）

刘义勇 著

社会科学文献出版社
SOCIAL SCIENCES ACADEMIC PRESS (CHINA)

图书在版编目(CIP)数据

躁动的"受托人":美国社会的"文明"身份与帝国构建:1882—1919年 / 刘义勇著. -- 北京:社会科学文献出版社, 2024.11. --ISBN 978-7-5228-4188-5

Ⅰ. K712.4

中国国家版本馆 CIP 数据核字第 2024YP3249 号

国家社科基金后期资助项目

躁动的"受托人":美国社会的"文明"身份与帝国构建(1882—1919年)

| 著　　者 / 刘义勇

| 出 版 人 / 冀祥德
| 责任编辑 / 李明伟　宋琬莹　常玉迪
| 责任印制 / 王京美

| 出　　版 / 社会科学文献出版社·区域国别学分社(010)59367078
| 地址:北京市北三环中路甲29号院华龙大厦　邮编:100029
| 网址:www.ssap.com.cn
| 发　　行 / 社会科学文献出版社(010)59367028
| 印　　装 / 三河市龙林印务有限公司

| 规　　格 / 开　本:787mm×1092mm　1/16
| 印　张:30.5　字　数:485千字
| 版　　次 / 2024年11月第1版　2024年11月第1次印刷
| 书　　号 / ISBN 978-7-5228-4188-5
| 定　　价 / 168.00元

读者服务电话:4008918866

版权所有 翻印必究

国家社科基金后期资助项目
出版说明

　　后期资助项目是国家社科基金设立的一类重要项目,旨在鼓励广大社科研究者潜心治学,支持基础研究多出优秀成果。它是经过严格评审,从接近完成的科研成果中遴选立项的。为扩大后期资助项目的影响,更好地推动学术发展,促进成果转化,全国哲学社会科学工作办公室按照"统一设计、统一标识、统一版式、形成系列"的总体要求,组织出版国家社科基金后期资助项目成果。

全国哲学社会科学工作办公室

目 录

导 论 ··· 1

第一章 帝国的新装：欧洲文明及其扩张 ····················· 18
 一 文明概念的初现 ··· 18
 二 欧洲的"文明主义" ··· 22
 三 欧洲的"文化主义" ··· 54

第二章 "后轴心"：美利坚文明主义 ··························· 86
 一 "危险的国家"：理性与进步 ······························ 86
 二 融入和改造国际社会：欧洲国际法"文明标准"在美国的
   发展 ··· 96
 三 "基督文明的指令"：美国国内的"文明冲突"与"帝国
   主义" ··· 108
 四 征服欧洲：美国的"工业文明" ························· 116
 五 作为"模具"的"盎格鲁-撒克逊文明" ··············· 120

第三章 "前现代"：美利坚文化主义 ··························· 132
 一 朴拙与奢靡："美利坚文明"和"欧洲文明"的对比 ····· 133
 二 进步下的贫困："文明"的冲击 ························· 142
 三 "文明的疾病"："进步-疾病叙事" ····················· 148
 四 "野蛮人的美德" ·· 154
 五 "文明"与"野蛮"之间 ··································· 161
 六 边疆与"帝国王座"："通过退化的革新" ············ 170

第四章 封闭与开放：从排华浪潮到巴拿马运河的开通 ···· 188
 一 "文明"的斯芬克斯之谜 ································· 188
 二 作为工作伦理的"文明" ································· 195
 三 "盎格鲁-撒克逊文明"及其继承者 ···················· 199

四　公民同质性与白人共和国 ………………………………… 208
　　五　跨国经济与跨国排斥 ……………………………………… 212
　　六　"圣西门主义"与"文明的高速通道" …………………… 217
　　七　"文明专制"还是"自制"？围绕国际法的争论 ………… 225
　　八　"文明"使命与"文化"使命 ……………………………… 232

第五章　"文明使命"与"文化使命"：从"天定命运"到美国
　　　　对菲律宾的占领 ………………………………………… 248
　　一　"文明化"印第安人与"民众帝国主义" ………………… 249
　　二　"塑造国民性格"与"文明冲突"：美国在菲律宾的
　　　　"文化"使命 ……………………………………………… 262
　　三　"仁慈的"专制与同化：美国在菲律宾的"文明"使命
　　　　………………………………………………………………… 275
　　四　"门口的野蛮人"：难以赋予的"帝国公民权" ………… 286
　　五　"实用的帝国"：美利坚"文明"标准与现代化路径 …… 297

第六章　雅努斯的两面："文明"国家间的和平与战争 ………… 309
　　一　委内瑞拉危机与国际仲裁 ………………………………… 309
　　二　仲裁主义者的"文明进步"话语 ………………………… 313
　　三　特殊主义vs"普世主义"：金戈主义者的文明身份 …… 325
　　四　帝国的"普世和平"：仲裁主义者的"文明"等级论 … 331
　　五　"盎格鲁-撒克逊文明"与国际仲裁的领导权 ………… 337
　　六　"真正的文明"："文明自制"与反帝主义 ……………… 347

第七章　走向"国际政府"：从帝国到联盟 ……………………… 361
　　一　"美利坚文明"的"去盎格鲁-撒克逊化" ……………… 362
　　二　"去中心化的帝国"：联盟的无尽扩张 ………………… 381
　　三　"超帝国主义"下的西方文明与他者 …………………… 404

结　语 ……………………………………………………………… 414

参考文献 …………………………………………………………… 439

导　论

　　1899年5月至7月，世界主要的"文明"国家齐聚荷兰海牙，举办了首次以和平仲裁为主要目标的海牙会议，此次会议获得表面的成功后，"文明世界"一时间成为美国推动国际仲裁的重要话语。几乎与这场会议同时，英美也在分别进行着两场激烈战事——布尔战争和美菲战争。英美媒体将其塑造为"文明对野蛮"的战争。美国知名刊物《岗顿杂志》（Gunton's）评论道："在两场战争中，英美的两个对手——布尔人和菲律宾人都想要建立自治政府，而英美则都打着自由和'文明利益'的旗号进行反对。"尽管同样是对外征服，但英美的征服却是"进步"的，因为"之前一个致力于征服的国家并不想在道德层面取得文明的合法性，相反，他们的原则是只要有机会夺取领土，扩大贸易，就有充足的理由派遣一支军队占领当地"，而英美却有着充分的、"文明的合法性"。1904年，美国领导人还公然打着"集体文明利益"的旗号支持巴拿马独立，强行攫取巴拿马运河开凿权，并对拉美国家内政进行全面干涉。不仅如此，在诸如驱赶和消灭印第安人、排斥外来移民、倡导门户开放等重大事件中，随处可以频繁看到"文明"话语的身影。这套话语主要从两个方面起作用。一方面，它像童话中"国王的新装"一样，是一套帝国的新装，粉饰和掩盖着美国恃强凌弱和排斥异己的行为；另一方面，它又如同一面透镜或内在的"观念之眼"，过滤和扭曲着美国对自我和他者的认知，塑造着美国社会在国际社会中的身份观念。19世纪末20世纪初，随着美国实力的壮大，一个前所未有的美利坚帝国也隐约浮现。但这个国家之所以成为新帝国也不仅是实力使然，它的内核理念和外在形态，可以说都与美国帝国构建者在透镜中看到的自我及他者形象有关。因此，我们不仅有必要记录具体的殖民帝国历史，也应当对这面透镜本身进行追根溯源式的观察和研究。

　　需注意的是，作为在西方"鞍形期"阶段出现并走向成熟的一个重要概念，"文明"承载着各种含义，甚至有些过度，因此在西方主流精英人士对其顶礼膜拜，并产生自恋情结的同时，往往也引起异议者的困惑、怀疑和反感。这意味着有必要对这些"过载"的含义进行梳理、甄别和分析，在此过程中发现"文明"叙事的一些常见模式。笔者认为，此种"正本清源"式的和词语考古学的微观考察，有助于更透彻地理解今天争论的一些宏大议题，如西方盛行的"文明标准""文明使命""文明托付""文明利益""文明冲突"等话语产生的历史文化背景，以及美西方为何能以"文明"的名义在世界范围进行帝国构建，支配和改造其他地区，此类"文明使命"的成败及发展演变轨迹等。

为更好地实现此目标，笔者还试图放宽眼界，借鉴目前各学科（包括国际关系学、历史学、人类学、历史社会学以及哲学）关于"文明"的研究路径，从三个方面总结"文明"的多重面相，并尝试对"文明"概念及其研究方法形成一个综合的理解，为阐述更具"大历史"性质的问题立稳根基。

一 概念辨析

（一）单数与复数的"文明"

通常人们会将"文明"理解为一元的、大写的、线性和分阶段进步的事物，并对其持赞扬态度。这种文明观大多像启蒙思想家孔多塞（Condorcet，1743—1794）、人类学家爱德华·泰勒（Edward Tylor，1832—1917）和路易斯·摩尔根（Lewis Morgan，1818—1881）一样，将人类社会分成蒙昧（savage）、野蛮、半文明和文明等依次发展的阶段，并且认为"文明"代表着先进与优越，有义务、有责任并且有权力对处于落后状态的社会进行改造，帮助其提升"文明"水平。

但易被忽视的是，自米歇尔·蒙田（Michel de Montaigne，1533—1592）以来，西方也不乏"文明"的批评者，他们或歌颂野蛮，或倡导文化，或强调种族，其思想内核可视为对大写"文明"的偏离甚至反叛。法国的卢梭、约瑟夫·戈宾诺（Joseph Gobineau，1816—1882），德国的约翰·赫尔德（Johann Herder，1744—1803）、尼采、马克斯·韦伯、奥斯瓦尔德·斯宾格勒（Oswald Spengler）、弗洛伊德和雅思贝尔斯，以及德裔美国学者弗兰茨·博厄斯（Franz Boaz）、美国黑人学者杜波依斯等便是典型代表。赫尔德认为地方性的文化高于世界性的文明。尼采声称"文明与文化的目标是不同的，可能一些时候是相反的"。他认为文明是腐朽的，而文化则富有活力。① 斯宾格勒受尼采影响，将"文明"视为"文化"走向停滞、腐朽的结果。德国小说家托马斯·曼（Thomas Mann）也鼓吹"文化"与"文明"的对立。社会学家阿尔弗雷德·韦伯（Alfred Weber，1868—1958）依据他所倡导的"文化社会学"（Cultural Sociology）理论断言，现代世界危机的主要原因在于文明压倒了文化。② 心理学家弗洛伊德在1929年出版的《文明及其不满》一书中，将"文明"视为社会对个体本能的压制，导致个体心理压抑乃至精神疾病。③ 受弗洛伊德影响，诺贝特·埃利亚斯（Norbert Elias）在《文明的进程：文明的社会起源和心理起源的研究》（以下简称《文明的进程》）中注意到社会在走向"文明化"、心理上形成自我控制和自我监控能力的同时，还存在"去文明化"（decivilizing）的进程，也就是"文明"社会可能突然丧失自我控制与监控，充分释放其野蛮本能，纳粹大屠杀便是例子。④

随着20世纪70年代以来西方新左派思潮的兴起，学界对"文明"的批判也日益深入。福柯、马尔库塞等激进思想家结合了马克思与弗洛伊德的思想理念，将"文明"视作禁锢和压制个体自由的权力囚笼，对西方文明和现代性的弊病进行尖锐批判。⑤ 著名人类学家詹姆斯·斯科特（James Scott）通过研究东南亚农民以各种方式反抗、逃避国家统治的历史，对"文明"话语进行了解构。他认为，"文明"实际上代表被

---

① Rüdiger Safranski, *Nietzsche: A Philosophical Biography*, translated by Shelley Frisch, New York: W. W. Norton & Company, 2003, p. 332.
② Alfred Weber, "Fundamentals of Culture-Sociology: Social Process, Civilizational Process and Culture-Movement," in John Rundell and Stephen Mennell, eds., *Classical Readings in Culture and Civilization*, London: Routledge, 1998, p. 191.
③ 参见〔奥〕西格蒙·弗洛伊德著，严志军、张沫译《一种幻想的未来 文明及其不满》，上海：上海人民出版社2007年版。
④ 参见〔德〕诺贝特·埃利亚斯著，王佩莉、袁志英译《文明的进程：文明的社会起源和心理起源的研究》，北京：生活·读书·新知三联书店1998年版。
⑤ 参见〔美〕赫伯特·马尔库塞著，黄勇、薛民译《爱欲与文明：对弗洛伊德思想的哲学探讨》，上海：上海译文出版社1987年版；〔法〕米歇尔·福柯著，刘北成、杨远婴译《疯癫与文明：理性时代的疯癫史》，北京：生活·读书·新知三联书店2003年版。

征税的、恭顺的"国家臣民",而"不文明"则代表不愿为国家所压榨的"非国家臣民"。他还援引阿拉伯历史学家伊本·赫勒敦的话语,歌颂"野蛮"对"文明"的反抗。① 美国社会学家迈克尔·曼(Michael Mann)也认为历史上的"文明"话语是一套支撑帝国的意识形态权力。② 另一位美国社会学家罗伯特·奈斯比特(Robert Nisbet)则在《隐喻与历史》一书中将"文明"贬低为不精确的、对社会科学研究和人类历史发展均有危害的隐喻。③ 他还激烈批判沃尔特·罗斯托(Walt Rostow)的现代化理论,认为它是"文明"隐喻对社会科学的荼毒,将社会学家变成了意识形态专家。④ 美国学者阿瑟·赫尔曼(Arthur Herman)系统探讨了古希腊以来西方存在的"文明衰落论",他将其界定为"文化悲观主义",并且视之为西方文化的常态。他认为,这种倾向主要在知识分子当中流行,会导致极端思想的产生。他宣称"今天的文化战争最终将是一场坚持文明和人道价值的重要性的人与否认这一切的人之间的斗争"。⑤

"多元文明论"强调不同"文明"间的价值内核差异、相对性乃至不可通约性,因此更恰当地说应称之为"多元文化论",且带有程度各异的"反文明"色彩。赫尔德便极为重视种族与文化因素,注重文化的多元性,反对世界主义;马克斯·韦伯身体力行地研究世界主要宗教的价值系统,并断言不同价值体系之间将爆发"诸神的战争";雅思贝尔斯提出了"轴心时代"的假说,认为不同文明自此便分道扬镳,呈现多元性特征。以色列著名历史社会学家艾森斯塔特进一步糅合韦伯、雅思

---

① 〔美〕詹姆士·斯科特著,王晓毅译:《逃避统治的艺术:东南亚高地的无政府主义历史》,北京:生活·读书·新知三联书店2019年版,第421页。他在此书第六章"文明与化外之民"中,对"文明话语"进行了较为详细的分析和批判。
② Michael Mann, "Incoherent Empire: A Critique of U. S. Foreign Policy from the Perspective of Comparative and Historical Sociology," *Irish Studies in International Affairs*, vol. 15 (2004), pp. 29-30.
③ Robert A. Nisbet, *Metaphor and History: The Western Idea of Social Development*, London: Routledge, 2009.
④ Robert A. Nisbet, *Metaphor and History: The Western Idea of Social Development*, London: Transaction Publishers, 2009, p. x.
⑤ Arthur Herman, *The Idea of Decline in Western History*, New York: The Free Press, 1997;〔美〕阿瑟·赫尔曼著,张爱平、许先春、蒲国良等译:《文明衰落论:西方文化悲观主义的形成与演变》,上海:上海人民出版社2007年版。

贝尔斯等人的理论，采取"比较文明"的研究视角，在《革命与社会转型：一个文明的比较研究》（1978）中提出了多元现代性（multiple modernities）的概念，他认为以轴心时代的不同"文明"为内核，也将产生不同的现代化路径，而非只有以西方文明为核心的现代化；①"文明"的文化内核充满张力，而非静止不变。② 艾森斯塔特倡导的多重现代性理论与20世纪中期考古学和文化人类学中出现的"多线进化论"或"新进化论"正相呼应。③ 承接韦伯的世界宗教研究，艾森斯塔特还对日本文明、欧洲文明、犹太文明等作了具体的研究考察。④ 费尔南布罗代尔（Fernand Braudel）还认为一元文明论是危险的，需要用多元文明对其进行"驯服"。

美国政治学家塞缪尔·亨廷顿在《文明冲突与世界秩序的重建》一书中明确否定存在所谓世界范围的"普世文明"（universal civilization），认为特殊和地方性的"文明"才是个人"强烈认同的最大范围"。他将非西方视为"他者"（the rest），预言未来的"文明冲突"将会是西方文明与非西方文明的冲突。⑤ 由于否认了大写和普世的"文明"，他笔下的"文明"可理解为"文化"，带有"反文明"意涵。因此，亨廷顿确切地说应是"文化主义者"，而非有学者所界定的"文明主义者"。这从他的另一本著作《我们是谁》中体现得最为明显。他在此书中担忧美国以"盎格

---

① 参见 S. N. Eisenstadt, *Revolution and the Transformation of Societies: A Comparative Study of Civilizations*, New York: The Free Press, 1978；张汝伦《"轴心时代"的概念与中国哲学的诞生》，《哲学动态》2017年第5期，第7页。
② 〔以〕S. N. 艾森斯塔特著，刘圣中译：《大革命与现代文明》，上海：上海人民出版社2018年版。
③ 20世纪中期美国一批著名文化人类学学者如莱斯利·怀特、朱利安·斯图尔特、莫顿·弗里德、埃尔曼·塞维斯和马歇尔·萨林斯等对博厄斯学派的文化相对主义学说进行批判，对以摩尔根为代表的古典进化论进行了完善与修正，复兴了文化进化论，倡导多线进化、文化进化等观点，可参见〔英〕马修·恩格尔克著，陶安丽译《如何像人类学家一样思考》，上海：上海文艺出版社2021年版，第64页；〔美〕莱斯利·怀特著，曹锦清等译《文化科学——人和文明的研究》，杭州：浙江人民出版社1988年版；埃尔曼·塞维斯著，龚辛、郭璐莎、陈力子译《国家与文明的起源：文明演进的过程》，上海：上海古籍出版社2019年版；易建平《从摩尔根到塞维斯酋邦理论的创立》，《史学理论研究》2008年第4期。
④ 〔以〕S. N. 艾森斯塔特著，胡浩、刘丽娟、张瑞译：《犹太文明：比较视野下的犹太历史》，北京：中信集团出版社2019年版。
⑤ 〔美〕塞缪尔·亨廷顿著，周琪等译：《文明的冲突与世界秩序的重建》，北京：新华出版社2010年版。

鲁-新教"为主体的文化遭到其他文化的侵蚀,产生"中心塌陷"的后果。①

"文明型国家"(civilizational state)提法则是"多元现代化"理论的变体和延伸。该概念源于美国汉学家白鲁恂(Lucian W. Pye)。他指出,民族国家是欧洲的发明,并不适用于亚洲。他批评中国是一个"伪装成国家的文明"。在这个"文明"中,国家与社会相互分离脱节,国家看上去全能,但其行为类似"剧场表演";而社会呈碎片化和原子化,对国家政令反应冷漠、阳奉阴违,导致西方很难理解中国的行为逻辑。不仅如此,由于东方并没有像西方一样较为纯粹的民族国家,美国的"权力平衡"等战略适用于北约,却并不适用于东南亚条约组织。② 英国左派学者马丁·雅克(Martin Jacques)等进一步提出"文明型国家"的概念,将白鲁恂的批评转化为赞扬,认为不仅是中国,土耳其、俄罗斯、印度等都被归类或自称为"文明型国家"。

"文明型国家"易于走向否定"普世文明",因此不少学者对此进行了批评。国际关系学者阿米塔·阿查亚(Amitav Acharya)认为,"文明型国家"无法取代"民族国家",它过分简单化地对文化与国家进行了联系。他指出,国家并非主要以所属文明来区分敌我;"文明"话语往往只是政治人物操纵的工具,为国家或某些特殊群体的利益服务。③ 中国学者徐昕认为,中国正在从"文明型国家"日益转向民族国家,而非要继续保持原有的"文明型国家"身份。④ 安德鲁·林克莱特(Andrew Linklater)则批评"文明型国家"是民族主义的表现,反映了亨廷顿狭隘自恋的"文明"理论对西方之外"他者"的统治集团也是有用的。⑤

---

① Samuel P. Huntington, *Who are We: The Challenges to America's National Identity*, New York: Simon & Schuster, 2004.

② Lucian W. Pye, "China: Erratic State, Frustrated Society," *Foreign Affairs*, vol. 69, no. 4 (Fall 1990), p. 58.

③ Amitav Acharya, "The Myth of the 'Civilization State': Rising Powers and the Cultural Challenge to World Order," *Ethnic & International Affairs*, vol. 34, no. 2 (2020).

④ 〔美〕彼得·卡赞斯坦:《多元多维文明构成的世界:多元行为体、多元传统与多元实践》,载彼得·卡赞斯坦主编,秦亚青、魏玲、刘伟华、王振玲译《世界政治中的文明:多元多维的视角》,上海:上海世纪出版集团2012年版,第34页。

⑤ Andrew Linklater, *The Idea of Civilization and the Making of the Global Order*, Bristol: Bristol University Press, 2021, p. 234.

今天盛行的现代主义与后殖民主义之争也可视作单复数文明或文明与文化之争的变体。现代主义者，包括赫德利·布尔（Hedley Bull）、江文汉（Gerrit Gong）等英国学派的学者，注意到欧洲曾经是自成一体的欧洲国际社会，并且有一套国际交往的"文明"标准。这套标准建立在文明发展阶段论的基础之上。他们承认国际法中的"文明标准"曾经沾染帝国主义的污点，但仍肯定其进步的一面，并主张只要摆脱帝国主义的影响，便可在欧洲"文明标准"的基础上继续完善并形成相对客观公正的世界或全球性"文明标准"。入江昭、弗兰克·宁科维奇（Frank Ninkovich）、伯纳德·刘易斯（Bernard Lewis）、安东尼·帕戈登（Anthony Pagden）等历史学家也认为美西方是"全球文明"的奠基者，今天美国主导的国际秩序已发生了巨大变化，已真正"文明化"了，不能简单地与殖民时代相提并论，美国也不是一个真正意义上的"帝国"。还有学者反对将"文明"话语一味贬低为帝国主义的工具，认为它很多时候代表了西方知识分子和政治家的一种自省和自我批判精神；而后殖民主义者如布雷特·鲍登（Brett Bowden）、安东尼·安吉（Anthony Anghie）、马克·索尔特（Mark Salter）、爱德华·萨义德（Edward Said）和佩里·安德森（Perry Anderson）等则强调今天的国际秩序与殖民时代存在延续性，认为美国仍是一个"帝国"，只不过其统治方式与技巧有所改进，也更隐蔽。[①] 国际法意义上的"文明标准"虽不再流行，但今天的国际货币基金组织、世界银行和新自由主义意识形态等又构成了新的"全球文明标准"，服务于西方精英统治集团的利益。他们也不赞同所谓欧洲"文明标准"向外扩展的线性史观，而是认为"文明标准"一开始便建立在殖民主义和帝国主义的基础之上，不仅如此，纳粹和大屠杀某种意义上也是"文明"偏见反噬欧洲的结果，因此应当将其作为西方国家警醒与反省的工具，时时以之为戒，而非轻率地断言"新文明标准"已经与帝国殖民时代划清界限，并孜孜于将其推行至全球。

在"文明"和"文化"关系问题上，也有学者引入了第三个概念，

---

① Perry Anderson, "The Standard of Civilization," *New Left Review*, vol. 143 (September-October 2023), p. 5.

即国家权力。马克·索尔特说,"国家追求权力,文化追求皈依,而文明追求普世"。① 宁科维奇认为,文明、权力和文化三者之间的关系类似于"剪刀、石头、布"的三角关系,即文明胜过文化,文化胜过权力,而权力又能胜过文明。这一点尚没有学者详细论述,但为后人解决"文明"与"文化"的紧张关系问题提供了有益的启示。在笔者看来,这三者间可能并不完全是相生相克的关系,而更类似于一种相互制约的三角关系,即文化是对文明的反叛,而国家往往根据自身权力状况杂糅文化与文明来倡导某种"文明标准";与此同时作为弥散性的观念,"文化"与"文明"又限制、引导和驱动着国家权力。在国家权力问题上,笔者还试图借用美国学者法里德·扎卡里亚(Fareed Zakaria)的理论。扎卡里亚认为政府权力集中的程度影响着美国是否进行对外扩张;而对本书来说,政府权力的集中状况不仅影响国家是否对外扩张,而且分别影响"文明"与"文化"维度可供选择的政策菜单,即如何调制"文化"与"文明"杂糅而成的"文明"标准,进而塑造美国的外交政策。

(二)属性论与话语(建构)论之争

属性论与话语(建构)论之争主要存在于承认多元文明的学者当中。一部分此类学者持属性论观点,包括奥斯瓦尔德·斯宾格勒、阿诺德·汤因比(Arnold Toynbee)、卡罗尔·奎格利(Carroll Quigley)、什穆埃尔·艾森斯塔特(Shmuel Eisenstadt)、塞缪尔·亨廷顿、斯蒂芬·门内尔(Stephen Mennell)和詹姆斯·库尔思(James Kurth)等。他们往往将"文明"看作某种文化系统或实体,它有独特的价值意义内核,"文明"之间有着宽广的护城河,彼此很难沟通或理解。要在全球化时代避免冲突,或者如亨廷顿的"文明孤立主义"建议,放弃西方文明的对外输出,或者如艾森斯塔特等学者所倡导的那样推行"文明对话",实现多元文明共存,充分调动各国的文化资源来走向"多元现代化"的

---

① 〔英〕马克·B. 索尔特著,肖欢容、陈刚、原丁、陆同译:《国际关系中的野蛮与文明》,北京:新华出版社2004年版,第177页。

道路。①

属性论者大多从外部用疏离、实证主义的方式观察"文明",而话语论者则更多地从内部用诠释性的方法研究"文明"。受英国学者约翰·奥斯丁(John Austin,1790—1859)"语言行动理论"(speech act)的影响,他们尤其重视政治文化精英的"文明"话语,认为它对"文明"属性有着重要的塑造作用。同时,所谓"文明"是被此种话语不断重新生产和再造的,是"多孔的"(porous),而非严丝合缝或恒久不变的。话语论者还批判以亨廷顿为代表的"文明本质主义"倾向。巴勒斯坦裔美国文化批评家萨义德在20世纪70年代出版的《东方学》中,曾从认识论角度批判了欧洲政界和知识界对伊斯兰文明的"本质主义"看法,并且揭露了"文明"与"野蛮"观念的无处不在。②

话语论的代表性人物包括国际关系学者帕特里克·杰克逊(Patrick Jackson)、历史学家弗兰克·宁科维奇、布雷特·鲍登等。杰克逊的《文明化敌人》一书通过分析冷战初期美国和德国的公共辩论和修辞术,揭示了美国自由派和德国保守派如何共同利用"西方文明"话语构建了一个跨国联盟,并且断言冷战本身就是一场西方与苏联之间的"文明冲突"。③ 宁科维奇在一系列著作中,认为19世纪末20世纪初美国政治知

---

① "文明"属性论的研究可参见 Carroll Quigley, *The Evolution of Civilizations: An Introduction to Historical Analysis*, New York: The Macmillan Company, 1961;〔美〕维克多·李·伯克著,王晋新译《文明的冲突:战争与欧洲国家体制的形成》,上海:上海三联书店2006年版;Victor Lee Burke, *The Clash of Civilizations, War-making and State Formation in Europe*, London: Polity Press, 1997; Randall Collins, "Civilizations as Zones of Prestige and Social Contact," in Saïd Amir Arjomand and Edward A. Tiryakian, eds., *Rethinking Civilizational Analysis*, Gateshead: Athenaeum Press, 2004;〔以〕S. N. 艾森斯塔特著,刘圣中译《大革命与现代文明》,上海:上海人民出版社2018年版;〔美〕詹姆斯·库尔思著,刘伟华译《作为文明领袖的美国》,彼得·卡赞斯坦主编,秦亚青、魏玲、刘伟华、王振玲译《世界政治中的文明:多元多维的视角》,上海:上海世纪出版集团2012年版;Fernand Braudel, *History of Civilizations*, New York: Penguin Press, 1994;〔法〕费尔南·布罗代尔著,常绍民、冯棠、张文英、王明毅译《文明史:人类五千年文明的传承与交流》,北京:中信出版社2017年版等。

② 〔美〕爱德华·W. 萨义德著,王宇根译:《东方学》,北京:生活·读书·新知三联书店2019年版。萨义德对亨廷顿的回应还可参见 Edward W. Said, "The Clash of Ignorance," *The Nation* (October 4, 2001)。

③ Patrick Thaddeus Jackson, *Civilizing the Enemy: German Reconstruction and the Invention of the West*, Ann Arbor: The University of Michigan Press, 2006.

识精英频繁使用"文明"一词，反映了他们对全球现代化理念的浓厚兴趣，在政治上正式参与全球事务之前，美国知识精英在文化上已提前做好了较充分的准备。宁科维奇在史学方法上较为新潮，但在政治立场上仍坚持西方传统中"文明"的价值，甚至不避讳颂扬美国霸权，因此有学者戏称之为"新保守后现代主义者"（neoconservative postmodernist）。① 芬兰学者海娜·里卡-皮纳恩（Henna-Riika Pennanen）探讨了六位19世纪的美国专家如何用"文明"概念来理解、衡量中国和日本社会的发展状况，认为"文明"就是德国学者莱因哈特·科塞雷克（Reinhart Koselleck）所说的"关键概念"（Grundbegriffe），它的语义虽然复杂、不稳定且有争议，但该概念本身又对理解历史不可或缺。② 丹麦学者莱娜·汉森（Lene Hansen）运用话语分析的方法研究了"文明"话语对西方身份与安全观的构建，以及它在波斯尼亚战争中的影响。③ 凯瑟琳·霍尔（Catherine Hall）在《文明化臣民：英国人想象中的宗主国和殖民地，1830—1867》一书中，分别阐述了宗主国和殖民地的改革运动，即1832年至1867年两次议会改革期间伯明翰废奴主义和非国教徒运动（non-conformist）的"自我文明化"，以及1833年英国颁布《解放奴隶法》到1865年牙买加莫兰特湾（Morant Bay）暴动这段时期内，英国浸礼会传教士对当地黑人失败的"文明化"，从而强化了宗主国白人和殖民地有色人种之间"文明"与"野蛮"的对立。④ 斯图尔特·伍尔夫（Stuart Woolf）认为，早在拿破仑帝国时期，法国政治精英的"文明"概念就已

---

① Frank Ninkovich, "Theodore Roosevelt: Civilization as Ideology," *Diplomatic History*, vol. 10, no. 3 (July 1986); Frank Ninkovich, *Global Dawn: The Cultural Foundation of American Internationalism, 1865-1890*, Cambridge: Harvard University Press, 2009; Frank Ninkovich, *Modernity and Power: A History of the Domino Theory in the Twentieth Century*, Chicago: The University of Chicago Press, 1994; Frank Ninkovich, "The Cultural Transformation of America's Civilizing Mission in the Twentieth Century," in Boris Barth and Rolf Hobson, *Civilizing Missions in the Twentieth Century*, Leiden: Brill, 2021.

② Henna-Riika Pennanen, *Material, Mental, and Moral Progress: American Conceptions of Civilization in Late 19th Century Studies on "things Chinese and Japanese"*, Jyväskylä: University of Jyväskylä, 2015.

③ 〔丹〕莱娜·汉森著，孙吉胜、梅琼译：《作为实践的安全：话语分析与波斯尼亚战争》，北京：世界知识出版社2016年版。

④ Catherine Hall, *Civilising Subjects: Metropole and Colony in the English Imagination, 1830-1867*, Chicago: University of Chicago, 2002.

经成为一种文化帝国主义和意识形态，它有助于帝国对其境内的不同种族和族群进行统治。① 1997 年，爱丽丝·康克林（Alice Conklin）的《文明使命：法国和西非的帝国共和理念，1895—1930》一书探讨了第三共和国时期的"文明使命"（mission civilisatrice）观念。她认为，随着法国长期在西非进行殖民统治，法国的"文明使命"侧重点也发生了改变，从 1914 年之前以"同化"（assimilationist）为主要目标，变成一战后以"合作"（associationist）为目标。② 中国学者李宏图、张小明、王立新、刘文明和潘亚玲等也采用"文明"话语的方法对"西方文明"和"文明标准"等问题进行了研究。③

当然，不少的学者实际上是这两种视角兼而有之的。查尔斯·比尔德（Charles Beard）夫妇四卷本的《美国文明的兴起》中，前三卷都在探讨美国文明的属性，而第四卷则专门从"文明"话语的角度探讨美国人的"文明观念"。马克斯·勒纳（Max Lerner）在其巨著《作为一个文明的美国》中，也试图借助美国所流行的"文明"话语来阐明美利坚文明是自成一体的，而非欧洲文明的分支或从属。④ 受亨廷顿启示，美国学者卡赞斯坦主编了"文明三部曲"，在三部曲第一部《世界政治中的文明：多元与多维的视角》中，他取亨廷顿与帕特里克·杰克逊的中间道路，既反对"文明本质主义"，也反对完全将"文明"看成话语，而是认为："文明"既有建构的成分，也有实在的成分；既是一种话语，也是一种属性。他还强调文明"多元多维"的特性，认为不仅世界是多

---

① Stuart Woolf, "French Civilization and Ethnicity in the Napoleonic Empire," *Past & Present*, vol. 124, no. 1 (1989).

② Alice Conklin, *A Mission to Civilize: The Republican Idea of Empire in France and West Africa, 1895–1930*, Stanford: Stanford University Press, 1997.

③ 参见李宏图《"文明"与"野蛮"的话语指向：反思约翰·密尔的文明观》，《中国历史研究院集刊》2020 年第 2 期；张小明《从"文明标准"到"新文明标准"：中国与国际规范变迁》，北京：九州出版社 2021 年版；王立新《美国国家身份的重塑与"西方"的形成》，《世界历史》2019 年第 2 期；王立新《美国传教士对中国文化态度的演变（1830—1932）》，《历史研究》2012 年第 2 期；刘文明《19 世纪末欧洲国际法中的"文明"标准》，《世界历史》2014 年第 1 期；刘文明《19 世纪欧洲"文明"话语与晚清"文明"观的嬗变》，《首都师范大学学报》（社会科学版）2011 年第 6 期；潘亚玲《"文明标准"的回顾与西方道德霸权》，《世界政治与经济》2006 年第 3 期等。

④ Max Lerner, *America as a Civilization: Life and Thought in the United States Today*, New York: Simon and Schuster, 1957.

元文明并存，而且文明内部也呈现多元化的特征。他在2012年编著的《英美与其不满者：超越东西方的文明身份》一书中，进一步阐释了这一思想，认为尽管英美一般被视为西方的代表，但正如全球文明呈现多重现代性一样，所谓的"西方文明""英美文明"内部也呈现出多重性，在盎格鲁-撒克逊文化圈内，澳大利亚、加拿大、新西兰、英国和美国等国家在种族关系、外交政策等方面都已经发展出不同的实践范式。他还探讨了冷战期间，"西方文明"话语何以导致美国在欧洲更愿意采取多边主义的方式建立反苏同盟，而在东亚更倾向于双边的方式。①

（三）国内与国际因素对"文明"理念的塑造

诺贝特·埃利亚斯认为，"文明"内涵主要取决于国内权力结构，尤其是权力的集中和垄断导致个体产生自我控制和自我监控的"文明"意识。他在书中也偶尔提到国际权力结构的影响，但较为简略。英国学派的开创者马丁·怀特（Martin Wight）则认为，国际社会不同于纯粹国际体系，后者只有权力之争，而前者存在共享的价值规范，因此相比分属不同国际社会的情况，同属一个国际社会内部的国家间虽然也不乏战争，但总体相对更加"文明"和克制。安德鲁·林克莱特（Andrew Linklater）试图将马丁·怀特的"国际社会理论"与埃利亚斯的"过程社会学"（process sociology）视角进行一种"更高层面的综合"，认为英国学派忽略了国内权力结构，而埃利亚斯忽略了国际因素对"文明"的影响。他认为，欧洲国际社会自古希腊以来，便在缓慢走向深度一体化与相互依赖，这一进程塑造了独特的欧洲"文明标准"，即越来越多地采取国际仲裁、外交等和平方式解决国际争端，尊重他国主权，这些也为创造全球性的"文明标准"和实行团结主义（solidarism）而非仅仅是多元（plural）原则的国际社会准备了好的基础。②

跨国主义的"文明"观念也在国内与国际因素的综合考量中应运而生。历史社会学家朱利安·戈（Julian Go）认为，林克莱特（也包括埃利

---

① 〔美〕彼得·J. 卡赞斯坦主编，魏玲、王振玲、刘伟华译：《英美文明与其不满者：超越东西方的文明身份》，上海：上海人民出版社2018年版。
② Andrew Linklater, *Violence and Civilization in the Western State-Systems*, Cambridge: Cambridge University Press, 2016.

亚斯、马克斯·韦伯和迈克尔·曼等历史社会学者）的研究思路和方法存在着"文明孤立主义"和"帝国中心传播主义"（metrocentric diffusionism）的弊病，即仍将西方与非西方彼此对立和相互孤立起来，将西方的"文明"水平简单地置于非西方之上，使后者被建构为前者教化和施舍的对象，忽视了不同文明之间互动和相互学习的过程，忽略了弱小民族、族群和殖民地人民的贡献与自主性（contribution and agency）。他还批评埃利亚斯等所谓的文明化进程实际上讲的是"欧洲文明化进程"（European civilizing process），是西方中心论的。而所谓废奴主义、反殖民主义和反种族隔离等西方走向"文明化"的体现也无一不与受压迫者的积极抗争有关。他还通过研究美国在菲律宾、波多黎各等地的"帝国构建"历史，指出"帝国"的面貌和统治方式更多取决于当地具体情况，而非美国预先就已经形成的观念与意识形态。[①] 林克莱特也感受到了这种跨国视角的影响，因此在2020年的《文明观念与全球秩序的塑造》中，他着手对中国、印度、俄国、中东、泰国和日本等文明体的"文明"观念进行了详细梳理与介绍，认为在西方全球垄断和支配性权力正在被削弱的情况下，西方与非西方平等地共同构建全球"文明标准"是可能的；"文明"可分为"文化主位"（emic）意义上的文明和"文化客位"（etic）意义上的文明，前者仍是以自己所处的种族文化为中心，后者则处于更为公正超然的世界主义立场。他认为亨廷顿的"文明"便是前一种意义上的，是西方"文明攻势"（civilizing offensive）遭遇挫折，且威胁到自身文化身份后相应产生的焦虑、排外和恐惧情绪；而英国学派所说的"文明"则是后一种意义上的，它对创造真正的全球文明仍抱着谨慎的乐观态度，而并不担忧在此过程中西方文化身份的丢失。林克莱特认为，要实现后一种意义上的全球文明，特别需要发明建构一种强有力的、全球共享的"集体符号"（collective symbol）。[②] 布雷特·鲍登也认为，"文明标准"并非线性地从西方扩展到非西方，而往往是经历了一个转译和在地化的过程。日裔英国学者铃木彰吾采用跨国视角研究近代中日如何解读和吸收"文明"标准，以及被欧

---

① Julian Go, "'Civilization' and Its Subalterns," *Review of International Studies*, vol. 43, part 4 (2017).

② Andrew Linklater, *The Idea of Civilization and the Making of the Global Order*, Bristol: Bristol University Press, 2021.

洲国际社会"社会化"的过程，认为这套标准既带来了平等的主权观念，也有其黑暗面，尤其是剧烈破坏了传统的东亚秩序，促使日本效法欧洲在东亚进行了残暴的帝国主义征服，其目标之一竟是展现自己的"文明"程度。① 历史学家保罗·克雷默（Paul Kramer）认为"文明"话语本质上就是种族话语，只不过它比严格的、建立在生物和血缘基础上的种族话语要更宽泛，也更委婉一些。② 在 2006 年出版的《政府之血》中，他运用跨国主义的方法探讨种族话语是如何在菲律宾的"帝国构建"过程中输入美国，而非仅仅是从美国向外输出的。③ 他在讨论排华问题时还注意到，《排华法案》并非一律限制所有华人移民，而主要针对的是那些不够"文明"的华人劳工阶层，教师、商人以及学生等"文明化"的群体则属于例外的阶级，是一种"文明化的限制"（civilized restriction）。这种"文明"标准实际上是种族与阶级结合的产物。④ 马克·布拉德利（Mark Bradley）从跨国的角度，探讨越南的激进派将赫伯特·斯宾塞（Herbert Spencer）的社会达尔文主义和文明话语进行改造，并应用于越南的革命事业。⑤

以上三类研究视角（包括"文明"与"反文明"，属性论与话语建构论，民族主义与跨国主义）对笔者接下来要处理的主题——19 世纪末 20 世纪初美国的"文明"身份与帝国构建——颇有助益。可以看到美国社会的"文明"身份并非铁板一块，而是始终存在"文明"与"反文明"的纠结互动，这使得美国在成为所谓文明受托人的过程中，一方面

---

① Shogo Suzuki, *Civilization and Empire: China and Japan's Encounter with European International Society*, London: Routledge, 2009.
② Paul A. Kramer, "Shades of Sovereignty: Racialized Power, the United States and the World," in Frank Costigliola and Michael J. Hogan, eds., *Explaining the History of American Foreign Relations*, Cambridge: Cambridge University Press, 2017, pp. 252-253.
③ Paul A. Kramer, *The Blood of Government: Race, Empire, the United States & the Philippines*, Chapel Hill: The University of North Carolina Press, 2006.
④ Paul Kramer, "Imperial Openings: Civilization, Exemption, and the Geopolitics of Mobility in the History of Chinese Exclusion, 1868-1910," *The Journal of the Gilded Age and Progressive Era*, vol. 14 (2015), p. 322.
⑤ Mark Philip Bradley, "Becoming 'Van Minh': Civilizational Discourse and Visions of the Self in Twentieth-Century Vietnam," *Journal of World History*, vol. 15, no. 1 (March 2004); Mark Philip Bradley, *Imaging Vietnam and America: The Making of Postcolonial Vietnam, 1919-1950*, Chapel Hill: The University of North Carolina Press, 2000.

会为其推动"文明"使命而志得意满，另一方面也会因这个过程中传统文化身份的丧失而产生焦虑和恐惧；从属性上看，"美利坚文明"具有"后轴心"的性质，它与欧洲"轴心文明"的不同之处在于，其更加物质主义和个人主义，也更追求一个以商业和市场为纽带的"去中心化"帝国；从权力层面来看，美国所处的权力格局是多重的，既有国际的权力结构（美国的崛起），也有国内的权力结构（主要表现为不同阶级的权力对比），同时还有政府的权力结构（美国的分权体制使政府权力不易集中），这些都深刻影响着美国社会的"文明"身份和帝国构建路径。

二　本书内容框架

第一章的主题是欧洲在启蒙运动后产生的"文明主义"与"文化主义"两股思潮，及其对帝国扩张的影响。由于科学技术的进步和社会生产力的发展，欧洲文明的结构性权力发生着变迁，大致经历了"商业文明"、"工业文明"和"金融文明"三个阶段，不同阶段的"文明"属性既影响着"文明主义"和"文化主义"两种思潮的变化、更新和消长，也塑造了欧洲帝国扩张的阶段性和特性。

第二章讨论的是美国的"文明主义"。作为欧洲文明的碎片，基督新教和启蒙思想在美国占据着主导地位，因此它从建国起便可以说是一个特别的"后轴心文明"。它放大了欧洲"后轴心"的一面，更推崇个人主义、自由主义、物质主义与和平主义等价值。在这种"文明主义"的推动下，美国废除了奴隶制，大力推动国际法与仲裁的发展，并且试图用美国的新教、自由和联邦主义等去"征服"欧洲。

第三章着重阐述美国的"文化主义"。"文化主义"带有浓重的"前现代"和"反进步"色彩，但这只是一种假象。它是与"文明主义"相伴而生的，是因对"文明"的不满凝结聚集而成的。相比"文明主义"，它更强调不可通约性和美国特有的种族文化性质。尤其是在19世纪末这段时期，随着跨国的"工业文明"和"金融文明"对美国的冲击，美国国内的种族阶级矛盾尖锐，其"文化主义"一度有脱缰之势；但由于美国精英对美国权力走势有较乐观的预期，最终这种"文化主义"暂时被驯服。尽管受到焦虑和不安全感的情绪影响，美国仍选择以"文明受托人"自居。

第四章主要以排华浪潮与巴拿马运河两个美国对外关系史中的重大事件为案例，探讨"文化主义"和"文明主义"的张力与矛盾。美国对华工的排斥不仅有经济原因，也源于其文化自恋和对丧失种族文化身份的恐惧，因此在制造排华舆论的过程中美国既强调"盎格鲁-撒克逊文明"的优越性，也强调其相比"儒家文明"的脆弱性。在美国强行攫取巴拿马运河开凿权问题上，美国精英人士则打着"文明的集体利益""文明的神圣托付""建设文明的高速通道"等旗号，体现了19世纪盛行的"圣西门主义"进步和改造冲动，这种开放的"文明主义"话语也限制着美国的封闭和排他程度，从长远来看有助于美国拥抱全球化。

第五章讲述了美国从大陆扩张到海外扩张过程中的"文明"身份演变。在驱逐印第安人这一事件中，更草根的"文化主义"与更精英的"文明主义"交替占据主导地位，并且二者互相批评指责，但都给印第安人带来了灾难性后果。此种模式也延伸到美国对菲律宾的占领和改造上。美国对菲律宾同时存在着"文化使命"与"文明使命"两种目标。前者试图将菲律宾作为检验和塑造美国男子气概与国民性格（national character）的试金石，而后者则试图在菲律宾实行"文明专制"，将所谓美利坚文明全盘移植和复制到菲律宾。但在菲美军的堕落和暴行让"文化使命"名不副实，而美国的联邦权力结构也使移植"美利坚文明"的美好愿望落空。美国逐渐对帝国构建采取实用主义的态度，走上了一条"实用帝国"的道路。

第六章所关注的主要是美国社会对"文明"国家的态度。这里同样存在两条路线：一条是"文化主义"路线，它往往导向好战的"金戈主义"，即对美国的国家荣誉和颜面十分重视，缺乏安全感，容易对其他"文明"国家采取较为强硬的言辞和手段；另一条是"文明主义"路线，即希望对其他"文明"国家采取自我克制的态度，通过仲裁、世界法院等手段来解决"文明"世界内部分歧，同时对"不文明"世界继续采取专制手段，提升其"文明"水平，即"文明自制"与"文明专制"的有机结合。随着美国顺利度过19世纪末的"紧缩危机"，随着它在国际权力结构中占据越来越重要的位置，"文化主义"逐渐走向退潮和遭到控制，而"文明主义"则日益占据上风。

第七章的主题是美国精英在20世纪初期的"国际政府"构想。"国际政府"构想的源头是多样化的,包括仲裁的发展要求建立世界法院和相关的行政、立法机构,美国在模仿过一段时期欧洲的殖民经验(马克·吐温所说的"欧洲游戏")后开始要求回归"美国游戏",美国以"集体文明利益"为由对美洲国家进行干涉的实践等。它表明美国主导性的外交政策从追求集中化的"帝国"走向去中心化的"联盟"体系。当然,美国建立的大部分联盟都是"不对称"的,带有浓厚的帝国色彩和印记。这一路线也是美国在其特有的政府权力结构之下,基于实用主义作出的选择。美国与其他"文明"国家延续了国际仲裁的思路:一方面将"国际政府"视作"文明的神圣托付",对"不文明"国家行使集体霸权,继续"文明专制";另一方面则在"文明"国家内部实行"文明自制",通过国际法治和平解决争端。一个现象是,美国的权力越增长,其"西方文明"核心国家的地位越稳固,"文明自制"的西方国际体系也越容易得到施行。

结语部分对一战后的"文明标准"演变状况进行了简要的介绍。一方面,19世纪的经典"文明标准"逐渐淡化,甚至"文明"一词本身也遭到越来越多的质疑,被认为是帝国主义的掩饰。但与此同时,以英美为首的西方国家并未完全放弃其霸权,而是以"人权""法治""自由""民主""市场"等口号为新型的"文明"标准,对非西方国家进行干涉和改造。另一方面,美西方内部本身也存在危机和反"文明"的声音,"文化种族主义"有脱缰的风险,表现为右翼的"文明冲突论"和排斥移民等。防止"文明专制"与"文化种族"两种最危险倾向的结合,也成为当今世界的重要挑战。

第一章　帝国的新装：欧洲文明及其扩张

尽管不同文化圈都有与"civilisation"相近的表述，但这一概念首先还是与近代以来欧洲的社会文化发展密切相关，带有欧洲历史的特殊印记，同时还是欧洲在对外扩张中进行自我辩护和自我驱动的主要概念话语之一。不少学者甚至将它看成帝国主义和种族主义的余孽。澳大利亚历史学者布赖特·鲍登（Brett Bowden）称，由于"文明"与"帝国主义"的关系过于密切，"文化"今天已经几乎取代了"文明"。丹尼尔·戈登（Daniel Gordon）抱怨说："在现代社会科学术语中，'文明'受到学者们最多的辱骂和诟病。甚至'种族'一词的现状也比它好。"[①] 当然真实的情况可能要比上述说法复杂不少，因此有必要在此进行重新审视，以获得更全面客观的认识。笔者仍将运用导论中提及的三个维度，即"文明"与"反文明"，"文明"属性与"文明"话语，权力结构与"文明"的关系，来探讨"文明"概念在欧洲历史"文明"进程中的形成和扩充，以及它对欧洲帝国扩张的塑造和影响。

一　文明概念的初现

探讨"文明"的概念首先离不开它的反义词"野蛮"。"野蛮"对应的英文有多种表达，如"barbarity"、"barbarism"等，这些词的出现都远早于"文明"。从词源学上讲，其最早被希腊人用来指代那些说话不能为他们所理解的外国人。后来，这些词的意义逐渐扩展，泛指残酷好斗的、未开化的、信奉异教的他者。[②] 另外一个跟野蛮关系密切的词"蒙昧"或"原始"（savage）源于拉丁文，最初指的是居住在森林而非城市

[①] Daniel Gordon, "'Civilization' and the Self-Critical Tradition," *Society*, vol. 54, no. 2 (March 2017), p. 106.

[②] 〔英〕马克·B. 索尔特著，肖欢容、陈刚、原丁、陆同译：《国际关系中的野蛮与文明》，北京：新华出版社2004年，第24—26页。

里的人。①

此外,"文明"在拉丁语和法语中都有近似词汇,如拉丁语中的"civilis"、"civis"和"civitas",法语中13世纪的"civil",14世纪的"civilite"等。英语中的"civilize"出现于17世纪初,源自16世纪的法文"civiliser"。这些词语与城市和市民生活有关,体现了城市精英阶层的优越感,带有对乡村和异族的蔑视和排斥。另外,中古拉丁文"civilizare"是一个法律用语,意思是将刑事转化成民事案件。② 法语和英语的"civilisation"都出现于18世纪中后期,在此之前,形容词"civilized",动词"to civilize",分词"civilized",名词"civility"均已经十分常用。在"civilisation"被广泛使用之前,"civility"与其意思最为相近,但它是用来描述"井然有序的社会"或贵族社会的礼仪的,与中古拉丁文的"civilitas"(指共同体)词源接近;"police"、"polish"等词汇最初的意思也与之相通。③ 尽管历史上有一些近似的词语,但我们仍可以说"civilisation"是启蒙时代诞生的一个新词(neologism):按法国历史学家吕西安·费弗尔(Lucien Febvre)的说法,它的出现是对启蒙与现代的"加冕礼",代表了一种"新的关于自然和人类的哲学……它的自然哲学是演化(evolution),它的人类哲学是日臻完善(perfectibility)"。④

"civilisation"出现于启蒙运动后期,但确切年代至今无法定论。在英语中,苏格兰人詹姆斯·波斯维尔(James Boswell)在1772年所著的《约翰生传》(*The Life of Johnson*)一书中提到,他在英国作家塞缪尔·约翰生(Samuel Johnson)编纂词典的时候曾建议其用"civilisation"作为"barbarity"的反义词,因为约翰生打算采用的"civility"有双重含

---

① George Stockings, Jr., *Victorian Anthropology*, London: The Free Press, 1987, p. 11.
② 法语中的"civilizer"也继承了这个含义。参见 Brett Bowden, "Civilization and Its Consequence," in *Oxford Handbooks Online*, Oxford: Oxford University Press, 2015, p. 3.
③ Brett Bowden, *The Empire of Civilization: The Evolution of an Imperial Idea*, Chicago: The University of Chicago Press, 2009, pp. 26–28;〔英〕雷蒙·威廉斯著,刘建基译:《关键词:文化与社会的词汇》,北京:生活·读书·新知三联书店2005年版,第46—47页。
④ Lucien Febvre, "Civilisation: Evolution of a Word and a Group of Ideas," in Peter Burke, ed., *A New Kind of History: From the Writings of Febvre*, New York: Harper & Torchbooks, 1973, p. 230.

义，不如用源自"to civilize"的"civilisation"词义更明确。① 这一度被历史学家当作"文明"一词在英国最早出现的记载。但此说随后被推翻，后人发现苏格兰思想家亚当·弗格森（Adam Ferguson，1723—1816）在《文明社会史论》（*An Essay on the History of Civil Society*）一书中，就有8处使用该词。这本书出版于1767年，而从当时这群作家往来信件中提示的线索来看，"civilisation"在此前应该就被使用过，但已无法确定具体年份。

相比英语，"civilisation"在法语中一般公认出现得更早一些。1930年，法国历史学家吕西安·费弗尔在《文明：一个词语和一组观念的演化》一文中，详细考证该词在词典和经典作品中的使用情况，最终得出一个模糊的结论："1765年到1798年之间，一个我们今天无法离开的术语诞生、成长，并且开始影响法国。"② 费弗尔还骄傲地宣称，"civilisation"并不是苏格兰人的发明，其专利权应属于法国人，之所以会造成混淆，是因为在法文版的翻译中，英语中的"refinement"经常会被译为"civilisation"。③ 他感叹道："谁最早或者至少是在出版物中最早使用这个词？我们无从得知。人们对此无须惊讶。"④

到了20世纪70年代，法国语言学家埃米尔·本维尼斯特（Emile Benveniste）和瑞士文学批评家让·斯塔罗宾斯基（Jean Starobinski）先后确认，早在1756年，法国启蒙思想家维克托·里克蒂·米拉波（Victor Riqueti Mirabeau）就在《人类之友》（*L'Ami des hommes*）一文中使

---

① Charles Beard and Mary Beard, *The American Spirit: A Study of the Idea of Civilization in the United States*, New York: The Macmillan Company, 1942, p.62; Anthony Pagden, "The 'Defence of Civilization' in Eighteenth-Century Social Theory," *History of the Human Sciences*, vol.1, no.1 (May 1988), p.34.

② Lucien Febvre, "Civilisation: Evolution of a Word and a Group of Ideas," in Peter Burke, ed., *A New Kind of History: From the Writings of Febvre*, New York: Harper & Torchbooks, 1973, p.223.

③ Lucien Febvre, "Civilisation: Evolution of a Word and a Group of Ideas," in Peter Burke, ed., *A New Kind of History: From the Writings of Febvre*, New York: Harper & Torchbooks, 1973, p.224.

④ Lucien Febvre, "Civilisation: Evolution of a Word and a Group of Ideas," in Peter Burke, ed., *A New Kind of History: From the Writings of Febvre*, New York: Harper & Torchbooks, 1973, pp.20-21.

用了"civilisation"一词。① 他被认为是迄今为止,已知的第一个使用该词的人。在此之前,伏尔泰、卢梭、孟德斯鸠、克劳德·爱尔维修(Claude Helvétius)等启蒙思想家都未正式用过它;在此之后,丹尼斯·狄德罗(Denis Diderot)、纪尧姆-托马·雷纳尔(Guillaume-Thomas Raynal)、孔德·德·沃尔尼(Comte de Volney)和孔多塞等逐渐开始使用它,但出现频率并不高;而进入19世纪后,它已经完全成了一个高频率出现的常用词语,其政治性也日益凸显。

如果说"文明"一词的起源问题曾让费弗尔兴叹,② 那么它的含义就似乎更渺不可寻。拉尔夫·爱默生(Ralph Emerson)便曾对弗朗西斯·基佐(Francois Guizot)尝试定义"文明"的勇气表示钦佩。本书当然也无法给出一个简洁而清晰的定义,唯有借助知识社会学和概念史的一些方法,试图在昏暗中摸索。因为从事后发展来看,"文明"就是英国学者雷蒙·威廉斯(Raymond Williams)所说的"映照社会、历史过程,同时又反过来影响社会实践的'关键词'"。③ 循此思路提出的问题便是,米拉波、弗格森等学者创造或使用"文明"一词的用意是什么呢?它反映了何种社会变化,又对欧洲产生了怎样的影响呢?

思考此问题可能需采用布罗代尔倡导的"总体史"或"中长时段"视角,并参考德国历史学者提出的"鞍形期"概念。显然,"文明"并非一开始就具备它在当下的全部含义,事实上,即便在当下"文明"的含义也具有很多内在张力,在缓慢地发酵和变动。为此需从发展演变、动静结合的角度,来看待"文明"蕴含的各种重要含义,以及其在历史

---

① 参见 Bruce Mazlish, *Civilization and Its Content*, Stanford:Stanford University Press, 2004, p. 5; Emile Benveniste, "Civilization: A Contribution to the History of the Word," in Coral Gables, ed., *Problems in General Linguistics*, translated by Mary Elizabeth Meek, FL: University of Miami Press, 1973; Jean Starobinski, "The Word Civilization," in *Blessings in Disguise*, Translated by Arthur Goldhammer, Cambridge: Harvard University Press, 1993; Brett Bowden, *The Empire of Civilization: The Evolution of an Imperial Idea*, Chicago and London: The University of Chicago Press, 2009; Parviz Morewedge, ed., *The Scholar Between Thought and Experience: A Biographical Festchrift in Mazri*, New York: Institute of Global Cultural Studies Global Publications, Binghamton University, 2001.

② 关于"civilization"一词的起源,国内的刘文明教授亦有详细梳理,可参见刘文明主编《全球史理论与文明互动研究》,北京:中国社会科学出版社2015年版。

③ 〔英〕雷蒙·威廉斯著,刘建基译:《关键词:文化与社会的词汇》,北京:生活·读书·新知三联书店2005年版,第15页。

进程中的扩充和积淀过程。埃利亚斯认为，"文明"概念实际上是西方的自我意识，甚至就是一个民族的自我意识。① 受此论断启发，我们可以将近代欧洲文明的进程按基本属性分为商业文明、工业文明和金融文明三个阶段，在这三个阶段中，"文明"与"反文明"，"文明"话语与"文明"属性，"文明"背后的国内与国际权力结构在发生着频繁而深刻的互动，尤其是产生了欧洲的"文明主义"与"文化主义"两种不同的话语理路，从而形塑了欧洲"文明"的内涵与对外帝国扩张政策。

二　欧洲的"文明主义"

商业文明　今天我们熟悉的"文明"思想与启蒙运动树立的线性进步观念难以分开。它主要是欧洲商业文明发展的产物。尽管自古希腊和古罗马时代起，亚里士多德和卢克莱修（Lucretius）便提出过"发展"的思想，这也被称作"希腊-罗马发展的思想传统"（Graeco-Roman developmental tradition），但它往往是与历史循环论和退步论并存的，并不占主导地位。直到1760年，米拉波仍在讨论"历代帝国所经历的文明之循环"（circle of civilization）。② 启蒙思想家卢梭在《论人类不平等的起源》中甚至还阐述了社会越复杂，人类越退化的思想。但随着18世纪欧洲生产力水平、科学技术的继续进步，社会各阶层的进一步"新陈代谢"，思想家们似乎更深刻地感受到了社会发展的目的性、必然性和阶段性，持续进步的历史意识也开始占据统治地位。他们开始使用civilisation一词来反对卢梭等人的退化论、循环论以及自然状态思想。③ 18世纪兴起的苏格兰和法国启蒙思想则对此种历史意识进行了全面的总结和阐释，使得"社会文化发展论"（sociocultural developmentalism）成为启蒙运动后期最引人注目的学说之一。

代表性的苏格兰启蒙思想家包括亚当·弗格森、亚当·斯密、威

---

① Elias, *The History of Manners*, New York: Pantheon Books, 1978, p. 3.
② Jean Starobinski, "The Word Civilization," in *Blessings in Disguise*, Translated by Arthur Goldhammer, Cambridge: Harvard University Press, 1993, p. 6.
③ Justin Jennings, *Killing Civilization: A Reassessment of Early Urbanism and Its Consequences*, Albuquerque: University of New Mexico Press, 2016, p. 30.

廉·罗伯逊（William Robertson）和大卫·休谟（David Hume）等。[1]他们又被称作"推测历史学家"（conjectural historians），[2]即用哲学化的眼光对历史发展过程进行思辨，并形成了著名的"历史发展阶段论"（stadial theory）。1750—1751年，亚当·斯密在爱丁堡大学进行了一系列讲座，阐述了他关于历史进步阶段论的思想。由于他本人亲自见证了英格兰和苏格兰南部制造业与商业的发展，因此从经济和生产方式出发，他将人类社会历史分为狩猎社会、游牧社会、农业社会以及商业社会四个阶段。他认为历史进步是顺理成章、自然而然的，只需一个"和平、宽松的税收和宽容的司法体制就能将一个国家从最低的野蛮状态"轻而易举地提升至富裕状态。在1776年出版的《国富论》中，亚当·斯密进一步阐述了这种阶段论。斯密的老师亚当·弗格森则在1767年的《文明社会史论》中指出，霍布斯、洛克和卢梭等人所假设的"自然状态"是具有误导性的，因为他们缺乏历史意识。人类并非一夜之间从自然状态转变为人造的"文明"状态，而是从其诞生起，就在不断地提升和发展自己，所经历的是一个连续的、"从粗鄙到文明的过程"。弗格森接受了斯密关于从狩猎到商业社会四个阶段的划分，但他相比斯密更强调政治的能动作用，并认为倘若一个社会缺乏良好的管理和协调，是可能走向腐败和衰落的。[3]倘若说亚当·弗格森和斯密等对"商业文明"的益处尚不十分确定的话，那么大卫·休谟则对此深信不疑。[4]他在《英国史》中充满激情地写道："我认为，不文明的民族（uncultivated Nations）相比文明的民族不仅在政府、民事、军事和教会上低劣，而且在道德上也要更低劣；他们整个生活的方式都是极其令人不快的和不合格的……英国人直到上个世纪初，也无疑属于不文

---

[1] Albert M. Craig, *Civilization and Enlightenment: The Early Thought of Fukuzawa Yukichi*, Cambridge: Harvard University Press, 2009, p. 16.

[2] "推测的历史"（conjectural history）一词由苏格兰启蒙学派代表人物之一、亚当·斯密的学生杜加德·斯图尔特（Dugald Stewart）在1793年首次使用。

[3] Adam Ferguson, *An Essay on the History of Civil Society*, Cambridge: Cambridge University Press, 1996; Albert M. Craig, *Civilization and Enlightenment: The Early Thought of Fukuzawa Yukichi*, Cambridge: Harvard University Press, 2009, pp. 19-22.

[4] 参见周保巍《走向"文明化"过程中的民族主义——休谟民族主义思想的探析》，《浙江学刊》2004年第2期。

明的民族之列。"① 英国思想史家邓肯·福布斯（Duncan Forbes）则评价休谟道，"这是他怀疑论最少的地方：相比亚当·斯密和其他苏格兰启蒙运动领军人物，休谟缺乏对商业文明益处的怀疑与担忧。文明的进步是全方位的：机械的和人文的技艺一同进步；'任何一方面的完善都离不开另一方面的改进……人类心灵一旦被从慵懒之中唤醒，便会在所有层次熠熠生辉，在一切的艺术与科学中日臻完美'"。②

法国启蒙思想是进步观念的另一大源流，代表人物有杜尔哥（Turgot）、达朗贝尔（d'Alembert）、孔多塞等。如果说相比之下苏格兰启蒙思想家较重视多元化的、基于经验的"常识"，法国启蒙思想家则更重视整齐划一的抽象原则，其史观也往往被称作"普世史"（universal history），③ 比"推测史"更为自信。一个表现是苏格兰多数启蒙思想家在歌颂"商业文明"的同时，尚抱着非决定论和不确定论的态度，法国多数的启蒙思想家则与休谟一样，全面、热情地拥抱"文明"与进步。就在亚当·斯密进行一系列讲座的同一年，杜尔哥也在索邦大学阐述了他关于"文明"进步阶段论的思想。孟德斯鸠强调"文明"的地理空间维度，杜尔哥则将重点转向了历史时间维度。他在后来出版的两篇《论普世史》（On Universal History）中，将上述以时间为线索的进步思想进行了系统化，描述了自《圣经》中大洪水以来，人类是如何由狩猎至畜牧，再至农业社会和城市商业社会的，同时还描述了政治制度以及人类心智的进步。孟德斯鸠还首次区分了"蒙昧"（savage）与"野蛮"。④

作为对"文明"进步观念的系统阐述，孔多塞所著的《人类精神进步史表纲要》具有里程碑式意义。相比杜尔哥、达朗贝尔和亚当·斯密

---

① Dennis C. Rasmussen, *The Infidel and the Professor: David Hume, Adam Smith, and the Friendship that Shaped Modern Thought*, Princeton: Princeton University Press, 2017, pp. 73-74.

② Duncan Forbes, *Hume's Philosophical Politics*, Cambridge: Cambridge University Press, 1985, pp. 87-88.

③ 倘若说苏格兰派目的论不太明显，意识到"文明"状态并非必然，而是带有偶然性，随时有可能会退步，并且将过去的历史阶段都视作是有其原因和合理性的话，那么主流的法国启蒙思想往往对过去持否定的态度，视其为错误的和非理性的，认为人类过渡到文明状态是必然的。但总的说来，双方在"文明"进步阶段论方面，共性仍然大于分歧。

④ George Stockings, Jr., *Victorian Anthropology*, London: The Free Press, 1987, pp. 14-15.

等时空范围较为狭隘的阶段论,孔多塞将阿拉伯、印度和中国的文明发展一并纳入其历史思辨中,从而构建了一个更宏大、统一的"文明"进步体系。他以不容置疑的口吻宣称,人类的进步是必然的、不可抗拒的,并且这一进程如同科学一般,存在普遍规律。他将人类已有的"文明"划分为 9 个阶段,这 9 个阶段在理性的推动之下依次进步,没有止境:"从科学与文明迄今为止观察到的进步来看,大自然没有为我们的希望设定终点。"① 简言之,"文明"既是神圣的价值,又是一个过程。在欧洲很长一段时间内,从价值层面来看,它首先体现为绝对理性,从过程来看则是线性的进步,可以说是一种已经事先写好的"文明的剧本"。②

孔多塞代表的这套社会历史观念影响极大,它首先反映的是欧洲国家内部的社会权力结构在发生巨大变化:商业资产阶级开始将自己的价值观变成国内主导性的价值理念,以之来取代传统的贵族宫廷礼仪——在诺贝特·埃利亚斯看来,"文明"最初指的便是宫廷礼仪,但随着商业文明所带来的阶级关系和社会权力结构变迁,市民阶级的理性、进步等思想得以"鸠占鹊巢",摇身一变成为"文明"的主要内涵。但与此同时,埃利亚斯也强调,不能仅仅将"文明"视作阶级的反映。他认为要想弄懂"文明"概念的变化,"光注意到阶级形态,即这些国家内部的各种关系是不够的。十九世纪欧洲各个工业国家内两个工业阶层的崛起是与这些民族的崛起同时起步的……与之相应的是除了阶层意识之外——有时候这种阶层意识只是一种外表——民族意识的作用越来越大"。③ 如果说理性、进步等作为"文明"的内涵主要是欧洲国内权力结构的产物,是阶级的因素在起作用,那么种族、文化等其他的"文明"内涵便更多的是国际权力结构的产物。

上述国内与国际的权力结构也塑造着欧洲的扩张。从国内权力结构来看,尽管日益强大的资产阶级出现了"文明"的自我意识,很容易自认为理性"文明",而将其他地区视作非理性和野蛮的他者,但在从

---

① 参见〔法〕孔多塞著,何兆武、何冰译《人类精神进步史表纲要》,南京:江苏教育出版社 2006 年,第 156—157 页。
② George W. Stockings, Jr., ed., *Bones, Bodies, Behavior: Essays in Behavioral Anthropology*, Madison: The University of Wisconsin Press, 1988, p. 8.
③ 〔德〕诺贝特·埃利亚斯著,王佩莉译:《文明的进程:文明的社会起源和心理起源的研究》(Ⅰ),北京:生活·读书·新知三联书店 1998 年版,第 18—20 页。

"宫廷文明"向"商业文明"过渡的阶段,它也并未脱离王权和教权的压制,尚未达到自信张扬的程度。从"国际权力结构"来看,欧洲领先的也并不多。由于西方本身科技与经济力量的限制,其殖民扩张往往局限于沿海地区,且以零散的殖民据点为主。

与上述权力结构相对应的是,商业文明时代欧洲盛行的万国法(law of nations)有一套较为平等与人道的"文明"标准。地理大发现后,欧洲征服者往往以清除异教徒为由,不将印第安人视作正常人类,而是视为"天生奴隶"(natural slave),对其进行掠夺、奴役与杀戮,强占其财产与领土。著名西班牙神学家弗朗西斯科·德·维多利亚(Francisco de Vitoria,1483—1546)、多明戈·德·索托(Domingo de Soto,1494—1560)、巴托洛梅·德·拉斯·卡萨斯(Bartolome de Las Casas,1484—1566)等所代表的"萨拉曼卡学派"(Salamancha School)则对此做法进行了抨击。他们将古罗马的"万民法"(ius gentium)改造成为适应16世纪具体情况的"万国法"(law of nations),[①] 来约束和规范西班牙帝国的殖民政策。维多利亚于1538年和1539年在萨拉曼卡大学(University of Salamancha)做了两次公开讲座,阐明了他在殖民征服问题上的观点。他认为欧洲人与美洲印第安人同为人类,是完全平等的,其人身、财产和自由的权利受到同样的保护,应当遵守同样的、基于自然法的国际规则(例如彼此均可在对方的土地上自由通行、贸易和传教等),无论是西班牙国王还是教皇,均无权剥夺印第安人的正当权利。卡萨斯对西班牙帝国的抨击尤为激烈,他年轻的时候曾在美洲拥有庄园和印第安人奴隶,但后来幡然悔悟,放弃了自己的庄园和奴隶,决定投身于帮助印第安人的事业,并且加入了多明我教会(Dominican Order)。他写出了《印第安人的毁灭简述》(*A Very Brief Recital of the Destruction of the Indies*)、《为印第安人申辩》(*In Defense of the Indians*)等著作,生动描述了印第安人的悲惨遭遇,言辞恳切地要求西班牙废除奴役印第安人的"大授地制"(encomienda),解

---

① 参见许小亮《从万国法到现代国际法——基于国家理性视角的观念史研究》,《环球法律评论》2013年第2期,第51页。

放印第安人。① 维多利亚和卡萨斯实际上是主张将欧洲的万国法扩展至美洲大陆。换言之,印第安人与欧洲人同属"国际大家庭"(family of nations)的一员,也应受到万国法的同等保护。②

  从某个角度来看,萨拉曼卡学派代表"宫廷文明"向"商业文明"过渡之初,欧洲中产阶级中流行的理性和人道主义。他们对教皇和封建君主权力的挑战,对代表人民的主权者的肯定体现了这一点。③ 他们的著作也往往遭到查禁,在生前无法公开出版。但是这种基于自然法的"文明自制"精神被欧洲稍晚一些的雨果·格劳秀斯、塞缪尔·普芬道夫(Samuel Pufendorf)、瓦泰尔等自然法学者,以及18世纪的启蒙思想家们继承了下来。一方面,他们反对不人道的征服、掠夺、奴役和杀戮。孔多塞在《人类精神进步史表纲要》中,便严厉谴责欧洲的奴隶贸易、对美洲等地的血腥屠杀和殖民,以及传教士试图强行让当地人皈依基督教的行为。④ 狄德罗对殖民主义和种族主义的控诉尤为激烈,他与纪尧姆·雷纳尔合著的《两印度哲学与政治史》(*Philosophical and Political History of the Two Indies*)被誉为"反殖民主义的圣经"。⑤ 深受苏格兰启

---

① 需注意的是,此时万国法"文明标准"对欧洲帝国的批判反映的是西方基督教会改革者和新兴资产阶级的意识形态,试图让帝国"文明化",而非让帝国消失解体。除萨拉曼卡学派之外,雨果·格劳秀斯(Hugo Grotius)、阿尔贝里科·根蒂利(Alberico Gentili)、弗朗西斯科·苏亚雷斯(Francisco Suárez)、宾刻舒克(Cornelius van Bynkershoek)、克里斯蒂安·沃尔夫(Christian Wolff)和艾默里奇·德·瓦泰尔(Emmerich de Vattel)等法学家也对万国法或欧洲公法的发展做出了贡献,他们试图用更加精巧的理由来为帝国辩护,贯彻他们心目中统治殖民地的"文明标准"。这些与当时欧洲贵族统治阶级的残暴和蛮横形成了对比。参见 Marti Koskenniemi,"Empire and International Law: The Real Spanish Contribution," *University of Toronto Law Journal*, vol. 61 (2011), p. 8。

② C. H. Alexandrowicz, *The Law of Nations in Global History*, Oxford: Oxford University Press, 2017, p. 114.

③ Anthony Anghie, "Francisco De Vitoria and the Colonial Origins of International Law," *Social & Legal Studies*, vol. 5, no. 3 (1996).

④ 孔多塞曾经说道:"让我们来检阅一下我们在非洲和亚洲的经营和建设历史吧,我们将看到我们对商业的垄断,我们的背信弃义,我们血腥地鄙视另一种肤色或另一种信仰的人们;我们的肆无忌惮的篡夺,我们教士们横行霸道地使人改变宗教信仰,他们的阴谋诡计。这一切摧残了我们知识的优越性和我们商业的优势最初所博得的那种敬意和好感。"参见〔法〕孔多塞,何兆武、何冰译《人类精神进步史纲要》,南京:江苏教育出版社2006年版,第157页。

⑤ Damien Tricoire, ed., *Enlightened Colonialism: Civilizational Narratives and Imperial Politics in the Age of Reason*, London: Macmillan, 2017, p. 3.

蒙思想影响的埃德蒙·伯克（Edmund Burke）力主允许英属北美独立，并曾在英国议会对印度总督沃伦·黑斯廷斯（Warren Hastings）进行了长达8年的弹劾（1786—1794年）。① 更晚一些的自由派思想家邦雅曼·贡斯当（Benjamin Constant）同样反对帝国扩张，指责拿破仑是"僭主"和"野蛮的征服者"。另一方面，他们在文化方面比较尊重其他民族，倡导彼此的和平共处，而不是试图简单粗暴地消灭异族的生活方式，代之以欧洲现代"文明"。甚至在他们的言论中偶尔会发现"多元文明"和"复数文明"的痕迹，给人以"多元文化主义"的印象。英国东方学家威廉·琼斯爵士（William Jones, 1746—1794）对印度文明有高度评价；狄德罗与康德认为所有民族都是"文化代理人"（cultural agents），反对将欧洲文明强加给他们；② 伏尔泰对中国的称赞仰慕可被看成一种"多元文明"观，伯克则甚至被查尔斯·亚历山德罗维奇（Charles Alexandrowicz）、乌代·梅塔（Uday Mehta）等当代学者视为"多元文化主义"的先驱。伯克尊重英帝国内部的多元文化共存，曾援引瓦泰尔的《万国法》（Le Droit des gens），控诉黑斯廷斯和东印度公司侵犯了印度当地统治者的权利；他与另一位法国启蒙思想家安克蒂尔-杜佩龙（Anquetil-Duperron）还对孟德斯鸠想当然的"东方专制主义"论断进行了有力的反驳。③

不过这些也许只是在商业文明取代宫廷文明的过程中，欧洲资产阶级对贵族统治方式的一种过度反应和矫枉过正。等到资产阶级自身转而取代贵族和君主并占据主导时，情形又会大不一样，甚至在某些方面有

---

① Jennifer Pitts, "Empire and Legal Universalisms in the Eighteenth Century," *American Historical Review*, vol. 117 (2012), p. 109.
② Damien Tricoire, ed., *Enlightened Colonialism: Civilizational Narratives and Imperial Politics in the Age of Reason*, London: Macmillan, 2017, p. 4.
③ 可能与社会和学术风尚有关，伯克的"多元文明"观最近得到了越来越多的关注。一位学者称，伯克"在19世纪是功利主义自由派，20世纪中期是自然法保守派，在21世纪初又在某些学术圈中变成了一个反对帝国主义，为文化多元主义和差异辩护的人"。参见 Daniel I. O'Neill, *The Burke-Wollstonecraft Debate: Savagery, Civilization, and Democracy*, Philadelphia: Pen State University Press, 2007, p. 3; Uday Sign Mehta, *Liberalism and Empire: A Study in Nineteenth-Century British Liberal Thought*, Chicago: The University of Chicago Press, 1999; Frederick G. Whelan, "Oriental Despotism: Anquetil-Duperron's Response to Montesquieu," *History of Political Thought*, vol. 22, no. 4 (Winter 2001) 等。

过之而无不及。① 因为很快我们将看到，孔多塞在抨击基督教扩张时，又隐隐地开始鼓吹世俗启蒙理性的扩张：

> 这些辽阔的国土上有着大量的民族，他们有的地方仿佛就只是在期待着接受我们的办法来使自己文明化，并在欧洲人中间找到自己的兄弟们来使自己变成为他们的朋友和他们的学徒；又有的地方是在神圣不可侵犯的专制君主或愚蠢不堪的征服者之下饱受奴役的民族，他们许多世纪以来都在召唤着解放者；另有的地方则几乎还是野蛮的部落，气候的恶劣使他们远离着已经完善化的文明的甜美，而那同一种恶劣又同样地推开了那些想要使他们认识到那种好处的人；或者还有征服者的游牧部落，他们除了武力不懂得任何法律，除了抢劫不懂得任何行业。这后面两类民族的进步将缓慢得多，并且伴随有更多的风暴；或许甚至他们将被文明民族所驱退，人数缩减得更少，他们终将不知不觉地消灭或者是消失在文明民族的内部。②

孔多塞还宣称，欧洲人帮助非欧洲人是其神圣职责："让他们自我文明化……让欧洲人成为他们的良师益友。"总之，孔多塞在这里实际上并不是放弃扩张，而只是试图用市民阶级和启蒙的扩张来取代贵族和基督教的扩张，认为后者是血腥、凶残、贪婪和破坏性的，而前者将会是"慈善"、开明、利他的和建设性的，这与萨拉曼卡学派对西班牙帝国的

---

① 事实上，萨拉曼卡学派在批判教皇和神圣罗马帝国无权肆意侵害印第安人权益时，也提出了一套交往规则，颇为接近后来资产阶级的主张。即印第安人必须同意与欧洲人进行自由的贸易和文化交流，允许欧洲人在美洲传教，否则便是违反了"万国法"，欧洲的主权国家（而非教皇或封建皇帝）便有权对其进行"正义战争"（just war），实施武力惩戒，包括没收其财产和占领其领土等措施。从事后看，谴责掠夺式的统治和人道主义诉求似乎只是"项庄舞剑"，而提出更"文明"、更现代的新型统治模式倒更像是这些近代早期法学家们主要的目标。另外，从长期动态的趋势来看，从萨拉曼卡学派到琼斯和伯克的"多元文化"主张实际上处于一种逐渐退潮的状态，应算作多元帝国的思想遗产（克莱武和黑斯廷斯等帝国统治者也许比他们更懂多元文化），单线文明观似乎才是其发展的方向。可参见 Anthony Anghie, "Francisco De Vitoria and the Colonial Origins of International Law," *Social & Leagal Studies*, vol. 5, no. 3（1996）。

② 〔法〕孔多塞著，何兆武、何冰译：《人类精神进步史表纲要》，南京：江苏教育出版社 2006 年版，第 159 页。

"扬弃"态度是一致的。通过孔多塞的言论，我们也能更好地理解早在1798年，拿破仑在出征埃及前对法国士兵的动员："士兵们！你们将会踏上一段征服的旅程，它对文明的价值是无法估量的。"① 这实际上已经是法国"文明使命"的先声。② 被梅塔认为是早期"多元文化主义"代言人的伯克在这方面也不遑多让。尽管伯克认为印度在文明上与英国没有大的差别，但他对美洲印第安人与黑人的态度却丝毫体现不出这一点。他支持白人在北美的扩张，并为非洲的奴隶制辩护，认为这是"文明化"黑人的方式。③ 甚至如学者埃里克·斯托克斯（Eric Stokes）所说，连在臭名昭著的殖民头目罗伯特·克莱武（Robert Clive）和黑斯廷斯头脑中，也还没有后来那种"种族优越论和使命感"。④ 也许在残暴程度上资产阶级的殖民统治远远比不上贵族君主，但在消灭其他文化、实行"文明专制"统治的热情上，资产阶级又远远胜过前者。

总之，在尚未进入工业大机器生产阶段的"商业文明"以及更早的"宫廷文明"时代，欧洲主要国家早已经以"文明"自居，并且在全球的沿海地区初步地展开了"文明攻势"。但由于征服政策主要是由教会、君主和贵族在实施，欧洲国家的中产阶级知识精英往往是旁观者和评论者，

---

① Michael Levin, *Mill on Civilization and Barbarism*, London: Routledge, 2004, p. 11.
② 斯图尔特·伍尔夫甚至断言，"文明概念作为一种意识形态，在大革命之前就早已成为法国权力的工具，同时在启蒙时代因与进步观念相联系而获得了更多的力量。在拿破仑年代，它不知羞耻地成了一种文化帝国主义的形态。在拿破仑帝国中，通过应用到不同的族裔群体，它的目标看上去似乎更加实用和功利，即加强其统一的行政管理，作为消除某些群体或人民反抗的手段"。参见 Stuart Woolf, "French Civilization and Ethnicity in the Napoleonic Empire," *Past & Present*, vol. 124, no. 1 (1989), p. 119.
③ 伯克评论中国与阿拉伯人、鞑靼人和印第安人也与此类似。他在1777年说，"现在，人类的宏伟地图如画卷般展开；所有野蛮层次或状态（state or gradation of barbarism），所有优雅模式（mode of refinement）都尽收眼底：欧洲和中国完全不同的文明（civility）；鞑靼人与阿拉伯人的野蛮，北美和新西兰的蒙昧状态（savage state）"。转引自〔英〕马克·B. 索尔特著，肖欢容、陈刚、原丁、陆同译《国际关系中的野蛮与文明》，北京：新华出版社2004年版，第22页。可以看出伯克在这里对中国与印度的文明评价较高，因此表现出多元文化主义的态度，而对鞑靼人、阿拉伯人和印第安人则体现出"文明等级"与"文明专制"的立场。Daniel I. O'Neill, *The Burke-Wollstonecraft Debate: Savagery, Civilization, and Democracy*, Philadelphia: Pen State University Press, 2007, p. 138; Margaret Kohn and Daniel I. O'Neill, "A Tale of Two Indias: Burke and Mill on Empire and Slavery in the West Indies and America," *Political Theory*, vol. 34, no. 2 (2006).
④ Eric Stokes, *The English Utilitarians and India*, Oxford: Clarendon Press, 1959, p. xiii.

加之东西方差距尚未大到难以跨越的地步，他们也颇有几分"自知之明"，并未自大到认为母国可以全面统治和改造殖民地的程度，相反还时常显得较为不自信和克制，也愿意虚心地承认其他种族的优点。相应地，以"普世"自然法为根基的"万国法"亦并未将非欧洲地区排斥在外，反而会据此批判贵族征服者的胡作非为与血腥残暴，要求帝国尊重多元文明与文化。这些都导致"文明攻势"相对较为微弱，可称为"文明自制"的路线。①而随着其实力的增长，这种不自信也将烟消云散，"文明攻势"迅速强化，资产阶级的殖民路线遂从"文明自制"走向了"文明专制"。

工业文明 拿破仑战争后，随着第一次工业革命的到来，欧洲的"工业文明"逐渐取代"商业文明"，也相应改变了"文明"的内涵。以英国为首的欧洲国家经济空前繁荣，无论是在经济还是军事实力方面都遥遥领先于东方国家。正如彭慕兰（Kenneth Pomeranz）等加州学派学者所论证的那样：即便欧洲很早就出现了科学革命，但东西方之间真正的大分流要到18世纪末的最后10年才出现，而对"文明"差距的感知甚至要更晚。在此之前库克船长（Captain Cook）等人对非西方虽然也持批评态度，但仍保持着一种共情的心理，在见证当地种种野蛮风俗的同时，也伴随着对欧洲文明缺憾的反省，和对欧洲帝国的批判。但商业文明时代的这种有限的谦卑和自省在工业文明时代几乎荡然无存了。"文明"变得更自信也更具扩张性。西方的"文明攻势"变得难以遏制：工业大生产的"文明"代替野蛮似乎成了必然趋势，封闭、孤立则成为"文明"的对立面。正如马克思与恩格斯在1848年的《共产党宣言》中写道：

> 资产阶级，由于一切生产工具的迅速改进，由于交通的极其便利，把一切民族甚至最野蛮的民族都卷到文明中来了。它的商品的低廉价格，是它用来摧毁一切万里长城、征服野蛮人最顽强的仇外心理的重炮。它迫使一切民族——如果它们不想灭亡的话——采用资产阶级的生产方式；它迫使它们在自己那里推行所谓文明，即变

---

① 埃利亚斯在其名著《文明的进程》中认为"文明"的首要特征是自我控制（self-control）和自我监控，因此这里将其命名为"文明自制"路线。

成资产者。一句话，它按照自己的面貌为自己创造出一个世界。①

英国著名激进自由派托马斯·麦考莱（Thomas Macaulay，1800—1895）则在1846年的演说中宣布：英国人已经成为"有史以来最伟大、最文明的人民……它的海上力量可以在15分钟内将推罗（Tyre）、雅典、迦太基、威尼斯和热那亚的联合舰队轻而易举地消灭，她将医学、交通和通信、机械、制造业和所有推动生活便利的技艺都推动到完美的地步……英格兰的历史就是进步的历史"。②

在工业文明时代，对落后地区的贬损也似乎更加有理有据、理直而气壮。当代政治学家詹妮弗·皮茨（Jennifer Pitts）说道：

> ……18世纪思想家们的观点与他们19世纪的那些后继者们之间的最为显著的差别之一，可能会被描绘为文化或文明自信的显著增强。从保守主义者，到自由主义者和激进主义者，19世纪政治思想谱系中各个部分的思想家都表现出了这种自信。尽管欧洲人在18世纪晚期，毫无疑问地在才智、道德、政治、经济和技术等方面，愈加确信自己较之世界其他地区拥有优越感，但是我们发现，在18世纪许多思想家当中，始终有人感觉他们自身的文明成果是脆弱的，始终怀疑欧洲的政治秩序和社会秩序的公正性，并且尊重其他社会的文明成果和理性。③

自1859年起，查尔斯·达尔文陆续出版《物种起源》《人类的由来》等影响力巨大的科学著作，达尔文的理论不仅支持了启蒙时代的进步观念，而且使之在时间范围和对象上发生了巨大变化，"发展论"变成了"进化论"。启蒙时代的进步观主要牵涉人类社会政治组织、科技等方面的发展，它对人类生物学层面的进化几乎没有涉及，进步时间也

---

① 〔德〕马克思、恩格斯：《共产党宣言》，载《马克思恩格斯选集》（第一卷），北京：人民出版社2012年版，第404页。
② 转引自 Michael Levin, *Mill on Civilization and Barbarism*, London: Routledge, 2004, p. 11。
③ 〔美〕珍妮弗·皮茨著，金毅、许鸿艳译：《转向帝国：英法帝国自由主义的兴起》，南京：江苏人民出版社2012年版，第20页。

局限于《圣经》中的时间范围。而进化论假说以及 1858 年英国布里克瑟姆洞穴（Brixham cave）的考古发掘，则极大地拉长了人类的存在时间，使之从数千年扩展成为数百万年。这也意味着不同的人类社会在时间上的差距被突然拉大了，以至于达到了很难被填补和"文明化"的地步。尽管达尔文反对科学种族主义的异源说，极为厌恶奴隶制，也反对欺压弱势群体，歌颂人类与动物不一样的利他行为，但他的种族歧视言论并不少见。他说，某些原始种族由于无法适应现代环境，注定要灭绝。他也曾为欧洲击败土耳其人而欣喜若狂，视之为文明对野蛮的胜利。①

更重要的是，他的学说为扩张主义者和种族主义者提供了理论依据。他们往往将达尔文的理论庸俗化，宣称某些低劣种族"对知识、艺术、科学、制造和世界的道德并无一丝一毫的贡献"，他们的种族消亡完全符合自然和上帝的安排。② 在达尔文的学说问世之前，已经出现了宣扬优胜劣汰的"社会达尔文主义"。③ 英国哲学家赫伯特·斯宾塞是其中最重要的人物，"适者生存"（survive of the fittest）的流行语便是源于他。达尔文本人也受到了斯宾塞的影响，在《物种起源》出版后，他又亲自将斯氏"适者生存"的说法写进自己的生物学著作中。斯宾塞的社会达尔文主义与戈宾诺、罗伯特·诺克斯（Robert Knox）、本杰明·基德（Benjamin Kidd）等人的种族主义相结合，将人类基于肤色划分为白种人、黄种人和黑人，形成了一套看似固定不变的种族等级制度，为欧洲帝国主义种族灭绝、种族压迫及种族隔离政策提供了辩护的理由。④

同时，与商业文明时代的"文明"概念相比，在新兴工业社会，"文明"概念变得更加科学化，更精巧细致了。它从此前的抽象哲学变得更加自然科学化，如科学种族主义和进化论；也更加地社会科学化，如功利主义和实证主义。新增的科学内涵也使"文明"更带有客观、不

---

① 〔美〕布鲁斯·马兹利什著，汪辉译：《文明及其内涵》，北京：商务印书馆 2020 年版，第 76—77 页。
② Michael Adas, "Contested Hegemony: The Great War and the Afro-Asian Assault on the Civilizing Mission," *Journal of World History*, vol. 15, no. 1（March 2004）, p. 33.
③ 事实上它所依据的是拉马克（Lamarck）的思想，"社会拉马克主义"似乎比"社会达尔文主义"更贴切。参见 George W. Stockings, Jr., *Race, Culture, and Evolution: Essays in the History of Anthropology*, Chicago: The University of Chicago Press, 1982, p. 239.
④ 〔英〕约翰·霍布森著，孙建党译：《西方文明的东方起源》，济南：山东画报出版社 2009 年版，第 212—213 页。

以人类意志为转移等决定论的色彩，更加冰冷严酷。① 这些也有助于文明攻势与使命的强化，有助于从"文明自制"走向"文明专制"。

如前所述，欧洲文明的两个核心国家——英法国内阶级力量和社会权力结构在工业文明的冲击下动态地发生着变化，在此过程中也各自产生了其主导性的"文明"概念，从而转化和形成了19世纪中期之后国家哲学的差异，即功利主义文明观和实证主义文明观。英国功利主义声称追求多数人的最大幸福，法国实证主义试图从实际经验出发归纳出人类发展的铁律。二者都不像启蒙思想那样注重抽象、先验的道德原则，因此他们一方面缺乏启蒙思想家对异族本能的同情，另一方面也主张因地制宜，区别对待不同"文明"程度的国家或地区，鼓吹母国对殖民地的专断统治和压榨，而淡化了自然法中的道德因素和平等的价值取向。

事实上，从一开始英国和苏格兰的启蒙传统便十分重视常识与经验，保留着休谟式的怀疑主义，反对武断、绝对化的理性自然权利学说。到19世纪前半叶，这种常识和经验主义发展为功利主义学说。功利主义更重视实际功用而非抽象权利，主张为了促进"多数人的最大幸福"，大刀阔斧地进行国内改革。杰里米·边沁（Jeremy Bentham，1748—1832）是英国功利主义的开创者，他在1789年首次阐述了功利主义的基本原则。他对区分不同种族的"文明"等级不感兴趣，对欧洲殖民主义和帝国也一贯持反对态度，因为从功利的角度出发，他认为这会使殖民母国人民的最大"幸福"受损。②

---

① 美国著名神学家莱因霍尔德·尼布尔（Reinhold Niebuhr）指出，这一时期是从"自然的时代"到"机械的时代"，在"自然的时代"，自然科学的发展所带来的主要是启蒙式的、科学和理性的世界观，它对于人们的社会生活并无直接的影响；而真正导致社会有机体内部出现巨大张力的是应用科学，它导致现代文明变得抽象、机械和缺乏情感——"应用科学创造了一种'客观的文明'（impersonal civilization），在其中人们之间的关系是如此复杂，其群体和单位是如此巨大，过程如此的客观，生产的产品如此重要，伦理的行动如此困难，因此其中的个体不仅变得微不足道，而且无比愤怒"。参见 Reinhold Niebuhr, *Does Civilization Need Religion? A Study in the Social Resources and Limitations of Religion in Modern Life*, New York: The Macmillan Company, 1928, p. 5, p. 19.

② 边沁写给法国著名革命者小米拉波（Comte de Mirabeau）的一封信在1893年以小册子的形式公开出版，标题就叫《解放你们的殖民地！》。他的主要论点是功利主义的利益计算。见 Bart Schultz and Georgios Varouxakis, eds., *Utilitarianism and Empire*, Lanham: Lexington Books, 2005, p. 69; Jennifer Pitts, *A Turn to Empire: The Rise of Imperial Liberalism in Britain and France*, Princeton: Princeton University Press, 2005, p. 113.

但边沁的"反帝功利主义"只是例外，或许是因为他作为功利主义的开创者，身上仍残留着启蒙时代的印记，也或许他没有看到"文明化"印度会给英国带来的潜在利益。新一代的功利主义者如詹姆斯·密尔（James Mill，1773—1836）和约翰·斯图亚特·密尔（John Stuart Mill，1806—1873）父子、托马斯·麦考莱等均从"文明"与"野蛮"的对立出发论证帝国统治的合理性，洋溢着"辉格主义"的乐观精神和功利态度，可称之为"功利帝国主义"。老密尔在《英属印度史》（History of British India）中，直接将功利原则作为"文明"与"野蛮"的关键评判标准："功利（utility）被当成每一种追求的目标，我们则相应将一国视为文明国家。一国的才智被浪费在可鄙或可恶的目标上……则将相应被称为野蛮的国家。"① 基于此标准，他指责此前威廉·琼斯爵士错误地将印度定义为"高度文明"，而将其归类为亚洲"半文明"和"停滞"的国家。他还宣称，专制是最适合印度"文明水平"（level of civilization）的政治制度，英国在印度实行的是"善意的专制"。② 他甚至认为，处在不同发展阶段种族的智力水平也是不一样的。

小密尔在对"文明"与"野蛮"的简化区分，以及倡导"文明专制"的热情方面，比其父有过之而无不及。尽管他也曾为摩门教的一夫多妻制等"不文明"的习俗辩护，声称强迫"文明化"是不现实的，但他积极拥护英国在印度的殖民政策。1859 年，小密尔在《论不干涉》（A Few Words on Non-intervention）中评价"野蛮人"说："野蛮人不懂得互惠，不懂得遵循任何规则。他们的心智无法达到这样的层面。"他因此认为，在外交中应当区别对待"文明"和"不文明"的国度，对"不文明"国家进行干涉和专制的殖民统治：

> 倘若有人将对野蛮人的任何行为说成是对国际法的违背，只能表明他还从来没有考虑过这种主题。它可能轻易地被归类为违背了道德的重大原则；但是野蛮人不具备被当成一个国家（nation）的权利。他们只有一种权利，即尽可能早地让自己变成这样的国家。文

---

① 〔美〕珍妮弗·皮茨著，金毅、许鸿艳译：《转向帝国：英法帝国自由主义的兴起》，南京：江苏人民出版社 2012 年版，第 187 页。

② George Stockings, Jr., *Victorian Anthropology*, London: The Free Press, 1987, pp. 32-33.

明的政府与野蛮的政府之间关系的唯一道德法则，是人与人之间普世的道德规则。①

至于小密尔在《论自由》中所倡导的不干涉他人，也仅限于"能力成熟的人类身上"，即"文明社会"中，而"处于未成年状态的种族"与未成年人一样，都被排斥在外；他鼓吹对殖民地实行"文明的专制"，因为"专制（despotism）是与野蛮人打交道时的合法政府形式，只要最终目标是他们的改进，并且有效地达到了这个目标，手段便是次要的"。② 当代英国政治学家詹妮弗·皮茨就此评价道："小密尔放弃了苏格兰人对历史发展作出的相对细致的阐释，赞成在野蛮与文明之间形成一种粗略的二元划分，并且他也将这种历史观点与功利主义观点相结合，以论证专制的、但文明开化的帝国统治的合法性。"作为功利主义者，小密尔心目中"文明"的标准是合作的能力。根据功利主义原则，小密尔在《政治经济学原理》一书中还主张通过经济制度对"野蛮种族"进行"文明化"。③

麦考莱是一位受功利主义学说影响颇深的政治家。他认为，帝国本身并不值得追求，相反它很多时候对母国还是一种负担，甚至构成致命的弱点。印度对英国在经济上也没有多少帮助："与文明人贸易也比统治野蛮人有利可图得多。"因此，英国拥有帝国唯一的理由便是将它的"文明"带给当地人，否则便不如让当地人独立。他和密尔父子都认为阿拉伯与印度的东方文化毫无价值，主张彻底代之以英国的文明。他认为让印度文明化是英国最重要的使命，它是否最终独立则是无关紧要的。他还长年在印度担任要职，并按照功利主义原则对印度的教育、法律和司法体系进行了大刀阔斧的改革，为的是让印度人能尽快接受英国的"文明"，具备像英国人一样的自治能力。④ 一位学者评价麦考莱和密尔

---

① 〔英〕珍妮弗·皮茨著，金毅、许鸿艳译：《转向帝国：英法帝国自由主义的兴起》，南京：江苏人民出版社2012年版，第212—214页。
② John Stuart Mill, *On Liberty*, London: Roberts & Green, 1854, p.23；〔英〕珍妮弗·皮茨著，金毅、许鸿艳译：《转向帝国：英法帝国自由主义的兴起》，南京：江苏人民出版社2012年版，第212页。
③ Dillon Stone Tatum, *Liberalism and Transformation: The Global Politics of Violence and Intervention*, Ann Arbor: University of Michigan Press, 2021, p.50.
④ Eric Stokes, *The English Utilitarians and India*, Oxford: Clarendon Press, 1959, p.44.

的殖民政策主张时说,"正如达拉姆勋爵(Lord Durham)希望将法裔加拿大人变成英国人一样,麦考莱希望印度人除了肤色外,其他所有方面都变成英国人。英帝国其他角落的自由派对土著人的生活方式和思想都抱有同样的态度。他们从密尔的思想中得到激励,好奇为什么人们需要'盲目'地遵循自己的习俗和传统,为什么殖民统治者不能用一种更精巧的、教育与强制相混合的方式去让他们适应自由派的生活与思维方式"。①

因此从理想的层面讲,密尔式功利主义的"文明专制"并非一味对"野蛮人"采取强硬专制手段,而是以当地人的"最大幸福"为标准提出的。1865 年 10 月 11 日,英帝国统治下的牙买加殖民地发生莫兰特湾起义(Morant Bay Rebellim),土著人对殖民统治进行了反抗。牙买加总督爱德华·约翰·艾尔(Edward John Eyre)随即宣布戒严令,在持续达一个月的戒严期间杀死了 439 名黑人,包括妇女和儿童在内的 600 多人遭到鞭刑,1000 幢房屋被烧毁,还逮捕并以叛国罪处死了牙买加立法机构的黑人领袖乔治·威廉·戈登(George William Gordon)。尽管英国的贵族、中产阶级和政府机构大多不愿意起诉艾尔,但刚刚开始其下议员生涯的小密尔却极力主张控告艾尔的罪行,因此密尔被推举为专门调查此事的牙买加委员会主席。密尔在这桩案件中明确主张将总督的过失与殖民帝国的合法性本身作出区分,认为悲剧主要源自艾尔个人的违法行为,而非殖民帝国导致。②他之所以主张惩罚艾尔总督,是因为艾尔采取专制手段镇压野蛮人,却并非为了实现"文明专制"的功利主义目标——帮助野蛮人获得进步。换言之,尽管密尔主张对野蛮人实行专制,但这种专制却是"仁慈的专制"(benevolent despotism),是以野蛮人的"文明化"为目标的。

这种功利主义的帝国原则也接续了英国或"盎格鲁-撒克逊"的传统。美国历史学家托马斯·本德(Thomas Bender)说道:"在占据西半

---

① 转引自 Georgios Varouxakis, "Empire, Race, Euro-centrism: John Stuart Mill and His Critics," in Bart Schultz and Georgios Varouxakis, eds., *Utilitarianism and Empire*, Lanham: Lexington Books, 2005, p. 149。

② J. Joseph Miller, "Chairing the Jamaica Committee: J. S. Mill and the Limits of Colonial Authority," in Bart Schultz and Georgios Varouxakis, eds., *Utilitarianism and Empire*, Lanham: Lexington Books, 2005; Catherine Hall, *Civilising Subjects: Colony and Metropole in the English Imagination, 1830-1867*, Chicago and London: The University of Chicago Press, 2002.

球土地的问题上，不同的欧洲帝国有着不同的合法占有理论。从北美拓殖起，英国人用宗教的语言和上帝的旨意来自我辩护，假定有效使用——或社会效率——可使其对土地的占有合法化，不论是直接偷窃还是通过条约。葡萄牙人相信，发现本身，或者更确切地说，是发现的技术能力赋予了占有权，而西班牙人相信，言语——定期地宣示所有权——足以保证真正的占有权。但对英国人来说，合法占有依赖于使用，依赖于让土地能够富饶多产。"① 一直到19世纪末，英帝国主义最为重要的一个辩护理由便是"社会效率"（social efficiency）。这显然也是功利主义的体现。功利主义为此甚至在不少人眼中带有利他色彩：殖民统治未必会给母国带来好处，但一定有益于殖民地当地人民"文明"的提升。本杰明·基德宣称，英美文明"最不能容忍的"就是土著人浪费自己土地上富饶的资源。"不能认为英国开发埃及是出于自己的利益，或者通过开发这个国家的资源，为自己谋取任何排他的利益……它不是通过损害其他人而得利，而是与其他人一起得利……它的所得也是文明之所得。"② 这种模糊的利他和社会效率话语无疑有利于英国殖民统治的合法性，有利于西方普世主义的扩张，甚至也会得到被殖民对象的认同。③

如果说英国的功利主义较重视实际功用和常识的话，那么法国诞生的实证主义则带有"理性乌托邦"的冲动。这与法国在启蒙时代的绝对理性

---

① Thomas Bender, *A Nation Among Nations: America's Place in World History*, New York: Hill and Wang, 2006, p. 207.
② Benjamin Kidd, *The Control of the Tropics*, New York: The Macmillan Company, 1898, pp. 95-96.
③ 参见〔美〕珍妮弗·皮茨著，金毅、许鸿艳译《转向帝国：英法帝国自由主义的兴起》，南京：江苏人民出版社2012年版，第197页。中国学者李筠试图与皮茨商榷，认为边沁和伯克反对"帝国"的言论和做法是幼稚的，只考虑到了小的均质共同体的幸福；相反，密尔父子对密尔功利主义进行了完善与发展，将其从均质化的共同体推广至异质化的共同体（即"帝国"），通过"文明"与"野蛮"的框架建构起了一套"父爱主义"的，甚至是反种族歧视的"幸福共同体"，它以最终在落后国家建立代议制为目标，从长远来看是成功的，体现在英联邦和国联等国际制度的安排上。参见李筠《密尔论帝国》，《学海》2019年第3期，第115—121页。无论是皮茨还是李筠的观点似乎都反映了一点，即功利主义在很大程度上冲淡了西方此前道德观念对帝国主义的限制和束缚，功利主义"文明"观念对帝国扩张持更加鼓励的态度；但与此同时，功利主义又会产生新形式的"利他"合法性。另一位学者则认为，英国之所以开始对印度进行更积极的同化政策是因为有更深层的功利主义考量，即由于英国国内完成了工业化，英国越发需要作为出口市场，因此才会渴望将印度人变成有消费需求与能力的"英国人"。参见 Eric Stokes, *The English Utilitarians and India*, Oxford: Clarendon Press, 1959, p. xiii。

主义倾向一脉相承，尽管它声称要用更精确、更实证的科学取代启蒙时代过分独断的形而上学。以"社会学之父"、法国著名学者奥古斯特·孔德（Auguste Comte, 1798—1857）为首的实证主义者试图根据人类历史经验，归纳总结出不可抗拒的普遍规律。他们也是19世纪社会进化论（social evolutionism）的鼓吹者，这套社会进化论与达尔文在生物学上的进化论同时，但实际是独立发展而来的：达尔文通过观察自然界得出了进化的结论，他们则通过观察社会历史，以及对启蒙传统进行改进，得出了类似的进化"规律"。① 孔德对孔多塞在《人类精神进步史表纲要》中所总结的人类发展阶段进行了系统化和重构，将其简化为神学—形而上学—实证三个阶段，将大革命和启蒙运动都视为向实证科学过渡的形而上学阶段。

实证主义不仅是一套学术范式，同时也是帝国意识形态。孔德便以"人类精神的独裁者"（spiritual dictator of mankind）自称。一位当代学者指出，通过鼓吹使用客观规律来改造和重组人类社会，孔德俨然成了基督的化身，也标志着"自由派转换成了社会工程师（social engineer）"。② 孔德还将利他主义的概念（在他看来，利他主义与基督教的慈善是对立的）引入他所开创的社会学，公开倡导法国领导下的欧洲"文明使命"。在1851年出版的《实证政治体系》（*Système de politique positive*）一书中，他建议成立五个欧洲大国主导的"西方实证委员会"（Occidental positive committee），该委员会先按照西方各国对科学的贡献来划分等级，建立统一的欧洲联邦；③ 其成员再向外扩张，扩张对象分别是白人女性、殖民

---

① 〔英〕J. S. 密尔著，汪瑄译：《代议制政府》，北京：商务印书馆1984年版，第33页。
② 美国政治哲学家埃里克·沃格林（Eric Voegelin）甚至用尖锐的语言批评孔德，"不论未来的答案是什么，孔德无疑与马克思、列宁和希特勒等一起，属于这样的一群人：他们试图通过总结他们有限范围内的生活经验，得出规律，然后将其强制推行作为新社会的原则，来拯救人类。人类的魔鬼启示录（satanic Apocalypse of Man）自孔德开始，成为欧洲危机的标志……实证主义的教条……只会被某一类思想家所接受，他们对古典的、基督的人类科学一无所知"。转引自John P. East, "Eric Voegelin and American Conservative Thought," *Modern Age: A Quarterly Review* (Spring 1978), p. 126. 诺贝特·埃利亚斯（Norbert Elias）认为，19世纪的"两个工业阶层"（即市民阶层和产业工人阶级）正处于上升状态，从而形成了相应的"社会信念、理想以及他们的长远目标和希望"，其中马克思和恩格斯是把"自己与产业工人阶级等同起来"，而孔德则是"市民阶层的社会学家"。参见〔德〕诺贝特·埃利亚斯著，王佩莉、袁志英译《文明的进程：文明的社会发生和心理发生的研究》，上海：上海译文出版社2018年版，第15—16页。
③ Martin Koskeniemi, *The Gentle Civilizer of Nations: The Rise and Fall of International Law, 1870-1960*, Cambridge: Cambridge University Press, 2001, p. 29.

地和其他落后地区的代表。在西方国家的倡议下，法国作为该委员会的主席，将率领世界自我革新（regeneration），迈向科学的乌托邦。①

孔德曾是圣西门的秘书，其实证主义观点深受著名空想社会主义者圣西门的影响。圣西门对工业生产影响下民众的悲惨遭遇感到十分震惊，憧憬创立一个由科学家、工程师和艺术家主导的新社会。圣西门在1825年去世后，他的追随者昂方坦（Enfantin）、阿曼德·巴札尔（Amand Bazard）等形成了一个带有神秘色彩的圣西门教会，②很早就开始打出"文明使命"的旗号，要对世界进行全面的改造。昂方坦曾经写作《阿尔及利亚的殖民》一书，主张通过在阿尔及利亚殖民建立新社会。这种殖民"不是洗劫和灭绝当地人，也不是给他们套上枷锁，而是将他们提升到文明和联合的情感水平，而我们在这方面一直是最慷慨的代表"。他特别强调法国不能效仿英国，将囚徒放逐到殖民地，给当地带来灾难，"不能将阿尔及利亚变成法国的博特尼湾（Botany Bay）"。③除此之外，从19世纪中叶到20世纪初，这些"圣西门主义者"不仅在法国的现代化进程中大显身手，也对世界的"文明"与现代化作出了有争议的贡献：法国的斐迪南·德·雷赛布（Ferdinand de Lesseps）、菲利普·博诺-瓦里拉（Philippe Burau-Varilla）等受"圣西门主义者"敦促与帮助（圣西门主义者为雷赛布开通苏伊士运河提供了出色的金融专家

---

① Patrick Petitjean, "Science and the 'Civilizing Mission': France and the Colonial Enterprise," Benediky Stutchey, ed., *Science Across the European Empires, 1800-1850*, Oxford: Oxford University Press, 2005, p. 113; Mary Pickering, "Positivism in European Intellectuals, Political, and Religious Life," in Warren Breckman and Peter E. Gordon, eds., *The Cambridge History of Modern European Thought*, vol. 1, Cambridge: Cambridge University Press, 2019, pp. 151-171; Jennifer Pitts, "Ideas of Empire: Civilization, Race, and Global Hierarchy," in Warren Breckman and Peter E. Gordon, eds., *The Cambridge History of Modern European Thought*, vol. 1, Cambridge: Cambridge University Press, 2019, pp. 447-469.

② 参见倪玉珍《兼顾个人与社会——法国社会主义先驱皮埃尔·勒鲁思想初探》，《首都师范大学学报》（社会科学版）2020年第5期。

③ Matt K. Matsuda, *Empire of Love: Histories of France and the Pacific*, Oxford: Oxford University Press, 2005, p. 53. 小密尔也认为，圣西门式社会主义的家长式专制或贵族政治最适合"野蛮人"，它能"使每个人感觉到现时存在一种足以强迫他人服从既定规则的强力，但是这个政府由于不可能着手规定有关勤勉和生活的一切细节，必然听任并诱导人们自行去做很多事情。为了能让不文明的民族能快速地走完实现社会进步所无法绕开的步骤，这样的引带政府（government of leading-strings）看上去是必要的"。参见〔英〕约翰·斯图亚特·密尔著，汪瑄译《代议制政府》，北京：商务印书馆1984年版，第33页。

和工程师），成功地开通了苏伊士运河，同时也为美国建造巴拿马运河打下了基础。①

实证主义并非法国的专利，也影响了英、德等欧洲其他国家。小密尔在1829年首次读到圣西门主义者的著作时便赞不绝口；② 英国人亨利·托马斯·巴克尔（Henry Thomas Buckle）是孔德的坚定支持者，他将科学视作"文明"的核心；英国还出现了以约翰·奥斯丁为代表的"实证主义法学"。奥斯丁将边沁的功利主义与孔德的实证主义相结合，使19世纪的法学基本脱离了自然法的范式。③ 甚至许多"落后国家"如沙俄、印度、土耳其、墨西哥和巴西等也把实证主义作为使本国现代化的灵丹妙药。④ 此外，实证主义与英国的功利主义也有很多相似之处。实证主义可以说让功利主义变得更"科学化"。小密尔称，孔德学说与自己颇为契合，就像给了自己的想法"一张科学的面孔"。⑤ 当然，他也试图区分"好的孔德"和"坏的孔德"。坏的孔德尤其体现在《实证政治体系》一书中。小密尔指责孔德无视个人权利，要让所有的个人偏好从属于总体的人类利益，"为他人而活"的利他主义成了文明的唯一试金石。小密尔还注意到，孔德主张建立人类教（Religion of Human），自称"大教宗"（Great Pontiff），实际上是用对社会的整体崇拜取代宗教崇拜，但过分强调利他反而会变得更具有压迫性。他抨击孔德的"实证主义政治学"（positive politics）是一种"彻头彻尾的、精神和世俗的专制主义"。⑥ 这也体现了英国功利主义与法国实证主义的分野。

在工业文明时代，国际法（international law）取代了万国法成为欧

---

① Matt K. Matsuda, *Empire of Love: Histories of France and the Pacific*, Oxford: Oxford University Press, 2005, pp. 49-55.
② Michael Levin, *Mill on Civilization and Barbarism*, London: Routledge, 2004, p. 19.
③ 亢爱青：《奥斯丁及其实证分析法学——奥斯丁法学思想的历史解读》，《当代法学》2001年第3期，第52—56页。
④ 实证主义在这些国家已经几乎完全本土化，与孔德的本意相比已面目全非。参见〔英〕C. A. 贝利著，于展、何美兰译《现代世界的诞生：1780-1914》，北京：商务印书馆2013年版，第340—341页。
⑤ Michael Levin, *Mill on Civilization and Barbarism*, London: Routledge, 2004, p. 19.
⑥ Vincent Guillin, "The French Influence," Christopher Macleod and Dale E. Miller, *A Companion to Mill*, Chichester: John Wiley & Sons, Inc., p. 132.

洲交往的"文明"准则,也成为"文明"世界对"不文明"世界行使集体统治的重要依据。这里同样有实证主义和功利主义的影响。"国际法"一词最早由功利主义者边沁提出。用词的变化意味着新的"国际法"是"主权国家之间的法律,而非所有民族共有的法律"。① 换言之,主权国家成了实证主义国际法唯一合法的行为体,也是整个国际法体系赖以建立的基石。工业文明时代的实证主义国际法学家〔包括约翰·韦斯特莱克(John Westlake)、托马斯·劳伦斯(Thomas Lawrence)、托马斯·沃克(Thomas Walker)、拉萨·奥本海(Lassa Oppenheim)等〕声称,国际法并非源于一套抽象的自然道德原则,不是规定国家应当如何行为的空洞理论,而是基于主权国家的同意,基于国家间日益增多的习惯法和条约法而形成的。② 实证主义国际法将国家主权置于自然权利或道德之上,认为国际法是由主权国家所制定并自愿服从的。这也就相当于说,相比自然法而言,实然(is)比应然(ought)更重要。③ 这套新的"文明"准则将"主权国家"作为唯一合法的国际行为体,意味着不具备"主权国家"资格的行为体将被排斥在外,而后者涵盖了绝大多数非欧洲地区。

实证主义国际法学家抨击之前的自然法学家,认为他们将欧洲和落后地区"一视同仁"的做法是错误的;异教徒和"野蛮人"的理性和开化程度不足以让他们成为国际社会中负责任的成员,至少也需要漫长的

---

① 〔英〕赫德利·布尔著,张小明译:《无政府社会:世界政治中的秩序研究》,上海:上海世纪出版集团2020年版,第29页。

② 这些实证主义国际法学者受到英国著名实证法学家约翰·奥斯丁的深刻影响。受托马斯·霍布斯(Thomas Hobbes)和简·博丹(Jean Bodin)主权理论的启发,奥斯丁在1832年一次著名的讲座中宣称,法律即主权者的命令和被统治者习惯性的服从,因此国际法并不存在,而只是一系列道德原则。其他实证国际法学家们一方面不同意奥斯丁的断言,另一方面又试图去重新解释国际法,使之符合实证主义的标准。例如,奥本海声称奥斯丁忽略了习惯法和不成文法的重要作用。参见 Antony Anghie, *Imperialism, Sovereignty, and the Making of International Law*, Cambridge: Cambridge University Press, 2004, p.45。

③ 当然,自然法也并未消失,它依然对实证主义国际法起着补充作用。无须完全割裂自然和实证法的关系。如前所述,事实上早在自然法学流行的时期,法学家们便为自然法和实证法各自划定了适用领域;19世纪仍有一些偏重自然法路线的国际公法学家(international publicists),苏格兰人詹姆斯·洛里默便是其代表。他在爱丁堡大学的教职仍主要冠以"自然法与万国法"(Regius Chair of Public Law and the Law of Nature and Nations)的名义,他的著作标题也仍然使用"万国法"的表述。

教化过程。受19世纪西方人类学"文明"理论的影响,加之实证主义对科学性、精确性和可具体操作性的强调,他们试图更清晰、更准确地限定国际法的适用范围,并回应约翰·奥斯丁关于国际法并非真正法律的指责,证明在理性、进步的国家之间,完全可以通过一套较为精确的国际法来协调彼此关系,通过理性乃至形式主义的方式解决争端。当然,非理性的,也就是"不文明"的国家或地区并不适合这套理性秩序。一言以蔽之,"文明等级论"被工业文明时代风靡的实证主义和功利主义学说大大地强化了。

在主导性学科范式的巨大转变下,自然法学家也不得不顺应潮流,接受了将"文明"与"不文明"国家之分刻意嵌入国际法的做法。例如1883年,以自然法学者著称的詹姆斯·洛里默(James Lorimer)在其著作《万国法概要:论不同政治共同体的法律关系》中,将国际法的适用范围限于"文明国家"。他在文中谈到了实证法与自然法的区别:

> 在不同的共同体之间,永远存在着自然法的关系,而这些随着理性的浪潮,以及随后文明的兴衰起落,都或多或少地被有意识地承认着。自然法统治、规范着不同共同体间彼此共存的关系,在承认这一点的基础上,便可以进一步发展出实证万国法。但是今天存在的实证万国法,在人类早年却是不存在,因而不为人所知的。即便是在当前,在原始人和文明人之间,也并没有同样的权利与义务。因此,并不仅仅是原始人的无知让其无法发现文明人用以界定自身权利与责任的法律。即便在文明人中间,实证法不仅随不同情境而有所差别,而且在某些历史时期,实证法根本未被产生出来,而在其他时候它却发挥着最为巨大的影响力。[①]

洛里默认为,自然法是永恒不变的,而实证法则随着不同情境而发生改变;即便在具备高度"文明"的古罗马人那里,由于并不存在近代

---

① James Lorimer, L L. D, *The Institutes of the Law of Nations: A Treatise of the Judicial Relations of Separate Political Communities*, Edinburgh: William Blackwood and Sons, 1883, p. 13.

欧洲的主权国家体系，也就无所谓"实证国际法"。"实证国际法"只适合那些"认为彼此拥有国家或民族特征的共同体，这些特征由他们自己相互决定，并且由他们彼此执行"；而自然法在"某种程度上为所有人知晓，同时即便在野蛮和半野蛮的共同体身上也能执行，无论是由他们相互之间，还是由更进步的共同体来执行"。①

根据这套标准，欧洲的"文明"国家在相互交往时，受国际法和主权规范的约束，彼此承担责任义务并享有特定权益（例如主权不可侵犯、关税自主等），但对"不文明"国家则拥有诸多权利，而无义务和责任。他们可以通过强加给欧洲以外地区的不平等条约，肆意侵占"不文明"国家和地区的领土，或将其变为受保护国，或建立租界、控制关税权益、实施治外法权等，享受对"半文明"或"野蛮"的特权。只有在这个主要位于欧洲的、由"文明"国家组成的国际社会集体承认的情况下，非欧洲地区才能成为"文明"国家，享有完整的主权，国际社会才能相应得到"扩展"。而这也意味着他们必须从政治和文化上改造自身，采用欧洲式的政府和法律体制、外交程序，以及采用欧洲的服饰、语言和礼仪，实际上就是几乎全盘接受"欧洲文明"，放弃自己的传统身份，其代价巨大而过程痛苦。②

当然，无论是自然法学派还是实证主义学派，或后来的实用主义学派，都有着或多或少的"文明等级"论，都试图用"文明"程度对不同国家加以区分，并且将其作为排斥某些国家的标准和依据。只是相比较而言，实证主义比自然法学派更加精细，更为"科学"和现实，也有更多的概念工具和方法去排斥"不文明国家"，例如签订不平等条约、建立保护国、租借、设置治外法权、控制关税等手段。这也导致一种现象，即：拿破仑战争之后的欧洲风平浪静，维持了"文明国家"之间的"长和平"，并且欧洲各国都大致遵守为"文明国家"量身打造的国际法；而"不文明"世界则纷争不断，而且欧洲帝国的扩张行为可以不受国际法的限制。

---

① James Lorimer, L L. D, *The Institutes of the Law of Nations: A Treatise of the Judicial Relations of Separate Political Communities*, Edinburgh: William Blackwood and Sons, 1883, p. 15.
② Antony Anghie, *Imperialism, Sovereignty, and the Making of International Law*, Cambridge: Cambridge University Press, 2005.

在考察欧洲"文明攻势"的变化趋势之时，除了权力差距的考量外，还需要考虑欧洲社会的预期与心态，尤其是他们自身的"安全感"。在"工业文明"时代，东西方权力差距持续扩大，而且帝国主义之间的竞争相对平和，西方对"文明"的乐观看法与预期总体占据上风。东西方的权力差距扩大会导致"文明攻势"的加强与"文明专制"倾向，但乐观预期也会限制"文明专制"的酷烈程度。"文明"话语"安全化"的程度也因此较低。在安全焦虑不那么强烈的情形下，"文明"代表了一条具有进攻性，但却温和的扩张路线。这些使得此阶段的"帝国"心态较为自信。由于无须付出大的代价和力量去推行"文明专制"，维多利亚鼎盛时代的绅士崇尚温柔敦厚与"自我控制"的仪容风度，将其作为"文明"的首要特征。其表现是小密尔等"文明专制"的倡导者要求惩罚滥用权力、败坏英国"文明"形象的殖民地总督，英国国内甚至还出现了以理查德·科布登（Richard Cobden）、约翰·布莱特（John Blight）、威廉·格莱斯顿（William Gladstone）等政治家为代表的"反帝主义者"。① 这些"反帝主义者"也相信"文明等级"论，相信需要区别对待"文明"国家与"非文明"国家，但由于这一时期的安全感，国家并不需要急于进行赤裸裸的帝国扩张，而是在正式帝国之外，好整以暇地构建起以经济手段为主、以政治手段为辅的"非正式帝国"或"自由贸易的帝国"，这种理论可以称为温和的"文明专制"。

金融文明 自19世纪70年代起，金融文明时代的到来很大程度上再次改变了国内和国际的权力结构。从欧洲国内的情况来看，自由竞争的资本主义宣告终结，开始出现寄生性、投机性和掠夺性的金融垄断资本集团，世界经济进入长达20年的衰退期，国内的阶级矛盾尖锐化；从国际权力结构看，在英法走向金融文明时，德美日俄等后发国家进入工

---

① 在英国最为强盛的维多利亚时代，其国内还一度兴起激烈的"反帝主义"浪潮，以"曼彻斯特学派"为代表的英国精英人士希望，最好能让英帝国在不为人所注意的状态下"自生自灭"。直到在世纪末列强竞争再起的情况下，英国才再次燃起了"帝国"的热情。可参见 Robert Livingston Schuyler, "The Climax of Anti-Imperialism in England," *Political Science Quarterly*, vol. 36, no. 4（December 1921）；Robert Livingston Schuyler, "The Rise of Anti-Imperialism in England," *Political Science Quarterly*, vol. 37, no. 3（September 1922）.

业文明阶段，殖民地和第三世界也日益觉醒，各种地方性文化对英法主导的全球文明标准构成了重大挑战。①

当然需注意的是，上述变化是一个较缓慢的过程，而非分水岭式的转折，因此"金融文明"与"工业文明"是存在交集的。事实上在"金融文明"时代初期，欧洲也一度延续了"工业文明"时代较为温和的"文明专制"。欧洲列强以基督和文明的名义，最终基本废除奴隶制，可视为"文明"对"野蛮"的辉煌胜利；② 在1885年柏林会议上，列强不仅划分了势力范围，而且通过了关于用"文明"方式善待殖民地人民的条款，明确了废除奴隶制和禁止奴隶贸易的"文明"原则。查尔斯·亚历山德罗维奇认为，柏林会议以及1890年的布鲁塞尔会议实际上体现了国际法学家们所津津乐道的"文明的神圣托付"（the sacred trust of civilization）原则，可被视作国联委任统治体系（mandate sys-

---

① 布罗代尔说，"随着工业化的成功，银行业和金融业迅速发展起来。它们甚至发展到了这种程度：在工业资本主义身旁，一种金融资本主义占了上风，或早或晚控制了制约经济生活的所有杠杆"。〔法〕费尔南·布罗代尔著，常绍民、冯棠、张文英、王明毅译：《文明史：人类五千年文明的传承与交流》，北京：中信出版集团2017年版，第406页。

② 废除奴隶制毫无疑问符合欧洲主流文明观念。小密尔称："黑人奴隶制在英帝国和其他地方的宣告结束，靠的不是物质利益分配上的任何变化，而是道德信念的传播。俄国农奴的获得解放，如果不是有赖于一种责任感，至少也得感谢逐渐形成的有关国家真正利益的更为开明的舆论。"小密尔又提到，在文明的进程中，奴隶比"野蛮人"要更进步一些，"然而在某个历史时期，几乎每一个现在是文明的民族，多数都是由奴隶构成的。处在那种状况的民族为了摆脱那种状况要求一种和野蛮民族极不相同的政体。如果他们生来精力旺盛，特别是如果在同一社会内有一个既非奴隶又非奴隶主的勤劳的阶级和他们联合在一起（如希腊的情况），他们大概只要使自己自由就能保证他们的情况的改善。当获得自由以后，他们往往像古罗马的自由民那样适于立即获得完全的公民权。然而这不是奴隶制的正常情况，一般地这是奴隶制即将过时的征兆。本来所谓的奴隶是一个尚未学会自助的人。他比野蛮人无疑是前进了一步……专制政治可能驯服野蛮人，但是就专制政治来说，就只能使得奴隶更加无能力"；"不用说，奴隶制的这一辩解只是在很早期的社会状态下才是有效的。文明民族有很多其他方法将文明给予在它影响下的人们，而且奴隶制在其一切细节上都和法治抵触，而法治却是一切现代生活的基础，并且对奴隶主阶级来说，当它一旦受到文明的影响时，奴隶主又是富有腐化作用的，所以现代社会中在任何情况下采取奴隶制，就是回到比野蛮更坏的状态"。〔英〕约翰·斯图亚特·密尔著，汪瑄译：《代议制政府》，北京：商务印书馆1984年版，第15—16页，第32—34页。关于当时奴隶制与"文明"观念的论述还可参见 Herbert Spencer, "Imperialism and Slavery," in *Facts and Comments*, New York: D. Appleton and Company, 1902.

tem）的前身。①

英法作为"文明标准"的主导者，尤其有着维持现状的意愿。在金融文明时代，英法知识界对工业文明时代的实证主义、功利主义以及社会达尔文主义等标准进行了调整与改造，或甚至就维持不变。英国对国际关系的看法仍大致体现为乐观的斯宾塞主义，② 法国则体现为新流行的"社会团结主义"（social solidarism）。③ 无论是斯宾塞主义还是社会团结主义，都主张欧洲继续维持工业文明时代的大国协调机制，同时继续进行相对平和的对外扩张。

倘若进一步考察英法这两大"文明标准"制定者，可以发现他们在欧洲团结和对外扩张方面也有一些值得注意的差别，竞争关系亦很明显。事实上，法国的孔多塞、基佐、雨果和涂尔干等知识分子一直为自己的"文明"而自豪，也标榜法国是最"文明"的国家，④ 言下之意是比英国还要"文明"。法国知识分子的自信并非毫无依据，这不仅因为"文明"一词最早便出现在法国，也是因为法国的"文明"思想的确具有鲜明的、不同于英国的特色。

---

① Charles H. Alexandrowicz, "The Juridical Expression of the Sacred Trust of Civilization," *The American Journal of International Law*, vol. 65, no. 1 (January 1971).

② 在欧洲内部"文明"国家的关系方面，入江昭谈道："当时持有斯宾塞观点的人主张，文明国家之间要避免战争，同时要摸索在不得不进行战争的情况下能够限制破坏力的规定。把'产业社会'带有'自发性的合作'为特征的斯宾塞的理论应用于国际关系，在文明国家之间，表现出要建立某种合作体制的运动高涨……可以说，这是斯宾塞的和平论表现在法律方面的产物。它想在达到一定文明程度的各国之间建立某种稳定的关系……比起俾斯麦的均势政策，斯宾塞的和平理论是极其乐观的、和平的，具有历史性的地位，在文明史上具有很高的价值。"〔日〕入江昭著，李静阁等译：《20世纪的战争与和平》，北京：世界知识出版社2005年版，第36页。

③ 从思想发展层面看，孔多塞的启蒙文明观、孔德的实证主义文明观以及布尔茹瓦代表的社会团结主义文明观可谓一脉相承。

④ 孔多塞说："我们已经看到了人类理性由于文明的自然进步而在缓慢地形成；看到了迷信纠缠住它，从而在腐蚀它，专制主义则以恐惧和不幸的重担在败坏并麻痹着人类的精神。唯独有一个民族逃脱了这种双重的影响。在自由刚刚点燃了天才的火焰的那片幸运的土地上，人类的精神摆脱了自己婴儿期的纽带，便以坚定的步伐朝着真理前进。"〔法〕孔多塞著，何兆武、何冰译：《人类精神进步史表纲要》，南京：江苏教育出版社2006年版，第109页。基佐说："我们法国人在研究欧洲文明方面处于一个有利的地位。对个人、甚至对我们国家的阿谀之词，在任何时期都应避免。我想，我们可以毫不夸张地说，法国是欧洲文明的中心和焦点。"〔法〕基佐著，程洪奎、沅芷译：《欧洲文明史：自罗马帝国败落起到法国革命》，北京：商务印书馆2015年版，第3页。这也验证了埃利亚斯的论断："文明"不仅是西方的自我意识，而且是某个民族的自我意识。

法国著名思想家基佐曾提出"文明"的两分法,即个体的完善和社会进步。倘若将基佐的两分法作为出发点来考察英法两位社会学家——斯宾塞和涂尔干的"文明"观(两人也可以说代表了英法不同的国家哲学),可以说斯宾塞较多地继承了所谓"个体完善"的一面,而法国则更多地继承了"社会进步"的一面;同时,涂尔干与斯宾塞均继承和发展了孔德的社会有机体论,但斯宾塞更注重个体自由,而涂尔干更重视集体团结。前者在方法论上是以个人为单位的,认为社会进化主要表现为个体的完善;而后者则以集体为单位,认为社会进化主要表现为集体对环境的适应。粗略地说,就是方法论个人主义(methodological individualism)与方法论整体主义(methodological holism)的差别。① 正如法国社会学家雷内·沃姆斯(Rene Worms)在1921年所言,"幸运的是,法国的有机体论是与团结主义相联系的",而非与斯宾塞的个人主义相联。②

曾担任总理的法兰西第三共和国著名政治家莱昂·布尔茹瓦(Leon Bourgeois)借鉴吸收了涂尔干的思想,正式提出社会团结主义,后者也成了法兰西第三共和国的官方意识形态。③ 布尔茹瓦等认为,团结主义是法国革命博爱传统(fraternitarian French Revolutionary tradition)精神的继承和发展,所谓"团结",实际上就是更加"科学"的"博爱"。因此某种程度上,社会团结主义将孔德的实证主义与法国革命的精神进行了结合,既吸收了实证主义对科学的推崇,又试图恢复法国革命的遗风,来维护社会的团结。它介于自由放任和国家干预,自由主义与社会主义

---

① 涂尔干在《社会分工论》中,主张从社会实在的角度出发理解各种现象,认为现代社会最重要的是维持民众的团结。他还指出英国社会不过是机械团结,而法国社会才是更高水平的有机团结。团结,即 solidarity 一词,在法国可以追溯到大革命时期,某种程度上代表着法国的集体主义理念。法国大革命提倡"自由、平等和博爱(fraternity)",其中"博爱"便与团结有关。后来的傅立叶、孔德也都非常重视团结。这最终也发展为团结主义(solidarism)。

② 沃姆斯本人是斯宾塞学说的信徒,但在法国,斯宾塞的社会学往往处于涂尔干的阴影之下。参见 J. E. Hayward, "The Official Social Philosophy of the French Third Republic: Leon Bourgeois and Solidarism," *International Review of Social History*, vol. 6, no. 1 (April 1961), p. 26。

③ J. E. Hayward, "Solidarity: The Social History of an Idea in Nineteenth Century France," *International Review of Social History*, vol. 4, no. 2 (1959); J. E. Hayward, "The Official Social Philosophy of the French Third Republic: Leon Bourgeois and Solidarism," *International Review of Social History*, vol. 6, no. 1 (April 1961).

之间，倡导社会的团结而非分裂，联合（association）而非竞争（competition），同时也反对斯宾塞式的社会达尔文主义。他们谴责斯宾塞为了所谓自由，牺牲了平等与博爱。

在对外关系方面，社会团结主义被视为国际合作主义（corporatism）的一种形式，既是19世纪末法国盛行的官方主导思想，又有历史传统可供追溯。英国多元论者赫德利·布尔批评说，团结主义与普世主义（universalism）几乎是同义语，均源于欧洲中世纪，认为正义一方的行为不应受任何限制。① 从大革命以来法国知识界的倾向看，这一见解是有道理的。布尔茹瓦特别重视国际社会中"文明"国家之间的"团结"。他尤其注重通过国际法来实现这一目标。他作为法国的全权代表参加了海牙会议，且极力主张进行强制仲裁，用国际法来取代"内阁政治"。他还呼吁英法等民主国家让渡自己的主权，成立一个致力于实现集体安全的国际组织，甚至是一体化的欧洲联邦。参加这个国际组织或联邦的成员国将联合建立一个总参谋部，用武力和经济手段保障国际法和世界法院判决的执行。这些可以说都是社会团结主义的国际秩序观。

法国的社会团结主义对欧洲表现为"文明"国家之间的团结，而对殖民地则表现为较强烈的"文明使命"和"文明专制"。1916年，美国著名作家沃尔特·李普曼（Walter Lippmann）生动地描述了法国人这种自恋的"文明使命"感：

> "法国必须让自己受到尊敬和热爱"，雷蒙·普恩加莱（Raymond Poincaré）先生在解释1912年对摩洛哥的保护国条约时说道。"在重视和捍卫自己的利益与权利时，法国并未将自己的事业同欧洲事业分开。她不会忘记的是，协助文明前进（march of civilization）是法国的责任"，毕盛（Pichon）先生在讨论摩洛哥事务时说。对这些华丽的辞藻我们会不由自主地发笑，因为我们知道，保护国条约往往伴随的是剥削和压榨。但毕盛先生的演说是真诚的。当他谈到

---

① 它与对外"文明冲突"亦有密切联系。在十字军东征期间，所谓医院骑士团、条顿骑士团等各司其职，以协同进行对伊斯兰世界的"圣战"。〔英〕赫德利·布尔著，张小明译：《无政府社会：世界政治中的秩序研究》，上海：上海世纪出版集团2020年版，第30页。

"利益"和"文明的前进"时,他将激活帝国主义的孪生动机都描绘出来了。帝国主义既不是无私的奉献,也不是单纯的攫取。只有努力让文明前进,利益才能得到保护。因为现代国家认识到,当西方商业性质的文明被引进之时,利益才能最大化。①

从这段话还可看出,法国在国际问题上也颇有一种"社会团结主义"的意识,即在重视"自己的利益和权利"时,强调"欧洲的事业"。因此,在团结主义支持下,法国的"文明使命"思想在这一时期格外强烈。迈克尔·多伊尔(Michael W. Doyle)称:"文明——对普世共和主义的肯定——之于法国,正如自由贸易之于英国。"②"文明"一词本身是法国的创造,而源自孔德的科学实证崇拜很大程度上代表着法国"文明观"的要旨和精髓;作为20世纪70年代后法兰西第三共和国的官方帝国主义意识形态,"文明使命"(mission civilisatrice)也与法国紧密联系在一起。它由法兰西第三共和国总理茹费里(Jules Ferry)正式引入公共辩论。1883年,茹费里在国民公会的演说中宣称,法国人的权利和责任是传播"最崇高意义上的文明理念"。③ 法国的各种科学社团亦热衷于为"文明使命"提供科学的建议和帮助。甚至连法国共产党也没有完全拒绝它。④

倘若暂时忽略英法殖民帝国构建的共性而考察其差异,那么一般来说,英国采取"合作"(association)政策治理帝国,即将殖民地作为平衡俄国权力和实现经济效益的手段,因此往往顺其土俗,采取间接统治和地方自治的方式管理殖民地,并且与当地人形成一种等级制的关系;而法国采取的则是"同化"(assimilation)的帝国治理政策,有强烈的政

---

① Walter Lippmann, *The Stakes of Diplomacy*, New York: Henry Holt and Company, 1916, pp. 98–99.
② Michael W. Doyle, *Empires*, Ithaca and London: Cornell University Press, 1986, p. 315.
③ 〔英〕马修·恩格尔克著,陶安丽译:《如何像人类学家一样思考》,上海:上海文艺出版社2021年版,第52—53页。
④ "文明使命"可以追溯到欧洲中世纪的基督教神学,地理大发现后被西、葡、英、法等国运用至美洲大陆,为其军事占领和殖民政策进行辩护。法国在19世纪则进一步将其提升至官方意识形态的地位,用实证科学取代宗教作为"文明使命"的核心。当然,后来美、英、德等其他国家也会经常使用这一便利的借口,但法国的"文明使命"显得格外强烈和具有"普世主义"理念。

治与文化征服、同化之目的。"同化"政策体现为要将落后种族彻底改造为法国公民,实现法国式的自由、平等和博爱(fraternity),以科学为工具来"无私"地发展殖民地,从而将其并入法国,使之成为法国的永久领土。① 总之,法国的"文明专制"倾向要甚于英国,同时法国人也对这种做法沾沾自喜,认为这是无私的体现。一位当代学者对此分析道:"法国帝国主义者和意识形态分子认为他们'同化'帝国臣民的做法是真诚的和发自肺腑的心灵沟通,与盎格鲁-撒克逊式的'剥削'截然不同。"② 另一位学者也提到,"间接统治……是英帝国政策的实用性和反意识形态的标志,通常与法国的教化使命的激进形成对照"。③

英法知识界在"文明使命"以及帝国构建与治理上的区别当然不能仅仅用功利主义与实证主义,社会进化与社会团结,或多元主义(pluralism)与社会团结主义来区分;毕竟这些主要是两国市民阶层的意识形态,它们固然在各自国内占据主导地位,但是我们也不能忽略很多时候可以与之相抗衡的保守阶层的意识形态理念,尤其是在英国。资产阶级理性主义从来就不是高纯度的和毫无"杂质"的,而英法理性主义的不同表现也可以通过考察其所掺杂的其他"成分"来解释。事实上,大英帝国的纽带与象征正是通过君主这一资产阶级共和国的中世纪"杂质"维持的(这也是19世纪70年代后的法兰西共和主义帝国所不具备的)。1900年,一位美国人在其题为《战争与文明》的文章中说道:

> 在18世纪末,法兰西种族(French race)进行了一场圣战,其目标是为愚昧和遭蹂躏的世界带来大众自由(popular liberty),或法国人所理解的"文明";在19世纪末,英语种族展开了另一场相似的圣战,但是与法国革命者们的"自由、平等、博爱"口号不同,

---

① Patrick Petitjean, "Science and the 'Civilizing Mission': France and the Colonial Enterprise," in Benediky Stutchey, ed., *Science Across the European Empires, 1800–1850*, Oxford: Oxford University Press, 2005, p. 11.

② Emmanuelle Saada, "France: Sociability in the Imperial Republic," in Margrit Pernau, ed., *Civilizing Emotions: Concepts in Nineteenth-Century Asia and Europe*, Oxford: Oxford University Press, 2015, p. 73.

③ 〔美〕卡鲁娜·曼特娜著,何俊毅译:《帝国的辩解:亨利·梅因与自由帝国主义的终结》,上海:华东师范大学出版社2018年版,第18页。

英国人的口号似乎更押韵，也更伪善——"责任与命运"（Duty and Destiny）。法国人是教条主义的传教士（missionaries of a doctrinaire type）；我们盎格鲁-撒克逊人是虚伪的传教士；或者说，类似于多愁善感的卢梭，和精力充沛的吉普林之间的对比。①

作者对英法不同殖民理念的观察，实际上也体现了作为"欧洲文明"的两个核心国家，英法在"文明"观念上的差异。二者均宣称要传播"文明使命"，但具体而言又有所不同。对英国而言，存在着著名的迪斯累利与格莱斯顿之争。众所周知，本杰明·迪斯累利（Benjamin Disraeli）是帝国的积极支持者，而格莱斯顿至少在表面上崇尚道德，反对帝国，甚至发表了许多激进的反帝主义言论。究其原因，可以大致归结为保守党带有贵族保守色彩，自由党更贴近中产阶级的诉求。对自由党而言，实际上存在两条"文明使命"的路径，一条是密尔式的"文明专制"，即对殖民地进行直接统治和改造；另一条是"文明自制"，即追求"非正式帝国"或"自由贸易的帝国主义"，它在当时往往以反帝主义的面貌出现，因此常被反对者讥刺为"虚伪的"。而对保守党来说，他们所声称的"文明"往往带有较浓厚的贵族宗教和帝国荣耀含义，因此保守党热衷于对外征服和炫耀武力，但并不热衷于自由贸易与"文明专制"，而是偏向基于梅因文化思想所设计的间接统治方案。英国自由党和保守党的帝国路径之争导致英国的殖民统治理念较为复杂多变，尤其在 1857 年印度大起义之后，英帝国的治理模式重点转向了追求经济利润的非正式帝国和顺其土俗的间接统治，而密尔式的"文明专制"蓝图则遭到冷落。这种情形下，英国的"文明使命"也显得半途而废、名不副实。相比之下，法国的"文明专制"要更为单一纯粹，以至于"文明使命"往往被同时代的评论者当成法国殖民政策的专属用词。法国坚持社会团结理念和共和主义意识形态，更重视政治层面的同化。它在这方面显得更"教条"，甚至蛮干。正如一位学者所说，法兰西第三共和国从阶级属性上讲，是建立在挫败社会主义和保王党基础之上的"农民、国

---

① W. P. Trent, "War and Civilization," *The Sewanee Review*, vol. 8, no. 4 (October 1900), pp. 389-390.

家官僚和中产阶级的联盟，科学、教育和进步是精英们支持共和国的旗帜"。① 于尔根·奥斯特哈默（Jurgen Osterhammel）也注意到，"在19世纪，英国政治整体上带有明显的贵族特征，这与其他国家特别是法国的市民式政治风格截然不同"。与此同时，法国的中央集权制度又使得其殖民政策极为专制。② 它以普世主义的使命感，在殖民地实行"反封建"和"解放"政策，试图将殖民地人民改造成法国公民（尽管只有少数原住民真正成为法国公民）。这种教条化的使命直到一战后才"耗尽了自己的能量"。③

通过进一步比较可知，英国纠结于迪斯累利的帝国主义与格莱斯顿的反帝主义，前者追求贵族荣耀，而后者更重视实际经济利益，且有着个体原子主义的思维特征，④ 二者相结合产生了独特的、正式与非正式（自由贸易）相结合的英式帝国主义。在欧洲文明内部关系的问题上，无论是注重荣誉的贵族，还是注重实利的市民阶层，都更强调个体或国家的意愿，陶醉于维持权力均势的传统智慧，对欧洲文明的整合与一体化兴趣不大。法国经过多次激烈革命，保守派势力衰微，其市民阶层高度同质化，习惯于用"文明"专制的手段对付保守派，其意识形态体现为试图用"有机团结"取代英国式"机械团结"（涂尔干语），认为前者

---

① Patrick Petitjean, "Science and the 'Civilizing Mission': France and the Colonial Enterprise," in Benediky Stutchey, ed., *Science Across the European Empires, 1800-1850*, Oxford: Oxford University Press, 2005, p. 7.

② 〔德〕于尔根·奥斯特哈默著，强朝晖、刘风译：《世界的演变：19世纪史》（Ⅱ），北京：社会科学文献出版社2016年版，第882页。

③ Alice Conklin, *A Mission to Civilize: The Republican Idea of Empire in France and West Africa, 1895-1930*, Stanford: Stanford University Press, p. 249.

④ 因此在许多学者看来，斯宾塞的社会有机体论与他的个人主义在方法论上存在着明显的矛盾。参见 Lars Udehn, *Methodological Individualism: Background, History and Meaning*, London: Routledge, 2001, p. 32。关于"盎格鲁-撒克逊文明"具有的个人主义特性，小密尔也曾说道："英国人和美国人的奋斗的、进取的性格，只是由于它通常把精力消耗在极为次要的对象上面而受到批评指责。本质上它是人类普遍进步的最好希望的基础。人们敏锐地观察到，每当事情发生差错时，法国人的习惯冲动是说'不要着急'，英国人则说'多么丢脸'。当事情出错而认为是丢脸——急忙作出结论说坏事本来应当避免的人，归根到底是为了使世界变得更好尽最大努力的人……不活动、无志向、无愿望，对改进说来是比用错精力更为致命的障碍。当这种情况存在于群众中时，少数强有力的人的极可怕的错误领导才成为可能。使人类大多数人停留在野蛮或半野蛮状态的主要就是这种情况。"〔英〕J.S. 密尔著，汪瑄译：《代议制政府》，北京：商务印书馆1984年版，第51—52页。

才是更高"文明"的象征，因而在帝国问题上更为教条和形式主义，在欧洲文明内部问题上也更热衷于一体化，这一表现甚至预示了后来它所主导建立的欧洲共同体。而英法这些"文明"观中的"杂质"，或者在"文明"主流之外的思潮，可以从"文化主义"的视角进一步考察。

三 欧洲的"文化主义"

自启蒙时代文明阶段论、线性进步论盛行以来，便一直存在着对"文明"的偏离，乃至"去文明化"或反文明的现象。一些论者虽然也会大谈"文明"，但其所宣扬的往往并非主流的"理性""普世"等理念，也非主导阶级的意识形态，且带有浓厚的种族主义和文化之特点，因此这里暂时称之为"文化主义"。

严格说来，"文明"最初的含义便与启蒙理性呈现差异乃至对立。尽管费弗尔将"civilisation"一词的诞生描述为启蒙运动的加冕礼，但真实情况要更为复杂。① 按埃利亚斯等人的看法，"文明"最早的英语表述是"civility"（法语为 civilité），一度被启蒙思想家们用来与虚伪的宫廷礼节或腐败的城市生活画等号，成为理性和道德的对立面。伏尔泰在《风俗论》等著作中，经常运用反讽手法描述自视"文明"的欧洲人与美洲等地"野人"之间行为举止上的反差。在他看来前者是"文雅的无赖"，而后者是"粗俗的野人"。② 他声称，"凡是与自然科学、与理性、与人类心灵的天性不一致的事情，就是错误的……没有一座寺院或修道院，没有一个教会节日，不是起源于愚顽"。③ 在启蒙哲学家康德的著述中，"文明"也残留着宫廷礼仪痕迹。它常常被与"文化""道德"（moralization）相提并论，共同构筑了"理性"的三个重要面向与实现路径。其中，文化主要通过学习知识来培养；"文明"更高一层，通过与他人的交往来实现；道德则是更

---

① 事实上，早在18世纪"文明"便受到了猛烈批评，还因此出现了第一波"为文明辩护"的思潮。Anthony Pagden, "The 'Defence of Civilization' in Eighteenth-Century Social Theory," *History of the Human Sciences*, vol. 1, no. 1 (May 1988).

② Jean Starobinski, "The Word Civilization," in *Blessings in Disguise*, Translated by Archur Goldhammer, Cambridge: Harvard University Press, 1993, p. 11.

③ 〔英〕以赛亚·伯林著，冯克利译：《反潮流：观念史论文集》，南京：译林出版社2002年版，第110页。

高的要求,"从文明向道德的转变是人类最为困难的事情"。① 康德在其著作《实用人类学》中断言:"人类注定运用自己的理性,与其他人组成社会,通过科学与艺术去培育(cultivate)自身、文明化自身和道德化自身。"②

从伏尔泰与康德的这番论述可以看出,"civilisation"作为一个新生的概念和用词,能代表某种时代精神和理念,其本身却并不算"纯洁";它不仅代表着启蒙运动的核心内涵,而且必然沾染了前启蒙时代,即宫廷社会中贵族礼仪的含义。这个新词出现后,并不仅仅为全新的启蒙思想"加冕";同时也将"refinement""polished""police"等"老词"代表的前启蒙思想吸收了进来。

按埃利亚斯的说法,"文明"最早体现为宫廷礼仪,并且向下扩散,实际上就是"礼仪的历史"(history of manners)。根据他的分析,在绝对主义时期,法国知识分子最初与王室关系密切,可以在宫廷中担任要职,所谓"文明"也带有相当浓厚的贵族礼仪色彩。另外,法国推行重商主义的对外经济政策,也是有利于王室和贵族的。魁奈、米拉波等重农学派经济学家则代表渴望改革的中产阶级,他们以"真正的文明"(true civilization)为口号,反对贵族与王室的繁文缛节,呼吁改变重商主义政策。米拉波在《人类之友》中的表述是"假文明"(false civilization)和"我们文明的野蛮"(the barbarity of our civilizations),其矛头所指向的正是法国王室的礼仪和经济政策。③

此处"真文明"与"假文明"的语义冲突,以及伏尔泰与康德将"文明"视作低于理性道德的次要价值,甚或与理性道德对立,便是"文明"与"反文明"话语张力的早期体现。它背后是国内的权力结构在起作用,是宫廷文明向商业文明过渡,且彼此重叠的产物。宫廷文明死而不僵,而商业文明也未取得彻底的胜利。这种权力结构使得"文

---

① Robert B. Louden, *Kant's Impure Ethics: From Rational Beings to Human Beings*, Oxford: Oxford University Press, 2000, p. 42.
② Robert B. Louden, *Kant's Impure Ethics: From Rational Beings to Human Beings*, Oxford: Oxford University Press, 2000, p. 41.
③ Daniel Gordon, "'Civilization' and the Self-Critical Tradition," *Society*, vol. 54, no. 2 (March 2017), p. 109.

明"的主要含义在宫廷礼节与"普世理性"之间一时摇摆不定。①

尽管从长期看,"文明"更偏向后者,但从短期看,这场"文明"定义之争仍是十分焦灼的。即便有法国大革命的剧烈冲击,传统宫廷礼仪与基督教意涵的"文明"并未彻底失败,更没有消失。从不少当时政治文化精英的言论可以看到这一点。英国政治家埃德蒙·伯克本属于辉格党自由派,曾公开支持英属北美殖民地独立,但法国大革命导致他转向保守,成为"保守主义之父"。伯克在《法国革命论》(1792)中批判法国革命破坏传统时,就使用了这个时期尚不常见的"文明"一词(全书中共出现3次),并将其与基督教和贵族宫廷礼仪相联系:

> 没有比这更确定的事实了:我们的风尚(manners)、我们的文明(civilization)以及与风尚和文明相联系的一切美好的东西,在我们的这个欧洲世界里,多少世代以来都有赖于两项原则,而且确实还是这两者结合的结果。我指的是绅士的精神和宗教的精神。②

在伯克看来,在批判和反思法国大革命的背景下,英法福音派教会人士如威廉·威尔伯福斯(William Wilberforce)、约翰·伯德·萨姆纳(John Bird Sumner)等更是掀起了宗教复兴和反启蒙的浪潮,"文明"的宫廷礼仪内涵再度被强调。在1797年的一本小册子中,威尔伯福斯承认随着"光明和文明的降临","邪恶将会变得更少见";但他又告诫人们,不要以为"我们当前的文明状态"能防止"道德堕落的发生"。法国革命就是一个典型的例子:"我们的一个邻国最近就为此提供了可悲的证据——出众的优雅精致可以与道德上的贫瘠荒凉携手共处。"③

---

① 关于礼节与文明,"civility"与"civilization"影响力的消长,可参见 Emmanuelle Saada, "France: Sociability in the Imperial Republic," in Margrit Pernau, ed., *Civilizing Emotions: Concepts in Nineteenth-Century Asia and Europe*, Oxford: Oxford University Press, 2015。

② Edmund Burke, *Reflections on the Revolution in France*, New Haven: Yale University Press, 2003, p.67;〔英〕埃德蒙·伯克著,何兆武等译:《法国革命论》,北京:商务印书馆1999年,第105页。

③ William Wilberforce, *A Practical View of the Prevailing Religious System of Professed Christians, in the Higher and Middle Classes in this Country Contrasted with Real Christianity*, London: T. Cadell, 1797, p.424.

部分由于大革命造成的恐怖，部分由于传统基督教和宫廷阶级的残留影响，"文明"与"野蛮"一时间竟变得难以区分，甚至出现了"过度文明化"的怀疑态度。法国保守传统的天主教徒，如约瑟夫·德·梅斯特（Joseph de Maistre）和路易·德·伯纳德（Louis de Bonald）等在其"反启蒙思想"中，对"文明"与"野蛮"的关系进行了更深刻的思考。在梅斯特看来，战争和暴力无疑是最大的"野蛮"，但它源自人的本性，是历史和"文明"的推动者，是天命的安排，是以人类的大规模牺牲和自我献祭，来换取更为崇高和更加伟大的"文明"。他认为"文明"与"野蛮"相伴而生，启蒙忽视了人和社会非理性的一面，这种"过度文明化"只会适得其反，引发罪恶更狂暴的反弹，大革命即是最典型的例子。他还反对孔多塞等人的"文明"思想，认为相比他们所津津乐道的科学、艺术、法律和商业等，基督教的教化无疑是更好的一种"文明化"手段。俄国之所以"文明化"不成功，恰恰是因为它缺乏真正的基督教伦理，而非缺少商业和科学等世俗的"文明"。① 与梅斯特类似，另一位虔诚信仰天主教的著名法国作家弗朗索瓦-勒内·德·夏多布里昂（François-René de Chateaubriand，1768—1848）也指责"文明"所造成的"恐怖"。他在《阿达拉》（*Atala*）等作品中将宗教与"文明"对立起来，宣扬远离"文明"的思想。②

正如后文将多次提到的，"文化"以及实质上"反文明"的话语经常会伪装成"文明"一样，"文明"也试图将"文化"等"反文明"的话语进行改造、驯服，最终将其纳入主流"文明"概念。这与19世纪欧洲阶级矛盾的协调是一致的。从威尔伯福斯、梅斯特和夏多布里昂等关于"文明"和宗教的阐述可看到，当"文明"一词逐渐摆脱宫廷礼节的含义，在欧洲人就启蒙和大革命的负面效应形成一定共识后，"基督文明"（Christian civilization）一词便呼之欲出。甚至可以说，基督教伦理和信仰从一种反"文明"话语转换成了与"文明"有密切亲缘关系的言说，二者成为十分亲近的同盟军。尤其是涉及东方国家和殖民

---

① 张智：《约瑟夫·德·梅斯特反启蒙思想中的野蛮与文明》，上海：复旦大学出版社2012年版，第119页。
② Dillon Stone Tatum, *Liberalism and Transformation: The Global Politics of Violence and Intervention*, Ann Arbor: University of Michigan Press, 2021, p.47.

地的时候，双方更是难分彼此。1805 年，一位英国传教士在《文明化英帝国印度臣民最好的方式》这本小册子中写道："没有文明，基督教就不可能如此成功地被推广；而没有基督教的影响力，文明便无法达到最高的层次。"①

在这种调和的大背景下，自由也从最初的一种"反文明"话语，转而成为"文明"的重要内涵。不过，"文明"与自由的关系要到法国大革命之后才得到更为深入的阐发。为什么法国的大革命会走向极端与动荡，并导致拿破仑帝国的专制统治呢？邦雅曼·贡斯当等法国的"崇英派"认为它过分热衷于构建政治乌托邦，以至于走向帝国专制和对外征服，完全违背了法国大革命中自由的原则。1814 年，正当拿破仑即将走向败亡时，贡斯当写下《征服的精神和僭主政治及其与欧洲文明的关系》一文，将"欧洲文明"与"自由"联系在一起，将法国大革命和拿破仑政权视作自由的敌人，声称"僭主政治不可能在我们这个文明时代幸存下来"：

> 孔狄亚克说："有两种野蛮：一种是过去的，一种是文明世纪以后的。"两相比较，前者倒是一种可取的状态，但那个专横权力，在今天却只能使人退化到后一种野蛮……我知道，我们经常听到一种人类精神不断循环的说法。据说，无可逃避的命运会使它启蒙之后再复愚昧，文明之后再度野蛮。对于这种规律来说，不幸的是，在这些周期的交替之间总会悄悄地挤进专制政治，所以，不谴责它在这次革命中扮演的某种角色是困难的。②

因此，与启蒙时期相比，"自由"作为大革命后"崇英派"的口号，实际上带有反理性乌托邦和"道德理想国"的取向。可以说，"自由"作为"理性"的补充乃至解毒剂，能够避免"文明"陷入为崇高理想而

---

① John Mitchell, A. M., *An Essay on the Best Means of Civilising the Subjects of the British Empire in India, and of Diffusing the Light of the Christian Religion Throughout the Eastern World*, Edinburgh: Printed by James Ballantyne, 1805, p. 15.
② 〔法〕邦雅曼·贡斯当著，阎克文等译：《古代人的自由与现代人的自由》，北京：商务印书馆 1999 年版，第 335—337 页。

采用恐怖专制手段的陷阱之中。它也可以被视为商业资产阶级自身对"文明"理念所做的调整。

总之,如果说在后启蒙和后革命时代,贡斯当等人仍然将宗教视为自由的敌人和专制统治的帮凶,① 而保守派教士将启蒙视作异端的话,那么随着欧洲历史的发展,随着大革命尘埃落定,随着受冲击者乃至受害者逐渐接受新的"文明",基督教、自由以及种族和文化的价值观也都被有机地融入"欧洲文明"的概念和标准之中,与启蒙运动绝对理性、阶梯式进步的观念发展出一种相互竞争、相互补充的关系,形成了19世纪蔚为大观的自由主义传统。基佐关于"文明"的论述便是其综合体现。他在1828年出版的《欧洲文明史:自罗马帝国败落起到法国革命》中,这样阐述启蒙式进步的观念:

> 你们难道不觉得文明这个事实是最卓越的事实——普遍而且成为定论的事实,一切其他事实的归宿和总结吗?……因为文明就像海洋,它构成了一个民族的财富,该民族的生命的一切要素、支持它的存在的一切力量,都团结并集中在它周围……例如专制政府和无政府状态,如果它们在某个方面对文明有贡献,如果它们使文明向前迈进一步,我们可以在一定程度上宽恕它们,不计它们的过错和它们恶的本质。总之,我们在任何地方认出了文明,我们就会忘却它的代价。②

同时,他对基督教与"文明"的关系亦有高度评价:

> 但谁会否认基督教是文明的一大关键?为什么会这样呢?因为

---

① 总体来说,贡斯当对宗教本身的憎恶不如他对专制的憎意强烈,但他显然也同启蒙时代的人一样,将宗教视作迷信的表现。例如他说:"我为时代的开明、神权的毁灭和政教斗争的停息而感到自豪。但是就我来说,我承认,如果必须要我作出选择,我宁可接受宗教统治也不要政治专制。在前者的统治下,至少在奴隶当中还存着名副其实的信仰,只有暴君是腐败的;但是在脱离了宗教思想的压迫之后,奴隶会像他们的主人一样地腐败卑鄙。"〔法〕邦雅曼·贡斯当著,阎克文等译:《古代人的自由与现代人的自由》,北京:商务印书馆1999年版,第344页。
② 〔法〕基佐著,程洪奎、沅芷译:《欧洲文明史:自罗马帝国败落起到法国革命》,北京:商务印书馆2015年版,第5—6页。

它改变了人的内心、信仰、情感,因为它使人在道义上,在知识上获得了新生……当我们研究其具体历史时,我们将看到它(基督教)所做的一切。在每一个问题上它都在攻击野蛮状态,以便制服它,把它引入文明。①

他还赞颂日耳曼蛮族对"文明"的贡献,因为他们带来了自由:"这种情操是通过日耳曼蛮族而被引进到欧洲文明中来的。它在罗马世界里,在基督教会里,在几乎一切古代文明里,都是人们所不知道的。"②基佐将"欧洲文明"胜过其他"文明"的原因归结为上帝的庇佑。③他在《欧洲文明史:自罗马帝国败落起到法国革命》和随后的5卷本《法国文明史:从17世纪到20世纪》中,实际上很好地协调了启蒙理性、进步与基督教、自由等理念之间的关系。当然,正如我们后面将看到的那样,"基督教"、种族和文化等与"文明"并不能完全等价,也并非任何时候都是盟友。甚至在某些时候,基督教还会对"文明"进行批判。

相比自由和基督教等起初或多或少带有"反文明"色彩的概念,文化和种族的理念似乎更难被"文明"所驯服和吸收。康德曾经区分了"文化"与"文明":

> 我们被艺术与科学所陶冶(cultivated)。我们被各种形式的社会礼仪和体面标准(decency)文明化(civilized)。但就此认为我们已经完全道德化(moralized)了,仍言之尚早……如果我们倡导道德的观念,却只是获得道德的仿制品,即对荣誉和外在体面行为的热爱,那么这仅仅构成了文明(mere civilization)。④

---

① 〔法〕基佐著,程洪奎、沅芷译:《欧洲文明史:自罗马帝国败落起到法国革命》,北京:商务印书馆2015年版,第59页,第13页。
② 〔法〕基佐著,程洪奎、沅芷译:《欧洲文明史:自罗马帝国败落起到法国革命》,北京:商务印书馆2015年版,第42页。
③ Michael Levin, *Mill on Civilization and Barbarism*, London: Routledge, 2004, p. 13.
④ Immanuel Kant, "Idea for a Universal History from a Cosmopolitan Perspective," in Pauline Kleingeld, ed., *Toward Perpetual Peace and Other Writings on Politics, Peace, and History*, translated by David L. Colclasure, New Haven: Yale University Press, 2006, p. 12.

康德在这里试图将"文明"界定为外在的表现，是内在道德的"仿制品"。如果说信奉启蒙理性的康德仍然认为在理性的三个环节中，"文明"要高于"文化"，那么赫尔德则正式颠倒了双方的关系。赫尔德时期的德国经历了法国入侵，他也对法国"普世主义的"、过分崇尚理性的"文明"理念十分厌恶。他反对法国版本的"文明"思想，发展出相对主义、多元主义和历史主义的理念。他认为每个民族的"文化"都是多元、具体和独特的，它们之间难以完全通约。从这个意义上看，"文化"的概念源于对"文明"的反应。① 正如历史学家小乔治·斯托金（Jr. George Stocking）评价的那样："经历了德国反抗法国之战的重塑，民族主义不再是世界主义的了，而是分裂的，而国民身份也将等同于由'权力-政治'术语构建的政府（state）本身"。在偏离乃至反抗文明启蒙和世界主义的背景下，德国的学术范式也相应发生了变化：兰克史学派放弃了启蒙时代德国哥廷根学派的"普世史"梦想，转而书写民族史；法学家卡尔·冯·萨维尼（Karl von Savigny）和历史学家巴特霍尔德·尼布尔（Barthold Niebuhr）起而响应赫尔德，开创了影响深远的历史法学派，强调德意志种族是通过罗马帝国才脱离野蛮状态的，这也使得它在走向文明时，保留了其"高贵的特性"和"民族天赋"，避免文明的腐化影响。②

当然，赫尔德、萨维尼等人并非今天意义上的多元文化主义者。在他们看来，不同民族的文化各有特性，但也存在着优劣之分：欧洲的文化毫无疑问要比犹太文化、黑人文化更加优越。这也使得文化与种族密切地关联起来（可被视为"文化主义"框架下的"文化种族"路线），双方均具有特殊性和精神内涵，具有较强的排他性，与"普世"、可通约，并且过分注重外在的"文明"构成一种紧张关系。

德国赫尔德式的文化种族观念迅速影响了整个欧洲。在工业文明时代，英国更是一度兴起了"文化"对抗"文明"的运动。英国对德国"文化"观念的吸收与工业革命带来的社会权力结构变化有直接关系。一方面是边沁代表的功利主义者，秉持辉格主义的"文明"观，对工业

---

① George Stockings, Jr., *Victorian Anthropology*, London: The Free Press, 1987, pp. 20–23.
② George Stockings, Jr., *Victorian Anthropology*, London: The Free Press, 1987, p. 22.

革命大加赞颂,这无疑是英国社会的主流;但另一方面不可忽略的是,英国的文化保守主义同样流行。以剑桥大学为中心的剑桥运动(Cambridge movement)对以牛津大学为中心的"文明"进行了挑战。后者起初仍带有托利党式的家长制特征,映射着土地贵族的意识形态,即旧式的"托利主义";而随着英国议会改革赋予资产阶级越来越多的政治权利,土地贵族的"旧托利主义"也逐渐让位于中产阶级知识分子主导的"新托利主义"。简言之,其阶级基础发生了改变,但家长制和文化保守主义的态度被延续了下来。受伯克式保守主义和德国赫尔德式文化思想的影响,一些对现状不满的英国知识分子更是试图将知识精英与大众分开,并且用德国的"文化"概念来揭示英法"工业文明"的诸多欠缺之处,进而提出了对社会进行改造的种种方案。

因此在经济上,伴随着工业革命和机器大生产,英国民众的物质消费有着惊人的增长,但其大众审美仍然十分粗糙堪忧;政治上,英国民众声势浩大的宪章运动,以及法国在19世纪30年代后再次为革命的幽灵所缠绕,也令英法的上层精英对此感到无比惊骇。受德国思想影响,英国的一些文学批评家将文化标榜为精神性的、高雅的、有机的、少数人的活动,而将"文明"视为物质的、低俗的、机械主义和大众的,二者在审美旨趣上存在根本分歧。这些同样是"文明"观念阶级性的体现。英国文学批评家塞缪尔·泰勒·柯勒律治(Samuel Taylor Coleridge)是其代表。在柯勒律治等人看来,边沁和辉格党人对工业社会的颂扬是短视的。工业社会在带来巨额财富的同时,也导致英国底层阶级野蛮化,他们必然将反过来危害整个社会,就像大力士参孙在受伤绝望之下折断了庙宇的梁柱,与非利士人同归于尽一样;唯有通过一种文化的保守主义,才能提升整个社会的精神境界,保证社会有机体的健康,驯服代表"文明"和物质主义的非利士人。柯勒律治在1837年出版的《教会与国家的构成》(*On The Constitution of Church and State*)一书中,不仅首次区分了"文化"与"文明",分析了二者间的矛盾,还提出了后来西奥多·罗斯福(Theodore Roosevelt)等文化种族主义者大加渲染的"过度文明化"现象:

> 国家的长久存在……国家的进步和个体自由……取决于文明的

持续发展和进步。然而，如果文明不以教养为基础，如果文明不与人类特有品质才能和谐发展，那么这种文明抑或产生极大腐化作用，抑或其本身就是一种混合低劣的善；这是病态的狂热，而非健康的生机勃勃；这样的国家，即便拥有卓越文明，也称不上完美，至多是浮华……一个国家的国民永远不会教养过度，但却容易拥有过度的文明。①

柯勒律治还建议英国成立一个所谓国家教会（national church），由"由国家资助的知识阶层"（clerisy）组成。著名历史学家托马斯·卡莱尔（Thomas Carlyle）发明了"工业主义"（industrialism）一词，认为唯有建立"天才的贵族制"（aristocracy of talent），才可对抗"工业主义"的弊病，拯救已成为"野蛮人"的下层民众。欧文、狄更斯②等也受到柯勒律治的影响，批判工业机械主义对社会共同体的撕裂，和对个人精神的"异化"。这些知识阶层的一个共同认识是：整个社会都在溃烂变质，传统的贵族阶层无能，中产阶级市侩，资产阶级贪婪，无产阶级则是一群随时会诉诸暴力的乌合之众。当代著名文化批评家雷蒙·威廉斯称：

> 正如密尔精明地认识到的那样，"文化"观念是自柯勒律治时代起，确凿无疑地进入了英国社会思想……到了柯勒律治的时代，这种状况遭遇到工业化进程所带来的分崩离析的威胁，因此"教养"比以往任何时候都更需要社会确认。社会性的"文化"此时已进入英国思想，这意味着一种独立于社会进步观的思维方式出现了。③

甚至连著名的功利主义者詹姆斯·斯图亚特·密尔也受到柯勒律治所谓"教养"之思想的影响。小密尔痛恨其父亲施加在他身上的功利主

---

① 转引自〔英〕雷蒙·威廉斯著，高晓玲译《文化与社会：1780—1950》，长春：吉林出版集团有限责任公司 2011 年版，第 71—72 页。
② 马克思对工业社会的批判也有很大一部分借鉴了这些"柯勒律治主义者"的说法。
③〔英〕雷蒙·威廉斯著，高晓玲译：《文化与社会：1780—1950》，长春：吉林出版集团有限责任公司 2011 年版，第 71—73 页。

义、机械主义教育模式,因此他在年轻的时候对功利主义有很多批评。在《柯勒律治》(Coleridge)一文中,他发明了"德国式柯勒律治学派"的说法,这也揭示了"文化"观念的源头。他试图调和边沁与柯勒律治的观点,调和功利主义与保守主义。他认为,边沁与柯勒律治对待"文明"有着两种截然不同的态度。一种是继承了启蒙时代以来的进步观念,毫无保留地对其进行歌颂;另一种则意识到,此种"工业文明"有非常大的隐患。① 他重视柯勒律治对工业社会的诊断,指责边沁的功利主义过分重视外在的、物质层面的改革,而忽略了精神与文化的健全。柯勒律治主张将"教养"作为一个社会最高的"上诉法院",小密尔则主张将"文化"作为功利主义体系的补充。但随着对柯勒律治的兴趣逐渐减弱,他后来还是又回到边沁式功利主义的轨道上,并专心于其功利主义政治经济学体系的构建和写作。②

此类文化主义除了源于大工业时代"文明"带来的冲击,也与此时对国内外"野蛮人"残留的忧虑与恐惧有一定关系。尽管东西方文明在工业革命时代的差距空前,密尔父子和麦考莱等通过"文明专制"来彻底改造殖民地的思想甚嚣尘上,但即便在英国工业革命最鼎盛的时候,代表文明的古罗马帝国被蛮族灭亡的历史仍不时回响在鼓吹"文明"的知识精英的头脑中。拿破仑战争更是让英国的知识精英们心有余悸。边沁认为,倘若拿破仑获胜,那么文明将倒退至野蛮状态。卡莱尔断言,"文明不过是一层外在包装(wrappage)",人的野蛮本性仍会不时像火山一样喷发出来。遭到卡莱尔"过分乐观"指责的小密尔也不时发出悲观的声音,有学者认为,小密尔对"文明"的乐观程度高于托克维尔,但低于圣西门。③ 如果说"文明攻势"的强度往往取决于东西方的力量对比(差距大则倾向专制,差距小则倾向自制,预期和心态的影响是相对次要的),那么"文化防御"心理则更复杂,它既与力量对比有关,也与国内种族阶级结构有关,同时还与一种预期和心态有关——毕竟以

---

① 〔英〕约翰·穆勒著,白利兵译:《论边沁与柯勒律治》,上海:上海人民出版社2009年版,第69页。
② 〔英〕雷蒙·威廉斯著,高晓玲译:《文化与社会:1780—1950》,长春:吉林出版集团有限责任公司2011年版,第59—79页。
③ Michael Levin, *Mill on Civilization and Barbarism*, London: Routledge, 2004, p.84.

人的性格作比喻的话，"文明"是外向性的，有"襟怀坦荡"的风度；而"文化"是内向性的，呈现敏感多疑的特点。因此，即便在东西方力量差距最大的时候，也无法阻止某些群体幻想野蛮人的大规模入侵，或担心国内"非我族类"的异心。而人们的预期最为悲观的时候，往往也是文化种族主义最为强烈的时候。

文化主义与文明主义在帝国政策上有不同表现。令人有些惊讶的是，同情国内弱势群体的文化主义却比倡导"适者生存"的文明主义更具侵略性；在高唱"文化"医治"文明"时，文化主义群体也普遍有强烈的种族主义倾向。在1866—1868年英国国内关于艾尔总督镇压莫兰特湾的罪行争论中，主张艾尔有罪的包括查尔斯·达尔文、查尔斯·莱尔（Charles Lyell）、托马斯·赫胥黎（Thomas Huxley）和赫伯特·斯宾塞等著名科学家，而主张其无罪的包括托马斯·卡莱尔、查尔斯·狄更斯、查尔斯·金斯利（Charles Kingsley）、约翰·拉斯金（John Ruskin）、阿尔弗雷德·丁尼生（Alfredlord Tennyson，1809—1892年）等文化名流。米勒据此认为，这些艾尔总督的支持者都"将情感置于理性之上"，[1] 笔者则认为，双方不同立场的背后其实是文明主义与文化主义的对立。相比之下，尽管文明主义主张对"野蛮人"进行"文明专制"，但仍有"文明自制"的一面，它所主张的也是"仁慈专制"（benevolent despotism）；而文化主义则未免带有更多种族主义色彩，其对"野蛮人"的手段也更为专制，更加酷烈。

小密尔与卡莱尔曾于1849年在英国杂志上有过一场辩论。卡莱尔受当时流行的科学种族主义影响，将黑人的落后归结为种族的低劣，因此主张恢复奴隶制；而小密尔认为黑人落后主要是环境导致，可以在欧洲的家长制教导下被文明化，因此主张废奴。小密尔还指出，古希腊文明最早便从黑人文明那里学到了不少东西。[2] 从表面上看，卡莱尔既然主张白人天生优越是其建立伟大文明的主要原因，那么理应更加自信乐观，

---

[1] J. Joseph Miller, "Chairing the Jamaica Committee: J. S. Mill and the Limits of Colonial Authority," in Bart Schultz and Georgios Varouxakis, eds., *Utilitarianism and Empire*, Lanham: Lexington Books, 2005, p. 160.

[2] David Theo Goldberg, "Liberalism's Limits: Carlyle and Mill on 'The Negro Question'," in Bart Schultz and Georgios Varouxakis, eds., *Utilitarianism and Empire*, Lanham: Lexington Books, 2005, p. 126.

不必担心被劣等种族超越才对，但他并不是这样推论的。他在持白人文明优越论的同时也强调"文明"的珍贵和脆弱性，担心"文明"毁于劣等人种之手。这也是几乎所有"文化主义者"惯用的逻辑：首先，将文化伪装成文明，并将其与种族挂钩；其次，强调经伪装后的文化（也就是他们口中的文明）的脆弱性，制造悲观和焦虑；最后，以文明的名义对劣等人种或异质文明（alien civilization）进行排斥。同样地，小密尔代表的"文明主义者"既然认为文明无关人种，有色人种同样具有实现文明的能力，那么表面上看应当悲观，担心被赶上和超越才对，但他们却总体保持着乐观态度。这是因为"文明主义者"虽然也支持帝国主义，但他们的目标往往并非帝国荣耀，而是文明进步。由于他们持一种文明必然进步的决定论思想，他们便不太会认为文明是脆弱的和可被逆转的，因此也不至于像卡莱尔一样对白人种族的命运忧心忡忡。

总体而言，"文化"在英国只是居于少数地位的、属于部分精英知识分子的一种意识形态，主流仍然是边沁和密尔父子的机械主义、功利主义和辉格主义，仍然是"文明"高歌猛进的论调，托利主义、保守主义和文化有机体论等仅在国内起着批评的作用，并被英国功利主义者冠以"德国神秘主义"的贬损称谓，英国的主流舆论也经常对"文化"抱着嘲讽的态度，"文明"的地位相形之下更是难以动摇。相比之下，德国的主流意识形态则并非如此，它的保守主义、历史主义、浪漫主义和文化有机体论等甚至成了一种国民性的象征。马克思和恩格斯在《德意志意识形态》中指出，"德国哲学是从天国降临到人间"，这种神秘主义也体现为德国式高雅"文化"对粗俗"文明"的鄙视。如果说德国知识界达成的共识是将"文化"置于"文明"之上，那么英法则如小密尔所做的努力一样，试图将"文化"吸纳至"文明"概念中，形成相对和谐、互为表里的"文化—文明"关系。事实上在小密尔试图折中"文化"与"文明"之前，尖锐批判过工业文明的柯勒律治早已做过类似的尝试，例如他曾经区分过"狂乱发热的疾病"文明与基于教化的、"生机勃勃的健康型"文明。柯勒律治与托马斯·卡莱尔、马修·阿诺德（Matthew Arnold）等人都希望将德国式的文化观念注入工业文明，将机械、品位低下、阶级矛盾尖锐的工业文明转变为更有机的、生活方式高雅的、有着牢固共同体情感的文明。此时他们使用的仍是"文明"一词，但实际上已经悄然吸收了"文化"的因子，而与边沁式功利主义者的文明观大不一样了。

而到了欧洲"金融文明"时代，更多的内在危机开始发酵，文化、种族乃至基督教等都与"文明"产生了难以调和的矛盾。列宁写道：

> 在金融资本的基础上生长起来的非经济的上层建筑，即金融资本的政策和意识形态，加强了夺取殖民地的趋向。希法亭（Rudolf Hilferding）说得很对："金融资本要的不是自由，而是统治。"有一个法国资产阶级作家好像是在发挥和补充上述塞西尔·罗德斯（Cecil Rhodes）的思想，他写道，现代殖民政策除经济原因外，还应加上社会原因："愈来愈艰难的生活不仅压迫着工人群众，而且压迫着中间阶级，因此在一切老的文明国家中都积下了'一种危及社会安定的急躁、愤怒和憎恨的情绪；应当为脱离一定阶级常轨的力量找到应用的场所，应当给它在国外找到出路，以免在国内发生爆炸'。"①

在"文明"与"野蛮"进入深层互动的情形下，金融文明时代欧洲的知识分子则似乎突然发现，"文明"是脆弱和易碎的，而非过去想象的那样坚实牢固。"野蛮人"虽不像成吉思汗一样发动大规模武力侵略，却可以凭借其高生育率、移民"入侵"和学习西方的科学技术而后来居上，让白种人成为优胜劣汰的对象。早在19世纪中期，感觉敏锐的小密尔便警告说，"文明"引以为傲的科学技术、法治、经济繁荣等在给个人带来安全和舒适的同时，有可能会使个人的能量耗尽，走向"慵懒和懦弱"，并像中国一样陷入停滞。为此，他认为需要改革英国的高等教育，不仅要传授知识，而且要培育品格（character），矫治"文明的弱点"。② 这种焦虑到19世纪后期变得更加突出。

金融文明时代焦虑和不安全感加深的重要表现之一便是，工业文明

---

① 刘长军、韩海涛、李惠斌编著：《列宁〈帝国主义是资本主义的最高阶段〉研究读本》，北京：中央编译出版社，2017年版，第348—349页。
② Margrit Pernau, "Great Britain: The Creation of an Imperial Global Order," in Margrit Pernau, Helge Jordheim, et al. , *Civilizing Emotions: Concepts in Nineteenth-Century Asia and Europe*, Oxford: Oxford University Press, 2015, pp. 47-49.

时代从容不迫的"非正式帝国"日益让位于此前受到抨击的"正式帝国"。1870—1914年被霍布斯鲍姆等学者称作"帝国时代",或"新帝国主义"时代。在这段时期,工业文明升级为金融文明,英法作为"金融文明"的代表性国家,寄生性大大加强,发展放缓,有相对衰落之势。欧洲经济萧条,社会矛盾尖锐,欧洲列强加快了海外扩张的步伐,"欧洲文明"内部的相互竞争也逐渐升温。按罗马帝国以来的传统,过去符合"帝国"正统的不过仅有神圣罗马帝国(962—1806年)、法兰西第一帝国(1804—1815年)而已(拜占庭、俄罗斯帝国地处边陲,属于东正教传统下前后相继的"帝国";英国主要还是一个"非正式帝国",其统治者也是女王而非皇帝,直到1858年才解散东印度公司,对印度进行直接统治)。而到了19世纪下半叶,欧洲相继出现了法兰西第二帝国(1852年)、奥匈帝国(1867年)和德意志帝国(1871年),英国政治家本杰明·迪斯累利也于1872年发表著名的"水晶宫演说",公开鼓吹捍卫"英帝国"。他在担任首相期间,将印度的统治权正式从东印度公司转移至议会与王室,并于1876年一手促成维多利亚加冕为印度女皇(尽管未能成为整个英帝国的女皇)。在他和约瑟夫·张伯伦(Joseph Chamberlain)以及塞西尔·罗德斯等狂热追求帝国的政治家推动下,英国先后征服埃及和南非等殖民地,掀起从非正式帝国向正式帝国转变的浪潮,而以埃德蒙·伯克、理查德·科布登、约翰·布莱特、戈德温·史密斯(Goldwin Smith)和威廉·格莱斯顿等为代表的英国曼彻斯特学派"反帝主义"传统则黯然失色。英国还在1902年设立了"帝国日",强化民众对帝国的认同和荣耀感;[①] "英帝国"也从民间约定俗成的叫法变成了官方文件中的正式用语。同时代的美国政治家亨利·卡波特·洛奇(Henry Cabot Lodge)评价道:"英国人是极度务实的……他们似乎在虔诚地信仰着曼彻斯特学派,但是该学派抑制这个种族之征服和殖民精神的努力还是失败了。当迪斯累利让英格兰女王成为印度女皇时,便是为他们的失败立下了一座壮丽墓碑。"[②]

英国不仅试图尽可能地将非正式帝国转为正式帝国,而且还将帝国

[①] 〔英〕埃里克·霍布斯鲍姆著,贾士蘅译:《帝国的年代》,北京:中信出版社2017年版,第79页。

[②] Henry Cabot Lodge, "Our Blundering Foreign Policy," *Forum* (March 1895), p. 13.

的宗旨部分从密尔和麦考莱式的"文明主义"改为梅因式的"文化主义"。这与英国国内和国际权力结构的变动都有关系。首先，正如大卫·康纳汀（David Cannadine）在《装饰主义》一书中指出的那样，英国国内在19世纪的政治改革中逐渐走向大众民主时代，国内的贵族乃至中产阶级都担心权力丧失，从而产生了与殖民地上层的"共情"，试图通过间接统治和放弃"文明专制"的方式，在母国和殖民地维持传统的等级秩序；其次，即便是在英帝国最如日中天的时候，也还是陆续发生了莫兰特湾叛乱、印度大起义等事件，这使得统治者意识到自己并没有足够的权力，也没有必要付出过高的代价来强行同化帝国境内的异族，将其变成只是肤色不同的英国人。而在此情形下，主要源自德国的"文化主义"便对帝国的维系有重要的启发作用。事实上，梅因便深受法学家萨维尼之德国式"历史主义"的影响。① 此外，文化主义的影响力与日俱增也与欧洲文明内部的矛盾冲突有关。如果说过去殖民帝国是欧洲内部维持和平的"减压阀"，那么殖民帝国现在则是其内部冲突的催化剂。在此情形下，欧洲协调的机制也面临运转不灵的状况，还可能会步神圣同盟的后尘。尽管如前所述此时的国际法有着很大发展，但也许正如马丁·怀特所说，在人们过分颂扬国际法和夸大其作用的时期，国际现实往往也是最为混乱的。② 英法这段时期对国际法的大力强调，可能更多的也是"文明"守成心态的体现。

笔者在此无意详述欧洲在19世纪后期的大国权力竞逐，而是试图围绕"文明"概念本身的张力，来揭示欧洲文明进程所处的困境。事实上，对"文明"构成挑战的，同样也是欧洲所诞生的概念，即文化和种族主义。概言之，"文明"主张的是普世性和通约论，而文化和种族主义主张的是地方性与不可通约论。倘若在此之前，基佐和密尔等人尚且能够成功地将宗教、文化、种族和阶级等对"文明"的反叛运动加以驯服和"招安"，从而将其纳入主流文明理念的话，那么金融文明时代此

---

① David Cannadine, *Ornamentalism: How the British Saw Their Empire*, Oxford: Oxford University Press, 2001, p.9;〔美〕卡鲁娜·曼特娜著，何俊毅译：《帝国的辩解：亨利·梅因与自由帝国主义的终结》，上海：华东师范大学出版社2018年版，第148页。
② 〔英〕赫德利·布尔著，张小明译：《无政府社会：世界政治中的秩序研究》，上海：上海人民出版社2020年版，第120页。

种折中与综合的尝试则变得更为困难了（法国的社会团结主义在这个意义上是成功的结果）。反文明话语也随着"文明"的扩张而愈显强烈，连"文明主义"的核心内容之一——理性进步论也变得岌岌可危。它在德国、俄国和日本等居于相对次要地位的资本主义强国中出现了"脱缰"的现象，而在英法等主导性的资本主义强国中也越发难以控制："文化"不再仅仅试图伪装成"文明"，而且似乎还要篡夺后者的地位了。①

种族主义不仅代表"文明"国家对"不文明"世界的蔑视贬损，同时很大程度上也是其对"文明"扩张负面效应的忧虑之体现。在"文明"扩张的过程中，"不文明"世界的众多人口让扩张者感到恐惧。在他们看来，这些"野蛮人"是不文明的、非理性，同时也是色情的、生殖力旺盛的和具有毁灭性的。这些人一旦被某个白人野心家组织起来，将会如潮水一般淹没欧洲的少数统治者们。这在法国作家约瑟夫·戈宾诺那里非常明显。他相信白人及其祖先雅利安人才是历史上伟大"文明"的创造者，而其他种族最多只是模仿者；随着白人种族血液被混杂和稀释，"文明"也将相应地走向衰落。

有趣的是，种族主义者大多也是多元文明论者，同时还是文化论者。伯克、赫尔德、戈宾诺都有这方面的倾向。在 1853—1855 年出版的四卷本《论人类种族的不平等》（*Essai sur l'inegalite des Races Humaines*）一书中，戈宾诺列举了 10 个"伟大的人类文明"：印度、埃及、叙利亚、希腊、中国、意大利、日耳曼，以及美洲的阿利根尼（Alleghenian）、墨西哥和秘鲁。他还指责基佐不承认亚洲也有文明，更明确地鼓吹文明多元论。与此同时，戈宾诺的种族文化偏见又远甚于基佐。他不仅认为其他文明最初都是在白人的指导下建立的，因而比欧洲文明低劣，还依据他的种族主义偏见，认为所有文明的衰落和灭绝都源于种族的混杂。② 可以说在共同反对单线文明论的事业中，种族主义和多元文明论彼此配合得十分默契。

由于文明扩张带来的反作用，多元文明的观点到 19 世纪末已十分常见。当然，它往往是与种族文化焦虑相伴的。法国著名社会心理学家古斯

---

① Ian Buruma and Avishai Margalit, *Occidentalism: The West in the Eyes of Its Enemies*, New York: The Penguin Press, 2004.

② Michael Levin, *Mill on Civilization and Barbarism*, London: Routledge, 2004, pp. 12–13.

塔夫·勒庞（Gustave Le Bon）曾经游历阿拉伯和印度，并且分别于 1884 年和 1887 年出版了《阿拉伯文明》（*La Civilisation des Arabes*）和《印度文明》（*Les Civilisations de l'Inde*）两本著作。同戈宾诺一样，勒庞也认为雅利安人和白人是优等种族而东方是低劣的，但是他不得不承认东方在很多方面已经达到了较高的"文明水平"，尤其是在艺术、宗教、建筑和手工业生产等领域。这与老密尔在《英属印度史》中全面贬低东方"文明"形成了鲜明对比。① 在勒庞这里，白人的优越之处似乎只剩下科学和技术。

但科学技术的优势能够永远保持吗？很多知识分子也对此感到悲观。斯宾格勒不仅拒斥单数的文明概念，而且将西方文化视为浮士德式的文化。他认为，这种浮士德式的文化已堕落为"文明"，其表现就是帝国主义、恺撒主义和社会主义，浮士德式的文化注定使人成为物质和金钱的奴仆，金钱与权力的殊死斗争将使西方陷入风雨飘摇之中。而随着被殖民者掌握西方的技术，他们也将以之来摧毁西方的白人及其"浮士德文明"。② 此外，正如康克林所揭示的，尽管一战前后法国的殖民政策都是"共和主义"的，但相比一战后，一战前"法国的帝国观念里包含着更多普世性和平等主义的信条"，"而一战的浩劫改变了这一文明使命的进步主义解释"，出现了"更加保守的文明使命"，母国所派出的殖民官员也随着对殖民地的了解，逐渐承认当地的"文明"。③ 迈克尔·阿达斯（Michael Adas）也以一战为分水岭，认为此前尽管也有对西方追求无限扩大生产率和利润、过度消费主义等价值观的质疑，但这些观念往往会被"主流政治家和受教育的公众边缘化，被视为悲观的激进主义者和奇怪的神秘主义者的呓语"；而到了一战后，虽然英法获胜且致力于恢复"文明使命意识形态"的信誉，但其也不得不使用"相互合作""相互尊重"等话语来向支配者做出象征性的让步。④

---

① Michael Adas, *Machines as the Measure of Men: Science, Technology, and Ideologies of Western Domination*, Ithaca: Cornell University Press, 1990, pp. 176-177.
② 〔德〕奥斯瓦尔德·斯宾格勒著，吴琼译：《西方的没落》，第 1 卷，成都：四川人民出版社 2020 年版，第 8 页。
③ Alice Conklin, *A Mission to Civilize: The Republican Idea of Empire in France and West Africa, 1895-1930*, Stanford: Stanford University Press, 1997, p. 249.
④ Michael Adas, "Contested Hegemony: The Great War and the Afro-Asian Assault on the Civilizing Mission," *Journal of World History*, vol. 15, no. 1 (March 2004), pp. 40-42.

不仅如此，"文明使命"客观上也使得"文明"世界与"非文明"世界之间的权力结构发生变化，尤其是科学技术的传播和医药卫生条件的改善给殖民地带来了人口增长。马克·索尔特（Mark B. Salter）说道："对殖民地人口日益增长的焦虑在一战前和两次世界大战之间十分盛行。"① 杰弗里·巴勒克拉夫（Geoffrey Barra-clough）也说道："自1815年至1914年这100年间，人口的差别在很大程度上为工业生产能力上的差距所抵消，因而像英、法这样的工业化国家能相对轻松地控制不发达地区的广大人口。但是这种看来为西方所永久拥有的优势，实际上只是一个暂时因素……随着20世纪的向前发展，保证欧洲人优势的有利条件，即机器生产的垄断和工业化带来的军事力量渐渐地在失去，而至关重要的人口因素却再次显示了其重要性。"② 西方文化悲观主义者一直以来所担心的、殖民地对西方的"反叛"可以说部分成了现实。当然在当时，真正对"欧洲文明"造成巨大破坏的还轮不到这些"野蛮人"，而是欧洲自己的内战，是英法"文明"霸权在欧洲内部导致的不满。

德国虽与"欧洲文明"的核心国家有密切联系，也参与了宗教改革、启蒙运动和资产阶级革命等欧洲文明史上最重要的事件，其文化的影响力更是首屈一指，但始终缺乏英法的"普世性"情怀。德国盛行的历史主义、浪漫主义、非理性主义和文化相对主义固然有助于缓解"工业文明"的弊病，但也可能走向极端，造成埃利亚斯所谓"去文明化"（decivilizing process）的结果。尤其是到19世纪后期，随着德国的统一和力量的迅速增长，它又面临着列强环伺的局面，唯有自我克制才能避免"欧洲文明"的内战。俾斯麦为此一手缔造了欧洲大陆权力均势体系，召开了柏林会议，小心维护着欧洲的和平。它还鼓励法国的海外扩张，鼓励它去履行欧洲的"文明使命"，从而避免法德在欧洲大陆的冲突。1884年，俾斯麦在柏林会议上的讲话也体现了此时德国对"文明"事业的认可："所有被邀请的政府都希望通过非洲内部的商业开放，将当地人带到文明的领域之中。"

---

① Mark B. Salter, *Barbarians and Civilization in International Relations*, London: Pluto Press, 2002, p. 65.
② 〔英〕杰弗里·巴勒克拉夫著，张广勇、张宇宏译：《当代史导论》，上海：上海社会科学院出版社1996年版，第85—86页。

但这种叠床架屋式的大陆权力均势体系无法长期维持,德国的自我克制也某种程度上取决于其在思想文化上对欧洲文明的高度认同。而德国知识界醉心于德国"文化"与英法"文明"的对立,对欧洲文明的认同似乎并不太稳固。如前所述,自赫尔德以来,德国的"历史学派"与"文化学派"便有着与英法不一样的世界观和"文明"身份,在德国实力迅速壮大后,他们更是试图用其历史文化的理路来挑战英法的经验主义、功利主义和实证主义。以尼采为代表的许多德国思想家都对英法的实证主义进行了嘲讽与批判。尼采认为,实证主义所强调的事实、逻辑、理性、因果关系等都只是人们思想的发明,是一种"权力意志","实证主义只是终结于现象——只是谈论事实——对此我想说,事实……只是解释。我们无法靠事情本身来建立事实……我们根据自己的需要解释世界":

> 进步——让我们不要自欺欺人了!时间向前流逝:我们也愿意相信时间中的一切事物都在向前行进——也就是发展,就是向前行进。最冷静的头脑都被这个幻觉误导了……人类并没有进步……全部的真相是,在一个巨大的实验室里,那些散落在各个时代的、少数的成功案例被记录下来,但与此同时,有着诸多失败的事例未曾被讲述,有着诸多缺乏秩序、逻辑、统一性和可理解性的事例被人们所遗弃。①

尼采的反实证主义也伴随着颂扬文化、贬低文明的倾向。他借用法国人类学家朱利安-约瑟夫·维雷(Julien-Joseph Virey,1775—1846)的比喻,认为"文明时代就是将人类家畜化的时代";"文明人与家畜的共同点在于都有一身肥肉"。② 种族论也在德国的反实证主义语境下得到了更多的发展。戈宾诺的思想遭到了同时代托克维尔等人的批评,在法国找不到太多支持者,他也因此对法国感到极度失望;但他阐发的种族主义却对德国产生了重大影响。德国在19世纪末成立了戈宾诺协会,出现了以路德维希·舍曼(Ludwig Sherman)和休斯顿·张伯伦(Houston M. Cham-

---

① Mark B. Salter, *Barbarians and Civilization in International Relations*, London: Pluto Press, 2002, pp. 57-58.

② Anthony Pagden, "The 'Defence of Civilization' in Eighteenth-Century Social Theory," *History of the Human Sciences*, vol. 1, no. 1 (1988), p. 43.

berlain）为代表的一批"新戈宾诺主义者"，舍曼获得了第三帝国的歌德奖章，而张伯伦更是被希特勒视作"精神之父"。①

如前所述，相比启蒙时代抽象的自然权利说，功利主义和实证主义试图将"文明"放到更具体的层面讨论，赋予其可操作性（例如关于国际社会的观念），使其对殖民地的控制能够落到实处；在相信理性、进步和西方的优越性方面，双方仍然是一脉相承的，它们所推行的主要是普世帝国主义，当然它往往与"世界主义"比邻而居，以至于很难分辨；而德国式的浪漫主义、历史学派和文化相对主义则要推翻启蒙以来对理性和进步的信仰，试图推行一种非理性的民族帝国主义，从而开启欧洲文明内部的"诸神之战"。如果说英国知识分子们关注的中心是个人，法国的中心是社会，那么德国则是国家与民族。一战前，英法均极力鼓吹"普世文明"；而德国却以德意志民族文化为最高价值，将社会主义（第二国际的"社会主义"）与民族主义牢牢地镶嵌于德意志共同体内，其"民族帝国主义"与"社会帝国主义"则使得欧洲文明陷入内战和"实力的测试"（test of strength）。正如美国政治学家拉斯韦尔观察到的那样：

> 1914年8月8日，伦敦的《旗帜晚报》大呼"争论中的文明"，从此之后这一主题一再被提及。与此同时，"征服野蛮人的战争"（Guerre contre les barbares）在法国被提出，而在德国，对文化（Kultur）的保护和培育成了所有善良德国人的权利与义务。

德国的卡尔·兰普莱希特（Karl Lamprecht）、奥托·冯·吉尔克（Otto von Gierke），欧根·屈内曼（Eugen Kühnemann），奥斯卡·弗莱舍尔（Oskar Fleischer）、恩斯特·特勒尔奇（Ernst Troeltsch）等重要知识分子也纷纷出版著作，以文化和文明的冲突来界定这场战争的性质。②

德国的"文明"和"文化"观对其国内外的关系产生了深刻的塑

---

① 〔美〕阿瑟·赫尔曼著，张爱平、许先春、蒲国良等译：《文明衰落论：西方文化悲观主义的形成与演变》，上海：上海人民出版社2007年版，第79页。
② 〔美〕哈罗德·D. 拉斯韦尔著，张洁、田青译：《世界大战中的宣传技巧》，北京：中国人民大学出版社2003年版，第65页。

造作用。此观念并不太重视永恒不变的规律，而是将所有启蒙的价值放在历史演变中来考察。即便是黑格尔所提倡的理性，也是一种历史理性主义，其完美体现和历史终点是个体的民族国家，而非普世组织。某种程度上，在德国的文化观念之中，民族国家是富有旺盛生命力的有机体，而西方"文明"不过是外在、机械和缺乏生命力的事物，因此德国统治者习惯于从民族的整体利益出发，解决国内的阶级矛盾，却不善于或不愿维护西方的"大家庭"（family of nations）。① 德国人对"文明国家"和"不文明国家"当然也有所区分，但德国理念中对权力与政治的重视很大程度上使德国不愿被"文明"国家的国际法所束缚，② 甚至对外采取乌特李希·韦勒（Hans-Ulrich Wehler）所说的"社会帝国主义"（social imperialism），为维护有机共同体的利益而转嫁其国内的阶

---

① 这与法国的情况形成了对比。在金融文明时代，法国同样存在着焦虑和不安全感，孔德时代的普世主义有所削弱。因此相比孔德，涂尔干的民族意识更为强烈。1913年，涂尔干与毛斯合著了《文明概念笔记》一文，批判孔德缺乏民族意识，指出他研究的只是"文明的普遍运动，它抽象掉了各个国家民族不同的特性；后者只有在能帮助他建立人类进步阶段论体系时，才会让他感兴趣"，因此"这种方法是不足的，因为它将观察者能够更好地观察和及时把握的社会事实放在了一边——社会有机体（social organism），也就是在历史进程中所形成的个人之集合。这才是社会学家要研究的首要对象……我们可以说，孔德试图作为科学研究对象的人类共同体（human milieu），或一体化的人类（integral humanity）只不过是精神上的一种想象"。但与此同时，涂尔干和毛斯并未像德国思想家一样，走向鼓吹文化不可通约的地步。他们仍保留着对欧洲文明的较强认同。他与毛斯同时也声称，"毫无疑问，文明容易被民族化（nationalization）；它会在各个国家的人民那里呈现不同的特点；但它最根本的因素并不是这个国家或人民单独的产物……例如当我们说到基督文明时，尽管它有不同的中心，但却是由所有基督教人民共同创造的"。见 E. Durkheim and M. Mauss, "Note on the Notion of Civilization," *Social Research*, vol. 38, no. 4 (Winter 1971), pp. 811-813。正如《经典文化与文明读本》编纂者在谈到这篇文章时所说的那样，在19世纪末20世纪初，欧洲各国分别形成了自己的社会学学派，在这种社会学职业化和民族化的背景下，"一方面，文明的概念被继续与西方及其政治转型的身份联系在一起；另一方面，'文明'也被发展为一种与帝国、国家、有组织的宗教和文化相等同的范畴。埃米尔·涂尔干对这两个传统都进行了批判性的继承"。John Rundell and Stephen Mennell, eds., *Classical Readings in Culture and Civilization*, New York: Routledge, 1998。

② 法国知识分子习惯于将"社会"置于"国家"和"个人"之上，在他们看来，国家不过是各种社会团结中最紧密的一种联合形式（association）而已，由于社会的决定性作用，国家的主权可以被削弱，政治本身可以转换为科层组织或官僚机构的行政事务；而这与德国知识分子的思维恰恰相反，他们更多地将政治和权力置于中心地位，认为"国家"的政治不能被例行公事的行政所淹没，唯有国家才能实现一个民族的特定命运。

级矛盾。①

英国自由主义可以将国内"看不见的手"扩展为国际的权力均势，法国社会团结主义可以扩展为倡导西方"大家庭"的有机团结（事实上表现为协约国的一体化方案），但德国对民族国家有机体的崇拜却很难发展为视"欧洲文明"为有机共同体。在第一次海牙会议上，正是德国的反对，才导致常设国际仲裁法院只能实行自愿仲裁的原则（voluntary arbitration）。德国的国际法学说发展较晚，且受康德以来的传统影响，德国法学家强调国家的自我约束和自我立法（self-legislation），将民族国家神圣化，将主权绝对化，与英法"文明"理念存在较大差别。一战更是导致德国成为"文明的破坏者"。也许正因为如此，英法才以"文明"为由，向德国进行了战争。英国首相阿斯奎斯于1914年9月18日在苏格兰爱丁堡发表了题为《文明之战》（The War of Civilization）的演说，将这场大战上升为"文明"之战：

> 结果是我们处于战争之中，而我们处于战争之中是——就像我曾在他处说过，今天在这里重复的那样——因为3个原因。第一，维护条约责任的神圣性，维护欧洲公法（public law of Europe）；第二，捍卫与确保相对较为弱小的自由国家的独立，保护它们免遭强者的蚕食与暴力；第三，为了不仅是我们自己帝国，而且是整个文明的

---

① 德国著名国际法学家卡尔·施密特（Carl Schmitt）曾对德语与英语、法语和拉丁语中的"帝国"概念进行比较，认为德语中的Reich带有非"普世主义"的特点，与"imperium"和"empire"中的"普世主义"冲动有很大差别。他说道："Reich与imperium, empire并非一回事，从其内在看，相互之间不可比拟。[拉丁文的] imperium往往具有普世含义，即涵括世界和人类的超民族的组织含义（虽然并非必须有此含义，因为可能有多个不相同的imperia并存），而[德语的] Reich [帝国] 有民族的规定性，本质上是一个非普世的法律秩序，它以尊重每一民族为基础。自19世纪末以来，[英语和法语] empire已经变成一个经济-资本主义的殖民化和扩张理论的称谓即imperialism [帝国主义]，且往往被滥用为单纯的口号，Reich一词则始终未沾染这一污点。不论是对沦亡的罗马帝国民族观的回忆，还是西方民族帝国之同化和熔炉思想，都是一种从民族角度出发的帝国概念，它尊重一切民族的生存，从而与帝国主义概念形成最强烈的对立。如今，这种对立情况显得尤为强烈，因为，一旦某个大国要捍卫非普世帝国主义的尊重民族生活制度的神圣性，它就不得不迎战试图以自由民主同化世界各民族的西方大国的普世主义。"〔德〕卡尔·施密特：《禁止外国势力干涉的国际法大空间秩序》，转引自娄林主编《地缘政治学的历史片段》，北京：华夏出版社2019年版，第136—157页。

最大利益，去抵抗那个将其傲慢的主张强加在欧洲身上的强权。①

他在演说中继续控诉德国的所谓"文化"与"精神"：

> 的确，德国思想的领导人们——我不会说是德国人民，而只是指那些过去许多年里掌控德国政策的人——有着公开宣称的信念，即他们的霸权将会带来优越的德国文化和德国精神，对世界也将是最好的事情。
>
> 但是容许我暂且问一下，这个德国文化是什么？当眼下德皇的军队正在比利时和法国充当传教士的时候，他们带去了怎样的德国精神？在哲学、科学和艺术上，德国的确对人类作出了巨大贡献，但在过去30年的全球运动中，专门由德国带来的恶劣影响包括：在思想层面，将物质力量视为人类事务最高和最终的主宰者；在实际层面，德国成了生产和大规模制造毁灭性武器的头号强国。对于那些受德国文化浸润的人来说，他们会倾向于相信权力是一个国家追逐的终极目标，条约自然不过是废纸一张，而旧世界在谈论弱者的权利和强者的责任之时，所发表的不过是陈词滥调和令人作呕的伪善言辞。②

他讽刺说，"历史将会记载，当骰子被掷出，斗争开始之后，正是这同样的信念恢复了一种作战的方式，它几个世纪之前就被常识，以及文明世界的大众所谴责。鲁汶（Louvain），马利纳（Malines），特尔蒙德（Termonde）。这些将会是从此以后在德国文化的额头上重重烙刻的名字……不要忘记这（些暴行）来自一个强国，它的智识领导人（intellectual leaders）浸润于我所描述的理念，而它的将军们在战场上执行甚至指挥着这些做法——声称要将它的文化，它的精神——意味着将它的霸

---

① H. H. Asquith, *The War of Civilization: A Speech by the Prime Minister in Edinburg, Sept. 18, 1914*, London: Methuen & Co. LTD, 1915, pp. 2-3.

② H. H. Asquith, *The War of Civilization: A Speech by the Prime Minister in Edinburg, Sept. 18, 1914*, London: Methuen & Co. LTD, 1915, pp. 4-5.

权——强加在欧洲其余国家头上"。① 除谴责德国"文化"外，阿斯奎斯在演说中一再强调的是英国"文明"的原则，即建立在自愿、自由基础上的行动。他最后说道："当他们为自己的爱国事业全副武装之后，他们将有机会去战斗，甚至是牺牲自己的生命，但这不是为了服务于野心或侵略，而是维护我们国家的荣誉和诚信（good faith），去保卫自由国家的独立，去保护文明的原则和欧洲的自由不被暴力所侵害。"②

当然，"文化"和"文明"反映的只是欧洲内部价值冲突，而对于所谓"不文明"国家来说，"文化"与"文明"之间的区别却并不那么分明。在他们看来，"欧洲文明"内部的几个核心国家从理念上的分歧转向大规模的"内战"，使得单线进步"文明"观的合法性受到严重质疑。正如马克·吐温在1900年说的那样，让"不文明"的中国人所不能理解的是，"文明人怎么会与文明人相互开战呢？"不论英法政治领袖如何呼吁为"文明"而战，在上述情形下，"文明"和进步都受到了沉重的打击。迈克尔·阿达斯（Michael Adas）说，这场大战最终让"文明使命"名誉扫地。③ 丹尼尔·罗杰斯（Daniel Rogers）也指出："'文明'这个用语在1919年已被击打得粉碎，远远无法修复。"④ 有趣的是，一战后欧洲战胜国曾经引以为傲的"文明"光泽黯淡，反而是战败国德国的"文化"概念很大程度上取代了"文明"。⑤ 倘若英法的"文明"意味着理性、"普世"性和世界主义，那么德国的"文化"则意味着非理性、地方化和民族主义，更加预示了20世纪作为"极端年代"的一面。

"文明"的反叛者不只有德国。某种程度上说，在金融文明时代，日本、俄国、中国乃至美国都加入了反叛者的行列，一战则使这种反叛

---

① H. H. Asquith, *The War of Civilization: A Speech by the Prime Minister in Edinburg, Sept. 18, 1914*, London: Methuen & Co. LTD, 1915, pp. 5-6.

② H. H. Asquith, *The War of Civilization: A Speech by the Prime Minister in Edinburg, Sept. 18, 1914*, London: Methuen & Co. LTD, 1915, p. 8.

③ Michael Adas, "The Great War and the Decline of the Civilizing Mission," in Laurie Sears, ed., *Autonomous Histories: Particular Truths*, Madison: University of Wisconsin Press, 1993, p. 101.

④ Daniel Rogers, *Contested Truths: Keywords in American Politics Since Independence*, New York: Basic Books, Inc., 1983, p. 214.

⑤ 英国的费边社会主义也部分继承了柯勒律治以来重"文化"而轻"文明"的传统。这成了英国工党的重要意识形态来源。

变得更为剧烈。

首先，日本并未能如福泽谕吉等所设想的那样，脱亚入欧，顺利融入"文明"国家的俱乐部；它同时也对"欧洲文明"的道德正当性产生了质疑。19世纪后期，尽管日本迅速进行了西式的现代化，但欧洲仍抱有一种"圈内人"（insider）对"圈外人"（outsider）的排斥心理，对日本的"文明国家"地位并不太承认，更不愿将其放在与自己平等的位置，并迅速废除双方此前签订的不平等条约。① 日本统治精英虽然通过大力推进全盘西化的改革，使得列强在19世纪90年代陆续废除了与日本的不平等条约，加之英日同盟的缔结和日俄战争的胜利，使之名正言顺地得到了欧洲的承认，取得"文明"国家的地位，② 但此时日本已变得侵略成性、崇拜武力，并且日益将"帝国主义"等同于"文明"。例如，日本学者冈仓天心（Okakura Kakuzo）声称，废除不平等条约、获得"文明国家"的地位不仅需要与西方进行贸易，学习西方的教育、法律体系等，更需要使用武力：

> 让西方相信一个东方国家能够像他们一样，作为开化民族（an enlightened people）而承担其责任，是一桩困难的事情。直到我们通过与中国之间的战争展示了我们的军事实力，以及我们维持高水准的国际道德标准之后，欧洲才同意废除在日本的治外法权。这是历史的痛苦教训：文明在其进步历程中，往往需要翻越被屠杀者的身体。

他还愤懑地说道："当日本从事和平技艺之时，他（即西方）视之为野蛮；当日本开始在满洲战场上杀人盈野时，他称之为文明。"③ 他在

---

① 例如斯宾塞便曾公开说日本是一个落后国家，更适合家长制的统治。
② Gerrit Gong, *The Standard of "Civilisation" in International Society*, Oxford: Clarendon Press, 1984, p.189. 日本还曾以"文明"的名义进行了甲午战争和日俄战争，将其敌人——中国和俄国贬低为"野蛮"的象征。如福泽谕吉所说："（甲午战争）实际上是文明与野蛮之战。它的结果将决定文明的未来。相应地，将自己视为东方最为进步的日本人应当做好准备，不仅为本国而战，而且为世界的文明而战。"
③ Mohammad Shahabuddin, "The 'Standard of Civilization' in International Law: Intellectual Perspective from Pre-war Japan," *Leiden Journal of International Law* (2018), p.18.

批判欧洲"强权即公理"式的文明时，还主张日本放弃"脱亚入欧"，转而领导建立一个新的亚洲文明。这种思潮在明治维新后期兴起，意味着日本保守知识分子意识到需要在现代化的同时维护自身的文化特色，同时放弃福泽谕吉式的，通过接受欧洲"文明"标准，从而彻底融入欧洲"大家庭"或俱乐部的幻想。这种思潮在19世纪末20世纪初的日本越来越强烈，并形成了后来的"泛亚洲主义"。在日本的"泛亚洲主义"文明话语中，既有主张亚洲国家之间团结与平等的成分，也有将日本变成亚洲霸权、实行帝国主义政策的成分；而随着日本移民在美国受到的排斥，随着一战对欧洲文明造成的沉重打击，随着日本提出的种族平等条款在国联遭到澳大利亚否决，日本的一批知识分子在冈仓天心的反"欧洲文明"、建立"亚洲文明"的道路上也越走越远，并且背离了冈仓天心的和平主义原则，为新的日本帝国主义准备了条件。

其次，俄国从追随"欧洲文明"转变成了欧洲人眼中"野蛮"的共产主义国家。

亨廷顿指出，与土耳其、澳大利亚等国类似，俄国在"文明"问题上是一个"无所适从"的国家。的确，俄国自沙皇彼得一世改革以来，便陷入"斯拉夫派"和"西方化派"的分裂当中。后者追求融入欧洲文明，而前者追求俄国的特殊身份。事实上，现代意义上的"西方"一词最早便是由俄国人发明的，为的是反西方而非追随西方。① 俄国对西方的敌视也与欧洲"文明"国家的偏见有关。他们最多只是将俄国视作"欧洲文明"的边缘。法国的乔斯夫·德·迈斯特（Joseph de Maistre）有一句著名的隐喻，"抓开俄国人的皮肤，之下便是鞑靼人"，便道尽了这种偏见。即便是沙皇亚历山大一世所提倡的建立类似国联的和平联盟，以及1899年沙皇尼古拉二世所召开的海牙和平会议，也都遭到欧洲列强的怀疑。不仅如此，德国与俄国之间的关系也日益紧张。在许多欧洲的知识分子看来，这是"俄国野蛮"与"条顿文化"（"Muscovite barbarism" versus "Teutonic Kultur"）之间的一场较量。甚至连日本也将俄国视为"野蛮的"。英国还与日本结盟，以平衡俄国在亚洲的势力。当然他们在鄙视、防范俄国的同时，也希望它进一步"文明"化，走欧洲式

---

① 王立新：《美国国家身份的重塑与"西方"的形成》，《世界历史》2019年第1期。

的宪政和"自由"之路。到19世纪80年代,俄国一些知识分子造出了"tsivilizatsia"一词,用以指责俄国内部的亲西方势力,声称他们破坏了俄国的传统和文化(kul'tura)。这与德国知识界中的"zivilisation"与"kultur"之争可谓如出一辙。① 而一战结束后,俄国的布尔什维克掌握了政权,这更是意味着俄国与"欧洲文明"的分道扬镳。用"文明"和"野蛮"话语来指责共产主义的言论可以说随处可见。② 而俄国成为共产主义国家也意味着它与"西方文明"或"欧洲文明"的暂时决裂,冷战更是被当代学者帕特里克·杰克逊视为"第一次文明冲突"。

最后,第三世界追求民族独立自主的运动使得"文明使命"的说法走向衰落。

欧洲的海外殖民地不仅是小密尔所倡导的"提升英国人活力与精神的试验场",同时还是国内阶级矛盾的减压阀。19世纪末新帝国主义(new imperialism)与工人阶级的激进主义也有关系。1876年,在迪斯累利的主持下,维多利亚女王加冕为印度女皇,其意图便是转移工人阶级的注意力,巩固王室的地位。③ 而"文明使命"无论披上怎样的外衣,这种新帝国主义的兴起都遭到殖民地人民各种形式的反抗。李普曼在1916年谈道:

> 我曾经听说,每当某些操着伦敦腔的、吉卜林式的官僚(Kiplingesque bureaucrat)声称要将"文明"带给东方已经饱和的文明(saturated civilization)时,智慧的印度老人们就会无比愤怒。我曾经与一名印度人在波士顿贫民窟里散步,我为这个向他道歉,我们一起嘲笑"白人的负担"。④

---

① Andrew Linklater, *The Idea of Civilization and the Making of the Global Order*, Bristol: Bristol University Press, 2021, p. 4.
② 参见〔英〕保罗·约翰逊著,秦传安译《摩登时代:从1920年代到1990年代的世界》,北京:社会科学文献出版社2016年版。
③ Anthony Pagden, "Civilizing Imperialism," *Diplomatic History*, vol. 28, no. 1 (January 2004), p. 146.
④ Walter Lippmann, *The Stakes of Diplomacy*, New York: Henry Holt and Company, 1916, p. 88.

李普曼说这个印度人对独立不抱希望，因为如果英国放弃印度，日本或者俄国也会来征服印度："我们无法保护自己。我们知道怎样去打传统的战争，但是现代战争很大程度上依赖工厂、机器和纪律，这不是我们能做的事情。我们无法建造潜艇和无畏战舰以及所有你们称之为文明的东西。因此我们不得不生活在你们的'保护'之下。"在他看来，英国的统治相对而言还更可以接受一些。① 但循此逻辑，一旦权力对比发生变化，印度等殖民地也会毫不犹豫地选择独立，而非被"文明"的话语所驯服。

非西方世界并不认可国际法中的"文明标准"。这种标准尽管在欧洲人看来是天经地义的，但在其他"文明"看来，却带有强权政治的色彩。首先，一些重要的国际法学家，如韦斯特雷克（Westlake）等将"文明"直接等同于政府维护自己生存的能力，即能够抵御外敌入侵，而且不会被内部敌人所推翻。② 这种"文明"标准无疑就像入江昭所说，是权力的同义词，权力越大则越"文明"。其次，正如江文汉所言，不仅欧洲有"文明标准"，其他国家也有"文明标准"。将欧洲的这套标准强加于非西方国家不仅会损害这些国家统治者的政治合法性，而且会破坏传统秩序，使其他社会面临痛苦的转型和变革，其代价不可轻视。最后，欧洲国际法的"文明标准"是以主权国家为首要单位的，而"欧洲文明"本身都无法摆脱主权国家之间的无政府状态，充满着竞争、战乱与强权即公理的思维，又如何能给非欧洲文明树立榜样呢？从这一点来看，它某些方面甚至不如东亚的朝贡体系或土耳其的帝国体系，后二者至少能够维护地区的和平与秩序。有学者甚至将日本在东亚的野蛮侵略行为归因于其"文明"上的脱亚入欧。③

欧洲"文明使命"的破产从19世纪末英国学者的焦虑可以看出。代表性的人物有大卫·希利（David Healy）、查尔斯·皮尔逊（Charles

---

① Walter Lippmann, *The Stakes of Diplomacy*, New York: Henry Holt and Company, p. 89.
② Gerrit Gong, *The Standard of "Civilisation" in International Society*, Oxford: Clarendon Press, 1984, p. 17.
③ 瞿亮、李佳乐：《近代以来日本的文明论与国家走向——文明论视域下的"东洋"与"西洋"》，《南开日本研究》2020年第1期。

Pearson)、托马斯·赫胥黎和本杰明·基德等。① 英国著名社会学家本杰明·基德在其90年代出版的《社会进化》(*Social Evolution*)、《控制热带》(*The Control of the Tropics*) 等著作中强调，白人根本无法适应热带的气候，也不可能像移居北美一样，大规模移居到热带地区进行殖民。"白人在热带地区生活和工作就像是潜水员在水下生活和工作一样……无论是体质上、道德上还是政治上，他都无法适应热带。"他认为白人在热带地区所做的不过是"文明的信托"(a trust of civilization)，"倘若白人（在热带）有任何权利，只能是以文明的名义；倘若我们的文明在热带有任何权利，只是因为它代表着更高的人类理念，更高的社会秩序"，白人只能遥远地控制热带，而非取代土著。② 皮尔逊则更为悲观。他在《国民生活与性格》(*National Life and Character*) 一书中区分了"政治征服"(political conquest) 与"族裔征服"(ethnic conquest)，认为英国在亚洲和非洲的殖民地只是做到了政治征服，由于白人无法大规模移民到殖民地，无法形成美国式的开拓定居模式，他们迟早将失去这些殖民地，而白人将会被数量众多的黑人和黄种人所包围，成为绝对的少数种族，并由于贸易权力掌握在有色人种手中而不得不与之进行平等交往，雅利安人的尊严将受到羞辱。总之，越来越多的欧洲知识分子意识到，热带地区不可能永远地被控制在白人或"英语种族"的手中。③

埃利亚斯也提到，19世纪"浅薄的进步观"之所以到了20世纪会消失，"仅仅用战争所引起的震惊以及与之相近的理由来解释显然是不够的"。随着第三世界的反抗和快速发展，英法等老牌工业国的优越感受到

---

① 这种焦虑感还体现在国内的阶级与社会问题方面。例如赫胥黎声称，"对我来说，即便是最好的现代文明，它所展现的不过是人类的某种境况，它既没有体现任何有价值的理念，也不拥有维持稳定下来的优点。我毫不犹豫地表达出这种观点：倘若人类家庭中的大多数人没有大幅改进的希望的话；倘若知识的增长以及它所带来的对自然范围更广的征服，以及随之而来的财富，都无法使大众的贫困得以缓解，使其体质和道德退化得以逆转的话，我应当欢呼仁慈的彗星到来，将所有事物一扫而空，从而皆大欢喜"。参见 Benjamin Kidd, *Social Evolution*, New York: The Macmillan Company, 1898, p. 4。

② The Editor, "Benjamin Kidd on 'The Control of the Tropics'," *The Literary Digest* (October 29, 1898), p. 514.

③ John M. Hobson, *The Eurocentric Conception of World Politics: Western International Theory, 1780-2010*, Cambridge: Cambridge University Press, 2012, p. 114; Charles Pearson, *National Life and Character: A Forecast*, London: Macmillan and Co., 1894, p. 89.

了打击,"由于他们在传统的民族自我意识与共同的理想中总是习惯于把本民族的文明和文化视为全人类的最高价值,所以对前途感到失望……20世纪下半叶,当处于地球其他部分的、比较贫穷的、曾经依附于他国的国家和一些受他国统治的非工业化国家的力量相对发展起来的时候,老牌工业国家的这种自我意识和对统治的要求便发生了动摇"。①

尽管中国当时仍然是一个弱小国家,但很多知识分子已经开始有意识地摆脱对欧洲文明的盲目推崇,对中国文明的价值有了新的认识。梁启超、严复等起初将"文明"理解为弱肉强食的社会达尔文主义,而欧洲在一战中的自相屠戮也让他们发现,欧洲"文明"过分强调物质主义和竞争,需要东方文明去矫治其弊病。李大钊深受日本著名学者茅原华山(Kayahara Kazan,1880—1951)的影响,主张东西方文明之间的综合互补。《东方杂志》的主编杜亚泉也主张用东方"平和的文明"去医治西方"躁动的文明",并且不知疲倦地鼓吹"东方文明"优越论。即便是以西方文明的仰慕者和学习者著称的胡适,也对西方文明有不少批评。例如他在1915年的演说中说道:"今日的(西方)文明不是建立在基督教的爱和正义的理想基础之上,而是建立在弱肉强食的准则——强权就是公理的准则之上!"胡适提倡学习西方不是为了亦步亦趋地模仿,而是为了再造中国的"新文明"。②

甚至连美国也加入了"反叛"的行列。确切地说,美国知识精英不太认同"欧洲文明"。除阿尔弗雷德·塞耶·马汉(Alfred Thayer Mahan)较多地使用"欧洲文明",将美国视作"欧洲文明"的分支外,美国的主要政治人物都更愿意使用"美利坚文明"、"西方文明"或"我们的文明"(our civilization)等来进行自我表述。而在马汉这里,"欧洲文明"事实上也是与好战联系在一起的。马汉认为战争是一种社会达尔文主义式的生存竞争,有助于保持文明的活力。而"如果消除这种欧洲国家间的竞争,进而压制军备增长,代之以强制仲裁体系和裁军,你就会意识到我们文明目前最大的成就——一个由许多国家组成的社会性集体,其中每个国家或个人都能起到开创的作用——逐渐在萎缩。结果是欧洲

---

① 〔德〕诺贝特·埃利亚斯著,王佩莉、袁志英译:《文明的进程:文明的社会发生和心理发生的研究》,上海:上海译文出版社2018年版,第17—19页。
② 罗志田:《再造文明之梦——胡适传》,成都:四川人民出版社1995年版,第141页。

文明将失去迄今为止存在于它血液中的战斗活力，从而走向死亡。"①

但马汉在美国毕竟是少数。多数的美国人显然对欧洲这种状况感到不满。马汉与其他美国人的共识是，"欧洲文明"意味着战争。只不过对马汉而言，战争归根到底是对"文明"有益的事物，因此他对"欧洲文明"极为认同；而对于多数美国人来说，战争显然是有害的，因此他们对"欧洲文明"持批评的态度。在他们看来，美国早已通过"合众为一"的联邦制，在北美大陆上解决了这一隐患。欧洲唯有效法美利坚文明的模式，才能走出困境。美国学者詹姆斯·库尔思说，"'西方文明'的叫法直到20世纪初才被发明出来……假使'西方文明'一词当初只留在欧洲，它短暂的一生注定极其不幸。好在后来有'新世界'横空出世，这才缓解了旧世界的悲世情怀，尤其让西方文明借着恢宏的美国工程实现了借尸还魂"。② 他还提到，美国成为西方文明核心国家的前提是，整个西方世界承认所谓"美国信条"（American Creed），实际上也就是"美利坚文明"的基本原则。那么，"美利坚文明"是如何成为这样一个核心国家的呢？倘若很多时候"文明"只是"文化"的掩饰，那么"美利坚文明"又是如何从一个地方性的文化发展成全球性"普世文明"的呢？这是后面将要着重讨论的问题。

---

① Alfred Thayer Mahan, *Armament and Arbitration*, New Jersey: The Lawbook Exchange, Ltd., 2004, pp. 8-9.

② 〔美〕詹姆斯·库尔思著，刘伟华译：《作为文明领袖的美国》，载〔美〕彼得·J.卡赞斯坦主编，秦亚青、魏玲、刘伟华、王振玲译《世界政治中的文明：多元多维的视角》，上海：上海世纪出版集团2012年版，第65页。

第二章 "后轴心": 美利坚文明主义

正如欧洲经历了从"商业文明"走向"工业文明"和"金融文明"的发展过程,美国也有着与欧洲类似的发展历程。18世纪末19世纪初,在"欧洲文明"观念借由基佐等学者的宣扬而流行的同时,有不少杰出的美国精英人士也对"美利坚文明"观念的形成做了奠基性工作,著名的有托马斯·潘恩(Thomas Paine)、托马斯·杰斐逊(Thomas Jefferson)、约翰·亚当斯(John Adams)和约翰·昆西·亚当斯(John Quincy Adams)等。他们不仅是擅于思辨的哲学家(philosophies),同时也是影响巨大的政治人物,很大程度上初步设定了美国特色的"文明标准"。这套"文明标准"与欧洲的"文明标准"在本质上是共通的,均与启蒙理性、自由等现代文明规范一脉相承,并随着美国的工业化、城市化而得到进一步扩充,被视为可通约的、普世的和可以推广至全球范围,并造福世界的一套市民阶级规范。它甚至将征服和取代欧洲的"旧文明"。笔者在此称之为美利坚的"文明主义"。

一 "危险的国家": 理性与进步

路易斯·哈茨(Louis Hartz)认为,"美利坚文明"是欧洲文明或者"盎格鲁-撒克逊文明"的一个"碎片",继承了来自欧洲的启蒙思想及洛克自由主义观念,而舍弃了欧洲的封建与社会主义观念,其原因在于北美殖民地独特的社会经济基础: 它很早便是一个宗教多元化和大致平等的社会,而美国的独立甚至无须一场社会革命。[①] 哈茨的论断有其合理之处,这尤其体现在美国建国初期"哲人政治家"们的启蒙思想中。尽管美国国内对理性的崇拜尚没有达到法国社会在革命时代的狂热程度,

---

① Louis Hartz, *The Founding of New Societies in the History of the United States, Latin America, Canada and Australia*, New York: Harcourt, Brace & World, Inc., 1990, p.17, p.74.

但由于美国社会中没有极端的右翼保守势力，美国的精英阶层能更容易地达成一致和共识，形成强烈的美国例外论和以美国模式为终点的"历史终结论"。

因此，如果说启蒙思想只是欧洲观念整体中一块很重要的拼图，随后便遭到教会、贵族等封建保守势力的猛烈反扑，那么它到了缺少强大封建势力敌人的美国之后便如鱼得水，并被强化和放大了。启蒙也许算不上美利坚文明独有的特点，但启蒙的一家独大，甚至启蒙的"专制"却可能是美利坚文明所独有的。启蒙思想在美国的意识形态体系中占据如此重要地位，以至于内战前多次再版的美国地理学教科书将人类社会自低级到高级分为蒙昧（savage）、野蛮（barbarous）、半文明（half-civilized）、文明（civilized）和开化（the enlightened）5种形态。[①] 查尔斯·比尔德夫妇在评价美利坚文明同欧洲文明的关系时说道："首先，美利坚文明是对欧洲文明的继承，但在社会解放程度和发展的潜力上面，其都要优于欧洲文明；其次，美利坚文明脱离了旧世界，美国人对此深感自豪，认为这个新的文明将更优越，更有活力；再次，美利坚文明的独特性和优越性在于，它没有欧洲那样漫长的历史，但它有迅速增长的人口、得天独厚的地理位置和环境，以及相对平等的社会状况；最后，美国人拥有无限机会、信仰、意志和能力去提升他们的文明。"[②] 从社会权力结构来看，由于北美各社会阶层相对较为平等，且守旧传统不如欧洲根深蒂固，启蒙观念在北美得以迅速传播，并占领精英们的头脑。这个时期美国主要的政治思想家都对进步抱有热烈信仰。他们相信，一切"野蛮"事物必将随着"文明"的进步而消失，美国所要做的，就是推动和加快这个趋势。

在建国之初，美国的个人主义与平等的观念相比欧洲也要更强烈，有学者称之为"平等与个人主义崇拜"（cult of equality and individualism）。洛克提出过三种自然权利（生命、自由与财产），杰斐逊在《独

[①] 郭双林：《从近代编译看西学东渐——一项以地理教科书为中心的考察》，载刘禾主编《世界秩序与文明等级：全球史研究的新路径》，北京：生活·读书·新知三联书店2016年版，第245—247页。

[②] Charles Beard and Mary Beard, *The American Spirit: A Study of the Idea of Civilization in the United States*, New York: The Macmillan Company, 1942, pp. 162-167.

立宣言》中则将财产权有意地改为"追求幸福的权利",并且宣称"人人生而平等"。这可以说是"美国文明"中关于个人主义与平等原则的最重要来源。① 正如托克维尔在《论美国的民主》中观察到的那样,美国没有欧洲传统的尊卑贵贱之分,注重平等,并且有很强的流动性,其自我奋斗(self-made)、追求幸福的愿望更强烈,北美大陆给他们提供的机会也更充裕。"美国文明"的这些特征早在殖民地时期便已在形成之中,而美国革命则使之得到了彻底释放。这首先要归功于托马斯·潘恩、本杰明·富兰克林(Benjamin Franklin)、托马斯·杰斐逊、约翰·亚当斯以及詹姆斯·麦迪逊(James Madison)等革命元勋和建国之父们。诚如约翰·卡森(John F. Kasson)所说,"革命的精神几乎冲击了生活的每一个方面。它将美国人的追求提升至几乎乌托邦式的层面。合众国国玺上刻下了'时代新秩序'(Novus Ordo Seclorum)的口号。美国人不仅认为他们正在展开一场政治试验,而且相信自己在开创一个新文明"。②

作为一名跨大西洋世界的知识分子,托马斯·潘恩对英、法、美三国的"文明"观念均产生了巨大影响。他破坏、斩断了美国人对欧洲传统的依赖和欣赏。他大量使用"文明"话语,抨击欧洲的贵族制和君主制。他多次声称,英国对殖民地的统治是残酷的和不人道的,不是"文明化人类,而是让人类变得更野蛮";③ 他在《美国危机》一文中斥责英国军队是"文明化的野蛮人"(civilized barbarians)。1791 年,潘恩出版了《人权论》第一卷,使用"文明"话语为法国革命辩护。他声称"现有的政府建立在如下不文明的和卑劣的原则之上,即征服和将人视作财产,建立个人间的依附关系","战争是由宫廷的阴谋诡计造成的",可以通过"一个国家邦联(a confederation of nations)来加以消灭,通过欧

---

① 当然,美国革命的激进程度相比法国革命远为逊色,《独立宣言》中的抽象口号在"进步"程度上也不如"自由、平等、博爱",但不能忽视的是,法国的革命进程也要反复曲折得多。市民阶层与贵族的决裂酿成了社会的动荡,直至第三共和国后市民的"共和主义"才被作为主流意识形态稳定下来。
② John F. Kasson, *Civilizing the Machine: Technology and Republican Virtues in America, 1776-1900*, New York: Hill and Wang, 1976, p. 5.
③ Thomas Paine, "American Crisis," in Philip S. Foner, ed., *The Complete Writings of Thomas Paine*, New York: Citadel Press, 1945, p. 142.

洲国会（European Congress）庇佑自由政府的进步，促进各国的文明"；①君主和贵族"数额巨大的而且正在增加的开销"，"他们制造或激起的无数战争"，他们对"普世文明和商业"的阻碍，以及"在国内所进行的压迫和篡夺"，都使得革命近在咫尺：

> 倘若相比现存的政府而言，开支更少、更能促进普遍幸福的政府系统能被引进，那么所有反对其进步的尝试都将是徒劳。理性，就像时间，将会开辟自己的道路，而偏见将会在与利益的战斗中败下阵来。倘若普世和平、文明和商业是人类的幸福，除了通过一场政府体系的革命，它不可能会实现。所有的君主制政府都是军国主义的。战争就是他们的生意，掠夺和征税是他们的目标。只要这样的政府继续存在，世界将永无宁日。②

《人权论》第二卷（1792）主要探讨了政府的合法性。此书第一章标题就是"论社会与文明"（On Society and Civilization）。他认为二者与政府是对立的关系，"除了在社会与文明不太便利的地方提供服务之外，政府并无更多的必要性"，"文明越完善，对政府的需求越低"，因为文明程度高的社会完全可以高度自治，而无须政府的介入，更无须政府的苛捐杂税。③

在《农业正义》（1795）中，潘恩还讨论了在"文明社会"中经济平等的问题。他将人类社会分为两种状态，即自然状态（natural state）和文明状态（civilized state）。同卢梭一样，他意识到了"文明"导致人类的不平等，但他认为人从文明状态返回到自然状态是不现实的。他说：

> 关于这种被骄傲地（或可能是错误地）称作文明的状态是推动还是损害了人类的总体幸福，仍是一个极具争议的问题。一方面，

---

① Thomas Paine, "Rights of Man," in Philip S. Foner, ed., *The Complete Writings of Thomas Paine*, New York: Citadel Press, 1945, p. 344.
② Thomas Paine, "Rights of Man," in Philip S. Foner, ed., *The Complete Writings of Thomas Paine*, New York: Citadel Press, 1945, p. 355.
③ Thomas Paine, "Rights of Man," in Philip S. Foner, ed., *The Complete Writings of Thomas Paine*, New York: Citadel Press, 1945, p. 359.

观察者被壮丽的外观所震撼；另一方面，他也会被极度的悲惨所震惊；二者都是实情。世界上最富裕的和最悲惨的人类都能在那些被称作"文明"的国家中发现……与欧洲的穷人相比，印第安人的生活一直是在度假；但与欧洲的富人相比他们又很悲惨。因此，文明（或所谓的文明）以两种方式在运转着：让社会的一部分变得更富裕，让另一部分变得比自然状态下的人更悲惨。从自然状态转向文明状态永远是可能的，但绝不可能从文明重返自然状态。原因是人在自然状态下需要通过狩猎维持生计，它所需要的土地数量是文明状态下开垦土地数量的 10 倍。[①]

潘恩并不像卢梭那样悲观，而是认为这一问题完全可以通过对富人征收遗产税、建立退休制度、国家出资帮助贫困家庭抚育子女等方式解决。他在《人权论》第一卷中使用了 3 次 civilization 或 civilized 一词，而在《人权论》第二卷中使用以上词汇多达 41 次，在《农业正义》中有 27 次。同时他使用的 civilization 等词均为市民阶级的、启蒙意义上的文明，而非宫廷贵族礼节意义上的"文明"。一方面，他将政府看成是"野蛮"的，其必将随着启蒙思想的发展与社会的进步而被废除；另一方面，他又提出了类似于福利国家的政策，用来保障人与人之间的平等。

杰斐逊同样信奉"人人生而平等"与启蒙理性的原则。他在《独立宣言》中，曾指责英国国王乔治三世对待北美殖民地的卑劣手段"即便在最野蛮的时代也难以找到先例"，"完全不配作为一个文明国家的元首"。在担任驻法国公使期间，他与法国启蒙思想家孔多塞有过融洽交往。在建国的理念上，杰斐逊主张建立有限的政府，因为他认为个人本质上是理性和文明的，只要通过合适的教育，便可以使其自愿服从政府的指令，而无须通过强制手段；与之相反，君主专制政府往往导致人民的愚昧无知，统治者必须集中权力，使用酷烈的手段才能奏效。他声称，文明无论是精神还是物质上的进步都要靠自由和有创造力的智性活动，

[①] Thomas Paine, "Agrarian Justice," in Philip S. Foner, ed., *The Complete Writings of Thomas Paine*, New York: Citadel Press, 1945, p.610.

必须打破任何阻碍进步的偶像。① 杰斐逊也意识到人民本身的能力、德行等是参差不齐的，因此主张由"自然贵族"来领导国家。他认为欧洲的世袭贵族是"伪贵族"或"人造贵族"，是应当消除的。英国保守主义之父伯克曾宣称，社会契约不仅是同时代人之间所订立的，而且还包括前人与后人的契约，杰斐逊则曾经有过联邦宪法应当每 50 年重新制定一次的激进言论。总体而言，杰斐逊在"理性崇拜"上虽然不如孔多塞、潘恩等启蒙主义者，但其对"文明"与进步的信念是十分牢固的。1825 年，晚年的杰斐逊在给威廉·拉德洛（William Ludlow）的信中的一段话可以说集中体现了他的启蒙"文明"观：

> 我曾经观察到文明的征程从海岸出发，像一朵轻云一样越过我们，增加了我们的知识，改善了我们的环境，从而使我们此时此刻所发展出来的文明比当我还只是个少年的时期更为优越。没有人能预言这一进步将止于何处。与此同时，野蛮也在改进的稳健步伐面前节节败退，我相信它将会在某个时候从地球上彻底消失。②

在建国诸先贤中，约翰·亚当斯虽相对保守，但也受到此种进步思想的影响。他在《为美国宪法辩护》一书序言首页中写道："艺术与科学在过去的三到四个世纪里，照常地在向前进步和改善。机械技艺的发明，自然哲学的发现，航海，商业，文明与人道的进步，已经使世界的环境，人类的特性发生了诸多改变，这些即使是古代最为文雅的国家也会为之惊讶。"③ 亚当斯有时也会动摇，例如他曾焦虑地对杰斐逊说，"我厌倦了思考国家从最低级和最野蛮的状态上升到最高等的文明状态，厌倦了哲学家、神学家、政治学家和历史学家。他们只不过是一群荒谬、

---

① Joyce Appleby, "Republicanism in Old and New Contexts," *The William and Mary Quarterly* (January 1986), vol. 43, no. 1, p. 25.
② "To Mr. Wm. Ludlow, Monticello, September 6, 1824," in Henry Augustine Washington, ed., *The Writings of Thomas Jefferson*, New York: Derby & Jackson, 1859, vol. 7, p. 377.
③ John Adams, *A Defence of the Constitutions of Government of the United States of America*, vol. 1, London: Printed for C. Dilly, 1787, Preface, i.

邪恶和说谎的人"。① 他嘲笑潘恩的《理性时代》和孔多塞的《人类精神进步史表纲要》就像占星术，并且表示，如果可以，他本人也可以轻易地弄出一个体系来。但亚当斯晚年在给杰斐逊的信中，还是表示他从未改变在《为美国宪法辩护》序言中关于"文明"进步的思想。②

美国宪法之父詹姆斯·麦迪逊同样对"文明"进步持乐观态度。他甚至宣称"文明"必将战胜英俄两大帝国，导致它们的解体。麦迪逊在1821年给理查德·布什（Richard Bush）的信中写道：

> 我不禁认为，俄国未来的发展和英国霸权的稳定有些被过分高估了。俄国所支配的游牧部落（hordes）跨越如此广阔的空间，如果这些野蛮人没有实现文明，他们即便不脱离俄国的控制，对俄国力量的增长也不会有多少助益；但倘若他们实现了文明，俄国的力量随之增长，但同时过度扩张的帝国也会同此前常见的例子一样，分裂为若干独立的国家。至于大不列颠，她惊人的权力源于制造业和商业的繁荣，为其海军提供资源。但是当其他国家将自由原则注入各自的政府，并把英国之前为他们所做的转为自己亲自来做时，她将像荷兰一样……被推回到其自然的疆界之中。③

因此借用哈茨的比喻，潘恩、麦迪逊、杰斐逊以及亚当斯等建国之父们之所以对"文明"如此热烈地赞美和崇拜，某种程度上的确是欧洲社会的碎片——启蒙运动——在美国适宜的土壤上迅猛生长的表现。尽管汉密尔顿等联邦党人也展现出一定的反启蒙倾向，但最终理念上的胜利者是杰斐逊及其建立的政党——民主共和党。其中一个例子是，"民主"长久以来在欧洲遭到很多人的贬低和指责，"纯粹的民主"则被与"暴民政治"联系在一起；而到了美国建国后，它已经成了与美国政治密不可分的一个词。正如我国学者李剑鸣所说，"革命开始以后，美国社

---

① John Adams, "To Thomas Jefferson, June 28, 1812," in John Adams, *The Works of John Adams*, Boston: Little, Brown and Company, 1856, p. 19.
② John Adams, "To Thomas Jefferson, June 28, 1813," in John Adams, *The Works of John Adams*, Boston: Little, Brown and Company, 1856, p. 46.
③ James Madison, "To Richard Bush, November 20, 1821," in *Letters and Other Writings of James Madison*, vol. 3, New York: R. Worthington, 1884, p. 236.

会进入了一个剧烈变动的时期，制度和观念的变革桴鼓相应，相辅而行。其中一个突出的变化，就是'民主'一词的使用频率急剧提高，由一个偶尔被提及的词，几乎变成了某种日常用语"。即便是汉密尔顿这样的君主制支持者，也时常言不由衷地提及美国的"民主"。① "民主"和"暴民政治"让欧洲贵族和君主寝食难安，却成为美利坚文明的核心象征。

按照当代学者戈登·伍德（Gordon S. Wood）的观点，美国革命前北美殖民地是一个以家长制和庇护制为主的等级社会；美国革命到1815年英美战争期间，此地是一个"共和主义"的、平等的农业社会；而1815年之后，美国则进入洛克式自由主义的社会阶段，它的市场经济得到了极大的发展，并出现了初步的工业革命，人与人之间被市场这根纽带联系在一起。② 查尔斯·塞勒斯（Charles Sellers）则称，1815年之后美国出现了"市场革命"，以国内交通的改进，蒸汽机、蒸汽船、电报的使用，以及新英格兰地区工厂制的建立为标志。③

随着市场革命的展开，美国也建立了"第二政党体系"，表现为辉格党与民主党的对立。但这一时期的美国并没有代表土地贵族和乡绅的托利党或保守党人，因此也没有英国的"托利主义"，更没有法国反动的封建贵族残余势力。这一时期，美国政治文化精英对本国历史及其未来方向的解释充满了辉格主义进步论的色彩。1840年，美国前总统约翰·昆西·亚当斯在波士顿、纽约、巴尔迪摩等地做讲座，题为《社会从狩猎状态到文明状态的进步》(The Progress of Society from Hunter State to that of Civilization)，引起巨大反响；乔治·班克罗夫特（George Bancroft）、约翰·莫特利（John Motley）、拉尔夫·爱默生等文化领袖都将民主视作未来世界的发展方向。此外，19世纪50年代还有两本著名杂志正式创刊，分别是《哈珀斯周刊》(Harper's Weekly) 与《大西洋月刊》(Atlantic Monthly)。两个刊物都热烈鼓吹"文明"的进步，驳斥对"文明"的悲观看法。其中《哈珀斯周刊》的副标题便是"文明的杂志"

---

① 李剑鸣:《美国革命时期民主概念的演变》，《历史研究》2007年第1期，第135页。
② 参见〔美〕戈登·S. 伍德著，傅国英译《美国革命的激进主义》，北京：商务印书馆2011年版。
③ Charles Sellers, *The Market Revolution: Jacksonian America, 1815-1846*, New York: Oxford University Press, 1991.

(A Journal of Civilization);《大西洋月刊》的创办者詹姆斯·罗素·洛厄尔（James Russell Lowell）则是"美利坚文明"的忠实支持者，他坚决地回击一切对"美利坚文明"的苛刻批评。

如火如荼的市场革命使得对科学与技术的推崇成为"美利坚文明"的另一大特征。当代美国学者马克斯·勒纳称之为"科学和机器的文化"："美国作为一个文明，建立在科学成就的基础上。倘若没有科学，美国的技术框架以及美国的权力将是不可能的。"[1] 1856 年爱默生在结束英国之行后，撰写了《英国人的性格》（*English Traits*）一书，声称"英语文明已经从整体上被科技与机器重塑"，同时认为英国的工业文明已经达到了其顶点并正在走向衰落，而美国将取代英国，成为"未来的国家"。[2] 丹尼尔·韦伯斯特（Daniel Webster，1782—1852）之后，美国最受欢迎的演说家之一爱德华·埃弗雷特（Edward Everett）也热烈地鼓吹"机器文明"，他甚至认为，新的生产技术不需要任何外来控制，只要鼓励其发展，便可造就更高阶段的文明。[3] 以伊莱·惠特尼（Eli Whitney）的发明创造为代表的"美国体系"（American System），如轧棉机与可替换、标准化的零件生产，美国的麦考密克收割机、莺歌缝纫机等，都是美式工业文明的体现。可以说同在欧洲一样，工业革命和技术的改进为理性与进步注入了新的内容。它从孔德所说的"形而上学"转向了"实证主义"阶段，技术崇拜乃至机械主义成为美国"文明"的重要特点。它在 20 世纪将进一步演变为"泰勒主义"与"福特主义"。

在美国体系初步显示出其发展潜力的背景之下，美国传统的意识形态、法律、伦理、风俗以及宗教信仰等也都随之节节转变或者说"现代化"了，且总体有利于竞争中的强者，而不利于弱者。激烈而残酷的市场竞争最终将使野心勃勃的人意气风发、颐指气使，虚弱怯懦的人只能顾影自怜、向隅而泣。但许多美国人认为这些代价是值得的。1885 年，

---

[1] Max Lerner, *America as a Civilization: Life and Thought in the United States Today*, New York: Henry Holt and Company, 1987, p. 209.

[2] John F. Kasson, *Civilizing the Machine: Technology and Republican Virtues in America, 1776-1900*, New York: Hill and Wang, 1976, p. 125.

[3] John F. Kasson, *Civilizing the Machine: Technology and Republican Virtues in America, 1776-1900*, New York: Hill and Wang, 1976, pp. 46-47.

纽约最高法院在判决中曾引用亨利·梅因（Henry Maine）爵士的言论，宣称内战前的传统法律被改变是理所应当的，因为"我们必须拥有工厂、机器、水坝、运河和铁路。它们是人类各种需求的体现，也是我们所有文明的基础"。①

这种竞争性"个人主义"几乎成为"美利坚文明"的一个标签。托克维尔注意到，美国的个人主义是一种新的观念，与传统利己主义有很大差别，利己主义表现为"盲目的本能"，而个人主义是一种"只顾自己而又心安理得的情感，它使每个公民同其同胞大众隔离，同亲属和朋友疏远"。② 诺伯特·埃利亚斯认为，所谓"个人主义"并非原子化，或者笛卡尔式的封闭个体，而是与社会结构有直接的关系，是社会相互依赖发展到一定的程度的"文明化"产物。它使得个人不太需要暴力强制或传统社会组织的保护，就能有效地实施"自我控制"。的确，在新的市场经济条件下，个人奋斗而非家族或姻亲的帮助才是最可依靠的力量。但社会并未因此而解体，因为有市场这根链条将个体紧密联系在一起。当然，社会规范并非完全由结构决定，而没有任何自主空间。事实上，这一时期的辉格党倡导自制、节俭、勤奋等清教工作伦理，试图强化国家干预；而民主党总体上则更注重个体自由，反对银行家等受惠于国家政策的"非生产者"，反对联邦政府干预经济。同时还有自由、民主和法治等新的规范在调节、协调着个体间的关系。无论如何，美国知识分子并未因集体主义精神弱化、个人主义盛行而认为本国是"不文明"的，相反，在看不见的市场力量支配下，其"文明"程度似乎还远胜于共和集体主义的时期。

以上可以说是美国主流"文明"观念的表现。它强调科学、理性、社会进化、市场、个人主义与自我控制等信念和价值观。詹姆斯·库尔思认为，无论是基督教世界，还是伊斯兰或儒家，都属于古老的"轴心文明"，而"美国文明"是一种后轴心时代的"文明"，它过于世俗化和讲求平等、自由，是物质主义和个人主义的，这与包括欧洲大陆在内的、

---

① Charles Sellers, *The Market Revolution: Jacksonian America, 1815–1846*, New York：Oxford University Press, 1991, p. 55.
② 〔法〕托克维尔著，董果良译：《论美国的民主》（下卷），北京：商务印书馆1995年版，第122页。

"轴心文明"的价值观格格不入,很容易引起上述人群的强烈排斥反应,受到他们的敌视。① 罗伯特·卡根（Robert Kagan）也表达了类似的观点,认为无论是墨西哥还是欧洲,从一开始就将美国视为洪水猛兽,美国是一个极其野心勃勃、扩张成性而又不自知的"危险国家",其"文明"和意识形态对旧世界具有毁灭性的影响。② 倘若将库尔思、卡根与哈茨的观点相互参照,便可以认为,美国作为一种"后轴心文明"实际上是欧洲危险思想的产物,这套启蒙思想在旧大陆受到封建主义的强大阻碍,而在新大陆的土壤上则顺利地落地生根、开花结果,终于不仅成为让部分人崇敬的"山巅之城",而且也是让部分人极度憎恶,视之为"魔鬼"的危险国家。

二 融入和改造国际社会：欧洲国际法"文明标准"在美国的发展

大体说来,美国既有哈茨笔下的"洛克自由主义传统",也有戈登·伍德等讨论的"共和主义传统",同时还存在着尊崇国际法的格劳秀斯传统。美国的建国之父如麦迪逊、杰斐逊和詹姆斯·威尔逊对格劳秀斯、普芬道夫和瓦泰尔等自然法学者推崇备至。在由杰斐逊起草的《独立宣言》中,他便诉诸万国法和自然法,指责英国议会和国王一直试图剥夺北美人的"生命、自由和追求幸福的权利",对各州课以沉重赋税,取消特许状,切断各州的对外贸易,煽动"印第安原始人"（Indian savages）屠杀边疆白人,运送雇佣兵"来从事其制造死亡、荒凉和暴政的勾当"等,声称英王的所作所为"就连最野蛮的时代也难以相比",英王不配"成为文明国家的元首",从而为北美脱离英国独立制造合法性。③

---

① 〔美〕詹姆斯·库尔思：《作为文明领袖的美国》,载彼得·J. 卡赞斯坦主编,秦亚青、魏玲、刘伟华、王振玲译《世界政治中的文明：多元多维的视角》,上海：上海世纪出版集团2012年版,第49页。
② 〔美〕罗伯特·卡根著,袁胜育、郭学堂、葛腾飞译：《危险的国家：美国从起源到20世纪初的世界地位》,北京：社会科学文献出版社2016年版,第1页。
③ 〔美〕马克·威斯顿·贾尼著,李明倩译：《美国与国际法：1776—1939》,上海：上海三联书店2018年版,第31—33页。

美国建国后，在对印第安人领地的法律界定方面，美国的政治家和法学家们经常援引瑞士法学家瓦特尔（Emmerich de Vattel）的《万国法》(1758)，声称印第安人因为没有定居农业而不拥有对土地的完整主权；而在与欧洲列强间的法律关系方面，美国也以"文明"国家自居，一方面避免卷入欧洲的政治军事同盟体系，另一方面试图用万国法的规则来与欧洲国家展开日常交往。

与欧洲国家建立在万国法上的平等关系并非一开始就存在。事实上，美国独立之初，仍被欧洲列强视为"未开化的国家"，他们试图在美洲应用"治外法权"之原则。但在1784年"共和国诉德·隆尚（De Longchamps）"一案中，宾夕法尼亚州坚持不将在当地犯事的法国人德·隆尚遣返法国受审，而是就地审判。杰斐逊总统在给法国政府的信中强调美国"文明国家"的身份，认为美国也适用"万国法和海商法"。[①] 当然，由于美国与欧洲在语言文化宗教等方面的亲缘性，而且通过1787年宪法，它也成了一个具备足够国防力量和处理内部事务能力的国家，欧洲诸列强最终都认可了这一事实，尽管他们普遍认为美国的"文明"程度低于欧洲，且没有将美国当作"文明"国家俱乐部的主要成员。

美国还为"文明世界"贡献了一批重要法学家，推动自然法范式占主导的"万国法"向实证主义主导的"国际法"转变。国际法学家亨利·惠顿（Henry Wheaton，1785—1848）便是杰出代表。惠顿本人是一个外交家，曾担任美国驻柏林全权公使，丰富的外交经验使他更崇尚实证法而贬低自然法。此外，他在理论层面也深受萨维尼、边沁和奥斯丁等学者的影响。这些学者分别从历史主义、功利主义和实证主义的角度批评了自然法。惠顿所著的《国际法原理》(*Elements of International Law*) 1836年在美国首次出版，大获成功，不仅多次再版，还相继被译为多种语言文字出版。惠顿因此取代瓦泰尔，成为国际法的"首要权威"。[②] 与此相应的是欧美国际法学界普遍抛弃了瓦泰尔将万国法应用于

---

① 〔美〕马克·威斯顿·贾尼斯著，李明倩译：《美国与国际法：1776—1939》，上海：上海三联书店2018年版，第35页。
② Ntina Tzouvala, *Capitalism as Civilization: A History of International Law*, Cambridge: Cambridge University Press, 2020, p. 47.

全球的做法，而将国际法局限于"文明"国家的范围之内。①

不仅如此，相比自然法和"万国法"刻意地淡化欧洲是基督教社会，而东方是非基督教社会这一"实证"经验，基督教与异教之分重新在实证国际法中占据了重要地位。惠顿在谈及国际法适用对象时，一般将"基督教"国家与"文明"国家并列。他在1836年第一版的《国际法原理》中设问道："是否有普遍的万国法（universal law of nations）呢？"接着他自己回答了这个问题："除了小部分例外，公共法（public law）的适用范围一直是，而且仍将是局限于欧洲或源自欧洲的文明化且信奉基督教的人民。"甚至在此书最初的几个版本中，他均未提及东方国家如何才能成为国际法的适用对象。直到他去世半个多世纪后，修订者才在1904年增补版的《国际法原理》中，承认日本作为一个"非基督教"国家，已经具有与西方国家完全平等的国际地位；同时这一版仍将中国视为"半文明"国家，认为中国自身没有能力保护外国人的基本权利，只有依靠"治外法权"（extraterritoriality）才能做到这一点，而且在他看来，中国不承认"文明国家制定的战争规则"就是其"半文明"状态的重要体现。②

美国在19世纪对国际法和"文明标准"最突出的贡献首先是战争"文明化"的努力。很长一段时期内，战争不仅被认为是"文明"国家间难以避免的状态，而且还是公民捍卫国家荣誉的高尚事业，国际法也只是要求战争必须按照"文明"的规则进行。杰斐逊在《独立宣言》中所谴责的也并不是英国对北美殖民地的战争，而是其"卑劣手段"。1861年美国内战爆发后，德裔美国政治学家弗朗西斯·利伯（Francis Lieber）亲自起草美国军务办公室颁发的第100号军令（General Order

---

① 美国传教士丁韪良（William Matin，1827—1916）将此书译为中文，1864年由清政府总理衙门资助出版。惠顿的著作本来是实证主义的，而丁韪良则对其进行了自然法的改造，以方便中国人的理解（例如将"自然法"译为"性法"，题目也译为《万国公法》）。这也从侧面反映，自然法中"文明"与"野蛮"的界限不明显，东方人更易接受；而欧洲的实证国际法更贴近西方经验，其"文明"与"野蛮"之间的分野更难沟通与克服。见何勤华《〈万国公法〉与清末国际法》，《法学研究》2001年第5期；何俊毅《〈万国公法〉翻译中的自然法改造——兼论惠顿国际法思想的基本精神》，《朝阳法律评论》2016年第1期。

② Gerrit W. Gong, *The Standard of "Civilization" in International Society*, Oxford: Clarendon Press, 1984, pp. 26-28.

No.100），并在1863年正式颁发时将其命名为《美国军队战场指南》（Instructions for the Government of Armies in the Field），该军令也通常被称为《利伯法典》。《利伯法典》声称：

> 随着上个世纪文明取得了进步，对敌国的平民（private individual of the hostile country）与敌国本身的区分也随之而进步，尤其是在陆地的战场上……从远古时期持续到野蛮军队（barbarous armies）的时代，普遍的规则是，敌国的平民注定要失去所有自由和保护，所有家庭的纽带都会被扰乱。在不文明人那里，保护过去是，而且仍将是一种例外。①

利伯在法典中要求美国联邦军队遵守欧洲战争中的"文明"标准，同时他对战争"文明"规则的整理和"法典化"也反过来对欧洲产生了深远影响。次年欧洲各国在日内瓦签订了规范战争手段的《日内瓦公约》，其中《红十字公约》（Red Cross Convention）便直接源自利伯的战争法典。1868年欧洲17国的《圣彼得堡宣言》（Declaration of St. Petersburg），1874年布鲁塞尔会议的《战争法律与惯例国际宣言》（Declaration Concerning the Laws and Customs of War），1880年国际法研究所（Institute of International Law）颁行的《牛津手册》（Oxford Manual）等，皆是在此基础上的进一步发展。②

除战争文明化外，19世纪国际仲裁在美国逐渐兴起，成为美国对国际法的另一大贡献，也为"文明标准"注入了新内容。早在现代"文明"概念出现之前，"civilization"在法语中便有一个不太为现代人所了解的含义，它被一本1743年出版的法语词典定义为在国内事务中，将刑事案件转化为民事案件的法律术语。③ 仲裁则是在国际领域将战争解决手段转化成和平手段，与此在逻辑上是类似的。而反过来说，"arbitration"

---

① Gerrit W. Gong, *The Standard of "Civilization" in International Society*, Oxford: Clarendon Press, 1984, p.75.
② Gerrit W. Gong, *The Standard of "Civilization" in International Society*, Oxford: Clarendon Press, 1984, p.75.
③ Brett Bowden, *The Empire of Civilization: The Evolution of an Imperial Idea*, Chicago: The University of Chicago Press, 2009, p.26.

与"civilization"之间的关系就更明显了：后者被视为推动前者的、必然的和不可逆转的强大潮流，正如1863年版《新美国百科全书》中所说，国际仲裁是"随着文明发展，越来越受欢迎的一种解决争端的机制"。①

与《利伯法典》只是试图规范战争的目标不同，国际仲裁意味着还要按照"文明"发展的规律，顺应文明发展的潮流，进而逐步消灭战争。在古希腊，各城邦就已经开始采用仲裁手段来解决宗教、商业和领土边界等希腊人之间的争端，而仲裁往往只在城邦之间举行，是因为希腊之外的族群往往被视作"野蛮人和敌人"。随着罗马帝国成为"世界征服者"，"仲裁的实践就中止了，因为罗马不承认平等的权利"。中世纪时期，仲裁又受到了重用，德意志皇帝和教皇也往往会担任王公之间争端的仲裁者。但随着皇帝和教皇权威的消退，仲裁再次受到冷落。②17世纪，英国率先复兴了仲裁的手段。由于国内暴力事件发生率极高，英国试图在国内推广仲裁，倡导和平解决民事争端，降低暴力事件的发生率。仲裁在国内的成功也被随之推广到国际层面。

19世纪中期以后，"文明"的线性论、阶段论等为仲裁提供了合法性。越来越多的欧洲思想家和社会活动家开始公开否定战争，提倡仲裁。他们认为战争和中世纪的私人决斗一样，是一种野蛮时代的残余，和平才是"文明"时代最显著的标志。英国著名国际事务活动家约翰·罗素勋爵（Lord John Russell）在1849年评论道："欧洲的战争对文明是耻辱，对人道是耻辱，对欧洲国家所信仰的基督教也是耻辱。"他宣称只要略微回顾一下历史便会发现，18个世纪发生的所有战争中，没有一起是不能用和平方式替代的。关键在于冲突双方应当自我克制，用耐心、宽容、理性、辩论和证据代替粗野的武力。约翰·斯图亚特·密尔认为国际法庭是"文明社会"的最迫切要求。1869年，英国的田贝勋爵（Lord Derby）也在议会中呼吁说，仲裁对"文明世界"大有益处。③

美国人则将自己仲裁的历史追溯到建国初。1783年，英美两国签订

---

① George Ripley and Charles Dana, ed., *The New American Cyclopedia: A Popular Dictionary of General Knowledge*, vol. 2, New York: D. Appleton and Company, 1863, p. 11.

② John Bassett Moore, "International Arbitration," *The New World*, vol. 5, no. 18 (June 1896), p. 225-226.

③ S. W. Boardman, "Arbitration as a Substitute for War," *Presbyterian Quarterly and Princeton Review* (Apr 1874), p. 307.

和约时声明，要用和平而非战争的方式解决遗留问题。1794 年，美国与英国签订《杰伊条约》(Jay's Treaty)，其中第 3—5 条正式规定两国之间的边境、战后赔偿和中立权等争议可以通过组建仲裁委员会来解决。大致的程序是先由英美各派出相等数量的仲裁庭成员，然后这些仲裁庭成员再通过协商或抽签等方式决定其他成员。尽管《杰伊条约》被当时的美国人称为卖国条约，但它解决问题的方式以及最终给美国所带来的利益，使之成为美国外交史上的一个重要里程碑。

19 世纪英美的第一次重要仲裁发生在 1816 年，用于解决关于美国和加拿大圣克罗伊河和临湖边界的问题。据统计，从 1816 年到 1893 年的 77 年间，世界范围内共举行了 77 次重要的仲裁，美国参加了其中的 37 次仲裁，英国 26 次。而英美之间的仲裁又有 10 次，约相当于总量的 1/8。① 此外，美国还与西班牙和墨西哥各举行了 2 次仲裁，与法国举行了 1 次仲裁。在此期间，美国甚至与海地也有过 3 次仲裁。② 在美国国内，仲裁不仅受到国际法学家与和平主义者的欢迎，也受到地方立法机构的重视。早在 1832 年，马萨诸塞参议院就以 19∶5 的多数通过决议，宣称"需要建立起某种机制，以友好地最终解决所有国际争端，避免诉诸战争"。1837 年该州众议院也通过了类似的决议。其他各州的立法机构也纷纷起而效仿。③

美国内战期间，英国一度考虑承认南部邦联独立，并对其进行援助，英国为南部建造的阿拉巴马号等军舰给北方的商船造成了巨大损失。内战后美国方面就此事提出仲裁，而英国保守派政府最初以"女王陛下的荣誉"(the honor of Her Majesty) 为由拒绝此请求，宣称英国政府才是其"国家荣誉"的"唯一守护者"(the sole guardian)，因此不能交给第三方裁决。④ 美国对此反应激烈。《纽约时报》在 1870 年警告说：

---

① Benjamin Trueblood, "International Arbitration: Its Present Status and Prospect," *The Advocate of Peace*, vol. 56, no. 9 (September 1894), p. 204.
② John Bassett Moore, "The United States and International Arbitration," *The Advocate of Peace*, vol. 58, no. 4 (April 1896), pp. 89-93.
③ John Bassett Moore, "International Arbitration," *Harper's Monthly Magazine* (December 1, 1904), p. 617.
④ John Bassett Moore, "The Peace Treaties," *The Advocate of Peace*, vol. 73, no. 12 (December 1911), p. 274.

我们不得不承认，当下英美有走向战争的切实危险。明年春天英国和俄国有可能会爆发大规模战争。倘若阿拉巴马争议未能得到妥善解决，它几乎必然会将我们卷进去。对文明和基督教的进步来说，还有什么灾难比这两个最为进步的基督教大国之间发生战争更为严重吗？道德的进步和真正的宗教将会无限地倒退；自由制度的传播将会被阻碍；英格兰的制造业区域将会遍布贫穷和苦难；英国和美国的商业会衰落，每一片海域都将会流尽鲜血，加拿大将会像现在的法国一样被铁蹄践踏，满目凄凉。而当仲裁本来有可能解决我们的争端时，这些恐怖场景就让有正常思维的人为之厌恶，也让那些希望世界历史的未来将比过去更光明的人为之黯然神伤。①

还有评论者在1912年回顾道："这个国家经历了4年内战的恐惧和苦难经历，付出了生命和财产的巨大牺牲，才让国家能够维持长久的统一。"而由于商业和政治等各种原因，英国的"统治阶级"并未恪守中立国的义务，而是对北方采取了"不友好"的政策，导致美国商船损失惨重，战争也为此迁延日久。美国的"国民情感受到深深的伤害"，阿拉巴马争端"很危险地接近于被模糊称为'国家荣誉问题'的争端类别"，而以查尔斯·萨姆纳（Charles Sumner）为代表的政治势力在此问题上又异常强硬，"几乎断绝了英国接受仲裁的可能性"。②

由于美国以查尔斯·萨姆纳为首的强硬派与总统尤里西斯·辛普森·格兰特（Ulysses Simpson Grant）在吞并多米尼加问题上决裂而导致自身势力减退，格兰特也迫切需要一个受欢迎的政策来帮助其连任，温和派国务卿汉密尔顿·菲什（Hamilton Fish）得以借机对英国采取更友好的政策；③加之亲美的自由党格莱斯顿政府上台，英国政府对其在内战中的行为表示"悔过"（regret）并且同意进行仲裁，双方在1871年5月签订《友好解决两国分歧的条约》（也称《华盛顿条约》），约定仲裁

---

① "The Present State of the Alabama Dispute," *New York Times* (December 24, 1870), p. 4.
② Frank C. Partridge, "The Reminiscence of Alabama Arbitration," *The American Journal of International Law*, vol. 6, no. 2 (April 1912), pp. 556-557.
③ Tom Bingham, "The Alabama Claims Arbitration," *The International and Comparative Law Quarterly*, vol. 54, no. 1 (January 2005), p. 13.

细则，次年在日内瓦正式举行仲裁。阿拉巴马号争端的裁定结果（award）是由英国赔偿美国 1550 万美元，这让双方都较为满意，也大大增强了西方国家对于仲裁的信心。① 当时有人评论说："两个基督教世界最为强大的国家，成功地将如此困难、长期以来引发公众深刻焦虑的争议提交仲裁，促使英国下院随后便通过了支持永久和系统仲裁的决议；在这次会议后，欧洲和美洲的公众人士都踊跃地开始尝试编纂国际法。"此人还认为，1871 年《华盛顿条约》的三项原则应该向所有国家推荐。② 还有后人称赞说，英美两国在当时的紧张形势下，在"仲裁原则几乎完全处于草创阶段，完全不成形的时候，却同意将争议提交仲裁庭，是一个无比大胆的举动"，必将载入史册。③

另一个重要的成就是在仲裁问题上，"文明"的观念胜过了"国家荣誉"。美国著名国际法学者约翰·巴塞特·穆尔（John Bassett Moore）1896 年在回顾阿拉巴马仲裁时评论道：

> 随着文明的成长，一个新的理念兴起了。无论国家间的矛盾如何尖锐，在文明化的民众之间，外国人不再被视为敌人，他们的土地也不再被视作合法掠夺的对象。一定程度上说，赫伯特·斯宾塞先生所命名的军国（militancy）理念让位于工业主义的理念。交流的扩大倾向于消减敌意，创造出相互依赖的情感。一个信念在传播，那就是战争不仅是错误的，而且是无利可图的，在每一场战争中，都有正确的一方和错误的一方。这些理念为我们提供了用和平体系替代战争体系的基础。倘若这个信念被普遍接受和树立起来，那么任何体系，无论它如何古老，或曾经如何适应时代，都将在人类的进步中变得既错误又无利可图，那么这个体系将像奴隶制的体系一样，走向彻底的灭绝……
>
> "国家荣誉"的观念即便不是和平解决国际争端的最大阻碍，

---

① Henry Cabot Lodge, "One Hundred Years of Peace," *The Outlook* (January 4, 1913), p. 37.
② S. W. Boardman, "Arbitration as a Substitute for War," *Presbyterian Quarterly and Princeton Review* (April 1874), p. 307.
③ Frank C. Partridge, "The Reminiscence of Alabama Arbitration," *The American Journal of International Law*, vol. 6, no. 2 (April 1912), p. 558.

也是最大阻碍之一。不消说,国家和个人一样应当保护和维持适当的荣誉与自尊原则。但是"国家荣誉"的观念并不是一直与我们通常所理解的荣誉、争议、道德或仁慈一致。相反,由于它很大程度上是武断的和未经界定的,因此其常被用来否认上述这些理念能够约束和指导国家行为,同时它还无所顾忌地制造伤害,用威胁的手段来拒斥改正错误的请求。①

他称赞 1871 年的《华盛顿条约》是"迄今为止最伟大的仲裁条约"。② 同年 4 月,《世纪画报》杂志一篇未署名的文章提到,一直以来哲人和政治家们都"梦想着有一天理性能够代替武力解决国际争端",从而建立一个"国际法庭,将所有无法协调化解的矛盾提交给其解决"。但"这一梦想的实现面临诸多障碍,最重要的便是人们对这一新事物的不信任,和可以用'国家荣誉'来总括的各种概念"。阿拉巴马仲裁的重要意义在于"这一问题不仅严重和迫在眉睫,而且它牵涉两个国家的荣誉"。幸而通过"温和、持久和礼貌的讨论",这一事件得到和平解决。接下来穆尔引用了他在另一篇文章中的原话,"这一评价可谓公允:即'通过此次仲裁,英美这两个伟大和强大的国家在智慧和自我控制上取得了进步,同时在爱国主义或自尊方面没有任何损失,并且让全世界知道,争议的严重程度不一定会成为和平解决的阻碍'"。③

由于阿拉巴马仲裁的成功,加之英美自《杰伊条约》(Jay's Treaty)以来的仲裁传统,19 世纪 70 年代后,国际仲裁开始在美国风行,被视为"文明"发展进步的大势所趋。美国众议院 1874 年通过决议,要求美国与其他"文明"国家签订一揽子的"普遍仲裁条约"(general arbitration treaty),将国际仲裁常规化、制度化,而非如之前那样,等争议和危机出现后才临时选择仲裁。美国此后历任总统、国务卿也至少在口头上

---

① John Bassett Moore, "International Arbitration," *The New World*, vol. 5, no. 18 (June 1896), pp. 225–228.
② John Bassett Moore, "The United States and International Arbitration," *The Advocate of Peace*, vol. 58, no. 4 (April 1896), p. 91.
③ "The Possibilities of Permanent Arbitration," *Century Illustrated Magazine*, vol. 51, no. 6 (April 1896), p. 948; 穆尔的原话出自 John Bassett Moore, "International Arbitration," *The New World*, vol. 5, no. 18 (June 1896), p. 228。

都对仲裁抱有赞赏态度。1874 年，格兰特总统在接受采访时说，"世界已经变得文明化了，并且学到了比战争更好的解决困难的办法"。① 格罗佛·克利夫兰（Grover Cleveland）总统也称赞仲裁是文明在国家间建立的庇护所，保护弱者免受强者侵犯，避免野蛮的战争。② 1893 年，助理国务卿约西亚·昆西（Josiah Quincy）在演讲中说，美国完全可以建设一个更加和平的文明，而有些国家则仍未远离"半军事文明"的阶段，因此美国理应负起更大的责任。③

在这些成功案例下，美国仲裁主义者往往以"文明世界"实行国际仲裁的领导者自诩。美国著名女性社会活动家弗朗西斯·威拉德（Frances E. Willard）在 1894 年发文称，"国际仲裁手段现在实际上已经被美国和英国这两个地球上最伟大的国家所采用，我们也都预感到，这个方法扩展至全世界只是一个时间问题"。显然"最伟大的两个国家"之评语是经过字斟句酌的，因为她接下来不无自豪地说道："美国的最高法院比其他任何国家的法院都更接近一个国际的最高法院。美国有 297 万平方英里的领土，每 15 万平方英里才有 1 个士兵。德国每 1 平方英里就有 2 个士兵。德国每个士兵每年的军费是 211 美元，法国则是 214 美元。美国的士兵是自愿入伍的，而德法采取的是强制征兵的方式。美国的政府形式足以防止出现大规模常备军。"④美国著名新闻记者弗劳尔（B. O. Flower）也自豪地说道："内战结束以来，世界最为进步和人道的心灵都在看着美国，希望美国建立一个真正文明（true civilization）的榜样，用仲裁来解决所有与共和国有关的国际争端，将某种事物放在比粗暴武力统治更高的地位，这种粗暴武力无视人类生命的神圣性，激起人最为野蛮的本能。"⑤

欧洲人并不否认美国在和平仲裁方面取得的成就，还将其视为欧洲

---

① "Forty-Sixth Annual Report of the Directors of the American Peace Society," *The Advocate of Peace* (June 1874), p. 44.
② Grover Cleveland, *Presidential Problems*, New York: Books for Libraries Press, 1971, p. 205.
③ "The Address of Hon. Josiah Quincy," *The Advocate of Peace* (September 1893), p. 198.
④ Frances E. Willard, "Peace and International Arbitration," *The Advocate of Peace*, vol. 56, no. 12 (December 1894), p. 270.
⑤ B. O. Flower, "Fostering the Savage in the Young," *The Arena*, vol. 10, no. 3 (August 1894), p. 422.

学习的榜样。英国著名和平主义者霍奇森·普拉特（Hodgson Pratt，1824—1907）自称受理查德·科布登和约翰·布莱特等曼彻斯特学派代表人物的影响，于 1880 年在伦敦领导创立了国际仲裁与和平协会（International Arbitration and Peace Association），成为该机构执行委员会的第一任主席。他认为，世界应当按照瑞士或美国联邦的形式组织起来，"不同语言、宗教和种族能够形成一个和谐和繁荣的共同体"。"遗憾的是，世界从整体上看，仍然距'欧罗巴合众国'的条件相去甚远。在世界上被称作欧罗巴的地方，我们发现很多国家凭着宗教和科学的成就，以及他们所经历的一系列伟大历史性事件，还有无数的财富积累，自称是文明的顶峰"，"但当我们看到这些政府如今竟致力于将 1200 万士兵投放到战场去准备厮杀时，又隐藏着怎样的野蛮啊。""只有停止被动物本能摆布，接受理性和法律精神的引导，一个真正的文明才能成长起来。"①

继阿拉巴马仲裁成功实施 20 年后，1893 年英美白令海仲裁（又称"阿拉斯加捕猎海豹仲裁"，Alaskan fur-seal fishery arbitration）的成功让美国精英再次对仲裁寄予巨大期望。自美国从俄国购得阿拉斯加以来，美国方面便注意到海豹在从阿拉斯加海岸游到普利比洛夫群岛（Pribyloff Islands）的过程中，会被加拿大商船在公海海域（即美国海岸边界 3 海里以外）截杀，"由于利润的驱使，其做法往往是不人道且浪费的"，统计数据显示，此举甚至有可能导致阿拉斯加海岸海豹的灭绝和"海豹毛皮贸易的终结"。为此，美国政府试图打破 3 海里外为公海海域的原则，禁止加拿大在这条路线上捕猎海豹，并且在"执法"过程中没收加拿大船只。经过长期的外交通信磋商，英美于 1893 年 2 月达成协议，决定就白令海捕猎海豹问题进行仲裁。② 双方各指派了 2 名本国仲裁员，加上法国总统、意大利国王、挪威兼瑞典国王各自指派的 1 名仲裁员，总共 7 位成员组建仲裁庭。③ 同年 7 月，仲裁庭裁定："在某些时间和某些水域，远洋捕猎海豹是不合适的和不被允许的"；但在没收对方商船问题

---

① Hodgson Pratt, "The Fraternal Union of Peoples," *The Advocate of Peace*, vol. 55, no. 11 (November 1893), pp. 250-252.
② "The Behring Sea Arbitration," *The National Magazine*, vol. 19, no. 1 (November 1893), pp. 91-95.
③ "An Appeal to Arbitration," *The Advocate of Peace*, vol. 55, n. 5 (May 1893), p. 116.

上，美国应对英国进行适当赔偿。美国时任国务卿沃尔特·格雷沙姆（Walter Q. Gresham）和英国驻美大使经过协商，将金额确定为42.5万美元。

这个结果一度引发共和党所控制的众议院的强烈不满。1895年，美国共和党前国务卿约翰·福斯特（John Foster）在《北美评论》上发表《白令海仲裁的结果》，仍在愤愤不平地指责说，整个事情"从一开始便源于加拿大方面自私和不人道的行为"。但他同时也勉强承认，对美国而言"仲裁并非完全没有收获"，至少在这个无关紧要的问题上避免了同英国开战，更重要的是在不损害美国"国家荣誉"的情况下，维护了一直以来美国所提倡的和平仲裁原则："在世界所有国家中，美国以对国际仲裁最为拥护而著称。我们最有才干、最有智慧的政治家们已经认识到，当普通外交方法失败时，解决政府间分歧的最好方法就是仲裁。这是我们这个国家的既定政策，倘若这一政策在美国因缺乏正确信息或者党派纷争而遭到偏见，对和平与文明的事业将是一件不幸的事情。"因此他表示，尽管结果对美国不是太公平，但美国不会"逃避条约所规定的正当责任。裁决结果要求我们从国库拨出一笔款项来赔偿对方损失，这对于一个伟大国家来说是微不足道的，它一点也不会改变美国对国际仲裁这一伟大政策的热衷和倡导"。① 弗劳尔则称赞道："在阿拉巴马和白令海争端上，我们的政府展示了更好的解决问题的方式，展示了战争不仅没有必要，而且在现有的文明程度下是站不住脚的。这些和平事业的伟大胜利指向了一个新文明的实现，与建国之父们的理念相得益彰。"②

由于从全世界范围来看，英美两国的仲裁数量最多、效果也最好，甚至让两个在地缘政治和历史方面存在严重对立的国家在1815年后避免了战争，因此英美"永久仲裁条约"或"普遍仲裁条约"也自然而然成了两国改善关系的一个议题。1887年，13个在国内有着很高声望的英国代表来到美国，带来了由234名议员签名的备忘录，要求两国间任何外交所不能解决的问题都要进行仲裁。受美国国会委托，哥伦比亚大学国

---

① John W. Foster, "Results of the Bering Sea Arbitration," *The North American Review*, vol. 161, no. 449 (December 1895), p. 693.
② B. O. Flower, "Fostering the Savage in the Young," *The Arena*, vol. 10, no. 3 (August 1894), p. 422.

际法教授约翰·巴塞特·穆尔编写了六卷本巨著《美国国际仲裁史精要》(History and Digest of the International Arbitrations to Which the United States Has Been a Party),并在1898年由美国华盛顿政府印刷办公室出版,成为美国政治家们进行仲裁外交的重要参考。①

除与英国外,同其他"文明国家"建立仲裁体系也开始成为美国外交政策的一部分。1890年,美国参众两院通过联合决议,要求总统利用任何合适的机会同其他政府谈判,直到任何无法通过外交机构解决的分歧和争议都可以提交仲裁,并得到和平解决为止。在同年的美洲国际会议上(International American Conference),与会国根据美国的倡议将仲裁确定为国际法的一项原则,同时签订了一份仲裁条约,其范围包括除国家主权之外的诸如外交、边界、债务、航海权、条约有效性等一切事务,并且仲裁是"义务仲裁"(obligatory arbitration)而非"自愿仲裁"(voluntary arbitration),"也就是说,仲裁不是可选可不选的,而是强制的"。② 国务卿詹姆斯·布莱恩(James Blaine)还将这个仲裁条约送交所有的"文明国家",建议他们都加入美洲的这个条约体系。

总之,在19世纪的大部分时间里,美国十分热衷于通过仲裁解决与其他国家的纠纷。精英人士将自己视为世界文明的希望所在,有为"文明世界"作表率的自我期许,希望通过自己的示范作用,引导全世界采用和平手段替代战争。尽管不乏自我吹嘘和可笑的优越感,不过仍可以说仲裁是美国社会"文明主义"的重要体现。

三 "基督文明的指令":美国国内的"文明冲突"与"帝国主义"

"基督文明"是美利坚文明的重要内涵,但它并不完全是前现代的基督信仰,而是带有很强的"后轴心"和"现代性"色彩。众所周知,受迫害的英国清教徒所乘坐的"五月花号"象征着美国的起源。尽管后

---

① John Bassett Moore, *History and Digest of the International Arbitrations to Which the United States Has Been a Party*, Washington: Government Printing Office, 1898.
② "The Possibilities of Permanent Arbitration," *Century Illustrated Magazine*, vol. 51, no. 6 (April 1896), p. 949.

来也有英国国教徒和天主教徒来到北美建立殖民地，但基督新教在北美英属殖民地的核心地位很难动摇。

一些著名学者对美国社会的宗教特性印象十分深刻。布罗代尔在分析"美利坚文明"之宗教特性时说，在这一文明从大西洋扩展到太平洋的过程中，"远西部和新式新教可能确定了美国生活方式的基本要素：尊重个人、极其简单化的宗教信仰，非常关注道德行为（互相帮助、一起唱歌、社会义务等）的宗教信仰"，美国是一个"100%的宗教社会"。布罗代尔还援引了本杰明·富兰克林的一句名言："在美国，无神论是人们闻所未闻的，不信宗教是非常罕见的。"① 一方面，美国内部的宗教教义、新教教派等非常多元，实行宗教宽容的原则；但另一方面，美国在内政、外交等具体事务上又常常有一种"十字军东征"的冲动。这种矛盾尤其反映在与天主教的关系上：在天主教仅仅是美国国内的一个教派时，它是可以被容忍的；但当它要实行教阶制、统一教会和教会专制的时候，就会遭到严厉的反对。这种"宗教自由"的原则可以说是"后轴心"的，亦成为美利坚文明的重要特点。

宗教在美国的重要性还体现在，它往往会被某些美国知识分子提升到科学之上，成为"文明"的核心价值；他们甚至将其与"文明"剥离开来，使之成为"文明"的拯救者或将其上升到更高的价值。1851年，美国著名长老会牧师、神学家约翰·切思·罗德（John Chase Lord）做了一系列著名的布道，并且结集成册出版。他在这一系列布道词中，鼓吹基督教比"文明"更重要：

> 在现代，通过比较法国和苏格兰可以看出，一边是高度文明与低下的道德发展程度并存，另一边是基督教给社会状况、良好政府、民众心智和道德标准带来积极影响。前者公认是欧洲最为文明的国家，当然也是世界最为文明的国家。基佐先生是这样声称的，也无可否认——倘若在日常和大众的层面上使用 civilization 一词的话。但这种突出的地位并不是基督教的结果。基督教已经被法国人民公

---

① 〔法〕费尔南·布罗代尔著，常绍民、冯棠、张文英、王明毅译：《文明史：人类五千年文明的传承与交流》，北京：中信出版社2017年版，第502页。

开抛弃了将近半个世纪,相比其他基督教国家,基督教对法国大众心灵的影响也要更小。除了一些例外,宗教在法国只是国家的粉饰和工具——法国人民本质上是怀疑主义的和不信宗教的。不过相比其他国家,法国人以其品位、精致和艺术而著称,也拥有高度的文明。而在欧洲所有国家中,苏格兰以民众心智的普遍提升和道德而著称……但苏格兰并不以拥有高等文明而知名。[①]

当然,将基督与文明分开的做法代表的只是美国少数人。正如英国的柯勒律治、马修·阿诺德等少数文人以"文化"来批评"工业文明"一样,他们用"基督教"来对美国进步历程中出现的某些弊病进行抨击,相信基督教能使"文明"更人性化,避免奢侈与浮华,也就是避免"过度文明化"。多数美国信徒或教众即便认为科学比基督教更重要,也还是将基督教置于"文明"进步的核心,这体现在"基督文明"这一惯性的称呼上(与之形成对比的是,罗德的讲座中可能有意不使用"基督文明"一词)。此外,对于一些基督教共同体,尤其是在国外的传教士来说,他们也逐渐意识到,宗教无法离开"世俗文明"。尤其是在东方,传教的经历使他们明白了这样一个道理:只有先接受"西方文明",习惯西方的生活方式,才能帮助他们更好地皈依基督教。

由于这种宗教热忱,即便在"孤立"时期,传教士们向外传播基督教的意识也格外强烈。当代美国学者埃米莉·康瑞-克鲁兹(Emily Conroy-Krutz)说,"基督教帝国主义的核心是文明概念,传教士们认为它是真正基督教文化的一部分",农业、文字、科学技术、商业贸易和性别分工等尽管属于世俗文明的成就,但都"深深地镶嵌在基督教之中"。[②] 因此,正如第一章中提到的,基督与文明之间常常是一种并列或同盟的关系,一般被表述为"传播基督与文明";二者往往也会结合起来,变成"基督文明";同时颇为常见的是,基督教信仰还会被视为"文明"的核

---

① John C. Lord, D. D., *Lectures on the Progress of Civilization and Government and other Subjects*, Buffalo: GEO. H. Derby and Co., 1851, p.64.

② Emily Conroy-Krutz, *Christian Imperialism: Converting the World in the Early American Republic*, Ithaca: Cornell University Press, 2015, pp.14-17.

心要素。二者的此种"纠缠"也体现了"文明"与基督教之间密不可分的关系。

基督教与文明的话语还推动了美国的废奴运动。正如美国人自己也强烈意识到的,欧洲人大多对美国的奴隶制感到无法理解,认为它表明整个"美利坚文明"仍处于较低的层面,与"基督文明"的原则是不相容的。废奴主义者正是用"基督文明"话语对南部的奴隶制进行了激烈抨击。在废奴主义者眼中,"文明"往往与基督教和道德相联系,并体现在关于奴隶制的争论之中。因此,尽管"文明"往往带有较强的种族色彩,但它并不能与种族主义直接画等号,它甚至时常带有反种族主义的内涵。

1860年6月4日,查尔斯·萨姆纳在参议院发表题为《奴隶制之野蛮》的演说,主张堪萨斯加入联邦应以禁止奴隶制为条件。萨姆纳在这篇演说中使用了大量"文明"话语。他在序言中说道:

> 这场战争是为了奴隶制,而非其他……它胆大妄为地试图将这个野蛮的制度树立为最正确的文明。奴隶制被宣布为这个新大厦的"基石"。这已经足够了。
>
> 现在摆在我们面前的是野蛮和文明两个选择;不仅仅是两种不同形式的文明,而是一边是野蛮,另一边是文明。如果你支持野蛮,加入叛军吧,或者如果你加入不了,就表达你的同情。如果你支持文明,那么就请你全心全意地站在祖国的政府一边!①

他还提到,"倘若非洲的种族像他们说的那样是低劣的,那么这无疑是基督文明的责任,要去将他们从堕落状态中解救出来,不是靠大棒和锁链,不是靠野蛮的所有权主张,而是靠慷慨的付出,他们越低劣,我们就应当付出越多"。② 尽管萨姆纳在这个小册子中只用了一次"基督文

---

① Charles Sumner, *The Barbarism of Slavery: Speech of Hon. Charles Sumner, on the Bill for the Admission of Kansas as a Free State*, New York: The Young Men's Republican Union, 1863, p. iv.
② Charles Sumner, *The Barbarism of Slavery: Speech of Hon. Charles Sumner, on the Bill for the Admission of Kansas as a Free State*, New York: The Young Men's Republican Union, 1863, p. 69.

明"的字眼，但全文中基督教道德与文明几乎是同义语。

从上文还可以看出，萨姆纳之所以如此强调"文明"与"野蛮"的对立，部分原因是南部也在用"文明"话语试图为奴隶制炮制合法性。这些南部理论家包括乔治·菲茨休（George Fitzhugh）、乔治·麦克杜菲（George McDuffie）和约翰·卡尔霍恩（John C. Calhoun）等。1835 年，著名拥奴派、美国南卡罗来纳州州长麦克杜菲提出了臭名昭著的"麦克杜菲悖论"（McDuffie's paradox），即伟大的文明都是建立在奴隶制基础之上的，奴隶制是美国"共和大厦的基石"。① 他们声称英国对美国"野蛮"的指控是傲慢的，英国自身工人阶级的糟糕生存环境才是真正的"野蛮"；美国北方也是如此。相反，黑人奴隶在美国南部的"文明程度"得到了极大的提升。约翰·卡尔霍恩 1837 年在参议院中这样讲道：

> 在历史上，来自中非的黑人种族不仅在生理上，而且在道德上、智力上，都从未达到如此文明和进步的程度……我认为任何一个富裕文明的社会，它的一部分人都依赖于另一部分人的劳动。这是一条普遍适用的真理……看看南部的奴隶，再对比一下欧洲文明社会的穷苦佃农吧。前者年老生病时会得到主人的照料，后者则处于贫民窟的悲惨生活里。我不准备赘述这个问题，而是要转向政治层面。在这里，我勇敢地宣称，南部目前的种族关系是我们自由、稳定的制度所赖以依存的最坚实、最持久的基础。掩饰这一事实是没有用的。在任何富裕文明的高级发展阶段，总会存在劳动力和资本的矛盾。南部的社会状况使得南部对于这一冲突导致的混乱和危机具有免疫力，这正是蓄奴州的政治状况比北部要更加稳定和平静的原因所在。②

另外一位著名的拥奴派理论家乔治·菲茨休则试图证明，奴隶制不仅是"必要的恶"，而且是"文明"的要求和指令。他在 1857 年声称：

---

① Daniel Goodwin, "Civilization: American and European," *American Review: A Whig Journal of Politics, Literature, Art and Science*, vol. 3, no. 6 (June 1846), p. 621.
② John C. Calhoun, "Slavery a Positive Good," February 6, 1837, https://teachingamericanhistory.org/document/slavery-a-positive-good/.

"南部的思想必须是一种独特的思想——不是支离破碎，而是一套完整的思想。必须在抽象上，在整体上证明奴隶制（不涉及种族或肤色）是文明社会中一种正常的、自然的、必不可少的因素。""南部非常聪明和谨慎地根据几乎是文明人类的普遍做法，根据圣经的指令在行动，她也将为此而得到奖励。"他还声称，倘若不是黑人做奴隶，那么白人就要成为奴隶，因为"白人，而非黑人奴隶曾经是文明社会的正常组成部分……南部有这样一个劣等的种族，从而使白人能够成为特权阶层，避免让他们从事各种低贱、卑微和不体面的工作，是多么的幸运啊！"[①] 可以说，在这场围绕奴隶制的"文明"争论背后，不仅是对基督教道德的检验，还包括资本主义的扩张，以及采取何种资本主义模式的问题。尽管菲茨休用了今天看来夸张的语调来描述奴隶制的天经地义，但倘若按照世界体系的理论，他与卡尔霍恩在某种程度上必然意识到奴隶制也是资本主义的一部分，即使废除国内的奴隶制，这种奴役的情形可能也不会消失，而只是转移到其他地区，或者变换了形式。

许多学者认为，南北战争不是一场简单的解放黑奴的战争，而是巩固和加强联邦权力，乃至构建"美利坚帝国"的一场战争。从这个意义上说，美国的"帝国"构建不仅包括向西和向北扩张，同时也包括对南部的征服。对南部的征服某种程度上又是以"文明"和基督的名义进行的。而如前所述，南部和北部对"文明"有着截然不同的认识，它们的相互斗争甚至可以视为一场内部的"文明冲突"。

1862年4月，在南北战争打响之后，美国著名哲学家爱默生在《大西洋月刊》上发表《美利坚文明》一文，呼吁立即解放黑人奴隶，实行自由劳动的制度。他将自由和道德视为"文明"最重要的内涵。他认为，判断一个国家或者群体是否"文明"，往往以进步、农业、商业、好的政府、妇女地位、知识的扩散、社会组织以及温带气候等作为衡量指标，但更重要的是道德："文明依靠道德。人身上所有好的东西都体现更高的文明。"他认为北方的自治政府、自由结社和自由劳工等才是美利坚文明真正的体现和"文明真正的试金石"，只有这些才能带来"文明"

---

① George Fitzhugh, "Southern Thought," *De Bow's Review*, vol. 23, issue. 4 (October 1857), p. 347, p. 338.

的外在表象，即城市的繁荣和财富的积累。他对南方的"文明"程度极为轻视，"南方人欢迎战争：战争与打猎一样，是一个骑士的娱乐项目，很适合他们半文明的境况。在进步的阶梯上……相比这些战争州（war state），在贸易、艺术和一般性的文化方面，我们已经超出好几个时代"。① 他将奴隶制视为犯罪："解放黑奴是文明的指令。这是原则问题；其他的都是花招。这是一个进步的政策——将所有人置于健康、有成效和友善的位置——将所有南方人都置于与北方人一样正义和自然的关系之下，让劳工与劳工平等地站在一起。"他还将解放黑奴与独立战争相提并论，认为解放黑奴是美国对"文明"的又一个重要贡献。

查尔斯·萨姆纳则将南北战争称作"为文明之战"（war for civilization）。② 他一连用六个"野蛮"来形容奴隶制："起源是野蛮的；法律是野蛮的；主张是野蛮的；方法是野蛮的；后果是野蛮的；精神是野蛮的。""奴隶制无论出现在任何地方都是野蛮的，它必定孕育野蛮人，无论在个人还是所属的社会那里，都必定产生野蛮的要素。"③ 但如何反驳"拥奴派"所主张的"多元文明论"，即奴隶制也是一种"文明"呢？萨姆纳在参议院演说中同样要诉诸基督教的道德准则：

> 前面的参议员们展现了他们的敏感，甚至抗议比较他们所说的"两个文明"，也就是分别由自由和奴役所产生的两个社会体系。这种敏感和抗议并非空穴来风，但却是错的。"两个文明！"先生，在19世纪的基督之光下，有且只有一个文明，这就是自由占主导的地方。奴隶制和文明之间是根本互不相容的。④

---

① Ralph Emerson, "American Civilization," *The Atlantic Monthly* (April 1862), p. 509.
② Charles Sumner, *The Barbarism of Slavery: Speech of Hon. Charles Sumner, on the Bill for the Admission of Kansas as a Free State*, New York: The Young Men's Republican Union, 1863, p. iii.
③ Charles Sumner, *The Barbarism of Slavery: Speech of Hon. Charles Sumner, on the Bill for the Admission of Kansas as a Free State*, New York: The Young Men's Republican Union, 1863, p. 10.
④ Charles Sumner, *The Barbarism of Slavery: Speech of Hon. Charles Sumner, on the Bill for the Admission of Kansas as a Free State*, New York: The Young Men's Republican Union, 1863, pp. 10-11.

第二章 "后轴心":美利坚文明主义

萨姆纳、加里森和爱默生等人的"文明"话语可以被视为美国在内部推行着北方的"文明"和帝国使命。它将南方视作贯彻其意识形态的"殖民地",用北方自己的形象来对南方进行较为彻底的改造。它无视卡尔霍恩等南方人的强烈呼吁,无视南部的具体社会经济状况,而是将其道德意志强加给对方。这一过程甚至可以与后来美国在菲律宾、越南的战争和"国家构建"等事件相提并论。

内战的爆发也验证了汉密尔顿等建国者在《联邦党人文集》中所反复论证的、关于联盟难以避免战争的观点。尽管美国建立了麦迪逊所谓的"半国家,半联邦"(part-national, part-federal),或"复合制共和国"(compound republic)的制度,但联邦的权力直至内战前仍然较弱。美国仍可以说得上是多个"国家"(state),乃至多个"文明"的松散集合体。在这种松散的联邦体制下,南北的分裂和南北的"文明冲突"几乎难以避免,最终只能通过战争,并且要建立一个更加中央集权的联邦才能真正地避免内战。而一个"帝国"最终诞生了。也许正因为如此,约翰·巴赛特·穆尔才在《美国发展的四个阶段》中,认为美国北部在击败南部之后,将南部州视作被征服的领土,采取了"帝国主义"的重建政策。① 他认为这同美国对外的"帝国主义"并无明显区别。

废除了奴隶制,完成了内部的"文明使命"后,美国可以说摆脱了"美利坚文明"的最大污点,终于可以像列强一样传播"文明使命"了。1898年4月8日,在美西战争爆发前夕,一位读者在写给《华盛顿邮报》的信中这样说道:"了解历史的人不禁会认为,倘若我们仍然有奴隶制,它将阻碍我们成长为现在的大国多达50年,甚至更久。这个压在西方巨人肩上的梦魇幸运地被消除了,整个政治体(body politic)能够更加顺畅地呼吸,变得更健康……我们的人民团结一致、充满勇气地面对当下和未来,其结果将是促进人类和文明的至高利益。"它声称将为了"文明"而从西班牙手中夺取古巴。邮报编辑将这篇来信加上"天定命运"的题目刊发出来,表示赞许。②

---

① John Bassett Moore, LL. D., *Four Phases of American Development*, Baltimore: The John Hopkins Press, 1912, p. 131.
② Simon Wolf, "Manifest Destiny," *The Washington Post* (April 8, 1898), p. 9.

四 征服欧洲：美国的"工业文明"

历史学家尼尔·弗格森（Niall Ferguson）在《文明》一书中总结说，西方文明之所以在1500年占据统治地位有六大因素，分别是竞争、科学、财产权、医学、消费社会和工作伦理。① 从19世纪的历史进程来看，美国在所有这些方面都有后来居上之势。这些因素促进了美国工业文明的迅速发展，反过来又使美国的新教、联邦制、代表制，甚至美国的物质主义、个人主义都成为"文明"的先进样板。简言之，美国逐渐成了"文明标准"的主要制定者之一。

1885年，一位作者在《基督联盟》杂志上发表文章，盛赞美国的工业发展之迅速，使之成为"文明化使者"（civilizer）：美国的产品将冲击欧洲大陆，使其封建制度走向消亡，并为工业主义（industrialism）所取代。他还提到了美国人与德国人不一样的"文明"观："我经常同德国人争论，我总是坚持认为，文明优越性的试金石不是它的婀娜多姿（picturesqueness），而是它传播与扩散幸福的能力。因此能为最大数量的公民提供幸福机会的，就是最高的文明。以这一标准衡量，我相信美国尽管有种种不足，应当不惧怕与任何旧世界的国家相比。"② 在工业总产量遥遥领先欧洲各国的情况下，"美利坚文明"似乎已经攀上"文明"的顶峰。而在奴隶制作为最大"野蛮"被消灭的情形下，它也更有底气去贯彻所谓"文明使命"了。

内战后，美国在经济上日益与欧洲联系在一起，其中最突出的是金本位制的采用。经过多方游说，美国在19世纪70年代格兰特担任总统时期实行了金本位制。正如卡尔·波兰尼（Karl Polanyi）所言，西方19世纪的文明政治上的基础是权力均势和欧洲协调，经济上的基础则是金本位制。金本位制最大的作用在于增强各国货币的稳定性，保障其在国际上的"信誉"，使得资本能够在金本位制国家间自由流动。因此在金

---

① 〔英〕尼尔·弗格森著，曾贤明、唐颖华译：《文明》，北京：中信出版社2012年版，第XLV—XLVI页。

② Hjalmar H. Boyesen, "America as a Civilizer," *Christian Union*, vol. 31, no. 22 (May 28, 1885), pp. 8–9.

本位制确立之后，1880—1914年，西方文明的"核心国家"（英法德）中出现了"国际资本流动、稳定的汇率和更少的兑换危机（convertibility crisis）"和"三位一体"的格局。① 美国在加入了英国所主导的这个"绅士俱乐部"后，更是进一步与"欧洲文明"相互接近。

不仅如此，美国1876年在费城举办了本国历史上的第一次世界博览会，以纪念美国建国100周年，并宣示美国在世界文明舞台上的地位。这次博览会持续时间长达159天，参观的游客数量达1000万人。在会上，代表美国成就的传送带、缝纫机、铁路车厢、电话等标准化产品和新发明，以及后来得到广泛使用的加特林机枪、鱼雷、21英寸罗德曼枪支等新式武器都得以展示。会展期间，人们讨论最多的话题之一是如何寻找更广阔的市场，解决美国的"生产过剩"问题。② 此后，美国还相继举办了芝加哥世界博览会（1894）、圣路易斯世界博览会（1904）和巴拿马世界博览会（1915）。自1851年英国在伦敦成功举办水晶宫世界博览会后，世博会便成了一个国家经济崛起与走向全球化的重要象征。19世纪末20世纪初世博会在美国的多次举办，也有力地说明了这一点。

据著名历史学家保罗·肯尼迪（Paul Kennedy）统计，美国在世界工业生产总值中的相对份额在1830年为2.4%，1860年为7.2%，1880年为14.7%，1900年增加到23.6%，跃居世界第一；英国分别为9.5%、19.9%、22.9%和18.5%；德国分别为3.5%、4.9%、8.5%和13.2%。③ 美国出国旅游的人数从1870年的3.5万人增加至1885年的10万人，超过了之前的第一大游客输出国——英国。④ 威廉·斯特德（William Stead）在1902年出版了《世界的美国化》（*The Americanization of the World*），引起广泛关注。他写道："美国的钢铁生产突飞猛进，其工业品正在入侵并占领英国市场；美国的人口迅速增长，并将来自不同国家的

---

① Michael J. Oliver, "Civilizing International Monetary System," Brett Bowden and Leonard Seabrooke, eds., *Global Standards of Market Civilization*, New York: Routledge, 2006, p. 108.
② Matthew Jacobson, *Barbarian Virtues: The United States Encounters Foreign Peoples at Home and Abroad, 1876-1917*, New York: Hill and Wang, 2000, pp. 15-16.
③〔英〕保罗·肯尼迪，蒋葆英等译：《大国的兴衰》，北京：中国经济出版社1989年版，第186页。
④ Frank Ninkovich, *Global Dawn: The Cultural Foundation of American Internationalism, 1865-1890*, Cambridge: Harvard University Press, 2009, p. 39.

移民铸造成新的美国人。"他表示，从所有方面来看，美国都正在超过和取代英国的地位，这一趋势也是无可置疑的。在英语世界中，英国与美国的关系就如同德语世界中奥地利和普鲁士，如同宗教中的犹太教与基督教，前者代表着辉煌的历史，而后者才是未来的希望。查尔斯·达尔文在《人类的由来》中说，美国所取得的成就和美国人的性格都是"自然选择"的结果，因为欧洲各个地区最精力充沛、不知疲倦和勇敢的人都移民到了这里。美国斯坦福大学校长大卫·乔丹（David Starr Jordan）则在题为《美国对欧洲的征服》的著作中，将美国视为一个崭新的"文明"，将欧洲称为"旧文明"（older civilization），声称将由美国来治疗后者的"沉疴痼疾"。①

美国经济的飞速发展也使以美国宪法为代表的政治制度备受赞誉。英国著名学者、政治家詹姆斯·布赖斯（James Bryce，1838—1922）在《美利坚共和国》（*The American Commonweath*）中提到，每一个从欧洲到美国的旅行者几乎都会被问到这样一个问题："你对我们的制度怎么看？"而这些被提问的旅行者也不会认为问题有何不妥，因为他们观察到的首先无疑是美国的政治制度。布赖斯相信，美国的政治制度不仅是一个试验，而且是大势所趋：

> 它代表着以前所未有之规模进行的、一次大众统治的试验，其结果吸引着每个人。但其中某些方面不仅是一次试验，因为我们相信，它揭示和展现出了一种所有文明人都将沿着其路线前进的制度形式，就像命定的规律，有的民族可能快一些，有的可能慢一些，但所有民族都不会停下其脚步。而当我们的旅行者回国后，他将再次被他更聪明好奇的朋友询问。但让他们大感震惊的是这些问题的不合时宜。不论是带着满意还是遗憾，有见识的欧洲人都开始意识到美国巨大且日渐增强的影响力，以及文明发展为美国所保留的光辉角色。除非亲自跨越大西洋，否则欧洲人将不太可能对新世界的现象有准确的概念。②

---

① David Starr Jordan, *America's Conquest of Europe*, Boston: American Unitarian Association, 1913, p. 1.

② James Bryce, *The American Commonwealth*, New York: Macmillan and Co., 1893, pp. 1-2.

英国自由党领袖格莱斯顿称赞美国宪法是"在给定时间里由人类智慧所创造的、最为杰出的作品"。保守党首相索尔兹伯里侯爵（Robert Gascoyne-Cecil）、著名殖民主义者塞西尔·罗德斯等也都对美国宪法赞不绝口，并且惋惜英国没有这样一部系统的成文宪法。①

在意识到美国很可能全面取代自己，并且来自欧洲大陆的地缘政治压力日益增强的情形下，英国主动向自己的近亲伸出橄榄枝，高喊"盎格鲁-撒克逊文明"口号，试图与美国结成联盟，维持英帝国的统治地位。而德皇威廉二世则别出心裁地发明"美国威胁论"，声称德国的海军建设不是为了挑战英国，而是为了帮助英国。他鼓吹英德分别代表"旧世界的文明与文化"，二者将并肩作战，抗击"西部世界的新野蛮人，他们骄傲自大，被繁荣冲昏了头脑"，而且没有责任感，不可避免地会与英国走向冲突。②

美国工业文明的成功使得社会达尔文主义及社会进化论思潮尤为盛行。理查德·霍夫斯塔特（Richard Hofstadter）说，"英格兰给了世界达尔文，而美国则迅速地接受了达尔文主义"。美国哲学协会在1869年便授予了达尔文名誉会员，比达尔文的母校剑桥大学还早了10年。斯宾塞在美国也远比在英国受欢迎。其中最重要的原因可能是，社会达尔文主义为美国偏袒资本的政策提供了充分的理论依据。"物竞天择""适者生存"的理论毫无疑问有利于市场竞争中胜出的群体或个人；同时关于长期演化的理论也意味着即便是改革，也只能采取渐进而不是激烈的手段。③ 威廉·萨姆纳（William Sumner）的经典论著《社会各阶级间互不相欠》(*What Social Classes Owe to Each Other*) 便可以说是这种竞争性个人主义的真实写照。他声称市场会奖励勤劳、节俭，惩罚浪费和懒惰的习性。钢铁大王安德鲁·卡内基（Andrew Carnegie）在《财富的福音》和《民主的胜利》(*Triumphant Democracy*) 等论著中，更是大肆地鼓吹其社会达尔文主义的进步理念：

---

① William Stead, *The Americanization of the World: The Trend of the Twentieth Century*, New York: Horace Markley, 1902, pp. 25-26.
② William Stead, *The Americanization of the World: The Trend of the Twentieth Century*, New York: Horace Markley, 1902, pp. 170-171.
③ Richard Hofstadter, *Social Darwinism in American Thought*, Boston: Beacon Press, 1955, pp. 5-7.

那些试图推翻现有秩序的社会主义者和无政府主义者，应当被视为在攻击文明所赖以存在的根基，因为当文明开始的时候，就是能干而勤劳的工人告诉其无能懒惰的伙伴"不耕耘者便没有收获"，从而区分雄蜂与蜜蜂，结束了原始共产主义。①

卡内基还对美国"强烈的个人主义"（intense individualism）击节赞赏，认为财富的不断累积是天经地义的事情。他反对摧毁个人主义、私有产权、财富积累法则（Accumulation of Wealth）、竞争法则（Law of Competition），认为这些是社会进步的基石，是"迄今为止人类最好和最有价值的事物"。当然，他并非完全反对慈善事业，而是强调要区分值得帮助的和不值得帮助的穷人，声称只有这样才算真正地传播了"财富的福音"。②

五 作为"模具"的"盎格鲁-撒克逊文明"

自建国以来，美国社会对"文明"进步的信念可以说一直是主旋律。这种信念被转化为国际法、政治学、社会学、历史学和人类学的理论学说，也丰富着"文明"进步的内涵，让"文明"变得更加无可置疑。他们往往将西方与美国的经验视作"放之四海而皆准"的真理，鼓吹政治自由、产权和个人主义竞争等的天然正当性。美国社会达尔文主义者威廉·萨姆纳认为只有实行充分而自由的竞争才能推动社会进步，鄙视弱势群体；"社会进化论者"、著名人类学家路易斯·摩尔根也深受达尔文影响。摩尔根的学说从19世纪50年代就开始流行了，也得到了达尔文与斯宾塞的肯定。摩尔根在其1877年出版的名著《古代社会》中认为人类的进化遵循着从原始到野蛮，再到文明的固定顺序。他认为，产权的理念（idea of property）对文明的进步至关重要。尽管他本人对印第安人十分同情，曾经为坐牛等反抗白人的印第安领袖辩护，要求白人严格遵守之前与印第安人订立的条约，而且反对粗俗的种族主义理论（这些都

---

① Andrew Carnegie, "The Gospel of Wealth," *The North American Review*, vol. 183, no. 599 (September 21, 1906), p. 529.
② Andrew Carnegie, "The Gospel of Wealth," *The North American Review*, vol. 183, no. 599 (September 21, 1906), p. 530.

可视作纯粹"文明主义"的表现),但正是他提出了印第安部落土地私有化的建议,而这被证明对后者是灭顶之灾。因此不论提出者的本意如何,社会进化论的"文明"观念在客观上无疑有利于美国的对外扩张。事实上,被认为不那么赞成"帝国主义"的达尔文便在其《人类的由来》一书中称赞美国的大陆扩张,将其视为对进化论"自然选择"原理最好的诠释。①

美国历史学家雅各布森说,"'文明'的核心是经济学概念……'文明'理念根据经济进化的不同阶段,将不同人群的生活方式进行等级划分",然后再"从完全灭绝为一端,到家长制的同化为另一端的政策光谱"中决定如何处置其他群体。② 因此不足为奇的是,在19世纪美国社会普遍将"文明"进步等同于西方经验的同时,美国人也往往会进一步将其与"盎格鲁-撒克逊文明"画等号。达尔文便认为,尽管美国人是由来自欧洲各个地区"最具活力、最躁动不安、最有勇气的"人群混合而成,但最终必定是"盎格鲁-撒克逊"的文化占据主导地位。③ 根据雷吉纳德·霍斯曼(Reginald Horsman)的考察,"盎格鲁-撒克逊"种族优越论在19世纪上半叶成形,但其根源至少可以追溯到16世纪,建国之初的本杰明·富兰克林和托马斯·杰斐逊等都有此类种族优越感,并兴致勃勃地追寻祖先孜孜不倦地追求和捍卫政治自由的伟大功绩。④ 在按种族优越程度排列的金字塔层级中,"盎格鲁-撒克逊"人毫无疑问居于顶端,之下的则是盎格鲁-撒克逊人的堂兄弟——德意志人(缺点是失去了对自由的热爱)、拉丁人(缺点在于过分多愁善感、迷信、缺少勇气)和斯拉夫人(缺点是有亚洲的野蛮习气)"。⑤ 一些美国知识分子还将南北战争视作民主自由的"盎格鲁-撒克逊人"与贵族专制的"诺曼人"的对抗,其

---

① Thomas F. Gossett, *Race: The History of an Idea in America*, New York: Oxford University Press, 1997, p. 311.
② Matthew Jacobson, *Barbarian Virtues: The United States Encounters Foreign Peoples at Home and Abroad, 1876-1917*, New York: Hill and Wang, 2000, p. 50.
③ Thomas F. Gossett, *Race: The History of an Idea in America*, New York: Oxford University Press, 1997, p. 312.
④ Reginald Horsman, "Liberty and the Anglo-Saxon," in Michael L. Krenn, *Race and U. S. Foreign Policy from Colonial Times Through the Age of Jackson*, New York: Garland Publishing, Inc. , 1998.
⑤ Michael Hunt, "The Hierarchy of Race," in Michael L. Krenn, *Race and U. S. Foreign Policy from Colonial Times Through the Age of Jackson*, New York: Garland Publishing, Inc. , 1998, p. 79.

结果当然是代表"盎格鲁-撒克逊"的北方获得最终胜利。

而随着美国在19世纪下半叶的崛起，美国人更是将"盎格鲁-撒克逊人"及其拥有的政治自由、地方自治和基督新教信仰等视作"文明"的化身，视作"文明"进步的方向乃至终点，是弗朗西斯·福山（Francis Fukuyama）历史终结论的"早期版本"。美国的"盎格鲁-撒克逊主义"在19世纪末到达高潮阶段。哈佛大学历史学家约翰·菲斯克（John Fiske）是这一时期著名的社会达尔文主义者。尽管当代美国外交史家沃尔特·拉菲伯（Walter LaFeber）贬低他的作品为"三流的历史著作"，但无可否认，他对美国中产阶级的扩张思潮产生了深远影响。1880年，他在英国皇家学院（Royal Institution of Great Britain）发表了三场演说，并将演说内容于1885年结集成册出版，题为《从普世史看美国政治观念》。①

其中影响最大的当属第三场讲座，题为《天定命运》（Manifest Destiny），除了被收录于上述专著外，同时也发表于《哈珀斯月刊》上。外交史学家通常将其视为美国国内中产阶级心态转向支持帝国主义的一篇标志性文献。"文明"可以说是这篇文章最为核心的词汇之一。他将西方历史视为一个直线进步的"文明"进程。这个"文明"进程也时常遇到"野蛮"的威胁，例如罗马帝国的"亚洲化"、阿拉伯人入侵、欧洲大陆的中央集权、拿破仑战争等，但最终"文明"的火种保留下来，从欧洲大陆跨越英吉利海峡传播到英国，又由英语种族跨越大西洋传播到北美大陆。到19世纪"文明"已经确立了绝对的优势，再也无法受到威胁了。他认为"中国威胁论"是无稽之谈：

> 有时人们会问，欧洲文明未来是否可能遭到野蛮，或某些低等类型文明的入侵，从而受到严重威胁。野蛮肯定不可能造成这种威胁：所有蒙古亚洲的游牧力量在面对俄国所构筑的、牢不可破的屏障时，都将会无功而返。但我听有人认真地提到过，倘若在某个时候，未来的阿提拉或成吉思汗出于征服世界的突发奇想，着手把4亿中国人的军事力量凝聚成一个整体，甚至像奥马尔和阿卜杜拉赫

---

① John Fiske, *American Political Ideas Viewed from the Standpoint of Universal History*, New York: Harper & Brothers, Franklin Square, 1885.

曼（Abderrahman）一样，在7至8世纪将萨拉森人的力量凝聚起来，那时可能会对欧洲文明造成巨大打击。我不会浪费宝贵的时间在这个幻想的情形上，只是想顺便提一句，倘若中国人真的试图这样做，他们已经不剩多少时间了，因为在1个世纪以内，我们将会看到，他们的人数将会被英语种族所超过……目前，就文明与野蛮的关系来看，唯一值得认真考虑的问题是野蛮种族将怎样改变自己，以让自己在地球上立足。①

他深信不疑的是，美国站在"文明"之巅。他对英国著名作家托马斯·卡莱尔贬低美国文明的言论不屑一顾："卡莱尔曾经在某处语带讥讽地谈到，美国人口每20年便翻一番，仿佛4000万个美元猎手（dollar-hunter）要比2000万个美元猎手好似的。关于'美国人不过是美元猎手，因而与其余人类相区分'的观念可能并不值得认真考察。"约西亚·斯特朗（Josiah Strong）称，即便暂且接受这一侮辱性的称呼，世界的主要力量从"头皮猎手（scalp-hunter）转移到美元猎手"这里，从好战者转移到热爱和平的人手上，无疑也是一个很大的进步。"显然，将这个极为勤劳、和平、有序和自由思考的共同体的人口翻一番，某种程度也意味着增加了这个世界向如下方向的发展趋势：出现更多自由、有序、和平和勤劳的共同体。"② 他估算，倘若按已有速度，美国人口（所谓英语种族English race）到20世纪末将会达到15亿人。他认为过去导致人口大幅下降的因素都已经被大大减弱了，例如长期的战争、饥荒和瘟疫等。即便是"我们的现代战争十分可怕，但是毫无疑问，它持续的时间短"，造成的破坏力也有限。因此，即便考虑到工业国家生育率下降、战争等因素，也将会至少有6亿到7亿人。

那么，如此庞大的人口该如何去管理呢？会不会导致中央集权呢？菲斯克对美国传统的国家体制也持乐观态度："据说这么庞大的人口无法被作为单个的国家（national aggregate）而凝聚到一起，或者要想凝聚起

---

① John Fiske, *American Political Ideas Viewed from the Standpoint of Universal History*, New York: Harper & Brothers, Franklin Square, 1885, p. 115.

② John Fiske, "Manifest Destiny," *Harpers New Monthly Magazine* (December 1884 – May 1885), p. 585.

来，就必须采用强大的中央集权政府，如同古罗马在皇帝的统治之下一样"，但"与罗马帝国体制形成对比的是，经过精巧设计的美国联邦主义体系看起来像是英语种族对文明普遍工程（general work of civilization）所作的最重要的贡献之一"。假如罗马帝国采用这一体制而非中央集权，他们本可以"经受住任何野蛮部落对他们的攻击"。① 不仅如此，"联邦主义的原则明显地包含有国家间永久和平的种子，我相信这一光辉的结果将会在时间发展中呈现"。

但联邦主义连内战也阻止不了，它又如何保证世界的永久和平呢？菲斯克的辩解是："世界上有许多没有价值的战争，但是这场内战并不在其中，因为与绝大多数战争不同，它是为了和平的直接利益而战，而用如此昂贵代价换来的胜利也被如此人道地使用着，因此它也成为未来世界和平与幸福的征兆。"② 同时，美国为捍卫联邦政府而进行的这场内战也在为欧洲做示范：

> 因此美国政府战斗的目标是，永远地维持联盟（federal union）所创立的特别状况——在联盟所控制的广大领土范围内，州之间的问题就像个人之间的问题一样，必须用法律论争和司法判决的方式解决，而非通过战争解决。欧洲诸国的边疆堡垒、常备军，以及各种相互怀疑的野蛮设施（barbaric apparatus）都展示了这一点：与其留待后人解决，不如不惜一切代价毕其功于一役。因为这群最为和平的人民为了如此伟大的一个目标而进行了如此棘手的战争，没有任何战争能如此彻底地显示，一个已经完全从军国主义跨越到工业文明阶段的国家是如何使用军事力量的。③

不仅如此，为了维持这种"文明"进步的状态，内战前脱离联邦的11个州没有被视为"被征服的领土"，而是被重新接纳进了"自愿合作

---

① John Fiske, "Manifest Destiny," *Harpers New Monthly Magazine* (December 1884 - May 1885), p. 585.
② John Fiske, "Manifest Destiny," *Harpers New Monthly Magazine* (December 1884 - May 1885), p. 586.
③ John Fiske, "Manifest Destiny," *Harpers New Monthly Magazine* (December 1884 - May 1885), p. 586.

的普遍政府"。他认为，欧洲各国应当像美国一样，通过"某种联邦议会或会议"的政体来解决争端，"倘若欧洲想要在通向普遍法律与秩序的进程中与美国保持同步的话"。他相信，欧洲的联邦并非乌托邦和异想天开，而是现实的迫切需要，因为美国只有2.5万常备军，而欧洲有200万—300万常备军，这将给欧洲带来巨大压力："经济竞争变得如此激烈，欧洲的军队将会被解散，剑将会被铸为犁，而工业文明也将会彻底取得对军事文明的胜利……英语种族在欧洲之外的工业发展将会迫使欧洲实行联邦主义。"

菲斯克还将非洲视为未来英语种族和平扩张的对象："谁会怀疑，在2—3个世纪内，非洲大陆将会被一个英国后裔建立的强大国家所占据，被众多的城市和繁荣的农场所覆盖，有着铁路、电报、义务教育和其他文明的设施？"他充满豪情地预言，自英语种族到北美殖民起，命运便已注定，这个趋势将会不断延续，直至"旧文明"以外的"所有地球表面在语言、宗教、政治习惯和传统以及在社会关系上占主导地位的血缘上，都变成英国的。这一天已经近在咫尺：人类的4/5都会将其祖先追溯到英国，就像今天4/5的美国白人都将其祖先追溯到英国一样"。

与同时代英国的丁尼生、斯特德等人一样，菲斯克似乎将"英语种族"的对外扩张与人类的联合事业看成是毫不矛盾的。他声称，随着工业文明取代军国主义文明，

> 整个人类将组成一个巨大的联邦，每个小的群体完全独立地管理自己的地方事务，而将所有其他涉及国际利益的问题委托给一个由整个人类公共舆论支持的中央法庭去决断。我相信，当我们可以说（与我们在巴黎晚宴上的朋友一起），美国将从地球的一极扩展到另一极，或者与丁尼生一起庆祝"人类的议会，世界的联邦"时，这一天将会到来。事实上，只有当这一状态被实现时，与野蛮泾渭分明的文明才可以说是开始了。只有那个时候，世界才能说是真正地基督教化了。①

---

① John Fiske, "Manifest Destiny," *Harpers New Monthly Magazine* (December 1884 - May 1885), pp. 589-590.

后来有学者为菲斯克辩护道:"菲斯克的总体态度是反对军国主义的,他为世界未来提供的药方也远非征服,而本质上是世界联邦主义,另一个老的美国观念,其根源可以追溯到18世纪。"① 但这些并不能作为美利坚帝国主义的免罪令牌。如爱德华·卡尔(Edward Carr)所说,"在国内政治中,'举国团结一致'的主张总是由主导集团提出来的,目的是利用团结加强自己对整个国家的统治。在国际政治领域也是一样,国际团结和世界联盟的主张总是由主导国家提出来的,目的或许是以此对一个联合的世界实施统治"。② 赫德利·布尔(Hedley Bull)也指出,"世界政府的倡导者或者主张加强全球制度的人士,都来自最富裕和最强大的国家,而社会主义大家庭中的国家以及第三世界国家则最为坚定地主张维护国家主权……在比较贫穷和弱小的国家看来,世界政府的建立可能并不会导致有利于他们的经济资源的再分配,而会强化现存的资源分配格局"。③

菲斯克在此文中一方面大谈文明、和平与世界联邦,另一方面又鼓吹"英语种族"的对外扩张,无疑是验证了卡尔和布尔等人的判断。此外,在内战前,美国国内往往对"文明"有不少批判的态度,很大程度上是因为英法比美国更"文明",更有资格领导世界;而现在美国站在了"文明"的顶端,西欧便开始视美国人为"美元猎手",攻击其个人主义、物质主义的一面。可以说,美国与西欧在"文明"阶梯上地位的变化,也导致了"文明"话语策略的相应变化。

在美国外交史学家的笔下,与菲斯克相提并论的还有新教牧师约西亚·斯特朗。相比菲斯克对美国联邦制与代表制优越性的强调,斯特朗更重视物质和经济的因素。他问道:"伟大文明是漫长时代的产物。他们的特性是缓慢形成的,变化也是缓慢的。为什么一个国家20年的成长就会对未来的命运造成如此之大的影响呢?"他的答案就是,世界正在加速发展:"不应忘记,世界的脉搏和步伐在19世纪加速了。尽管我们鼓吹

---

① James A. Field, Jr., "American Imperialism: The Worst Chapter in Almost any Book," *The American Historical Review*, vol. 83, no. 3 (June 1978), p. 647.
② 〔英〕E. H. 卡尔著,秦亚青译:《二十年危机(1919—1939):国际关系研究导论》,北京:商务印书馆2021年版,第111页。
③ 〔英〕赫德利·布尔著,张小明译:《无政府社会:世界政治秩序研究》(第四版),上海:上海出版集团2020年版,第236页。

这些成就，但并非每个人都能意识到世界在文明上取得的进步中，有多大的比例是在将蒸汽运用到旅行、商业、制造和印刷之后取得的。"① 在此背景下，他对美国从经济上改造世界也充满着信心：

> 随着我们国家制造业的增长，我们的市场也会被极大地扩展。蒸汽和电使得地球的空间被大大压缩了。各个民族已经彼此摩肩接踵。孤立——野蛮之母——变得不可能了。神秘的非洲终于敞开在人们面前，她的商业脉搏开始显现。南美的发展速度加快，亚洲的冢中枯骨也开始苏醒：19世纪的温暖气息在她僵死的胸腔和肋骨间飘荡游走，要让鲜活的心脏重新跳动起来。世界将会被基督化和文明化。世界上仍大概有10亿居民没有享受到基督文明的赐福。2亿人等着被从原始状态中提升出来。在这个方向上，过去75年里，我们已经取得了很多成就，但接下来50年里成就将会更多。同时，除了创造更多和更高级的需求之外，怎么会有其他方式实现文明化呢？商业总是跟在传教士身后……非洲和亚洲的数百万人某一天将会有基督文明的需求。100年后，亚洲的需求将会是怎样的呢？就像在沙漠中，数千人曾被耶稣的面包和鱼养活一样，基督文明也将创造出类似的奇迹。它让人口成倍地增长。在几百个原始人挨饿的同时，几千个文明人却繁荣昌盛。100年后，非洲的人口和需求又将如何呢？倘若将这些庞大的大陆增加到我们的市场中，让我们的自然优势得以充分发挥，又有什么能够阻止美国变成世界的工厂，让美国人被称为"人类的助手"呢？②

在斯特朗这里，"基督"与"文明"有着极为密切的关系，从"基督文明"一词的频繁使用可以看出。从文中也不难发现，他相信"基督文明"能够创造更多的物质需求，推动世俗文明的发展。只要善加利用，树立正确的原则，二者之间完全是融洽和相互促进的："事实是，金钱就

---

① Josiah Strong, *Our Country: The Possible Future and Its Present Crisis*, New York: The Baker & Taylor Co., 1885, p. 2.

② Josiah Strong, *Our Country: The Possible Future and Its Present Crisis*, New York: The Baker & Taylor Co., 1885, pp. 14–15.

是力量，它在任何提升和拯救人们的地方都是需要的。"①

除"基督文明"外，斯特朗还经常使用"盎格鲁-撒克逊文明"。《我们的国家》第13章标题为"盎格鲁-撒克逊与世界的未来"，系斯特朗根据他此前的一场讲座编辑而成，但由于其内容与菲斯克的《天定命运》十分相似，斯特朗特意在这一章的注释中对此做了说明，强调这场讲座的时间是在1885年3月《天定命运》正式发表的3年前。这足以证明二人在很多问题上不谋而合。

斯特朗在开篇中写道，"每个令人类家庭印象深刻的种族都代表着一个或多个伟大的观念，为这个国家的生活指引方向，为其文明赋予形式。在埃及人那里，这个首要的观念是生活，在波斯人那里是光明，在希伯来人那里是纯净，在希腊人那里是美，在罗马人那里是法律。在盎格鲁-撒克逊人那里是两个伟大观念，二者之间又有着紧密联系"，其一是"公民自由"（civil liberty），其二是"纯净的心灵基督教"（pure spiritual Christianity），事实上就是基督新教。这两个观念代表着"最高的基督文明"。不仅如此，"盎格鲁-撒克逊"种族的数量也在快速增长："在下个世纪结束前，这种族在数量上可能会超过世界所有其他文明种族。难道这看起来不像上帝不仅将我们的盎格鲁-撒克逊文明铸造成模具，以塑造世界的人民，而且在这个模具背后注入了巨大的力量，使其能够充分发挥塑造作用吗？"与同时代人一样，斯特朗对盎格鲁-撒克逊人的"文明"程度充满信心，同时在其人口数量上也抱着极大期望。他继续说道："我之所以深信这种族将会最终把它的文明给予人类，不仅仅是因为数量——否则将会是中国，这是决不允许的！我期待的是，两大优点将前所未有地在同一个种族身上得到体现：它既有最多数量的人口，又有最高水平的文明。"斯特朗也意识到美国西部的"无主之地"即将消失："不会再有新世界了。世界上未被占据的可耕之地是有限的，不久之后就都将被占领。"接下来将是不同种族为土地而激烈竞争的时代："世界即将进入历史的新阶段——不同种族的最终竞争。"他认为盎格鲁-撒克逊人毫无疑问要在这场竞争中获胜，并且将极大地扩

---

① Josiah Strong, *Our Country: The Possible Future and Its Present Crisis*, New York: The Baker & Taylor Co., 1885, p. 213.

大自己的统治范围：

> 这个种族有着无与伦比的活力，有着巨大的人口数量和强大财富作为后盾；它是最大限度之自由，最纯净基督教，最高文明的代表；它已经发展出了某种特别的侵略性质，为的是将其制度施加于人类，将自身的繁衍遍及整个地球。倘若我的估计没错，这个强大的种族将会向南扩展至墨西哥、中美和南美，向海洋诸岛屿扩散，直至非洲和更远。谁会怀疑结果将是"适者生存"呢？

与菲斯克一样，斯特朗并不认为这场种族竞争必然诉诸战争方式："要达到这个结果不需要任何灭绝之战（war of termination）；竞争不是通过武器，而是通过活力和文明进行的"；但不论怎样，"盎格鲁-撒克逊人"取代低等种族则是必然的。"除了气候，我不知道有其他因素能阻止这个种族布满非洲，正如它曾布满北美一样。而且非洲不适宜盎格鲁-撒克逊人生活的面积也并不如人们想象的那样大。"① 斯特朗总结说，尽管前述美国国内的移民、社会主义等问题"构成巨大威胁，但是我无法相信我们的文明会衰落；我相信命运完全掌握在美国基督徒的手中，即在接下来的15年至20年里，去加速或推迟基督天国的到来，可能是数百年，也可能是数千年。我们这一代人占据了时代的直布罗陀，将主导世界的未来"。②

除斯特朗和菲斯克外，鼓吹"盎格鲁-撒克逊文明"或"英语文明"统治世界的还包括弗雷德里克·特纳（Frederick J. Turner）的老师、约翰·霍普金斯大学的历史学教授赫伯特·巴克斯特·亚当斯（Herbert Baxter Adams），西奥多·罗斯福的老师、哥伦比亚大学政治学教授约翰·伯吉斯（John Burgess），以及哥伦比亚大学社会学教授富兰克林·吉丁斯（Franklin Giddings）等。受英国历史学家斯塔布斯和弗里曼的影响，将美国政治传统追溯至"盎格鲁-撒克逊"或条顿时

---

① Josiah Strong, *Our Country: The Possible Future and Its Present Crisis*, New York: The Baker & Taylor Co., 1885, pp. 159–177.

② Josiah Strong, *Our Country: The Possible Future and Its Present Crisis*, New York: The Baker & Taylor Co., 1885, p. 180.

代，已经成为陈词滥调。约翰·亚当斯在哈佛大学中开设了讨论美国政治制度之盎格鲁-撒克逊起源的研究生讨论课，这门课程口碑颇佳，吸引了已是研究生的洛奇，以及当时还是本科生的西奥多·罗斯福等一众年轻学子。①

在菲斯克、斯特朗的"文明"话语背后，最根本的仍是美国工业文明的迅速发展，以及世界愈益通过电报、海底电缆、铁路和蒸汽船等现代化的交通通信工具连为一体；全球经济的相互依赖程度逐渐加深。菲斯克等美国知识精英误以为这一全球"文明进程"是条顿、英美或"盎格鲁-撒克逊文明"的成就，从而在观念中将"文明"种族化了。他们试图以"盎格鲁-撒克逊文明"为标准改造世界，认为可以通过"盎格鲁-撒克逊"的政治发明（如代表制和联邦主义）实现历史的终结，甚至幻想根据达尔文主义自然选择原理，"盎格鲁-撒克逊"种族的人口将迅速增长，在数量上也居于绝对主导地位。他们把这视为"天定命运"或"适者生存"。而后来的事态发展证明，"全球文明进程"远比菲斯克等人想象的复杂。和黑格尔"主人"与"奴隶"的著名比喻一样，在"文明"征服"野蛮"的过程中，所谓"文明"种族的数量却逐渐被"野蛮"种族所淹没，而且前者生育率还在日渐下降，后者则在掌握了新的科学技术和医疗手段之后，即便在绵延的战火和令人绝望的贫困之下，人口仍出现迅速膨胀趋势。因此，即便是拥有先进科学技术和生产力的所谓"文明"，也只是在表面上征服了"野蛮"而已。在"文明"与"野蛮"接下来的深层互动中，"文明"本身将面临更加严峻的挑战。事实上，倘若仔细分析菲斯克和斯特朗对"英语文明""盎格鲁-撒克逊文明"的鼓吹，已经多少能体察到其中蕴含的某种悲观情绪。尤其是斯特朗和伯吉斯，似乎已经感受到了在深层互动中"文明"自身面临的严重危机。他们所夸耀的"文明"在向外扩张时，也带有某种看似莫名的悲观、排他和躁动心理，表现出将"文明"等同于某个特定种族或文化的做法。在斯特朗笔下作为形塑未来世界之模具的"盎格鲁-撒克逊文明"则带有"矛盾修辞"的意味：它固然有其倡导进步和理性的一面，

---

① Thomas Dyer, *Theodore Roosevelt and the Idea of Race*, Baton Rouge: Louisiana State University Press, 1980, p. 11.

但它同时又不禁将文明种族化和本质主义化了，而且多少代表了一种"前现代"的祖先崇拜情结。而这也引出美国社会"文明"身份的另一面，即"文化主义"。倘若说在菲斯克和斯特朗这里，"文化主义"的偏离或反叛仍然是被安抚、纳入主流"文明主义"的叙事中，那么在另一些美国精英那里，"文化主义"的反叛则有近乎成功和将"文明"取而代之的迹象。

第三章 "前现代":美利坚文化主义

当代学者詹姆斯·库尔思称,"启蒙运动孕育的这个新文明总要有个名字。18世纪末和19世纪初,人们喜欢称之为'欧洲文明'。但这一时期恰逢新世界的欧洲殖民地纷纷独立之际(其中最典型的是美国),因此'欧洲文明'的称号不久便不适用了"。①

笔者认为,库尔思此论不太符合实际。主要原因是在19世纪的大部分时期内(更不用说之前),"美利坚文明"在欧洲人的心目中地位较低,远落后于"欧洲文明"的发展水平,可能类似于今天的拉美。② 加之美国政治上有意识地自我孤立,欧洲各国亦并无强烈意愿将美国纳入其文明体系,因而"西方文明"的说法不太常见。美国虽然也经历了启蒙运动,但它主要是文化输入者而非输出者;且若就"文明"常见的文学、艺术和品位等内涵而言,其更是远在欧洲之后,被视为粗俗浅陋的代表。或许正因为如此,直至20世纪初,斯宾格勒仍然把美国定位为一个"派生性文明"(derivative civilization),汤因比也认为美国处在西方文明的边缘。③ 卡尔·施密特则直言不讳地说道:"从16世纪到20世纪……'欧洲'这个概念意味着正常态,它替地球上所有不是欧洲的地方树立起一套标准。文明除了指欧洲文明之外,别无他指。"④ 与此同时,爱默生等美国知识分子也没有那么认同欧洲或西方,而更多地使用"美利坚文明""盎格鲁-撒克逊文明"的说法。

---

① 〔美〕詹姆斯·库尔思著,刘伟华译:《作为文明领袖的美国》,载〔美〕彼得·J. 卡赞斯坦主编,秦亚青、魏玲、刘伟华、王振玲译《世界政治中的文明:多元多维的视角》,上海:上海世纪出版集团2012年版,第65页。
② 随着美国的发展壮大,美国文明逐渐成为西方文明的一部分,甚至是领导者;而拉美则仍然被大多数学者视为西方之外的一个文明,至多只是与西方文明有亲缘关系。
③ Max Lerner, *America as a Civilization: Life and Thought in the United States Today*, New York: Henry Holt and Company, 1987, p.59.
④ 转引自刘禾《国际法的思想谱系:从文野之分到全球统治》,载刘禾主编《世界秩序与文明等级:全球史研究的新路径》,北京:生活·读书·新知三联书店2016年版,第45页。

可以说在19世纪的大部分时间里，"欧洲文明"都是一种"普世文明"，而"美利坚文明"则更多地是一种地方性文化，尽管从事后来看，它具有"后轴心文明"的潜质。这种地方性文化在面对普世的"欧洲文明"时，便不只有继承其启蒙理性和现代性的一面，同时也有不满和反叛，以及"去文明化""反文明"的做法，也就是笔者所说的"文化主义"。如果说"文明主义"源于国内-国际权力结构中的主导性权势集团和"文明标准"设定者，"文化主义"则是硬币的另一面，源于权力结构中相对次要的势力和"文明标准"的被动接受者。而无论是对欧洲"普世文明"现代性的承袭还是反叛，都造成一种美利坚的文化主义，强调美国文化不可通约、地方性的特点。与文明主义的乐观和扩张本性不同，文化主义主要是悲观和防御性的，但它相比文明的号召力要更强，也带有更多的生物种族主义、地缘政治①、帝国主义乃至返祖性和军国主义色彩，因此有时也会催生更极端、非理性的行为。

一 朴拙与奢靡："美利坚文明"和"欧洲文明"的对比

"文明"一词不仅包含市民阶层的新意识形态，也包含着旧的含义，即与宫廷贵族相关的礼节、文雅等，即"civility"。这两种含义并非前后截然分开，而是存在缓慢的过渡。而作为当时"文明"标准的设定者与"欧洲文明"的核心国家，英法等国对新大陆的"文明"往往抱有极为苛刻和挑剔的态度。他们视北美人为"未开化者"——某种意义上说，"文明"一词本身便是欧洲将印第安人连同美国白人一起进行贬低的有效武器。这一点也确如当代英国学者大卫·卡纳迪恩（David Cannadine）

---

① 有学者称此现象为"地缘文明"（geocivilization），是将文明因素"安全化"的产物；在笔者看来，这实际上也可理解为"文化主义"伪装成"文明"的表现。将"文明"安全化的第一步往往是不动声色地将其替换为某种文化或种族，例如条顿的、盎格鲁-撒克逊的和美利坚的等，但仍然使用"文明"一词。见 Randolph B. Persaud, "Killing the Third World: Civilisational Security as U.S. Grand Strategy," *Third World Quarterly* (January 2009)。

在《装饰主义》一书中所言，英帝国的主要原则是阶级地位，而非种族。① 另一位印度裔英国学者评论说，维多利亚时代的英帝国主义者实际上是"色盲的"，"对英帝国主义者来说，印度人和非洲人与英国大众同样都是被诅咒的对象。白人拓殖者被他们视为未受教育的垃圾，相比之下，他们更愿意与不论什么肤色的王国、国王和酋长打交道"。② 北美白人尽管在种族上是优越的，在阶级上却未必如此，因此似乎也难免在英帝国主义者心目中扮演此种下层"野蛮"阶级的角色。

在美国独立前后，英国卡通漫画作者对英帝国与美国的形象进行了影响颇大的想象和构建。他们一方面对英国政府持批评态度，另一方面也往往将美国想象为蛮荒之地的未开化者，将其与印第安人的形象混合起来。在1776年的一幅漫画中，作者将美国革命形象化为母女之争，母亲不列颠女神是一副传统的贵妇人形象，而女儿哥伦比亚女神尽管口中高呼自由，却是一副赤裸上半身，穿着印第安人短裙的野人形象。这些英国的漫画家并非心存恶意，只是试图为北美人增添几分热爱自由的"高贵野蛮人"的色彩，但亦可隐约看出英美虽无疑是"同一个种族"，但却未必是同一个阶级。③

美国独立后，欧洲人尤其是英国人则对美国带有更多敌意和成见。亨利·卡波特·洛奇在1913年回顾英美关系时提到，在第二次英美战争结束后，英国政府虽然实际上停止了有意疏远和孤立美国的政策，但"此时大大小小的英国作家捡起了英国政府至少是已经暂时放弃了的工作"。他们虽然由于不掌握战争与和平的权力而"危险性较小"，"但在培植一群民众对另一群民众根深蒂固的仇恨方面"，"比外交官和公使更为有效"。他们挫伤了美国人的尊严，让美利坚共同体中的"每一个成

---

① David Cannadine, *Ornamentalism: How the British Saw Their Empire*, Oxford: Oxford University Press, 2001, p. 4.

② Kenan Malik, "Why the Victorians Were Colour Blind," *New Statesman* (May 7, 2001), 转引自 David P. Long, "'Ornamentalism' and 'Orientalism': Two Sides of the Same Cultural Coin?" https://www.researchgate.net/publication/293829710。

③ John Higham, "Indian Princess and Roman Goddess: The First Female Symbols of America," *Proceedings of the American Antiquarian Society*, 1990, p. 45.

员都感到羞辱和愤怒"。① 去北美旅行的欧洲人大多对美国人的"礼节"或"文明程度"怀有较为负面的印象。欧洲人攻击的现象包括随地吐痰、擤鼻涕和咀嚼烟草等个人卫生习惯，直接用刀吃食物等餐桌礼仪，以及不分场合地赤身裸体、说话穿着随意、喜爱自吹自擂、没有身份等级意识和不尊重他人隐私等冒失鲁莽的行为。一位名叫芳妮·特罗洛普（Fanny Trollope）的英国女作家在旅美回国后，于 1832 年出版了《美国人的家内礼节》(*Domestic Manners of the Americans*) 一书，其中对与她一起在蒸汽船上旅行的、戴着"将军、上校和少校军衔"的美国人有这样夸张的描述：

> 在餐桌上根本没有任何礼节可言，食物总是瞬间被取走和大口咀嚼、狼吞虎咽，他们跟你讲话时用语粗俗、怪腔怪调；他们随意吐痰，（痰液）到处飞溅，令人作呕，根本来不及保护好我们的裙子；他们还有用刀来进食的可怕习惯，仿佛将整把刀都送进了口中；更让人感到可怕的是，他们吃完后会用小折刀剔自己的牙齿，这些不久便迫使我们意识到，我们并不是和旧世界的将军、上校与少校在一起。②

即便对美国颇有好感的英国作家查尔斯·狄更斯和社会学家哈丽雅特·马蒂诺（Harriet Martineau）等人，也经常提及美国社会习俗中"粗鄙"的一面。狄更斯曾说过，美国除了洛厄尔工厂的女工在工作条件方面让人颇为羡慕之外，其他没什么值得一提的。英国历史学家麦考莱更是将美国物质主义的泛滥比作吉本笔下罗马帝国晚期的衰亡之兆，并且在信中指责美国的民主是暴民政治，将会带来美国的毁灭："显而易见，你们的政府永远无法约束那些受挫和心怀不满的大多数。"③

直到 19 世纪 80 年代，美国总统格罗佛·克利夫兰还因为直接用刀

---

① Henry Cabot Lodge, "One Hundred Years of Peace," *The Outlook* (January 4, 1913), pp. 30-37.
② 转引自 Stephen Mennell, *The American Civilizing Process*, Cambridge: Polity Press, 2007, p. 62。
③ Max Lerner, *America as a Civilization: Life and Thought in the United States Today*, New York: Henry Holt and Company, 1987, p. 926.

而非叉子将食物送入口中遭到媒体的指责。德国著名学者马克斯·韦伯1904年去美国旅行的时候，一位农场主要求他必须与在农田里劳作的工人握手之后，才可以通行。这在欧洲人看来，无疑是一种不礼貌的行为。① 英国学者马修·阿诺德在访问美国后，对其"文明"亦不乏微词。他称，"在评判美利坚文明之品质与价值时，我们还是要把握核心问题。我曾经不厌其烦地讲过文明一词究竟指的是什么——它指的是人在社会中的人性化，它向着自己真正和圆满的人性进步"。他抱怨"片面和物质的进步总是被当成文明"。他让美国人"不要只是告诉我……你们的工商业规模，你们的制度、自由或平等的益处，或者教堂、学校、图书馆和报纸的巨大和正在增长的数量；也要告诉我你们的文明——这是你们给予所有这些发展的宏大名称——告诉我你们的文明是否具有品位"。②

美国人也意识到自己在西欧人眼中是粗俗和"不文明"的。洛奇称，欧洲人对美国最疯狂的攻击主要集中在1820—1850年，此时美国正处于"国家构建的第一阶段，当时大部分地区都是荒野，拓荒先驱们正勇敢而艰难地向西部边疆推进，这种无底线的辱骂和粗野批评不论公正与否，都让美国人感受深刻"。即便美国内战期间，法国在墨西哥扶植傀儡政权的行为也无法与此相提并论："美国人对法国所做的事情不太在意，但对英国人说了什么，却颇觉锥心刺骨。"③ 到20世纪中期也有美国人总结说，1825—1845年，欧洲人对美国的态度是"托利式的纡尊降贵"（Tory condescension），1870—1922年是"平视"阶段，之后才变成了"仰视"。④

美国人在对欧洲"文明"抱有怨恨之情的同时，当然也有用来宽慰自己的说辞。他们也意识到美国在艺术和文化领域落后于欧洲，但并不认为这是不可或缺的。在他们眼中，这种"优雅精致"的贵族和宫廷生活方式往往与奢侈、退化和堕落联系在一起，是共和主义的最大威胁。事实上，早在美国独立战争之前，英国国内的古典共和主义思潮中对王室腐败、帝国扩张等现象的抨击便跨越了大西洋，增强了不少美利坚人

---

① Stephen Mennell, *The American Civilizing Process*, Cambridge: Polity Press, 2007, p. 72.
② Matthew Arnold, *Civilization in the United States: First and Last Impressions of America*, Boston: Cupples and Hurd Publishers, 1888, p. 171.
③ Henry Cabot Lodge, "One Hundred Years of Peace," *Outlook* (January 4, 1913), p. 30.
④ Stephen Mennell, *The American Civilizing Process*, Cambridge: Polity Press, 2007, p. 58.

关于母国正在走向"堕落"的看法。典型的是 18 世纪英国的"激进辉格党人",如约翰·特伦查德(John Trenchard)、托马斯·戈登(Thomas Gordon)等对英国当权者的抨击。这些观念本来在英国国内不成体系,却被美利坚人选择性地加以利用,以此来捍卫他们的权利与"自由"。①戈登·伍德说:

> 然而,事实充分表明,尽管艺术和高雅文化或许依然有魅力,但它们在一定程度上是奢靡及堕落的征兆,不可能存在于生机盎然的共和国。约翰·亚当斯在 1780 年给他妻子的信中写道,巴黎拥有一切可以"激发知识、提高鉴赏力以及确实……可以净化心灵的东西。但是,必须记住",他进一步说,"这里万象共存,也可能迷惑、蒙骗、误导、腐蚀甚至败坏人心……实际上,共和主义被刻意用来温暖那些蒙受屈辱的当地人的心灵"。英国人太长时间以来"以最轻蔑和藐视的态度嘲笑并鄙视我们",经常"把我们当作原始人(savages)和野蛮人(barbarians)"。现在,当不列颠人讥笑"美利坚人至少落后文明优雅的古国一个世纪"时,美利坚人可以反驳说,在自制、道德情操以及尊重人的权利方面,旧世界比美利坚落后至少同样久。②

同时,欧洲的帝国主义也被视为过度"文明化"的象征和体现。美国学者丹尼尔·杜德利(Daniel Deudney)指出,这个时期很多美利坚文人信奉"城邦共和主义的第二铁律"(the second iron law of polis republicanism),认为共和国走向对外扩张会改变国内权力平衡,损害国内多数民众的利益。在欧洲军事-财政国家(military-fiscal state)兴起的背景下,欧洲帝国的穷兵黩武和奢侈无度,都被视为将导致政体新一轮循环

---

① 18 世纪的英国政治家亨利·博林布鲁克将其视为乡村党对腐败的宫廷党的批评。参见 Gordon S. Wood, *The Creation of the American Republic, 1776-1787*, New York: W. W. Norton & Company, 1993, pp. 16-17;〔美〕戈登·S. 伍德,朱妍兰译《美利坚共和国的缔造:1776—1787》,南京:译林出版社 2016 年版,第 15—16 页。
② 〔美〕戈登·S. 伍德,朱妍兰译:《美利坚共和国的缔造:1776—1787》,南京:译林出版社 2016 年版,第 102—103 页。

的征兆。① 这种论调与后来斯宾格勒认为"帝国主义"是文化活力耗尽、文明阶段到来的看法可谓异曲同工。当时的全球"文明"典范毫无疑问是英国,但美国作为一个共和国,在预见到英国将遵循铁律走向衰落之时,与其划清界限便是题中应有之义。

这种共和主义激发了美国知识分子的爱国精神。由于在几乎整个19世纪,美国在"文明"程度上都是相当不自信的,他们只能强调"美利坚文明"在政治制度层面的优点,强调其朴拙的一面。② 1846年,一位名叫丹尼尔·古德温(Daniel Goodwin)的美国学者仍在杂志《美国辉格评论》中为"美利坚文明"比"欧洲文明"落后而苦恼不已:

> 什么是文明?我们美国人在文明中居于何种地位?倘若相信我们的英国同胞,那么我们在其中的现状和前景都贫乏得可怜。法国人……作为世界社会文化的领头者,对我们则稍微重视一些。法国人和英国人认为他们在文明方面胜过我们是自然的和合理的;但是连罗马天主教爱尔兰人也看不起我们在社会与智识上的进步,这对我们国民的自尊心无疑是一个巨大的伤害。据说,费城一位著名的爱尔兰神父最近在其母国的一次公众集会上宣称:"不得不遗憾地说,美国受教育的、启蒙的和文明化的人在数量上屈指可数……"③

古德温出于民族自豪感,当然对爱尔兰的"文明"反唇相讥。他罗列了"文明"常见的含义,包括礼仪、财富或奢侈品,以及自由、宗教、美德、文学、艺术和商业等,并一一进行了辨析,指出这些都不是"文明"的首要特征。他声称,真正的首要特征是个体与社会之间的和

---

① Taesuh Cha, "The Formation of American Exceptional Identities: Three-tier Model of the 'Standard of Civilization' in US Foreign Policy," *European Journal of International Relations* (2015), p. 6.
② 参见〔美〕戈登·伍德著,傅国英译《美国革命的激进主义》,北京:商务印书馆2011年版。戈登·伍德在《美国革命的激进主义》一书中认为,美国的古典共和主义在建国初期最为盛行,到1815年之后就逐渐被崭新的、崇尚市场经济的洛克式自由主义所取代。但其余音仍然绵长,因为它是"美利坚文明"在"欧洲文明"面前维持自信的重要因素。
③ Daniel Goodwin, "Civilization: American and European," *American Review: A Whig Journal of Politics, Literature, Art and Science*, vol. 3, no. 6 (June 1846), p. 611.

谐。接着他又笔锋一转，从学术性分析转向对欧洲尤其是英国的不满和控诉。他按捺不住怒火，愤愤不平地说道，"英国人对我们的无知令人啧啧称奇——不仅包括我们的现状和制度，还有我们的地理位置"，他们不屑于对美国进行仔细的调查和学习，却急不可耐地宣称英国在"文明"上比美国优越。他提到，英国人经常指责美国"文明"不如欧洲的地方包括自大、拒绝偿还外债、暴民政治、奴隶制等，但他否认这些是"美利坚文明"的主要缺陷：

  这些毫无疑问是我们特有的一些弱点；但我们完全否认这是我们相对于欧洲在文明上低劣的主要证据。我们如果有低劣之处的话，也是在别的地方。我们也不想否认，如果从通常的意义上来理解"文明"这一术语，英国和法国在文明上的确比我们优越；但如果暂时不谈他们的这些优越性，我们也许可以看到，在世人眼中，这个所谓"强盗联邦"（brigand confederacy）尚不如英法那样，深陷于腐败、粗俗和野蛮的泥淖之中。①

在古德温看来，欧洲与美国文明实际上各有所长，而美国文明的长处无疑在其共和主义制度方面。这也是美国文明在欧洲评价较低的一个重要原因。他意识到"我们在国外的名誉总体上除了我们自己外，更多地掌握在英国人手里"，这对美国是个不利的情况，但"让人宽慰的是"，尽管英国人竭尽所能地对美国文明进行"讥笑和诋毁"，"其他的外国人对我们有很高的评价，甚至有时是过誉了"；尽管欧洲专制王权也会雇佣文人攻击美国，但他们至少不会对美国报以"轻蔑的态度。他们尊敬并且畏惧我们"。他们出于维持政权的考虑，要把所有的坏事，不论是真实的还是想象的都"归结为我们的自由制度"所造成的恶果，因此也可以料想，"外国对我们和我们文明的评价理应是充满偏见和不公正的"。但是许多更加见多识广的外国人不是如此，他们热衷于与君主制政府唱反调，"在我们身上只看到优点而没有看到缺点，对我们进行了过度

---

① Daniel Goodwin, "Civilization: American and European," *American Review: A Whig Journal of Politics, Literature, Art and Science*, vol. 3, no. 6 (June 1846), p. 623.

的赞美。美利坚文明对欧洲的影响无疑是巨大的——它仍然很强大；倘若我们更加正确地对待自己，我们对欧洲施加的影响还会更强大"。他声称相比欧洲，美国人更注重"内在的改进，而非外在的炫耀；我们的目标是让自己真正地文明化，而不只是看上去如此"。他承认美国的确需要更高层次的文化（men of higher general culture），需要常驻其他国家的外交机构，需要像美国革命期间出使法国的富兰克林一样，作为"共和制度和美国人的化身"，来与"欧洲文明"互相补充和促进：

> 美利坚文明并非与欧洲文明针锋相对，南辕北辙；相反，后者是前者的直系后裔，是前者发展进程中的新阶段和新面貌。在现代欧洲，文明已经在形式上日臻完美。它的种子播撒在美利坚的处女地，同时也是对文明更友好的土壤……我们需要解决的问题是，在维持文雅和文化已经达到的高度，与它的传播之间进行协调。迄今为止，每当国家达到了一定程度的社会进步之后，总是会有趋于腐败和解体的倾向。进步往往是部分的和片面的，往往是一波未平，一波又起。进步的原因里往往隐含着它衰败的种子。意大利和西班牙都在警醒着我们，即便是欧洲的基督文明也无法逃离这一令人悲伤的规律。

古德温相信，美国的"文明"试验，也许可以帮助欧洲跳出这一"文明"兴盛与衰败的"周期律"。他借用基佐的多元文明理论，认为这是自然所偏好的一种形式："必须承认，欧洲展现了古代世界所未曾见到的、多元的形式与运动"，而"我们的文明甚至比欧洲更加与自然进程相和谐"。

古德温的这篇文章很好地反映出美利坚文人们对待"文明"的矛盾观点：他们既欣赏欧洲在社会礼节与文化艺术方面的辉煌灿烂，并为此自愧不如，同时又对美国质朴的共和体制极为珍视，认为它可能不足以让美国攀上"文明"顶峰，但可以治疗"欧洲文明"的疾病。这可以说是对当时公认的主流"文明"——"欧洲文明"的一种轻微温和的反叛或偏离。倘若英国与法国的学者们仍在为谁是"最文明的"这一荣耀而争执不休，德国知识分子索性贬低"文明"之价值的话，那么内战前的美国人则选择了中间道路,它不去徒劳地竞争"文明"领头羊的地位,而是将共和主义与"文明"放在同等的位置。如果说德国思想家们用内在的"文化"去对抗外在的"文明",那么美国则是用罗马式朴拙的共和主义(或"美利坚文明")去与希腊式精巧的"欧洲文明"彼此颉颃,并驾齐驱。

即便是内战后,美国在"文明"最能撩动知识分子心弦的指标之一——文化艺术方面仍然与内战之前一样贫乏,尤其是缺少高雅文化,因此往往被欧洲贬低为庸俗市侩的"非利士人"。对美国颇为欣赏的詹姆斯·布赖斯遗憾地称,美国读者"沉醉于欧洲的书籍,偏爱阅读英国、法国和德国的媒体报道"。美国人仍然被许多欧洲知识分子视作没有灵魂,没有国民性格,充满着物质主义和铜臭味的民族。约翰·斯图亚特·密尔曾讽刺美国是一个"男性致力于猎取美元,而女性致力于养育美元猎手"的民族,这一论调在19世纪下半叶依然很流行。① 美国长期没有保护知识产权的相关立法,导致国内盗版成风,有人不无夸张地说,这时不仅"没有人读美国作家写的书,而且也没有美国作家在认真地写书"。1886年,欧洲"文明国家"在瑞士伯尔尼签署《伯尔尼公约》,随即有美国知识分子深受刺激,羞愧地表示,俄国和美国尴尬地成了置身"知识产权联盟之外的两个文明国家"。亨利·卡波特·洛奇也在《大西洋月刊》上撰文称,"美国作为居于世界前列的国家,却像劫匪一样站在文明通道旁,一只手抢劫国外作家,另一只手抢劫美国作家,这与其身份是完全不相称的"。② 甚至连南美国家也早于美国在1889年成立了自己的知识产权联盟。直至1891年,美国国会才完成了相关立法,但仍拒绝加入伯尔尼的知识产权联盟。这种情况一直延续到20世纪初。③ 1920年,康奈尔大学教授马丁·桑普森(Martin W. Sampson)仍这样写道,在欧洲旅行的美国人往往会被问到如下难堪的问题:"你们的国家为艺术做了什么?我们承认你们在贸易和商业上的统计数字,但你们在文

---

① Frank Ninkovich, *Global Dawn: The Cultural Foundation of American Internationalism, 1865~1890*, Cambridge: Harvard University Press, 2009, pp. 48-49.

② Henry Cabot Lodge, "International Copyrights," *The Atlantic Monthly*, vol. 66, no. 394 (August 1890), p. 270.

③ Frank Ninkovich, *Global Dawn: The Cultural Foundation of American Internationalism, 1865~1890*, Cambridge: Harvard University Press, 2009, pp. 53-57.

学上有何成就？我们羡慕你们的摩天大楼，但你们的国民音乐在哪里？你们拥有世界上最长的铁路里程，但你们杰出的画家和雕塑家在哪里？你们所有的大学加起来，有没有贡献出哪怕一个诗人？"桑普森认为，这些构成对"美利坚文明不加掩饰的深入指控"。[①]此外，美国主导世界事务的意愿并不强烈；即便经历了美西战争，美国仍然只是半心半意地参与世界政治，尤其是来自中西部的政治家们对卷入"纠缠纷扰的同盟"（entangling alliance）不仅毫无兴趣，而且极度反感。这也埋下了加入国联失败和两次世界大战期间孤立主义盛行的种子。

总之至少在建国之初，"美利坚文明"或许会引起恐惧和欣赏，但更多的也许还是鄙视、嘲笑或忽略。在内战前的这场"欧洲文明"与"美利坚文明"之争中，"文明"与"文化"的关系看上去较为复杂。作为标准设定者，欧洲用它的一套"文明标准"来评判美国，而美国也在承认这套标准的前提下，用文化主义来进行防御和自我辩护。但问题是设定者所设定的究竟是真正的"普世文明标准"还是夹杂有仅适用于自身的"文化标准"，是很难分清的。在奴隶制和知识产权问题上，美国的确是不符合"文明标准"的，但是在另一些问题上（如礼节和生活方式），似乎只是欧洲的"文化标准"被设定者定为"文明标准"而已，而这也自然而然地引起了美国的文化主义防御反应。后来的历史也表明，随着美国成为标准设定者，美利坚某些传统的文化主义也将转变成新的"文明标准"。

二 进步下的贫困："文明"的冲击

内战后，随着"工业资本主义"取代"商业资本主义"，[②]美国进入"工业文明"时代，成为工业强国。但"文明"不仅给美国带来经济的增长，也带来了强烈的焦虑和不安全感。这种焦虑很大程度上来源于工业社会带来的巨大冲击，从而产生了"过度文明化"的论调，滋生了

[①] Martin W. Sampson, "A Problem of American Civilization," *The Sewanee Review*, vol. 28, no. 3 (July 1920), p. 21.

[②] Mathew Frye Jacobson, *Barbarian Virtues: The United States Encounters Foreign Peoples at Home and Abroad, 1876-1917*, New York: Hill and Wang, 2000, p. 65.

"反文明"的社会心理。

美国作为新兴"工业文明"强国，却受到以英国为首的"金融文明"和"绅士俱乐部"盘剥。为吸引国际资本、保证金融资本的投资回报率，在东北部银行家、商人等群体的游说下，美国一直实行金本位制。而随着19世纪70年代以来全球经济进入一个20年左右的衰退周期，经济危机频发，[①] 在美国平民党人等利益受损群体看来，其中的罪魁祸首就是英国的金融体系，尤其是金本位制。当时有报纸指出，美国农产品的价格"不是由纽约或芝加哥决定，而是由伦敦金融市场决定的"。历史学家拉菲伯称，"杰斐逊理想中的农业家庭似乎正在变成国际性的奴婢"。[②] 而金本位制使得货币稀缺，造成通货紧缩。事实上，19世纪末期的经济危机便是一场全球性通货紧缩（大萧条则被称作"第二次通货紧缩"）。在巨大的通缩压力下，被金本位制绑定的美国农民往往受冲击最大（而实行银本位制的国家则往往可以通过货币贬值来保护农产品出口者的利益），农产品价格急剧下降，中西部农民借贷困难、债务缠身，陷入破产和绝望的危机之中。[③] 因此，美国中西部农民的孤立思潮最为强烈，对以英国为代表的"欧洲文明"也最为反感。一位英国人在1893年说，"在英国、法国、德国、意大利、斯堪的纳维亚和美国，那些过去保守的农民们变得极度不满，宣称相比社会其他群体，他们从文明中所获得的要少，因而正在寻求激进的矫治方法"。[④]

除中西部农民外，美国东部的工业保护主义势力也对英国充满仇恨。著名历史学家乔治·赫伯特·亚当斯在1896年写道，美国的"演说家和报纸努力地想要告诉人民，英格兰是我们工业的致命敌人，它试图通过各种公开或秘密的方式摧毁我们的工业"。许多"无知的人深信不疑"，认为英国的科布登俱乐部正在暗中资助鼓吹自由贸易的媒体，"对美国制

---

① 1873—1896年被历史学家称作"长衰退期"（long depression），主要有1873年、1893年两次大的经济危机。
② 〔美〕沃尔特·拉菲伯著，石斌、刘飞涛译：《美国人对机会的寻求，1865—1913》，载〔美〕孔华润主编，王珠等译《剑桥美国对外关系史》（第二卷），北京：新华出版社2004年版，第293—294页。
③ 〔美〕莫妮卡·普拉萨德著，余晖译：《过剩之地：美式富足与贫困悖论》，上海：上海人民出版社2019年版，第101页。
④ Richard Hofstadter, *The Age of Reform: From Bryan to F. D. R*, New York: Vintage Books, 1955, pp. 50–51.

造商发动战争"。英国在很多美国人心目中是自私的、贪婪成性的、喜好垄断的和恃强凌弱的。① 这一时期美国流行的"恐英症"可以被视为"反文明"倾向的一个表现。

同时，美国自身也在步入寄生性"金融文明"阶段。美国国内在镀金时代涌现了大量的垄断企业，金融机构和银行家开始日益占据主导地位，出现类似于贵族的财阀集团。这些垄断资本集团损害着农民和中产阶级消费者的利益，并且操控地方乃至全国的政治，其寄生性、投机性和掠夺性日益强化。为垄断集团唱赞歌的人视之为"文明"进步的表现，而生计受到垄断集团威胁的大多数美国人则将其视为"文明"的危机，进而怀疑甚至否定"普世文明"本身的价值。

在此背景下，美国的贫困也变得越发触目惊心。内战前，爱默生曾在《英国人的性格》中对英国工厂所制造的人间悲剧表示惋惜，认为英国已是老年阶段，经历了巅峰期后必将走向衰落；而美国则正处于青少年阶段，前途一片大好。他和不少美国的知识分子、企业家们都深信，唯有美国式的共和主义才能让机器、工厂和现代技术变得"文明化"，同时也唯有在共和体制下机器才能大显身手，协调自然与技术之间的矛盾，创建乌托邦式的、充满工业美感的"共和文明"。② 但这条"让机械文明化"（civilizing the machine）的道路在内战后似乎失败了。詹姆斯·布莱恩等政治精英将19世纪末美国社会的危机定性为"文明的问题"（problem of civilization），即"走向文明"不是解决方案，"文明"本身才是问题。1895年，来自堪萨斯州的女性平民党活动家玛丽·李斯（Mary Lease）在《解决文明的病症》序言中写道：

> 50年前，贫困和乞讨现象在美国几乎闻所未闻。1853年，美国的天才女性之一勒维尔夫人在英格兰旅行的时候，为伦敦的极度贫富分化所震惊，当她从斯塔福德之家（Stafford House）的窗外看到一个乞丐的时候，她感谢上帝，自己从未在自己的国家——美国见

---

① George Herbert Adams, *Why Americans Dislike England*, Philadelphia: Henry Altemus, 1896, p. 23.
② John F. Kasson, *Civilizing the Machine: Technology and Republican Virtues in America, 1776-1900*, New York: Hill and Wang, 1976, p. 129.

到这幅场景。但如今我们已经有了这样一个人数众多且负担沉重的阶级……贫困的浪潮在稳步上涨，我们正在快速接近欧洲的状况。阶级立法使得美国贫民人数膨胀，更重要的是，欧洲将其贫困阶层像垃圾一样倾倒在我们海岸边。一个不断增长的依附性群体正伴随我们左右，原因可以追溯到阶级立法和军国主义。前者是对我们自由政体的诅咒，而后者则是欧洲文明的梦魇。①

工人、农民的贫困化与"镀金时代"的病态繁荣导致了平民主义、进步主义运动，以及社会福音运动（Social Gospel movement）的先后登场。② 平民主义与进步主义运动所追求的都是世俗化目标，在宗教层面则反映为社会福音运动。后者被视为美国历史上第三次宗教大觉醒，盛行于19世纪90年代至20世纪20年代，与平民主义、进步主义运动几乎同时，且与二者有不少共性。概括地说，它们均是对19世纪末美国工业化和城市化转型的反映，对其所带来的社会贫困和不平等现象进行了激烈的批评。在思想上，社会福音运动与进步主义知识分子有着共同的敌人，即斯宾塞和萨姆纳等持线性文明进步观念的社会达尔文主义者。③

工人运动、社会主义和无政府主义也随之出现，罢工和暴乱频发，代表性事件有1877年铁路工人骚乱、1885年芝加哥的干草市（hay market）暴乱、1893年的普尔曼工人大罢工等，更是引起了美国精英人士的恐慌。干草市暴乱判决出台后，美国著名文学家、《哈珀斯月刊》编辑威廉·迪安·豪厄尔斯（William Dean Howells）评论道："在对'文明'持乐观满足态度50年之后……我现在已经转而憎恶它了。"④ 美国著名记

---

① Mary Lease, *The Problem of Civilization Solved*, Chicago: Laird & Lee, 1895, p. 1.
② 这些运动可以视作对"文明"的反应乃至反叛。历史学家查尔斯·比尔德甚至认为，进步主义与天主教的反宗教改革运动本质上是类似的："正如16世纪的新教反叛带来了天主教会的反宗教改革运动，它在保留和巩固新教信仰之精华原则的同时，也避免了它的过分泛滥和走向极端，同样，工人阶级对资本主义体系的普遍和激烈的不满让那些既希望保留资本主义精华，又制止其泛滥的人士发起了一场反改革运动。"见 Dorothy Ross, *The Origins of American Social Science*, Cambridge: Cambridge University Press, 1990, pp. 344-345。
③ Stephen Mennell, *The American Civilizing Process*, Cambridge: Polity Press, 2007, p. 279.
④ Arthur Helman, *The Idea of Decline in Western History*, New York: The Free Press, 1997, p. 167.

者亨利·乔治（Henry George）在1879年出版《进步与贫困》，广受工人阶层欢迎。乔治在书中也对流行的"文明进步"论调持怀疑态度，认为它不仅没有解决，反而加剧了贫困问题。斯特朗在1885年写道："一个30年前访问美国的共产主义领导人曾被问及这里工人阶级的状况。'糟透了，'他回答说，'他们是如此富裕，这让人感到气馁。'但是最近，我国劳工阶层的不满和社会主义已经在发酵聚集……路易十六曾因社会不满而走上断头台，恐怖统治随之加速降临。因此我们当然预计它也会在这里发生，而且可能会连续地重演。到某个时候，工人阶级的状况可能已经足够糟糕，足以为对革命最不抱期望的煽动者树立信心。劳工中每个这样的'不满之冬'都将会成为社会主义理念成长的'光荣之夏'。"①

站在资本家一边的文人们则用"文明"与"野蛮"界定这场阶级冲突。他们将工人阶级称为"白色原始人"（white savages），将其与印第安人和黑人相提并论。② 1891年，新奥尔良市爆发骚乱，《纽约时报》选登了一篇牛顿牧师的布道词，他谴责美国劳动阶级的罢工和抵制行动，称此事件提醒着"我们引以为豪的19世纪文明仍未摆脱野蛮人的时代……每一次罢工、每一次抵制，都是对文明的一记耳光，表明它没有能力用更加理性的方式解决劳资争端。也许有必要时常诉诸暴力的方式；但这个必要性对我们19世纪文明是多么令人难堪的一个指责啊！"③ 西奥多·罗斯福也曾冷酷地表示，根据达尔文主义适者生存的原理，同被白人拓殖者消灭的印第安人一样，那些"不愿意工作的白人将会成为地球的累赘，最终走向消亡"。④

1902年，纽约州平民党作家亚瑟·爱伦（Arthur M. Allen）在小册子《我们在何处》中反思了"金融文明"给美国带来的不利影响。尽管他看似在谈论"文明"和进步，但仔细分析其用语及主张便可发现大量"文化种族论"的痕迹。例如，它的小标题是"建立在种族自然特性之

---

① Josiah Strong, *Our Country: The Possible Future and Its Present Crisis*, New York: The Baker & Taylor Co., 1885, p. 107.
② Richard Slotkin, *Gunfighter Nation: The Myth of Frontier in Twentieth Century America*, New York: Atheneum, 1993, p. 20.
③ "A Lesson in Citizenship," *New York Times* (May 11, 1891), p. 2.
④ Richard Slotkin, "Nostalgia and Progress: Theodore Roosevelt's Myth of the Frontier," *American Quarterly*, vol. 33, no. 5 (Winter 1981), p. 618.

上的美利坚道德和开化文明的兴起与进步,以及外国势力摧毁它,并且强制它回归欧洲式的、由特权阶级人为制造差别的、自由专断统治之方法大纲";他控诉了美国镀金时代以来的"15宗罪",包括多妻制死灰复燃、离婚率增加、文明化印第安人和黑人的失败、华人的迫近、土地投机、不公平的税收、地方政府的破产、金钱财阀政治、铁路的垄断和歧视性收费、公用事业的私有化、特权阶层对教育机构的控制、帝国主义、军费开支和退伍金的大幅增长等。他认为这些归根结底都是财阀政治结下的恶果。

有趣的是,他在反对金钱财阀政治和帝国主义的同时,又公然鼓吹种族主义乃至奴隶制:"反奴隶制幻觉建立在单种族理论的基础上,即所有人都是亚当的后裔。但今天科学与宗教都达成了共识,即亚当只是神话和寓言中的人物,人类的起源迄今仍是未解之谜。"他控诉美国1862年颁布《解放黑人奴隶宣言》(The Emancipation Prodamation)是受到欧洲思想蛊惑的结果,是历史上自从耶稣"被钉上十字架以来最大的犯罪",自此"我们独特的美利坚文明宣告终结,被拉回了欧洲文明的轨道"。他认为其中的罪魁祸首是"英国托利派",他们联合其在美国华尔街的"走狗"(catspaws)试图"催眠整个世界",通过控制金融的方式形成金融特权阶级(financial privileged classes),让"商业、制造业和农业都任其摆布",让"自己的兄弟和同胞无偿为其工作",让整个白人种族陷入奴役状态而不自知。"这些债券持有者不是国家荣誉的救星,而是一条条水蛭;推销商是小偷,辛迪加和托拉斯是吸血鬼。"①

他对抗"欧洲文明"的建议是:

> 文明的进步在精神上应通过作物、财富和发明创造来衡量,道德上通过犯罪率、贫困率、离婚率和失业率的降低,以及独立选举权的增加来衡量。
>
> 需要的不是改革,而是让我们的国家回到内战前真正的好时代,回归我们真正特色鲜明的美利坚文明,在此道路上更进一步,并且向公众归还他们被特权阶层偷窃的收入。

---

① Arthur M. Allen, *Where Are We At?* New York: Anti-Tory, 1902, pp. 13-15.

由于这些特权阶层将会反对放松他们控制公众绳索的法律，会趁机叫嚣着为其冠上无政府主义者、叛国者、国家荣誉之耻等罪名，当他们面对将要归还其已经偷窃，并且正在通过腐败的法律偷窃的数百万美元这种可能性时，我们已经在着手撕开他们的面具，打破他们统治受害者的催眠符咒了。立刻废止离婚，将机器投票（machine voting）作为自由选举最好的希望，立即从菲律宾撤退，排斥华人，派遣州铁路调度员去打破铁路垄断，惩治州立法腐败，废除或修改关税以摧毁国会的腐败和托拉斯，这些似乎都是当务之急。①

三 "文明的疾病"："进步-疾病叙事"

19世纪末，继所谓"鞍形期""维多利亚"时代而来的，是"世纪末"（Fin de siècle）的文化氛围。与"鞍形期"政治与思想观念的现代化、"维多利亚"时期的经济加速增长相比，"世纪末"滋生了更多的焦虑和悲情。有学者称之为"进步-疾病叙事"（progress-and-pathology narrative）。② 这一叙事首先源自欧洲。英国工业文明开始得最早，因此也最早出现此类叙事，但在历史上影响相对较小。而"世纪末"兴起的金融文明似乎相对更能激发此种情绪，导致了这一时期"进步-疾病叙事"的广泛流行。英、法、德均有重量级的文化人物和作品质疑"进步"，"世纪末"一词更是直接源自法语。法国社会学家涂尔干十分关注"过度文明化"，其名著《自杀论》便将自杀增多现象视为现代文明冲击导致的"失范"行为；犹太裔法国社会评论家马克斯·诺尔多（Max Nordau）的《我们文明的传统谎言》（*The Conventional Lies of Our Civilization*，1883）、《退化》（*Degeneration*，1892）等著作曾风行一时，戈宾诺、古斯塔夫·勒庞的反智、反文明言论更是影响深远。与此类似，英国有查尔斯·皮尔逊、本杰明·基德，德国则有尼采、特赖奇克与伯恩

---

① Arthur M. Allen, *Where Are We At?* New York: Anti-Tory, 1902, p. 31.
② 相关研究参见 Charles E. Rosenberg, "Pathologies of Progress: The Idea of Civilization as Risk," *Bulletin of the History of Medicine*, vol. 72, no. 4 (Winter 1998), pp. 714-730; Mark Nathan Cohen, *Health and the Rise of Civilization*, New Haven: Yale University Press, 1989.

哈迪。

  这套"进步-疾病叙事"在美国同样十分流行。它早在美国建国时代就产生了。最著名的代表人物当数位列国父之一的本杰明·拉什（Benjamin Rush）。1774 年，拉什在题为《对北美印第安人医药自然历史之研究》（Inquiry Into the Natural History of Medicine Among the Indians of North America）的演说中，比较了"文明人"和"野蛮人"的体质健康状况，得出结论说，野蛮人不需要文明人那样先进的医药体系，而人类越是文明化，便越容易患上疾病。以此类推，文明也容易对北美殖民地人民所珍视的自由产生损害。①

  拉什的这种担忧在 19 世纪末的美国社会中变得更为强烈。在约翰·菲斯克和约西亚·斯特朗这两位经常被相提并论的"新天定命运"宣扬者中，前者的"文明主义"较为明显和纯粹，而后者则在"文明主义"之外，自觉或不自觉地流露出不少"文化主义"的痕迹。如在 19 世纪 80 年代的系列讲座中，斯特朗宣称"进步"的工业文明会给普通人的心理造成负面影响："文明的进步让人们联系得更加紧密"，这个时代三个最重要的文明化工具（civilizing instrumentalities）分别是道德上的基督教、精神上的媒体，以及物质上的蒸汽动力，它们使"人们的心灵、头脑和身体都更加密切地缠绕在一起，产生了无数重关系"，而此种"文明的进步也对神经系统产生愈益强大的压力"。与过去不同，"古代文明是静态的和冥想的；我们的文明是动态的和讲求实用的"。他还引用纽约市著名外科医生乔治·比尔德（George M. Beard，1839—1883）关于神经疾病的研究成果，称它们在欧洲、加拿大都比较罕见，唯独在美国北部和东部最常见。该病症被比尔德命名为"神经衰弱症"（neurasthenia），患者几乎都是脑力劳动者。"这都是文明的疾病，是现代文明，主要是 19 世纪美国的疾病。"在以美国为首的"现代文明"中，劳动组织和分工越来越精细，劳动者的神经也随之高度紧张，往往容易产生对酒精的过分依赖。其结局只能是"文明要么摧毁酒精运输，要么被它所摧毁"。②

---

① Roy Harvey Pearce, *Savagism and Civilization: A Study of the Indian and the American Mind*, London: The University of California Press, 1988, pp. 152-153.

② Josiah Strong, *Our Country: The Possible Future and Its Present Crisis*, New York: The Baker & Taylor Co., 1885, pp. 68-85.

此外他还断言,"政治乐观主义是美国人民的一大恶习"。① 他列举了美国面临的威胁和社会病症,包括移民、天主教、摩门教、酗酒、社会主义、财富的集中和城市化等,在这几章的论述中,悲观、不确定的论调随处可见。他对"物质主义的文明"或"奢侈的文明"(luxurious civilization)也抱着批判态度。

对国内"文明"的悲观主义也蔓延到对国际权力结构的预期上。1893年,在澳大利亚活动的英国政治家查尔斯·皮尔逊出版了《国民生活与性格:一个预测》(National Life and Character: a Forecast)一书,对20世纪白人的前景发表了悲观预测。他声称"高等种族"(higher races)一直面临着一个永恒限制,即只能在温带地区繁荣,而在热带地区这些"高等种族"尽管也获得了暂时的成功,但这只是政治征服而非族裔征服(ethnic conquest)。由于缺乏大规模白人移民,从长远来看,政治征服并没有多少效果。这尤其体现在英国对印度的控制方面:英国的统治只不过是在印度的种姓制度上又多增加了一个种姓而已,而且从长远来看,同希腊化时期的巴克特里亚王国一样,它的希腊统治者最终会为被统治者所吸收和同化。皮尔逊不仅预言未来将会出现大规模"非殖民化",而且预言黑色、红色和黄色等有色人种在获得自由之后,将在军事和工业上威胁到"高等种族"的统治地位,甚至对温带地区发动大规模入侵。② 皮尔逊这部著作影响很大,以至于当时有媒体认为,德皇威廉二世首次在公开演说中使用"黄祸"(Yellow Peril)的表述,很可能是受到皮尔逊的影响。③

1895年,布鲁克斯·亚当斯(Brooks Adams)出版了他的代表作《文明与衰败的规律》。④ 亚当斯回忆说,他在1893年参观了叙利亚巴

---

① Josiah Strong, *Our Country: The Possible Future and Its Present Crisis*, New York: The Baker & Taylor Co., 1885, p. 30.
② Theodore Roosevelt, "National Life and Character," *The Sewanee Review*, vol. 2, no. 3 (May 1894), p. 360; Charles Pearson, *National Life and Character: A Forecast*, London: Macmillan and Co., 1894.
③ The Editor, "The 'Yellow Peril'," *The Living Age*, vol. 216, no. 2792 (January 8, 1898), p. 124.
④ Brooks Adams, *The Law of Civilization and Decay: An Essay on History*, New York: The Macmillan Company, 1896.

贝克的古罗马纪念遗址，受此触动才写出了这本书，而与同一年的经济萧条无关。在这次萧条中，亚当斯家族的财富几乎被一扫而空。他在此书中持一种决定论的历史观，认为文明的兴衰起落是不以人的意志为转移的。同时，这也是一种悲观的决定论：他将《文明与衰败的规律》称作"通向地狱之路"，认为经历了镀金时代的美国越来越堕落，踏上了这条必定走向衰落的道路。① 而且衰落的很多征兆已经出现，从经济上看，与古罗马共和国的衰亡类似，随着资本的集中，美国出现了财阀统治，在财阀和都市阶层的盘剥下，农产品价格降低，而代表自由的农民则日益衰微。再加上金本位制的采用，更是给了"文明"以致命一击。英国1816年首先采用此制度，随后该制度迅速扩散至其他国家。在亚当斯兄弟看来，这一制度是国际资本主义用来主宰世界的工具，是犹太银行家的阴谋，② 它将华尔街和耶路撒冷连接在了一起。1893年的经济大萧条只是更猛烈风暴前的一个预演。③ 从思想观念和精神状态上看，"无论一个种族通过征服积累了多少活力，一旦它进入经济竞争的阶段，迟早将会达到战争活力（martial energy）的极限。但是由于经济组织与情感和军事组织差别极大，经济竞争的效应一直在消耗战争所累积的活力"。而经济竞争必然会导致集中化，集中化又是"剩余活力（surplus energy）战胜生产活力（productive energy）"的表现，随之出现了资本的专制，"在这一集中化的最后阶段中，经济和科学的职能得到推崇，而想象力减退了，人的情感、尚武和艺术的男性气质衰退了"。当种族活力即将耗尽的时候，就会产生两种极端化的群体：一种是无耻的高利贷者（usurer）；另一种是麻木的、欲求极低的农民。

---

① 〔美〕阿瑟·赫尔曼著，张爱平、许先春、蒲国良等译：《文明衰落论：西方文化悲观主义的形成与演变》，上海：上海人民出版社2007年版，第180—181页。
② 历史学家托马斯·代尔（Thomas Dyer）指出，布鲁克斯·亚当斯（Brooks Adams）对犹太银行家怀有一种"非理性的恐惧"，认为"所有人都将被犹太人和资本家所奴役"，尽管西奥多·罗斯福在公开场合曾取笑亚当斯的反犹主义，但在私下里写信给自己的妹妹安娜时，罗斯福谈到塞利格曼家族的一次盛大午餐时，居然有一半的客人是犹太银行家，这让他似乎突然意识到"布鲁克斯·亚当斯对我们未来的悲观预测：一个纸醉金迷、资本家高高在上，放高利贷者统治主宰的美国"。参见 Thomas Dyer, *Theodore Roosevelt and the Idea of Race*, Baton Rouge: Louisiana State University Press, 1980, p. 126。
③ Brooks Adams, *The Law of Civilization and Decay: An Essay on History*, New York: The Macmillan Company, 1896, p. x.

随之而来的要么是像"东方帝国"一样停滞不前；要么是像西方帝国一样走向解体，"文明的人群可能会消亡"，重新回到"原始的组织形式"。而要想重新走向文明与集中化，还需要新的种族血液：

> 但是，证据似乎引出这样的结论：当在经济竞争的压力下，一个高度集中化的社会解体时，说明那个种族的活力已经耗尽。相应地，这样一个共同体的幸存者便缺乏必要的权力去重新走向集中化，而很可能继续保持惰性，直到通过注入野蛮人的血液，为其提供新鲜的活力材料为止。①

中国经常被视为缺乏男性气概和战斗精神，从而导致"文明"走向停滞，内部腐败丛生，遭受列强入侵与凌辱的反面典型。这些都为帝国主义与金戈主义提供了依据。哈佛大学校长查尔斯·埃利奥特（Charles Eliot）与毕业于哈佛大学的罗斯福也有过类似的争执。1895 年，罗斯福在给洛奇的信中写道：

> 我知道，埃利奥特校长指责你我是"哈佛的堕落学生"。在亲英（Anglo-maniac）的共和党独立派、社会主义者，以及戈曼这种腐败的政治家之间有一个精心构筑起来的联盟，为的是阻止我们提升自己的海军力量和增强海岸的防御。那些金融家和半吊子文人阶层（moneyed and semi-cultivated classes），尤其是东北部的那帮人，试图竭尽全力将这个国家拉低到中国的层次。倘若我们作为一个民族最终一事无成，那么必定是由于卡尔·舒尔茨（Carl Schurz）、埃利奥特校长、《晚邮报》和提倡国际仲裁的、无能的多愁善感者（sentimentalists）的引导，最终顺理成章地产生一种优柔寡断、怯懦的人格，它将侵蚀我们种族的伟大战斗精神。与中国式的胆怯和低效相伴而来的必然是中国式的腐败；因为这样一种特性的人将完全无法与坦慕尼派的政治家们抗争。那些绅士们沉迷于愚蠢而懦夫式的呓

---

① Brooks Adams, *The Law of Civilization and Decay: An Essay on History*, New York: The Macmillan Company, 1896, p. xi.

语，鼓吹"不惜任何代价的和平"，没有比这更让我愤怒的了。①

在罗斯福等保守精英这里，中国人、非利士人、懦弱无能、多愁善感、腐败纵欲、物质主义、不惜代价的和平、过度文明化等词汇都有着内在的联系，甚至不少情况下是可以互换的。它们可能是"文明"的，但却是过犹不及的、有害的"文明"。1897年，罗斯福在给其密友、英国外交官塞西尔·赖斯（Cecil Rice）的一封长信中也表达了类似观点。两人交流的一个重点是俄国和美国未来将对"文明"产生的影响。罗斯福认为，俄国的"文明"程度"在德国之下，正如德国在我们之下一样"，"有时我会倾向于相信，俄国人是一个有足够野蛮血液的民族，将会成为已经变得日渐虚弱的世界之希望。但我想，这种念头仅仅在我已经变得足够沮丧之时才会袭来"。"至于我们自己国家，这很难说得清。我们是某种类型的野蛮人，同时最令人不快的是，我们是这样一种野蛮人，它带着中产阶级和非利士人的丑陋与渺小，有着粗糙的自负和粗糙的感觉。在我们高度文明化的地方，就像在东北部地区那样，我们似乎通过一种缺少创造力和低效的方式变得文明化，并且逐渐走向衰亡。"②

关于中国"文明"程度较高，但缺乏男子气概和尚武精神，以至于被侵略者虎视眈眈可以说是美国精英们的共识。1903年，伊莱休·鲁特（Elihu Root）在一次题为《美国陆军的性格与职能》的演说中感叹"可怜的中国今天如此无助，只能眼睁睁地看着它的领土被蚕食，而她曾经将文明的技艺（arts of civilization）提升到一个即便不是最顶点，也是极为少见的高度，中国的人民如此勤劳、节俭和有进取心，他们拥有美德和情感，有很高的道德水平，也不畏惧死亡，而今天如此可怜无助的原因就在于，几个世纪之前，她就将捍卫自身权益的男子气概（

---

① Theodore Roosevelt, "April 29, 1896, New York, to Henry Cabot Lodge," in H. W. Brands, *The Selected Letters of Theodore Roosevelt*, Lanham: Rowan & Littlefield Publishers, Inc., 2001, p. 118.

② Theodore Roosevelt, "August 13, 1897. Washington, to Cecil Spring Rice," in H. W. Brands, *The Selected Letters of Theodore Roosevelt*, Lanham: Rowan & Littlefield Publishers, Inc., 2001 p. 146.

manhood）抛诸脑后了"。① 孙中山的友人、美国著名军事家荷马李（Homer Lea）被霍夫斯塔特称为"美国的伯恩哈迪"。荷马李极其好战，并且认为中国和美国都面临着和平主义的威胁。他认为，正是因为中国过分热爱和平，才导致她的任人宰割。美国需要吸取中国的教训，并帮助中国抵御列强尤其是日本的侵略。他在1909年出版了其代表性著作《无知之勇》，斥责商业文明让美国人变成了"贪吃鬼"，贬低国际仲裁是一种"原始的自我满足，其基础是人的轻信和胆怯"，它与自然法和自然规律相违背，就好像"坐在生命的大洋边要求大海停止退潮涨潮"一样。② 在其他有类似思想的美国人看来，中国人排斥美国社会流行的运动项目，也反映了其国民性格的软弱和胆怯。例如教会学校的女学生认为健美体操是"十分奇怪……几乎是淫荡的"，与合适的女性举止不相称。而中国的男学生认为美国的体育与儒家理念相违背，拒绝垒球、篮球等体育项目。日本人主动地去学习美国人的运动；而中国人则被迫接受这些运动。③ 但无论是对中国并不太了解的鲁特，还是一直对中国感兴趣、试图亲自来中国领导革命的荷马李，他们首要关心的对象当然是美国自身，即矫治过分重视商业利益、害怕战争等"文明"的弊病。

四 "野蛮人的美德"

由于担心"文明"的衰落，美国在这一时期出现了某种反智主义的思潮，具体表现为对"过度文明化"（overcivilized）的担忧。1897年，

---

① Elihu Root, "The Character and Office of the American Army, an Address at Canton, Ohio, January 27, 1903, in Honor of the Birthday of the Late President McKinley," in Robert Bacon and James Brown Scott, eds., *The Military and Colonial Policy of the United States, Addresses and Reports by Elihu Root*, Cambridge: Harvard University Press, 1916, p. 16.

② 荷马李毕业于斯坦福大学，与罗斯福和埃利奥特的师生之争类似，他与斯坦福大学的首任校长大卫·乔丹（David Starr Jordan）之间曾就仲裁和裁军问题展开激烈的论战。从荷马李的文字来看，他当然认为乔丹所鼓吹的国际仲裁只是自我欺骗。一战前夕，乔丹还在世界和平基金会的刊物上发表对《无知之勇》的书评，谴责荷马李的好战思想，斥之为"江湖骗子"。参见〔美〕荷马李著，李世祥译《无知之勇——日美必战论》，上海：华东师范大学出版社2019年版，第219、229页。

③ Michael Adas, *Dominance by Design: Technological Imperatives and America's Civilizing Mission*, Cambridge: Harvard University Press, 2006, p. 123.

一位名叫亨利·察尔德·梅尔文（Henry Childs Meruin）的记者在《大西洋月刊》发表题为《论过度文明化》的文章，鼓吹"亲近自然"（close to nature）、追随本能，反对过分的精细化（over-sophistication）和过度文明化，在当时引起了较大的反响和共鸣。他认为，后者往往会因为过分文明和过度思考，而表现出怯懦、缺乏担当和缺乏决断力的弱点。在他看来，英国格莱斯顿代表的自由党政府和美国的"共和党独立派"（Mugwump）都是这种过度文明化的代表。例如，委内瑞拉危机出现后，在举国都支持克利夫兰总统强硬政策的情形下，共和党独立派却站在反对派的立场上，其原因是这些共和党独立派大多受过很好的教育，已经变得意志力不坚定了。① 他说：

> 诺尔多（Nordau）在其论述退化的名作之中，将今天文学品位的低下归因于体质，包括大脑或神经系统的虚弱或疾病。按我的理解，他是认为文明和科学可以提供所有让人变得理智和成功的东西，而无知和疾病是唯一危险的源泉。但是历史和经验表明还有其他来源的危险，即便在没有变得无知或生病的情况下，人们也有可能会虚弱乏力：仅仅用科学和宗教来统治，将人变成一个思想机器的计划是没有用的；从野蛮中诞生的几乎每一个种族都试过这一计划，但是都失败了。真正的问题不是消除人类自身的蒙昧，而是训练和控制他的感性力量、自发性和机敏性，以之来为人类更高的能力服务。正因为如此，同样是文明的一个因素（a factor in civilization），相比仅仅作用于智力的科学来说，作用于感觉上的宗教要重要一千倍。②

担忧并试图治疗美国人"过度文明化"病症的一个重要学者是美国克拉克大学创立者、教育学家和心理学家格兰维尔·斯坦利·霍尔（Granville Stanley Hall, 1846—1924）。他认为有责任让美国的男孩接受充满男子气概的教育，避免其变得身心柔弱。霍尔信奉 19 世纪后期美国生

---

① Henry Childs Merwin, "On Being Civilized Too Much," *Atlantic Monthly*, vol. 79, no. 371 (June 1897), pp. 843–844.
② Henry Childs Merwin, "On Being Civilized Too Much," *Atlantic Monthly*, vol. 79, no. 371 (June 1897), pp. 845–846.

物学中流行的"重演理论"（recapitulation theory），认为人长大的过程实际是在重演整个人类的进化过程。他在此理论基础上提出，未成年男性应被视作"原始野蛮人"，应当接受与其生长阶段特性相适应的教育，即鼓励其野蛮化，强健其体魄，培育其战斗精神，而不能过早学习维多利亚的"自我控制型男性气质"（self-restrained manliness），以免成人后无力抵御现代过度文明化的侵袭，染上神经衰弱症（按照霍尔的朋友、乔治·比尔德的研究，神经衰弱的症状包括头痛、消化不良、肌肉痉挛，以及一系列男性疾病），最终引发心理崩溃。在霍尔看来，神经衰弱的本质是缺少"坚强的神经"，罪魁祸首则是"现代文明"。他还抨击美国幼儿园进行的都是无可救药的女性化教育。

霍尔的主张在美国引发了截然不同的反应。《芝加哥晚邮报》指责霍尔"今天世界上不文明人的观念就是男孩和男人应当战斗……所以我们才向这些人派出了传教士……可正当我们开始庆贺将一些人从野蛮状态中拯救出来的时候，霍尔博士却站出来，建议我们要教会子孙"战斗精神，"而这是我们一直在努力教导野蛮人去避免的事情"。[①] 西奥多·罗斯福则对霍尔的理论大为赞赏。1899年11月29日，他在给霍尔的信中写道："过分的多愁善感，过分的温柔软弱……是这个时代人们面临的最大危险。除非我们保持着野蛮人的美德（barbarian virtues），否则获得文明化的美德是无济于事的。"[②] 同年4月10日，他还以纽约州州长的身份在芝加哥发表题为《艰苦奋发的生活》（Strenuous Life）的演说，抨击"过度文明化"现象。他再次将中国作为"过度文明化"的反面典型：我们不能"像中国一样，在自己的领土内过着可耻的安稳生活，对外界漠不关心，沉醉在贪婪的商业主义之中，直至从头到脚的每一寸都彻底溃烂腐败；不能对志存高远的、充满艰苦和风险的、激动人心的生活缺乏兴趣，而只知满足口腹之欲、优游卒岁，直到某一天我们突然发现（就像中国现在已经发现的那样）……在这个世界上贪图和平、孤立自守的民族必定会在其他仍保留着男子汉气概和冒险精神的民族面前俯首

---

① Gail Bederman, *Manliness and Civilization: A Cultural History of Gender and Race in the United States, 1880-1917*, Chicago: The University of Chicago Press, 1995, pp. 77-88.

② Frank Ninkovich, "Theodore Roosevelt: Civilization as Ideology," *Diplomatic History*, vol. 10, no. 3 (July 1986), p. 230.

称臣"。① 他接着谈到美国在菲律宾、古巴和波多黎各的责任：

> 怯懦之人、懒惰之人、不信任自己国家之人、过度文明化之人，失去了伟大战斗精神、征服美德（masterful virtue）的无知之人，心智迟钝之人——他们的心灵无法感受到能让"那些以帝国为己任的坚毅之人"（stern men with empire in their brains）悚惕震颤的强大拯救力量（mighty lift）——所有这些人当然在看到这个国家要承担新的责任时，选择退缩；在我们将要建立满足我们需要的海军和陆军时，选择退缩；在我们勇敢的士兵和水手们奋力拔除西班牙的旗帜，给这些处在混乱之中的、广大而富饶的热带岛屿带来秩序，为世界贡献自己的一份力量时，选择退缩。②

这篇演说引起了不少争议。一位读者给《和平倡议者》写信说，罗斯福的演说"充斥着危险的病毒。罗斯福州长应该生活在500年前才对。他是文明在军国主义阶段的余孽……让这样一个人去煽动我们国家年轻人的军国主义激情，是极其有害的"。该刊物则对此评价表示赞同："没有人否认罗斯福先生的芝加哥演说是精彩的和强有力的。在驾轻就熟地诉诸人们心中最容易被点燃的自私激情方面，他堪称行家里手……总体而言，这是近些年来我国最具恶意的演说之一……罗斯福心目中伟大的国家形象就是带着盾牌和剑的骑士"，"一个勇猛的、致力于征服的骑士"，"他渴求的艰苦奋发的生活真实含义是'好战'和'冒险'的生活。没有这些，就没有伟大和力量可言。对那些根据他们自己的'商业'和'荣耀'意志冷酷无情地征服整个世界，铁蹄所践踏之处肆意灭绝土著和弱小种族、将可怜的中国踩在脚下（door-mat）的列强，我们的态度是应当取而代之"。③

罗斯福还十分青睐侵略性的、带有身体对抗和接触的体育运动，而

---

① Theodore Roosevelt, *The Strenuous Life: Essays and Addresses*, New York: Charles Scribner's Sons, 1903, p. 7.
② Theodore Roosevelt, *The Strenuous Life: Essays and Addresses*, New York: Charles Scribner's Sons, 1903, p. 9.
③ "Roosevelt on the Strenuous Life," *The Advocate of Peace*, vol. 61, no. 5 (May 1899), p. 100.

不喜欢更"文明"的划船和垒球:"在所有运动中,我个人最爱的是美式足球,我更希望我的孩子们从事这项而非其他运动。对那些反对这项运动,称它导致粗野动作和偶尔受伤的人,我没有耐心。粗野动作倘若控制在男性的和荣誉的限度内,将带来好处。《纽约晚邮报》(New York Evening Post)肆意嘲笑这项运动的身体对抗,但身体对抗其实是件好事,倘若谁在意偶尔的受伤,那么他将是个孬种。"他十分反感哈佛大学校长埃利奥特对美式足球的压制,①他在信中称,他"为埃利奥特和哈佛教员对于足球的态度感到万分厌恶"。②他蔑视那些缺乏运动能力,缺少男子气概的政治家:"在哈佛我所认识的学子中,参议员洛奇在学校是一个出色的游泳者,曾经夺得冠军,现在是一个出色的骑手。辛辛那提的国会议员斯托勒担任我们球队的一垒手。财政部次长汉姆林也是一名垒球手。""我在大学里所学的拉丁语对我毕业后的诸多方面都有一些帮助,但拳击对我的帮助更大。""我一直都对政治的净化非常感兴趣;为了达到这一目标,对那些缺乏战斗精神,无法在世上坚守立场的'好人',我是不屑一顾的。"③

与皮尔逊等"文化主义者"一样,罗斯福十分崇尚"国民性格"(national character)。④ 在哈佛大学读本科的时候,他与当时的研究生洛奇一起参加过亨利·亚当斯(Henry Adams)所开设的、主题为美国政治制度之盎格鲁-撒克逊起源的讨论班。后来他受洛奇影响,深入接触到法

---

① 著名女性和平主义者弗兰西斯·威拉德(Frances Willard)也在一次和平会议中提出议案,要"将哈佛大学和耶鲁大学的争端诉诸仲裁而非足球赛"。见 Kristin L. Hoganson, *Fighting for American Manhood: How Gender Politics Provoked the Spanish-American and Philippine-American Wars*, New Haven: Yale University Press, 1998, p. 18。

② Theodore Roosevelt, "March 11, 1895, Washington, to Walter C. Camp," in H. W. Brands, *The Selected Letters of Theodore Roosevelt*, Lanham: Rowan & Littlefield Publishers, Inc., 2001, p. 99.

③ Theodore Roosevelt, "March 11, 1895, Washington, to Walter C. Camp," in H. W. Brands, *The Selected Letters of Theodore Roosevelt*, Lanham: Rowan & Littlefield Publishers, Inc., 2001, pp. 100-101.

④ "国民性格"(national character)的概念可能来自欧洲的保守派,带有种族主义的内涵。例如,1848 年欧洲革命失败后,英国著名作家沃尔特·白哲特(Walter Bagehot)便将失败归因于这些国家的"国民性格"。因为同样是自由派主张的政体,有的国家能轻易成功,而有的国家却一再失败。见 Georgios Varouxakis, "Empire, Race, Eurocentrism: John Stuart Mill and his Critics," in Bart Schultz and Georgios Varouxakis, eds., *Utilitarianism and Empire*, Lanham: Lexington Books, 2005, p. 143。

国思想家古斯塔夫·勒庞的种族理论,自此深信每一个种族都有自己独特的心理和性格,并且认为文明需要某些野蛮人的性格特征才能生存和有继续发展的机会。① 1913年11月,罗斯福在《展望周刊》上将他10月底在巴西圣保罗的演说以《性格与文明》为题发表。他警告说,白人登陆美洲大陆后面临的最大危险是条件过于艰苦,而当下的工业文明时代则恰恰相反,最大的危险是条件过于优越,容易产生享乐主义情绪。文明要想继续发展而不走向衰败,必须有性格支撑。他将性格定义为:"与纯粹知识品质(purely intellectual qualities)不同的所有品质之总和,包括决心、勇气、精力、自我控制的能力,以及敢为人先、敢于担当的无畏精神,对他人正当权利的尊重,意志坚定、毫不退缩地追求个人功业,而不论必须克服何种困难与阻碍。这些品质就是当我们说一个男人或女人具有性格时,首先浮现在我们脑海中的事物,与仅具有纯粹知识品质的情况形成鲜明对比。""就像力量先于美一样,性格必须在知识之上,在天赋之上。知识可以是最有用的仆人,但它却是一个邪恶的仆人,除非被性格所驾驭。"他借助自己的历史知识,形象地区分了三种文明发展路线:希腊、罗马和迦太基。希腊代表知识,迦太基代表商业,罗马则代表性格。他认为迦太基和希腊的文明之所以迅速衰败,最后臣服于罗马,就是因为对文明来说,无论是知识还是商业,都没有性格重要。②在罗斯福描述性格的词汇体系中,"坚毅"(stern)、"勇武"(virile)、"强悍"(strong)、"勇气"(courage)等词汇代表着他最为欣赏的特质,"粗鲁"(rude)、"粗糙"(hard)等也能得到他略带责备的赞许,而"软弱"(softness)、"多愁善感"(sentimentalism)等则被他视为不可原谅的、有害于"文明"生机与活力的性格特征。

　　西奥多·罗斯福对性格的推崇很容易导向对国家荣誉的渴求,导向某种金戈主义、帝国主义乃至军国主义的好战精神。霍夫斯塔特注意到,一些历史学家对平民党人和进步主义的对外政策主张存在误解,似乎这些改革家必定是反军国主义的和热爱和平的。但这可能只是表面现象。

---

① Thomas Dyer, *Theodore Roosevelt and the Idea of Race*, Baton Rouge: Louisiana State University Press, 1980, pp. 10-11.
② Theodore Roosevelt, "Character and Civilization," *The Outlook* (November 8, 1913), pp. 526-529.

从罗斯福对进步主义者的影响也可见一斑。罗斯福被许多进步主义者奉为神明,而他的种族主义、帝国主义和反华尔街商业金融利益集团的斗争精神也给进步主义运动打下了很深的烙印。美国著名进步主义新闻记者雅各布·里斯(Jajob Riis)1904年为罗斯福写了一本传记,题为《公民西奥多·罗斯福》,他声称之所以要暂时放下自己手头的工作,并且在没有采访罗斯福的情形下仍要撰写这样一部传记,是因为罗斯福给这个时代传达了一个"荣誉先于利益,道德先于物质"的信息,他认为自己有义务将这个信息广为传播:"尽管这是一个老的故事,但没有比这更精彩的故事了。"里斯非常欣赏罗斯福的"狂野骑士"(Rough-Riders)精神,在传记中兴致勃勃地谈及罗斯福在西部农场生活期间狩猎、偶遇并镇定地杀死一头灰熊的往事。里斯对罗斯福的对内和对外战斗精神都赞不绝口:"在纽约市桑葚街(Mulberry Street)……他向那些让我们城市蒙羞的流氓无赖宣战。到了华盛顿后,他着手整军备战。他知道战争必定会到来……对他来说,战争是一个道德问题,"正是在这样的考虑之下,"当参议员马克·汉纳(Mark Hanna)先生为了国家的商业和繁荣祈求和平时,罗斯福立即回应说,尽管他也很看重这些,但是国家的荣誉比暂时的商业繁荣更重要"。他还试图为罗斯福"金戈主义"的指控进行辩护:"在罗斯福的态度中没有丝毫自私自利或金戈主义的痕迹,除非你将金戈主义等同于坚定的美国主义(stalwart Americanism)。"[①]尽管罗斯福本人也明确否认自己的主张是"军国主义的",但他在演说和写作中频繁提及"国家荣誉"并经常将其与国家的"核心利益"并置,无疑在无形中抬高了"国家荣誉"和"面子"的地位(当然反过来也给"核心利益"笼罩上"国家荣誉"的光环,可能会使美国在国际事务中更不愿接受妥协与和解),加之他对扩军备战和帝国主义的热情,使得关于他"军国主义"的指控变得并非毫无道理。

可以说,罗斯福、梅尔文等人所鼓吹的价值有些类似于约瑟夫·熊彼特(Joseph Alois Schumpeter)所说的"返祖现象"(atavism),即更看重武士的战斗精神,而非现代的企业家精神。在对"过度文明化"的焦虑之下,中世纪的神秘、浪漫乃至野蛮让一些知识分子为之心驰神往,与"工

[①] Jacob Riis, *Theodore Roosevelt, the Citizen*, New York: The Macmillan Company, 1904, p.158.

业文明"下的单调、腐败、官僚主义和物质主义形成了鲜明对比。美国著名小说家弗兰克·诺里斯（Frank Norris），著名文化精英亨利·亚当斯和布鲁克斯·亚当斯兄弟也是这种心态的代表。他们反感维多利亚式温柔敦厚、自我克制的绅士品格，而推崇更加强硬和充满侵略性的男子气概。

因此，如果说美利坚的"文明主义"带有很强的后轴心色彩，那么它的"文化主义"则在很多方面都是"前现代"的。"前现代"与"后轴心"的观念既有较大的张力，又有很多相互补充、难以分辨之处。最具迷惑性的是，两种理念都会借助"文明"这个共同的流行词汇来进行自我表述。历史学家拉菲伯注意到，"罗斯福所说的进步主义者"在国内对"文明"有一种"地方本位的定义"（parochial definition），而他们"在国际上并不是追求民主的稳定秩序，而是追求市场，追求战略前哨，种族主义在此过程中也自然地释放出来，与他们的海外帝国主义相互混合，互相补充。当这种追求导致混乱时"，美国又会"试图用军事力量进行修复"。[①] 此处，他还大力抨击罗斯福的"短视民族主义"。在笔者看来，拉菲伯这里所谓对"文明"的"狭隘定义"实际上就是"文化主义"的体现。[②]

五 "文明"与"野蛮"之间

需注意的是，内战后美国精英对所谓过度"文明化"的批判，及其"文化主义"倾向是有限度的，仍在可控和并未脱缰狂奔的范围之内，而且最终服务于美国的"文明"进程。当代美国历史学家杰克逊·李尔斯（T. J. Jackson Lears）谈到，19世纪末亨利·亚当斯、布鲁克斯·亚当斯和西奥多·罗斯福等群体中有一股崇拜中世纪和怀旧的风潮开始兴起。哥特式建筑、精细手工艺品而非粗糙工业品、对骑士精神的着迷和对商业文明的指责等都是其表现。但这些不能被简单地视为"反现代化"。它与现代化是一种辩证关系，可以称之为"反现代的现代化"。事

[①] Walter LaFeber, *The American Search for Opportunity, 1865–1913*, Cambridge: Cambridge University Press, 1993, pp. 184–185.

[②] 值得一提的是，"文化主义"实际上也可分为两条路线，分别是"文化种族论"与"文化多元论"，前者排斥性较强，而后者更为包容，本质上接近"文明主义"。但由于时代的限制，此时的"文化主义"主要表现为"文化种族论"，因此其负面效应表现得尤为突出。

实上这些浪漫怀旧的情感、对艺术之美的热衷和对机械工业文明的批评也为美国向现代化转型提供了十分有益的补充。①

李尔斯的结论可以从斯特朗、罗斯福、亚当斯等精英人士"文明"思想的另一面，或思想转变中得到体现。他们并非或并非一直都是彻底的"文明悲观论"者。尽管斯特朗花了不少篇幅描绘"文明"之病，但总体还是抱乐观态度。他并不认为神经更敏感对"文明"是致命的。相反他不忘强调，这才是"文明"进步的真正体现："世界从原始到野蛮，从野蛮到文明，从低级文明到高级文明的历史，是平均寿命日益增长的历史，也伴随着精神上的越发紧张。人类变得更加精巧、寿命更长，同时对疲劳更敏感，也更容易因劳作或敏感而患病、但也能承受更强有力的刺激；我们由更精致的纤维编织而成，尽管它明显很脆弱，但总是胜过粗糙的种族，就像昂贵的衣服总是比粗制滥造的衣服穿起来更好一样。文明的根基是神经系统；在其他状况一样的情况下，最精细的神经组织将制造出最高的文明。"斯特朗也不同意"文明"导致美国人体力退化的说法。他认为美国学者所统计的身高、体重、腰围等数据都表明美国的白人要比欧洲白人更强健。这些事实也表明，"未来的高等文明在美国将不会缺乏充分的身体基础"。②

罗斯福与斯特朗有着类似的矛盾心理。这从他1894年在《萨维尼评论》(*The Sewanee Review*) 中对皮尔逊著作的长篇评论可以看出。罗斯福同意皮尔逊的部分论点。他承认，白人的优势并非绝对和永久性的："在那些看问题只看表面的人们心目中，之前2个世纪的趋势似乎是伟大的、不变的自然规律；他们声称文明的群体将会占据整个世界，正如他们现在占据了欧洲和

---

① 事实上，在美国最早担忧过度"文明化"的拉什也并不主张北美人应当退回到野蛮人的生活状态，因为他注意到，在瑞士、丹麦以及新英格兰和宾夕法尼亚等地，人们的"文明"生活并不是以健康和自由为代价的。文明下的道德、勇气和绚丽并不一定要伴随着文明的顽症。唯有始终保持一种介于野蛮和腐化文明之间的发展道路，才能避免北美重蹈英法的覆辙。拉什这里提出的中庸道路与杰弗逊的主张较为接近，即希望美国成为以"自由的农场主 (farmer)"为主体的国家，控制商业和制造业的过分泛滥，这也是当时一种所谓"农业理想主义"的体现。参见 Roy Harvey Pearce, *Savagism and Civilization: A Study of the Indian and the American Mind*, London: The University of California Press, 1988, pp. 152-153; T. J. Jackson Lears, *No Place of Grace: Antimodernism and the Transformation of American Culture, 1880-1920*, New York: Pantheon Books, 1981, p. xvi.

② Josiah Strong, *Our Country: The Possible Future and Its Present Crisis*, New York: The Baker & Taylor Co., 1885, pp. 169-170.

北美一样。"① 他声称皮尔逊的预言一部分是有道理的，"非殖民化"几乎必定会发生："总之，皮尔逊先生关于热带地区的部分预言将会应验。温带地区的支配种族（dominant races）不可能在热带地区置换当地土著人。非常有可能的事情是，他们迟早将会挣脱欧洲征服者的枷锁，再次成为独立的国家和民族。"可以说，罗斯福一定程度上也被"世纪末"的悲观情绪所影响。

但罗斯福不同意皮尔逊关于有色人种独立后将会威胁白人的预言。他声称：中国人虽人数众多但并非好战的民族，而且其内部政治组织结构松散，除非由欧洲人领导或发生"难以想象的内部革命"，否则不可能在军事上大举进攻白人的领土；即便中国人向外侵略，其目标也是南部的热带地区而非北方温带地区；加上随着西伯利亚铁路的建成，俄国白人占领的亚洲温带区域也不太可能会落入中国人之手。即便中国走上日本的道路，开始建立现代化的海军与陆军，其对欧洲的威胁也不可能超过奥斯曼土耳其帝国鼎盛时期，也不会比"19世纪末日本为进入文明国家的圈子而做的一系列行为，对美国和澳大利亚的影响"更大。至于印度和非洲就更加不可能产生威胁。中国未来在工商业方面也无法构成太大威胁，因为白人随时可以通过限制移民和高关税来保护自己。最重要的是，罗斯福仍然相信"文明化"对侵略行为的抑制作用：

> 我们必须认识到，即便上述热带种族中，有的种族会在工业和军事上强盛起来，从而威胁到欧洲和美洲国家，但这也必然意味着这些国家在此过程中文明化了；我们只不过在与另一个非雅利安血统的文明国家打交道，正如我们现在与马扎尔人、芬兰人和巴斯克人打交道一样。②

---

① Theodore Roosevelt, "National Life and Character," *The Sewanee Review*, vol. 2, no. 3 (May 1894), p. 359.

② Theodore Roosevelt, "National Life and Character," *The Sewanee Review*, vol. 2, no. 3 (May 1894), p. 367. 罗斯福在1908年《中国的觉醒》一文中也认为，被西方"文明化"的中国将不再是威胁或"黄祸"，也将尽可能地避免东西方之间的"文明冲突"："中国的觉醒是我们时代最伟大的事件之一，医治'黄祸'的药方不是压制，而是培育和引导生活……正如布伦特主教所说，现在正是西方将理念植入东方的好时候，能够将两个极为不同和对立的文明在未来发生可怕冲突的概率降至最低；倘若我们等到明天，我们可能会发现已经太晚了。"参见 Theodore Roosevelt, "The Awakening of China," *The Outlook* (November 28, 1908), pp. 666-667。

罗斯福并不持"文明"目的论或必然进步的思想；但他也不认为"文明"一定会衰落。简言之，他是非决定论的"文化主义"者。当皮尔逊认为"相比蒙昧和野蛮时代，文明国家的战争所能提供给个人的机会要小"，即很难出现伟大的个人英雄时，罗斯福反驳道："没有世界征服者是从文明国家或次等文明国家之外产生的。野蛮人当中不会有亚历山大、恺撒、汉尼拔或拿破仑。""关键性格（character of necessity）随文明增长而衰落的观念是不正确的。这当然在一些情况下是正确的。文明可能会沿着拜占庭、印度和印加帝国的路线发展；在欧洲和美国的一些地区，我们可能会只关注和平的美德，只发展出了一个充满商人、律师和教授的种族，缺乏能让我们变得伟大而荣耀的勇武气概。这一情况可能会出现，但它并不一定会出现，而且总体来说，它出现的可能性并不大。"①

罗斯福对布鲁克斯·亚当斯的反应与对皮尔逊如出一辙，即反对他关于西方文明的悲观预言，而持一种谨慎乐观的态度。如前所述，皮尔逊认为白人会被有色人种威胁，而亚当斯则认为以英美为代表的开放海洋经济体系会被德俄法日等封闭的大陆体系所威胁。亚当斯还断言垄断资本主义所代表的集中化趋势几乎必然会生产出腐化、懦弱和贪婪的"经济人"，这些人失去了尚武精神，从而导致"文明"的衰落与停滞。②罗斯福本人在很多方面深受亚当斯的影响，但在1897年为《文明与衰败的规律》所写的书评中，罗斯福不同意军人时代比资本主义时代更好的说法，也不同意亚当斯支持白银党人的观点。他声称亚当斯"阶级分裂"导向衰落的论断得不到历史事实的支持：美国任何公民都可以从事工商业和银行业，他们并不形成一个封闭集团；而且债权人和债务人，资本家与工人是相互依赖的，并非一方完全受另一方控制。他举出反证说，俄国和西班牙不是现代的"资本主义"国家，也不受"资本主义"各种罪恶的侵害，但并没有摆脱文明衰落的命运。西班牙崇尚"激情四溢和任侠尚武之人（emotional and martial man）而致力消灭'经济人'（economic man），结果堕落到仅居摩洛哥之上的水平"；俄国"是极为感

---

① Theodore Roosevelt, "National Life and Character," *The Sewanee Review*, vol. 2, no. 3 (May 1894), p. 375.
② Theodore Roosevelt, "The Law of Civilization and Decay," *Forum* (January 1897), p. 575.

情用事的,其资本家是最古老的类型,但很难确切地说俄国为艺术做了什么,或者她的军人在哪方面胜过其他国家的军人;而且毫无疑问,俄国下层阶级的平均生活水平相比任何说英语国家的工人和农民,都是相去甚远的"。① 他说:

> 亚当斯先生已经很好地给我们展示了,文明的进步和中央集权很大程度上依赖于进攻对防御日益产生的主导性优势;但当他说,尚武的精神(martial type)随着文明的进步而衰落时,其论断超出了其证据的能力范围。几个世纪以来,英格兰、荷兰和美国的经济人都显示出他们是比西班牙的感性尚武阶层更好的战士。衰落的是西班牙,而不是那些有资本家的国度。②

当然,罗斯福也意识到,"共同体中工薪阶层的繁荣对国家来说要更重要,因为它的数量占整个共同体的2/3"。这与罗斯福后来推行的劳工和反垄断政策是一致的。罗斯福试图奉行爱德蒙·伯克式的保守主义原则,在资本家和劳工之间充当仲裁者的角色。一方面,他认识到垄断资本主义(所谓"联合的趋势")是大势所趋,也是国家强大的必要因素;另一方面,他又试图为维持国家的团结而给予工人更好的待遇,例如排斥华工、改善工人的工作环境等。而正如后面所看到的,他将这一原则推广至世界范围,试图让美国充当"文明"国家之间仲裁者的角色。

在其他方面,罗斯福也有着折中论倾向。例如,他虽对哈佛大学限制美式足球颇为不满,但也同意对足球的规则进行一些修改,"去掉比赛时不必要的粗野动作,进行严格的执法,驱逐球场上过分粗野的球员。即便严格来说他并没有违反某一项规则。我不太了解美式足球的裁判执法,但我有丰富的执法马球比赛的经验。尽管如此,我个人希望看到规则被改变,看到无谓的粗野行为被取消,但倘若说要完全取消这项运动,

---

① Theodore Roosevelt, "The Law of Civilization and Decay," *The Sewanee Review*, vol. 2, no. 3 (May 1894), p. 582.
② Theodore Roosevelt, "The Law of Civilization and Decay," *The Sewanee Review*, vol. 2, no. 3 (May 1894), p. 588.

那么我毫无疑问宁可选择让这个比赛维持现状"。① 在国际仲裁问题上，罗斯福也持类似的立场（参见本书第六章）。

因此总体上说，虽然罗斯福等人不可避免地会受到皮尔逊等人悲观主义的影响，带有一定的"反文明"和"文化主义"意味，但从横向比较而言，他们又明显不如德国的"文化"概念那样，要公然站在"文明"的对立面。从罗斯福和鲁特的言论来看，男子气概和野蛮人美德最终是服务于"文明"的，他们并没有打算像德国人那样，为拯救"过度文明化"而诉诸军国主义与极端民族主义；② 同时，相比启蒙运动和实证主义所倡导的科学、理性、自我控制以及进步来说，这些价值仍然是次要的。西奥多·罗斯福曾将德国式的"文化主义"与英美盛行的"和平主义"相提并论，认为他们正处于两个极端：

> 我们应当记住，倘若听从一些人的建议，将会导致低效和虚弱，但是他们有害的愚蠢念头并不比另一些人的低劣想法（baseness）更糟糕：他们对野蛮的力量有一种激奋而谄媚的崇拜，他们试图去粉饰、辩护，甚至神化肆无忌惮的暴力（unscrupulous strength）。荷马李，或尼采，甚至是特赖奇克教授——更不用说卡莱尔——的作品，与安吉尔……一样是可厌的。③

洛奇与罗斯福一样，不同意布鲁克斯·亚当斯关于美国必定会因为财富集中而走向衰落的结论。作为一个民族主义者，洛奇也要求美国放弃过

---

① Theodore Roosevelt, "March 11, 1895, Washington, to Walter C. Camp," in H. W. Brands, *The Selected Letters of Theodore Roosevelt*, Lanham: Rowan & Littlefield Publishers, Inc., 2001, p. 100.
② 罗斯福对"文明"观念的偏离而非反叛，也导致他对"军国主义"甚至"帝国主义"持反对态度。不过，罗斯福在"文明主义"和"文化主义"之间摇摆不定，使得他很难被完全定位。例如，他在给塞西尔·赖斯的信中谈到德国的帝国扩张，他表示完全理解德国人的做法，"如果我是德国人，我也会希望德意志种族扩张"，因为"在当前的时代，爱国主义远远领先于世界主义（cosmopolitanism）"。见 Theodore Roosevelt, "August 13, 1897. Washington, to Cecil Spring Rice," in H. W. Brands, *The Selected Letters of Theodore Roosevelt*, Lanham: Rowan & Littlefield Publishers, Inc., 2001, p. 143。
③ 转引自 John P. Mallan, "Roosevelt, Brooks Adams, and Lea: The Warrior Critique of the Business Civilization," *American Quarterly*, vol. 8, no. 3 (Autumn 1956), pp. 228–229。

去在知识产权方面的政策,"融入文明世界",而不愿看到它是"文明国家中唯一对知识产权采取山大王态度的国家,打劫外国和本土的作家"。① 即便以悲观著称的布鲁克斯·亚当斯,也改变了19世纪末经济危机期间近乎绝望的预言。在分别于1900年和1902年出版的《美国的经济霸权》《新帝国》两部著作中,他默默地修改了之前的悲观决定论,开始寻找摆脱文明衰落规律的出路,让美国"无限期地推迟衰败的到来"。② 20世纪初美国进步运动的深入,农产品价格的上涨,以及整体经济形势的明显向好,更是使亚当斯变得更为"乐观",更少决定论色彩。

1910年,布鲁克斯·亚当斯在《大西洋月刊》上发表了《文明中的一道难题》一文,一开始继续其悲观论调,给"文明"下了一个不太令人愉悦的定义:"为了我的研究目的,我想可以将文明定义为集中化(centralization),因为不论理想主义者怎样质疑说,集中化与真正的文明究竟有多少共同点,他们也很难否认,人口聚集乃是我们时代最突出的特征。进一步说,一个经济学的公理是,在同等条件下,管理成本上升的幅度快于民众数量的增加;倘若人们怀疑这一命题,也很容易给出证明。集中化的生活成本相对要更高,并且与其复杂性成正比。1800年在美国,管理530.8万人花费了1130.8万美元,平均每人花费2.14美元;而到1900年,根据统计摘要(Statistic Abstract),平均每人的管理成本上升至7.75美元。"③ 古罗马实际上也亡于这个经济规律。罗马的管理成本上升,因此必须去征服和掠夺,一旦征服和掠夺停止,罗马便会因为无法承受集中化的管理成本而灭亡。他在文章的另一处写道,人们都要求通过法律来压制和制裁垄断,但是"垄断是一个天然的现象,它是在科学观念的指导下,由蒸汽机、电力和炸药等创造出来的产物,是不可阻挡的;攻击垄断就是攻击我们文明的核心原则。我们也许可以摧毁

---

① Henry Lodge, "International Copyright," in *Speeches and Addresses, 1884–1909 by Henry Cabot Lodge*, Boston: Houghton Mifflin Company, 1909, p. 56.
② 〔美〕阿瑟·赫尔曼著,张爱平、许先春、蒲国良等译:《文明衰落论:西方文化悲观主义的形成与演变》,上海:上海人民出版社2007年版,第187页。
③ Brooks Adams, "A Problem in Civilization," *The Atlantic Monthly*, vol. 106, no. 1 (July 1910), p. 26.

垄断，但我们也会随之摧毁文明本身"。①

把垄断看成是"文明"必然的趋势，当然会令美国主流民意感到不快；而渲染"文明"会因不堪重负而迅速走向衰败，更已是不合时宜之语。因此，亚当斯接着指出了变化：同样是面对集中化，美国面临的问题与罗马有所不同，"自从大约1760年以来，专业的科学思维开始主宰文明的运动"，"我们的困境正好与罗马人相反。罗马人可以征服和管理，但他们无法创造出足够的财富来支付集中化的成本。我们有足够的创造力生产财富，但我们无法控制这个过程所释放出来的能量。为什么我们会失败，这是困扰我的一个问题"。与斯坦利·霍尔的看法类似，亚当斯将之归咎于西方社会教育上的缺陷："专家的缺点是由于接受了一种教育，它过分突出现象的某些方面，而带来判断的扭曲。""我通过个人观察得出了这样的看法：现代教育不鼓励归纳的能力；或换言之，它损害着心智的活力（intellectual energy）。"由于每个人的心智能力都是有上限的，而现代教育又过分重视细节和专业化，将心智看成"仓库而非内燃机，忽略了它作为发动机的最重要功能。我们试图将学习者变成被动消极的对象，用事实填充他的大脑"。亚当斯得出结论说，工业革命释放出巨大能量，也对现代社会的管理者提出了更高要求。"一般说来，我们当前的管理思想还停留在算术思维层面，但我们每时每刻都不得不去应对科学家们通过更高层次的数学运算所释放出来的无限能量"，为此，管理者们有限的头脑不能再被细节所占据，而需要有更综合性的思维。"除了心智能力的浪费被减少到一定程度，从而使得现代社会的管理得以可能之外，我想不出其他的方式。"② 亚当斯建议通过改变专业化、被动学习的教育方式，提升国家管理水平，从而化解现代社会中垄断的弊害，缓解家庭、法律等纽带的松弛，虽也可被视作某种形式的"反智主义"，19个世纪末的焦虑也依然存在，但相比古罗马，它毕竟已经克服了财富不足以维持管理成本的绝境，其烦恼也已然是"幸福的烦恼"，即如何改善管理者的素质，让管理水平跟上工业革命所催生的社会巨变。这也

---

① Brooks Adams, "A Problem in Civilization," *The Atlantic Monthly*, vol. 106, no. 1 (July 1910), p. 30.
② Brooks Adams, "A Problem in Civilization," *The Atlantic Monthly*, vol. 106, no. 1 (July 1910), p. 32.

符合进步主义的改革理念。

总之，美国国内知识界在镀金时代和"世纪末"盛行着一种相对温和保守、有限度的"反智主义"，它试图在一定程度上回归"野蛮"，对"文明"有激烈批评之语，或将其视为导致现代人虚弱的原因，或将其等同于垄断和集中化，倘若管理不善便有可能导致社会的崩塌瓦解，但多数知识分子最终还是选择与工业文明和解。与其说这是对"文明"的反叛，不如说是一种修正或暂时的偏离。他们尽管批判文明，但也始终主张调和、修正而非彻底推翻。① 例如进步主义者贝弗里奇说，"劳动就像食物一样不可或缺；资本就像文明一样为我们所必需。只要我们不抱着恶意，就不可能在二者之间制造仇恨和偏见。让金融骗子在资本的门口肆意行骗，就如同让无政府主义者和亡命之徒在劳工的门口蛊惑人心"。② 当代学者杰克逊·李尔斯评价弗兰克·诺里斯（Frank Norris）时也指出："他的反现代冲动没有导向反政府或甚至怀旧，而是导向现代文化的新生和转型。始于中世纪的浪漫主义，诺里斯最终成为现代帝国主义的支持者。"③ 因此前文所述的反智主义、反现代主义常常是醉翁之意不在酒，并非一味地怀旧或躁动，而是将其转化为帝国主义和美国外交转向的动力。帝国转向既需要菲斯克式的、乐观的"盎格鲁-撒克逊文明优越论""文明直线进步论""文明和平论"为其提供普世信念，同时也需要"过度文明化""文明循环衰败论"等话语制造内部和外部的威胁，渲染出一种紧迫感和危机感。而为缓解这种危机感，除了亚当斯、罗斯福等人所说的改善教育、怀念中世纪、亲近自然和尚武精神之外，开拓边疆无疑也是最重要的手段之一，也更直接地导向了对外征服与扩张。

---

① 著名历史社会学家卡尔·波兰尼将一战前后的全球性危机，如权力均势的终结、国际法的失效、国联的崩溃，甚至法西斯主义的兴起等都看成是社会对"自律性市场"的侵害所产生的"保护性机制"。他说，当然在他的概念体系中，他认为这并不是由"工业文明"引起的，而是由"市场文明"带来的。他对"工业文明"似乎抱着好感："本质上，社会主义是工业文明的先天倾向，这种倾向试图使自律性市场服膺于民主社会的方法，以超越自律性市场。"〔匈〕卡尔·波兰尼著，黄树民译：《巨变：当代政治与经济的起源》，北京：社会科学文献出版社2017年版，第320—321页。

② Albert Beveridge, *The Meaning of Our Times: And Other Speeches*, Caroline：Nabu Press 2010, p.34.

③ T. J. Jackson Lears, *No Place of Grace: Antimodernism and the Transformation of American Culture, 1880-1920*, New York：Pantheon Books, 1981, p.132.

六 边疆与"帝国王座":"通过退化的革新"

19世纪末"过度文明化"的忧虑并非美国所独有,"反智主义"和"反现代化"在欧洲的影响无疑要超过美国。这些思潮很大程度上乃是世纪末的一种反资本主义氛围,是金融文明的产物;美国更多只是受这一氛围影响。如前所述,美国的独特之处在于它没有走极端,没有诉诸或不自觉地导向军国黩武主义,反而最终达成了与工业和金融文明的和解。此外,在西进运动中所形成的对边疆的浪漫想象也是美国特有的地方文化理念,是短暂地推动美国尝试建立一个"正式帝国"的重要元叙事。

"边疆"并非一直在美国人心目中有着良好形象。尽管杰克逊总统时代边疆民众主义空前强大,以詹姆斯·库珀(James Cooper)为代表的浪漫主义作家也大力歌颂边疆精神并批判嘲讽欧洲贵族社会的所谓文明,丹尼尔·布恩(Daniel Boone)开拓边疆的传奇故事亦被广为传颂,但到了19世纪中期,也许是深受维多利亚时代推崇文雅绅士品格的影响,美国精英人士在欧洲文明面前的"自卑感"加深,加之美国政府"文明化"印第安人的政策处于低潮,[①] 美国民众对爱尔兰等地移民又持排斥态度,美国对边疆的看法转向消极。弗雷德里克·奥姆斯特德在1860—1870年撰写了《近50年美国文明史》(*History of Civilization During the Last Fifty Years*),将边疆视为"文明"的对立面,并且极力地贬低、谴责边疆地区的美国人,将美国的落后也归咎于边疆的"去文明化"(decivilization)效应,认为它对美国是一个"巨大的威胁",需要一个巨大的"文明"的工程来改变这种状况。这不仅与特纳对美利坚人在边疆之开拓精神的赞扬形成对比,事实上也与奥姆斯特德本人早年对边疆的评

---

① 内战后,相比向外传播福音,美国政府对"文明化"印第安人的兴趣要微弱不少。例如1889年,《循道宗评论》社论抱怨说:"随着印第安人人数减少至20.5万人,教育、文明化和基督化他们的使命相比向中国、日本或马达加斯加传播福音的负担看起来要轻一些。但是关于印第安人的宗教统计数据并没有变得更好看,前景也不太乐观。国会对待印第安人只是敷衍了事,除了为印第安人事务局(Indian Bureau)拨款几百万之外,1888年仅仅通过了不到25项新的法令……"见 The Editor, "Progress of Civilization," *The Methodist Review*, vol. 5, no. 2 (March 1889), p. 300。

价不一致。①

牧师霍雷思·布什内尔（Horace Bushnell）在1847年谴责边疆的开拓定居者堕落为"半野蛮人"，称他们已经成为"半野性种族，以至于无法用'文明'这一术语来指代"。② 约西亚·斯特朗认为洛基山以西的美国实际上在建立一种与新英格兰不同的、"外来的和物质主义的文明"，天主教、摩门教、奢侈堕落、财富集中以及社会主义等"恶习"在这里迅速滋生，与新英格兰和中部地区存在巨大的差异与冲突；③ 约翰·斯图亚特·密尔也将美国社会的许多问题归因于边疆的落后；《国民周刊》（The Nation）主编、爱尔兰裔美国人埃德温·葛德金（Edwin L. Godkin）、艺术批评家查尔斯·诺顿·埃利奥特（Charles Norton Eliot）等均持有类似的看法。④ 这些与美国排斥移民的"盎格鲁-撒克逊主义"可以说相互呼应，很大程度上体现着美国东北部的偏见。美国著名历史学家赫伯特·亚当斯、亨利·亚当斯等学者更是发展出"日耳曼起源说"（或生源说）的理论，将美国"文明"的进步归因于民主和政治制度，而根据社会进化论（social evolutionism）原则，这些又可归因于"条顿人"、"日耳曼人"或"盎格鲁-撒克逊人"自古以来的种族优越性。⑤

但美国作为一个"多中心"或"去中心化"的国家，设定"文明"标准的也并不只有一个集团。对于东北部的"婆罗门"阶层来说，他们当然要强调美国自五月花号以来的清教传统，甚至上溯到日耳曼森林的原始民主传统；而对于身处美国西部的知识分子，或者对边疆有特殊感情的人而言，他们往往又会将西部边疆视为"美利坚文明"的主要象征。

西奥多·罗斯福是纽约人，但在他于1881年（23岁）初次当选纽约州议员时，曾被当地报纸起各种绰号来贬低他的男性身份，包括"名

---

① Robert Lewis, "Frontier and Civilization in the Thought of Frederick Law Olmsted," *American Quarterly*, vol. 29, no. 4 (Autumn 1977), p. 390.
② Horace Bushnell, *Barbarism the First Danger, A Discourse for Home Missions*, New York: American Home Missionary Society, 1847.
③ Josiah Strong, *Our Country: The Possible Future and Its Present Crisis*, New York: The Baker & Taylor Co., p. 149.
④ Robert Lewis, "Frontier and Civilization in the Thought of Frederick Law Olmsted," *American Quarterly*, vol. 29, no. 4 (Autumn 1977), p. 392.
⑤ Richard Hofstadter, "Turner and the Frontier Myth," *The American Scholar*, vol. 18, no. 4 (Autumn 1949), p. 433.

媛""小黄瓜""精致的罗斯福先生"等,还被比喻为著名的同性恋者王尔德,险些断送政治生涯。他深以为耻,随后在美国西部农场有过一段艰苦的牛仔生活体验,以磨炼自己的意志,同时积累政治资本。① 他在《西部的赢得》(*Winning of the West*,1885—1896 年出版)这部多卷本的历史著作中,宣扬文明社会一直在不断扩张,而位于其边缘地带的战争是最残酷、最激烈的,文明人能否战胜野蛮人,将决定"文明"是否能有足够的土地和空间继续成长。② 罗斯福还明确否定东北部在美国文明中的中心地位,认为东北部与欧洲太过相像,西部才代表真正的"美国情感"(American sentiment),是美国的核心所在。

1893 年,在西奥多·罗斯福完成了前两卷《西部的赢得》之后,特纳在美国历史协会会议上宣读《边疆在美国历史上的重要地位》一文,并于同一年发表在美国历史协会年度报告上,引起了极为深远的反响。他批评其师赫伯特·亚当斯的"日耳曼起源说",认为"美利坚文明"的独特之处恰恰在于它的边疆:

> 所有人民都在发展;政治的生源论(germ theory of politics)已经得到了充分重视。对大多数民族而言,发展位于有限的区域;倘若这个民族要向外扩张,它不得不征服那些正在成长的群体。但在美国那里,我们看到了不一样的现象。倘若将我们的目光集中在大西洋沿岸,我们看到的是在有限区域中的制度演化,例如代表制政府的兴起;从简单的殖民政府分化成复杂的机构;从没有劳动分工的原始工业社会发展成制造业文明。但除此之外,在扩张的同时,每一片西部区域都发生了进化过程的重演。因此,美国的发展不仅仅是单线的发展,而是在持续前进的边疆线上,一再回归原始状态,同时有了新的发展。这种不断的重生,这种美国生活的流动性,这种从西部扩张中获得的新机会,这种与原始社会之质朴的频繁接触,塑造了主导美国人性格的力量。观察这个国家历史的最佳角度不应

---

① Gail Bederman, *Manliness and Civilization: A Cultural History of Gender and Race in the United States, 1880–1917*, Chicago: The University of Chicago Press, 1995, pp. 170–171.
② Michael Adas, *Dominance by Design: Technological Imperatives and America's Civilizing Mission*, Cambridge: Harvard University Press, 2006, p. 137.

当是大西洋沿岸,而应当是大西部……在这个前进的过程中,边疆是波浪的外层——蒙昧与文明相遇的地方。①

他大力赞扬美国边疆的开拓者们是"文明的探路人"(pathfinder of civilization)。他尤其赞扬美国历史上最重要的边疆——密西西比河流域,认为它既是美国对人类社会独特的贡献所在,也是美国政治创造力的源泉所在:

> 密西西比河流域最显著的事实是它的理念。在这里不是通过革命,而是通过自由机会的成长发展出了一个广大的民主概念,它由意识到自身权利和责任,上升和流动着的个体所构成。这些个人主义和民主的理念能够应用到20世纪类型的文明吗?
> 其他国家也曾富有、繁荣和强大,他们热爱艺术,热衷于建立帝国。但没有任何其他国家能够如此大规模地、由一个有着自我意识和自我克制美德的民主所控制,它代表进步和自由,勤劳和审慎。只有在密西西比河流域(如果说有任何地方的话)的广阔空间层次,对民主理念进行社会转型和改造的力量才会被制止。
> 从竞争性个人主义以及对平等的信念开始,密西西比河流域的农夫们逐渐意识到不受限制的竞争和兼并意味着最强者的胜利,意味着一个统治集团会攫取、占据和控制国民生活的命脉。他们意识到,在不受社会限制的个人主义理念和民主理念之间,存在着内在的冲突;意识到,正是他们的野心和魄力危及了民主。密西西比河流域在美国历史上的显著地位某种程度上在于,它是一个反叛的区域(a region of revolt)。在这里,涌现了各式各样的、某些时候是欠考虑的,但永远是真诚奉献的运动,即为了民主的利益,来缓解普通民众所受的创伤。从密西西比河流域出现了连续的和相互联系的民主浪潮,他们要求真实的或想象的立法保障,来维护他们的权利和社会理念。格兰吉运动、绿背党运动、平民党运动、布赖恩民主、

---

① Frederick Jackson Turner, "The Significance of Frontier in American History," in *Annual Report of the American Historical Association for the Year 1893*, Washington: Government Printing Office, 1894, pp. 199-200.

罗斯福共和主义都从密西西比河流域那里汲取了其最大的力量。他们是秉持着密西西比河流域的理念在行动。他们的人民通过试验和经验学习如何把握根本问题，即创造一个公正的社会秩序，从而在一个真正的民主中支撑自由、进步和个体的特性。密西西比河流域在问："对一个人来说，即便他得到了整个世界，但他丧失了他自己的灵魂，这是否值得呢？"①

总体来看，罗斯福在《西部的赢得》中主要强调在边疆地区与印第安人的战争对美国人的品格塑造，这与特纳将重点放在战胜自然环境上面有所不同。简言之，特纳叙事中的主角是"农夫"（farmer），罗斯福叙事的主角则是"猎人"、"牛仔"或"勇士"（warrior）；② 特纳将目光集中在白人拓殖者所形成的个人主义、民主等国民性格和政治文化上，无视印第安人遭受的苦难，而罗斯福则陶醉于白人对印第安人，也就是"文明人"对"野蛮人"的武力征服。③ 但二者的共性也十分明显，他们都渴望开辟新的边疆，以释放美国的扩张冲动，保护美国的民主不被资本集中和垄断所摧毁；他们写作边疆开拓史也并不是为了叙述边疆本身，而是强调边疆对美国人"国民性"（national character）的塑造。④ 尽管特纳并不算太热情的"帝国主义者"，但同达尔文本人不支持帝国，其学说客观上却促进了帝国主义一样，特纳的边

---

① Frederick Jackson Turner, *The Frontier in American History*, New York: Henry Holt and Company, 1950, pp. 203–204.
② Richard Slotkin, "Nostalgia and Progress: Theodore Roosevelt's Myth of the Frontier," *American Quarterly*, vol. 33, no. 5 (Winter 1981), p. 612.
③ David H. Burton, *Theodore Roosevelt: Confident Imperialist*, Philadelphia: University of Pennsylvania Press, 1968, p. 19.
④ 例如，特纳曾忧虑地看到，随着铁路的铺设和运河的修建，东部的资本和商品也将涌入西部，西部会被东部同化。由此导致的后果是，"随着自由土地年代的结束，其民主社会的根基也将消亡"。Frederick Jackson Turner, *The Frontier in American History*, New York: Henry Holt and Company, 1950, p. 202. 《西部的赢得》出版后，特纳在《国民周刊》（*Nation*）、《美国历史评论》（*American Historical Review*）等刊物中发表肯定的评论（当然也指出了其史料挖掘不足的问题），罗斯福也多次写信给特纳，回应他的评论。他尊敬地称"特纳是研究这一问题的大师级人物，能写出让自己愿意读的唯一一类书评"。参见 Theodore Roosevelt, "To Frederick Jackson Turner, November 4, 1896," in Louis Auchincloss, ed., *Theodore Roosevelt: Letters and Speeches*, New York: The Library of America, 2004, pp. 91–92。

疆假说自然而然地对各类"帝国主义者"（如军人、传教士和商人等）产生了影响，特纳也被他们视为自己主张的支持者。① 事实上早在1896年，特纳就曾经做过这样的畅想：

> 我们现在能够清楚地看到造成西部问题的一些因素。因为将近三个世纪中，美国生活中的主导性事实便是扩张。随着太平洋沿岸被拓殖和自由土地被占据，这一运动遭遇了阻碍。认为这些扩张的能量不会被释放，将会是一个轻率的预言；而对一个强有力外交政策、一个跨洋运河，以及让我们的权力在海洋上复兴，将美国的影响力扩展到岛屿和邻国的需要，指示着这一运动将会继续。②

来自东部马萨诸塞州"婆罗门"阶层的亨利·卡波特·洛奇本人并无边疆经历，但他是罗斯福的密友，也深受罗斯福边疆思想的影响。1887年，他曾与罗斯福共同创立布恩和克罗克特俱乐部（Boone and Crockett Club），这个俱乐部以两位著名边疆英雄的名字命名，其成员还包括弗朗西斯·帕克曼（Francis Parkman）、麦迪逊·格兰特（Madison Grant）等著名的保守派。他们共同开展了骑马、打猎、探险、建立国家公园和自然历史博物馆等活动，标榜其"充沛活力、决心、男性气概、自力更生"等气质。③ 洛奇热衷于骑马等户外运动，1890年曾发表一篇题为《骏马与骑手》（Horses and Riders）的文章，认为骑马是"最无与伦比的户外活动"，能够磨炼人的神经、精力和勇气；他有着强烈的英雄和精英史观，崇拜英雄人物的事迹，曾与罗斯福合写过《美国历史上的英雄传说》（Hero Tales from American History）；同时他还在1906年出版题为《一个边境小镇》（A Frontier Town）的著作，认为"盎格鲁-撒克逊人"的特质，即一方面热爱自由，善于建立自治政府，另一方面又崇尚武力，且能征善战，是最适合对外征服的种族，这些很大程度上都源

---

① Lawrence S. Kaplan, "Frederick Jackson Turner and Imperialism," *Social Science*, vol. 27, no. 1 (January 1952), p. 14.
② Frederick Turner, "The Problem of the West," *Atlantic Monthly*, vol. 78, no. 467 (September 1896), p. 296.
③ Richard Slotkin, *Gunfighter Nation: The Myth of Frontier in Twentieth Century America*, New York: Atheneum, 1993, p. 37.

自边疆的历史。① 他在其历史著作中赞扬殖民地时期清教徒的尚武精神，肯定他们在消灭佩科特人（Pequod）的战争中，展现了"真正的清教徒风格"，而内战则表明，"清教徒的战斗精神仍然存在于其子孙身上"。② 总之，与许多来自东北部的政治家不同，洛奇并没有一味地鼓吹财富和贸易，而是更强调外交政策中的"国家荣誉"③、国家伟大、种族等因素，认为不能因追逐金钱而失去"国民性格"（national character）。

可以说，边疆代表着"文明"通过暂时退隐到"野蛮"状态，以及与"野蛮"进行斗争来实现自身的复兴和飞跃。美国文学批评家理查德·史洛特金（Richard Slotkin）将其命名为"边疆的神话"（Myth of the Frontier）和"通过退化的革新"（Regeneration through Regression）。他说道：

> 在其发展的每一个阶段，边疆神话都将"进步"的成就与某一种特定形式或场景的暴力行动联系起来。"进步"被用不同的方式定义着：清教徒殖民者强调通过边疆的历险，来实现灵魂的涤荡更新；杰斐逊主义者（以及后来特纳'边疆假说'的信徒们）将边疆拓殖视为对原初'社会契约'的二次缔结和民主化革新；而杰克逊主义者则将对边疆的征服视作再造个人财富、爱国热情和美德的手段。但在每一个事例中，这个神话都代表着对美国精神或财富的救赎，好像它可以通过分离、临时退化至更为原始或"自然"之状态来实现，并且可以通过暴力来浴火重生（regeneration through violence）一样。④

特纳、罗斯福以及洛奇等政治文化精英的目标不是单纯地回到荒野和边疆，而是希望在荒野中通过重新经历一次"文明"的各个发展阶段，找回因为"过度文明化"而失去的战斗意志和精神，以及民主和个

---

① William C. Widenor, *Henry Cabot Lodge and the Search for American Foreign Policy*, Berkeley: University of California Press, 1980, p. 23.
② William C. Widenor, *Henry Cabot Lodge and the Search for American Foreign Policy*, Berkeley: University of California Press, 1980, p. 27.
③ 关于同时代人对"国家荣誉"较为全面的分析与批判，可参见 Leo Perla, *What is National Honor?* New York: The Macmillan Company, 1918。
④ Richard Slotkin, *Gunfighter Nation: The Myth of Frontier in Twentieth Century America*, New York: Atheneum, 1993, pp. 11-12.

人奋斗的政治德行，从而防止"文明"的周期循环，让边疆粗犷、强健有力的精神来克服工业文明固有的腐化、奢侈、精致、软弱松弛和过于热爱和平等缺陷。罗斯福还希望能够通过边疆的历练在美国形成一个新的精英领导阶层，① 在资本家和工人之间充当仲裁者。这在某种程度上也使得他们能够突破国内资本家阶层在海外扩张和帝国主义问题上的犹豫不决，让美国能够"意外地"走向帝国主义征服之路；而从酝酿已久的边疆思潮来看，这种意外显然也在情理之中。

特纳与西奥多·罗斯福对西部边疆的赞扬和想象，对东部文明走向停滞、腐朽的担忧，代表了许多中西部知识分子的普遍心态，也在潜移默化地塑造着美国的"文明"身份意识。它与长久以来"文明西移"的假设相互印证："文明"经由东方的两河流域，向西转变至古希腊、罗马、西欧、英国，再到美国，又由西部边疆转移至太平洋沿岸。此种"文明"身份意识蕴含着一种变动、反叛和自我革新的心态，而非盲目地追随、崇拜程度更高的"旧文明"。

1889年，密歇根大学教授伯克·欣斯代尔（Burke Aaron Hinsdale）出版《老西北部：我们殖民体系的开端》一书，讴歌"美利坚文明"在西北地区的殖民开拓史。② 《基督联盟》则以《美国的三个文明》为题，肯定此书"展示了——这也是本书的首要优点——这个国家的地理特征与其文明进步密切相关，同时书中的三个文明，即法国文明、英国文明（English civilization）和英美文明（Anglo-American civilization）部分受种族状况的控制，部分受到地理发展的控制"。③ 该杂志批评法国的殖民主义："尽管法国人作为探险者十分出色，但他们试图将15世纪的旧制度（old régime）移植到新世界，他们更急于为其宗教找到立足点。即便是今天，到魁北克省的游客也能看到法国文明在哪里搁浅了（stranded）。它的宗教因素太多，而殖民者为新的生活状况做出的调整太少了。神父

---

① 也可以称之为贵族阶层，因为罗斯福心目中这一阶层的成员主要来自上流社会中闲暇且热爱战斗的群体。见 Richard Slotkin, "Nostalgia and Progress: Theodore Roosevelt's Myth of the Frontier," *American Quarterly*, vol. 33, no. 5 (Winter 1981), p. 633.

② Burke Aaron Hinsdale, *The Old Northwest: The Beginnings of Our Colonial System*, Boston: Silver, Burdett, and Company, 1899.

③ The Editor, "The Three Civilizations in America," *Christian Union*, vol. 39, no. 21 (May 23, 1889), p. 652.

和探险者的身后并未跟着坚定强悍的拓殖者,并没有致力于在这片独立的土地上建立自由的制度。"正因为如此,法国人才让后来者居上,将大陆控制权让给了英国文明。英国文明则悄无声息地变成了"英美文明":"英国文明在美洲并未消失,而是不知不觉地变成了美利坚文明,当英国政府试图为支持英国贸易而向美利坚自由民征税之时",新的美国政府就取代了英国人的统治。"英国文明无法在美利坚的土壤上被原封不动地保存,因为美利坚拓殖者拒绝母国对其进行的不公正的蚕食。并非我们不爱英国,而是因为我们更爱美利坚。"因此,英国人取代了法国人,"但是只在很短的时间有机会在新世界建立新文明"。同时,即便是"英美文明"也在变化,在造就一个新文明,即"美利坚文明"。虽然"当下的文明源自上述三个文明,也兼具它们的优点",但"美利坚文明"主要是"沿着杰出的国父们在1787年《西北条例》(Northwest Ordinance)所划下的分界线","在不断地增强其权力和影响力":

> 我们的政治立宪会议(political conventions)已经在圣路易斯和芝加哥举行,因为人口与控制的中心就位于密西西比河流域的某个地方;西北地区已经影响到美国教育的中心理念,它在某些方面比东部的旧文明更好……100年前的老西部,今天已经成为美利坚文明的中心。①

既然边疆会转化为"美利坚文明"的中心,可见边疆对于美国的进步是极为关键的,否则美国"文明"便有可能像东方一样"停滞",或像法国文明在美洲一样"搁浅"。"文明前哨"(outpost of civilization)和扩张的思想自然而然地在这种文化观念下产生。1850年,一位传教士写道:"用不了几年,威斯康星将不再被认为是西部,或文明的前哨。"② 这个边疆既是经济意义上的,也是战略意义上的。它类似于"大陆帝国"或迈克尔·曼所说的"直接帝国"(Direct Empire),其主要特点是

---

① The Editor, "The Three Civilizations in America," *Christian Union*, vol. 39, no. 21 (May 23, 1889), p. 652.
② Frederick Jackson Turner, *The Significance of the Frontier in American History*, Washington: Government Printing Office, 1894, p. 205.

通过军事力量和大量地向边疆移民,将毗邻的边疆地带逐步吞并,最终同化为"内陆"地区。①

海上边疆同样是美国洗涤灵魂、脱胎换骨的理想场所。早在大陆扩张完成之前,美国就已经致力于开辟新的海上边疆。美国国务卿丹尼尔·韦伯斯特曾提出"大链条"(great chain)的设想,按此思路在夏威夷等地从事商业活动。内战后美国国务卿威廉·亨利·西沃德(William Henry Seward)更是设想建立一个海上帝国。在成功打开日本门户后,1871年,美国又试图迫使朝鲜这个"隐士之国"开放其市场(朝鲜人称此事件为"辛未洋扰")。② 到了19世纪90年代,美国产能过剩的危机日益显现,陆地边疆关闭,海上边疆更是成为美国精英心目中化解危机的灵丹妙药。1890年,著名海军战略家马汉在《大西洋月刊》上发表《向外看的美国》一文,指出美国缺乏一支强大的海军来保证其海上边疆(sea frontier),这既牵涉到美国沿海地区的安全,也事关美国国内经济的增长和社会的稳定。③ 当代历史学家沃尔特·拉菲伯也据此认为"在弗雷德里克·杰克逊·特纳分析美国边疆消失的3年前,马汉就暗示了它的消失,并且指出了它对美国未来经济和政治结构的影响。这位海军上校学者利用这些两难处境,即产能过剩以及美国陆地边疆的即将消失,作为最根本的假设,向美国人民展示他们必须变成一个海洋国家"。④

1893年1月,在美国水手和海军陆战队的帮助下,以及在美国驻夏威夷公使约翰·史蒂文斯(John L. Stevens)的策动下,夏威夷的美国商人、种植园主和冒险家们发动政变,推翻了夏威夷女王的统治,建立夏威夷共和国,并申请加入美国联邦。但美国以民主党为代表的各种社会力量并不急于吞并夏威夷。美国总统格罗佛·克利夫兰是一个"反帝主义者",他搁置了合并条约。克利夫兰的这一做法引起了亨利·卡波特·

---

① Michael Mann, *The Sources of Social Power*, Vol. 3: *Global Empires and Revolution, 1890-1945*, Cambridge: Cambridge University Press, 2012, p. 18.
② Gordon H. Chang, "Whose 'Barbarism'? Whose 'Treachery'? Race and Civilization in the Unknown United States—Korea War of 1871," *The Journal of American History*, vol. 89, no. 4 (March 2003), p. 1344.
③ Alfred Mahan, "The United States Looking Outward," in Alfred Mahan, *Interest of America in Sea Power, Present and Future*, Boston: Little, Brown, and Company, 1898, pp. 3-30.
④ Walter LaFeber, "A Note on the 'Mercantilist Imperialism' of Alfred Thayer Mahan," *The Mississippi Valley Historical Review*, vol. 48, no. 4 (March 1962), p. 678.

洛奇的激烈抨击。在《我们笨拙的外交政策》（Our Blundering Foreign Policy）一文中，他对民主党提倡"自由贸易"、拒绝土地兼并的外交政策进行了激烈的批判。他承认民主党人是美国历史上获得领土最多的政党。除了阿拉斯加是由共和党获取的之外，路易斯安那、佛罗里达、得克萨斯和墨西哥割让的领土都是在民主党执政时期获得的。但是现在，民主党却被英国自由主义者理查德·科布登代表的"曼彻斯特学派"所迷惑，"被自由贸易的影响所支配，这一民主党实施了将近一个世纪的原则被彻底抛弃了"。"起码民主党的领导人已经彻底地被科布登化了，这也是他们选择退缩政策的内在原因。这个原则令人沮丧的后果是，对个人或民族来讲，除了买和卖，除了让所有东西变得便宜之外，就没有更高的目标了……我们受曼彻斯特学派门徒的影响太深，他们认为，印花棉布的价格比一个国家的荣誉更重要，生铁的关税比种族的进步更值得关注。"①

洛奇强烈要求向北扩张吞并加拿大，占领古巴，并建设远洋海军，控制太平洋上的夏威夷、萨摩亚等群岛：

> 但是从里奥格兰德河到北冰洋只应当有一面旗帜和一个国家。无论是种族还是气候都没有禁止这一扩展，而从国家成长和国民福利的任何方面来看，这些地方都需要合并。为了我们的商业利益和我们自身的充分发展，我们需要修建尼加拉瓜运河；为了保护这条运河，为了维持我们在太平洋的优越地位，我们需要控制夏威夷群岛，维持我们在萨摩亚的影响力。英国已经在西印度群岛有了稳固的基地，持续威胁着我们的大西洋沿岸。我们应当在这些群岛中，至少拥有一个海军基地，当尼加拉瓜运河修建之后，无限丰饶，但仅被零零星星拓殖的古巴岛将会必然属于我们。商业跟随在国旗身后，我们需要建设一支足够强大的海军，在地球的各个角落给予美国人保护，让我们的海岸免于外来入侵。②

---

① Henry Cabot Lodge, "Our Blundering Foreign Policy," *The Forum* (March 1895), p. 15.
② Henry Cabot Lodge, "Our Blundering Foreign Policy," *The Forum* (March 1895), p. 17.

洛奇还断言，历史的趋势就是不断集中化（consolidation）。不仅劳工组织和资本集团都明显集中化了，国家也是如此。"小国已经成为历史，没有任何未来。当代的发展方向是人口与领土日益集中，进而演变成大的国家和领地。大国为了他们未来的扩张和当下的防御，正在快速地吞并地球上所有荒废之地（waste places）。这是为了文明和种族进步而发生的运动。作为世界上的大国之一，美国决不能在此进程中掉队。"他声称："这些不仅牵涉到物质利益，而且牵涉到我们民族的伟大和未来。这些都直接影响着我们的国家荣誉和尊严，影响着祖国和种族的骄傲。"① 仔细分析或可发现，洛奇的这番言论也带有"文化主义"的焦虑心理和地缘政治考量，担心美国由于未能把握扩张机会而损害国家荣誉尊严，进而走向种族的衰亡。

新的海上边疆与之前陆地边疆的一个突出差别是，与美国在海上边疆相遇的大多为中、日、俄等相对较发达的"文明"而非印第安人原始的"文化"，因此地缘政治的鼓吹者们更多强调的是东西方"文明"之间的差异和对抗，强调时不我待的焦虑感和紧迫感，从而开始生产和制造与今天有些类似的"文明冲突"话语，日本历史学家入江昭称之为"第一次文明冲突"。夏威夷政变爆发后，马汉迅速发表《夏威夷与我们未来的海权》一文，要求立即兼并夏威夷。马汉还在这篇文章中首次提到了"黄祸"。② 可能由于当时是甲午战争爆发之前，马汉假想中"黄祸"的主要来源不是日本，而是中国。1893年，马汉在《纽约时报》上发文，题为《需要夏威夷作为屏障，以保护世界免遭中国野蛮入侵》。他鼓吹"中国野蛮威胁论"：

> 对于整个文明世界，而不仅仅是美国来说，夏威夷群岛（Sandwich Islands）在北太平洋上的位置在地理和军事上都最为重要，因此在未来它究竟会成为欧洲文明，还是相对野蛮的中国之前哨（outpost），是一个问题。我们国内目前并未普遍注意，但我们许多在国外的、熟悉东方情况的军事人员（尤其是加内特·伍尔西爵

---

① Henry Cabot Lodge, "Our Blundering Foreign Policy," *Forum* (March 1895), p.17.
② 〔日〕麻田贞雄著，朱任东译：《从马汉到珍珠港：日本海军与美国》，北京：新华出版社2015年版，第10页。

士）已经充分了解，并充满忧虑地关注着的是，有一天中国大量的人口（目前是沉寂的）将会被某种冲动——它曾经在古代转为蛮族入侵的浪潮，并埋葬了文明——所支配。①

他因此极力主张由美国这样一个"伟大的、文明的和海洋性的大国"来控制夏威夷，从而遏制中国人的"扩张运动"。

1897年，第二次夏威夷危机爆发，此时"黄祸论"的指向已经从中国转向了日本。此次危机一方面是由于日本加快了向夏威夷移民的速度，另一方面，夏威夷白人政府禁止进一步的日本移民，限制当地日侨权利，也激化了二者之间的矛盾。日本派出军舰前往夏威夷，更是激起了美国扩张主义者的警觉和战争恐慌。马汉与时任海军部长罗斯福均担心日本会趁美国不备拿下夏威夷，威胁美国的安全，于是敦促美国政府抢先行动，并为可能同日本爆发的战争拟定预案。马汉被邀请至参议院说明其中的利害关系；洛奇和美国参议院外交委员会则大段摘引《夏威夷与我们未来的海权》一文中关于"文明"冲突的段落，将夏威夷视为关乎整个"欧洲文明"的利益。② 这次危机过后，马汉又相继写下《展望20世纪》（A Twentieth-Century Outlook，1897），《亚洲问题及其对国际政治的影响》（The Problem of Asia and Its Effect upon International Policies，1900）等作品，宣扬东西方文明即将发生冲突，主张吞并菲律宾，通过开拓新的边疆、在边疆建立前沿基地来遏制俄国或日本，维持西方文明的优势地位。历史学家朱利斯·普拉特对此表示，马汉的理念：

> 不完全是建立在粗俗的物质考虑之上。"想要避免衰落和停滞的国家必须'向外看'；就像对想要维持健康的教会来说，海外传教是必要的一样，一个国家要维持健康，也必须将文明向外传播。"他在1890年是这样写的。到1897年，深受日本崛起影响（事实上他也是"黄祸"恐惧症的受害者），他预言未来的伟大斗争将会发生

---

① Alfred Mahan, "Needed as a Barrier to Protect the World from an Invasion of Chinese Barbarism," *New York Times*（February 1, 1893），p. 5.
② 〔日〕麻田贞雄著，朱任东译：《从马汉到珍珠港：日本海军与美国》，北京：新华出版社2015年版，第12—13页。

在西方与东方之间……正因为从直觉上预感这种伟大斗争将会到来，西方国家才在东方建立前哨；这些前哨越多，越强大，基督和西方文明在据守堡垒、抵御东方时才会更持久。美国在西方文化的前列。让她准备好——建设她的海军，挖掘和保卫她的运河，将她的前哨建立在太平洋上！[①]

布鲁克斯·亚当斯同样在海上边疆看到了走出"文明循环规律"的机会。他在发表《文明与衰落的规律》后遭到罗斯福的批评。罗斯福认为他与古斯塔夫·勒庞一样，都"犯了根本的、邪恶的错误"，对未来给出了过于悲观的看法。当然，罗斯福也与亚当斯一样，担忧充满想象力的"尚武之人"正在被市侩、怯懦的"经济人"淘汰；罗斯福也承认"文明"衰败的规律多少是存在的。关键在于如何去行动和做出改变，从而打破这条规律。在罗斯福、马汉等人的影响下，亚当斯改变了他的悲观态度，转而踏上了寻找破解"文明"衰败规律的道路。

在《美国的经济霸权》中，亚当斯继续重复他在《文明与衰败的规律》中的核心论点，并将其与美国所面临的国际环境紧密地结合起来。他强调"文明"不会直线进步，它至少是好坏参半，充满风险的；"野蛮"并不一定坏，因为它意味着去中心化，社会由感性和尚武的个人组成，充满活力与想象力；而"文明"也并不一定好，因为它意味着财富的集中化，社会因此变得死气沉沉，不可避免地走向衰落。"停滞"的亚洲文明，以及走向解体的古罗马文明即是前车之鉴。[②] 他反复声称，"文明"是在不断运动而非静止不变。典型的现象是，世界的经济中心一直在向西转移："在上千年的历史中，文明的社会中心在不停地西移。倘若它继续前进，它将跨过大西洋，在美洲进行扩张。"[③] 随着上一个霸主英格兰走向衰落，"旧的平衡已经失去了"，"人类目前正在经历的文明阶段于1870年开始"。最直观的体现就是英国在中亚和非洲殖民战争

[①] Julius W. Pratt, "The 'Large Policy' of 1898," *The Mississippi Valley Historical Review*, vol. 19, no. 2 (September 1932), pp. 240-241.

[②] William A. Williams, "Brooks Adams and American Expansion," *The New England Quarterly*, vol. 25, no. 2 (June 1952), p. 218.

[③] Brooks Adams, *America's Economic Supremacy*, New York: The Macmillan Company, 1900, p. 12.

中的失利。它成了一个"虚弱的巨人"。德国、俄国和法国等列强纷纷趁机扩展自己的势力范围。"文明的中心正在运动，直到它再次停止之前，平静不可能回归。"①亚当斯还警告说，在"文明"西移后，过去的"文明"中心很可能纷纷走向"野蛮"化。②

因此，亚当斯并不完全将英美等同于"文明"，而是认为二者保留了不少"野蛮"的特征，如个人主义和非集权化。而"盎格鲁-撒克逊"人之所以能维持个人主义而非集体主义，之所以还未像大陆国家那样走向集中化（concentration），乃是由于世界仍然存在广阔的经济边疆。③ 这些经济边疆能吸收美国的剩余产品。亚当斯的论证逻辑与特纳十分相似。特纳认为"边疆"作为安全阀，塑造着美国的民主和个人主义。如果说特纳担忧的是北美边疆的关闭，那么亚当斯则担忧全球经济边疆的关闭。中国和东亚就是剩下的最重要的经济边疆，而它正在被列强所争夺。这也决定着未来将有利于"盎格鲁-撒克逊联盟"，还是有利于俄国、法国和德国等组成的"大陆联盟"（continent coalition），是有利于海洋性的和自由的体制，还是有利于大陆的和集中化的体制。

因此，打破这一规律的药方事实上已经开出：在已经充斥"经济人"的美国社会中复兴"尚武之人"（martial man），继承和维持"盎格鲁-撒克逊"传统的战斗和冒险精神，与英帝国结成以海洋和商业为生存空间的"盎格鲁-撒克逊联盟"，同俄国、德国等陆权国家作激烈的斗争，从而避免文明走向衰败的巨大风险：

> 无论是我们的朋友还是敌人都同意，一个为特定共同目标而建立的盎格鲁-撒克逊联盟将切实地达成其目标；但倘若这个联盟被一个可以随意在中国心脏地带调遣军队的强权所反对，它怎样维持自身，前景仍然不太明朗。但大致确定的是，随着内陆的集散点被很好地驻军守卫，歧视性政策将盛行，以至于会逆转海洋民族（mari-

---

① Brooks Adams, *America's Economic Supremacy*, New York: The Macmillan Company, 1900, pp. 189–192.
② John P. Mallan, "Roosevelt, Brooks Adams, and Lea: The Warrior Critique of the Business Civilization," *American Quarterly*, vol. 8, no. 3 (Autumn 1956), p. 222.
③ 根据亚当斯的历史社会学理论，集中化的下一步便是社会活力的丧失和分崩离析，"文明"也将因此走向停滞与衰败。

time races)的商业前进浪潮。假设这样的歧视性政策能够成功,而中国的门户被关闭,交易的中心将会从泰晤士向东转移;伦敦和纽约难免被边缘化。要知道在达·伽马的地理大发现之前,威尼斯和佛罗伦萨都曾经比他们现在更富裕、更具活力。同时,倘若我们根据历史作出推论,会发现盎格鲁-撒克逊人无须害怕任何实力的测试,因为他们一直是最为成功的冒险者。在普莱西战役、亚伯拉罕高地战役和马尼拉战役中,他们都成功胜出;尽管在他的冒险气质再次得到证明之前,没有人能确定这个种族是否保留了它的古老特质,但至少具有侵略性看起来比安于现状(quiescence)是一个更少危险的选项。文明不前进,就会走向衰落。①

他在文章的另一处也表达了类似看法:"必须确保这个巨大活力中心的产品有充足的销售渠道;因为,倘若亚洲市场对我们关闭,产品被拒绝,或者我们因为遭受军事打击而使得工业遭受摧残,正如西印度群岛遭到的毁灭性打击一样,我们将作为弱者而承受苦难,我们的文明将会像之前的文明一样,枯萎、凋谢。"②

在亚当斯勾勒出的严峻的、生死存亡的形势下,他反复强调应建立当时美国人有些忌讳的"帝国"。亚当斯在书中经常将"文明"中心称为"帝国的王座"(seat of empire),无疑也体现了他对于帝国主义扩张的认可:"不论我们是否喜欢,我们都不得不去竞争国际交易的王座,或者换个词——帝国的王座。"这个位置能带来无比的荣耀,但竞争也是残酷的,"往往意味着消灭自己的头号竞争对手",就像罗马摧毁迦太基,或英帝国摧毁西班牙和法兰西帝国一样。③ 在另一本题为《新帝国》(1902)的著作中,他骄傲地宣布:"在1789年,美国不过是基督教世界边缘地带的一片蛮荒之地;现在她已经是文明的中心和活力的焦点。美利坚联盟形成了一个巨大的、正在成长的帝国,它覆盖了全球的一半,是一个迄今为止拥有

---

① Brooks Adams, *America's Economic Supremacy*, New York: The Macmillan Company, 1900, pp. 24-25.
② Brooks Adams, *America's Economic Supremacy*, New York: The Macmillan Company, 1900, pp. 84-85.
③ Brooks Adams, *America's Economic Supremacy*, New York: The Macmillan Company, 1900, p. 50.

着最大财富,最完美运输方式,最为精巧,也最强大的工业体系。"①

他认为这个"新帝国"同历史上的所有帝国一样,是建立在贸易路线基础上的:"世界似乎同意,美国即便还未成为,似乎也将成为经济霸权。飓风的风眼正在纽约附近……随着美国成为一个帝国市场,她沿着贸易路线扩展,这些路线将其他国家带入美国的心脏地带,正如自萨尔贡时代至今,历史上的每一个帝国都在扩展自己一样。"② 只要这个趋势继续维持 50 年,"美国将超过任何一个帝国,即便不是所有帝国的总和"。但美国绝非可以高枕无忧。它面临着贸易路线变更的危险:"倘若商业不是同迄今为止一样,从东方流往西方,而是改变了方向,贸易路线必须被替代,而建立在这些贸易路线之上的政治组织便会失去其依托……因为人类经验告诉我们,一个新兴的主导市场意味着贸易路线的重新集中,而帝国也随之而改变。倘若这些变迁发生,将明显会改变整个文明的面貌。""倘若像价格下跌 10 年这样一个明显微小的因素也足以促使帝国的王座跨越大西洋,那么美国一个同等微小的管理功能失调便有可能使之再跨越太平洋",甚至会将"文明"中心的地位拱手让给中国。在这种由"文明"运动所带来的不稳定的局面之下,除了采用更加灵活、更审慎的管理方式,唯有加强"盎格鲁-撒克逊"的联盟,将整个太平洋变成"盎格鲁-撒克逊帝国"的内湖,才能维持美国作为商业中心的地位,而"新帝国"也建立在此基础上。

尽管布鲁克斯·亚当斯在当时只被视为亨利·亚当斯的"古怪兄弟",名声不如其兄显赫,但他充满冲击力的著作给海约翰(John Milton Hay)、西奥多·罗斯福、洛奇和柔克义(William W. Rockhill)等重要决策者留下了深刻印象。③ 与很多人更偏向强调"野蛮"对"文明"的威胁不同,亚当斯显然认为"文明"世界内部的斗争将更具决定性。他的"文明"观念带有零和博弈色彩,他所谈论的"文明"也更多地带有"文化主义",乃至"反文明"的印记,很容易导向军国主义政策。亚当斯所设计的强硬帝国扩张政策,以及军国主义思想往往被包括其兄在内

---

① Brooks Adams, *The New Empire*, New York: The Macmillan Company, 1902, p. xv.
② Brooks Adams, *The New Empire*, New York: The Macmillan Company, 1902, p. 208.
③ William A. Williams, "Brooks Adams and American Expansion," *The New England Quarterly*, vol. 25, no. 2 (June 1952), p. 217.

的人所批评，但毫无疑问，他根据历史所描绘的这样一幅惊心动魄的大国权力之争，和文明不停运动、兴衰起落之图景，也让以罗斯福为核心的"帝国主义"小集团为之眼界大开，产生不扩张则倒退的强烈危机感，因此也更不愿固守美国自华盛顿以来拒绝"纷扰同盟"（entangling alliance）的固定国策。

如前所述，美利坚的"文明主义"和"文化主义"自建国以来均有体现，那么何种因素影响着二者的具体面貌、构成和消长呢？笔者认为，除二者本身具有的吸引力与合理性，以及美国的"文化主义"往往从属于"文明主义"的特点之外，总体上还取决于第三个因素，即国内和国际的权力结构对比。在内战前，由于力量相对弱小，美国的文化主义占据主导地位，即使是今天视为"文明标准"的民主、物质主义和个人主义等在这个时期都以一种地方性文化的特点呈现出来，尤其是在面对欧洲的强势文明时，主要体现为防御性的"文化主义"；"文明主义"是辅助性的，而且以国际法及和平主义为主。而到了内战后，随着美国实力的壮大，进攻性和扩展性的"文明主义"越来越占据主导地位，美国甚至有成为"普世帝国"的冲动。

另外也要看到问题的复杂性。由于国家权力很大程度上并非客观的和可量化的，而是一种主观认知，因此对国际国内权力结构的感知和预期也很重要。尤其是在镀金时代，尽管美国客观实力有大幅增长，但由于经济的长期萧条、金融文明之掠夺性、投机性和寄生性等因素的影响，美国社会一度出现强烈的焦虑和不安全感，防御性的文化主义十分明显，"文明"这个词一度被"安全化"，变成事关美国文化种族安全的象征符号；而在相对乐观的预期下，"文明"又会出现去安全化的现象，甚至还会隐约出现博厄斯式"文化多元"与和谐共处的观念。

还需注意的是，如扎卡里亚所言，美国联邦本身的横向与纵向分权结构也影响着美国在世界权力结构中的位置，以及其对自身实力的感知和预期。美国分权结构首先会限制"文明主义"和构建"普世帝国"公民身份可供利用的现实资源，对其形成制约；但由于美国权力结构的复杂性，美国决策者的主观预期和认知也时常会与客观的权力结构出现偏差，例如误将国民权力与财富视为政府真正可以调动的权力与财富，从而在帝国构建过程中出现"试错"与狂热之后"撤退"的现象。

第四章 封闭与开放：从排华浪潮到巴拿马运河的开通

"文明主义"和"文化主义"的张力突出体现在封闭和开放的问题上。随着美国经济的发展，全球文明也为其带来大量移民。但这也相应地引起了美国人对"野蛮"入侵的恐惧。面对全球"文明"的扩张，美利坚的文化主义开始启动其防御机制，对外部无产者——移民进行排斥，甚至将文化伪装成文明，打着"美利坚文明"和"盎格鲁-撒克逊文明"的旗号以增强其排拒行为的合法性，实行一种"文化排他"乃至"文化孤立"的政策。当然，它又始终面临着全球文明发展客观规律的限制，不可能彻底对东方移民关上大门。这种文明的客观规律最为典型的例子是美国一直以来对开通中美洲运河的渴望。它主要是在"文明主义"的动力之下产生，追求开放和包容，从长远看对"文化主义"构成了有效的约束。这一章中笔者将以排华浪潮和巴拿马运河的开通为案例，探讨"文化排他/孤立主义"与"文明世界主义"这两种矛盾现象在美国外交中的体现。

一 "文明"的斯芬克斯之谜

1879年，亨利·乔治（Henry George）出版了名著《进步与贫困》，该著作被誉为"进步运动的《圣经》"。乔治在此书序言、第十章和整个第五卷中，花费大量篇幅指出当时流行的"文明"理论的不足，并提出了自己的"文明"学说：

> 本书的研究表明，文明的不同并非源自个体的不同，而是源于社会组织的差异；进步往往是为合作（association）所激发，而当不平等增加后，便会倒退；即便是现代文明中，毁灭了过去所有文明的因素也开始显露出迹象，单纯的政治民主只会走向无政

府和暴政。①

可以说，亨利·乔治提出了与菲斯克、斯特朗、伯吉斯以及斯宾塞等"社会进化论者"有很大差别的一种"文明"观念。他批评种族主义和达尔文主义，"事实上，在解释普世史的事实方面，没有比这一理论更不符合实际情况的：认为文明是自然选择进程的结果，这一进程改进和提升了人的能力"。他认为这无法解释为什么几乎世界上所有的"文明"都停滞了。

> 许多文明消亡后没有留下痕迹，艰难得到的进步永远地在这个种族身上消失了，但是，即便我们承认，每一波进步和文明都将火炬传递给了下一个更伟大的文明，文明通过改变人类特质（nature of man）而进步的理论也无法解释事实，因为在每一个例子中，都不是由受到旧文明教育和世代改造的种族来开始新的文明，而是由更低文明水平的新种族承担这一使命。一个时代的野蛮人在下一个时代成了文明人；接着它又被新的野蛮人取代。今天的文明人远比不文明人优越；但是每一个已死的文明在其兴盛时，同样是如此。但是文明也含有邪恶、腐败和衰弱等意味，到了某个点之后他们总是会暴露出来。每一个被野蛮人所毁灭的文明实际上都是从内部的腐烂开始的。这一普遍的事实一旦被认识到，就使通过世代遗传来取得进步的理论破产了。②

据此理论，他反对流行的种族主义解释，即将一个民族的落后归因于人种因素。他说，印度人本身源自雅利安人，而"当我们的祖先还是居无定所的原始人的时候，中国已经拥有了高度发达的文明和那些最重

---

① Henry George, *Progress and Poverty: An Inquiry into the Cause of Industrial Depressions and of Increase of Want with Increase of Wealth*, The National Single Tax League Publisher, 1879, p. xiv.

② Henry George, *Progress and Poverty: An Inquiry into the Cause of Industrial Depressions and of Increase of Want with Increase of Wealth*, The National Single Tax League Publisher, 1879, p. 484.

要现代发明的雏形"。① 他在书中多次提到,中国很早便拥有高度发达的"文明"。看上去他对华人似乎没有任何的种族歧视。

但他花费大量笔墨来谈"文明"的目的显然不是批判种族主义,他也并不是一个"色盲"的世界主义者;亨利·乔治更多还是为了提醒读者,19世纪流行的单线文明进步观之所以并不符合事实,是因为进步也带来了贫困。他形象地称之为"斯芬克斯命运之神为文明出的谜题,如果不能回答必然招致毁灭"。② 受巴克尔《英国文明史》的影响,他将财富分配的不平等看作"文明"毁灭的重要原因。他代表美国底层民众对"文明"表达了这样一种复杂的情感:

> 我不是蒙昧国家的倾心仰慕者。我关于自然状态的观点也并非来自卢梭、夏多布里昂或库珀。我意识到此种状态下物质和精神的匮乏。我相信文明不仅是人类的最终宿命,而且能够释放、提升和优化人类的所有能力,也只有在这种悠闲的状态下,人类才能羡慕田园牧歌式的生活,一边享受文明的好处一边欣赏蒙昧国家的淳朴。但我认为任何人只要睁开他的眼睛,他很难不看到:在文明的中心有着庞大的群体,他们所面临的困境,即便最为原始的人们也不愿与其易地而处。经过深思熟虑后,我坚定地认为,倘若在一个人来到世上的时候,让他选择做火地岛人、澳大利亚的黑人、北极圈的爱斯基摩人或大不列颠的底层阶级,他会毫无疑问地选择过原始人的生活。③

亨利·乔治自己也注意到,他所总结的"文明"规律与主流"文

---

① Henry George, *Progress and Poverty: An Inquiry into the Cause of Industrial Depressions and of Increase of Want with Increase of Wealth*, The National Single Tax League Publisher, 1879, pp. 113-114.

② Henry George, *Progress and Poverty: An Inquiry into the Cause of Industrial Depressions and of Increase of Want with Increase of Wealth*, The National Single Tax League Publisher, 1879, p. 10.

③ Henry George, *Progress and Poverty: An Inquiry into the Cause of Industrial Depressions and of Increase of Want with Increase of Wealth*, The National Single Tax League Publisher, 1879, pp. 283-284.

明"话语并不一致。在主流的"文明"话语中,私有产权是推动"文明进步"的重要制度和标志;他们指责乔治所倡导的土地公有制是"摧毁文明,回归到野蛮"。乔治声称,对土地私有产权的重视"将偶然混淆为必然",是政治经济学家们要极力去论证的一种"幻觉"(delusions)。①

按此逻辑,他对美国"文明"进行了诸多批评。他通篇将美国的劳工与原始野蛮人相比,强调现代"文明"潜在的一个巨大危险是,正如古罗马共和国的小农都无产阶级化了一样,美国劳工也有可能重蹈覆辙。他认为解决财富分配不公的最佳手段是实行土地单一税,也就是以"并非没收土地,而是没收租金"的方式,"提高工资,增加资本收入,消灭贫困,增加就业酬劳,减少犯罪,提升道德、品位与心智,建设纯洁政府,将文明推动到一个更高贵的层面"。② 同时他主张废除土地税以外的所有土地税收。

除著名的单一税之外,亨利·乔治还有一个解决"文明"国家内部贫困问题的方案,即排斥华工。这种代表底层人民对社会不公的控诉,对种族主义的批判,导向的却是对"外部无产者"③ 和对"异族文明"的排斥,以及充满恶意的"文化种族主义":

---

① Henry George, *Progress and Poverty: An Inquiry into the Cause of Industrial Depressions and of Increase of Want with Increase of Wealth*, The National Single Tax League Publisher, 1879, p. 395.

② Henry George, *Progress and Poverty: An Inquiry into the Cause of Industrial Depressions and of Increase of Want with Increase of Wealth*, The National Single Tax League Publisher, 1879, pp. 403-404.

③ 汤因比的"外部无产者"概念指的主要是"文明"边境的蛮族,如罗马边境上的阿瓦尔人、条顿人、匈人和斯拉夫人等,他们在"文明"的边缘,并倾向于对文明的解体作出暴力的反应:"外部无产者来源于对文明解体的反应,这个文明先前是健康的,曾一度把它的那些处于前文明状态的邻人吸引到自己的影响范围之内。但它现在却失去了榜样的向心作用,不再对这些外部的蛮族社会有任何影响力……外部无产者具有接受以高级宗教为代表的、真实的终极精神的潜在能力,并能够吸收或者适应内部无产者的宗教观点,因而表现出一种虽然有限但却明显可见的创造力量。"见〔英〕阿诺德·汤因比著,刘北成、郭小凌译《历史研究》(插图本),上海:上海人民出版社2019年版,第347—348页。但汤因比在其著作中似乎未提到外部移民对"文明"中心造成的持续影响。笔者尝试将"外部无产者"的概念用在美国外来移民,尤其是东方移民身上。

当黑人被带到我国之时，他们只是野蛮人，没有任何东西需要去掉；中国人有自己的文明和自己的历史，这一虚荣导致他们蔑视其他种族，由于数不清多少代的传承，他们的思维习惯已经被永久化了。从当前来看，我们当中会出现一群永久化的中国人……这个群体出生在中国，期待着返回中国，住在他们自己的"小中国"环境下，对我们国家没有任何的归属感——他们是彻头彻尾的异教徒，阴险、放纵、怯懦而且残忍。①

如果说汤因比等现代学者只是认为文明在解体阶段，会引发"外部无产者"的暴力侵略的话，那么亨利·乔治等19世纪末的知识精英则直接将文明衰落归因为存在于"文明"内部的"外部无产者"：由于输入廉价劳动力，或他们所说的"奴隶劳动""苦力"等，下层民众无产阶级化，进而激化贫富矛盾，引起内战和文明的衰落。他说，"使罗马陷落的野蛮不是来自外界，而是来自它自身。它是罗马体系的必然产品：用奴隶和苦力来取代意大利的独立农夫，元老家族们瓜分行省的土地，将其据为己有"。②

"文明"受外部无产者影响而走向衰落的话语在19世纪末绝非孤例。1896年，德国著名学者马克斯·韦伯在弗莱堡大学作了一次演讲，名为《古代文明衰落的社会原因》，认为古代罗马帝国受到社会有机体痉挛症的困扰，也就是因富人和穷人的分裂而自我毁灭。韦伯的演说当然带有明显的现实指向。他看到，德国的容克贵族资本家也在采用类似的政策：他们宁可使用斯拉夫人（包括波兰人和俄国人）的廉价劳动力，也不愿雇用德国自己的劳动力。③ 韦伯和乔治的论点十分相似：不论是斯拉夫人还是中国人，显然他们带来的是危险的因子，短暂的收益从长远来看却会导致国家的分裂、帝国的危

---

① Henry George, "The Chinese in California," *New York Tribune* (May 1, 1869).
② Henry George, *Progress and Poverty: An Inquiry into the Cause of Industrial Depressions and of Increase of Want with Increase of Wealth*, The National Single Tax League Publisher, 1879, p. 519.
③ 〔德〕马克斯·韦伯著，阎克文译：《经济与社会》（第一卷），上海：上海人民出版社2019年版，第32—33页。

机和种族的衰亡。①

1869—1870 年，亨利·乔治与约翰·斯图亚特·密尔关于华人劳工曾有过一番交流。《纽约论坛报》（New York Tribune）在 5 月 1 日刊登了乔治题为《中国人在加州》（The Chinese in California）的文章，指出华人劳工将会降低美国白人的工资水平，并对华工进行了"杰克逊主义"式的咒骂。他随后将这篇文章发送给了密尔。密尔对此进行了回复。密尔的回复体现了他较为折衷、"纠结"的个人风格。他首先感叹道，华人移民"牵涉到两大最为困难和尴尬的政治道德（political morality）问题：其一是那些先行占据了地球上无主之地的人们，能有多少权利将其他的人类群体排除在外；其二是那些人类中更进步的分支群体能采用怎样的合法手段来保护自己，从而不受那些文明程度更低（lower grade in civilisation）之人群的蚕食和侵占"。② 他同意乔治的部分观点，即华工的到来会降低白人的工资和生活水平。他说，"从普遍原则来讲，现有的状况倘若必定会持续下去，那么排斥移民是有道理的：鉴于中国人的生活习性，允许他们的剩余人口进入只会对中国人有暂时的好处，而对更加文明、更加进步的人类群体会造成永久的伤害"。

但他不同意后者关于华人永远不会被"文明化"的断言：

  事情的另一面同样有很多可说。断言中国人的性格和习性是无法改进的，这一假设是否正当合理？须知在向劳工大众中最贫困、最无知者去传播文明最重要的一些元素（the most important elements of civilization）方面，美国的制度是迄今为止最强有力的。倘若每一个中国幼童在你们的学校体系下都能够被强制地接受教育，或者如

---

① 甚至诺贝特·埃利亚斯在其著作《文明的进程》中，也提到奴隶劳动（奴隶实际上主要是来自外部的"无产者"）和自由劳动所造成的不同后果。他认为，奴隶劳动会导致"劣币驱逐良币"，导致下层劳动阶级失去尊严，沦为"现代经济学家"所说的"白色垃圾"（white trash），"卑贱的白人"（mean whites），与古罗马史研究者常说的"渣滓"或"游手好闲"（clients）的人正好相互呼应。〔德〕诺贝特·埃利亚斯著，袁志英译：《文明的进程：文明的社会起源和心理起源的研究·第二卷社会变迁 文明论纲》，北京：生活·读书·新知三联书店 1999 年版，第 61 页。
② Kenneth C. Wenzer, ed., *Henry George: Collected Journalistic Writings, vol.1: The Early Years, 1860–1879*, London: Routledge, 2019, p.173.

果可能，采取更为有效的教育手段，并且持续足够长的时间，难道中国人不会被提升到美国人的水平吗？我相信，迄今为止在美国出生的华人数量并不多；但只要维持这种状况——只要中国人没有举家迁徙并定居在这里，而是回到自己的故国（事实的确如此），那么它带来的危害很难说有那么大，以至于要用强力来阻止。①

密尔接着又作了一个保留："有一种限制性措施在我看来不仅是合适的，而且绝对有必要；那就是制定最严厉的法律，禁止将华人移民当苦力引进。例如签订契约，迫使他们为某些人服务。所有这类义务都是一种强制劳动的形式，也就是奴隶制。"② 密尔的回复令人想起了他在柯勒律治和边沁之间的折衷调和。他时常为柯勒律治式"文化主义"所扰动，但最终还是坚持边沁式"文明主义"。尽管密尔仍公开表示通过允许中国人以个体为单位移民美国，可使其"熟悉更好和更文明的生活方式"，同时也是"改进他们自己国家的最好机会之一"，但密尔无疑太理想化，他所列的前提条件也很难满足（例如不伤害美国劳工利益、强制教育等）。《奥克兰每日文摘》（*Oakland Daily Transcript*）社论一针见血地评价道，"按照密尔先生提出的所有保留条件，他的观点实际上完全支持限制中国移民的立场"，倘若禁止"苦力"或"奴隶劳动"，那么中国移民也会被完全禁止。③ 也许正因为能有这样的效果，在未经密尔本人许可的情况下，乔治将这封回信刊登到了各大报刊上。④

可以说，在金融文明时代社会危机和焦虑情绪的驱使下，以亨利·

---

① Alexander Saxton, *The Indispensable Enemy: Labor and the Anti-Chinese Movement in California*, Berkley: University of California Press, 1971, p. 103; Kenneth C. Wenzer, ed., *Henry George: Collected Journalistic Writings*, vol. 1: *The Early Years*, *1860-1879*, London: Routledge, 2019, p. 174-175.

② Kenneth C. Wenzer, ed., *Henry George: Collected Journalistic Writings*, vol. 1: *The Early Years*, *1860-1879*, London: Routledge, 2019, p. 174.

③ Kenneth C. Wenzer, ed., *Henry George: Collected Journalistic Writings: vol. 1: The Early Years*, *1860-1879*, London: Routledge, 2019, p. 175.

④ John S. W. Park, *Elusive Citizenship: Immigration, Asian Americans, and the Paradox of Civil Rights*, New York: New York University Press, 2004, p. 54; Graham Finlay, "Power and Development: John Stuart Mill and Edmund Burke on Empire," in Nalini Persram, ed., *Postcolonialism and Political Theory*, Lanham: Lexington Books, 2007, p. 65.

乔治为代表的知识分子用当时流行的"文明"理念对华工问题进行了界定,对排斥的合法性进行了炫目和具有迷惑性的表述。倘若他们是真诚的,那么这就是一种认知失调,是"文明"概念对现实的扭曲;而倘若他们是在编造谎言,那么这也是颇为有力的谎言,正如我们后面将看到的,它能成为各阶层用来排斥华工的"通用货币"和响亮口号。

二 作为工作伦理的"文明"

劳工阶层很快便采纳了这一套语言。① 对此阶层而言,美国的文化与种族身份也许比不上实实在在的工资收入,但为了动员和获取美国社会各界的支持,他们选择照搬知识分子的言论,诉诸"东方文明"的威胁和入侵。② 美国著名劳工领袖特伦斯·鲍德利(Terrence Powderly)、塞缪尔·龚帕斯(Samuel Gompers)和弗兰克·萨金特(Frank Sargent)等也都激烈地排斥华工。鲍德利出生于宾夕法尼亚州,曾经是一名铁路工人和机械工,1879—1893 年担任美国劳动骑士团主席,之后主要从事移民工作,1897 年担任移民委员会主席,1906 年由西奥多·罗斯

---

① 根据安德鲁·吉沃里(Andrew Gyory)在《关闭大门》中的研究,美国的劳工组织曾试图区分移民(immigration)与输入劳工(importation of labor),他们只是反对后者,但对前者持欢迎态度;因此美国劳工最多只是消极的种族主义者。但正如美国移民史学家艾明如(Mae Ngal)所说,吉沃里对劳工组织种族主义的辩护是偏颇的,事实上并非所有华人劳工都是非法输入的苦力,劳工也并非那么容易就会被种族主义政治所欺骗。从这个角度来看,排华乃是各个阶层共谋的结果,是一拍即合的产物,通过"盎格鲁-撒克逊文明"等各种语言,它能够有效地缓解镀金时代的国内矛盾。见 Andrew Gyory, *Closing the Gate: Race, Politics, and the Chinese Exclusion Act*, Chapel Hill: University of North Carolina Press, 1998。

② 有趣的是,排华分子、种族主义者与之前的废奴主义者有很大的重合。他们大多继续使用内战前形成的"自由劳动"(free labor)意识形态来论证排华的必要性。例如,爱默生是激烈的废奴主义者,但也对中国的文明抱着极端贬低的态度。他声称,中国是一个"令人作呕的……傻瓜国度",中国文明是"变态的",中国人"无精打采……而且愚蠢"。他还被一些研究者称作"种族理论之王"。詹姆斯·布莱恩、霍雷肖·格里利(Horace Greeley)等也是如此。另一位激进废奴主义者温德尔·菲利普斯(Werdell Phillips)尽管至死仍捍卫华人不受限制的移民权利,但也称中国人是"半文明的"和"无知"的。见〔美〕彼得·J. 卡赞斯坦主编,魏玲、王振玲、刘伟华译《英美文明及其不满者:超越东西方的文明身份》,上海:上海人民出版社 2018 年版,第 16 页;Andrew Gyory, *Closing the Gate: Race, Politics, and the Chinese Exclusion Act*, Chapel Hill: University of North Carolina Press, 1998, p. 17, p. 58。

福总统任命,成为美国移民局信息司(Division of Information of the Bureau of Immigration)司长。在担任移民委员会主席期间,他以维护工人利益为由,对《排华法案》进行严苛解释,对中国移民的审查更是极为苛刻。龚帕斯在19世纪90年代担任美国劳联主席(American Federation of Labor)期间,也对华工极度反感,认为他们会降低美国工人的工资,破坏美国的工人运动,并且最终推翻"西方文明"。尤金·德布斯(Eugene V. Debs)在20世纪初建立的美国社会党虽打着"社会主义"旗号,但同样有许多反华工的"文明"话语。总之,美国的多数工会组织和工人运动都主张继续维持1882年通过的《排华法案》,并且限制其他"劣等移民"。

文明话语对排华的主力军——中产阶级可能还要更加有效。[①] 他们往往会从工作伦理的角度批评华工。在19世纪70年代的加州,白人同华人之间的矛盾日益尖锐,多次发生暴力冲突,不少华人移民遇害。为此,1876年加州两院议会开始对华人移民进行调查,并出台长篇调查报告。这份报告关注了美国和中国的"文明"差异与优劣,以及中国是否像传教士和商人所说的那样,能够对"文明"的发展作出贡献。

在1876年加州参议院举行的一次听证会中,提供证词的主要是加州中产阶层,包括医生、律师、检察官、法官、商人、传教士(牧师)、企业主等。这些人均被问到这样一个问题:"华人在加州是否(如传教士们所言)促进了基督文明的发展?"除少数人外,其他所有人给出的答案都是否定的。在这些中产阶层看来,华人的居住地是肮脏的,华人是不讲诚信的、不可真正被基督化的。华人妓女只认金钱,导致大量白人青少年染上性病。即使就经济上而言,华人带来的也不全是好处。华人只从事生产,而不在当地消费,这不利于当地经济的发展;华人的竞争导致很多"诚实的"白人女性沦为妓女。当被问到"基督文明"的问

[①] 排华的不仅有爱尔兰劳工,也不主要是爱尔兰劳工。一位华人劳工曾回忆说,"一开始我们认为是爱尔兰人在排斥我们",但后来发现,"整个白人群体"都在试图驱逐"苦力"。1879年加州范围的全民公决也显示,有99.4%的投票者反对移民华工。1878年,加州召开制宪会议并且制定了排华色彩极其浓厚的州宪法,这部宪法得到了多数人的支持。仅仅是由于联邦宪法的限制,才使得这部宪法没有造成更严重的排华恶果。见 Raymond Wolters, "Race War on the Pacific Coast," *The Occidental Quarterly*, vol. 8, no. 1 (Spring 2008), p. 102.

题时，一位当地的面包店老板反问道："传教士宣称在这个州有六十到上百个华人被基督化了，姑且认为这是真的吧，但他们考虑过究竟有多少白人被毁掉了吗？"①

在调查报告中，一位雇用华人的企业主不解地抱怨说，为什么爱尔兰人都受到欢迎，而中国人却不受欢迎呢？他的言下之意是爱尔兰人与华人劳工没有什么差别。这个抱怨立刻遭到提问者的反驳："我对爱尔兰人可没有不好的看法。"华人为什么比爱尔兰人更受排斥呢？在普通中产阶级眼中，华人与爱尔兰人有着本质的不同。首先，爱尔兰人信仰基督教；其次，爱尔兰人更加愿意永久地在美国居住；最后，非常重要的一点是，爱尔兰人能够说英语。这些都容易赢得普通美国人的认同感和亲近感，同时以上特点也证明爱尔兰人是容易被"盎格鲁-撒克逊文明"所吸纳的。加州的一份报纸就据此宣称，不要将华人与爱尔兰人相提并论。一位旧金山的律师弗兰克·皮克斯利（Frank Pixley）说，"基督文明比异教优越"，尽管爱尔兰人曾因其天主教信仰而受到"盎格鲁-撒克逊"人的百般歧视，甚至不被看作"白人"，但相比于华人距离更为遥远的宗教信仰，爱尔兰人相对来说还是更受欢迎的。

华人当时的一夫多妻制、吸食鸦片、溺婴、缠足、赌博等落后习俗被视为两种"文明"无法相容的证据，而排华分子认定这些落后习俗是东方"异教文明"的产物，也使得这种"文明冲突"显得更加尖锐。1878年，《北美评论》的一篇文章中提到，他们来到这里，也带来了"佛教寺庙、鸦片窟、戏院、赌场等中国文明的产物"。② 华人被视作天生的小偷、作伪证者。华工大多是单身男子，生活要求较低，这很大程度造成了华工劳力的廉价，也成为华工受到攻击的理由；但美国人又尤其害怕华人妇女的到来，因为在他们眼中华人妇女大部分都是妓女。当听说有满载华人妇女的船只登陆美国时，密苏里州民主党参议员韦斯特惊呼道："他们会带来一个健康的文明吗？"

在工作伦理方面，儒家文明与"盎格鲁-撒克逊"的新教文明之间

---

① *Chinese Immigration: The Social, Moral and Political Effect of Chinese Immigration*, Sacramento: State Printing Office, 1876, p. 130.

② M. J. Dee, "Chinese Immigration," *The North American Review*, vol. 126, no. 262 (May-June, 1878), p. 517.

有共通之处，二者都强调勤奋与节俭。① 许多美国人也以此为由反对排斥华人移民。一方面是由于新教文明的生存受到威胁，另一方面它也为新教文明所发展出的另一层含义——"自由"所冲淡了。"文明"标志着更多的自由与更温和的手段，而"野蛮"则代表着压迫、奴役与暴力。据美国著名史学家比尔德夫妇研究，美国南北两地曾经就奴隶制是否符合"文明"而进行了激烈的论战，经爱默生、查尔斯·萨姆纳、詹姆斯·霍尔姆斯（James Holmes）以及众多不那么知名的人物的宣传游说，卡尔霍恩、菲茨休等关于"奴隶制是文明基础"的言论败下阵来，而奴隶制也被彻底打上了"野蛮"的标签。② 美国内战后，"自由劳工"（free labor）作为一种工作伦理大行其道。与之相对立的是"廉价劳工"或"奴隶劳工"。尤其随着镀金时代劳资矛盾的尖锐化，"自由劳工"的思想更是为劳工组织所推崇。同时由于新教伦理比较注重个人的"拯救"，相对更加无法容忍个人过分污浊与恶劣，或者说受"奴役"的环境，因为这是与"基督文明不相容"的。③ 因此就连华人一度最令美国人欣赏的特质——勤劳和节俭也成了与"美国文明"不相容的特质。排华分子们相信，孔子的教化就如同毕达哥拉斯、佛陀等人的教化一样，尽管它曾经推动了人类的进步，但在现代各种形式的奴役面前显得力不从心，才会默许诸如华工这类劳作方式的存在，因此更为现代的"基督文明"才能进一步推动人类的自由。④ 也许正因为这一点，著名共和党领袖查尔斯·萨姆纳和詹姆斯·布莱恩在战后都积极支持黑人权利，但

---

① 参见〔德〕马克斯·韦伯著，康乐、简惠美译《新教伦理与资本主义精神》，桂林：广西师范大学出版社2007年版；〔美〕塞缪尔·亨廷顿著，程克雄译《我们是谁：美国国家特性面临的挑战》，新华出版社2005年版，第59页。
② 参见 Charles Beard and Mary Beard, *The American Spirit: A Study of Civilization in the United States*, New York: The Macmillan Company, 1942, pp. 278-331.
③ Edward Ross, *Changing America: Studies in Contemporary Society*, New York: The Century Co., 1912, p. 69.
④ 布莱恩1879年2月在美国参议院发表演说，指责华工缺乏普通美国人那样温情的家庭，只是一群冷酷的没有情感的"奴隶劳工"，甚至"比奴隶劳工更恶劣"，将会"让自由劳工走向堕落"；"我们到了做出必须选择的时候了：是让太平洋沿岸接受基督文明，还是儒家文明？"见 Jon Gjerde, ed., *Major Problems in American Immigration and Ethnic History*, New York: Houghton Mifflin Company, 1998, p. 277.

他们却卷入了排斥华人的运动。①

排华分子经常指责华工移民引进的方式是秘密的、不道德的,类似于过去的奴隶买卖。加州的一份报纸《州首府记者报》(*State Capital Reporter*)在1870年评论说,这群"可怜的蒙古贫民在广东的郊区遭到绑架",被偷运到美国,怎么能与"文明"的、自愿来到美国的"自由白人移民"相提并论呢?② 相应地,华工与"自由白人"在工作伦理方面的冲突也引起了主流社会的担忧。他们认为,一方面,华人不愿意消费,不懂得享受,生活要求极低;另一方面,华人的勤劳是奴役的表现,这些都使白人无法像华人一样工作。

华人的消费习惯被白人横加指责。旧金山的一位外科医生被问道:"你怎样看待华工对这里的文明产生的影响?"他的答案是:"众所周知,在世界上所有地方,劳工同时也是消费者才能有利于国家的发展;华人如果想对这个国家有所贡献,那么他们首先应当消费这个国家的产品。"③ 1878年,加州的排华之势越来越汹涌时,一位评论者说,"中国人的这些特征是我们最为鄙夷的:他的可怜的小身躯,他的拮据和悲惨的生活方式,他的奴性与不知疲倦的勤劳,他对高品质和昂贵享受的无动于衷——而这些是我们的文明所不可或缺的"。④ 甚至连华人的饮食习惯也受到诋毁。华人被称作"吃米饭的种族",而白人则是"吃牛肉的种族"。排华分子认为,倘若以华人的生活标准来要求"吃牛肉的种族",那么后者将面临被饿死的命运。

三 "盎格鲁-撒克逊文明"及其继承者

在排华浪潮的形成过程中,知识分子、政治家与劳工阶层将阶级与

---

① Isabella Black, "American Labour and Chinese Immigration," *Past & Present*, no. 25 (July 1963), p. 66.
② *Arguments in Favor of Immigration*, Published by the California Immigrant Union, February, 1870, p. 16.
③ *Chinese Immigration: The Social, Moral and Political Effect of Chinese Immigration*, Sacramento: State Printing Office, 1876, p. 107.
④ M. J. Dee, "Chinese Immigration," *The North American Review*, vol. 126, no. 262 (May-June, 1878) p. 524.

种族冲突上升为文化，并伪装成"文明"，以"盎格鲁-撒克逊文明"等为集结号，展开了对"儒家文明"和华人劳工的攻击和污蔑。

在排华过程中，"盎格鲁-撒克逊文明"与"儒家文明"不相容的论调在美国政客那里运用得最为得心应手，因为该论调既有助于掩盖他们追求选票的卑劣动机，又有助于点燃普通民众的种族排他和仇恨激情，充分体现出"道德的人"与"不道德的社会"之间的反差。尽管美国东部此时大多数州并未感受到华人劳工的威胁，但由于西部各州将排华视作头等大事，西部的选票能打破两党间竞选的平衡，詹姆斯·布莱恩、克利夫兰等东部美国政客不仅对此议题不敢怠慢，而且还竞相操弄，以期获得选举优势。

西部的排华分子当然也懂得如何用"盎格鲁-撒克逊文明"去吸引全国的注意。例如，加利福尼亚州的参议员约翰·米勒发表演说称：

> 我恳请你们让美利坚的盎格鲁-撒克逊文明不要受任何污染，或与任何其他文明相互掺杂……让我们政治系统中循环着的血液保持纯洁，保护我们的生活不受东方文明坏疽的传染。

1901年，旧金山市市长詹姆斯·费兰（James D. Phelan）在《北美评论》上发表了《为什么中国人应当被排除》一文，回复中国驻旧金山领事何祐对美国排华政策的批评。费兰曾经担任加利福尼亚劳工联合会的领导人，但他在这里试图将排华塑造成整个国家的共识。他说道，"何祐先生支持废除《排华法案》的主要理由是这样的：中国问题是一个劳工问题。他声称，排华浪潮是由劳工庸众所煽动起来的；工会由各行各业的熟练工人组成，但是中国人并非熟练工人，因此也不会是有力的竞争者"。费兰言之凿凿地说："这不仅仅是一个劳工问题，也不仅仅是一个种族问题。这是一个美国问题，涉及我国制度的存续，和我们的文明标准。"①

> 中国人用一种极为劣等的文明与我们的文明竞争，这将会摧毁

---

① James D. Phelan, "Why the Chinese Should Be Excluded," *The North American Review*, vol. 173, no. 540 (November 1901), p. 667.

我们自由政府赖以延续的人民。他们没有家庭；没有学校、图书馆、教会或剧院；是沉溺于各种恶习的法律破坏者；对卫生条例漠不关心，滋生各种疾病；没有假日，不尊重任何传统的纪念日，而只知道不停劳作，除必要的衣食之外几乎别无他求，这种状况他们已经在数个世纪中习以为常，而由我们的文明所抚养的人们则重视家庭生活和政治责任（civic duty）。我们的文明被爱国者、烈士和人类的守护者们从野蛮中拯救出来，现在的问题是：美国文明应当被危害吗？难道中国移民不是一个威胁吗？[1]

与关心经济收入的劳工阶级和关心选票的政治家不同，作为美国社会中"自由漂浮"的群体，知识分子并非纯粹为某个阶级代言。他们关心的毋宁说是美国文化和种族身份的未来。宁科维奇在评论启蒙思想时说，"文明与文化是对立的概念。文明是大写的文化，是一种全球文化。这种全球文化只有通过消灭那些盲目跟随传统的文化才能实现……不论通过混合、同化还是灭绝，文化身份的丧失可能是令人遗憾的……但这是进步的代价。它会在任何人身上发生，甚至也包括文明人"。[2] 这里的最末一句话值得深思。在全球文明的作用下，自认为居于"文明"顶端的盎格鲁-撒克逊人也面临"文化身份"丧失的危险，尤其是当东方移民大量涌入的时候，其传统的"礼俗社会"能否维持也成了问题。因此在知识分子队伍中，除了亨利·乔治以外，爱德华·罗斯（Edward A. Ross）、麦迪逊·格兰特、伍德罗·威尔逊（Woodrow Wilson）和亨利·亚当斯等著名学者也纷纷加入赞成排斥华人移民的队列当中。他们宣称，中国文明尽管比不上"盎格鲁-撒克逊"文明，但比欧洲的某些次等文明（如南欧和东欧的文明）要更优秀，也几乎无法同化。相反，它还有极强的同化白人的能力。因此，未来的世界将很大程度上是"盎格鲁-撒克逊文明"或"美利坚文明"与"儒家文明"或"中国文明"之间的竞争。而倘若允许华工大量涌入，无疑是自我毁灭。

---

[1] James D. Phelan, "Why the Chinese Should Be Excluded," *The North American Review* (November 1901), p. 674.

[2] Frank Ninkovich, *Global Dawn: The Cultural Foundation of American Internationalism, 1865–1890*, Cambridge: Harvard University Press, 2009, p. 164.

倘若作进一步分析，可以看到知识分子笔下的"盎格鲁-撒克逊文明"尽管打着"文明"旗号，实际上却是"文化主义"的体现。它首先代表着英美既有的文化传统。大卫·休谟在其名著《英国史》中指出"盎格鲁-撒克逊"并非固定的种族，其中的连字符号便体现了这一点。弗雷德里克·查普曼（Frederick Chapman）说，随着英帝国的扩张，原来的"盎格鲁-撒克逊"人种族构成发生了巨大变化，"雅利安人、闪米特人、蒙古利亚人、白人、棕色人种和黑人"的血液都融入了征服者的血液中，而"'盎格鲁-撒克逊'的术语也不再单指一个特定种族……它不如说代表着一种文明，代表着某些观念和制度，它起源于人类中的某个特定族裔，但已经不是它独有的财产了"。①

但也不能据此否认其生物种族主义。在1858年第二次鸦片战争期间，美国海军将领便有"血浓于水"的说法。简·桑普森（Jane Sampson）指出，在美国"有华裔美国人（Chinese-Americans），有爱尔兰裔美国人（Irish-Americans），唯独没有英裔美国人（English-Americans）的说法"；② 卡赞斯坦称，目前美国所谓的多元文化主义不过是种族对立的"二元文化主义"；③ 汤因比也揭示了英美"文明"根深蒂固的种族排斥和隔离习性：

> 尽管在某些方面，对这些讲英语的民族的胜利回顾可以评判为对人类的一种赐福，但在种族意识这件危险之事上，却很难否认这一胜利是一种灾难。那些在海外新世界树立了自身地位的讲英语的民族，总体而言不是一些"会交际者"。他们通常是灭绝了那些原住民，而在那些或者是允许一些原住民留存的地方——比如南非，或者是从别处输入原始"劳动力"的地方——比如北美，发展出一

---

① Paul A. Kramer, "Empires, Exceptions, and Anglo-Saxons: Race and Rule between the British and United States Empires, 1880-1910," *The Journal of American History*, vol. 88, no. 4 (March 2002), p. 1323.
② Jane Sampson, *Race and Empire*, London: Pearson Education Limited, 2004, p. 107.
③ 参见〔美〕彼得·J. 卡赞斯坦主编，魏玲、王振铃、刘伟华译《英美文明及其不满者：超越东西方的文明身份》，上海：上海人民出版社2018年版，第31页。他还曾批评美国国际关系中的自由主义者和现实主义者均无视种族的因素。参见〔美〕彼得·J. 卡赞斯坦主编，魏玲、韩志丽、吴晓萍译《中国化与中国崛起：超越东西方的文明进程》，上海：上海人民出版社2018年版，第V页。

种日趋僵化制度的雏形。在印度，这种制度经历许多个世纪已经发展至成熟，这就是我们深感悲伤和谴责的"种族"制度。而且，或是消灭或是隔离，这种选择是排他性的。这种政策是为了避免实施这种做法的共同体社会生活的分裂，但付出的代价则是导致了排除种族与被排除种族之间同样危险的国际紧张状态，尤其是当这种政策用于那些并非原始民族而是文明民族如印度人、中国人和日本人这类外族身上时。所以，在这个意义上，讲英语民族的胜利就给人类带来了一个"种族问题"。

汤因比甚至认为在种族问题上，法国人做得更好："18世纪印度和北美的拥有权争夺战上，如果是法国人而不是英国人获胜，这个问题本来几乎不会出现，至少不会是现在这样严峻和范围如此广阔的区域。"①

葛兰西的"文化霸权"，以及埃利亚斯有关局内人和局外人的概念均颇为适用这里的"文化主义"情境。作为美国社会"文明标准"的设定者，美国的"盎格鲁-撒克逊新教白人"（WASP）群体需要根据种族、文化与价值观念，谨慎选择其追随者，设定"文明标准"，排斥它不愿接纳的种族与文化。在美国知识精英那里，不论是"英语文明"、"盎格鲁-撒克逊文明"还是"英语种族"，其核心都是自由和新教的文化。②

此类种族文化霸权造成的客观结果是强化了种族二元对立，即白人与非白人之间的对立，而生物学意义上的种族主义也随之变得根深蒂固。正如磁石对不同物质会产生排斥或吸引力一样，在施加种族文化霸权的群体看来，白人能够被改造成为"盎格鲁-撒克逊文明"，而非白人要做到这一点非常困难。在外来移民问题上，"文明"（实为文化）与"种族"这两条"底线"原本彼此交织，难以分辨；但倘若更仔细地比较，"文明"似乎还是更高的评判标准。换言之，支配霸权的群体可能同亨利·乔治一样意识到，亚洲移民的大规模涌入和聚居使之很难被"盎格

---

① 〔英〕阿诺德·汤因比著，王毅译：《文明经受考验》，上海：上海人民出版社2016年版，第170—171页。

② 西奥多·罗斯福称，"有秩序的自由既是我们文明的基座，也是她的拱顶石（capstone）"。参见Theodore Roosevelt, *Address of Hon Theodore Roosevelt Before the Naval War College*, Washington: Government Printing Office, 1897, p. 7。

鲁-撒克逊文明"同化,接受它的工作伦理、政治原则和宗教信仰。事实上直至今天,美国社会可以说是一个种族多元主义的国家,但离成为马赛克式的文化多元主义国家仍有遥远的距离;"盎格鲁-撒克逊"的主体文化并没有太大变化。

  在此种"文化种族"的偏见支配下,华人移民的原罪在于无法接受"盎格鲁-撒克逊文化",而这又是所有种族融入美国的前提条件。《爱尔兰世界报》(*Irish World*)曾抱怨说,在美国的公立教育体系中,"每一代爱尔兰人、德国人、法国人、斯堪的纳维亚人、波兰人、意大利人和其他族裔的学生"都要接受学习"盎格鲁-撒克逊文明"的教育。① 按照亨廷顿的总结,就"文明"的关系而言,美国知识分子们所设想的主要还是番茄汤模式,或者也可以算作熔炉,但不太可能是马赛克的样式。正是这种"盎格鲁-撒克逊文明"的优越感导致他们格外关注华人和日本移民构成的威胁。在他们看来,与黑人不同,中国移民有"文明",并且这是一种低劣而又难以同化的"文明"。

  因此很多美国文化精英沉溺于"盎格鲁-撒克逊"的辉煌历史,试图固化过去的民族与文化认同,而抵制新的集体身份的形成,尤其是抵制华人对美国文化特质的改变。② 他们不愿看到美国这锅"番茄汤"变味,并以蛮族入侵古罗马的历史告诫美国听众,华人的大量涌入可能会造成"西方文明"的衰落。社会学家爱德华·罗斯对中国文明的"腐蚀性"深有触动。他说,"高等的白人在天朝居住久了之后,在观点上也会变得太过于中国化,以至于对他们的母国政府没有多少帮助了。人们抱怨罗伯特·赫德爵士(Sir Robert Hart)几乎就是一个中国人。许多在中国的西方顾问如今都支持中国看待世界的方式,而否定我们自己的方式。看起来似乎是这样:东方的文明一点点地卸下了他们的防备,入侵并占据了他们的内心"。罗斯进一步说,自美洲发现后,白人在扩张过程中遇到了过去所未曾遇到的"数以百计的种族",但他们"从未遇见过一个种族可以挑战他们的军事优势,为他们的文明作贡献,或者干扰他

---

① Matthew Frye Jacobson, *Whiteness of a Different Color: European Immigrants and the Alchemy of Race*, Cambridge: Harvard University Press, 1998, pp. 208-209.
② Tzvetan Todorov, *The Fear of Barbarians: Beyond the Clash of Civilizations*, translated by Andrew Brown, Chicago: The University of Chicago Press, 2010, p. 173.

们在政治与工业组织方面前进的方向"。然而在白人习惯了对"这个星球无可争议的主宰权后",他们发现了与白人一样出色的中国人,"在任何情况下,看起来未来文明的承担者和推动者都不会仅仅是白人,而将会是白种人和黄种人一起……"①罗斯称,中国人与西方文明中"最优秀的盎格鲁-撒克逊人"在很多方面都很相似,如性格沉稳、坚韧、勤奋等,在这些方面甚至要优于南欧那些过于奔放与急躁的白人。因此尽管在他们眼中,中国人比"盎格鲁-撒克逊"人还是"略逊一筹",所建立的也是"劣等文明",但是这种"劣等文明"却是可怕的、极具威胁的。

作为一名学者型政治家,亨利·卡波特·洛奇的观点也颇具代表性。1902年在讨论将《排华法案》永久延长时,他在参议院里表示,"我们最大的错误是将他们看成一群头脑简单、容易受骗的原始人",事实上"他们拥有在艺术、诗歌、文学上十分杰出的造诣。当我们的祖先还在欧洲的森林中到处游荡时,他们就已经是一群高度文明化的人民"。那为什么还要排斥中国人呢?洛奇解释说,因为华人"不是为了过来仰慕我们的文明",而是"带着对我们文明的鄙视而来"。在洛奇眼中,华人移民是"这样一种文明的产物,它不仅是高等的、智慧的,而且几乎无法改变"。②受儒家文明熏陶的华人与受基督文明浸润的白人就像是"油和水"一样,无法融入到一起。③正是因为中国的大规模移民不仅很难被同化,而且有可能改变这锅番茄汤的味道,才导致美国社会知识精英的恐慌,试图对其加以限制。

在此种文化种族的理念下,美国知识精英阶层对华人移民产生了过度的担忧与恐惧。他们对中国文明与文化的敬畏远远大于对中国潜在军事力量的恐慌。这尤其体现在他们对"命运"问题的关注上。19世纪上半叶,从驱赶印第安人到美墨战争再到西进运动,白人一路高奏凯歌,"盎格鲁-撒克逊"的"天定命运"似乎注定扩展到北美大陆甚至整个世界。然而到了70年代,横亘在面前的却是另外一个无法为其所同化与吞

---

① Edward Ross, *The Changing Chinese: The Conflict of Oriental and Western Cultures in China*, New York: The Century Co., 1920, pp.62-63.

② 转引自 Martin Gold, *Forbidden Citizens: Chinese Exclusion and the U.S. Congress: A Legislative History*, Alexandria: The Capitol Net Inc., 2012, p.365。

③ Martin Gold, *Forbidden Citizens: Chinese Exclusion and the U.S. Congress: A Legislative History*, Alexandria: The Capitol Net Inc., 2012, p.366.

并的"文明"。因此70年代后的"新天定命运"思潮与"旧天定命运"相比,多了几分焦虑与不自信。由于害怕传统集体身份的丧失,知识分子们急于为世界提前设定好"盎格鲁-撒克逊"式的道路或"天定命运",而希望其他世界的人遵从这一道路,在让世界"文明化"的同时也"盎格鲁-撒克逊化"。

在美国知识分子看来,华人比黑人更危险:黑人尽管野蛮,但缺乏文化,历史上也未曾创造过什么"文明",只能虚心接受"盎格鲁-撒克逊文明"的教导;而华人的"文明"则有可能威胁"盎格鲁-撒克逊文明"的统治地位。根据社会达尔文主义原则,华人甚至相比白人来说更符合"适者生存"之规律。约翰·菲斯克等学者曾高调预言,"盎格鲁-撒克逊文明"将占领整个世界,但当提到中国和俄国时,他们往往又显得底气不足。① 美国人还担心,华人的文明会起到劣币驱逐良币的效果。一位参议员在国会辩论时说,尽管"低劣的"黑人拥有公民权和投票权,但"强大智慧的盎格鲁-撒克逊种族"尚能够背起这个沉重负担;可一旦华人大批涌入,那么对"天生迷信的有色种族"的"文明化"事业将会被打断,"基督文明"的成果也将功亏一篑。②

在不少美国精英看来,"中国文明"正好站在"盎格鲁-撒克逊文明"的对立面,二者虽有交汇,但目标与命运截然不同。可以说问题甚至不在于中国的人种优秀还是低劣,而在于"中国文明"与"盎格鲁-撒克逊文明"的巨大差异与不相容性,以及各自不同的"天定命运"。一位参议员激动地表示,爱尔兰人、德国人和斯堪的纳维亚人"都分享着同一份责任,都在为我们共同的文明与命运而努力",移民的大门也理应向他们敞开;"至于那些不是来寻找家庭与归宿而只是来寻找利益,对我们的命运没有丝毫认同,对我们的制度没有丝毫热爱,对我们的宗教没有丝毫尊敬的民族,我们有权而且应当说,'你们在这里没有位置'"。③

---

① Frank Ninkovich, *Global Dawn: The Cultural Foundation of American Internationalism, 1865-1890*, Cambridge: Harvard University Press, 2009, p.159.
② Kitty Calavita, "The Paradoxes of Race, Class, Identity, and 'Passing': Enforcing the Chinese Exclusion Acts, 1882-1910," *Law & Social Inquiry*, vol. 25, no. 1 (Winter 2000), p.12.
③ *The Campaign Book of the Democratic Party*, Washington D.C.: R.O. Polkinhorn, Printer, 1882, p.201.

在上述文化霸权的作用下，其他族裔也顺势加入排华的队伍，甚至拥戴起了"盎格鲁-撒克逊文明"。① 苏格兰裔排华分子麦克阿瑟曾说："我们反对外来移民，是因为要保护我们的利益，以及盎格鲁-撒克逊文明的标准，使之免受东方的污染。"作家帕特里克·希利（Patrick Healy）对此讽刺道，"麦克阿瑟先生是一位标准的盎格鲁-撒克逊文明忠实捍卫者"，但他应知道"最野蛮堕落的劳工，以及像野兽一样颠沛流离的穷人，就生活在盎格鲁-撒克逊文明的中心"；同时他似乎忘了，"盎格鲁-撒克逊文明"在爱尔兰大饥荒时是如何对待爱尔兰农民，以及在苏格兰高地是怎样屠杀苏格兰人的。希利痛斥道："没有比听到爱尔兰裔和苏格兰裔赞颂盎格鲁-撒克逊文明更令人作呕的了。"②

在美国的海外领地上，也出现了以"盎格鲁-撒克逊文明"安全为名排斥华工的现象。19世纪中期开始，由于种植园经济的发展和劳工短缺，夏威夷曾大量引进华工。然而在夏威夷逐渐沦为美国殖民地后，华人劳工日益成为美国政治和知识精英们所忧虑的对象。在他们看来，美国不能只考虑短期利益，还必须考虑长期的利益；不能只是引进习惯于受奴役的劳工（labor），更重要的是引进"公民"（citizen）。③ 在美国国会通过《排华法案》后一年，1883年夏威夷当局也开始颁布法令，限制华工入境。这一法令为美国白人种植园主们所痛恨，他们在1884年向内政部（Minister of the Interior）请愿，要求废除排华条款。随后种植园主同排华分子进行了激烈争论。然而，种植园的劳动力短缺也是一个巨大问题。政府为安抚种植园主，试图引进日本劳工，并采取更严厉的排华措施。种植园主们对此并不买账，他们于1889年9月再次委托代表其利

---

① 一位评论者曾不满地说："根据族裔研究者最权威的统计，'盎格鲁-撒克逊种族'只占本国人口的1/10，但是它获得的美名远超它在建设共和国上实际做出的贡献……每当一个条顿人或凯尔特人在文学艺术或其他职业上获得了荣誉，每当他们在陆上或海上取得了胜利，他都会被欢呼为'盎格鲁-撒克逊文明'的新作品！但当他早晨出现在警察法庭上时，他又只是被看成一个醉醺醺的德国人或爱尔兰人。"参见 Matthew Frye Jacobson, *Whiteness of a Different Color: European Immigrants and the Alchemy of Race*, Cambridge: Harvard University Press, 1998, pp. 208-209.

② Patrick J. Healy and Ng Poon Chew, *A Statement for Non-exclusion*, San Francisco: [s. n.], 1905, p. 47.

③ "Contract Labor in the Hawaiian Islands," *American Economic Association Publications*, vol. 4, no. 3 (August 1903), p. 24.

益的委员会要求修订法律，以使华人劳工能够得到雇佣。但内政部拒绝了这一请愿。内政部在解释排华条款时说道：

> 第一，华人在（夏威夷）王国的泛滥和他们对国家各种商业与劳工利益的侵蚀，要求采取（我们）有力措施以阻止西方文明在这个岛上迅速为东方文明所灭绝，以及中国人取代夏威夷和其他外来人口。第二，盎格鲁-撒克逊文明在本世纪初来到这个岛上并为夏威夷的人民所接受，它的存续对自由政府以及王国的政治独立极为有必要，而维持这一文明的前提是保留合适的人口，他们在那里受到教育并且理解人民代表政府的运作和益处。第三，我们相信无论对国家还是个人而言，自我保存都是一个普遍被认可的原则。①

在这种"文明"叙事下，连最忠实于"文明使命"的群体之一——传教士也改变了初衷。传教士本来就认为对华人应"要么教育，要么排斥"。有人则认为，只有抑制华人移民，才能更好地对其"文明化"。② 密歇根大学校长詹姆斯·安吉尔（James Angell）更是一个突出的例子。1880年，总统拉瑟福德·海斯（Rutherford B Hayes）任命以他为首的外交使团与中国商讨修改"蒲安臣条约"。安吉利曾强烈反对排华。但后来他也转变了看法，开始主张对华人移民进行限制。1882年，安吉利在一次集会中承认，"协调像中国这样的异质文明可能比我们在东方所想象的更难……倘若不加控制"，也许可能会引起他们与"西方人之间令人不快的摩擦"。③

四　公民同质性与白人共和国

公民人口同质性是一些当代民主理论家所强调的一个健康民族国家

---

① "Contract Labor in the Hawaiian Islands," *American Economic Association Publications*, vol. 4, no. 3 (August 1903), p. 39.
② *Chinese Immigration: The Social, Moral and Political Effect of Chinese Immigration*, Sacramento: State Printing Office, 1876, p. 166.
③ Andrew Gyory, *Closing the Gate: Race, Politics and the Chinese Exclusion Act*, Chapel Aill: University of North Carolina Press, 1998, p. 240.

应具备的重要因素,① 当然也是 19 世纪美国知识分子极为关心的主题。在东方移民的压力下,许多人开始强调"盎格鲁-撒克逊文明"与公民权之间的关系,制造中国文明与之不相容的理论,进而从根本上否定了华人劳工进入美国的合理性。他们宣称,公民权起源于古希腊,并由"盎格鲁-撒克逊"人发扬光大,成为英美政治优越的体现。但华人劳工的出现让"盎格鲁-撒克逊文明"的政治传统受到了威胁。新教牧师约西亚·斯特朗在《我们的国家》中声称"盎格鲁-撒克逊文明"的核心除了新教精神外,便是独特的政治理念。他强烈反对包括中国移民在内的外来移民。约翰·伯吉斯也是一位"盎格鲁-撒克逊主义者",他在 1890 年出版了《政治科学与比较宪法》(*Political Science and Comparative Constitutional Law*)一书,赞扬民族国家是条顿民族政治智慧的最高结晶。他认为民族国家需要种族同质性、共同的语言和制度来维持国家统一。同时国家也有权力"驱逐敌对的族裔成分",清除"外来移民的有害影响",维护国家免于解体。②

在对政治共同体同质性的极度重视下,英美智识群体自然而然地将华人视作一种威胁,这也促使他们支持美国西部的排华运动。③ 詹姆

---

① 著名政治哲学家汉娜·阿伦特(Hannah Arendt)认为,种族同质性是一个健康的民族国家所具备的必要因素之一。人口同质性使得一个有组织的政治共同体成为可能,也更能充分体现古代的城邦美德。她说:"古代城邦国家或者现代民族国家如此频繁地坚持民族同质性的原因在于他们希望尽可能地清除那些自然的、一直呈现的区别和差异。这些区别和差异本身能够引起盲目的仇恨,彼此之间的不信任和歧视,因为它们过于清晰地指出了人们不能够任意行动和改变的那些领域。"在阿伦特看来,危险不在于民族国家极权式的专横,而在于没有国家的"野蛮人"大量涌入对作为政治共同体的国家造成威胁。汉娜·阿伦特的观点与潘恩似乎正好相反,她相信政治是善的,而社会是恶的,因为前者是公共行动的自由空间,而后者是资产阶级、犹太人和社会主义者追逐私利的场所。前者是纯粹的民族主义,而后者会导致帝国主义和民族国家的堕落。在某些方面,19世纪末的排华政治知识精英与阿伦特的逻辑可谓一脉相承。转引自本杰明·史华慈著,张放译《政治的宗教:对汉娜·阿伦特思想的若干反思》,《现代哲学》2012 年第 6 期。

② Marilyn Lake and Henry Reynolds, *Drawing the Global Color Line*: *White Men's Countries and the International Challenge of Racial Equality*, Cambridge: Cambridge University Press, 2008, p. 57; Julius W. Pratt, "The 'Large Policy' of 1898," *The Mississippi Valley Historical Review*, vol. 19, no. 2 (September 1932), p. 238.

③ 约翰·帕克评论说:"排华支持者——无论是有组织的白人劳工联盟还是机会主义的全国性政治家——都将他们的主张建立在美国文明与中国移民在文化、政治和社会的差异上。如果美国社会代表着西方文化的精华,白人对经济和社会领域的主导,以及对代表制政府的信念,那么华人则是对所有这些理想的威胁。"参见 John S. W. Park, *Elusive Citizenship: Immigration, Asian Americans, and the Paradox of Civil Rights*, New York: New York University Press, 2004, p. 54。

斯·布赖斯是一位典型的"盎格鲁-撒克逊主义者"。在《美利坚共和国》这本一经出版就被奉为美国政治学经典的著作中，他认为美国政治犯下的最大错误是将政治权利提前授予黑人这个"半文明的种族"，导致了棘手的"黑人问题"；同时他还用两章的内容关注加州的排华运动，认为华人有可能会威胁到美国的政治制度，需要迅速解决，否则将后患无穷；他将加利福尼亚州1879年通过的排华宪法作为此书附录，表达他对加州排华运动的支持。① 此后，他在鼓吹全球联系加强、世界愈益融为一体，而且美国有可能成为世界追随的典范等乐观前景的同时，也多次表达过对落后种族与文明种族深层互动的忧虑。他认为，民主对"文明"程度较低的国家，如波斯、印度、中国等没有好处。② 在美国以及整个愈益走向民主化的"盎格鲁-撒克逊"世界，华人被视为女性化的和依附性的，天生就只适合生活在君主制度下，缺乏白人的男子气概和独立性，因而无法参与民主共同体的构建。③ 费兰也承认，"华人是好的劳工"，但他们"不是好的公民"，"不论华人劳工是否能带来更高的生产能力……这都不重要。国家的物质利益必须服从于人民的社会和政治利益……他们工作得很好，他们十分顺从，他们对自己的政治处境漠不关心；但这与美利坚文明是不相容的"。④ 伍德罗·威尔逊在1902年的《美国人民史》（*History of the American People*）中，也大肆抨击包括华人在内的移民，但他又认为"倘若不是作为公民，而只是作为劳工"引进的话，那么华人移民要更受欢迎。⑤

---

① James Bryce, *The American Commonwealth*, New York: Macmillan and Co. and London, 1893.
② 布赖斯评价说："欧洲人倾向于认为中国人是半文明人。但可能更确切的说法是他们在某些方面是高度文明的，而在另一些方面是文明程度极低的。他们聪明、有秩序。他们有着令人钦佩的艺术天赋。许多人有着伟大的艺术才能，许多人遵守着像古代斯多葛主义者一样高尚的道德标准。但另一方面，他们不重视生命的尊严；他们的惩罚措施极其残忍；官僚机构腐败成风，最原始的迷信仍主导着大多数中国人的行为。"见 James Bryce, *Modern Democracies*, New York: The Macmillan Company, 1921, p. 509。
③ 例如即便辛亥革命爆发后，布赖斯等人仍认为，中国人更适合君主制而非共和制。见 James Bryce, *Modern Democracies*, New York: The Macmillan Company, 1921, p. 511。
④ James D. Phelan, "Why the Chinese Should Be Excluded," *The North American Review*, vol. 173, no. 540 (November 1901), p. 675.
⑤ Kristofer Allerfeldt, "Wilson's Pragmatism? Woodrow Wilson, Japanese Immigration, and the Paris Peace Conference," *Diplomacy and Statecraft*, vol. 15, no. 3 (2004), p. 557.

一些美国知识精英甚至鼓吹,只有民主制才能处理好华工问题。西奥多·罗斯福曾说道:"中国人被禁止进入美国和澳大利亚,因为有着清晰远见的民主制认为他们的存在将会对白人造成毁灭性的影响。"① 相反,贵族制容易看不到华人移民的危害:"倘若这些地区是贵族制政府,中国移民将会被鼓励,就像所有蓄奴的寡头制会发展奴隶贸易一样",美国之所以存在黑人问题,正是由于当时统治美国的是一个"跨大洋的贵族团体"。"未来的文明对民主政体的感激将很难用语言来表达,正是民主使得新世界的温带地区能够成为留给白人的遗产。"② 他不同意布鲁克斯·亚当斯将罗马共和国衰亡的原因归结为通货紧缩,而认为亚当斯提到的另一个原因,即大量亚洲和非洲奴隶的涌入才是最关键的。他指出,正因为如此,美国作为一个民主国家才及时消灭了奴隶制、禁止了华工,抵制了亚当斯所谓资本主义精神(capitalistic spirit)的威胁。③ 查尔斯·皮尔逊和布赖斯等极力要求排华的知名人士也都是英国激进的民主主义者,他们对本国的贵族政治深恶痛绝。④ 可以说,在19世纪"盎格鲁-撒克逊"国家愈益走向民主化的同时,"白人共和国"(white republic)的偏见也如影随形。

对日本移民的排斥同样如此。日本在取得日俄战争胜利后,被正式接纳进了"文明国家"的俱乐部,但日本的移民却在美国遭到排斥。移民成了美日之间的一个焦点问题。由于日本在现代化方面远超当时的中国,美国并没有公然通过国会立法形式排斥日本移民,而是以"君子协定"的方式,用美国承认日本在东亚特殊利益为条件,换取日本政府主动限制赴美移民。美国官方出于国家利益考量,称日本为"文明"国家,对其表示尊重,然而民间并无此顾忌,将日本移民视为继华工之后的第二波"亚裔和

---

① Theodore Roosevelt, "National Life and Character," *The Sewanee Review*, vol. 2, no. 3 (May 1894), p. 366.
② Theodore Roosevelt, "National Life and Character," *The Sewanee Review*, vol. 2, no. 3 (May 1894), p. 366.
③ Theodore Roosevelt, "The Law of Civilization and Decay," *Forum* (January 1897), pp. 580–581.
④ Marilyn Lake and Henry Reynolds, *Drawing the Global Color Line: White Men's Countries and the International Challenge of Racial Equality*, Cambridge: Cambridge University Press, 2008, p. 54.

平入侵","黄祸"与"文明冲突"的口号更是不绝于耳。① 在1919年巴黎和会期间,英国、美国、澳大利亚、新西兰和加拿大的白人国家代表联合起来,挫败了日本在国联盟约中加入种族平等条款的企图。② 美国1924年《移民国籍来源法》(National Origin Act)除菲律宾外,完全取消了亚洲移民的配额。这某种程度上导致了日本对融入西方"文明"的幻灭,甚至促使它最终成为西方文明的反叛者。"文明冲突"成了"自我实现的预言"。

五 跨国经济与跨国排斥

排华现象不仅发生在美国。在从加拿大、美国、墨西哥到澳大利亚和东南亚的"太平洋之弧"(The Arc of Pacific)上,排斥东方人和亚洲移民成为19世纪末20世纪初的一个跨国现象。澳大利亚、加拿大和新西兰等"盎格鲁-撒克逊"国家也几乎同时产生了亚洲移民的浪潮。詹姆斯·布赖斯的《美利坚共和国》被当地白人领导者奉为建国的"圣经",他与英国历史学家查尔斯·皮尔逊关于排斥华人、建立白人民主共和国的著作也在这些英属殖民地广为传播,对当地的排华浪潮产生了很大的影响。③ 在1883年美国《排华法案》通过后,加拿大紧随其后,在1885年出台《华人入境条例》(Chinese Immigration Act),对所有华人劳工征收50加元人头税,此金额于1900年增至100加元,1903年上升为500加元。

---

① 例如1908年7月28日,北美排除亚裔联合会(Asiatic Exclusion League of North America)的全国大会通过的纲领这样说道:"我们反对亚裔移民。他们没有融入人民之中,造成了种族问题和非美国化,使我们工资减少,拉低了美国文明所确立的较高生活标准和道德标准。我们要求通过排除法案,保护美国工人免受亚裔劳动力的竞争,保护美国文明不会受到亚洲因素的污染。"〔美〕荷马李著,李世祥译:《无知之勇——日美必战论》,上海:华东师范大学出版社2019年版,第186页。

② Marilyn Lake and Henry Reynolds, *Drawing the Global Color Line: White Men's Countries and the International Challenge of Racial Equality*, Cambridge: Cambridge University Press, 2008, p.11. 关于"盎格鲁-撒克逊"优越论导致日本所提种族平等条款的挫败,还可参见 Kristofer Allerfeldt, "Wilson's Pragmatism? Woodrow Wilson, Japanese Immigration, and the Paris Peace Conference" *Diplomacy and Statecraft*, vol.15, no.3, pp.545-572。

③ Marilyn Lake and Henry Reynolds, *Drawing the Global Color Line: White Men's Countries and the International Challenge of Racial Equality*, Cambridge: Cambridge University Press, 2008, p.50.

澳大利亚的华人移民也很早便遭到了"文明"的迫害。① 由于澳大利亚离欧美太远而离亚洲太近，从 19 世纪 80 年代起，澳大利亚便流行着关于亚洲种族入侵、将澳大利亚从白人主导变成黄种人主导的冲突话语。② 循此逻辑，1901 年，澳大利亚制定了《限制移民法》（Immigration Restriction Act），确立了其"白澳政策"（White Australia Policy）。③ 直到 20 世纪 70 年代，澳大利亚才废除了"白澳政策"。此外，受到美国影响，美洲国家如墨西哥等也有小规模的排华运动与政策。美籍华人学者李漪涟（Erika Lee）称之为"西半球东方主义"（hemispheric orientalism）。④ 在美国夺取菲律宾和夏威夷等殖民地之后，美国随即在帝国范围内推行其排华政策。它不允许菲律宾和夏威夷的华人迁徙到美国大陆，也禁止华人在殖民地之间来回迁徙。

上述"文化种族主义"冲动也一直面临着"文明主义"的虚弱抗议。它在华人移民群体的言论中也有充分体现。1878 年，一位名叫林广昌（Kwang Chang Ling）的华人知识分子为在加州居住的华人所推举，写了三封信给旧金山的《阿尔戈报》（*Argonaut*），回应关于中国文明的威胁问题。

---

① 1879 年，一份澳大利亚华人移民撰写的请愿书这样写道："当英国还被赤身裸体的原始人占据之时，中国已经进入很高的文明阶段。在欧洲人重新发明它们之前，我们几百年前就掌握了印刷术、火药与航海罗盘……而你们却毫不犹豫地称我们为异教徒和野蛮人，这样不是很荒唐吗？"见 L. Kong Meng, Cheok Hong Cheong, and Louis Ah Mouy, eds., *The Chinese Question in Australia, 1878-79*, Melbourne: Published in Ordinary to the Victorian Government, 1879, p. 10. 还有学者谈到："在那个时候，许多澳大利亚人认为，他们生活在一个自由、干净、充满活力和白人的国度。相反，中国被想象成过度拥挤而污秽的形象，其臣属属于一个低劣的'有色'种族，肮脏而诡计多端。中国的庞大人口使许多澳大利亚人担心，与中国比邻而居，他们的社会将会被中国人所蹂躏，被后者的血汗工业、好赌成性、性变态、不讲卫生和吸食鸦片等邪恶习气所污染。"当著名的维多利亚政治家和社会评论家查尔斯·皮尔逊写下这段话时，他总结了许多人的观点："我们十分清楚，中国即便用它一年生产出来的过剩人口也可以将我们淹没……我们正在守卫世界最后一片土地，在这里高等种族为了更高的文明，能够自由地生活和繁衍。"见 David Walker and Agnieszka Sobocinska, eds., *Australia's Asia: From Yellow Peril to Asian Century*, Crawley: UWA Publishing, 2012, p. 28.

② David Walker and Agnieszka Sobocinska, eds., *Australia's Asia: From Yellow Peril to Asian Century*, Crawley: UWA Publishing, 2012, p. 4.

③ Erika Lee, "The 'Yellow Peril' and Asian Exclusion in the Americas," *Pacific Historical Review*, vol. 76, no. 4 (November 2007), p. 549.

④ Erika Lee, "The 'Yellow Peril' and Asian Exclusion in the Americas," *Pacific Historical Review*, vol. 76, no. 4 (November 2007), p. 537.

这三封信分别从历史上文明的威胁、现实中的"文明威胁",以及西方"文明"究竟是否更优越这三个方面来批判针对华人的这场排斥运动。

关于历史上"野蛮"对"文明"的威胁,林广昌以成吉思汗和巴图为例,声称即使是在中国文明最为强盛,西方最为衰落的时候中国仍"出于对基督和社会进步的敬意"而"带着浩荡的大军拔营离去",没有威胁到西方;关于华人移民是否会威胁到美国"文明",他在第二封信中说:

> 在你们看来,中国人出现在你们中间对你们的文明是一个威胁……但既然你们在宪法中,在讲坛上,以及在你们的生活方式中,都自称并不固执己见,对何种宗教形式毫不在意,那么所谓对你们文明的威胁看上去就只是害怕失去你们习以为常的烤牛肉、洁白的衣领和铺着地毯的房子。这只不过是对你们前三个世纪的感官享受的威胁而已……①

关于东西方文明何者更优越,林广昌在第三封信中说道:

> 你们说,你们的文明更优越,不能让它因同我们接触而退步。但只有当你们搞清楚了沃尔尼、伯克、基佐、麦金农、科尔丘洪、巴克尔、斯宾塞、德雷伯等二十位作家关于文明的不同定义之后,我们才能正式地回复你们……不论你们如何看待我们的文明,暴力和强权从来不是它的基础。它是建立在正义、仁慈和宽容的基础之上的。
>
> 但你们高声自夸的西方文明又是什么呢?在通向中国的海运开通之前它有过历史吗?先停下来想想,公正一些。当你们有点眉目时,再告诉我们。但我们相信你们什么也想不出来……关于你们为什么如今这样强大,我们有自己的见解。我们认为这部分是源于海盗式的征服、奴役和对美洲原住民灭绝性的屠杀,但主要是来自同东方的贸易……

---

① Letters of Kwang Chang Ling, The Chinese Side of the Chinese Question, by a Chinese Literate of the First Class Communicated to the San Francisco Argonaut, of the Dates of August 7th, 10th, 17th, and September 7th, 1878, p. 7.

林广昌断言，西方人所有值得炫耀的文明"都有我们的贡献"，倘若排华成为现实，那么中美贸易的中止"将会给你们的文明沉重的一击"，"你们作为一个进步文明的命运将宣告终结"；而随着美国的衰落，中国人将"起来在你们城市的废墟上一边抒发思古之幽情，一边回想起，正是你们的忘恩负义和弥天大错导致了你们的衰亡"。①

不过林广昌可能还没有意识到，他所列举的基佐、巴克尔和斯宾塞等是"文明主义"的代表人物，而排华分子所谈的"文明"则更接近戈宾诺和勒庞的"文明"理念，其实也就是打着"文明"旗号的"文化主义"。这也相应导致了他的困惑与不解："你们要想同中国贸易，你们就必须同中国人打交道，必须接受中国的道德和中国的文明的影响"，"即便就如同你们相信的那样，你们的文明更优越，那它也应当要下降一些，以便让我们大幅地进步"；"你们可以把我们赶出加州，但你们的社会逃脱不了我们的影响，现在旧金山所生产的产品以后会搬到广东生产"，"你们会穿着广东生产的鞋子和衬衫，吸着广东生产的雪茄，用广东生产的手枪和火药互相残杀，因为我们能以比你们更便宜的价格来制造这些产品"；"中国随着从沉睡走向苏醒，将不会向外大量输出人口；华人的廉价劳动力就像是西方文明所引以为豪的节省劳力的机器（labor saving machine），正如不能排斥机器一样，也无须排斥华人劳工……"他还警告说，如果迫不得已，中国将诉诸武力："听到一个中国人谈到用武力来确保条约被遵守，这似乎听起来很奇怪，但这正是你们所吹嘘的西方文明的方式。"② 在后来的第四封信中，他只能长叹："无须紧张，我在这里不想再提及加州的华人问题"，"我太理解这里根深蒂固的种族偏见和仇怨了，因此根本不指望说服我的对手"。③

可以说，林广昌等华人反对排斥的理由都是"文明主义"的，而美

---

① *Letters of Kwang Chang Ling, The Chinese Side of the Chinese Question*, by a Chinese Literate of the First Class Communicated to the San Francisco Argonaut, of the Dates of August 7th, 10th, 17th, and September 7th, 1878, pp. 9-10.

② *Letters of Kwang Chang Ling, The Chinese Side of the Chinese Question*, by a Chinese Literate of the First Class Communicated to the San Francisco Argonaut, of the Dates of August 7th, 10th, 17th, and September 7th, 1878, pp. 10-11.

③ *Letters of Kwang Chang Ling, The Chinese Side of the Chinese Question*, by a Chinese Literate of the First Class Communicated to the San Francisco Argonaut, of the Dates of August 7th, 10th, 17th, and September 7th, 1878, p. 13.

国人排斥的理由是"文化主义"的，二者在很多方面难以相容。从短期来看，"文化主义"来势汹汹，"文明主义"显得虚弱无力；① 但从长期来看，"文明主义"又渐渐地在收复失地。1906 年，一个美国人在题为《黄祸》的文章里写道："我们发现自己处在不正常的状态下：一方面拒绝中国和日本的移民，另一方面却要获得商业利益；在试图用传教士机构去救赎他们的同时，又向他们关闭了我们的大门。我们也需要冷静地直面这一矛盾，并用政治智慧来协调它。显而易见，未来在太平洋将会发生伟大的事情。"② 澳大利亚学者阿格利什卡·索伯辛斯卡（Agnieszka Sobocinska）也谈道："防御姿态总是伴随着无可言喻的富裕之梦。亚洲的庞大人口也许会被视为威胁，但也许诺着广阔而巨大的新市场。"当代学者迈克尔·卫斯理（Michael Wesley）宣称，亚洲世纪重新划分"金融和经济权力的地图"令人想到《布里斯班电讯报》（*Brisbane Telegraph*）编辑希尼（T. W. Heney）在 1919 年的建议："每位澳大利亚商人都应当在头脑中有一幅中国的地图。"③

　　正如当时一些人所认识到的那样，当"盎格鲁-撒克逊"国家以"文明"视角来看待中国"威胁"的时候，也意味着它无法完全排斥有巨大人口与市场的"中国文明"。"盎格鲁-撒克逊文明"尽管带有种族文化优越感的印记，但它毕竟自诩为世界文明的领头羊，毕竟有着强烈的普世主义冲动，因此在工业化、全球化浪潮中，它固然会以诸如工作伦理、东方文明的异质性、民主共同体等为由，捍卫"盎格鲁-撒克逊"的特殊文明身份，但它也无法抛弃另一个大写的"文明"，无法阻断与中国的经济联系。即便 4 亿人的中国市场长久以来不过是一个神话（或许这也是排华能够成功实施的重要原因），但中国的门户开放无疑始终有着巨

---

① 于尔根·奥斯特哈默说道："19 世纪晚期欧洲人和北美人对亚洲的感观，是基于对来自印度、中国和日本的新一波劳工移民的印象。在此之前，亚洲总是被刻画成一幅静止的形象，现在终于动了。一方面，这一波移民是一个受欢迎的或者被默认的全球化现象，为资本主义世界经济的繁荣作出了贡献；但是另一方面，它又唤起了西方对有损自身威望和受到外来影响的恐惧。"见〔德〕于尔根·奥斯特哈默著，陈浩译：《全球史讲稿》，北京：商务印书馆 2021 年版，第 140—141 页。

② William Rader, "The 'Yellow Peril': Is It Alarming?" *The Advance*, vol. 50, no. 2069 (July 6, 1905), p. 10.

③ David Walker and Agnieszka Sobocinska, eds., *Australia's Asia: From Yellow Peril to Asian Century*, Crawley: UWA Publishing, 2012, p. 6.

大吸引力，因而随着1905年抵制美货运动的爆发，西奥多·罗斯福等美国决策者出于商业利益考量，逐渐摆脱了国内极端排华分子的束缚，放宽了对"豁免阶层"（exempt class）的严格限制，也更积极地参与到东亚和太平洋事务中。①

1914年，在巴拿马运河开通后不久，《独立周刊》发表了一篇题为《我们的文明之路》的社论。社论中写道："日本、中国和印度已经向美洲派出了大量移民，更多的也将陆续到来。对无限制移民的反对将会减缓欧洲和亚洲裔移民的人口增长，但不会彻底制止移民。"该杂志甚至意识到在种族成分改变后，移民也许将会改变"盎格鲁-撒克逊文明"的某些特征："目前我们是新教的、个人主义的、自食其力的和不惧艰险的"，但是随着人口的混杂，这些都将发生改变。天主教和工会势力将会抬头，新的人口将变得具有"害怕权威、反复无常"等"非盎格鲁-撒克逊"的特质，这些对"共和制政府"都是不利的。但是，"我们还有其他的一些习惯，将会保护我们的政治生活"，那就是"自发集会与自由结社的习惯，自由批评立法机关、行政人员和法院的习惯，独立投票的习惯，以及服从选民决议的习惯"。② 因此如果说排斥移民主要是"文化主义"之产物的话，这篇社论也使我们将目光转向另一个代表"文明主义"的重要事件，即巴拿马运河的开通。

六 "圣西门主义"与"文明的高速通道"

巴拿马运河的强行开凿通常被认为是美国恃强凌弱、谋求西半球霸

---

① 排斥移民实际上是尽量以不损害经济贸易为前提进行的。尽管排华是基于种族威胁的话语，整体地将一个国家的人民和种族排斥在外，但在排斥过程中，始终存在着例外的群体，最主要的就是学生、教师、商人和游客。这些人被视作"文明"的群体，是"盎格鲁-撒克逊"主体所要拉拢和同化的对象。其背后显然与1905年中国爆发的抵制美货运动有很大关系。因此如保罗·克雷默所说，排华政策与其说是一堵墙，不如说是一个过滤器（filter），"这个过滤器的缝隙被小心地调节，同时也不留情面地被监控着"。见Paul A. Kramer, "Imperial Openings: Civilization, Exemption, and the Geopolitics of Mobility in the History of Chinese Exclusion, 1868–1910," *The Journal of the Gilded Age and Progressive Era*, vol. 14 (2015), p. 320.

② "The Way of Our Civilization," *The Independent*, vol. 77, no. 3399 (January 26, 1914), pp. 113–114.

权和追求自私的商业利益的典型例证。但是，仅仅从地缘政治和经济利益的视角来理解美国修建该运河的动机和运河的意义显然是不全面的。还需要回答的问题是，美国此举的决策者和支持者是如何为其行为正当性进行辩护的？这套辩护词借助或诉诸的是什么？辩护收到了何种效果？笔者将在继续辨析"文明主义"与"文化主义"双重身份意识的基础上，思考这一事件如何推动了美利坚帝国构建的进程。[①]

在干涉哥伦比亚内政以获得巴拿马运河开凿权时，罗斯福便感到了自己将要面临的道义上的责难。他承认这一事件是他担任总统期间在外交方面最重要但也是最具争议的一次行动。[②] 为了对此次行动进行辩解，罗斯福抛出了"文明利益"（the interest of civilization）和"文明指令"（the mandate of civilization）的理由，试图证明其行为是为了整个世界的利益，而非出于自私的动机。

罗斯福这番言论有着历史的渊源。巴拿马运河一直以来都被西方社会视为"文明"的象征。早在1501年，被称作西班牙"最高贵征服者"的巴斯蒂达斯（Bastidas）就提出了在中美洲开凿运河的设想。[③] 最初，人们从促进文明发展的角度来看待运河的价值和意义。1827年，歌德如此评论运河计划："如果他们能成功地开凿这样一条运河，使得任意载重和大小的船只都能从墨西哥湾进入太平洋，那么整个人类，不论是文明的还

[①] 在"文明"与巴拿马运河问题方面，学界已有不少相关论著。著名新左派外交史学家拉菲伯认为，罗斯福的"集体文明利益"缺乏具体内容，反映的只是他个人的偏见（Walter LaFeber, *The Panama Canal: The Crisis in Historical Perspective*, Oxford: Oxford University Press, 1989）；瑞典学者特伦斯·格雷汉姆的《文明利益？美国国内对攫取巴拿马运河区的反应，1903—1904》一书材料极为丰富，但对"文明"话语缺乏分析（Terence Graham, *The "Interests of Civilization"?: Reaction in the United States Against the "Seizure" of the Panama Canal Zone, 1903-1904*, Lund: Esselte Studium, 1983）；亚历山大·米萨（Alexander Missal, *Seaway to the Future: American Social Visions and the Construction of the Panama Canal*, Madison: University of Wisconsin Press, 2008）则从社会文化的角度去考察巴拿马运河的开通与美国人的帝国观念；弗雷德里克·派克的《美国与拉丁美洲：文明与自然的神话和刻板印象》（Frederick B. Pike, *The United States and Latin America: Myths and Stereotype of Civilization and Nature*, Austin: University of Texas Press, 1992, pp. 165-166）一书提到了巴拿马运河与"文明"话语的关系，但篇幅较短。本章试图从分析围绕运河开凿的"文明"话语入手，进一步探讨罗斯福"集体文明利益"观背后的社会观念与思潮。

[②] Theodore Roosevelt, "The Monroe Doctrine and the Panama Canal," *The Outlook* (December 6, 1913), p. 748.

[③] Archibald R. Colquhoun, "An Englishman's Views of the Panama Canal," *The North American Review*, vol. 187, no. 628 (March 1908), p. 349.

是非文明的,都将极大地受益。"他还预言道:"美国作为一个未来注定要横跨整个北美大陆,直达落基山脉的年轻的国家,必定不会将这一伟大工程让给他国。"① 南美共和国之父玻利瓦尔也梦想着开通中美洲运河,并预言中美洲到时将成为"世界的桥梁,文明的交流中心"。②

作为一个流行词,"文明利益"与征服自然、商业贸易和自由交流等价值关系密切,被视为西方与东方文化的一个重要差别。1858年国务卿刘易斯·卡斯(Lewis Cass)的一段言论曾被奉为至理名言:

> 主权既有其权利,同时也有其责任。我们不允许任何当地政府,以一种东方的孤立精神,去关闭这个世界赖以相互交流的伟大交通要道,并且以商业贸易和旅行的收入属于他们为由表示他们有权关闭这扇大门,或者阻碍各个国家对这个通道的公平使用。③

在19世纪中期西方的国际法中,"文明国家"和"不文明国家"的一个重要区别在于,前者是开放的,而后者是封闭的。卡斯所谓"东方的孤立精神"便是指当时中国、日本等东方国家不愿意与西方交流的心态。罗斯福和鲁特都曾多次引用这段话来阐述美国的立场,以及运河对于文明发展的利益。1902年在国会就购买法国巴拿马运河资产展开辩论的时候,参议员汉纳、斯普纳等人都强调修建巴拿马运河非美国一己私利,也并未为美国谋求任何特权,不依靠任何援助,而是完全在用美国的财力为世界谋福利。④ 拉美国家某种程度上也象征性接受了这套"文明"话语。1901至1902年在墨西哥举办的美洲国际会议上,包括哥伦比亚在内的拉美各国代表一致通过决议说:"在墨西哥国际会议上参会的诸共和国对美国政府建造跨洋运河的目标表示赞赏,并且认识到这一工程不仅值得伟大的美国人民去努力,而且它在最高意义上也是为文明而

---

① "A Little History of the Panama Canal," *The Outlook* (April 24, 1909), p. 906.
② Manuel Estrada Cabrera, "Bolivar's Dream for Panama," *The Independent*, vol. 77, no. 3408 (March 30, 1914), p. 453.
③ Theodore Roosevelt, "The Monroe Doctrine and the Panama Canal," *The Outlook* (December 6, 1913), p. 748.
④ George A. Talley, *The Panama Canal*, Wilmington: The Star Publishing Co., 1915, pp. 219-220.

工作，将大大便利美洲国家和世界其他国家间的商业往来。"① 上述"文明"话语可以说充分体现了源于法国的"圣西门主义"思想，即大规模、有计划地改造自然环境或社会组织，进而造福整个人类，推动"文明"的进步。

美国原本打算在尼加拉瓜地峡建造运河。但由于法国"圣西门主义者"费迪南·德·雷赛布在巴拿马地峡建造运河的计划失败，其继承者法国新巴拿马运河公司（New Panama Company）亦无力继续建造，新巴拿马运河公司转而委托该公司美国顾问同时也是华尔街律师的威廉·克伦威尔（William Cromwell）和法国另一位"圣西门主义者"、工程师菲利普·博诺-瓦里拉两人利用其影响力游说马克·汉纳等美国领导人，试图将该公司资产卖给美国政府，拯救其濒于破产的境况。② 1902 年 6 月，美国国会通过法律，授权总统罗斯福与哥伦比亚政府签订条约，在巴拿马地峡建造运河，并规定，倘若协商未能在"合理的时间"内达成，就转而同尼加拉瓜谈判。1903 年 1 月 22 日，美国与哥伦比亚代表签订《海-赫兰条约》（Hay-Herrán Treaty），但该条约在美国参议院通过后，却于当年 7 月被哥伦比亚参议院一致否决了。罗斯福极为气愤，轻蔑地说："我不相信波哥大的一群长腿大野兔能够永远阻断未来文明的高速通道。"③ 他决心不经过哥伦比亚同意单方面开挖运河。

与此同时，在与美国联系密切的克伦威尔和瓦里拉的鼓动下，巴拿马在同年 11 月 3 日下午 6 点左右爆发了脱离哥伦比亚的运动，并宣布独立。巴拿马独立 4 天后，它的全权代表瓦里拉在 11 月 7 日给美国国务卿海约翰的电报中说，"通过将她（美国）庇护的羽翼扩展至我们的共和国，使它（巴拿马共和国）从野蛮状态以及不必要的内战中解救出来，让它得以遵循上帝所安排的命运，为人类和文明的进步服务"。④ 11 月 13 日，罗斯福总统在白宫接见了瓦里拉。瓦里拉在致辞中说道："从欧洲到

---

① Harmondio Arias, *The Panama Canal: A Study in International Law and Diplomacy*, London: P. S. King and Son, 1911, pp. 108-109.
② Charles D. Ameringer, "The Panama Lobby of Philippe Bunau-Varilla and William Nelson Cromwell," *The American Historical Review*, vol. 68, no. 2 (January 1963), pp. 346-363.
③ Lewis L. Gould, *Theodore Roosevelt*, New York: Oxford University Press, 2012, p. 32.
④ Philippe Bunau-Varilla, *Panama: The Creation, Destruction, and Resurrection*, London: Constable & Company, Ltd., 1913, p. 352.

亚洲的高速公路……几个世纪以来都只是一场美梦而已。总统先生，今天在您的召唤下，终于变成了现实。"罗斯福则在欢迎词中回答："我认为我表达了我国人民的愿望，即向您以及通过您向巴拿马共和国人民保证，我们真诚地希望这个新生的国家能够获得稳定与繁荣，同时通过与美国合作，在这片被眷顾的特殊土地上开通一条全球商业的高速公路，它将会是上帝之手给文明世界带来的、无可言喻的恩惠。"① 当天，美国正式宣布承认巴拿马独立。美国与巴拿马代表经过紧锣密鼓的谈判，5天后正式签订了《海-博诺-瓦里拉条约》（Hay-Bunau-Varilla Treaty）。尽管巴拿马新政府愤怒地指责该条约侵犯了其主权，但在别无选择的情况下，巴拿马政府也只能批准这一条约。②

在此过程中，罗斯福以"文明利益"为依据承认巴拿马的理论逐渐形成。这一理论首先要归功于国际法学家约翰·巴塞特·穆尔。在1903年巴拿马独立之前，穆尔曾受罗斯福总统委托撰写了一份备忘录，宣称美国建造运河不仅是为了本国利益，也是为了整个世界的利益；指责哥伦比亚为一己之私未能尽到对世界文明的责任，其主权在这种特殊情况下不得不做出牺牲。正如历史学者本杰明·科茨（Benjamin Coates）所言，这份备忘录的核心意思是"不论是出于不得阻碍文明进步的普遍责任，还是1846年条约③的特殊责任，哥伦比亚都有义务在国际法下授权美国负责运河的建造和管理"。④ 穆尔的理论与罗斯福一直以来关于"文明"的思想一拍即合。事实上，罗斯福此前在《西部的赢得》这本巨著中阐述的一个中心命题就是印第安"野蛮"人不应阻碍"文明"的进步。这一结论几乎可以直接应用到运河问题上。

海约翰等官员则忠实地将罗斯福的"文明"理念体现在外交往来中。11月3日巴拿马宣布独立后，哥伦比亚立即派遣了一艘载有400多

---

① Philippe Bunau-Varilla, *Panama: The Creation, Destruction, and Resurrection*, London: Constable & Company, Ltd., 1913, pp. 363-366.
② Walter LaFeber, *The Panama Canal: The Crisis in Historical Perspective*, Oxford: Oxford University Press, 1989, p. 31.
③ 1846年，美国与当时的新格林纳达签订保证条约，规定美国不仅保证巴拿马地峡的中立和自由通行，而且保证新格林纳达的主权和财产完整。新格林纳达解体后，条约权益为哥伦比亚所继承。
④ Benjamin Allen Coates, *Legalist Empire: International Law and American Foreign Relations in the Early Twentieth Century*, Oxford: Oxford University Press, 2017, p. 53.

名士兵的军舰军队从科隆港出发，向巴拿马进军。与此同时，早在叛乱爆发前一天，因为关于巴拿马的叛乱已经流言四起，美国海军部自11月2日起便陆续电令纳什维尔号、迪克西号、缅因号、康科德号、波士顿号和亚特兰大号等美国军舰全速开往巴拿马，"维护地峡交通的开放和秩序"。11月6日，海约翰致电美国驻巴拿马副总领事菲利克斯·埃赫曼（Felix Ehrman）和驻哥伦比亚公使博普雷（A. M. Beaupré），强调罗斯福总统"认为不仅是条约责任，还有文明的利益，都在要求他设法保证巴拿马地峡的和平交通不会为持续、不必要和破坏性的内战所妨碍"。

在此形势下，哥伦比亚马罗金（Marroquín）总统派遣在本国享有崇高声望的拉斐尔·雷耶斯（Rafael Reyes）将军到华盛顿，试图以同意《海-赫兰条约》来换取美国履行1846年条约的义务，帮助哥伦比亚维护国家统一。但海约翰和罗斯福都对此提议不再感兴趣。海约翰在11月6日给雷耶斯的电文中语气十分强硬："地峡处在被另一场内战摧毁的危险之中，这不仅牵涉美国的利益，而且事关整个文明世界的利益。巴拿马共和国是这些利益的支持者，而哥伦比亚政府是反对者。""倘若必须在二者之间做出选择……美国不会犹豫。它承认了巴拿马共和国的独立，而世界其他的大国也信赖美国在紧急状况下的判断和行动，表达了他们的同意。"海约翰还用给博普雷和埃赫曼信件中的"条约责任"和"文明利益"话语提醒雷耶斯，罗斯福总统在这个问题上决心已定，不可更改。①

在美国舰队的威慑下，哥伦比亚仍然寄希望于美国遵守1846年的条约，允许其收回巴拿马。12月8日，雷耶斯受哥伦比亚政府指示，以公使馆名义发电报询问海约翰，倘若哥伦比亚在尊重1846年条约义务的前提下派军队进入巴拿马维护国家统一，美国将采取何种态度。海约翰在12月11日回复道，"总统命令我提醒贵国政府注意如下事实：巴拿马共和国已经在上个月3日宣布独立；本国和许多其他国家的政府也都承认

---

① "Mr. Hay to Mr. Ehrman [Telegram]", Department of States, Washington, November 6, 1903, (sent 2.45 p.m.), *Diplomatic History of the Panama Canal, Correspondence Relating to the Negotiation and Application of Certain Treaties on the Subject of The Construction of an Interoceanic Canal, and Accompanying Papers*, Washington Government Printing Office, 1914, p. 349.

了巴拿马的独立；美国与巴拿马也已经签订了条约，条约为巴拿马所批准，并且正在等待美国参议院的批准……基于上述总统命令我传达给贵国的事实，美国政府将会对哥伦比亚军队任何入侵巴拿马领土的行为表示严重关切，直接原因是这将导致整个地峡的屠杀和混乱失序，而更广义上的原因（broader reason）则是在总统看来，为了商业和文明的普遍利益，是时候结束在巴拿马血腥和毁灭性的内战了"。① 12月29日，雷耶斯又直接询问海约翰，是否会因哥伦比亚进军巴拿马而对哥伦比亚宣战，海约翰在次日回复的电报中引用并重申了他11日回复的内容，表示这段时间以来美国的立场不仅没有变化，而且对巴拿马问题的责任感还进一步加深；至于美国将采取何种具体行动，会视情况而定。② 海约翰并未在电文中明确作出表示，但哥伦比亚方面已经十分清楚，倘若收复巴拿马就意味着与美军作战，因此哥伦比亚只能放弃这一打算。

为获得国内支持，以及尽快批准《海-瓦里拉条约》，1903年12月7日，罗斯福在给国会的年度咨文中，首次公开正式阐述了他承认巴拿马的理由。他以1846年的条约为基础，并且引用了刘易斯·卡斯和西沃德两位前国务卿关于该条约的解释，标榜美国一直以来都"忠实地履行自己的义务，一方面是对地峡，另一方面是对文明世界，通过我们的行动来维护和保障文明世界的商业利益"。"为了整个文明世界的商业利益和交通，控制和保证巴拿马地峡的自由通行对美国来说已经成为重中之重。"他列举了此前美国多次依据1846年条约在"革命、骚乱和各种危机争端"期间保证地峡中立的举措，声称美国此次的行为既是无奈之举，也是维护"文明世界"利益之举："美国政府已经想尽一切办法劝说哥伦比亚走这样一条路，不仅符合美国和世界的利益，而且也符合哥伦比亚的利益。这些努力都落空了；哥伦比亚坚持拒绝我们的提议，迫使我们为了自己的荣誉，为了不仅是我们自己的人民，而且是巴拿马地峡和世界所有文明国家的人民之利益与福祉，采取断然行动来结束已经变得让人不可忍受的局势。"③

---

① *The Panama Canal and Our Relations with Colombia*, Washington, 1914, p. 33.
② *The Panama Canal and Our Relations with Colombia*, Washington, 1914, p. 33.
③ "Message of President Roosevelt of December 7, 1903," in *The Panama Canal and Our Relations with Colombia*, Washington, pp. 5-12.

1904年1月，他再次向国会提交特别咨文，对美国政府在巴拿马的行为做出说明。他语气坚决地称"运河必须修建。拖延工程、由私人企业承担工程，或者允许任何反社会的、发展不健全的政府来阻挠工程的时代已经过去了。美国已经为了不仅是本国，而且是文明世界的人民承担起了建造运河的责任，这些都要求运河工程再也不能拖延了"。他指责哥伦比亚政府打着如意算盘，试图等新巴拿马公司许可证过期后自动获得其资产，然后再以更高价码卖给美国，所以才拒绝已经充分照顾到其利益的《海-赫兰条约》，认为这种敲诈行为"是为每一个文明国家所不齿和痛恨的"，同时称赞新成立的巴拿马共和国有能力、有意愿同美国合作建设这个"为着文明的伟大工程"。罗斯福在这篇咨文中还首次正式打出"集体文明利益"的旗号：

> 对这个政府的承认建立在一系列特殊事态上，支持承认的合法理由也与通常的情况有所不同。我没有否认，也不希望否认这样一条普遍规则的有效性和正当性：直到显示出维持自身独立的能力之前，一个新国家的独立地位不应该被承认，美国也一直遵守着这一原则。但规则总会有例外的时候；而在我的判断里，有着清晰和重大的理由能够赋予我们如此行事的权力，甚至可以说，当前的情形要求我们如此行事。这些理由包括，第一，我们的条约权利；第二，我们的国家利益和安全；第三，集体文明的利益。……我自信地认为，承认巴拿马共和国是合乎集体文明利益的行为。如果说有哪一个政府可以声称收到了来自文明的指令（a mandate from civilization），要完成一项人类利益所要求的目标的话，那么非追求建造跨洋运河的美国莫属。①

"文明等级论"也为美国的侵略行为增添了合法性。19世纪20年代起，许多美国外交官就认为哥伦比亚哪怕在落后的拉美也是"处在进步

---

① Theodore Roosevelt, "Message from the President of the United States," 58th Congress, 2nd Session, Document No. 53, Washington: Government Printing Office, 1904, p.26.

阶梯最底端的国家"。① 1903年，一位美国商人在拉美旅行后，在《北美评论》上撰文呼吁废弃门罗主义，因为门罗主义阻碍了英国和德国等国家对拉美国家进行"文明化"的努力，纵容了委内瑞拉、哥伦比亚等拉美国家"野蛮"的不负责任的行为。② 巴拿马事件后，美国国内媒体更是掀起了渲染哥伦比亚野蛮专制的高潮。一位自1894年起就在哥伦比亚长期居住的美国人写道："在所有那些伪装成共和制与文明的国家中，没有比哥伦比亚更为野蛮和专制的了。"他自称亲眼目睹妇女因为拒绝说出丈夫藏匿的地方而被牛皮绳锯成两段，儿童被活活折磨和鞭笞致死，受伤的男子在战场上被无情地杀死；在交战后，给本方伤员治病的是牙医，而药物竟是对子弹伤口没有任何作用的箭毒素（治疗蛇毒的药），革命者一般直接被投到河中淹死。③ 美国国内许多有良知的人士谴责美国谋取运河区的政策，但也承认哥伦比亚在运河条约上对美国实施了"敲诈"。罗斯福更是咒骂哥伦比亚联邦是由一群腐败的政客在操纵，是一群"原始人"，和"意大利西西里岛与卡拉布里亚的强盗"没什么区别。④ 1911年，他在回顾这段历史的时候，仍然在强调，"哥伦比亚完全没有能力履行一个文明国家的日常政府职责"，因此美国才出手干预。⑤

七 "文明专制"还是"自制"？围绕国际法的争论

尽管罗斯福打着"集体文明利益"的旗号，尽管有国际法学家约翰·巴塞特·穆尔为其出谋划策，尽管舆论几乎一致认为巴拿马运河本身代表"文明利益"，美国开通运河也不仅是为了自身利益，但罗斯福的具体做法还是遭到了部分媒体与国会议员的指责。

---

① Lars Schoultz, *Beneath the United States: A History of U.S. Policy Towards Latin America*, Cambridge: Harvard University Press, 2003, p. 165.
② An American Business Man, "Is the Monroe Doctrine a Bar to Civilization?" *The North American Review*, vol. 176, no. 557 (April 1903), p. 529.
③ Thomas S. Alexander, "The Truth about Colombia," *The Outlook*, vol. 75, no. 17 (December 26, 1903), p. 994.
④ Thomas M. Kane, *Theoretical Roots of U.S. Foreign Policy: Machiavelli and American Unilateralism*, New York: Routledge, 2006, p. 72.
⑤ Theodore Roosevelt, "How the United States Acquired the Right to Dig the Panama Canal," *The Outlook*, vol. 99, no. 6 (October 7, 1911), p. 316.

国内一些舆论指责罗斯福和海约翰策划和煽动了巴拿马的叛乱。否则，何以《海-赫兰条约》刚被否决不久，叛乱就爆发了？罗斯福本人坚决否认了这一说法。他不希望这个指控影响到他下届的总统选举，于是展示了自己在事情发生前与阿尔伯特·肖（Albert Shaw）的通信，表示尽管他本人很希望巴拿马独立，但是美国并没有参与到此阴谋中。① 很显然，巴拿马方面的动向华盛顿方面一直是知悉的，但没有证据表明罗斯福和海约翰是否直接参与其中。

对罗斯福政府的抨击更多地集中在违反国际法方面。几乎所有隶属民主党和反帝主义阵营的报纸如《纽约时报》、《纽约晚邮报》、《斯普林菲尔德每日共和党人报》（Springfield Daily Republican）、《费城公共纪事报》（Philadelphia Public Ledger）等都对罗斯福的做法大加挞伐。②《芝加哥纪事报》（Chicago Chronicle）宣称，罗斯福诉诸"文明"的做法是"美国政府历史上让人感到可悲而又警钟长鸣的一章"，是"独裁者的必然性声明"。③ 美国法学界的人士在这一活动中最为积极。1903年12月，耶鲁大学多位有名望的教授如威廉·萨姆纳、亨利·罗杰斯（Henry Rogers）等联名向参议院和美国全体公民请愿，控诉美国违反国际法，损害了美国的声誉。④ 律师出身的前国务卿理查德·奥尔尼（Richard Olney）声称，此事令他感到羞耻。从严格的法律条文来看，罗斯福违反1846年条约的事实十分清楚，几乎无可辩驳。正如美国国际法学者罗纳德·克兰格（Roland Crangle）指出的那样，非常简单的一个逻辑是，哥伦比亚拥有巴拿马的主权，有权镇压叛乱，美国对于内战双方应恪守中立原则，而以运河安全为借口，阻止哥伦比亚军队进入巴拿马，事实上是对条约义务的背弃。⑤

在条约义务几乎站不住脚的情形下，罗斯福的支持者们就必须用

---

① Henry Fowles Pringle, *Theodore Roosevelt: A Biography*, New York: Blue Ribbon Books, 1931, p. 319.
② Terence Graham, *The "Interests of Civilization"? Reaction in the United States Against the "Seizure" of the Panama Canal Zone, 1903-1904*, Lund: Esselte Studium, 1983, p. 24.
③ Walter LaFeber, *The Panama Canal*, Oxford: Oxford University Press, 1989, p. 32.
④ "Panama and President," *Gunton's Magazine* (February 1904), p. 160.
⑤ Roland Crangle, "Legal Aspects of the Panama Question," *The American Lawyer*, vol. 12, no. 6 (June 1904), pp. 252-253.

"文明利益"来维护其合法性。1903年11月11日美国承认巴拿马独立后，国内舆论也随之跟进，宣称此举是为了"文明"利益。与罗斯福关系密切的《展望周刊》是其主要阵地。《展望周刊》在11月28日的社论中称：

> 世界想要一个地峡运河吗？是。毫无疑问而且非常希望。这条运河要建在尼加拉瓜还是巴拿马？工程师专家们和凡是有着实际判断力的人都认为应该建在巴拿马。它是否应由哥伦比亚政府来建呢？不，她既没有财力，也没有技术去建运河。它是否应该由某些他国政府来建呢？不，美国不会允许一个外国势力来控制太平洋和大西洋之间的世界通道，因为即便说它不是关系到美国的稳定，至少也关系到美国的福利。它应当由美国的私人公司来建吗？不，它是一个服务于整个人类利益的巨大公共工程，需要由一个强大、高效和公正的政府来自始至终地进行控制。因此，我们来了，美国来这里不仅是为了自己的利益和自己的人民，还是为了整个文明世界的利益。①

同年12月19日，美国国际法学者乔治·斯科特（George Scott）在《展望周刊》上发表《承认巴拿马违背了国际道德吗？》一文，坦率地承认美国违反了条约义务和国际法。一方面，1846年的条约不仅规定美国应在必要的时候帮助新格林纳达抵御外部势力干涉，同样也要求美国帮助它平息内部骚乱。按照条约义务，美国应当镇压巴拿马革命。另一方面，从国际法上讲，美国也不应过早承认巴拿马的交战国地位。在南北战争时期，美国也曾依据国际法警告英国不得承认南部邦联的交战国地位。

但斯科特又说，尽管美国违反了国际法，可是"文明利益"却给了美国承认巴拿马充足的理由。哥伦比亚共和国真正需要被干涉的理由在于它违反了国际道德，在于它阻挠开挖运河的行为已让"文明国家无法忍受"，将本应是"商业文明通道"的地方变成了内战的战场。因此，

---

① "Panama, Not Hasty, But Speed," *The Outlook*, vol. 75, no. 13 (November 28, 1903), p. 726.

美国的干涉是出于"文明利益",是合法和正当的行为。① 在是否违反主权原则的问题上,斯科特引入了"政治干涉"的概念,指出政治干涉就意味着为了"文明"和集体的利益而暂时废除国际法,由干涉者严格按照"文明利益"来采取必要的措施。政治干涉作为一种非常规的行为,需要满足有充分的根据、利益必须是国际性的、行动不能偏离原来的目标这三个条件。而在巴拿马问题上,美国的行为得到了国际上除哥伦比亚以外所有"文明国家"的认可,因此美国就自然而然获得了政治干涉的权力。② 在这里,"文明利益"大于国际法的主权原则,为了"文明的利益"甚至可以暂时阻却国际法的效用。

1904年1月巴拿马事件后不久,威斯康星州共和党参议员约翰·斯普纳(John C. Spooner)立刻在参议院发表演说,以"集体文明利益"的国际征用权为罗斯福的政策辩护。不过他认为需要给予哥伦比亚适当补偿。③ 同年2月22日,刚卸任陆军部长不久的美国法学家伊莱休·鲁特在芝加哥著名的国家统一联盟俱乐部(Union League Club)发表演说,继续为美国的做法寻找理由。他首先指责部分美国人出于偏见或党同伐异的原则而"逢美必反":"这批公民的成员结构很少变化,不论我们的政府做了什么,他们总是一律加以谴责",这种做法"只是为了宣示他们的存在感而已"。他声明"我将不会讨论技术性规则,或先例,或者行动的时机问题,而是讨论我们已经做了的事情究竟是否公正公平"。他表示,在重要的政治问题上不能只看纸面条文,否则不了解美国政治史的外国人在"读了我们的宪法或法律后",会误以为美国总统选举人可以任意投票,而对实际情形下选举人只投自己党派候选人的票感到惊讶,认为这是"令人作呕的不义之举"。同理,如果仅根据国际法对主权含义的纸面描述,会得出哥伦比亚可以对巴拿马地峡行使"不受限制的主权,可以随心所欲地对地峡进行控制"这一错误的认识。因此关键的问题在于,

---

① George Winfield Scott, "Was the Recognition of Panama a Breach of International Morality?" *The Outlook*, vol. 75, no. 16 (December 19, 1903), p. 950.
② George Winfield Scott, "Was the Recognition of Panama a Breach of International Morality?" *The Outlook*, vol. 75, no. 16 (December 19, 1903), pp. 948–949.
③ "Depew on Canal Policy: He Defends the Course of the Administration in Panama," *New York Times*, January 15, 1904, p. 3.

对巴拿马地峡历史和未来起主导作用的一个重大事实是，沟通两大洋的可能性……自腓力二世成为西班牙国王以来，文明世界的商人、政治家和智者们就都期盼着这一时刻的到来，认为它会造福于人类。没有任何偶然聚居在地峡上的野蛮部落可以有权阻止这一文明通道的建设。否则，依据人类的普遍做法和一致意见，这些野蛮部落应当被毫不犹豫地清除干净。①

罗斯福、洛奇等政治领导人声称，美国"文明利益"的理由得到了全世界各个国家的响应，也都很快承认了巴拿马，这说明"文明利益"不是美国捏造的借口，同时美国"文明代理人"的身份也得到了各国的又一次确认。② 罗斯福的密友、著名编辑约瑟夫·毕肖普（Joseph Bishop）利用其掌握的报刊资源，对罗斯福强行攫取巴拿马运河开凿权的做法表达了强烈支持。他在1904年出版的小册子《新时代的问题：煤矿罢工、巴拿马、菲律宾和古巴》中自问自答道："承认之举是否可以用文明的利益来支持？罗斯福总统坚信这一点。"他接着引用了罗斯福1904年1月4日咨文中关于"集体文明利益"和"文明指令"的著名言论并接着评论说：

> 世界上的15个国家，包括位居民族之林最前列的几个国家都承认巴拿马共和国独立。这一事实表明，文明世界十分迅速地认可了我们作为文明受托人（mandatory of civilization）的地位。撇开其他事实不谈也可以十分清楚地看到，让不仅是美国政府，而且是整个文明世界的政府都在这个事情上持一致态度的伟大力量体现在三种形式的自我利益当中：首先，是巴拿马的自我利益，革命是他们免于被摧毁的唯一途径；其次，是美国的自我利益，需要一条运河促进她的商业和资源的发展与利用；最后，是整个世界的文明的自我

---

① Elihu Root, "The Ethics of the Panama Question," in Robert Bacon and James Brown Scott, eds., *Addresses on International Subjects by Elihu Root*, Cambridge: Harvard University Press, 1916, pp. 179–180.

② Theodore Roosevelt, "Message from the President of the United States," 58th Congress, 2nd Session, *Senate Document No. 53*, Washington: Government Printing Office, 1904, p. 28.

利益。在最后这一点上——一个对世界商业自由开放的地峡运河对所有人类都是一个不可估量的恩惠——没有不同意见。哥伦比亚政府拒绝这个条约的行为实际上是将自己变成了世界进步之路上的绊脚石，而世界便联合起来将她移走。①

罗斯福对毕肖普的大力支持深表感激，于是投桃报李将他任命为新成立的巴拿马委员会秘书长，使其执掌该委员会达10年之久。1913年，即将卸任的毕肖普又出版了《巴拿马通道》(The Panama Gateway)一书，回顾了自1502年起，巴拿马地峡的发现、建城道法国公司开凿运河的失败，再到美国获得运河修建权，以及巴拿马运河修建和即将竣工的详细过程，全书始终将美国的行为打扮成"文明利益"的维护者。

还有支持者试图将"文明利益"与国际法统一起来，把"文明利益"树立为改革国际法的新原则。他们采用了"国际征用权"(eminent domain)的理论。征用权本是国内的一个法律术语，指政府可以为了公众利益，征用个人的财产，并给个人适当补偿。支持者们认为随着世界交往的频繁和相互依赖的加深，严格的主权界限将会阻碍"文明"的发展，因此需要将征用权扩展至国际社会，即可以为了较为重要的"文明利益"，征用国际社会成员的领土。但他们相信，这只是例外状况，不能被经常性地运用。

另有国际法学者表示，美国政府承认巴拿马合法的唯一理由就是"文明利益"，因为哥伦比亚严重破坏了"文明利益"，国际法已经无法对其构成约束。他们认为美国用条约义务来为自己的军事行动辩护是错误的，美国政府之所以遭到批评，恰恰在于她没有旗帜鲜明地用"文明利益"来论证自己行动的合法性。

1904年7月，美国国际法学家高迪（J. P. Gordy）在《论坛》杂志上发表《巴拿马事件中的道德问题》一文，质疑罗斯福总统"文明利益"之说的合法性，以及鲁特等人为罗斯福的辩护。大致回顾了整个事件之后，他总结说："一言以蔽之，美国插手哥伦比亚和巴拿马叛乱分子

---

① Joseph Bucklin Bishop, *Issues of A New Epoch: The Coal Strike, Panama, Philippines and Cuba*, New York: Scot-Thaw Company, 1904, p. 22.

之间争端的立足点是，文明的利益和条约责任要求我们防止任何导致内战的事情发生。"但他紧接着称，"诉诸文明的理由不值一驳"，"也许在美国内战期间，英国和法国政府可能会同意，文明利益需要他们代表南方介入内战；当然无须他人提醒，美国人都知道这种干预将是对我们权利的公然践踏。假如任何国家都有权按自己对文明利益的认识去恣意妄为的话，国际法就完结了，我们又重新回到了中世纪"，而"罗斯福总统却好像认为，只要美国政府认定文明的利益将会得到促进，美国政府在任何时候都有权利任意干涉南美国家的事务，这真是咄咄怪事"。① 高迪认为，国际法是时代进步的产物，是具有明确法律含义和可操作性的，而"文明利益"之说相比国际法过于笼统，容易成为强国干涉弱国的工具。因此，"文明利益"要服从而不是违背国际法。

还有批评者从"文明利益"本身价值内涵的角度去反驳罗斯福。国际法学家罗纳德·克兰格说，文明的真正利益应当是华盛顿所忠告的那样，以正义和仁慈为原则行事，不因为某些蝇头小利而放弃一个国家的义务。美国之所以在世界的先进文明看来是伟大的，并不是因为美国有强大的军队，也不是因为美国有足够的财富和实力去开挖运河，让世界从中获得商业上的利益，最重要的是所有这些都是由这样一个政府来做的：这个政府"树立正义，让每一个公民享受自由的佑护"。而美国宁可推迟几年开挖运河，也不应采取支持巴拿马独立的手段，因为这一手段"让这个寄托着人类希望的、正在进行自治政府试验的共和国"（指美国）犯下这样一个国际性的大错，无疑将会对文明造成更大的损害。②

哥伦比亚方面也借助美国媒体，使用西方所熟悉的语言对罗斯福的"文明利益"之说进行反驳。1904 年，一位哥伦比亚外交官出版了《巴拿马问题：为哥伦比亚政府申辩》一书，宣称1850 年英美签订的《克雷顿-布尔沃条约》（Clayton-Bulwer Treaty）才最能体现"文明利益"，该条约规定运河中立化和国际化，没有任何一个国家能控制运河。此时的美国也一度有过为"文明利益"而服务的伟大理想，可是1880 年之后，美国"体现在条约中的崇高目的和自由原则"逐渐改变了，美国一心想

---

① J. P. Gordy, "The Ethics of the Panama Case," *Forum*, vol. 36, no. 1 (July 1904), p. 116.
② Roland Crangle, "Legal Aspects of the Panama Question," *The American Lawyer*, vol. 12, no. 6 (June 1904), pp. 252-253.

要控制运河。他说：

> 这个条约的废除完全改变了运河的政治性质，哥伦比亚在丧失了这一保障之后，不得不尽其所能保护自己的主权和财产。在她实现这一目标的过程中，她必须得到文明世界的道德支持，因为这笔交易的内容将载于史册，让后人能明明白白地看到。在国际关系的演化中，两国一个时代是朋友，另一个时代又可能是仇敌；除此之外，野心蒙蔽了道德感，以至于最没有底线的主权践踏者竟然相信他们邪恶的行为是为了文明和人道的利益。①

哥伦比亚参议员、前总统卡罗（Caro）也公开驳斥罗斯福政府"文明利益"的说辞，他指出美国政府"不是为了商业和文明，只是为了自己"。②

某种程度上说，上述争论首先是在"文明主义"内部，"文明自制"路线与"文明专制"路线张力的体现。③ 前者主张严格遵守国际法，将国际法视为"文明"国家的准则；而后者认为，为了保障"文明利益"这一至高目的，可以采取更加灵活、更为极端的手段，包括违反国际法。同时这一事件又不仅是"文明主义"下"文明专制论"与"文明自制论"的"内部矛盾"，它还涉及"外部矛盾"，即"文明主义"与"文化主义"的张力。

八 "文明"使命与"文化"使命

在此事件中，西奥多·罗斯福的"文明利益"托词实际上带有很强的"文化种族论"色彩。他深受他的老师、哥伦比亚大学历史学和政治学教授约翰·伯吉斯的影响。伯吉斯热衷于鼓吹"条顿种族"的历史使

---

① Abelardo Aldana, *The Panama Canal Question: A Plea for Colombia*, New York：[s. n.]，January 1904, p. 11.
② Legation of the United States, "Mr. Beaupre to Mr. Hay," Bogota, November 2, 1903, *Correspondence Concerning the Convention Between the United States and Colombia for the Construction of an Interoceanic Canal Across the Isthmus of Panama*, 58th Congress, 2nd Session, Document No. 51, Washington：Government Printing Office，1904, p. 92.
③ 参见第一章关于"文明主义"之攻势从"文明自制"向"文明专制"的转变。

命，认为条顿人是盎格鲁-撒克逊人的祖先，唯有天生便具备政治才能的条顿种族才能发明最为先进的政治制度，它的后人则将"把现代世界的政治文明传播到被非政治（unpolitical）和野蛮种族所占据的世界"。① 他最引人注目的理论是"文明的权利"（civilized rights），有学者评价这一理论说，"与18世纪体现在《独立宣言》中的普世权利截然相反"，伯吉斯赤裸裸地宣称"文明国家对不文明的群体既有责任，也有处置权（claim），这个处置权就是他们应当变得文明"，否则他们就必须被清除，为"文明人腾出空间"。② 他还声称，"为了世界的文明和人类的利益，白人的使命是将政治权力掌控在自己手中"。根据这套思想，罗斯福认为保障"文明利益"与维护英美白人的权力本质上是一回事。他曾宣称其四卷本《西部的赢得》所谈的道理无非就是"白人究竟是通过条约，还是武力征服，或是两种手段的混合（这也是实际的情况）来获得土地，这并不重要。重要的是土地应该得到，为的是文明的利益，为的是人类的利益"。③ 因此，他相信白人有理由控制这个海上交通的咽喉，保证白人的继续繁荣和强大，如果让与其他种族，英美的商业利益就必然要受到其他文明的宰割。④ 面对复杂的国际事务，罗斯福一直贯彻这套"文明"与"野蛮"的简单两分法，希望美国通过充当世界警察来维护文明利益。⑤ 这些思想使他不仅急于建造运河，而且还坚决主张由美国来控制这条运河，不论采取何种手段。用斯蒂芬·威海姆（Stephen Wertheim）的说法，就是"为达到文明的目标可以不择手段"。⑥

---

① Servando D. Halili Jr. , *Iconography of the New Empire: Race and Gender Images and the American Colonization of the Philippines*, Diliman: The University of the Philippine Press, 2006, p. 30.
② Anders Stephanson, *Manifest Destiny: American Expansionism and the Empire of Right*, New York: Hill and Wang, 1999, pp. 83-84.
③ Anders Stephanson, *Manifest Destiny: American Expansionism and the Empire of Right*, New York: Hill and Wang, 1999.
④ Melvin E. Page, *Colonialism: An International Social, Cultural, and Political Encyclopedia*, Santa Barbara: Abc-Clio, Inc. , 2003, p. 505.
⑤ Ramon Eduardo Ruiz, "Race and National Destiny," in Jaime E. Rodriguez ed. , *Common Border, Uncommon Paths: Race, Culture, and National Identity in U. S. -Mexican Relations*, Wilmington: Rowman & Littlefield, 1997, p. 39.
⑥ Stephen Wertheim, "Reluctant Liberator: Theodore Roosevelt's Philosophy of Self-Government and Preparation for Philippine Independence," *Presidential Studies Quarterly*, vol. 39, no. 3 (September), 2009, p. 498.

上述话语充满赤裸裸的种族和文化自利色彩，与圣西门和孔德式的、至少表面上宣扬利他的"文明主义"还存在较大差异。因此运河不仅是瓦里拉等"圣西门主义者"的杰作，也反映了美国乃至整个西方文明的战略利益，是马汉和罗斯福等"文化主义"代言人渴求的结果。1900年，斯特朗在论述地峡运河的重要性时写道："地理的孤立一直是野蛮之母；因此科学的伟大成就在于，它通过让地球变得更小，让国家间更接近，推动着文明的发展。"① 这看起来是"文明主义"的宣言，但他同时也援引马汉的论述"加勒比海群岛上的堡垒是整个欧洲文明的神经中枢"，将运河作为维护"盎格鲁-撒克逊文明"优势地位的重要工程。②

控制和开凿巴拿马运河，还与罗斯福对"过度文明化"的担忧，以及对"野蛮人美德"的推崇有关。在他看来，美国已经出现了过度文明化的状况，许多美国人采取一种懈怠、逃避责任的生活态度，而唯有重拾以往的战斗精神，学习"野蛮人的美德"，过一种"奋发进取的生活"（strenuous life），才能让美国文明保持生命和活力。巴拿马运河的开凿，是美国人勇于进取、勇于承担责任的表现。如果美国面对这一文明赋予的巨大责任而怯懦地选择逃避，或者被一些和平主义的空洞言论束缚住了手脚，就意味着美国人过度文明化的症状已经病入膏肓，而白人文明在世界范围的优越地位也将不复存在。③

尽管学者大多认为穆尔备忘录对罗斯福的强硬政策起到了重要影响，但实际上两人观点也许存在着较大的差别。穆尔尽管也诉诸"文明的利益"，但他并不主张美国占据运河区，更不赞成美国肢解哥伦比亚、促成巴拿马独立的行为。因此当巴拿马独立并且立即取得罗斯福的承认时，他感到十分惊讶。他表示，自己提出"文明"的辩护只是为了向哥伦比亚施加更大压力，为美国开凿运河争取更便利的条件，并没有想到罗斯

---

① Josiah Strong, *Expansion Under New World-Conditions*, New York: The Baker and Taylor Company, 1900, p.138.
② Josiah Strong, *Expansion Under New World-Conditions*, New York: The Baker and Taylor Company, 1900, p.159.
③ Gail Bederman, *Manliness and Civilization: A Cultural History of Gender and Race in the United States, 1880-1917*, Chicago: The University of Chicago Press, 1995, p.195.

福会采取如此激烈的手段。① 海约翰、罗斯福和洛奇等重要决策者尽管都同意美国是为了"文明利益"而采取的行动，但在这一行动是否违反国际法上观点并不一致。其中海约翰、鲁特乃至洛奇等均认为美国完全是按国际法在行动，而罗斯福则索性承认美国违反了国际法，但辩称这是因为在特殊的情境下，美国为了"文明利益"只好采取紧急处置权。从统治集团内部的分歧也可以看出，罗斯福的"文化主义"的确对"文明主义"有较大的偏离。

因此，对罗斯福等有着较强烈"文化主义"色彩的政治精英来说，不仅是使用武力夺取巴拿马运河的开凿权这一行为天经地义，而且这个工程本身也能锻造和磨炼现代文明舒适环境下美国的国民性，通过使美国人充分体会"文明征服"和"改造野蛮"的艰难历程，抑制"过度文明化"。开挖运河不仅是一个水利工程问题，还涉及疾病防控、4万多名劳工的管理、与当地土著人的关系等问题。正如英国驻哥伦比亚副领事斯宾塞·迪克森（Spencer S. Dickson）在给英国政府的一份备忘录里所提到的那样，苏伊士运河"位于干燥少雨的地带，很多欧洲的病人还在冬天去这个地方疗养；同时它是在沙漠平原地区的一个简单运河，没有水闸或其他复杂的人造工程。而巴拿马有着灾难性的有害健康的气候。相比苏伊士运河，（修建巴拿马运河）需要付出极高的薪水，需要雇佣更多的人力。由于经常下暴雨，可能会遇到不可预料的损坏。由于涉及船闸和各种人力工程，管理和维护方面的困难是迄今为止整个世界都未曾遇到的"。同时由于美洲的富庶地区都集中在大西洋沿岸，它的商业价值至少在当时看来较为有限。② 也正因如此，征服巴拿马运河在时人看来是一个壮举。某种程度上说，开挖运河是美国西进运动和帝国主义征服事业的延伸，而不仅仅是商业文明的需要，它体现了美国人改造自然、改造"土著人"以及借此反过来改造美国社会精神品格的"文明"观念——或更确切地说，是一种文化观念。这一工程史上的奇迹还体现了"男性文明"（manly civilization）对"自然"的胜利，显示了"盎格鲁-

---

① Dwight Caroll Miner, *The Fight for the Panama Route: The Story of the Spooner Act and the Hay-Herrán Treaty*, New York: Octagon Books, Inc., 1960, pp. 344-345.

② *Diplomatic History of the Panama Canal*, Washington: Government Printing Office, 1914, pp. 416-419.

撒克逊文明"对于"拉丁文明"的优越性,因为法国人未能成功地完成这一任务,而哥伦比亚和巴拿马更是无力承担。①

西奥多·罗斯福对运河寄予厚望。他在 1906 年 11 月访问了巴拿马运河区,并做了热情的演说:

> 当说你们就像世界历史上罕见的几支最为出色的军队时,我是仔细考虑了我的措辞的。这是世界上最伟大的工程之一,它比你们现在意识到的还要伟大。我感到,回去后我会成为一个更完美的美国人,一个更骄傲的美国人,因为我在这里看到了美国男子气概的精华。②

总工程师约翰·斯蒂文斯(John F. Stevens)则对此不以为然,巴拿马运河所承载的过重的意义让他感受到很大压力,他提出辞职,在辞职信中对罗斯福说,运河只是运河而已,无关国家荣誉。这引起了罗斯福的愤怒,罗斯福认为热带地区的慵懒和迟钝已经让斯蒂文斯没有能力再承担这样重大的任务,于是他接受了辞呈,选择了戈瑟尔斯(Goethals)上校作为他的继任者,担任巴拿马委员会主席兼总工程师。③

罗斯福对巴拿马运河总医师威廉·高格斯(William Gorgas)和戈瑟尔斯后来在运河的工作十分满意。1911 年,西奥多·罗斯福在《展望周刊》上发表文章称,"从获得巴拿马运河区到高格斯上校在改善卫生条件上初步的成就——没有这项成就,在地峡上就没有任何工程能够进一步开展——再到戈瑟尔斯上校在管理方面取得的卓越成功,这些共同造就了史诗级的伟业,将最高的工作效率和最高、最令人感动的诚实正直和公正无私精神结合在了一起。在工程的任何进度中没有出现哪怕一起丑闻,相反那些少数试图散播诽谤言论的人倒是因此声名扫地"。他还提

---

① Frederick B. Pike, *The United States and Latin America: Myths and Stereotype of Civilization and Nature*, Austin: University of Texas Press, 1992, p. 165.
② Theodore Roosevelt, "To the Employees of the Isthmian Canal Commission at Colon, Panama, November 17, 1906," *Presidential Addresses and State Papers*, vol. 5, New York: The Review of Reviews Company, 1910, p. 867.
③ Ulrich Keller, *The Building of the Panama Canal in Historic Photographs*, New York: Dover Publications, Inc., 1983, p. 2.

到洪都拉斯主教、英国人赫伯特·伯里（Herbert Bury）对运河工程的评价。伯里访问巴拿马运河后，盛赞运河工程对美国精神的重塑：

> 这个工程从一开始的目标就是提高工程的效率、他们的体质、他们的道德和精神品质。没有人会在那里退化！相反，我能想象一个年轻人去那里，也许在性格上有一点"松松垮垮"，但是当他的工作完成回到美国后，他会更健康，更有效率，道德上更有决心。我相信这就是罗斯福总统决定获取和开凿巴拿马运河的初衷。①

罗斯福对伯里的话深表赞同，并且认为，"伯里主教对文明国家在热带地区所进行的工作有着丰富的经验"，因此他的评价是非常有可信度的。②

当然，反对移民热带、在热带建立"白人文明"的也不在少数。美国斯坦福大学校长大卫·乔丹引用罗伯特·英格索尔（Robert G. Ingersoll）与本杰明·基德的言论，认为"文明在热带地区将会窒息……文明的进步与热带之子绝缘"，倘若当初英国清教徒们去的不是新英格兰而是西印度群岛，那么只要过了三代，就会看到他们的后人"在礼拜日光着身子，骑马跑向斗技场"。③ 受罗斯福称赞的戈瑟尔斯被称作"地峡沙皇"，他对巴拿马运河区的改造厥功至伟。但他 1912 年在哈佛大学毕业典礼上演讲时也不得不承认，上帝从未打算让白人生活在热带，也不想让白人在那里生活。④ 在戈瑟尔斯眼里，美国人只需要运河，而不能移居运河区。⑤ 美国著名地理学家埃尔斯沃思·亨廷顿（Ellsworth Huntington）也赞成西方长久以来"伟大的文明只出现于温带"的说法，对修建

---

① Theodore Roosevelt, "The Administration of the Canal," *The Outlook*, vol. 98, no. 10 (July 8, 1911), p. 521.
② Theodore Roosevelt, "The Administration of the Canal," *The Outlook*, vol. 98, no. 10 (July 8, 1911), p. 521.
③ David Starr Jordan, *Imperial Democracy*, New York: D. Appleton and Company, 1899, p. 45.
④ "Back to Jungle," *The Independent*, vol. 74, no. 3359 (April 17, 1913), p. 847.
⑤ John Foster Fraser, *Panama and What it Means*, New York: Cassell and Company, Ltd., 1913, p. 12.

巴拿马运河持谨慎态度。① 许多美国人一开始便担心巴拿马的热带疾病和天气会导致白种"文明"的退化。

现实似乎也是如此。美国人为修建巴拿马铁路和开凿巴拿马运河，付出过巨大代价。巴拿马流行各种热带疾病，如黄热病、疟疾等。有人夸张地说，巴拿马铁路修建时，几乎是每个枕木铺下时，都要牺牲一个工人的生命。法国从1878年开挖运河，最终也被这些疾病所击败，不得不放弃开凿的计划。疟疾一年四季都流行，致使工人成片地受到感染，而天气较热时黄热病更是让工人们"像苍蝇一样"成片地死去。这两种疾病都是通过被称作"空中眼镜蛇"的蚊子传播的，② 美国在开挖运河前幸运地发现了这两种疾病有流行的趋势并停止了工程，从而避免了灾难的发生。③ 根据卫生部门的统计，在1907年9月（这个地区雨量最为充足的月份），11662名白人中，就有25人因流行病死亡；294000名有色人种中，有73人因流行病死亡。对美国人而言，这个死亡比率已经"不那么令人印象深刻"了。④ 亨廷顿认为，这些疾病是导致热带地区普遍只能维持一种低水平文明的主要原因。即使是白人来到这个地区，也会因疾病和酷暑而难以生存，意志力变得薄弱，进而导致自身文明的退化。⑤

但是巴拿马运河的成功修建和卫生状况的改善，鼓舞了美国人去热带地区建立"白种文明"的想法。巴拿马运河总医师威廉·高格斯是一位"白种文明统治世界"的坚定拥护者。高格斯宣称，以往认为自然条件阻止白人在热带地区建设伟大文明的看法是错误的，文明的程度取决于一个人的劳动能有多大的产出，能养活多少其他的人口。而热带地区只要改造好了，便可以有比温带更大的产出，成为未来文明的中心。发

---

① Ellsworth Huntington, *Civilization and Climate*, New Haven: Yale University Press, 1915, p. 40.
② W. Leon Pepperman, *Who Built the Panama Canal?* New York: E. P. Dutton & Company, 1915, p. 66.
③ "Doing the White Man's Duty," *The Independent*, vol. 75, no. 3381 (September 18, 1913), p. 657.
④ "Italian Laborers Contended, Favorable Report from the Italian Consul at Colon," *Canal Record*, Ancon, Canal Zone: Isthmian Canal Commission Printing Office, 1908, vol. 1, p. 190.
⑤ Ellsworth Huntington, *Civilization and Climate*, New Haven: Yale University Press, 1915, p. 39.

现美洲是白人历史上的一个伟大时刻;展示在巴拿马这样的热带地区白人同样能够过一种健康的生活,将是白人历史上的又一个里程碑。① 在高格斯的主持下,美国专家们运用科学的卫生方法,改善了当地饮水条件,战胜了巴拿马地区的疾病,将巴拿马运河区改造成了一个清洁卫生和适宜居住的地区。美国人认为,这是文明向前发展的一个重大进步,意味着文明又有了新的"边疆"。

在巴拿马问题上,罗斯福的政策遭到一些民主党人和国际法学者的责难,但美国民众非常支持罗斯福的行动。一些反对者逐渐意识到,倘若继续在这一事件上大做文章,无异于政治自杀。② 在1904年大选中,罗斯福轻松获胜,这实际上是民众对罗斯福外交政策的认可,也是一种"文化主义"的体现。

同时,"文明主义"可能也是美国最终愿意接受运河的更深层理由,尽管美国得到它的方式是不正当的。虽然存在种种不满情绪,但除少数批评者宁可放弃修建运河也要维护美国的道德纯洁性之外,大多数批评者都表示愿意接受巴拿马独立的既成事实,盼望运河尽早开通。国会中的反对派领袖参议员阿瑟·格曼(Arthur Gorman)也承认他想要运河,只是不喜欢罗斯福得到运河开凿权的方式。国内的这种心态导致美国和巴拿马之间的《海-瓦里拉条约》在国会几乎没有任何阻碍地得到批准。1904年2月23日,在参议院关于该条约的投票表决中,所有共和党人,甚至包括著名反帝主义者乔治·霍尔(George Hoar)都投了赞成票。民主党人中仅有一半的人投反对票,最终的结果是66票对14票。两党主要的分歧是是否给予哥伦比亚补偿:所有共和党人都反对补偿,而民主党除路易斯安那州参议员塞缪尔·麦森内里(Samuel McEnery)外,所有人都支持给予补偿。格曼甚至因为曾经试图阻止这个条约而导致他的总统之梦破灭。③

由于哥伦比亚新任总统雷耶斯原本就支持《海-赫兰条约》和开通

---

① William Crawford Gorgas, *Sanitation in Panama*, New York: D. Appleton and Company, 1915, pp. 289-292.
② Walter LaFeber, *The Panama Canal: The Crisis in Historical Perspective*, Oxford: Oxford University Press, 1989, p. 33.
③ Walter LaFeber, *The Panama Canal: The Crisis in Historical Perspective*, Oxford: Oxford University Press, 1989, p. 32.

运河,加之美国国务卿伊莱休·鲁特等政治家担心美国霸权行为会引发拉美的恐惧继而激起反美情绪,也试图缓和同哥伦比亚的关系,两国关系因此有好转迹象。1906年5月,在巴西举办的泛美会议召开前夕,雷耶斯总统邀请美国驻哥伦比亚公使约翰·巴雷特(John Barrett)和哥伦比亚外长克莱默科·卡尔德隆(Climaco Calderon)到他的私人办公室,告诉他"尽管发生了巴拿马事件,但我一直是美国以及罗斯福总统的支持者和仰慕者",随后当面向他阅读了一份"我们最杰出和最有能力的公民提交给我的秘密备忘录"(这份备忘录已经由哥伦比亚外交部译成了英语),并表示这份备忘录"表达了我的主要观点"。这份秘密备忘录吹嘘美国政府和人民是"进步和文明高远理念"的象征,希望美国遵循西奥多·罗斯福总统的"美利坚理念"(American Ideals),将美国已经实现的、"超乎寻常的文明(extraordinary civilization)扩散到整个南美",而哥伦比亚应在"文明利益"指引下,为了"文明的事业"而承认巴拿马,与巴拿马和美国达成谅解。① 1909年1月9日,哥伦比亚共和国、巴拿马共和国和美国政府的谈判代表达成一份初步的三方协议。哥伦比亚政府外长弗朗西斯科·何塞·乌鲁蒂亚(Francisco Jose Urrutia)在与美国和巴拿马政府达成协定后,在哥伦比亚国会发表演说,请求国会批准协议。他称,尽管哥伦比亚在1903年叛乱中受到不公正待遇,但由于巴拿马已被世界上多数国家承认,而且在巴拿马"正发生人类历史上最伟大的事件之一,必定将给政治和商业世界带来革命性的变化,而我们正处在这一"普世文明"浪潮(stream of universal civilization)的边上,因此不能继续保持消极懈怠、无动于衷、默默无闻的状态,沉浸在我们的愤恨之中,期待着复仇之日的到来——事实上它永远不会到来"。他声称,尽管在新签订的协定中哥伦比亚还是做了许多让步,但这些让步"在当前的状态下能够让世界看清楚……哥伦比亚从没有阻碍过文明化的浪潮,从未反对过开通有利于普世利益的地峡运河;从我们的共和国诞生之日起,到不朽的德·雷赛普(De Lesseps)踏上我们的海岸,受到我国人民的热烈欢迎,被当作一个文明新时代的先驱之日止,我们的行政

---

① *Diplomatic History of the Panama Canal*, Washington: Government Printing Office, 1914, pp. 113-117.

和立法机构从未停止过立即推动这一伟大目标的实现……在新哥伦比亚的历史上,我们每一年都在为此事业孜孜不倦地通过法律和法令,做出各种努力。这表明我们这个国家是多么关心和想要为这个文明化工程贡献力量"。不幸的是巴拿马事件却让"我们看起来像是这个工程的反对者",这真是"荒诞且不公的"。① 这个条约最后没能被批准,但也为1914年4月美国与哥伦比亚的《汤姆森-乌鲁蒂亚条约》(Thomson-Urrutia Treaty)打下了基础。②

随着巴拿马运河的开工,美国在其中扮演的不光彩角色逐渐被淡忘,剩下的则是所谓普世"文明利益"的热情期盼。大量宣传小册子和报刊文章都在鼓吹美国的无私和对文明的贡献。托马斯·罗素(Thomas H. Russell)在1913年的小册子《巴拿马运河》中说,"那些认识不到美国所传递的和平与善意的人们,也注定得不到这个水道开通后所带来的巨大利益"。③同年,托马斯·雷伯恩·怀特(Thomas Raeburn White)在《仲裁巴拿马通行费是我们的责任》一文中称,"如果我们在地峡这里有什么权利的话,我们不是为了自己的私利而行动,而是以文明的名义,为地球上所有的国家而行动"。④

怀特在这里鼓吹美国的无私利他精神并非全然是虚伪的。从他的文章标题可以看到,他试图以此为理由,劝说美国在巴拿马的通行费问题上接受仲裁,而不能过分自私。事件起因于美国为修建运河投入多达5000万美元的资金,损失了大量人力。在运河即将正式开通的时候,很多美国政客不满意美国只做一个"慈善家"。1912年8月,美国国会通过《巴拿马运河法》(Panama Canal Act),规定免除部分美国商船经过巴拿马运河时的通行费,这些商船仅可从事本国国内的沿海贸易。这个法令遭到英、德等国的强烈抗议,在国内也引发一片反对之声,美国各大主要报纸纷纷希望美国政府废除这项法令,或将其提

---

① *Diplomatic History of the Panama Canal*, Washington: Government Printing Office, 1914, p. 206.
② Richard L. Lael, "Struggle for Ratification: Wilson, Lodge, and the Thomson-Urrutia Treaty," *Diplomatic History*, vol. 2, no. 2 (January 1978), p. 81.
③ Thomas H. Russell, *The Panama Canal*, Chicago: The Hamming Publishing Co., 1913, p. 6.
④ Thomas Raeburn White, "The Duty to Arbitrate the Panama Tolls Question," *Publications of the World Peace Foundation*, vol. 3, Boston: World Peace Foundation, 1913, p. 4.

交国际仲裁。①

之所以有众多美国人反对这一法令，除了它违反与英国的条约外，经常被提及的一个理由是这些反对者认为法令与美国"文明受托人"的形象不符。连一直支持美帝国主义扩张政策的《展望周刊》也持这种观点。不论是在古巴，还是在菲律宾和巴拿马，美国的政策都怀揣着善意和帮助弱者的愿望，即便西班牙和德国如今也承认美国的利他主义动机。虽然从法律上讲运河算是美国的私有财产，但在正式法律之外，还有"文明的法律"，这种法律"并不总是写在法律汇编或外交条约中，而是要考虑和履行道德的责任"。②

尽管塔夫脱政府起初反对英国政府将通行费争端提交国际仲裁，但威尔逊、鲁特、约瑟夫·乔特（Joseph Choate）和洛奇等有远见的两党政治家都积极行动起来，推动政府改弦易辙。1913年1月，鲁特亲自向国会提交了一份废除美国船只通行费特权的法案。③ 他在参议院发表演说，称海约翰在与英国商定《海-庞斯福特条约》（Hay-Paunce-ote Treaty）以及门户开放政策的时候，诉诸的都是"文明的利益"，如果在通行费问题上让美国船只享有特权，就是否定了海约翰的"文明的政策"。④ 他同时还在杂志上发表题为《巴拿马运河是神圣托付》的文章，称巴拿马运河是文明给美国的"神圣托付"，美国应当考虑的是怎样为文明做更多的贡献，而不是在小利上斤斤计较。⑤ 罗斯福及其支持者也勉强同意将这一法案付诸仲裁。在1913年出版的著作中毕肖普提到，1904年1月，罗斯福咨文早就表达了美国在巴拿马运河上的利他思想，而该法案破坏了美国对"文明利益"的一贯承诺，招致举国谴责也是理所当然的

---

① Joseph Bucklin Bishop, *The Panama Gateway*, New York: Charles Scribner's Son's, 1913, p. 43.
② "The Panama Canal and the Rest of the World," *The Outlook*, vol. 101, no. 14 (August 3, 1912), pp. 755-756.
③ William S. Coker, "The Panama Tolls Controversy: A Different Perspective," *The Journal of American History*, vol. 55, no. 3 (December 1968), p. 556.
④ George A. Talley, *The Panama Canal*, Washington: The Star Publishing Co., 1915, pp. 160-162.
⑤ Elihu Root, "The Panama Canal a Sacred Trust," *The Independent*, vol. 74, no. 3349 (February 6, 1913), p. 289.

事情。① 巴拿马通行费问题遗留到威尔逊总统时期。1914年5月，法案未经过国际仲裁，直接被国会废除。②

与此同时，在巴拿马事件的争论过程中，由鲁特、乔治·斯科特等人借"文明利益"话语所大加渲染的"国际征用权""自由通行权"却存留至今，成为"文明主义"的重要体现。正如鲁特在谈到巴拿马运河时所说：

> 大自然将地球表面上的这一小块土地恩赐给了全人类使用，没有任何西班牙君主能够以发现、征服或占领为由，排他性地使用和占有它；没有任何在西班牙领地解体后组织起来的公民社会能够不以世界福祉，以及所有让这一福祉有效的必要权益为先决条件，而对这片土地享有无限主权。国际法的形式规则（formal rule）只是根据普遍情形下，何为公正和正义的一种公开宣示。但是每当这种普遍规则危害邻国的生存，或威胁到大陆和平，或有损于人类的普遍利益时，文明国家的做法一直都是在此特殊情况下否认形式规则的适用性，而要求遵从正义的原则——这也是所有规则赖以存在的基础。希腊、克里特、埃及和多瑙河诸公国（Danubian principalities），达达尼尔海峡的自由通行，黑海的中立化，都是我们熟悉的、普遍国际法规则中国家主权至高无上，但实际上受到限制的例子。③

---

① Joseph Bucklin Bishop, *The Panama Gateway*, New York: Charles Scribner's Son's, 1913, p. 42.

② "The Tolls Exemption Repeal Bill," *The Independent*, vol. 78, no. 3414 (May 11, 1914), p. 240.

③ 1917年，《新共和》(*The New Republic*)与《大西洋世界的防御》(The Defense of the Atlantic World)的逻辑与鲁特如出一辙："这意味着我们在这场危机中的根本利益不是复杂的权利问题，而是一个明确、实际和触手可及的结果。当美国有能力出手阻止的时候，世界的高速通道不应向西方盟友关闭……为什么？因为一个复杂的利益之网已经成长，并将西方世界连接了起来。英国、法国、意大利，甚至西班牙、比利时、荷兰、斯堪的纳维亚国家和美洲国家在他们最为根本的利益和目标方面，是一个共同体……我们不能向德国屈服，从而背叛大西洋共同体。即便不是文明，至少也是我们的文明正处在生死关头。"李普曼在《美国外交政策》一书中引用了这段话，并且表示这与威尔逊和豪斯的观点是一致的。参见Walter Lippmann, *U. S. Foreign Policy: Shield of the Republic*, Boston: Little, Brown and Company, 1943, pp. 34–35.

乔治·泰利（George A. Talley）在1915年出版的《巴拿马运河》一书中宣称，在国际家庭中，非洲的野蛮人、海岛上的食人族都为"文明的原则"所支配，而即使是那些已经被认为文明化了的国家，也要在诸大国的联合之下接受督导。"国际法要求各个国家对其他国际家庭成员履行义务；国际征用权则是一个更高的权力，它要求成员履行国际的义务和责任。"如果出于国际征用权的理由，国家的主权是有可能被侵犯的。① 因为主权并不是绝对的，而是可分的和可以转让的，主权应该遵守国际社会的道德和法律："当由单个君主或全体人民来冲动地行使的时候，主权是一个危险的工具。没有国家能凌驾于所有法律、契约和道德义务之上"。国家间互派大使、允许外国军队入境等，都是对主权的限制。泰利等人梦想着世界在"文明化"的过程中，将越来越接近联邦的形式，并需要守护者们监督各个成员履行义务。他们还断言，未来像巴拿马一样的事件还会更多地发生，也就更加需要像美国这样负责任的大国出面维护"文明的利益"。②

上述言论在某种程度上表明，巴拿马运河已成为"文明"的象征，也在暗地里为美国最终获得海上霸权、捍卫所谓海上自由通行铺设道路。"文明"的光环正在熠熠生辉，赋予了运河无尽的意义。在此种"文明"的叙事中，巴拿马运河的开通是划时代的重大事件，是"世界文明最重要的成就之一"。③ 美国政府决定于1915年举行巴拿马太平洋国际博览会以示庆祝。在此之前，美国曾经举办过4次国际博览会，除1853年不太成功的纽约世界博览会外，还包括1876年的费城博览会、1893年的芝加哥博览会、1904年的圣路易斯博览会，分别用来庆祝美国的独立、美洲大陆的发现以及美国从大西洋沿岸扩张至太平洋这些对美国至关重要的历史时刻。④ 巴拿马运河能与这些事件比肩，也表明美国的国家身份正在悄悄发生转变，正在从欧洲文明的反叛者，走向成为"文明受托

---

① George A. Talley, *The Panama Canal*, Wilmington: The Star Publishing Co., 1915, pp. 196–204.
② George A. Talley, *The Panama Canal*, Wilmington: The Star Publishing Co., 1915, p. 113.
③ *The Legacy of the Exposition: Interpretation of the Intellectual and Moral Heritage Left to Mankind by the World Celebration at San Francisco in 1915*, San Francisco: Panama-Pacific International Exposition Company, 1916, p. 40.
④ "The Panama Exposition," *The Outlook* (November 23, 1912), p. 602.

人"之路。

此次博览会定下的地点是旧金山。可以想见在主办者的"文明"构想中，旧金山标志着"文明"的"边疆"，而巴拿马运河的开通，则是"文明"的一个新的开端，东西方两大文明终于历史性地在地理上被连在了一起。① 展会被主办方称为"文明的缩影"，② 目的是展现世界各地区在艺术、商业和科学上取得的进步。塔夫脱在邀请各国参会的公开宣言中说道：

> 在这里，以政府和美国人民的名义，我隆重邀请全世界所有国家派遣代表参加巴拿马太平洋国际博览会，带来能最全面和恰当地展现出他们的资源、工业和文明的进步的展品，共同纪念一个对世界具有巨大利益和重要性的事件。③

同时主办方还着重强调，展会的目标不仅是物质和商业上的交流，更重要的是展示美国的"至高观念"。④ 物质诚然是"文明最为有力的一个因素"，但之所以展出这么多的物品，不是为了夸耀，而是为了整个人类在精神和道德上的提升。⑤ 在 1915 年 2 月至 6 月举行的博览会上，主办者陈列了雕塑、建筑和其他各种艺术品，这些艺术品都蕴含着深刻的象征意义，表达了文明进步和东西方文明相互交流的主题。诚如德国历史学者亚历山大·米萨（Alexander Missal）所言，巴拿马运河的工程已

---

① *Panama Pacific International Exposition, San Francisco, 1915*, San Francisco: Panama-Pacific International Exposition Company, 1914, p. 6.
② *Official Guide: Panama-Pacific International Exposition, San Francisco, 1915*, San Francisco: The Wahlgreen Company, 1915, p. 16.
③ Frank Morton Todd, *The Story of the Exposition, Being the Official History of the International Celebration Held at San Francisco in 1915 to Commemorate the Discovery of the Pacific Ocean and the Construction of the Panama Canal, Vol. 1*, New York: The Knickerbocker Press, 1921, p. 215.
④ *Condensed Facts Concerning the Panama-Pacific International Exposition, San Francisco, 1915*, San Francisco: Panama-Pacific International Exposition Company, 1915, p. 26.
⑤ Frank Morton Todd, *The Story of the Exposition, Being the Official History of the International Celebration Held at San Francisco in 1915 to Commemorate the Discovery of the Pacific Ocean and the Construction of the Panama Canal*, vol. 1, New York: The Knickerbocker Press, 1921, p. 14.

经成了美国人的"乌托邦",美国人在其中找到了自己的国家认同和目标。①

1915年,美国儿童文学作家伊丽莎白·戈登（Elizabeth Gordon）曾以小女孩在参观巴拿马展会期间给表姐写信的形式,将开通运河描写为美国在为"世界夫人"（Madame World）② 做贡献。在序言中,戈登写下这样一则寓言:

> 世界夫人多年来一直梦想着有一条运河沟通东方和西方,因此人们不用绕远道就可以见面。她的想法是,一个家庭想用某些东西,而另外一个家庭正好有这个东西,如果有一条捷径能够送过去的话,那将会更好。当然还有一些其他的原因:各个家庭应该了解彼此,并且能够分享彼此的快乐和悲伤。
>
> 世界夫人说了这么多,她最大的女儿想完成这个工程,但没有成功,最终山姆大叔说,"妈妈,我相信你是对的;虽然我是你最小的儿子,但如果你让我试试,我向你保证我会在你后院的那片沼泽地里开辟一条运河,你的最大的船只将可以安全地通过"。这时世界夫人说:"这些都是勇敢的话,我的儿子,但是你没有考虑到路上的困难。叫作热病的东西隐藏在沼泽地里,随时有可能扑向你,同时那里还有一个叫做疟疾的怪物会伤害你。"
>
> 山姆大叔回答说:"不要瞎说了,我的妈妈,这些东西都是恐惧的产物,我不知道什么是恐惧,也不会听从他的指使。我会为了你而建造运河。"
>
> 于是世界夫人给予了她的儿子以许可,让他承担这项工程。在短短的时间里,工作就完成了,山姆大叔向他的母亲贡献了巴拿马运河。③

---

① Alexander Missal, *Seaway to the Future: American Social Visions and the Construction of the Panama Canal*, Madison: University of Wisconsin Press, 2008, p. 11.
② 此处"世界夫人"可理解为世界文明。
③ Elizabeth Gordon, *What We Saw at Madame World's Fair: Being a Series of Letters from the Twins at the Panama-Pacific International Exposition to Their Cousins at Home*, San Francisco: Samuel Levinson Publisher, 1915, pp. 5-6.

在这则给儿童的寓言里,美国人在巴拿马运河开凿行动中的想法得到了形象体现。在这个严重关系到全球交流和发展的地峡面前,西班牙殖民者的运河仅仅停留在设想的层面,出于宗教的迷信思想,西班牙国王菲利普二世还一度禁止人们谈论运河;法国的两个运河公司都破了产,导致数千工人因为疾疫丧生,还因此使第三共和国遭到重创;英国也没有成功;而美国却最终顺利实现了她的目标,这不禁使美国人渴望将这个功劳全部记在自己头上。1913年,美国作家威尔斯·阿伯特(Wills J. Abbot)曾说,美国在所有文明国家中最后一个废除了奴隶制,这是她的一个遗憾。而"在劈开这一大自然给全球贸易、交流、友谊与和平设置的最为困难的障碍物上,美国为人类共同的进步和文明事业做了伟大的服务和贡献,它所闪耀着的光芒是不会随着时间的消逝而黯淡的"。①

将美国排华运动和开通巴拿马运河进行对比可以看出,"文化主义"与"文明主义"这两种美国社会身份交织出现在其对外关系之中,发挥着动员、塑造和引导的作用。从事后看,在美国越来越走向全球化的背景下,巴拿马运河所代表的开放包容战胜排华运动代表的封闭排他也是大势所趋,但一方面不能忽视此过程的曲折性和不可预测性,另一方面还应看到,无论是巴拿马运河体现的"文明主义"还是排华运动体现的"文化主义",都并不符合其所改造或排斥之对象的利益。尤其是"文明主义"中的"文明专制"倾向,② 以及"文化主义"中的"文化种族"倾向,③ 更是对美国内外的弱小群体或民族造成了严重损害。而下一章谈到的印第安人与菲律宾,也将再次反映这一点。

---

① Willis J. Abbot, *Panama and the Canal in Picture and Prose: A Complete Story of Panama, As Well As the History, Purpose and Promise of Its World-famous Canal—the Most Gigantic Engineering Undertaking Since the Dawn of Time*, New York: Syndicate Publishing Company, 1913, p. 412.
② 另一种"文明主义"是"文明自制"倾向,表现在巴拿马运河事件中是那些赞成开通巴拿马运河,但不愿像罗斯福一样违背国际法的反对者。
③ 另一种"文化主义"是西方20世纪70年代以来盛行的"文化多元"倾向,但在这个时期十分少见。

第五章 "文明使命"与"文化使命":从"天定命运"到美国对菲律宾的占领

在美国的国内外关系中,"文明主义"与"文化主义"常形成对立与统一的"二律背反"关系。"文明主义"往往打着利他旗号,而"文化主义"往往表现为粗糙的利己主义;"文明主义"强调可通约性,"文化主义"则强调不可通约性;"文明主义"主要源自主流精英团体,是统治阶级的意识形态,"文化主义"主要源自下层民众和相对次要的精英团体,是被统治阶级的乌托邦;"文明主义"向前看,"文化主义"向后看;"文明主义"是国际主义的,而"文化主义"是民族主义的;"文明主义"是包容的,而"文化主义"是排他的;"文明主义"外向,而"文化主义"内向;"文明主义"代表"利益","文化主义"贴近"激情"(passion);① "文明主义"常诉诸达尔文、孔德、密尔与斯宾塞,而"文化主义"则喜援引赫尔德、戈宾诺、勒庞与尼采;"文明主义"表现为"普世主义"的帝国扩张、帝国公民身份和"文明化"政策,其种族主义也主要以"文明"和线性进步观念为依托,"文化主义"则有强烈的种族排他性,鼓吹生物种族主义(此类生物种族主义并不一定以进步观念为依托,反而充斥着各种耸人听闻的危机论和退化论),其地缘政治、军国主义和特殊帝国主义的色彩也更为明显。当然如前所述,在现实中两者界限也并非泾渭分明,而是可以相互补充、相互转变,它们往往取决于国家的行动和选择。美国的西进运动、"天定命运"以及对菲律宾的政策便是其体现。

---

① "欲望"(passion)与"利益"(interest)在价值体系中的对立可参见〔美〕艾伯特·赫希曼著,李新华、朱东进译《欲望与利益:资本主义走向胜利前的政治争论》,上海:上海文艺出版社2003年版。

一 "文明化"印第安人与"民众帝国主义"

安东尼·帕戈登、伯纳德·贝林（Bernard Bailyn）等学者指出，北美大陆的"文明冲突"实际上很早就开始了。[①] 在很长一段时期内，北美印第安人部落是欧洲各国掠夺的对象。但理查德·怀特（Richard White）通过研究五大湖地区的印第安人证明，"文明"冲突往往又是与交流和协商并存的。印第安人还经常成为法兰西帝国、英吉利帝国和西班牙帝国拉拢与联合的目标，这使各个部落能够在列强间实行"权力均势"政策，获取一定的自由空间，形成"文明"之间相互交融的"中间地带"，使得弱势文明也能利用强势文明的内部矛盾来保存自身。[②] 随着法兰西帝国在七年战争中战败，印第安人的空间相应遭到挤压；但英帝国与北美殖民地之间的矛盾随即凸显，英国禁止本国殖民者越过阿巴拉契亚山脉殖民，又一定程度激化了此种矛盾，导致了独立战争的爆发。

北美殖民地独立、美国建国后，印第安人所面临的地缘政治处境越发艰难，生存空间被进一步压缩，白人对印第安人土地的掠夺呈山雨欲来之势。但危殆之中尚有一线生机。一方面，五大湖地区和佐治亚、佛罗里达的印第安人仍有英国、西班牙等帝国残余力量的支持与合作，对新生的美利坚共和国构成威胁；另一方面，美国的精英们信奉启蒙思想，试图通过较温和的方式使印第安人"文明化"，这对地方各州的土地扩张政策也能暂时形成一定的约束。

以汉密尔顿、华盛顿等为代表的联邦党人最初渴望的是向东与"文明"的欧洲交流，而非向西与"野蛮"的印第安人相处；他们的主要目标是建立一个面朝东方，而非面朝西方的"帝国"，因而对在西部边疆扩张并不太感兴趣。华盛顿政府的陆军部长、印第安事务主席亨利·诺克斯（Henry Knox）主张将印第安人部落当作外国（foreign nations）来看待，是拥有主权的国家和民族，而不是任何州的"属民"（subjects）。

[①] Bernard Bailyn, *The Barbarous Years: The Peopling of British North America: The Conflict of Civilizations*, 1600-1675, New York: Alfred A. Knopf, 2012.

[②] 〔美〕理查德·怀特著，黄一川译：《中间地带：大湖区的印第安人、帝国和共和国（1650—1815年）》，北京：中信出版集团2021年版，第1—6页。

他试图继续采取殖民地时期与印第安人形成的外交规范，禁止各州的白人进入印第安人的领地。① 他还极力地反对杰斐逊的路易斯安那购买主张。

杰斐逊与此后的两任民主-共和党总统执政后，开始放弃在海上与欧洲帝国角逐的政策，转而致力拓展西部，这也意味着要更大规模地侵占印第安人的领土。1815年英美战争的结束也标志着联邦党的终结，在接下来的第二政党体系，即辉格党和民主党相争的格局之下，双方则在放弃与欧洲列强的海上角逐，集中获取西部领土的战略上达成了共识。约翰·亚当斯之子约翰·昆西·亚当斯主动退出了联邦党，转而成为詹姆斯·门罗的国务卿。他作为与英帝国和西班牙帝国谈判的主要外交家，为美国争取了大片领土，例如，通过1814年与英国的《根特条约》（Treaty of Ghent）保障了美国老西北地区的安全，挫败了英国在这里建立一个印第安国家作为缓冲地带的计划；通过1819年的《亚当斯-奥尼斯条约》（Adams Onis Treaty）从西班牙手中获得了西佛罗里达，并且继承了西班牙在西北太平洋沿岸、北纬42度线以北的土地权利。② 他还曾引用瓦特尔的万国法理论，激烈地否认印第安部落的土地所有权："在绵延上千里的森林中，这些猎人不过是在少数几个地方狩猎而已，他们对这片地区究竟有什么权利呢？""难道领主一样的野蛮人不仅可以根据他们的习惯蔑视文明所带来的幸福与美德，而且还可以剥夺整个世界走向文明的权利？"③ 约翰·昆西·亚当斯很早便提出，美国应当拥有整个美洲大陆，尽管这一设想当时在门罗总统及其内阁看来，是完全不现实的。④

当然，即便意识到美国的利益在于向西部扩张，深受启蒙影响的哲学家和政治家们也并未将印第安人视作寇仇，而是有一定的自我反省。他们大多服膺较为注重常识、相对温和的苏格兰启蒙思想，并不如法国

---

① Charles Crowe, "Indians and Blacks in White America," in Charles M. Hudson, ed., *Four Centuries of Southern Indians*, Athens: The University of Georgia Press, 2007, p. 153.

② Frederick Merk, *Manifest Destiny and Mission in American History: A Reinterpretation*, New York: Alfred A. Knopf, 1970, p. 15.

③ Lynn Parsons, "'A Perpetual Harrow upon My Feelings': John Quincy Adams and the American Indian," *The New England Quarterly*, vol. 46, no. 3 (September 1973), p. 345.

④ Frederick Merk, *Manifest Destiny and Mission in American History: A Reinterpretation*, New York: Alfred A. Knopf, 1970, p. 17.

知识分子一样热情澎湃，易走极端。因此，他们也能很好地调解卢梭式的"高贵野蛮人"和孔多塞式的文明进步思想，将二者兼收并蓄。富兰克林、克雷科夫和本杰明·拉什等建国时期的哲学家们均较为客观地认识到了印第安人的优点，同时对边疆白人的贪婪和残暴持批判态度。① 因此，这一思想的种族主义色彩也相对较淡，至少就"红种"的印第安人而言是如此。他们尽管相信黑人和白人很难融合，但认为印第安人和白人差别较小，完全有能力实现印第安人的"文明化"，并使其融入美利坚人的血脉中。

促使印第安人皈依基督教是"文明化"印第安人的重要内涵，其历史也最悠久。早在1606年，英国国王在给弗吉尼亚的第一次特许状中说道，要"适时地将这些地方的异教徒和野蛮人提升到人类文雅（human civility）的水平线上，让他们组建稳定而温和的政府"；在1612年颁发的第三次特许状中，国王也同样采用了"异教徒""野蛮""文雅"等词。② 这些表明，在civilization一词未正式出现之前，与"野蛮"相对立的价值观仍带有较为浓厚的宫廷贵族礼仪和基督教色彩。随着历史的发展它们并未完全消失，而是融入了新的"文明"观念中。尤其是基督新教，它一直是"文明"的同盟军，往往以"基督文明"的面貌出现。

劝说印第安人放弃游牧和渔猎，转而采取定居农业的生产生活方式，是"文明化"印第安人政策的另一项重要内容，也符合当时公认之"文明"标准。例如麦迪逊称，"文明"与农业是密切相关的，"从未见过有文明而无农业的情形；也未见过农业占主导地位后，文明的技艺未曾出现的情形"。③ 1819年，美国国会通过《文明开化基金法案》（Civilization Fund Act），正式宣称要"对邻近边疆定居点的印第安人实行文明开化"，为此设立了"文明开化基金"，雇用"品质优良而能干的人"来"引导

---

① Roy Harvey Pearce, *The Savage of America: A Study of the Indian and the Idea of Civilization*, Baltimore: John Hopkins Press, 1953, pp. 138-139.

② Mathew Frye Jacobson, *Whiteness of a Different Color: European Immigrants and the Alchemy of Race*, Cambridge: Harvard University Press, 1998, p. 23.

③ 麦迪逊似乎也多少意识到了自己的"双重标准"，因为他很快又说道，"虽然农业和文明是一对盟友，但是它们并不总是保持步调一致。也许在中国和日本，农业的发展程度高过其他拥有远为文明生活的国家"。见 James Madison, "Agricultural Address," in *Letters and Other Writings of James Madison*, vol. 3, New York: R. Worthington, 1884, pp. 63-95。

印第安人从事适合其处境的农业生产，以及教育他们的子女阅读、写字和算数"。① 他们最具危险性的理念莫过于将独立产权视为"文明"的标志。例如，诺克斯便提出，"公共产权"（public property）是印第安人进步的阻碍，要让他们"文明化"，首先要培养他们对"排他产权"的热爱。可以说，这种鼓励部落土地私有的"文明"观埋下了19世纪末印第安部落走向毁灭的种子。

面对联邦政府的"文明化"政策，印第安人内部分化成两派。"开化派"试图与联邦政府合作，接受"文明化"。这条路线取得了一定成功，尤其是在美国南部地区，形成了所谓五大"文明化"部落，即切诺基部落、奇克索部落、巧克陶部落、塞米诺尔部落和克里克部落。其中吸收白人"文明"尤为成功的是切诺基部落。按启蒙"文明化"政策的设想，切诺基人不仅采取了定居农业的生活方式，还颁布了宪法，发明了本族的文字，出版报刊，与白人通婚，建立了学校、法院等公共机构，甚至还开始使用奴隶来从事生产。②

但在另一些部落，"守旧派"和抗拒"文明化"的势力占了上风。在白人不断侵占土地的情况下，激进派主张进行反抗，恢复印第安人的固有领地。尤其是在1812年的第二次英美战争中，反对"文明化"政策的部落往往与英军结盟，与美军进行激烈的战争。肖尼族的首领特库姆塞（Tecumseh）不仅将西北部的印第安人组织起来，宣誓要驱逐白人，而且还到南部的佐治亚州进行宣传鼓动，激起了1812—1813年的克里克战争（又称"红棍子战争"，Red Sticks War）。但随着英美在1814年缔结和平条约，美西在1819年缔结条约，印第安人几乎完全失去了外援，其内部的激进派主张也彻底宣告失败，印第安部落几乎完全成为任人宰割的鱼肉。③

与此同时，联邦政府的"文明化"政策也随之褪去了启蒙精英的内涵，而被更加浓重的草根色彩和种族主义所"绑架"。可以说在此过程中，更具有地方色彩的"文化主义"逐渐代替了更具世界眼光的"文明

---

① 李剑鸣：《文化的边疆：美国印第安人与白人文化关系史论》，天津：天津人民出版社1994年版，第93页。
② 李剑鸣：《美国社会和政治史管窥》，广州：广东高等教育出版社2021年版，第210页。
③ 李剑鸣：《文化的边疆：美国印第安人与白人文化关系史论》，天津：天津人民出版社1994年版，第1—6页。

主义",其手段也更为残酷和粗暴。① 出身波士顿显赫家庭的约翰·昆西·亚当斯与出身西部边疆的安德鲁·杰克逊（Andrew Jackson）之争，在某种程度上便反映了这两种理念的竞争关系。前者主要代表东北部地区的利益，希望继续对印第安人采取仁慈同化的政策，促进白种人与红种人的融合；而后者所在的民主党代表西部边疆白人种族主义者的利益，迫不及待要驱逐已经被美国政府认可具有一定"文明"水平的印第安人，为边疆白人提供新的土地。这些白人掠夺印第安人土地的做法也被称作"民众帝国主义"（popular imperialism）。② 可以说，"文明主义"与"文化主义"之争在迫使联邦政府做出必要的选择。

历史学家雷吉纳德·霍斯曼认为，"草根"的信念相比启蒙的哲学思辨更能引发民众的支持。这一观点是有道理的。③ 尽管诺克斯、杰斐逊、富兰克林、克雷科夫、麦迪逊、詹姆斯·门罗和约翰·昆西·亚当斯等政治人物都有着启蒙的"普世主义"和人道主义信念，但他们无法完全控制普通白人民众、土地投机者、军人等群体对印第安人的态度。尤其在涉及直接利益冲突的时候，"文明"很快就会演化成进行暴力征服的托词，成为"文化主义"的伪装。即便是在启蒙时期这种情形也屡见不鲜。早在1779年，当美国第一军团的士兵们被派往纽约焚毁易洛魁人的村庄时，一位军官临行前的祝酒词便是"让所有美国的原始人接受文明，或接受死亡"（civilization or death to all American savages）。④ 美国著名作家休·亨利·布雷肯里奇（1748—1816）在幼年时受到过印第安部落的袭击，他本人也带有强烈的边疆民众主义政治倾向（例如，他对威士忌叛乱的抗税斗争持同情态度，而且是民主-共和党的领导人之一），因此他对印第安人的偏见与仇恨可以说人尽皆知。他曾非常露骨地

---

① Reginald Horseman, *Race and Manifest Destiny: The Origins of American Racial Anglo-Saxonism*, Cambridge: Harvard University Press, 1981, p. 115.
② 美国学者沃尔特·拉塞尔·米德将美国外交分为四个学派，其中杰克逊学派与杰斐逊学派虽然都不愿卷入世界事务，但二者一大不同点就在于后者是精英化的、较少种族主义以及和平的，而后者则是民众主义的、种族主义的和崇尚武力的。
③ Reginald Horsman, *Race and Manifest Destiny: The Origin of American Racial Anglo-Saxonism*, Cambridge: Harvard University Press, 1981, p. 115.
④ Charles Crowe, "Indians and Blacks in White America," in Charles M. Hudson, ed., *Four Centuries of Southern Indians*, Athens: The University of Georgia Press, 2007, p. 154.

说，"印第安人的骨骸应当用来让土地增肥，等待文明人犁铧的开垦"。①

"杰克逊民主"的出现更是消除了政治领导人与普通白人在观念上的隔阂，为"民众帝国主义"铺平了道路。1829 年，杰克逊就任总统后，几乎彻底背离了杰斐逊的"文明化"政策，他根据 1830 年的《印第安迁徙法》(Indian Removal Act) 对"文明化"的印第安部落进行强制驱逐，造成了令人心碎的"眼泪之路"(Trail of Tears)。1831 年，美国联邦最高法院在切诺基诉佐治亚案 (*Cherokee Nation v. Georgia*) 的判决中，不再像诺克斯等启蒙政治家一样，将印第安部落界定为"外邦"，而是采取"国内依附民族"(domestic dependent nation) 的新表述。② 此判决实际上是从宪法的层面确认，《印第安迁徙法》并不违宪。③ 此时已是国会众议员的约翰·昆西·亚当斯仍抱着"文明化"印第安人的启蒙观念，在国会中强烈反对此法案，但也无济于事。亚当斯在 1841 年 7 月 30 日的日记中愤怒地控诉：

> 30 日早上，切诺基部落的酋长约翰·罗斯与另外两名代表来访。罗斯之前写信给我，请求就委任我为印第安事务委员会主席一事作一次访谈。在我的请求下，我没有得到这个职务，因为我完全相信，最后唯一的结果无非是在我的内心留下永久的和挥之不去的伤痛；我在这个职位上完全没有能力做任何事。从华盛顿到我对印第安人的政策都是正义而友好的——文明化和保全他们。在克里克和切诺基人那里这一政策大获成功。但他们的成功正是他们的厄运。他们的边境正好是邻近各州开垦的土地，因此这些州警觉起来，撕毁了之前所有的条约和承诺。佐治亚将自己的司法权力扩展到这些部落，夺走了他们的土地、房屋、牲畜、黑人，将他们赶出了自己

---

① Charles Crowe, "Indians and Blacks in White America," in Charles M. Hudson, ed., *Four Centuries of Southern Indians*, Athens: The University of Georgia Press, 2007, p. 154.
② 杰克逊本人也坚定地认为，印第安部落不是美国外部的主权国家，而是从属于美国的主权管辖范围；因此应当以国会立法，而非以传统订立条约的方式与之交往。见 F. P. Prucha, "Andrew Jackson's Indian Policy: A Reassessment," *The Journal of American History*, vol. 56, no. 3 (December 1969), p. 532。
③ Jedediah Purdy, "Property and Empire: The Law of Imperialism in *Johnson v. M'Intosh*," *The George Washington Law Review*, vol. 75, no. 2 (February 2007).

的居住地。所有的南部州都支持佐治亚这种彻底背信弃义的行为；同时安德鲁·杰克逊更是通过伪造的条约和野蛮暴力使之达到顶点……这是这个国家最可怕的罪行，我相信上帝有一天会对此进行审判——但会在他的时间，用他自己的方式。①

在这里，亚当斯代表上层精英的"文明主义"对下层民众的"文化主义"做了控诉，也表明了"文明主义"在此问题上的失势。最终，如同亨利·乔治在19世纪后期所总结的那样："事实上，当文明涌向红种人的时候，它没有显示出美德。对边疆的盎格鲁-撒克逊人而言，土著人没有任何让白人尊敬的权利。他们被贫困化，被误解，被欺诈，被虐待……他们在文明面前消失，就像罗马不列颠人在撒克逊人的野蛮面前消失一样……在美国，盎格鲁-撒克逊人最终消灭了印第安人，而非让他们文明化了。"② 事实上，即便是在有着强烈启蒙思想的杰斐逊那里，白人的西进也远比文明化印第安人重要得多。③

当然，杰克逊民主的强制迁移政策并未完全终结美国官方和上层精英的"文明化"政策。即便杰克逊在主张迁移印第安人之时，也是打着让印第安人有更充裕空间，以自己的节奏进行"文明化"，以及避免因离白人文明过近，被白人文明所包围，从而沾染白人恶习的旗号。④ 而无论"文化主义"还是"文明主义"，都未能给印第安人带来福音。随着美国白人殖民者很快地扩张到密西西比河以西，杰克逊的"迁移"政策又为"保留地"（reservation system）政策所替代，即将印第安部落隔绝在小块土地上，变成"文明海洋中的原始岛屿"，将其余的大片土地

---

① Charles Francis Adams, ed., *Memoirs of John Quincy Adams*, vol. 10, Philadelphia: J. B. Lippincott & Co., 1876, pp. 491–492.
② Henry George, *Progress and Poverty: An Inquiry into the Cause of Industrial Depressions and of Increase of Want with Increase of Wealth*, The National Single Tax League Publishers, 1879, p. 499.
③ Reginald Horsman, *Race and Manifest Destiny: The Origin of American Racial Anglo-Saxonism*, Cambridge: Harvard University Press, 1981, p. 115.
④ F. P. Prucha, "Andrew Jackson's Indian Policy: A Reassessment," *The Journal of American History*, vol. 56, no. 3 (December 1969), pp. 534–539.

腾出来给白人占领开发。① 但即便是保留地政策，也不符合美国白人精英所倡导的"文明化"原则。在他们看来，保留地中所实施的部落公共所有制阻碍了印第安人走向"文明"；只有解散保留地，打破部落制，撤销部落法庭，实行土地私有，授予印第安人公民权，将印第安部落成员改造为美国公民，才能一劳永逸地解决印第安人问题。1887年国会所颁布的《道斯法案》(Dawes Act)便意味着这一激进的"文明开化"政策开始贯彻实施。

一些"文明主义"的支持者对《道斯法案》寄予厚望。1900年，《美国古代和东方杂志》发表题为《这是文明还是灭绝?》的文章，反映了美国人在"文明主义"问题上带着困惑的坚持。文章首先问道："过去几年最为严肃的一个问题莫过于……文明种族的进步一定会征服并最终摧毁不文明种族吗？这似乎是不文明部落中常见的恐惧心理，其结果便是要求完全的孤立。但是孤立与时代的精神与进步又是背道而驰的，因而无法维持下去。"可以说在"文明主义"政策的负面效应下，文章不得不承认，要"文明化"而又不灭绝土著是"一道难题，需要慈善家和科学家们进行细致的研究"。

文章随后对当时流行的"文化主义"思潮做了回应，指出过去对印第安人是采取鄙夷的态度，鼓吹"死的印第安人才是好的印第安人"，但是"现在情感发生了转变"，美国社会喜爱全身穿着传统服饰的原生印第安人形象，"对这种勇敢而具有男性化气质的装扮表示赞赏"，而这些印第安人在过去"不仅被认为是危险的，而且被鄙视为堕落的物种"。显然文章不赞同"文化主义"崇尚勇武和战争的路线，认为"建立在错误假定基础上的文明必定会被上帝之手所推翻"。

在对"文化主义"进行指责后，作者又回到主题："因为与文明的接触而遭到损害，他们真的就要被灭绝吗？"他对此给出了否定的回答，并为"文明主义"路线做辩护："印第安人应当占有比最初更少的领土在我们看来是天经地义的，倘若文明要进步，就必须要这样做，因为倘若人们都像地理大发现时那样散居各处的话，文明便无法扩展。"他举例

---

① Roy Harvey Pearce, *The Savage of America: A Study of the Indian and the Idea of Civilization*, Baltimore: John Hopkins Press, 1953, p.239.

说，切诺基人每个家庭便占有 9 平方英里的土地，按一个家庭 5 口人算，每人占有 2 平方英里左右；同时尽管纽约州的易洛魁部落联盟"在文明上取得了相当的进步"，但是这个联盟很快便"被证明是其他部落的噩梦"，它的好战和肆意屠杀让当地大片区域"完全地凋零破败"。这也意味着"文明化"印第安人是完全有必要的。

作者认为，在"文明化"过程中，印第安人遭遇灭绝的风险不是来自教会，因为无论天主教、东正教还是新教教会，都"非常急切地为土著人的福利着想，愿意提升他们的文明"，问题在于"所谓文明种族"给印第安人带来的恶习，它就像"鼓风炉中的炽热气浪"，导致"当地的人口被一扫而空"。关键在于，这些恶习都是由"下层阶级"（lower class）而非"更好的阶级"（better class）所带来的。这些下层阶级在边疆地区与印第安人比邻而居，对印第安人肆行侵略，让印第安人吃尽了苦头："他们传播的恶习首先让土著人堕落，然后摧毁了他们；因此灭绝的结果不是由文明造成的"，而是下层白人的恶劣习性所致。因此作者仍然主张，"文明化印第安人的努力要想成功，就必须让基督文明真正受到重视，发挥恰如其分的影响力"，这也与美国国内"提升普罗大众的正确方法是一致的"。他仍然赞成《道斯法案》分割保留地产权以及赋予印第安人公民权的政策，只是主张要避免印第安人沾染下层白人的恶习与"充满着贪婪的攫取欲"。①

这篇社论可以从"文明主义"和"文化主义"的角度进行分析。文中"更好的阶级"可被视为代表"文明标准"的政策制定者——美国的上层精英，他们持有乐观的精英辉格主义理念；而浑身恶习的国内白人"下层阶级"和印第安人都属于被"文明化"的对象。当然，国内的白人下层阶级处境相对要更好，因为他们拥有罗迪格所谓"白人的工资"（wages of whiteness）或特权，还可以在某些失势保守阶层的拉拢和蛊惑下，依靠"大众托利主义"给统治集团制造压力，从而获得一定的利益，而这部分利益也不太可能是统治集团的让步，很可能还是来自对印第安人这样的"外部无产者"更变本加厉的剥夺。

---

① "Is it Civilization or Extermination?" *The American Antiquarian and Oriental Journal*, vol. 22, no. 1 (January/February 1900).

作者将过错都归咎于下层白人和"文化主义"的主张显然是偏颇的，也过于理想化。事实证明，一方面，"文明主义"支持者没有能力，也没有强烈动机制止来自下层民众的、好战而粗野的"文化主义"；另一方面，即便"文化主义"没有乘虚而入，强行将"文明"加诸另一个民族也会产生灾难性后果。事实上，《道斯法案》体现的"文明主义"政策直接将印第安部落推向深渊。例如，切诺基部落在西迁俄克拉何马和美国内战中遭受沉重打击后，其文明化政策仍然坚持下来，而且可以说相当成功，但19世纪末美国政府却直接解散该部落，彻底断送了它的现代化之路。[1] 激进急切的"文明化"政策造成了毁灭性后果，引起了印第安人的强烈抗议，加上20世纪初"多元文化主义"的日益流行，使得美国国会不得不在1934年制定《印第安人重组法》（Indian Reorganization Act），承认土著文化的价值，暂时停止了此种强制同化的做法。[2]

除印第安人以外，美国边疆还有两个邻居，即墨西哥和加拿大。二者的"文明程度"在美国人眼中各不相同，因此也相应地被区别对待。与印第安人一样，它们既是美国"天定命运"的目标，也是"文明主义"与"文化主义"的受害者。

"天定命运"（manifest destiny）一词的创造者是美国专栏作家约翰·奥沙利文（John O'Sullivan）。1845年，他在自己创立的《民主评论杂志》（*The United States Magazine and Democratic Review*）上发表了《兼并》一文，鼓吹美国合并得克萨斯共和国，并且吞并俄勒冈和加利福尼亚。他声称，英法等欧洲国家充满敌意地在干涉着美洲事务，"其公开承认的目标是要挫败我们的政策，阻碍我们的力量，限制我们的伟大与天定命运——上帝赐予了我们这片大陆，为的是让每年滋生的数百万人得以自由发展"。[3] 他提到加州时说道："盎格鲁-撒克逊人的脚步已经在它的边境上了。不可阻挡的盎格鲁-撒克逊移民大军已经让其先头部队陆续涌入当地，他们用犁和毛瑟枪武装自己，沿路建立学校和大学，法院和代表议事厅，磨坊和会客室……他们有权利独立，有权利建立自治政府，

---

[1] 李剑鸣：《美国社会和政治史管窥》，广州：广东高等教育出版社2021年版，第202页。
[2] 李剑鸣：《美国社会和政治史管窥》，广州：广东高等教育出版社2021年版，第224页。
[3] John L. O'Sullivan, "Annexation," *The United States Magazine and Democratic Review*, vol. 17, no. 85 (July 1845), p. 5.

因为他们是冒着危险，通过自己的劳作、牺牲和奉献才征服了荒野，将其变成了舒适的家园，相比数千英里之外墨西哥之非自然的、继承自西班牙的……所谓主权，他们的权利要更加真实、也更加有价值。"① 奥沙利文后来还将整个墨西哥和古巴，甚至整个南美都纳入被美国所占有的名单中。② 此后"天定命运"被经常性地用在国会辩论中，成为推动美国大陆扩张最重要的口号。1892 年，美国共和党还将这个词写进了其官方的竞选纲领中。美国历史学家朱利斯·普拉特将其与"白人的负担"话语相提并论，认为前者推动了美国的大陆扩张，而后者推动了其海外扩张。③

历史学者弗雷德里克·默克（Frederick Merk）辩称，纯粹的、未被歪曲的"天定命运"不过是追求"在大陆范围内建立一个自由、自治的邦联共和国"；它所设想的只是将"相邻的人民提升到平等州的地位，并且享受州所赋予的所有权利和特权"。④ 但这似乎仅适用于加拿大。在多数美国民众和决策者那里，印第安人和墨西哥人冥顽不化，是挡在美国文明前进路上的绊脚石，也容易让人失去对这些野蛮落后民族循循善诱、推行"文明化"政策的耐心。在西进运动和天定命运的巨浪狂潮中，"文化主义"往往会悄悄取代"文明主义"的主导地位，并且伪装成"文明"，使用各种"文明"的语言来为其种族主义行为辩护。在他们看来，墨西哥人是"半文明人"或"野蛮人"，只可通过权力和暴力与之交往，而无须诉诸理性。将"天定命运"用在墨西哥身上，不过是为了夺取后者人口稀薄的地区，而不可能将人口稠密的地方也纳入进来。与之相反，加拿大作为"文明"国家之一员，虽然也并不能完全排除与之发生战争的可能，但是至少双方是可以通过理性与情感来进行沟通的，是"文明主义"的理想目标。劳合·加德纳（Lloyd C. Gardner）等学者

---

① John L. O'Sullivan, "Annexation," *The United States Magazine and Democratic Review*, vol. 17, no. 85（July 1845）, p. 9.
② Julius W. Pratt, "John L. O'Sullivan and Manifest Destiny," *New York History*, vol. 14, no. 3（July 1, 1933）, p. 223.
③ Julius W. Pratt, "John L. O'Sullivan and Manifest Destiny," *New York History*, vol. 14, no. 3（July 1, 1933）, p. 213.
④ Frederick Merk, *Manifest Destiny and Mission in American History: A Reinterpretation*, New York: Alfred A. Knopf, 1970, p. 256.

说道：

> 美国的文化和种族倾向要求在合并另一个盎格鲁-撒克逊兄弟社会（fellow Anglo-Saxon society）时，采取不同的扩张方式。大多数美国人模糊地坚持一种有时被称为"存在巨链"（Great Chain of Being）的观念体系，它将人类社会划分为从蒙昧到野蛮再到文明的多个等级。北美印第安人和墨西哥人被放在这个垂直体系底端，可以用文明的名义来专横地对待。加拿大人，尤其是不列颠加拿大人，由于其种族、语言、传统和物质上的成就，属于不同的和更高的等级。这对许多美国人来说意味着获取加拿大需要在多数加拿大人觉得时机成熟的时候，通过自愿联合（voluntary association）来实现。①

当然，加拿大对美国的认知要更为复杂。它并不像美国人那样一厢情愿，认为双方在"文明"上是类似的；相反，加拿大会强调其自身的民族主义，突出自己与美国的差别。此外，加拿大还包含以魁北克为代表的法国文化，并非美国人所想象的单一"盎格鲁-撒克逊文明"国家。这种"自愿联合"最终也没有成为现实。加拿大的"文化主义"胜过了美国的"文明主义"。

"天定命运"和边疆不仅限于美洲大陆。美国外交史学者迈克尔·亨特说道：

> 为支撑他们的主张，人们运用着各种相互呼应的观念，鼓吹自己的共和国万物竞发、蓬勃向上（dynamic republic）。也许最为有用的是美国居于人类历史的关键地位这一说法，它实际上早就十分成熟了。文明的中心在向西转移。它起源于亚洲，跨越地中海，最近停留在英国。随着英帝国走向衰落，美国在此过程中被推向前列。美国在北美大陆上已经开始了其向西的征程。他们最终会将其富有

---

① Lloyd C. Gardner, Walter F. LaFeber and Thomas J. McCormick, *Creating of the American Empire, vol. 1: U. S. Diplomatic History to 1901*, Chicago: Rand McNally College Publishing Company, 1976, p. 125.

生机的影响力扩展至亚洲——人类文明开始的地方。①

此种文明西移的观念将进一步影响到美国在 19 世纪末的帝国扩张。当然，美国人并不认为"文明西移"意味着黄种人要取代白种人，接过"文明"的旗帜；而是认为白人将会永不停歇、充满朝气地扩张，一路用其先进的"文明"来同化其他种族，直至将"文明"带回雅利安人的发源地——中亚，完成"文明"的环球旅行。② 密苏里州民主党参议员托马斯·哈特·本顿便是此理念最具代表性的重要鼓吹者之一。他在 1846 年与同僚的谈话中认为，黄种人比红种人优越，但也处在停滞和暮气沉沉的状态之中。美国白人已经摧毁了红种人，下一步的目标就是通过商业、征服和通婚来"文明化"黄种人。他声称，"白人似乎单独接受了神圣的指令，来征服和充实整个地球"，而"文明或灭绝，是所有挡在白人前进道路上之人的命运。文明永远是白人的优先选择目标，但抵抗的结果将是灭绝"。③

从"天定命运"问题上可以看出，"文化主义"与"文明主义"都使用"文明"这个流行的词语，也都区分"文明人"与"野蛮人"。二者也都试图对野蛮人采取武力和专制手段。但相比较而言，"文明主义"所采取的是"文明专制"路线，同约翰·昆西·亚当斯一样，它存在矛盾心理，既希望印第安人能够为"文明"的发展让出土地，同时又带有一定的"文明自制"色彩，主观上不愿看到印第安人的灭绝，而是希望它能在此过程中真正地"文明化"；而"文化主义"的做法则具有更多残酷性和排他性，印第安人的灭绝在他们看来是理所当然的，是劣等种族的最好归宿。当然，尽管二者在主观意愿和手段上有明显差别，在客观上却往往殊途同归，在毁灭印第安人的结果上存在着共谋关系。而 19 世纪末 20 世纪初菲律宾也遭受了类似的、"文化主义"与"文明主义"的轮番或协同影响与改造。

---

① Michael Hunt, *Ideology and U. S. Foreign Policy*, New Haven: Yale University Press, 2009, p. 31.
② Reginald Horseman, *Race and Manifest Destiny: The Origins of American Racial Anglo-Saxonism*, Cambridge: Harvard University Press, 1981, p. 287.
③ David Axeen, "'Heroes of the Engine Room': American 'Civilization' and the War with Spain," *American Quarterly*, vol. 36, no. 4 (Autumn 1984), pp. 487-488.

二 "塑造国民性格"与"文明冲突":美国在菲律宾的"文化"使命

朱利斯·普拉特、霍夫斯塔特等学者曾断言,美国在菲律宾的帝国构建与美国国内的非理性主义思潮有着密切关系。① 霍夫斯塔特甚至认为,美国平民主义和进步主义运动所产生的非理性思潮和"心理危机"(psychological crisis)推动了美国的对外扩张。他在其名著《改革的时代》(*The Age of Reform*)中以平民党人玛丽·李斯夫人(1850—1933)的一本小册子《解决文明的病症》为例,② 他还声称:

---

① 朱利斯·普拉特指出,美国在19世纪90年代的扩张动力并非来源于商人和银行家群体,他们可以接受战争的果实,但是反对战争。他们甚至反对兼并夏威夷和开凿中美洲运河,以及建立一支强大的海军,当然也包括因为人道主义问题同西班牙开战。美国的扩张狂热更多的是由"政治学家、社会学家和历史学家",而非更注重理性物质利益的"经济学家和商人"所推动;威廉·洛伊希滕贝格(William E. Leuchtenberg)则认为,进步主义者们对商业资本主义社会的反感,也容易导致进步帝国主义(progressive imperialism)的倾向。他们常常会谴责以华尔街为代表的商业集团缺乏国家荣誉感(national honor),而支持更有侵略性的外交政策,"美西战争不仅是为了终结西班牙的专制,给古巴带来自由,也是对贪婪的华尔街反战势力的一场圣战"。见 Julius W. Pratt, "The 'Large Policy' of 1898," *The Mississippi Valley Historical Review*, vol. 19, no. 2 (September 1932), p. 238; Richard Hofstadter, "Cuba, the Philippines, and Manifest Destiny," in Richard Hofstadter, *The Paranoid Style in America Politics and Other Essays*, Cambridge: Harvard University Press, 1965; William E. Leuchtenberg, "Progressivism and Imperialism: The Progressive Movement and American Foreign Policy, 1896-1916," *Mississippi Valley Historical Review*, vol. 39, no. 3 (December 1952)。

② 在此书中李斯夫人主张通过殖民,由白人瓜分世界的方式来解决"文明"的危机。她声称,"欧洲和美国正面临一场绝望的革命,在它面前,所有现代文明将会在血与火中变成一片废墟,或在俄国专制主义的铁蹄下缓慢消亡。在现代哥特式俄国霸权或普世帝国,和英国金融系统肆意掠夺和奴役工业世界的威胁下,我们的文明将很难长久生存下去。唯一避免这种普遍恐怖统治的希望是展开前所未有的、世界范围的大规模种族迁徙,从而让世界人口过分拥挤的中心减少一半的居民,为一半的人类提供自由的家园"。李斯具体的瓜分"计划"是,由美国领导西半球,组建"美洲联邦"(American Federation);俄罗斯帝国占领土耳其北部,迁都君士坦丁堡;拉丁联盟(Latin Union)占领中东,德意志联邦则统治北欧、东欧和土耳其部分地区,英帝国继续巩固其统治并发挥权力均势的作用,从而使上述每个政治体的人口密度降低到每平方英里50~60人。她还认为中国迟早也会被欧洲统治,但并没有提出具体的瓜分计划。见 Mary Lease, *The Problem of Civilization Solved*, Chicago: Laird & Lee, 1895, p. 16; Mary Lease, "The Curse of Militarism: The Problem of Civilization Solved," *Current Literature*, vol. 17, no. 3 (March 1895)。

李斯夫人书中体现的民族主义狂热,也反映了平民主义本身奇怪的一面。表面上,平民党人运动和布赖恩民主有着强烈的反军国主义和反帝国主义色彩。平民党人反对大规模的常备军和海军的建设;他们大多数支持布赖恩反对攫取菲律宾……但他们主要反对的是制度化的军国主义而非战争本身,是帝国主义而非金戈主义。在和平主义的光环下,他们极其民族主义,极其好战。①

在全书中,霍夫斯塔特尖锐地批评了19世纪末20世纪初与美国"平民主义-进步主义传统"相伴而生的非理性和道德狂热现象,其中也包括它如何推动征服菲律宾。许多后来的学者也都注意到非理性文化因素的推动作用。例如有学者提出,随着维多利亚时代进入晚期,城市化、工业化带来了严重社会心理危机,进而产生了新的流行文化,强调阳刚之气而非"绅士"风度,强调强硬的侵略性格,而非温和礼让。它要求美国展现出男子气概,通过占领菲律宾来捍卫美国的荣耀,证明美国并未因"过度文明化"而走向衰落。这种帝国主义是由非理性、民族主义和种族主义所带来的,它更接近特赖奇克等德国知识分子所构想的"帝国"(Reich),与以英法为代表的"普世帝国主义"(universal imperialism)在很多方面有着重要区别。简单地说,前者的口号是"文化"或伪装成"文明"的"文化种族说",而后者的口号则主要是"文明专制"。美国学者克里斯汀·霍根森说道:

由于将菲律宾人视为原始人这一刻板印象,占领菲律宾也相应被塑造成对美国男性的一个严酷挑战。他们被期待要去征服,且将野蛮的敌人文明化。帝国主义者将文明化原始菲律宾人的任务视作一个对体力有极高要求的事业,是艰苦奋发生活的巅峰,因为那些荒野的岛民不论如何野蛮,都是凶猛和难以对付的敌人……罗斯福、贝弗里奇和洛奇等帝国主义者相信,与这些体力强大的原始人对抗,将为过度文明化的男性注入"原始人的美德"。倘若一方面,帝国主义者将过分原始视

---

① Richard Hofstadter, *The Age of Reform: From Bryan to F. D. R*, New York: Vintage Books, 1955, p. 57.

作缺乏男子气概和政府能力的表现，那么另一方面，他们认为倘若文明人失去了所有原始状态下的特性，他们将会失去统治的权力。①

"文化主义"，或更具体地说是"文化种族"路线往往来自某种莫名的、非理性的焦虑情绪和不安全感，同时还伴随着某种似是而非的、德国式的地缘政治或地理政治学浪漫主义狂想。1895 年，克利夫兰总统否决了夏威夷并入美国的提案后，洛奇异常愤怒，在《论坛》杂志上发表《我们笨拙的外交政策》一文，流露出一种焦虑的地缘政治情绪。② 1898 年，美国著名社会学家富兰克林·吉丁斯在《帝国主义?》一文中，这样描述反帝主义者眼中洛奇等人的形象与主张：

> 国会中的摩根们、卡波特·洛奇们和福勒克们渴望有一个敌人。他们害怕美国人民失去战斗品质。他们害怕有一天我们不再具备男子气概，而变得懒惰消极。教育工作者害怕的是，仅仅从事智力活动会导致青年人变成书呆子，无法胜任严肃的现实政治。黄色小报记者们在编造犯罪故事和丑闻方面已经施展了浑身解数，但回报越来越少，不得不寻找耸人听闻的新素材；而有什么比战争的消息更具爆炸性，更能吸引眼球的呢？据说所有这些人在内心里都是真正渴望战争的——用战争去塑造美国人的性格，用战争去让美国的过剩能量和天赋找到出口。

尽管吉丁斯表示这些都是反帝主义者漫画式的诋毁和夸张，但他随后的辩解似乎又证明这些夸张多少有些根据："我们不是一个金戈主义的国度。我们不是为了战争而战争，或者在体育活动中偏爱那些容易造成伤害的项目。但我们的确是一个有着非凡勇气的国家，我们发自内心地鄙视懦夫行为，和所有卑躬屈膝示弱的表现。在冒险和大胆行动机会稍纵即逝的情况下，我们的确是会躁动不安的。"在"真正被惹怒的情况下，我们一定会比大多数国家更容易激发起战斗精神；而当我们认定自

---

① Kristin L. Hoganson, *Fighting for American Manhood: How Gender Politics Provoked the Spanish-American and Philippine-American Wars*, New Haven: Yale University Press, 1998, pp. 150-151.

② Henry Cabot Lodge, "Our Blundering Foreign Policy," *Forum* (March 1895), p. 17.

己站在正义一边的时候，没有国家像我们一样，会立即组织起伟大的军队，以不屈不挠、不达目的不罢休的意志去进行征服"。①

这种"金融文明"时代的不安全感是美国"文化"使命的重要驱动力。总体来说，与较为纯粹的"文明"使命相比，其心理层面更多指向的是为己而非为人，是焦虑而非自信，是过度防御心理触发的攻击行为，而非从容不迫地予取予求。在它的话语体系中，对外扩张不仅是为了得到更多的财富与领土，更重要的是在心理层面获得安全和满足感，包括塑造健全的"国民性格"，捍卫美国的"国家荣誉"，以及为所谓"盎格鲁-撒克逊文明"增添荣耀。

1899 年 3 月，洛奇在参议院发表长篇演说，为保留菲律宾作地缘经济和政治上的辩护。他的主要理由与斯特朗颇为相似，即认为菲律宾本身的市场和资源微不足道，关键是它是通向中国市场的巨大跳板。拥有菲律宾后，美国将成为一个"东方的强权，就将有权利，同等重要的是有实力"在东方问题上发声，并且得到列强的重视。正因为美国是一个在"马尼拉湾水域停泊着舰队的强权"，是"马尼拉的主人"，列强才不得不表示重视，给予海约翰的"门户开放"照会"一个慷慨热情的回复"，而不是"耸耸肩，笑着拒绝我们的提议"。通过占领菲律宾进而在未来获得巨大的中国市场份额，将会"有利于美国的工人和农民，提高美国的就业率，增加美国的工资"，同时也"能够将数百万中国人从沙俄的残酷黑暗势力笼罩中拯救出来，给予他们自由，不仅仅是能够保证商业的自由往来，而且能让西方文明之光照耀进来，这样的政策在我看来是一个伟大和高贵的政策"。②

阿尔伯特·贝弗里奇（Albert Beveridge）是促使美国决定吞并菲律宾的关键人物之一。贝弗里奇崇尚帝国，厌恶在对外政策上斤斤计较金钱成本。他称美国对西班牙和菲律宾的战争是"为文明之战"，"开启了共和国之帝国生涯的新时代"。③ 他质问反帝主义者："你是在告诉我这

---

① Franklin H. Giddings, "Imperialism?" *Political Science Quarterly*, vol. 13, no. 4 (December 1898), pp. 585–605.

② Henry Cabot Lodge, "The Retention of the Philippine Islands," Washington, 1900, p. 40.

③ Albert Beveridge, "Grant, the Practical," *The Meaning of the Times and Other Speeches*, Indianapolis: The Bobbs-Merrill Company Publishers, 1908, p. 46.

将花费我们的金钱吗?……美国什么时候用过金钱标准来衡量自己的责任了?"① 他对"强大的现代帝国"充满崇敬之情,甚至对沙俄残酷的殖民政策也投以赞许的目光:"值得所有人注意的是,一旦俄国施加了严厉惩罚,被惩罚的地方就很少有再次的反叛……尽管俄国文明有诸多缺陷,但它的优点是耀眼的和根本的,其中首要的就是稳定。"他热衷于美化战争,贬低和平将会"在它所提供的舒适而自私自利、按部就班的环境中,让脑子变得肥大臃肿,心灵变得渺小不堪"。他在另一篇演说中宣称,美国"从不后退",因为后退意味着"种族的腐败退化",而"奋勇前进"才是美国男子气概的体现:

> (扩张)不是出于头脑发热,而是有史以来最了不起的、热血沸腾的青年男子气概;这种男子气概正在催生出为国民生活而战(war for national life)的道德激情,让这片土地响彻值得为之献出生命的思想观念,让空气中充满了高贵的目标和敢于直面命运的非凡勇气——这种男子气概激励着无数罗斯福们、伍德们、霍布森们和杜博斯们,他们唯恐自己不能更好地服务于自己的国家、文明和人类……美国今日的男子气概孕育出了世界的伟大主宰者,他们将奋勇前进,治愈世界各个民族的创伤。他们是为了文明而奋勇前进。他们是为了创造更好的男性而奋勇前进……共和国从不后退。②

1899年9月16日,36岁的贝弗里奇在印第安纳波利斯共和党大选集会上发表题为《国旗在前进》的演说,并产生了巨大反响,该演说的文本被共和党用作在印第安纳、艾奥瓦和其他州的竞选材料,也成为美国占领菲律宾这一历史事件的标志性文献。他在演说中大谈美国的荣耀历程,以及上帝赋予美国的使命。他认为美国应当有强烈炽热的荣誉感,以一种勇武和无畏的精神去继承美国的"天定命运":"难道我们对自己

---

① Albert Beveridge, "Our Philippine Policy," *The Meaning of the Times and other Speeches*, Indianapolis: The Bobbs-Merrill Company Publishers, 1908, p. 86.
② Alfred Beveridge, "For the Greater Republic, not for Imperialism," in Alexander K McClure, ed., *Famous American Statemen & Orators: Past and Present*, vol. 6, New York: F. F. Lovell Publishing Company, 1902, pp. 13-14.

的伙伴就没有使命去完成，没有责任去履行了吗？难道上帝赠予我们跨越沙漠戈壁的广袤领土作为礼物，让我们成为他所偏爱的选民，仅仅只是为了让我们像中国、印度和埃及那样，与懦弱为伴，将自己当作神明，从而在自私自利中腐化溃烂吗？……夏威夷是我们的；波多黎各是我们的；古巴最终也将顺理成章地成为我们的；东方诸岛直至亚洲的大门，至少加煤站是我们的；一个自由政府的旗帜将在菲律宾升起，它与泰勒将军在得克萨斯，弗里蒙特在西海岸升起的将是同一面旗帜。"

他驳斥反帝主义者道："反对派告诉我们，不能去统治未经过其同意的人民。我回答他们说，自由的规则，即所有正当的政府，其权威是源于被统治者的同意，仅仅只适用于那些有能力实行自治的人民。我们对印第安人的统治没有经过他们的同意，我们对领地的统治也未得到当地人的同意，我们对自己子女的统治也没有经过他们同意……我们已经将菲律宾人民从敲骨吸髓、苛剥成性、血腥残暴的统治中拯救出来，难道他们不会选择这个公正、人道、文明的共和国吗？"①

贝弗里奇还特别提到，菲律宾为美国提供了一个不可多得的机会，"可以彻底解决货币问题……永久地调整我们的金融体系"。因为通过打开东方的中国市场，美国人民将拥有"世界上最强大的商业"。他说到，英国、荷兰、德国和法国等商业大国都周期性地被金融动荡所困扰，但只要美国处理得当，"让我们在合理的原则下理顺整个金融系统，就没有任何混乱可以动摇它"，而美国民众此前废除金本位制，代之以白银为通行货币的诉求也将迎刃而解，成为"昨日旧梦和过眼云烟"。② 1906年，他又发表题为《进步自由》的演说，将帝国主义问题与国内的进步主义改革结合起来。他口中的"文明"可以视为是文化的伪装，其核心乃是"规训文明"，缓解"文明"对美国的冲击，进而塑造更完美的美国国民"性格"：

> 毕竟，这个共和国的目标是培育气质分明的男性与女性（manhood and womanhood）。毕竟文明的整个目标就是性格（character）

---

① Albert Beveridge, "The March of the Flag," *The Meaning of the Times and Other Speeches*, 1898, pp. 48-49.
② Albert Beveridge, "The March of the Flag," *The Meaning of the Times and Other Speeches*, 1898, pp. 55-56.

塑造……

是的，我们必须继续向前。半个世纪以来，我们一直在回答美国人民福利所要求回答的重大问题——联邦被拯救了，奴隶获得自由了，通过保护政策，从东海岸到西海岸遍地都是工厂和磨坊，金融奇迹发生了，金本位制建立起来了，西班牙被从古巴和菲律宾驱逐了，美利坚文明在东方开始升起了……

现在我们也决不能止步。我们必须转向那些新的社会和经济问题，它们与人类的日常生活和幸福相关，并且正在迫切地寻求答案；我们必须转向那些涉及美国商业正义的，通过阻止不诚实的聚敛行为，而让财富得到更公正分配的问题；转向提升整个共和国境内工厂工人和农夫体力、精神和道德品质的问题；转向那些大型公用事业的公共控制问题，比如保险和银行机构，以便让人民了解他们积蓄的状况——解决这些问题是我们的当务之急。

在贝弗里奇看来，国内和国外的问题是紧密相关的："多么奇怪啊，国内外最严峻的问题都往往在国民生活的某些特定阶段纷至沓来。一方面，工业环境的改变所导致的国内问题是内战以来最为重要的；另一方面，文明的进步也让我们不得不面对我们国境之外的难题，它的解决将会影响到这个共和国和整个世界的命运。"贝弗里奇宣称，"我们必须要照看好我国国内人民的福祉，以及整个世界范围内、任何地方委托给我们的文明的福祉"。[1]贝弗里奇将国内的阶级问题与国际扩张结合在一起，试图通过对外扩张来塑造美国普通民众的健全人格，也表明了他浓厚的"文化主义"倾向。

占领菲律宾后，自19世纪80年代以来约翰·菲斯克、约西亚·斯特朗等对"盎格鲁-撒克逊文明"向外扩张，使其成为塑造全世界之模具的浪漫想象，似乎正在变为现实，同时也终于有了一块试验场。1900年，斯特朗出版《新世界局势下的扩张》一书，对美国在20世纪的扩张前景进行了展望。他对中国的市场抱着极大的期待。尽管斯特朗的身份

---

[1] Albert Beveridge, "Progressive Liberty," *The Meaning of the Times and Other Speeches*, 1898, pp. 262-267.

是美国福音新教协会的秘书长（Secretary of the Evangelical Society of America），但他的扩张思想与"文明"带有较浓厚的经济含义。他将发明和使用机器视为"盎格鲁-撒克逊文明"最重要的种族天赋之一，为"我们的物质文明"感到无比自豪；但他也担忧美国最终像罗马帝国一样被蛮族入侵，走向"文明"的衰落。①

为此，他将海外扩张，尤其是拓展中国市场，视为是美国解决剩余产品和资金问题的答案。在此书的"新中国"（The New China）一章中，他兴奋地说，"将中国的生活水平提升到美国的平均生活水平，将等于创造了5个美国"，怎样提高中国人的生活水平呢？那就是引进"西方文明"——"引进了西方文明必然导致中国人的生活水平成倍增长"，②只有通过在中国培育起西方文明，才能给美国带来无穷的商业和贸易机会。章节末尾他还引用当时清政府驻美公使伍廷芳在美国亚洲协会上的一段讲话：

> 我们都知道中国是世界上最大的市场，有4亿人需要穿衣吃饭和生活必需品。她需要你们的小麦，你们的棉花、钢铁和你们新英格兰各州的制造业产品。她需要钢轨、电器，以及其他100种自己无法生产，而必须要从国外获得的产品。填补这些需求是美国工业的用武之地。你们通过在太平洋上的高速通道到达中国十分容易，尤其是当你们得到菲律宾，成了我们的邻居之后。倘若你们不抓住机会，这就是你们自己的责任。

伍廷芳被斯特德大加称赞"在全美国没有比他更美国化的人……他

---

① 关于"文明"的内核，他说道："我们仅仅开始意识到工业——人们的生产生活方式——才是文明的根本因素。当然宗教、气候、制度、伟大的观念和英雄人物也都对文明有显著的影响；其中每一个因素都有拥趸将其视为是历史的关键，但它们都无法与工业的持续性和操作的普世性相比，或与其产生影响的数量级相比。这些不同的因素在不同文明阶段有着不同的价值，但有一个因素是恒定的，因为有一种需求是绝对普世的，不论性别、年纪、阶级、民族、不同的文明程度、不同的时代——这就是人类需要吃的。"这与巴克尔的实证主义文明观有着较多的共性。当然，它与强调基督教、情感等非理性因素的"文明"观念存在冲突，后者经常会走向反"文明"话语或偏离启蒙-实证的"文明"观念。见 Josiah Strong, *Expansion Under New World-Conditions*, New York: The Baker and Taylor Company, 1900, pp. 218-219。

② Josiah Strong, *Expansion Under New World-Conditions*, New York: The Baker and Taylor Company, 1900, p. 176.

善于运用所有西方文明的资源来为东方伟大帝国的利益服务"。① 斯特朗也对伍廷芳颇为赞同:"前几章所谈到的寻找海外市场的必要性,以及欧洲大陆将会向我们关闭大门、课以高额关税的前景,彰显出中国'门户开放'的价值,和让它继续维持开放的重要性。"② 这也体现了斯特朗在看似重视经济利益的背后,存在对中国市场不切实际的浪漫想象。事实上,倘若诉诸冷静的经济利益计算,中国市场仍然非常狭小,菲律宾更是可以忽略不计,更大的贸易市场还是在欧洲的"文明"国家那里。与其说具体的经济利益驱动了美国在远东和菲律宾的扩张,不如说是知识分子们把对"文明"的情感和意义赋予了经济利益。著名美国外交史学家威廉·威廉斯(William Williams)也澄清说,19世纪90年代的美国领导人有一种经济世界观(Weltanschauung),这不是"钱袋子"意义上的经济,而是认为解决所有重要问题,如政治、宗教和文化的关键在于经济,实际上是将经济的内涵泛化、浪漫化了。③

这种浪漫主义向前更进一步,发展为"盎格鲁-撒克逊文明"与其他东方"文明"之间的竞争乃至冲突。在"盎格鲁-撒克逊海"(Anglo-Saxon Sea)一章中,斯特朗将太平洋比喻为"新地中海",是20世纪文明的关键所在。他在此章开头讲述了这样一个故事:1898年,在美国海军上将杜威在马尼拉湾海战中击败西班牙舰队后不久,英国社会学家本杰明·基德便在纽约的一次晚宴上称赞此次事件是"自滑铁卢以来最为重要的历史事件"。而哥伦比亚大学社会学教授富兰克林·吉丁斯则说,"依我看,这是自查理·马泰(公元732年)击退穆斯林以来最为重要的历史事件",因为"20世纪最重要的问题是,究竟是盎格鲁-撒克逊人还是斯拉夫人用自己的文明影响整个世界"。④

斯特朗对吉丁斯的判断表示赞同。他说道:

---

① William Stead, *The Americanization of the World: The Trend of the Twentieth Century*, New York: Horace Markley, 1902, p. 207.
② Josiah Strong, *Expansion Under New World-Conditions*, New York: The Baker and Taylor Company, 1900, p. 133.
③ William Appleman Williams, *The Tragedy of American Diplomacy*, New York: W. W. Norton & Company, 2009, pp. 37-38.
④ Josiah Strong, *Expansion Under New World-Conditions*, New York: The Baker and Taylor Company, 1900, pp. 185-186.

> 盎格鲁-撒克逊人是公民自由与宗教自由的最高代表；斯拉夫人是绝对主义的最高代表，不论是在国家还是教会上。在世界历史上，盎格鲁-撒克逊文明是一个建立在个体发展基础之上的文明。俄国文明的存在有赖于对个体的压制。倘若盎格鲁-撒克逊人的平均水平下降到斯拉夫人的平均水平，盎格鲁-撒克逊的制度将走向衰落。而倘若斯拉夫人的平均水平上升到盎格鲁-撒克逊人的平均水平，俄国的制度也将衰落。

他还说："未来的巨大斗争不仅是在两大种族之间，而且是在东西方文明之间。"在他眼中俄国实际上是一个亚洲国家，因为与西方长期接触，学习了西方的先进科学技术，将会寻求对东方的波斯、阿富汗和中国等实施控制，并且对此有"宗教使命感"。他预言在未来某一时刻，除中国的情况尚难以预测外，相比俄国与美国两个庞然大物，欧洲和世界其他地区将日渐渺小，就好像是"俾格米人"一样。而以俄美为代表的东西方文明也将就太平洋的海权展开激烈争夺。"正如英国女王伊丽莎白一世宠臣沃尔特·雷利（Walter Raleigh）爵士的名言那样，'谁控制了海洋，谁就控制了贸易；谁控制了世界贸易，谁就控制了世界的富裕地区，因而也就控制了世界本身'。"

斯特朗担心俄国控制包括菲律宾在内的太平洋上的众多岛屿，并且控制和瓜分中国。他宣称俄国与美国代表了"根本原则截然相反的文明，双方必然会走向冲突"；"除非被俄国阻止，英格兰和美国将给予中国欧洲文明的福音，这意味着个人的解放，不仅是政治上，而且是宗教和思想上的解放……否则中国的丰富资源将会成为斯拉夫人的资源，人口将会成为斯拉夫人的人口，由于俄国人的军事技术和组织技巧，其权力将成倍增加"。① 考虑到"菲律宾在即将到来的冲突中的战略位置"，仅仅由于"财政负担和巨大的责任"而放弃它，将是"对我们自己，对盎格鲁-撒克逊种族，对人类和对西方文明的背叛"。同时他要求太平洋为"盎格鲁-撒克逊家族"的六个成员，即英国、南非、美国、加拿大、澳大利亚

---

① Josiah Strong, *Expansion Under New World-Conditions*, New York: The Baker and Taylor Company, 1900, p. 203.

和新西兰所占领，从而使"新地中海"成为"盎格鲁-撒克逊海"。①

这种关于"文明冲突"的地缘政治狂想曲在19世纪末20世纪初十分普遍，其对手则视情况而定，要么是中国，要么是俄国和日本。如果说在加州移民以及夏威夷等太平洋岛屿问题上，中国和日本是主要的文化假想敌，那么在菲律宾问题上的假想敌则主要是俄国。他们尤其担心俄国控制中国。美国知名共和党政治家、时任加州最高法院委员（commissioner of the supreme court of California）诺顿·奇普曼（Norton Parker Chipman, 1834—1924）应该是受到布鲁克斯·亚当斯理论的影响，他鼓吹说为了保证中国的权益不为俄国所独占，美国必须抢先占领菲律宾。因为在中国问题上，"盎格鲁-条顿"文明的利益与沙俄并不一致，后者希望瓜分乃至彻底征服正处于"政府孱弱而颠顶，士兵在战场上胆小如鼠，以及完全缺乏战争准备"状态的中国，而前者的利益"并不在于拆散老旧的'中国'，而是尽可能修补会导致中国走向解体的裂缝。通过引入铁路、蒸汽船、采矿业和制造业，通过将西方精神作为新的灵魂力量注入这个国家，中国的人力和物力资源便可为白人在接下来几个世纪提供充足的就业机会。这也是这一代盎格鲁-撒克逊人为不断繁衍的后世子孙留下的、未经开发的伟大产业——一个比世界所有草原和金矿加起来还要富饶的产业，因为中国拥有世界上最有效率的人口财富，一个巨大无比的工业孵化地等待着被指明方向，拥有与其举世无双之生产潜力相匹配的消费能力"。他问道："难道美国应当永远对这个大帝国的命运保持中立和漠不关心吗？……我们通过占领菲律宾，将会为东方的难题打开新的局面，而其他国家必须应对这种新局面。"② 他声称俄国与中国长城以北和以东的鞑靼人是"同质的，因为'只要刮开一个俄国人的皮肤，你就会发现一个鞑靼人'"，而且二者都是好战和侵略成性的种族，当满洲的士兵被掌握"在俄国这样的强权手上，凭借它大规模调动常备军的能力，倘若世界其他国家作壁上观，那么不需要任何预言家的天赋便可预测到中国的陷落，而中国被俄国所征服将会给世界和平带来灾

---

① Josiah Strong, *Expansion Under New World-Conditions*, New York: The Baker and Taylor Company, 1900, p. 204.
② N. P. Chipman, "Territorial Expansion Ⅱ: The Philippines—the Oriental Problem," *Overland Monthly and Out West Magazine*, vol. 35, no. 205 (January 1900), p. 206.

难"。简言之，美国占领菲律宾并非为了占领而占领，而是试图应对同俄国的"文明冲突"。

1900年1月，《岗顿杂志》发表纪念华盛顿总统去世100周年的社论。社论称，"条顿文明和斯拉夫文明在东方很可能将有一场大的冲突。我们的利益，主要是商业而非政治的，已经延伸到了那里，我们很难避免在接下来几十年里塑造世界命运的这个竞技场发挥巨大作用。能否取得这场伟大竞争的胜利，能否让美国继续进步，取决于美国究竟是要为了文明进步而进行合作，还是仍然亦步亦趋地遵从华盛顿对共和国在幼年阶段的警告，坚持避免与他国建立'纷扰同盟'（entangling alliances）"。[①] 1904年雨果·埃里克森（Hugo Erickson）也在杂志上发文称，俄国人"是白人，但不是文明人"，在这两大文明必将走向冲突的前景下，俄国积极向外扩张，增强自己的实力，美国却不思进取，就是对整个人类不负责任。[②]

上述这些浪漫的"文明"想象无法单独支撑美国的海外扩张，但不可忽视的是，它能为冷峻的地缘政治和经济利益披上一件华丽的外衣，能描画出激动人心的乌托邦，能将美国的现代工业文明与贵族荣耀、宗教使命等——事实上也就是"盎格鲁-撒克逊文明"——结合起来。正如有学者评价贝弗里奇的帝国思想时说，"经济为贝弗里奇的扩张主义提供了合理化基础，但它的狂热来自一种浪漫的民族主义，它是由如下这些热血上涌的刺激成分调制而成：武力荣耀、种族命运以及美国救赎世界的'神圣使命'等"。[③] 将占领菲律宾，进而掌控中国的未来命运设想为"盎格鲁-撒克逊文明"与东方的"斯拉夫文明"之争，无疑比单纯的经济利益要更能激动人心，在推动美国迈出向海外帝国主义发展的关键一步上发挥着难以替代的作用。它也表明霍夫斯塔特、霍根森等学者在征服菲律宾问题上，对非理性主义或文化心理因素的强调是有道理的。

尽管洛奇和贝弗里奇等文化主义者也强调美国肩负的"文明使命"，

[①] "Review of the Month," *Gunton's* (January 1900), p. 2.
[②] Hugo Erickson, "The Coming Conflict from an American Standpoint," *Overland Monthly and Out West Magazine*, vol. 43, no. 3 (March 1904), p. 205.
[③] J. A. Thompson, "An Imperialist and the First World War: The Case of Albert J. Beveridge," *Journal of American Studies*, vol. 5, no. 2 (August 1971), p. 136.

强调美国的利他主义,以及培育菲律宾人的自治能力,① 但从他们言论的字里行间多少可以发现,他们所说的"文明"带有较强的生物种族中心主义和利己色彩,他们对所谓"野蛮人"带有强烈的、难以掩饰的鄙视与恶意。② 他们所崇尚的是熊彼特所说的、带封建返祖性质的武力征

---

① 洛奇说:"我非常确信,菲律宾人现在不适合建立自治政府,他们唯一实现自由、自治和文明(我们也盼望他们拥有这些)的希望是,由我们来持有、管理和控制这片群岛。"见 Henry Cabot Lodge, "The Retention of the Philippine Islands," Washington, 1900, p. 15。

② 奇普曼、洛奇和贝弗里奇在演讲中多次对东方人有充满恶意的种族主义贬损之词,也从侧面暴露出他们在某些场合的"利他"言论只是言不由衷。例如,奇普曼有一番近乎"种族灭绝"的言论:"文明在前进过程中会取代野蛮,它从来不事先征求同意。道德和物质进步的伟大精神使得世界上的进步民族为之剑及履及,也为其侵略行为找到了依据,那就是启蒙和提升那些他们将要主宰的民族。原始和野蛮的部落以及人群曾经占领着地球上大片可居住的土地,倘若事先还要征求他们同意,那么文明人的力量便无法进入。历史证明,不管在什么地方,高等文明取代低等文明最终都会促进人类的进步。尽管手段并非总是仁慈的,尽管动机也常常会是卑下和唯利是图的,但对于人类来说,都将导致道德和智识上的提升……在文明和野蛮之间,基督和异教之间,启蒙和无知之间,物质进步和懒惰之间,存在过,而且将继续存在不可调和的冲突。世界最终将会被更高等的文明所征服;野蛮、异教、无知和懒惰都会在这个高等文明前进的征程中纷纷避让于两旁,或者被高等文明所消灭。"见 N. P. Chipman, "Territorial Expansion Ⅱ: The Philippines—the Oriental Problem," *Overland Monthly and Out West Magazine*, vol. 35, no. 205 (January 1900), p. 212。洛奇说:"一个群体是否具有创立自由自治政府的能力根本不需要猜测。一个民族或种族所自然产生的政府形式很容易在历史上找到先例。你可以将英语民族的政治自由和代表制政府历史向前追溯几个世纪,直到德意志森林中的条顿部落……而与此同时在君士坦丁堡以东,从来就没有一丝哪怕追求我们所说的、自由与代表制政府的迹象……亚洲人自然产生的政府形式永远是暴政……你们无法立刻改变种族的倾向性。思维的习惯是长期形成的,建立在体质、气候和地理特性上,它们比金字塔还坚不可摧。只有通过非常缓慢的过程,它们才能被修正或改变。巴克尔认为,你可以将一个霍屯督人变成欧洲人,只要你在他婴儿时期就带走他,在合适的环境下给予他欧洲的教育,但这种理论已经被科学和历史证明是天方夜谭。"见 Henry Cabot Lodge, "The Retention of the Philippine Islands," Washington, 1900, p. 4169。贝弗里奇说:"对没有专门做过研究的美国人而言,很难理解这里的人。他们是一个野蛮种族,并且在几个世纪里与一个衰败的种族接触,被它所改变。菲律宾人属于南海的马来亚人种,300 年来养成的习性是交易中没有信用,工作中懒惰散漫,他们的政府则残忍、任性和腐败。在所有的群岛上,可能只有 1000 个左右的菲律宾人有能力实行盎格鲁-撒克逊意义上的自治政府。"Albert Beveridge, "Our Philippine Policy," *The Meaning of the Times and Other Speeches*, Indianapolis: The Bobbs-Merrill Company Publishers, 1908, p. 65。或许舒尔茨的评价非常适合他们:"很多美国人根本不太关心那些所谓劣等种族的权利与利益,只是把欺诈和掠夺这些种族视作上等人的特权。对这些人来说,菲律宾岛民只是一群'黑鬼',古巴人和波多黎各人也好不了多少。"见 Carl Schurz, *For American Principle and American Honor, 1900*, Issued by The Anti-Imperialist League of New York, 1900, pp. 11-12。

服与帝国荣耀,而非"文明主义"所标榜的理性与自我控制、自我监控。相反,失去自我控制、"去文明化"才是此种"文化主义"的自然结果。这在美国对菲律宾的血腥征服过程中表现得最为明显。有记者记录当时的情形时说:

> 我们的军队某种程度是在比赛射杀黑鬼(niggers),战争所处的环境已撕下了他们文明的脆弱外壳……他们不认为射杀菲律宾人跟射杀白人是一样的。这不仅因为菲律宾人是黑鬼,还因为他们非常鄙视菲律宾人的诡计多端和奴性。士兵们觉得是在和野蛮人而非军人作战。[①]

在这种"去文明化"和失去自我控制的心理下,美国将军雅各布·史密斯(Jacob Smith)为暴行辩解说,南部菲律宾人比北部野蛮很多,因此迫不得已采取非人道的方式。[②] 还有人声称,对野蛮人进行"文明战争"是对牛弹琴,只有随着"文明的区域渐渐扩大,野蛮的范围渐渐缩小,萨马岛宿务的屠杀才会结束"。[③] 从"文化种族主义"的视角来看,美国在菲律宾的暴行能得到更好的解释。而这些与下面将要讲到的"文明专制"路径在占领菲律宾方面形成密切配合的同时,也存在较大的差别。

三 "仁慈的"专制与同化:美国在菲律宾的"文明"使命

与非理性狂热相反,理性化则为美国占领菲律宾提供了相对更加持久的动力。他们并不忧虑过度文明化,而是试图打着利他的旗号,进一

[①] 转引自 Richard E. Welch, "Atrocities in the Philippines: The Indictment and the Response," *Pacific Historical Review*, vol. 43, no. 2 (May 1974), p. 241。
[②] "The Philippines Islands," *The Independent*, vol. 54, no. 2801 (August 7, 1902), p. 1863.
[③] "Prospects in the Philippines," *The Outlook*, vol. 69, no. 10 (November 9, 1901), p. 617.

步推动现代文明工程。① 时任陆军部长的伊莱休·鲁特在美西战争之后，认识到现代战争依赖的不再是个人英雄主义，而是严密的组织和制度。② 与西奥多·罗斯福一样，鲁特头脑中有着很强的"文明"观念。1902年，他曾在美国伊利诺伊州的一次演说中指出，菲律宾是"半文明人"，不适用于《独立宣言》：

> 民主党人宣称，我们不应当接手统治菲律宾，因为我们对主权的要求违背了《独立宣言》。宣言中说，政府的正当权力来源于被统治者的同意。这一准则虽然名义上是普遍适用的，但仅仅涉及那些高度文明和自治的人民。将它无条件地应用到野蛮和半文明的人民身上，是与整个文明进程（course of civilization）背道而驰的。③

鲁特这番话代表典型的密尔式"文明专制"路线，即强调"文明"对"野蛮"的控制和全面改造工程。

当然，正如麦金莱所宣扬的那样，美国对菲律宾采取的总方针是"仁慈的同化"（benevolent assimilation）。因此鲁特等倡导"文明专制"

---

① 与霍夫斯塔特不同，一些学者则将征服菲律宾视为是一项理性的事业。迈克尔·阿达斯和大卫·艾克辛是其代表。他们认为，美国在用社会工程师的思维去改造菲律宾。他们尤其重视伊莱休·鲁特、塔夫脱和威廉·格里菲斯（William Griffis）等人的思想观念。见 David Axeen, "'Heroes of the Engine Room': American 'Civilization' and the War with Spain," *American Quarterly*, vol. 36, no. 4 (Autumn 1984); Michael Adas, "Improving on the Civilizing Mission? Assumptions of United States Exceptionalism in the Colonisation of the Philippines," *Itinerario*, vol. 22, no. 4 (January 1998); Michael Adas, *Dominance by Design: Technological Imperatives and America's Civilizing Mission*, Cambridge: Harvard University Press, 2006。

② 与浪漫的帝国主义想象不同，"理性化技术主义者"们依靠的主要不是调动国内的狂热激情，不是男子气概和个人英雄主义，而是韦伯所谓理性化的官僚科层机构、现代军队、科学技术和工商业文明。在他们看来，美国之所以能使美西战争成为一场"小而辉煌的战争"（a splendid little war），根本原因并不是西班牙骑士精神的堕落，而在于西班牙的"文明"落后，它在美国先进的战舰和强大而有效率的组织能力面前完全不堪一击。见 David Axeen, "'Heroes of the Engine Room': American 'Civilization' and the War with Spain," *American Quarterly*, vol. 36, no. 4 (Autumn 1984), p. 497。

③ Elihu Root, "American Policies in the Philippines in 1902, Addresses of the Secretary of War at Peoria, Illinois, September 24, 1902," in Robert Bacon and James Brown Scott, eds., *The Military and Colonial Policy of the United States, Addresses and Reports by Elihu Root*, Cambridge: Harvard University Press, 1916, pp. 87–88。

的帝国官僚们也多少有一些"文明自制"意识，这是其不同于"文化种族"路径的地方：即便是专制，也是"开明而仁慈"的专制，为的是将当地人的文明水平提升到具备自治能力的程度。这一方针的重要表现是他们非常在意美国军队的"文明人"形象，宣称美国在菲律宾的统治之所以遇到麻烦，主要原因是西班牙人和那些"为了自己寻求机会建立帝国的野心家们"在"无知而轻信的菲律宾人中，对美国的品格进行了下流的诋毁，让他们的头脑中充满着关于美国暴政与野蛮的、最为离奇与荒诞的故事"，使得菲律宾人对抱着善意的美国军队进行了激烈抵抗。尽管如此，鲁特洋洋自得地说道，对付"野蛮"而不知道"文明的战争规则"为何物的菲律宾人游击队，美国军队虽然有一些暴行，但这些都是偶然的，总体上美军是一支有纪律的部队。而为了打消菲律宾人对美国的错误看法，"随着武装叛乱在各个岛屿、省份和市镇结束，文官政府立即取代了军人政府；权利法案扩大了对人民的保护；人身保护令成为他们自由的保障；人们可以通过选举，选出他们自己市镇或省份的官员；本土的警察局建立起来了，证明美国的诺言对于保护人们的生命和财产而言是忠实和有效的；人民在法律的保护下重新从事着他们习以为常的职业"。美国在菲律宾的文官政府统治是如此成功，以至于连战略竞争对手德国政府也向其国内的进出口商发布公告，称赞美国在菲律宾的管理"已经取得了非凡的成就"，鼓励他们放心地与菲律宾进行贸易。①

因此，尽管鲁特与西奥多·罗斯福同样热衷使用"文明"话语，但罗斯福的"文明"话语中带有较强个人英雄主义和反资本主义、反现代化的色彩，或者说，他试图通过给现代化注入野蛮人的精神血液来矫治现代化的弊病；而鲁特则并无中世纪的怀旧色彩，并且将现代的科学理性和组织管理技术运用到"文明"事业中，包括对海军的改革和对殖民地的管理。②

《展望周刊》和《独立周刊》等面向美国国内的重要刊物相对也更偏向此路径。1899 年 6 月，《展望周刊》发表社论说："盎格鲁-撒克逊

---

① Elihu Root, "American Policies in the Philippines in 1902, Addresses of the Secretary of War at Peoria, Illinois, September 24, 1902," in Robert Bacon and James Brown Scott, eds., *The Military and Colonial Policy of the United States, Addresses and Reports by Elihu Root*, Cambridge: Harvard University Press, 1916, p. 76.

② David Axeen, "'Heroes of the Engine Room': American 'Civilization' and the War with Spain," *American Quarterly*, vol. 36, no. 4 (Autumn 1984), p. 484.

人的军队不再只是用来破坏的工具了。它是一个伟大的建设性组织。它在印度推动着法律、秩序、文明，在与饥荒和瘟疫做斗争。它在埃及减轻了赋税，建设道路，为公正和自由打下基础。它以体质的健康、公平薪酬的工业、诚实的管理、大众权利和公共教育为基础，在古巴重新组织社会。"它欢呼由鲁特接替阿尔杰（Alger）成为美国的陆军部长："这些建设性的工作要求主管陆军部的不能是一个职业军人，而应当是一个实干者（man of affairs）和政治家。总统先生任命的伊莱休·鲁特就是这样一个人。他善于挑选、委任平民与律师，而非士兵。"① 在《展望周刊》看来，美国所需要做的就是暂时行使对菲律宾的"主权"，对其进行现代化改造，而将独立的问题留到未来去解决。该刊物还宣称，美国在菲律宾是"文明扩张"而非"领土扩张"：

  美国要的不是领土扩张，而是文明的扩张。我们并不是想要占有菲律宾，而是想要给予菲律宾自由的学校、自由的教会、公开的法庭，没有等级制度，人人享有同等的权利。这也是我们的利益所在。②

《公理会报》则引用了格莱斯顿的名言表达此种"文明使命"："我一直认为，我们是出于荣誉和良心才保留殖民地的。在我看来，认为殖民地会增加母国的力量这一观念与中世纪的迷信没有什么区别。"③ "文明专制"论者对美国的"文明"使命如此深信不疑，以至于在一份针对菲律宾人的公务员考试考题中，第一道题便是要求考生拼写"文明"这一词语。④

美国在菲律宾的政策也因此蒙上了"普世"和利他色彩。1899年初，麦金莱总统派出以美国康奈尔大学校长雅各布·舒曼为首的菲律宾

---

① The Editor, "What the Country Wants," *The Outlook*, vol. 62, no. 13 (July 29, 1899), p. 699.
② "Territorial Expansion," *The Outlook*, vol. 59, no. 2 (July 2, 1898), pp. 511-412; Anders Stephanson, *Manifest Destiny: American Expansionism and the Empire of Right*, New York: Hill and Wang, 1999, p. 88.
③ "The Religious World," *The Literary Digest*, vol. 17, no. 3 (1898), p. 79.
④ Alleyne Ireland, "American Administration in the Philippine Islands," *The Outlook* (December 24, 1904), p. 1030.

委员会，① 对菲律宾的情况进行考察，并为政府提供建议。舒曼起初不赞成占领菲律宾，但后来也改变了看法，认为可以帮助菲律宾"文明化"。同年4月4日发表的菲律宾委员会宣言中也充分体现出"文明专制"的意涵："在菲律宾群岛的每一寸土地上，合众国的主权都必须而且将会贯彻到底，那些抗拒者除了自我毁灭外，将一无所获。"与此同时，"美国政府的目标是，除了在接受菲律宾群岛主权的既定事实之上，履行自己对国际家庭的庄严义务外，还包括实现菲律宾人民的福祉、繁荣和幸福，将其提升和推进到世界上最为文明的民族之列"。② 1904年，美国著名编辑约瑟夫·毕肖普在其出版的小册子中将美国标榜为"文明化使者"（our work as a civilizer），称赞美国在古巴、菲律宾和波多黎各取得的成就。他首先感谢麦金莱总统，认为即便他没有别的贡献，就凭他十分明智地任命了"伍德将军管理古巴，艾伦先生管理波多黎各"，他就将"赢得美国人民永远的感激之情"。他将美国在菲律宾的殖民事业称为"服务"，"这一服务不仅为他的国家带来荣耀，也推进了整个世界的文明事业"。③

1906年，内华达州共和党参议员弗朗西斯·纽兰兹（Francis Newlands）在访问菲律宾后也回顾道，美国占领菲律宾最初有多重动机，包括商业、军事、宗教等各个方面，但夺取菲律宾在这些问题上并未给美国带来什么利益，美国许多人都很后悔当初的决定。而"我们保留这个群岛最重要的原因无疑是菲律宾人无法很好地治理菲律宾，我们对那里的人民和文明都肩负着责任，它命令着我们至少是暂时在这里行使主权……我们不愿意让他们成为我们的附属臣民。我们不愿意剥削他们。相反，我们所有人——或几乎所有人——都真诚地希望尽可能快地训练他们、教育他们，让他们学会共同的语言和自治政府的原则，为的是让

---

① 该委员会成员还包括查尔斯·田贝（Charles Denby）、乔治·杜威、迪恩·伍切斯特这些知名政治家和知识分子。
② Alleyne Ireland, "American Administration in the Philippine Islands," *The Outlook* (December 24, 1904), p. 1026.
③ Philip Bishop, "Our Work as Civilizer," in Joseph Bucklin Bishop, *Issues of a New Epoch: The Coal Strike, Panama, Philippine and Cuba*, New York: Scot-Thaw Company, 1904, p. 23.

他们能最终有条件地或者无条件地独立"。① 1908 年,塔夫脱在一次题为《文明与使命》的演说中,回顾了他从怀着抵制情绪去往菲律宾,到最后完全拥抱"文明专制"和"文明使命"的心路历程。他声称,最初他同狄更斯小说《匹克威克外传》中的人物托尼一样,认为"外国的小黑鬼"不过是一群"小骗子"(little humbugs),与其听信传教士的鬼话为他们"赠送法兰绒背心和道德手绢",不如着重建设国内的文明,为国内的什么人"添置紧箍背心"。他说道:"我承认,曾经一度我有一种狭隘的地方情结(provincialism)……直到我到了东方,直到我被赋予了在这片遥远土地上扩展文明的责任。"

> 我们这个国家的人必须醒悟了。我们不是整个世界。有很多国家、很多人民就在我们身边,我们有义务通过我们的努力、金钱和牺牲去帮助他们。现在只要我们从一个客观公正的立场去研究现代文明的运动,就不可能没有意识到,基督教和基督教的传播是推动自治政府成长——这也是现代文明希望所在——的唯一基石……我今晚不是纯粹从宗教的立场来谈对外传教使命……我在这里是从政治进步和现代文明进步的立场上来谈此事……每一次成功的对外传教使命都与一所学校,通常是一所工业学校相联系。你们还要教导他们,信仰上帝就要讲卫生、爱干净,而我们的工作就是让他们健康;因此每一次成功的对外传教任务都配有医院和医生,因此对外传教构成了现代文明的核心,它有学校和教师,有医生和教会,通过这种方式教育土著人,教会他们如何去生活。②

正如雷迅马所言,这种"理性化"手段与后来美国在第三世界推行的现代化战略一样,同样是一种意识形态推广的体现。在理性、卫生、科学以及效率的背后,是对"文明"用专制手段征服"野蛮"的强烈信念。这在当时流行的一种大众宣传手段——政治漫画中也得到体现。《帕

---

① Francis G. Newlands, "The Right Way to Help the Filipinos," *The Independent*, vol. 60, no. 2988 (March 8, 1906), p. 562.
② William Taft, *Missions and Civilization*, New York: Fleming H. Revell Company, 1908, pp. 3-8.

克》(*Puck*)、《法官》(*Judge*) 等是其代表性刊物。1899年1月,美国漫画作家路易·达尔林普尔(Louis Dalrymple,1866—1905)在《帕克》杂志上发表了一幅题为《开学》的讽刺漫画,描绘了追随英帝国,对波多黎各、夏威夷、古巴和菲律宾等地进行"文明化"和教导的场景。其中黑板上写的一句话是:

> 被统治者的同意在理论上是好的,但在现实中很罕见。英国对殖民地的统治没有征求当地人民的同意。在没有等待同意的情况下,她极大地推动了世界的文明。美国也应当不论当地人同意与否,对所获得的新领地进行管理,直至当地人具备自治能力为止。

尽管一开始美国"帝国主义者"大多认为美国应该追随英帝国的步伐,但随即他们发现,英国所实行的并非密尔式"文明专制"路线,而是梅因式带"文化种族"乃至"文化多元"色彩的间接统治。因此即便老牌的英帝国与"文明专制"路线相比也显得有些玩世不恭、唯利是图、缺乏理想且颟顸老迈。1898年,美国占领菲律宾后,英国社会达尔文主义者、社会学家本杰明·基德随即出版《控制热带》一书,一方面,他在书中颂扬英美文明的"社会效率"(social efficiency),认为正是英美在利用资源上的高效才使得其居于世界领先地位,因此有责任去充分开发世界的资源,而占领菲律宾也是美国的使命所在;但另一方面,他又与反帝主义者如威廉·萨姆纳、卡尔·舒尔茨等有类似的观点,认为热带地区不适合白人生存,会使白人的"文明"退化。基德认为,美国应当效仿英国在埃及和印度的功利主义治理手段,而不可能像西进运动的模式一样,在菲律宾实行直接的白人移民。

基德并不反对,而且积极支持美国对菲律宾的占领,但他关于热带殖民的论点实际上否定了菲斯克关于"盎格鲁-撒克逊"后裔将布满整个世界的美好前景,实际上是在说热带终归要由有色人种自己统治,而白人至多不过是向当地派出少量殖民官员,实行间接统治,不真正承受任何代价全盘改造当地的"文明";这理所当然引起了美国人的不满,遭到了他们的集中批判。一部分人显然不愿见到"盎格鲁-撒克逊"种族不能适应当地环境,从而导致人口无法继续增长,无法支撑未来与斯拉夫文明的激烈竞争；另一部分人则具有近乎法国式的"文明使命"感，他们不愿接受美国的政治理念和经验无法在当地复制，即菲律宾人无法被改造成美国人，当地的落后文明无法变成美利坚文明。

因此，"美国例外"的信念有助于强化文明使命感，这可能也是同为"盎格鲁-撒克逊文明"的英美之间在思想观念方面最重要的差异。"美国例外"的信念使得许多美国政治知识精英一度渴望克服热带地区的恶劣自然环境，在菲律宾创造出新的"文明"。例如，美国的"东方专家"威廉·格里菲斯声称，美国对菲律宾的殖民将会展示：

> 文明人只要拥有常识和环境知识，同时采取适当预防措施，他们能够克服的困难和达到的成就是多么令人惊叹啊！尽管有着炎热的气候、致命的疟疾、昆虫、毒蛇和植物的毒液、邪恶之人的歹意……多达数千万白人及其后裔今天已经在热带居住，为新的、可能是伟大的文明打下了基础。[1]

著名地理学家埃尔斯沃思·亨廷顿在1915年出版的《文明与气候》中对"文明"与"气候"之间的关系进行了详细的实证研究，认为尽管"气候活力"（climate energy）限制了"文明"的发展高度，但是"倘若有一个强大的种族在统治或殖民这个地区"，它的文明程度将会比预想的更高。[2]

那么，如何实现"文明化"和帝国构建呢？对鲁特等理性主义者来说，占领菲律宾尤其需要科层组织、科学技术以及"民主"。帝国公民权无疑是"文明主义"的应有之义。菲律宾委员会秘书丹尼尔·威廉姆斯（Daniel Williams）在日记中写道：

---

[1] Michael Adas, "Improving on the Civilizing Mission? Assumptions of United States Exceptionalism in the Colonisation of the Philippines," *Itinerario*, vol. 22, no. 4 (January 1998), p. 45.

[2] Ellsworth Huntington, *Civilization and Climate*, New Haven: Yale University Press, 1915, p. 202.

> 这是一个有趣的现象，我怀疑世界历史上是否有过类似尝试，竟可以如此之快地将一个文明的观念与成就移植到另一个文明身上。（菲律宾文明之前的）整个结构都会被打破，将很少会有什么东西留存下来。在着手修理"机器"的时候，我们发现所有部件都要更换才能保证它的运转。①

美国在菲律宾的第一任教育总监弗雷德里克·阿特金森（Frederick Atkinson）也表示：

> 虽然在一夜之间将这些人民从半文明的条件提升到文明国家的水平是不可能的，但我们面临的也不是无法逾越的大山。我们已经在着手从内到外剔除他们马来人的特性，在未来的某个时间，当我们发现菲律宾人变成美国人，至少在精神、创造力和能力上是一个地地道道的美国人时，我们也无须惊讶。②

一些亲美的菲律宾人也在宣扬此种"文明专制"理念。1901 年，菲律宾人布恩凯米诺（Buencamino）在写给菲律宾军事总督（Military-Governor）麦克阿瑟的信中说：

> 在恢复和平之后，我们所有的努力都要用在"美国化"我们自己身上。我们的任务并不容易；过去的影响扎根于我们的心灵，习俗和传统不容易改变；但正如菲律宾人通过亲身经历认识到他们被欺骗，竟然幻想自己可能独立，还错误地相信了对美国人的恶语诽谤一样，现在他们同样也会从经验中学到，我们国家的进步和文明有赖于全面地吸收美国精神……对菲律宾人最有利的莫过于全盘吸取美国的文明，并且希望某一天能够成为合众国

---

① Daniel R. Williams, *The Odyssey of the Philippine Commission*, Chicago: A. C. McClurg & Co., 1913, pp. 320–321.
② Frederick W. Atkinson, "The Philippine Problem," *Herald of Gospel Liberty*, vol. 96, no. 44 (November 3, 1904), p. 693.

的一个州。①

历史学家迈克尔·阿达斯分析说，美国在菲律宾、越南和伊拉克的"技术文明使命"（technological civilizing mission）是一脉相承的。美国人都将其看成不仅是一场军事冲突，而是一个"巨大的工程蓝图"（a vast engineering project），认为只要通过制度和技术上的调整与管理，便可对土著人进行改造，而无视他们的文化传统：

> 美国人关于自己是最为科学的现代殖民者的感觉使他们更加确信，他们能够借助美国的工程技艺和工业技术克服任何阻碍。这也让他们坚信，尽管他们最初来到菲律宾群岛的文明使命是阴差阳错的，但他们注定将要把它从一个西班牙手中落后的殖民地改造成亚洲最为进步和最繁荣的国家。②

为此，他们在菲律宾建立了警察局等官僚机构，进行铁路、港口、医院等现代化的基础设施建设，发展菲律宾的经济。③ 与此同时，美国的专家和所谓"社会工程师们"（social engineers）并不仅仅是要对菲律宾进行经济的现代化。他们更想要做的是政治上的现代化，将欧洲列强往往口惠而实不至（至少是对有色人种殖民地）的"自治政府"付诸现

---

① Felipe Buencamino, "To Major General Arthur MacArthur, Military Governor in the Philippines, Manila, P. I, Manila, May 14, 1901," *Annual Report of Major General Arthur MacArthur, U. S. Army, Commanding, Division of the Philippines, Military Governor in the Philippine Islands*, Vol. I, Manila: Manila P. I, 1901, p. 53.
② Michael Adas, *Dominance by Design: Technological Imperatives and America's Civilizing Mission*, Cambridge: Harvard University Press, 2006, p. 136.
③ 按照曼海姆的分类，鲁特等人的思维方式可能代表着"官僚保守主义"（bureaucratic conservatism）。它的根本特点是"将所有政治问题转化为行政问题……他想当然地认为，由实在法律所规定的具体秩序等同于普遍秩序。他不懂得，在社会中相互冲突的非理性力量经过妥协后，能够产生多种形式的理性秩序，而他所知道的仅仅是其中的一种"。但曼海姆也认为它是"理性"的："行政的和法治的思维方式有其特殊形态的理性。当遇到至今无法驾驭的力量时，例如革命中集体能量的迸发，它会将其仅仅视为一个暂时的纷扰。"见 Karl Mannheim, *Ideology and Utopia: An Introduction to the Sociology of Knowledge*, translated by Louis Wirth and Edward Shils, London: Routledge & Kegan Paul, 1979, p. 105。

实。政治现代化同样需要专家式的人物，帮助其建立美国式的政治机构，如议会、法院等，按照美国的形象改造菲律宾。一个自然而然的推论是，政治现代化和国家构建并非孤立的现象，其前提乃是对菲律宾人的文化进行改造，通过大众教育等方式，让菲律宾人变成"美国人"，使他们接受"美利坚文明"的教化。要实现这些目标，需要西方现代科学理性的指引，一方面是物理、化学、医学和工程学等自然科学，使他们成为自然的征服者和主宰者；另一方面还包括西方在政治、经济、文化和社会方面发展起来的科学，让他们能够用自由而非专制的方式管理本国事务，避免因为无法跟上"文明化"的进程而遭到淘汰和灭绝。

继塔夫脱之后的第二任菲律宾总督卢克·莱特（Luke Wright）也声称，美国帮助菲律宾建立自治政府的"责任"是对后者进行占领的"首要原因"。[①] 当代学者朱利安·戈（Julian Go）坚决否认美利坚帝国与英帝国有本质区别，但同时他也承认"相比英国，美国对它的一些殖民地有着远为显而易见和持续性的教化特征。在波多黎各和菲律宾，美国更迅速地提供了选举和任用本地官员这样的殖民制度"。[②] 因此，尽管有学者谴责美国式的实用主义否定一切道德原则，成为"帝国主义"的工具，[③] 但与实行"功利帝国主义"的英帝国相比，"实用帝国主义"又保留了某种民主的理想，它始终想要证明美国的优越与例外，维护美国民主的长盛不衰。

在这种思想背景之下，不少美国殖民者特别强调自身与欧洲殖民者的差别。他们将自己描述为传统殖民政策的背叛者，渲染夸大欧洲对自己的批评指责。[④] 威尔逊任命的菲律宾总督弗朗西斯·哈里逊（Francis Harrison）甚至声称，美国在菲律宾的统治是欧洲殖民者所不容的"异

---

① Michael Adas, "Improving on the Civilizing Mission? Assumptions of United States Exceptionalism in the Colonisation of the Philippines," *Itinerario*, vol. 22, no. 4 (January 1998), p. 49.
② Julian Go, *Patterns of Empire: The British and American Empire, 1868 to the Present*, Cambridge: Cambridge University Press, 2011, p. 238.
③ Chad Kautzer and Eduardo Mendieta, eds., *Pragmatism, Nation, and Race: Community in the Age of Empire*, Indianapolis: Indiana University Press, 2009, p. 14.
④ 事实上，在殖民地兴办教育和传教，进行经济建设，建立代议机构，让殖民地上层精英参与当地管理和"自治"，无疑绝非美国人的专利，事实上法国、英国的自由派都曾以此来为本国帝国主义辩护。西班牙此前在菲律宾也有代议机构。

端",它带有颠覆性,往往被亚洲渴望摆脱殖民统治的人民视为潜在的盟友。① 迈克尔·阿达斯则注意到,尽管塔夫脱、鲁特和卢克·莱特等政治家会虚心学习欧洲殖民者的经验,但"大多数美国观察者不仅批评欧洲人在亚洲的殖民方式,而且相信,就其所开启的文明化进程之性质和范围而言,他们的殖民工程是史无前例的……随着时间的推移让美国人获得了更多的殖民管理经验,这种情绪变得越发明显"。② 当然,这种"殖民帝国例外论"实际上也并不例外。西班牙在美洲罪恶血腥的"黑色传说"(black legend)曾被其他欧洲国家视为耻辱;孔多塞则宣扬法国将采取比其他殖民者更"文明"的手段,茹费里在将"文明使命"提升为法国官方殖民哲学时,心里充满了对其他殖民者的蔑视;英国也曾嘲笑法国"杀鸡取卵"和不知变通的殖民方式;而美国的殖民者同样走上了这样一条自诩为"仁慈同化"和自以为例外的道路。

四 "门口的野蛮人":难以赋予的"帝国公民权"

占领菲律宾可以说是"文化种族"与"文明专制"路线共谋的结果,是一种最恶劣的结合。总的来说,"文化种族"路线有决断而缺乏规划和处理具体事务的耐心,"文明专制"路线有规划、有耐心但缺少决断,前者使美国在没有很好心理准备的情况下,下定决心兼并菲律宾,而后者则让美国官僚机构在文化种族主义热情退潮后,仍维持着菲律宾的日常殖民事务,让菲律宾一定程度上从"西班牙文明"转向了"美利坚文明"。

然而事实证明,这二者的结合对美国而言也存在重要缺陷。美国在占领菲律宾期间的恶劣表现为"文明自制"路线的批判者提供了充足弹

---

① 弗朗西斯·哈里逊(1873—1957)是美国驻菲律宾第七任总督(governor-general),他在1913年至1921年在任期间,支持美国的"菲律宾化"政策,即将权力从美国转移到菲律宾,为菲律宾独立做准备。他偏向菲律宾的殖民政策受到美国国内保守派的批评。见 Michael Adas, "Improving on the Civilizing Mission? Assumptions of United States Exceptionalism in the Colonisation of the Philippines," *Itinerario*, vol. 22, no. 4 (January 1998), pp. 47-48。

② Michael Adas, "Improving on the Civilizing Mission? Assumptions of United States Exceptionalism in the Colonisation of the Philippines," *Itinerario*, vol. 22, no. 4 (January 1998), pp. 46-47。

药，也让"文化种族"路线关于重塑美国公民男子气概的荒唐言论不攻自破。最重要的是它并不适合美国特殊的政府权力结构，因为实现"文明专制"的蓝图需要美国联邦政府掌握超出其能力范围的资源，付出无法承受的巨大代价，甚至会带来有色人种的"帝国公民权"，而这是排他性较强的"文化种族"路线支持者所不愿接受的。

在"文化种族"路线的代表性人物中，除贝弗里奇仍梦想永久占领菲律宾乃至古巴外，其他代表性人物如西奥多·罗斯福、洛奇等都很快改变了主张。早在1901年，罗斯福便在信中认为失去菲律宾是可以接受的；1903年，洛奇表示他反对再兼并更多的海外领地，[①]他们希望与菲律宾维持像美国与古巴一样的保护国关系。罗斯福和洛奇之所以愿意舍弃菲律宾，很大程度上是因为他们敏感地意识到美国民众失去了海外殖民的热情："唤醒公众的热忱，让他们愿意给予菲律宾人以关税优惠是不可能的；唤醒公众的热忱，让他们为菲律宾群岛提供充足的防御是十分困难的。"[②] 从罗斯福和洛奇的言论可以看出，他们仍希望获取更多的海外领土，但主要是有心无力，无法说服民众，因而联邦政府也无法进一步从全国民众那里汲取支持殖民路线的财政和人力资源，将国民财富转化为政府权力。

而美国民众之所以失去热情，最重要的原因是罗斯福和洛奇的"文化种族"路线存在过多一厢情愿和"理想主义"的地方，很容易招致"文明自制"路线拥护者们的指责与反讽，无法自圆其说。1900年6月，一位名叫威廉·约翰逊（William Johnson）的记者造访菲律宾，并且为芝加哥《新声报》（New Voice）提供了一份耸人听闻的报道。约翰逊说，他访问了位于马尼拉的第一医院（First Reserve Hospital），在这里一位医生匿名向他透露士兵中总共有3000人染上性病。还有人带他去墓地，告

[①] 洛奇对美国占领菲律宾并没有心理准备。在得知这一消息后，他力主占领的心态也是试一试。1898年6月6日，他在一份给国务卿威廉·戴伊（William R. Day）的备忘录中分析说，要从菲律宾撤退很容易，"倘若占据它是一个错误，可以随时改正，但我们倘若现在就放弃了它，而要是事后证明这是错误的决定，就永远没有改正的机会了"。见 Richard H. Werking, "Senator Henry Cabot Lodge and the Philippines: A Note on American Territorial Expansion," *Pacific Historical Review*, vol. 42, no. 2 (May 1973), p. 239.

[②] William C. Widenor, *Henry Cabot Lodge and the Search for American Foreign Policy*, Berkeley: University of California Press, 1980, pp. 148-149.

诉他士兵们死于性病和酗酒的人数要多于阵亡人数。约翰逊发现在马尼拉城共有200家合法的妓院,由军方直接控制,在"这里代表'基督文明'"。他还讽刺道,菲律宾红灯区正是"'美利坚文明'的形象体现"。①《哈珀斯集市》(Harpers Bazaar)杂志也在同月发表题为《文明化菲律宾人的代价》的社论,讽刺地指出,在占领菲律宾之后,"美利坚文明在马尼拉的第一个成果是300家酒馆";与此同时不少美国的军人都因为醉酒闹事而受到军事法庭审判,遭到开除。但这些军人本身在入伍前是品行端正和热爱祖国的。"这6万5000名士兵由于菲律宾当地恶劣的生活环境而不得不整天沉迷酒精,只说明了一件事,那就是这是我们将美利坚文明强加给未开化民众的可怕代价。"②

由此尴尬的是,美国政府和民间鼓吹"文明化"菲律宾人,但事实却是美国的军队"野蛮化"了,正如士兵们将在菲律宾染上的性病传回美国,并在国内广泛传播一样,"美利坚文明"也可能因为占领菲律宾时施加的各种暴行,最终走向堕落。③ 面对这些窘境,"文化种族论者"很难再将男子气概和"过度文明化"作为行动理由了。④ 正如内华达州共和党参议员弗兰西斯·纽兰兹在1906年所总结的那样:"一些人被军事精神所控制。征服和扩张是他们的口号。现在他们意识到征服菲律宾没有荣耀可言。而保留菲律宾的军费开支已经十分庞大,而且这种状况将仍然持续下去。"⑤ 可以说在占领菲律宾问题上,纯粹狄俄尼索斯式的

---

① Paul A. Kramer, "Colonial Crossings: Prostitution, Disease, and the Boundaries of Empire during the Philippine-American War," in Emily S. Rosenberg and Shanon Fitzpatrick, eds., *Body and Nation: The Global Realm of U.S. Body Politics in the Twentieth Century*, Durham and London: Duke University Press, 2014, p. 27.

② "The Price of Civilizing Filipinos," *Harper's Bazaar*, vol. 33, no. 22 (June 2, 1900), p. 318.

③ Kristin L. Hoganson, *Fighting for American Manhood: How Gender Politics Provoked the Spanish-American and Philippine-American Wars*, New Haven: Yale University Press, 1998.

④ 1901年,乔治·霍尔发表演说称,"一些参议员玷污了美国的荣誉,将美国的士兵变成了谋杀犯、抢劫犯、酒鬼和放纵堕落之人"。为了兼并菲律宾,"必然会侮辱美国军队的荣誉与性格","在菲律宾的人已经历了巨大变化,成了野蛮人"。值得一提的是,霍尔提到的"荣誉与性格"恰恰也是罗斯福等"文化种族论"者常鼓吹的概念,因而实际上有力地批判了后者关于战争可以锤炼国民性格的论调。转引自Stuart Creighton Miller, *Benevolent Assimilation: The American Conquest of the Philippines, 1899—1903*, New Haven: Yale University Press, 1982, p. 119, p. 156。

⑤ Francis G. Newlands, "The Right Way to Help the Filipinos," *The Independent*, vol. 60, no. 2988 (March 6, 1906), p. 561.

狂热是短暂的和不可持续的,且容易因为现实而产生幻灭感,造成昙花一现的结局。正如有书名所形容的那样,这一情形是"荣誉的堕落"(Honor in the Dust)。①

与此同时,鲁特等所代表的、更为冷静理性的"文明专制"路线也遇到巨大困难,同时遭到"文明自制"、"文化多元"与"文化种族"三条路线的攻击和指责。

在"文明自制"路线的倡导者看来,美国应当专注于自己的事务,因为自己还不够"文明"。1899 年,《纽约世界报》上一幅题为《文明先从国内开始》(Civilization Begins at Home)的漫画广为流传。在这幅漫画中,麦金莱对着菲律宾的地图沉思,似乎打算向外传播"文明";但正义女神拉开帘幕后,却出现了美国黑人被白人暴徒处以私刑和屠杀的震撼场景。② 沃尔特·李普曼也表达了与这幅漫画类似的观点,"对于顽固的反帝主义者而言",白人去关心"印度人、摩尔人、霍屯督人和雅基人(Yaquis)"的文明化,而"不专心在自己国家致力于自身的文明化事业,是十分荒谬的"。③

在反对帝国主义问题上,"文明自制"往往与"文化种族"的论点同时出现,以此来否定"文明专制"。著名德裔共和党人卡尔·舒尔茨的观点便是典型例子。早在 1893 年,在美国考虑吞并夏威夷的背景下,舒尔茨在《哈珀斯月刊》上发表《天定命运》一文,旗帜鲜明地反对此举,并对菲斯克、斯特朗等人鼓吹的"新天定命运论"和领土扩张狂热进行了反思。他认为,不能不加区分地进行扩张和兼并领土,而必须考虑扩张行为是否合适。加拿大是一个合适的扩张和赋予帝国公民身份的对象:"倘若加拿大人民某一天表达了想要加入联盟的愿望,在考虑到这个国家及其人民的性格的基础上,关于这一结合是否适当或者甚至是否有需要,将不会有任何怀疑"——因为加拿大人在人种、文化传统、法

---

① Gregg Jones, *Honor in the Dust: Theodore Roosevelt, War in the Philippines, and the Rise and Fall of America's Imperial Dream*, New York: New American Library, 2012.
② 当然,反帝主义者们在这方面可能对"帝国主义者"有错误的理解:事实上"帝国主义者"并非忘记国内事务,而恰恰认为解决国内的"文明"危机,需要通过对外征服,重塑国民性格来实现。
③ Walter Lippmann, *The Stakes of Diplomacy*, New York: Henry Holt and Company, 1916, pp. 89-90.

律和生活习性方面都与美国人十分接近。"在任何重要的方面，新加入联盟的州将很快与原有的州变得难以区分。他们的加入将会扩大我们的家庭，但不会严重改变它的特性。"①

而美国南部和加勒比海的国家就不一样了。当地的气候、种族并不适合建立起"稳定的民主国家"。即便是"盎格鲁-撒克逊人"，也无能为力："历史告诉我们，盎格鲁-撒克逊人合并外国有两种方式——作为征服者，和作为拓殖定居者（colonizer）。当他们作为征服者的时候，他们建立政府来统治被征服者。当他们作为拓殖定居者的时候，他们建立民主政府去进行自治……我们从未在热带纬度地区发现任何一例强大的盎格鲁-撒克逊民主政权。"之所以是这样，是因为"热带气候不适合日耳曼血统的民族"。

同时，舒尔茨认为夏威夷除了气候和种族外，还有另外一个弱点，就是倘若兼并它，这里将会成为美国一个防御较为薄弱的地方。"夏威夷或者任何其他海外领地，将会成为我们的阿喀琉斯之踵。其他国家将会看到这一点，并且不再认为我们是无懈可击的了。倘若我们获得了夏威夷，这并没有增强了我们的力量，而是为我们增加了危险的弱点。"他反对建立一支强大海军的计划，认为公海上早已没有劫掠者，同时也无须靠海军来备战，因为没有国家愿意同美国这样强大的中立国家作战。强大的海军对于美国来说是"最无必要的奢侈品"，"拥有它将会刺激起使用它的欲望"，导致更容易与其他国家发生武装冲突。他在文章的最后总结道：

> 毫无疑问，我们可以通过友好协商来在一些国家建立加煤站，相比正式吞并这些国家，这种方式也能很好地服务于我们的目的。同样，我们可以从它们那里获得各种商业利益。我们可以在夏威夷群岛上拥有种植园和商店。在美洲热带地区我们可以建设和控制铁路；我们也可以购买矿产，为我们的利益服务……所有这些，都无须将这些国家兼并到我们的民族家庭中，让它们与联盟其他的州享

---

① Carl Schurz, "'Manifest Destiny'," *Harper's New Monthly Magazine* (June/November 1893), p. 739.

有平等的地位；也无须让我们的政治制度因为他们的加入而堕落，无须对它们承担责任，从而迫使我们必须放弃这一无可估量的利益；无须庞大臃肿的军备，我们也能维护自己的安全。相比我们要付出的代价，将这些国家合并到联盟中可能得到的利益是完全微不足道的。①

尽管舒尔茨的警告在吞并夏威夷问题上并未应验，但他的确也指出了"文明专制"路线潜在的危险。倘若按照"文明专制"的理想和现代化蓝图，美国应当让菲律宾人有自由移民的权利，让菲律宾能够与美国进行自由贸易，并且最终要赋予菲律宾州的地位，让菲律宾人获得公民身份。也的确有一些人持这种主张。民主党人霍雷肖·西摩（Horatio Seymour）在1904年的《北美评论》上撰文，详细指出了他眼中美国与英国的"帝国主义"之间的"根本差别"。他说，美国邦联自1787年的土地条例以来，就几乎完全脱离了"不列颠体系"这种旧的帝国主义方式，而进行的是所谓"民主的扩张"。邦联政府将西北部领地直接交由国会管理，由国会任命地方长官和法官，在条件成熟以后实行地方选举，并且让其代表拥有国会的席位。最重要的是，这些新增领地将实行自由的制度，不允许出现奴隶制，推进教育，尊重产权和契约责任，等等。西北部领地没有变成一个"由冒险者根据当权者喜好去剥削和压榨的乐园；相反，它成了展示美国先驱们英雄品质的精彩剧场"。② 西摩认为，菲律宾作为美国新增领土也将按照这个模式去发展，实现自治政府，乃至最终成为美国的一个州，他说道，"如果我们获取菲律宾的目的不是建立新的美国的领土和州，那么什么才是目的呢？"美国"民主的扩张只跟公民打交道，而不与臣民（subjects）打交道"。③ 也就是说美国殖民者在菲律宾并不想要低自己一等的臣民，而是想要与自己平等的菲律宾公民。

---

① Carl Schurz, "'Manifest Destiny'," *Harper's New Monthly Magazine* (June/November 1893), p. 746.
② Horatio W. Seymour, "Democratic Expansion", *The North American Review*, vol. 179, no. 572 (July 1904), p. 100.
③ Horatio W. Seymour, "Democratic Expansion", *The North American Review*, vol. 179, no. 572 (July 1904), p. 101.

从上述言论可以看出，西摩试图赋予菲律宾人"帝国公民权"，允许菲律宾作为州加入联邦，享有与其他州平等的权益。但这种言论显然过于理想化，即便是以理想主义著称的反帝主义者也不敢想象。萨姆纳、舒尔茨等"反帝主义者"均对"帝国公民权"给予了否定的回答。1899年1月4日，舒尔茨在芝加哥大学的毕业典礼上发表反帝演说。他首先提及帝国主义者常用的论点："难道共和国不是从一开始便不断地进行领土扩张吗？""如果共和国能消化旧的领土，为什么不能消化新的呢？区别在哪里呢？""只要不带偏见地观察，你便很快能发现足够多的差别，促使我们警醒。"他说，"无可争议而且引人注目的是，英国作为历史上最好的殖民者，的确在热带地区建立了政府，但这是十分专制的政府，他们从未成功地在这里建立盎格鲁-撒克逊类型的民主共和国，就像在美国或澳大利亚那样。从这个意义上说，让我们的'新领地'美国化的计划是绝对没有希望的"。菲律宾人"在热带气候的影响下，被证明是没有能力被盎格鲁-撒克逊人所同化的。因此他们在这个共和国将是一个没有希望的、异质的因素（heterogeneous element）——在某些方面甚至比居住在我们中间的有色人种更没有希望"。他强调美国需要"同质化的人口"（homogeneous population），才能构建"进步的文明"。①

在这里，舒尔茨同时使用了"文明自制"和"文化种族"的论点，削弱了美国帝国扩张的合法性。这两者比较起来，"文化种族"要更强有力，它会让美国在扩张过程中产生强烈的身份危机，将大量可能缺乏"文明自制"意识，但有着强烈"文化种族"偏见的群体吸收进"反帝主义"阵营。这也与美墨战争后期，阻止吞并墨西哥全境的种族主义情绪颇为相似。

历史学家雅各布森指出，"吊诡的是，更为恶毒的种族文明逻辑……通常支持的是反帝主义而非帝国主义"。② 尽管"文明专制"路线的支持者大多并不主张立即给予菲律宾人"帝国公民权"，也并不为此目标设下明确期限，相反倾向于将其推迟到无限远的未来，但这也足以让"文化种族"路线的支持者为之忧心忡忡，产生出强烈的不安全感。因为美

---

① Carl Schurz, *American Imperialism*, Chicago：[s. n.], 1904, pp. 5-8.
② Matthew Frye Jacobson, *Whiteness of a Different Color: European Immigrants and the Alchemy of Race*, Cambridge：Harvard University Press, 1998, pp. 209-211.

国内战的殷鉴不远。1900年1月，美国前南部邦联总统杰斐逊·戴维斯的夫人（Mrs. Jefferson Davis）在《竞技场》发文说，"我反对把菲律宾变成美国领土的首要原因是，那里3/4的人口都由黑人构成"。"我们怎样处置这些多出来的黑人呢？文明化他们？你可能把所有文明进程的成果一股脑儿用在他们身上"，但结果总是让人失望。吞并菲律宾后，这个国家将增添大量黑人和混血儿，他们比南部各州的黑人"更加无知，更加堕落"。① 对"文化种族"论者来说不难预料的是，随着菲律宾人获得"帝国公民权"，他们有可能大规模移民美国，就像19世纪70年代的华工一样，与美国白人竞争，抢夺其经济机会，损害美国社会肌体的健康。② 由于菲律宾是美国殖民地，因此在1924年出台的《移民法》（《国族来源法》）中，菲律宾人没有成为被限制的对象。然而随着其他种族的移民被限制而菲律宾人越来越多地涌入美国大陆，越发引起了本土排外主义者的警觉。菲律宾移民因此被本土主义者称作继中国和日本之后，来自亚洲的"第三波和平入侵"。

除移民外，与菲律宾的自由贸易是鲁特和塔夫脱等"文明专制"论者的主张，却为"文化种族"论所坚决反对。由于"文明专制"的目的并不是为专制而专制，至少口头上是为了让菲律宾获得"自治能力"，因此其经济的发展便至关重要。但"文化种族"论者却不赞成全面免除

---

① Mrs. Jefferson Davis, "Why We Do not Want the Philippines," *The Arena*, Jan-Jun 1900, vol. 33, no. 1, pp. 4-6.
② 早在1898年10月，持反帝立场的《俄亥俄农夫》杂志便发表社论称："倘若我们兼并它，这意味着它将是一个永久领地，这与我们宪法的宗旨是格格不入的，或作为一个临时领地，将很快建州。但就后一个选项而言，即便帝国主义的支持者也会急忙强调'将不会发生'，并且'对我们的文明是一个威胁'。他们说，在那里实行普选是'完全不合适的'。但我们的历史显示，普选是种族提升最伟大的力量，因为在刺激个人去改善自己方面，它胜过任何其他可知的力量。况且，我们将远比他们更文明的中国人从我们的边界赶走了，难道我们又要吞并菲律宾原始的马来人吗？"见The Editor, "Imperialism and the Philippines," *Ohio Farmer*, vol. 94, no. 15 (October 13, 1898), p. 271. 以种族原因反对帝国主义的现象，当代学者约翰·霍布森（John Hobson）称之为"防御种族主义"（defensive racism），代表人物主要有赫伯特·斯宾塞、威廉·萨姆纳、大卫·乔丹、查尔斯·皮尔逊、洛斯罗普·斯托达德等，而"进攻种族主义"（offensive racism）或者"帝国种族主义"（imperialist racism）的代表人物则有莱斯特·沃德、本杰明·基德和卡尔·皮尔逊等。见John M. Hobson, *The Eurocentric Conception of World Politics: Western International Theory, 1760-2010*, Cambridge: Cambridge University Press, 2012, p. 8.

菲律宾的关税。连发动这场战争的麦金莱总统也是如此。据说他曾经十分焦急地等待最高法院关于菲律宾宪法地位的判决，也担心按"宪法追随国旗"（constitution follow the flag）的原则，菲律宾将享有同等的宪法保护，菲律宾人拥有完整的美国公民权，对菲律宾产品无法建立关税壁垒。倘若法院做出此判决，麦金莱考虑要体面地退出菲律宾。后来，最高法院在内部存在巨大分歧的情况下通过了一系列"海岛判例"（insular cases），承认兼并波多黎各和菲律宾合宪，但不赋予当地人完整的公民权和自由贸易权利，这种焦虑才被暂时缓解。①

在此后美国占领菲律宾期间，菲律宾产品进入美国市场的关税问题一直是"文明专制"与"文化种族"路线的争论焦点之一。1909年，美国参议院又打算通过一项法律，在允许美国产品自由进入菲律宾的同时，对菲律宾的雪茄和烟草进行限制。鲁特作为少数派发表反对意见，声称美国这样一个强大的国家"不能占菲律宾这类弱小国家的便宜"，"美国人民的良好诚信、名声和荣誉都许下承诺，要带领群岛上的人民走向繁荣和具备自治能力的道路……而只有给予他们养成勤劳习惯的机会，树立民族自豪和民族权力的机会，以及通过积累财产和分配财富——这也是文明的根基——而成长的机会，才能实现这些承诺"。鲁特的提议被否决后，《展望周刊》发表了题为《敲诈菲律宾人》的社论，对此愤怒地说道，"鲁特先生所提到的这些'机会'却被我们笑纳了：我们不允许菲律宾人向他国购买最便宜的产品，强迫他们购买我国更贵的产品。不仅如此我们还拒绝他们的产品自由进入我们的市场……鲁特参议员已经被他所说的'特殊和自私利益'压倒性地否决了。这不是我们对菲律宾人的经济指导承诺。这是对国家良好诚信和荣誉的违背"。②

而对于"文明自制"论者而言，他们似乎有一套比"文明专制"更为优越的替代路线。在他们看来，关税问题证明殖民的代价甚大，收益极低。1899年，耶鲁大学的著名社会达尔文主义者威廉·萨姆纳发表《西班牙对美国的征服》一文，抨击美国征服菲律宾的行为"在军事上

---

① Stuart Creighton Miller, *Benevolent Assimilation: The American Conquest of the Philippines, 1899-1903*, New Haven: Yale University Press, 1982, p. 157; Carman F. Randolph, "The Insular Cases," *Columbia Law Review*, vol. 1, no. 7 (November 1901), pp. 436-470.
② "Fleecing the Filipinos," *The Outlook* (June 26, 1909), p. 419.

击败了西班牙，但在观念上被西班牙征服"，这也与大卫·乔丹所谓"美国对欧洲的征服"相呼应。萨姆纳和乔丹均认为，全球性的门户开放和自由贸易才是大势所趋，倘若将菲律宾作为美国自己的专属殖民地，那么这不仅违背了自己的原则，而且将重蹈西班牙的覆辙，因为破坏殖民地的经济会引发当地人的反抗；而倘若美国在菲律宾坚持门户开放原则，那么占领菲律宾便没有必要，而且还摧毁了美国费尽心力攫取领土本应享有的利益。① 两人以及舒尔茨也曾建议美国对菲律宾采取类似墨西哥的"和平渗透"（peaceful penetration）和"非正式帝国"政策，而非用武力征服落后地区。在他们看来，正式帝国已经过时，传统的"土地饥渴症"（earth hunger）必须得到改变。② 从事后看，这些反帝主义者并非如帝国主义者所描述的那样软弱和"多愁善感"，实际上他们在一定程度上可以说掌握着缓解地缘政治冲突的药方，而罗斯福和亚当斯等"文化种族主义者"则一直为之心醉神迷。

因此，在菲律宾的泥潭中，美国的对内保护主义、对外门户开放、关于民主与"帝国"不相容的成见，以及根深蒂固的种族文化主义等形成强大合力，最终使得其"文明使命"半途而废。③ 早在1906年，时任陆军部长塔夫脱便宣称，菲律宾绝大多数精英阶层都渴望彻底独立。针对塔夫脱的言论，美国和平主义领导者汉密尔顿·霍尔特主编的《独立周刊》发表了一篇简短的社论，认为美国人所渴求的目标是吞并菲律宾，让其成为联邦内平等的州，而非让其独立。因为"在路易斯安那建州的时候，新奥尔良与华盛顿的距离比马尼拉与华盛顿的距离还远。空间上的距离并没有那么重要，重要的是时间上的距离。英语不久将会成为菲律宾群岛的语言，倘若我们尽好自己的职责，在一代人里，他们的观念和文明将会被美国化"。

但问题是，"正如帕森斯先生和100名其他见证人告诉我们的那样，我们所派遣的士兵和文官们将菲律宾人视为劣等人，不适合成为我们平

---

① William G. Sumner, "The Conquest of the United States by Spain," *The Yale Law Journal*, vol. 8, no. 4 (January 1899), p. 183.
② Stuart Creighton Miller, *Benevolent Assimilation: The American Conquest of the Philippines, 1899–1903*, p. 119.
③ Paul Kramer, *The Blood of Government: Race, Empire, the United States and the Philippines*, Chapel Hill: The University of North Carolina Press, 2006, p. 393.

等的合作伙伴……无怪乎塔夫脱部长预见到了最终的分离",这可能才是菲律宾人想要独立的真正原因。它哀叹,"倘若这一天到来,是因为我们太自私、太怯懦,对原本欢迎我们的那些人民做了不义之事"。① 这段社论生动地体现了汤因比所说的英美"二元文化主义"的后果:美国人也许在政治教育和推动殖民地建立自治政府方面比英国更胜一筹,但从种族的角度来看,它同英国少数白人在印度建立"新种姓制度"并无太多不同。美国的种族文化焦虑使其并不像法国那样执着于同化有色人种,同时美国还担心国内白人的纯洁性被菲律宾移民所影响,因此美国也更接受放弃菲律宾的选项。

美国在菲律宾"文明专制"与"文化种族"路线结合失败的近因是,"文化种族"与"文明专制"路线之间天然存在排斥,"文化种族"论者不会支持"帝国公民权";而深层原因则可能更多源于美国政府的权力结构。对美国而言,像法兰西第三共和国一样在阿尔及利亚等殖民地推行"文明专制"是十分困难的。一方面,作为启蒙运动与大革命发源地的法兰西帝国排他性"文化种族"论意识相对较弱;另一方面,它有着强大的中央集权,并不害怕异族为主体的殖民地威胁。它甚至将殖民地看成本土的延伸,甚至着手赋予当地的有色人种以公民权,这是美国很长时间内无法做到的。事实上早在美菲战争刚打响的时候,总统麦金莱便担心法国用长达17年的时间才征服阿尔及利亚的教训会在美国身上重演。因此他在兼并菲律宾问题上的态度是迟疑和摇摆不定的。② 而即便拥有广袤殖民地的英帝国,其密尔式的"文明专制"实验也早已失败,取而代之的是梅因式的间接统治,后者更"尊重"当地的"多元文化",不过此种"尊重"当然是为了实现顺利统治才持有的表面上的"尊重"。就美国而言,尽管它战胜了菲律宾,但由于其内部联邦与州二元权力结构,以及由此产生的联邦主义意识形态,"文明专制"很难推行下去。早在1899年,威廉·萨姆纳便指出了这一点:

---

① The Editor, "Philippine Independence," *The Independent*, vol. 60, no. 2988 (March 8, 1906), p. 585.
② Stuart Creighton Miller, *Benevolent Assimilation: The American Conquest of the Philippines, 1899—1903*, p. 157.

……帝国主义者回答说,美国人可以做任何事情。他们说自己不会逃避责任。他们习惯于跳进一个大坑,寄希望于运气和小聪明再使他们从中跳出来。有许多事情是美国人做不到的……美国人无法对每加仑的威士忌征收2美元的税收……英国人70年前就废除了他们的腐败选邑,我们连一个小镇的选举腐败都无法消除。美国人无法改革退伍金制度。它的滥用根源于民主自治政府的特性,没有人敢触动。很值得怀疑的是,美国人是否能在和平时期维持10万人的军队……美国人无法确保境内的黑人都享有选举权,他们尝试了30年……但是现在失败了……由于我们州和联邦政府系统的复杂性,这是不可能的……只要稍微做一下检视,便会发现美国人可以做任何事情的宣言不过是吹牛皮说大话……我们看到,我们政府体系的特性限制着我们的能力。我们无法做一个强大中央集权君主国所能做的事情。相比于其他人民,我们享受着得天独厚的福祉和特别眷顾,但这也导致我们应对他们(指菲律宾人)的能力有限。[1]

正如美国国际关系学者扎卡里亚所分析的那样,美国政府的权力结构使得内战后美国长期无法将其无与伦比的财富转化为中央权力,从而出现了对外扩张的滞后;同样我们也可以说,即便在19世纪末,美国的联邦权力有所集中,也开始了对外扩张,但仍无法像萨姆纳所说的"强大中央集权君主国"那样扩张。无论是相对温和的"文明专制"还是更焦虑好战的"文化种族"路线,美国都无法从这种政府权力结构中找到足够的资源和财富,去统治人口稠密的、有色人种聚集的殖民地,而最多只能建立迈克尔·曼所说的"临时殖民地"。这可以说既是不愿为,更是不能为,是意图影响着能力,但更多的是能力决定着意图。

五 "实用的帝国":美利坚"文明"标准与现代化路径

在权力与文化主义、文明主义的三角关系中,与后两者一样,权力的

---

[1] William G. Sumner, "The Conquest of the United States by Spain," *The Yale Law Journal*, vol. 8, no. 4 (January 1899), p. 191.

内涵实际是多重的。至少可以将其分为国家权力、政府权力和社会权力三种。前两者更多涉及国际的力量对比，而后两者则涉及国内的权力结构。塑造美国在菲律宾"文明使命"特性的除了国际权力结构（包括国家权力和政府权力）外，国内的社会权力结构也十分重要。简言之，强大的国家权力一度让帝国主义者产生了无所不能的幻觉，政府权力有限的现实让帝国主义者不得不面对难以消化热带人口稠密的群岛之现实，而社会权力结构则很大程度塑造着美利坚式的"文明标准"和帝国构建路径偏好。

1899 年，威廉·萨姆纳如此评点各国各具特点的"文明使命"和"文明标准"：

> 跟我们一样，所有文明国家都会大言不惭地谈论自己的文明使命。英国人在这方面其实比任何其他国家都有更多可自吹自擂的地方，不过却最少自我夸赞；然而他们用法利赛主义（Phariseeism）的原则来匡正和指导其他民族，让他们遭到全世界的憎恨。法国人相信自己是最高和最纯洁文化的守护者，相信全人类的目光都聚焦于巴黎，都试图从这里获取思想与品位的天书神谕。德国人认为自己肩负使命，尤其是负有对我们美国人的使命，要将我们从自私自利和物质主义中解救出来。俄国人在他们的书和报纸上谈论自己的文明使命，他们使用的话语与我们帝国主义报纸上的精彩段落几乎一模一样。……最后是西班牙。西班牙人几个世纪以来都认为他们是最热忱和最具牺牲精神的基督徒，被最高主宰赋予特别的、在全球传播真正基督教和真正文明的使命。他们认为自己自由而高贵，在精致品位和个人荣誉方面是领导者，他们鄙视我们为贪婪的金钱攫取者和异端……问题是，每个国家都嘲笑其他国家的标准，而那些在边缘的、等待被我们文明化的国家，则对所有文明人的标准都十分憎恶。[①]

从萨姆纳的论述中可以看出，此时美国在其他"文明国家"眼中主

---

① William G. Sumner, "The Conquest of the United States by Spain," *The Yale Law Journal*, vol. 8, no. 4 (January 1899), pp. 172-173.

要是物质主义和贪得无厌的,其"文明标准"也不值一提;但在他自己眼中,美国的"文明标准"显然并非如此不堪,而是与民主、自治、爱好和平等结合在一起的。加上他与斯宾塞工业主义取代军国主义的观点颇为类似,因此他是一位典型的"文明自制"路线支持者。按他的说法,只要美国建立了帝国和走向"帝国主义",那么便是舍弃了"所有的美国标准",而走向了"西班牙为代表的标准"。①

当然,站在后见之明的角度看,萨姆纳的论断也有偏颇之处。即便美国加入帝国俱乐部,也并不意味着它就会全面采取"西班牙为代表的标准",而完全丢掉美国的文明标准。笔者认为,罗斯福等政治精英很快察觉美国在占领东方殖民地上心有余而力不足,在强大的"文化种族"和"文明自制"心态的制约下,美国在菲律宾的"文明专制"路线一开始便是半心半意、走一步看一步的,而它的具体特性看上去也与其"国民哲学"——实用主义若合符节。

美国的实用主义"文明"标准可被放置到英、法、美三个帝国的横向比较中考察。事实上,很多当时的观察者都注意到"盎格鲁-撒克逊民族"相对更讲求"实用"性,德国人注重内在的理念主义(哲学),而法国人更注重外在的理念主义(革命)。② 社会学家艾森斯塔特认为,各国大革命对其接下来的"文明"标准起到了奠基作用。它们"与伟大宗教和宏大轴心文明的制度化过程非常相似。事实上,这些革命产生于一些在轴心文明中发展出来的社会,建立在这些文明的末世论和乌托邦的结构之上"。从这个意义来看,三国各自的"文明标准"又一定程度上可以追溯到英、美、法三国的革命。③ 革命设定了不同的国内"现代化方案",也大致决定了各国向殖民地输出的分别是何种现代化方案与世

---

① William G. Sumner, "The Conquest of the United States by Spain," *The Yale Law Journal*, vol. 8, no. 4 (January 1899), p. 193.

② 20世纪初,一位名叫詹姆斯·杰弗里斯(James Jefferis)的澳大利亚公理会牧师曾这样概括不同民族的特点:"印度人无与伦比的形而上学思辨能力,中国人不可动摇的坚韧特性,日本人别具一格的艺术能力,法国人的理想主义(idealism),德国人的哲学,以及盎格鲁-撒克逊人的实用智慧(practical sagacity)。"转引自 Kane Collins, "Imagining the Golden Race," in David Walker and Agnieszka Sobocinska, eds., *Australia's Asia: From Yellow Peril to Asian Century*, Crawley: UWA Publishing, 2012, pp. 103-104。

③ 参见〔以〕S. N. 艾森斯塔特著,刘圣中译《大革命与现代文明》,上海:上海人民出版社2018年版,第16—19页。

界观,设定了国内改革和对外扩张的"文明"标准。相比较而言,英、美、法各自发展出来的代表性国家哲学也分别代表了这种标准:英国的功利主义、法国的社会团结主义,以及美国的实用主义。如果说法国的社会团结主义"文明专制"色彩最重,英国功利主义带有一定的"文化多元"色彩,那么美国的实用主义则介于二者之间。①

这种革命传统和"文明"使命路径归根结底又受到埃利亚斯所说的"各国的社会权力结构"(social balance of power)的深刻影响。英国革命前后,封建贵族"资产阶级化",进而产生所谓"绅士资本家"(gentleman capitalists),② 此种类型的统治集团相对更容易向市民阶级做出妥协,③ 其"文明使命"较温和,功利主义和萨姆纳所说的"法利赛主义"特点较明显,"文明主义"相对较淡化,尤其是19世纪中期以后,英国几乎彻底抛弃了密尔"文明专制"道路,而走向梅因式的"文

---

① 当代国际关系学中英国学派对国际社会的认识可以分为多元主义(pluralism)与团结主义(solidarism)两类,前者似乎可以理解为英国式的功利主义,而后者是法国式的团结主义。见 John Williams, "Pluralism, Solidarism and the Emergence of World Society in English School Theory," *International Relations*, vol. 19, no. 1 (2005), pp. 19-38。关于功利主义哲学与英帝国的关系,参见 Bart Schultz and Georgios Varouxakis, eds., *Utilitarianism and Empire*, Lanham: Lexington Books, 2005;实用主义哲学与美利坚帝国的关系,参见 Chad Kautzer and Eduardo Mendieta, eds., *Pragmatism, Nation, and Race: Community in the Age of Empire*, Bloomington and Indianapolis: Indiana University Press, 2009; Chad Kautzer, "Rorty's Country, Rorty's Empire: Adventures in the Private Life of the Public," *Radical Philosophy Review*, vol. 6, no. 2 (2003), pp. 131-144。

② Benjamin Thomas Gillon, *The Triumph of Pragmatic Imperialism: Lord Minto and the Defence of the Empire, 1898-1910*, Department of History, University of Glasgow, PhD thesis, 2009. 路易斯·哈茨对欧洲自由主义与封建保守主义,辉格主义与托利主义的混杂做了深刻论述:"在英格兰,封建主义、自由主义和社会主义理念实现了完美的有机结合……整体而言,英国的自由主义深深地感染上了封建主义的特有习性……欧洲关于'自由主义改革'具有'社会主义的'性质这种理性攻击的基础,就在于其本身具有托利党主义和自由主义的双重性质。"〔美〕路易斯·哈茨著,张敏谦译:《美国的自由主义传统》,北京:中国社会科学出版社2003年版,第196页。

③ 按斯考切波的说法,英国革命一直是在支配阶级掌控之下对国家机构的更新,具有"自上而下"的特性,而法国支配阶级"从一开始就不具备英国支配阶级所具有的、实行自由政治革命或反对君主专制那样的能力",因为各种原因未能很好地控制革命进程,导致国家的"结构和功能"被较为彻底地打碎和重构,革命从"自上而下"转为"自下而上",因此一发不可收拾,"大规模的民众运动催生了集权化、官僚化的国家组织",并且产生了"普世"且激进的"雅各宾主义"。〔美〕西达·斯考切波著,何俊志、王学东译:《国家与社会革命:对法国、俄国和中国的比较分析》,上海:上海世纪出版集团2013年版,第223页。

化主义"和间接统治,当然这也符合"功利主义"的务实原则。

　　法国革命前后的社会权力结构正如巴林顿·摩尔所说,可被描述为"资产阶级的封建化",在这种情形下统治集团较顽固,无法像英国的贵族一样"资产阶级化",最终引发"雅各宾派"的激进革命,保守派和激进派难以形成妥协与共识。在这种"政治极化"的情形下,要么产生出芬纳所谓"宫廷-广场式"的"僭主"政体,① 要么引起频繁的革命,导致土地贵族、宗教势力和保守意识形态等马克思所谓"中世纪垃圾"被反复清理和"格式化",而到了第三共和国时期,经过德雷福斯事件等重大事件洗礼,右翼势力更是日渐式微。法国市民阶层取得相对彻底的胜利后,延续了法国革命和雅各宾主义的激情与精神,秉持着强烈的"普世主义"信念,② 启蒙运动和大革命锻造的"文明主义"现代化方案

---

① 〔美〕塞缪尔·芬纳著,王震、马百亮译:《统治史》(第3卷),上海:华东师范大学出版社2014年版,第537页。
② 即便法国国内左翼和右翼的分裂也是大革命的产物,同时这种文明意识形态也是实现各阶层社会团结的重要纽带。还需注意的是,由于右翼缺乏妥协精神,因此往往需要一个强大的国家在国内实行"共和主义"与"文明专制"路线,这也相应加深了法国的"文明使命"。路易斯·哈茨提到,1814年法国波旁王朝复辟后,法国的保皇派和革命教条主义者都渴望制定一部像美国宪法一样让国民"顶礼膜拜的宪法",但1814年宪章的结果却是"梅斯特与卢梭的拼凑物",这份宪法文件在法国七月革命中变得一文不值——可谓"战争一开始,法律就沉默"(Inter arma leges silent)。但另一方面,大革命已经给法国的"文明"理念打上了深刻影响。还有学者评价该宪章"在复辟期间尽管极端保皇势力嚣张,1814—1815年的宪章仍以旧制度的语言(上帝的恩惠、上帝赐予的宪章等)保留了大革命的最初成果——它们又在19世纪30年代成为最后一次争论的议题:大革命的成果确实是资产阶级统治的基础"。法国以保守著称的农民"也自从1848年就是共和派的选民了"。1871年梯也尔也打着"秩序与文明"的旗号建立第三共和国。杜比认为,1850—1900年的法国可称得上是"实证主义的法国","那些曾读过圣西门作品,后来又热衷于奥古斯特·孔德和勒南学说的人则坚信不疑:工业时代的来临是科学突飞猛进的必然结果,所有科学领域的进步不断增强人类对自然及自身的把握能力……这一代人摈弃浪漫主义的神秘冲动,赞赏哪怕最平白的现实主义,他们对理性主义科学怀有激情,那是一种经过思考的激情……在社会、经济结构已更新的国家里,唯科学主义伴随着新的公共生活取得了胜利('伴随'是谨慎的说法,是否可更加肯定地说是因果关系呢?)在1789年大革命后一个世纪,民主意识占据更重要的地位,保皇信仰除在个别地方外已难成气候……"〔法〕乔治·杜比、罗贝尔·芒德鲁著,傅先俊译:《法国文明史:从17世纪到20世纪》,上海:东方出版中心2019年版,第553页,第672页;Tony Chafer and Amanda Sackur, eds., *Promoting the Colonial Idea: Propaganda and Visions of Empire in France*, London: Palgrave Macmillan, 2002, p.5。

也自然而然地向外输出。① 圣西门、孔德式的科学主义和工程师精神便是这种市民意识形态的代表，这导致它执着于将殖民地人改造成法国人，它的文明同化理想胜过文化种族论的恐惧、不安全感和排斥感。② 当代学者库马尔对法兰西帝国的"文明专制"做了出色论述："法国大革命期间，法兰西人认为自己的价值观具有普世性，这体现为《人权宣言》，其中自由、平等、博爱的理想和用理性评估一切是法兰西人衡量自己的标准，也适用于帝国。法兰西人的普世性很容易移植到帝国身上……1886年，阿尔弗雷德·兰博认为这是法兰西独特的成就：'迄今为止，只有法国有勇气将宗主国和殖民地作为一个整体，一个国家。'"③ 爱丽丝·康克林也提到，一战前法国在非洲致力于"灭绝与法国文明相反的制度……在经过与非洲西苏丹领导人的漫长权力斗争后，四种非洲制度被挑选出来作为根除对象——土著语言、奴隶制、野蛮的习惯法和'封建酋长制'；共同语言、自由、社会平等和自由正义的共和美德将会取代它们。"一战后，法国的殖民政策主旋律则发生了类似英国的转变，越来越多地从"同化"转为"协作"（association），从直接统治转为间接统治，但仍带有很深的"文明专制"印记，影响了二战后法国殖民地的去殖民化进程。④

美国革命主要是政治革命而非社会革命，⑤ 几乎没有贵族与市民阶层的

---

① 菲尔德豪斯也认为，法国革命是法国殖民史的一个重要转折点，自此在整个19世纪法国主要运用共和主义、理性主义的"同化"原则来构建帝国。见 D. K. Fieldhouse, *The Colonial Empires: A Comparative Survey from the Eighteenth Century*, London: The Macmillan Press, 1982, p. 49, p. 305.

② 一个例子是，法国著名种族主义者戈宾诺的种族思想在德国比在法国更受欢迎。

③ 〔美〕克里尚·库马尔著，石炜译：《千年帝国史》，北京：中信出版集团2019年版，第359—360页；Alice Conklin, *A Mission to Civilize: The Republican Idea of Empire in France and West Africa, 1895-1930*, Stanford: Stanford University Press, 1997, pp. 6-7. 当然，法国采取同化政策最重要的原因是大国竞争和权力的考虑，这使得连谴责殖民只会"让野蛮人变得更野蛮"的托克维尔也赞成法国对阿尔及利亚的兼并；但作为被君主国家包围的共和国，它本身的普世主义"文明"观念也无疑起到了重要作用。也可以认为，法国的对外殖民是由"金融文明时代"的文化种族焦虑、地缘政治竞争和不安全感所驱动，这与其他帝国主义国家并无太大不同，但在殖民地仍倾向于采取老一套的"文明专制"和直接统治模式，这是其特殊性所在。

④ 例如，挪威著名历史学家文安立评价说："法国是最热衷于同化政策的帝国主义国家，或许也正是出于这个原因，它在比其他国家更长的一段时间里试图以武力保留其殖民地。"〔挪〕文安立著，牛可等译：《全球冷战：美苏对第三世界的干涉与当代世界的形成》，北京：世界图书出版公司2014年版，第88页。

⑤ 〔美〕汉娜·阿伦特著，陈周旺译：《论革命》，南京：译林出版社2011年版，第14页。

对抗，也没有多少外来军事威胁，因此与法国需要中央集权和社会团结的意识形态来协调阶级矛盾、防御外敌入侵不同，美国政府权力较为松散和碎片化，甚至存在强大的"反国家主义"（anti-statism）意识形态。① 当然，随着内战后美国实现了国家统一和"第二次建国"，加之经济飞速发展，美国的阶级矛盾也变得越来越尖锐，平民党人和中下层阶级对垄断资本进行过激烈反抗，② 霍夫斯塔特所说的社会"心理危机"愈加严重，③ 美国通过向外扩张以缓解过剩危机的冲动增强，联邦权力也呈现强化的趋势。在此情形下，美国知识界也经历了一段德国式历史主义和相对主义的迷茫混乱时期，对美国例外的信念发生动摇，不过最终还是走出了这个阶段，以实用主义为实现美国例外的手段。④ 当代学者威廉·诺瓦克（William J. Novak）则指出，笼统地说美国是"强国家"或"弱国家"（weak state）都只是一种"迷思"，真实的情况是美国社会对政府权力采取了实用主义的态度。⑤

当然，这种实用主义也是以进步、理性、科学和现代化等为指南的，也可称为"实用理性"。⑥ 在皮尔士、威廉·詹姆斯和约翰·杜威等实用

---

① 见 Aaron L. Friedberg, *In the Shadow of the Garrison State: America's Anti-Statism and Its Cold War Grand Strategy*, Princeton: Princeton University Press, 2000。

② 除封建势力与资产阶级的对抗外，工人阶级运动也影响着这种社会权力结构，以及建立在其之上的"文明使命"。众所周知，英法在社会改革方面逐渐左转和偏向社会主义，并分别组织成立工党（1900）和社会党（1902），尤金·德布斯（Eugene Debs）1897—1901 年建立的美国社会党在进步主义运动中显然较为次要。甚至德国社会学家桑巴特也在 1906 年出版《美国为什么没有社会主义》一书，注意到美国相比欧洲而言在社会主义工人运动，尤其是马克思式的社会主义意识形态和阶级情感方面的缺失。相反，美国工人大多还是资本主义的忠实拥护者。桑巴特说道："我们首先必须追问，美国没有社会主义，特别是美国式的社会主义这个论断是否真的正确。可以这样回答，如果认为根本没有，那么毫无疑问是错误的……不过，不能否认的是，认为美国工人阶级不信奉社会主义的论断在很大程度上是正确的……我应该这样回答，美国工人不信奉我们欧洲大陆当前所理解的社会主义的'精神'，这个'精神'是真正有着马克思主义特征的社会主义。"见〔德〕维尔纳·桑巴特著，赖海榕译《为什么美国没有社会主义》，北京：社会科学文献出版社 2014 年版，第 24、27 页。

③ Charles A. Conant, "The Economic Basis of 'Imperialism'," *The North American Review*, vol. 167, no. 502 (September 1898).

④ 见 Chad Kautzer and Eduardo Mendieta, eds., *Pragmatism, Nation, and Race: Community in the Age of Empire*, Indianapolis: Indiana University Press, 2009。

⑤ William J. Novak, "The Myth of 'Weak' American State," *The American Historical Review*, vol. 113, no. 3 (June 2008).

⑥ David A. Hollinger, "The Problem of Pragmatism in American History," *The Journal of American History*, vol. 67, no. 1 (June 1980).

主义者的哲学论述中，他们并不追求绝对真理或超越此在的目标，而是意识到真理的相对性、片面性以及对具体情境的依赖（contingency），认为与其将认识置于首位，坚持主体与客体严格分离的二元论，不如坚持主体与客体相结合的一元论，将行动置于首位，因此实用主义往往带有杜威所谓"实验主义"的特点。①

需注意的是，实用主义并非完全没有原则。事实上詹姆斯和杜威等人也都是美国民主的鼓吹者。问题的关键在于，他们不是从抽象超验的价值层面去论证民主的优越性，而是从实践的层面去促进民主。它正反映了多萝西·罗斯所说的、美国社会科学在进步主义运动期间发展出的"自由变迁新模式"。即当欧洲的社会变迁使自由主义意识形态逐渐破产之时，美国的自由主义仍将社会变迁牢牢掌控在例外论、历史终结论的轨道上。②

因此美国的"实用理性"文明观是在工业文明、全球化及其反对力量的碰撞中形成的。就占领菲律宾而言，19世纪末全球工业文明冲击所带来的社会心理危机在中间起到了很大作用，罗斯福、洛奇等对"过度文明化"的担忧也推动了美国的帝国主义扩张；但它也并未太过偏离主流的、科学实证的"文明"观念，起到的作用主要是唤起暂时的热忱。在帝国热情消退的情形下，塔夫脱等人以"实用理性"接管了菲律宾的治理。此种美国式的"实用理性"主张秉持动态的、以实证科学为旗号的美国例外论，继续试图在菲律宾实现其国家构建的蓝图。③ 不过需注

---

① 即便西奥多·罗斯福也多次表示美国无须回到中世纪的武士精神和男子气概，而是持"实用理性"的态度。他说："尽管在现代，感性的宗教精神淡化了，但是实用道德有了巨大的增长。原始人和中世纪盛行的那种尚武精神的确减少了，除了在大城市的贫民窟里仍然存在；但仍存在另一种类型的尚武精神，它比之前的更加有效率得多。相比任何古代的产业，在现代工业的一些伟大分支机构中，它能够唤起人们更多的坚忍不拔、男性气概和勇气……尽管今天的男子比过去更加温和，更加诚实，但是并不能说他们更不勇敢；他们毫无疑问是更有效率的战士。"参见 Theodore Roosevelt, "The Law of Civilization and Decay," *Forum* (January 1897), pp. 588–589。
② 〔美〕多萝西·罗斯著，王楠等译：《美国社会科学的起源》，北京：生活·读书·新知三联书店2019年版，第558—559页。
③ 多萝西·罗斯在《美国社会科学的起源》中指出，内战前的美国盛行一种较为静态的例外主义和辉格主义，即美国由于其得天独厚的地理环境、民情和共和制度，将会克服欧洲大陆上"文明"循环与走向腐败的风险；但在镀金时代，由于美国国内阶级矛盾尖锐，且受到德国思想的影响，社会主义与历史主义兴起，之前根深蒂固的美国例外论有所动摇。在此情境下，美国学界采用了进化论、边际主义等新的观念方法，终于"驯服"了历史主义、社会主义和相对主义，拯救了美国的例外论和（转下页注）

意的是，实用主义固然如哈里·威尔斯所言，也可构成一套"帝国主义"哲学，①但它不再是熊彼特所说的"返祖的"（atavistic）、封建贵族残余带来的帝国主义理念，而是中产阶级的帝国主义，相对更为温和。这也使得它并无全盘革命性改造的决心，而只是在菲律宾进行渐进的、以具体问题为导向的改革，尤其是相比法兰西帝国的"文明专制使命"而言。如社会学家曼海姆所说，在由不同社会群体所生产的知识类型中，既有资产阶级的理性乌托邦，也有纳粹式非理性意志论。前者可产生"普世"帝国主义，容易诱发"文明主义"式的偏执，而后者会产生民族帝国主义，容易引发"文化主义"的狂热与冲动。美国的"实用理性"介乎二者之间，它的弹性使得美国式的自由主义道路具有较强的弹性和适应性。②

具体而言，相比功利主义（或"法利赛主义"）占主导地位的英帝国，③实用主义的美国不愿意放弃在当地推广美式民主的理想（民主是实

（接上页注③）优越感，并使之成为一种动态、实用的"科学主义"，即不奢求掌握静止不变的绝对真理，但相信可以用科学方法来实现"社会控制"，使社会变迁平稳有序地发生，避免剧烈的革命和暴动，避免走上社会主义和共产主义的道路。这与后来沃尔特·罗斯托等人的发展经济学，以及美国在第三世界的"国家构建"（nation building）也是同样的思维方式。简言之，这些美国社会科学家认为在美国式"科学主义"（scientism）精巧的社会控制下，历史将走向终结。见〔美〕多萝西·罗斯著，王楠等译《美国社会科学的起源》，北京：生活·读书·新知三联书店2019年版，第363页。

① Harry K Wells, *Pragmatism: Philosophy of Imperialism*, London: Lawrence & Wishart, Ltd, 1954.
② 曼海姆比较美国与欧洲意识形态时说道："对历史-时间因素不予在意的社会学纲要已经在美国出现了，相比德国而言，其主导性的思维类型更加完全、更加迅速地与资本主义社会的现实相适应。在美国，源自历史哲学的社会学很早就被抛弃了。社会学不再是对社会整体结构的充分描述，而是分裂成了一系列零散的技术问题，为的是进行社会调适。'现实主义'意味着不同语境下的不同事物。在欧洲，它意味着社会学需要将注意力集中在阶级间的严峻紧张关系上，而在美国，由于经济领域有更多自由的空间，与其说是阶级矛盾，不如说社会技巧和社会组织的问题才被视为社会的'真正'中心。"尽管曼海姆在此处讲的是20世纪美国社会学的状况，但他所提到的实用主义也与当时美国的帝国构建模式有着相通之处。见 Karl Mannheim, *Ideology and Utopia: An Introduction to the Sociology of Knowledge*, translated by Louis Wirth and Edward Shils, London: Routledge & Kegan Paul, 1979, pp. 228-229.
③ William G. Sumner, "The Conquest of the United States by Spain," *The Yale Law Journal*, vol. 8, no. 4 (January 1899), p. 181.

用主义者最重要的价值观之一），① 并在吸收殖民地作为新的州加入联邦问题上抱着模糊的期望；② 而相比信奉社会团结主义的法兰西帝国，美国文明同化所投入的资源又是十分有限的："自由发展主义"（liberal developmentalism）的冲动较为"节制"，"自由、平等和博爱"的原则也并

---

① 美国实用主义哲学家理查德·罗蒂声称，"在哲学职业之外，我认为实用主义不过是理想主义的、前进和向上的爱默生/惠特曼传统，它将美国的民主视作有史以来最伟大的发明，是所有美好事物的源头"。路易斯·哈茨则指出，实用主义作为美国对哲学最大的贡献，也是建立在洛克主义传统之上的。见 Michael O'Shea, "Richard Rorty: Toward a Post-Metaphysical Culture," *The Harvard Review of Philosophy*（Spring 1995）, p. 65; Louis Hartz, *The Liberal Tradition in America: An Interpretation of American Political Thought Since the Revolution*, New York: Harcourt, Brace & World, Inc., p. 10。美国的实用主义与英国的功利主义的主要差别可能不在于其信条，而在于其环境。前者诞生于平等的中产阶级社会，而后者诞生于贵族与资产阶级的混合社会；前者在民主、平等与美国例外方面具有广泛共识，而后者则容易被浓厚的贵族和阶级偏见所左右。英国的功利主义者如边沁、沃尔特·白哲特、乔治·格罗特、斯图亚特·密尔是美国社会的偶像，格莱斯顿、斯宾塞等也在美国极受欢迎。美国所反感的主要是以迪斯累利为代表的英国托利主义和贵族保守传统。因此，可以说美国的实用主义是英国文化传统中一个得到发扬光大的碎片。但环境也多少影响着两种传统的信条，导致相比英国的功利主义，美国的实用主义的确更强调民主与平等，强调实用教育而非"博雅教育"（liberal art），强调行动而非冥想思辨，也更少贵族的色彩。法国实证主义、社会团结主义则源于贵族与资产阶级的分裂和极化，因此其理念中的激进成分也更明显。英国的帝国主义既有自由帝国主义追求自由的成分，也有贵族追求荣耀的成分（当然经济利益也是重要的考量）；法国的帝国主义则是一种共和帝国主义，它认为在海外通过扩张共和制度，既可以让法国更加强大，也可以将法国革命自由、平等与博爱的普世精神传播到世界。有学者认为，英国的帝国主义乃是贵族试图转移中产阶级对国内改革的注意力的工具，通过采取对俄强硬、海外扩张等满足其输出自由的意识形态，19世纪末的地缘政治和安全困境则助长了帝国主义；而相比之下，尽管罗斯福、洛奇、马汉等也一度起着与贵族类似的作用，但在地缘政治和安全困境刺激相对较弱的情况下，自由帝国主义尚缺乏可持续的动力。

② 曼海姆指出，"所有官僚思想的基本倾向是把所有的政治问题转变为行政问题"，以鲁特为代表的美国式殖民理念某种意义上也符合这一评判。他用"文明"与"野蛮"之分回避了美国是否有权利在菲律宾行使"主权"这一事实，甚至也不太在意美国是否能真正获得利益，而只是津津乐道于一系列统计数据："100万美元用于修建道路，200万美元用于改善马尼拉的港口；免费的公立学校体系建立了起来；18万名儿童注册入学；1000名美国教师被派遣到这里，将近4000名本地教师在培训他们。马尼拉建立了一所师范学校。1万名成人到夜校去学习英语……在与州长一起行使立法权的7名委员会成员中，有3名菲律宾人。最高法院的首席法官，一名助理法官……都是菲律宾人。"见 Elihu Root, "American Policies in the Philippines in 1902, Addresses of the Secretary of War at Peoria, Illinois, September 24, 1902," in Robert Bacon and James Brown Scott, eds., *The Military and Colonial Policy of the United States, Addresses and Reports by Elihu Root*, Cambridge: Harvard University Press, 1916, pp. 78-79。

未被贯彻到殖民地。① 美国政治学家查尔斯·梅里亚姆曾提到，美国"不管是在工业化的情境中，还是在殖民的情境中，都基本没有发生过对民主化进步路线的偏离"。② 但需要注意的是，至少在二战前，这一"民主化进步路线"往往带着鲜明的民族主义和美国例外色彩，其"普世主义"的冲动是较为节制的。

另一个美国式"实用主义理性"的问题在于，它的理性化技术手段虽然看上去足够灵活（不像法国一样僵硬的"唯实论"认知方式），也足够有效率，但它所指向的仍然是美国例外的神话，美国式的个人主义、民主和自由化市场原则，甚至种族主义仍然时不时地凸显出来。为了维护这种美国例外的神话，美国在占领菲律宾问题上最终只能半心半意，既无法像英国式的功利主义一样在价值问题上与保守派作妥协，也无法像法国一样，将"文明使命"确立为本国的官方政策。1917 年，芝加哥大学著名的实用主义社会学家赫伯特·乔治·米德曾这样论述美国对菲律宾的占领：

> 我们有关感觉、思想和行动的根本政治习性是如下信条的必然延伸：政府需得到被统治者的同意，因此我们从未允许自己与帝国主义的目标同流合污，它主导着欧洲各国间的联盟和敌对。
>
> 即便是此规则的例外情形，最终也证实了它。在我们与西班牙的战争结束之后，我们发现自己在军事上拥有了古巴和菲律宾。我们给予了其中一个独立身份，而在治理菲律宾的时候，我们也一直将它的独立作为我们占领的目标。我们最近为这些岛屿确立的法律

---

① 法国为执行其同化政策，最初往往打算赋予殖民地人民完整的法国公民权（当然，事实上获得法国公民权的只是少部分人）；它甚至还向阿尔及利亚大规模移民，以及对非洲国家如塞内加尔等进行较为彻底的、赢得了当地支持的文化同化政策；此外，与英国倾向于在殖民地实行君主立宪制相比，法国建立的则均为共和政体。见〔西〕胡里奥·克雷斯波·麦克伦南著，黄锦桂译《欧洲：欧洲文明如何塑造现代世界》，北京：中信集团 2020 年版，第 296 页。

② 转引自〔美〕多萝西·罗斯著，王楠等译《美国社会科学的起源》，北京：生活·读书·新知三联书店 2019 年版，第 560 页。

已经将此作为近期的目标。①

总之，在美国国内深层社会权力结构的基础上，实用主义、民主和美国例外构成了三位一体，既推动，又制约和规范了美国的帝国构建路径。可能正因为如此，当代学者丹尼尔·伊莫尔瓦指出美国在建立帝国的同时，也致力于"隐藏帝国"，因为坚信美国例外的普通美国人不愿接受传统的帝国形态。② 在这种客观权力和意识形态结构所余下的空间里，美国决策者也在逐渐自我反思和探索，走向了与欧洲不同的道路，可以说是一种"实用理性"道路，建立的是一个"实用的帝国"。这种实用主义哲学某种程度上也导致美国一方面在攫取新的殖民地问题上越发谨慎，另一方面则试图通过建立保护国、贷款和财政控制等手段，贯彻更为科学、更符合美国例外的"文明使命"。

---

① George Herbert Mead, "America's Ideals and the War," *Chicago Herald* (August 2, 1917)。当代美国著名实用主义哲学家理查德·罗蒂也支持美国的干预主义。他说道："在当前的形势下——美国治下的和平是我们能够合理期待的最好结果——美国左派需要……好好考虑我们如何使用帝国权力（imperial power）的问题。"见 Chad Kautzer, "Rorty's Country, Rorty's Empire: Adventures in the Private Life of the Public," *Radical Philosophy Review*, vol. 6, no. 2 (2003), pp. 131–144; Richard Rorty, "The Unpredictable American Empire," in Chad Kautzer and Eduardo Mendieta, eds., *Pragmatism, Nation, and Race: Community in the Age of Empire*, Indianapolis: Indiana University Press, 2009。

② Daniel Immerwahr, *How to Hide an Empire: A History of the Greater United States*, New York: Farrar, Straus and Giroux, 2019.

第六章 雅努斯的两面:"文明"国家间的和平与战争

除开放与封闭、利他与利己等张力外,"文明主义"与"文化主义"在美国社会中的纠缠角力还体现在对战争与和平问题的争论上。19世纪末,美国出现了一批好战的金戈主义者(jingoist),鼓吹对外采取强硬立场和政策,其"文化主义"色彩颇为浓厚。与此同时,美国也继承并发扬了欧洲文明的国际法传统,尤其重视使用国际仲裁的手段解决争端,维护"文明"国家间的和平。那么,美国社会的"文明主义"与"文化主义"在此问题上是如何互动和演进的呢?

一 委内瑞拉危机与国际仲裁

1895年,英美之间爆发委内瑞拉危机。当英国政府拒绝将英属圭亚那与委内瑞拉之间的领土争端提交仲裁,并且还对门罗主义大加嘲讽,声称门罗主义并非国际法,也不适用于此次争端时,国务卿奥尔尼和总统克利夫兰相继发表了充满火药味的演说,甚至开始动员全国与英国开战。咨文发表后,国会迅速通过法案拨款以示支持。美国国内很多强硬派主导的报纸,如《纽约论坛报》《纽约太阳报》都狂热地鼓吹对英作战,据说仅有5份重要的报纸表示反对。① 参议院外交委员会主席谢尔比·科洛姆(Shelby Cullom)、参议员约翰·摩根(John Morgan)、亨利·洛奇(Henry Lodge)、威廉·钱德勒(William Chandler)、年轻的纽约市警察局长西奥多·罗斯福等都为克利夫兰的强硬咨文击节叫好。罗

---

① 这5份报纸分别是《波士顿信使报》(*Boston Herald*)、《普罗维登斯日报》(*Providence Journal*)、《斯普林菲尔德共和报》(*Springfield Republican*)、《纽约晚邮报》(*New York Evening Post*)和《纽约世界报》(*New York World*)。

斯福和洛奇认为趁此机会可以吞并美国垂涎已久的加拿大。① 在此背景下，英美关系跌至谷底，而两国民间和各级政府机构一直致力推行的仲裁则遇到重大阻碍。

虽然美国此时的军事实力尚无法与英国相比，但为"捍卫"门罗主义，美国摆出了不惜与英国开战的姿态。为避免两国关系继续恶化，英国国内率先掀起了一股呼吁仲裁的运动。多年来，英国自由党在推动两国仲裁方面发挥了很大作用，阿拉巴马仲裁即由自由党促成。英国方面不接受仲裁的主要是一些强硬的保守党人，如殖民地事务大臣约瑟夫·张伯伦（Joseph Chamberlain）、首相索尔兹伯里（Salisbury）侯爵等。危机发生后，正处于分裂状态的自由党空前团结，不论是激进派、温和派还是帝国主义者，都一致支持向美国让步，接受仲裁，这给保守党政府施加了很大压力。包括前首相罗斯伯利伯爵（Earl of Rosebery）、前外交次长詹姆斯·布赖斯（James Bryce）在内的前自由党内阁成员数次开会讨论克利夫兰的咨文。1896年3月3日，著名英国记者威廉·司特德（William Stead）组织超过100名议会议员、100多个城市的市长及当地宗教领袖在伦敦女王宫发起了呼吁仲裁的集会。会场悬挂着英美两国的国旗，会议领导人向美国总统克利夫兰提交了备忘录。② 英国的宗教、商业、慈善等各类社团立刻行动起来，通过举行集会、向政府请愿和递交备忘录，要求在"两个伟大的英语民族"间建立永久性仲裁组织。维多利亚女王、威尔士亲王也在动用他们的个人影响力敦促英国让步。就连保守党内阁的核心人物之一阿瑟·贝尔福（Arthur Balfour）也主张英国应接受美国的仲裁要求。危机发生后，除首相索尔兹伯里和张伯伦等少数保守党人之外，英国各界几乎一致支持仲裁，甚至打算毫无保留地承认门罗主义。③

以东北部各大城市为中心，美国也发起了一场仲裁运动，与英国的运动相呼应。相对英国而言，美国显现出更强的开战倾向，政府和民间

---

① Henry Cabot Lodge, "England, Venezuela, and the Monroe Doctrine," *The North American Review*, vol. 160, no. 463 (June 1895).

② Thomas M. Cooley, "International Arbitration," *The Outlook*, vol. 53, no. 11 (March 14, 1896), p. 469.

③ 参见 T. Boyle, "The Venezuela Crisis and the Liberal Opposition, 1895-1896," *The Journal of Modern History*, vol. 50, no. 3 (September 1978), p. 1195.

的反英情绪也更激烈。克利夫兰咨文的发表,令某些群体如爱尔兰裔美国人、强硬派等欢欣鼓舞,但也激起了美国支持和平势力的强烈反应。各级和平协会立即谴责此咨文并策划集会,众多教会、商业组织、俱乐部乃至文学团体等几乎都在一夜之间转化成"和平组织"。在芝加哥、纽约、波士顿等地,仲裁组织纷纷成立。华盛顿生日当天,纽约和费城两地同时举行集会,借纪念华盛顿《告别演说》的时机,呼吁英美两国建立仲裁法庭。[①] 国内舆论更是一边倒地支持仲裁。根据《纽约世界报》的民意调查,大部分受调查者都是支持仲裁条约的;全国发行的 400 多份报纸中,有 361 份持赞成态度。[②]

1896 年 4 月 22~23 日,华盛顿仲裁会议的召开标志着这场仲裁运动走向了高潮。参加这次会议的有:前国务卿约翰·福斯特(John Foster)和前佛蒙特州参议员乔治·埃德蒙斯(George Edmunds)等卸任的美国政府高官;德裔共和党人卡尔·舒尔茨和《哈珀斯》主编查尔斯·杜德利·华纳(Charles Dudley Warner)等著名新闻媒体人士;福音派教士约西亚·斯特朗等宗教界人士;以及哈佛大学校长查尔斯·艾略特(Charles Eliot)、耶鲁大学校长蒂莫西·德怀特(Timothy Dwight)、哥伦比亚学院院长瑟斯·劳(Seth Low)、哥伦比亚学院教授约翰·巴塞特·摩尔(John Bassett Moore)等著名学者。总统克利夫兰、最高法院首席大法官梅尔维尔·富勒(Melville Fuller)等政治人物也都写信支持。此次会议还效仿了美国制宪会议的形式,全国各州都派出数名代表参会,当时所有知名的仲裁主义者几乎都出现在此次会议上。经过两天的讨论,会议最终通过了敦促英美两国间尽快建立常设仲裁法庭的决议。1896 年 6 月,仲裁主义者们又聚集于纽约州莫洪克湖,着重探讨了仲裁的适用范围和可行性等问题。

由于诉诸战争并不符合两国的战略利益,在仲裁运动进行的同时,双方实际上已经开始通过各种渠道商议妥协的方案。对于表面强硬的英国保守党政府而言,其目标不仅在于如何避免与美国的冲突,而且要借

---

① Herbert Welsh, "The Arbitration Convention at Philadelphia," *The Advocate of Peace*, vol. 58, no. 3 (March 1896), p. 55.

② Nelson M. Blake, "The Olney-Pauncefote Treaty of 1897," *The American Historical Review*, vol. 50, no. 2 (January 1945), p. 237.

此机会将美国拉拢为自己的盟友，改善英国在欧洲的处境。索尔兹伯里曾多次出言不逊，讽刺仲裁主义者，但恰恰是两国公众所呼吁的仲裁，对实现他的外交目标极有帮助。1896年3月，索尔兹伯里正式同美国政府就委内瑞拉问题展开谈判。在谈判过程中，索尔兹伯里首先提出要在英美间建立仲裁法庭。经过近一年的磋商，两国不仅在委内瑞拉问题上达成一致，而且还给了仲裁主义者一个惊喜：1897年1月11日，美国国务卿奥尔尼和英国驻美大使朱利安·庞斯福特代表两国签订了建立仲裁法庭的"普遍仲裁条约"（general arbitration treaty），并于当天提交给美国参议院讨论。① 根据此条约，英美将符合某些限定条件的（例如，争议赔偿总金额不超过10万英镑，不牵涉国家荣誉、两国的国内或外交政策②等）、"所有外交协商未能成功的争议……都提交仲裁"。仲裁庭组成人员的遴选方案是先由两国各提名一位仲裁法官，这两位再于两个月内选出第三名仲裁者，作为仲裁庭主席。该法庭的裁定（award）为终审裁定。此条约体现了英美将仲裁常规化、制度化的初步努力。③

不过，这份条约经过参议院长达5个月的讨论、修正，于同年5月5日表决的结果是43票赞成，23票反对，距离批准条约所需的参议院2/3赞成票还少3票，最终还是遭到否决。④ 导致条约未获通过的具体原因主要有三：一是美国爱尔兰裔等"仇英"（Anglophobia）群体对英国根深蒂固的敌视；二是参议院不愿丧失自己的外交决定权；三是国内各党派间的倾轧，例如白银党人就在反对此项条约中起到了很大的作用。⑤ 根本原因则在于，美国方面担心，仲裁条约会被列强误认为是英美结盟的表现，从而损害美国外交的灵活性。不过英国和委内瑞拉的领土仲裁并未因此受到影响，最终按照美国的愿望，这一争端于1899年通过仲裁得

---

① "The Principle of Arbitration: Its Origin, Development, and Achievements," *The Outlook*, vol. 55, no. 4 (January 23, 1897), p. 294.
② 有关国家荣誉、国内政策或外交政策（domestic or foreign policy）的条款是由马萨诸塞州参议员乔治·霍尔在同年3月30日递交的修正案中提出的。
③ "International Arbitration: Anglo-American Treaty of Arbitration," *The Cyclopedic Review of Current History*, vol. 7, no. 1 (January 1, 1897), p. 47.
④ George C Worth, "The Venezuela Boundary Arbitration," *The American Law Review*, vol. 31 (July/August 1897), p. 481.
⑤ 参见 Jeannie A. Sloan, "Anglo-American Relations and the Venezuela Boundary Dispute," *The Hispanic American Historical Review*, vol. 18, no. 4 (November 1938), p. 503.

到解决。虽然裁决结果有利于英国，但美国收获了英国对美国在美洲霸权和门罗主义的默许。因此这一事件可被视为1871年阿拉巴马仲裁、1893年白令海仲裁之后，英美大和解的重要标志性事件。值得注意的是，这些都是通过国际仲裁方式实现的。

二 仲裁主义者的"文明进步"话语

发起仲裁运动的精英人士一般被称作"仲裁主义者"（Arbitrationists），主要来自政治、商业、宗教、法律、教育、新闻出版等领域。他们人数不多，也很少直接参与制定外交政策，但因其精英的身份，这些人士能引导大众舆论，进而影响政府的外交方式与风格。

美国仲裁主义者的核心主张可简单归纳为：要在"文明国家"间建立仲裁机制。无论是批判克利夫兰咨文，还是召集仲裁会议，或与强硬派论战，敦促参议院批准《奥尔尼-庞斯福特条约》（Olney-Pauncefote Treaty），这一表述都不可或缺。不可否认，仲裁主义者的这一主张含有很多现代仲裁思想，但是由于现代仲裁思想是从19世纪中期以后逐步演变而来，因此仲裁主义者们的思想也不可避免地打上了19世纪末"文明观"的烙印。换言之，仲裁主义者在为仲裁寻找合法性理由、论述仲裁可行性的时候，常常是从19世纪的"文明观念"出发的。

这种例子屡见不鲜。华盛顿仲裁会议期间，政治家卡尔·舒尔茨说到，"在文明国家间，仲裁比战争更可取……一句话，文明的方式比野蛮的方式更可取"。① 《展望周刊》主编李曼·阿伯特（Lyman Abbott）在第二次莫洪克湖国际仲裁会议上发言称，"法律就是文明，战争就是野蛮"。② 这些观念和话语主要以"文明"和"野蛮"这两个带有强烈"东方主义"色彩的词为中心，可统称为"文明观念"。它们代表着西方世界在长期没有大的战事时产生出的一种和平幻觉，与美国精英分子独特的"文明"思想相交汇，在仲裁运动中出现得十分频繁。通过这些话

---

① Carl Schurz, "Address by Hon. Carl Schurz," *The American Conference on International Arbitration Held in Washington, D. C.*, New York: The Baker & Taylor Co., 1896, p. 31.

② Lyman Abbott, "The Substitution of Law for War," *The Advocate of Peace*, vol. 58, no. 8 (August and September 1896), p. 212.

语，仲裁主义者构建和臆想出了一个带有乌托邦色彩的"文明世界"，在这个世界中，"文明国家"民主、理性并且爱好和平，"文明国家"的公众意见能够主导政府的外交决策，仲裁则是"文明国家"间解决争端的最有效手段。尽管也看到欧洲的所谓"文明国家"正处在战争和军备竞赛的威胁中，但他们大多仍然倾向于认为，这个理想世界只是受到了各种利益、欲望的遮蔽和扰乱，英美之间的仲裁条约将是一个好的开始，会很快为目前混乱不堪的"文明世界"带来法律与秩序。

最常见、最有助于构建出这样一个乌托邦"文明世界"的，当数"基督文明"话语。基督教思想是和平理念最早的来源之一，这种古老的和平理念也继续在仲裁运动中发挥着作用。克利夫兰咨文发表后，引来了仲裁主义者的一片谴责之声。美国和平协会会刊《和平倡议者》评论道，"从我们基督文明的立场看"，咨文是外交上一个巨大的错误。这份杂志指出了咨文的几个重大问题，诸如听信委内瑞拉一面之词、为维护门罗主义而"近乎疯狂"等。但在该杂志看来，咨文最严重的危害乃是对于"基督文明"的破坏：它将会使拥有"迄今最好的文明"的两个国家相互为敌，"让基督的进步倒退好几个世纪"，使"文明几个世纪的成果"毁于一旦。[①]"基督文明"的话语十分看重西方世界尤其是英美的整体利益，而仲裁相比战争要更有利于促进这种"基督文明"的利益、保护"基督文明"的成果，因此这一话语也就成为仲裁最为有利的合法性保障之一。

在"基督文明"的话语中，人道、友爱等基督教的主流价值观被赋予了"文明"的光环，而残忍、仇恨等被视作"野蛮"。密歇根大学校长、担任过驻华公使的詹姆斯·安吉利（James Angell）在华盛顿仲裁会议上说，"在和平之王诞生后的19个世纪"，国家间为了解决争端，还是如此频繁地"诉诸粗野和野蛮的方法，而非理性与兄弟友爱，这对我们的基督文明是一个悲剧"。[②] 华盛顿天主教大学的约翰·吉恩（John Kean）说道："解决争端，牲畜靠牙齿和爪子；野蛮人用棍棒和战斧。

[①] "The President's Special Message," *The Advocate of Peace*, vol. 58, no. 1 (January 1896), p. 6.

[②] James Angell, "Address by James B. Angell, LL. D. ," *The American Conference on International Arbitration Held in Washington, D.C.*, New York: The Baker & Taylor Co., 1896, p. 55.

第六章 雅努斯的两面:"文明"国家间的和平与战争

文明人则不能以野蛮无知为借口,而必须通过正义和真相的规则来解决。"吉恩声称,"基督文明"的精神就是和平,是用"爱"、"真理"和"正义"来战胜仇恨与暴力。① 这些虔信基督的仲裁主义者们将和平思想诉诸上帝和耶稣(如称耶稣为"和平之王"),也使仲裁蒙上了一层神秘与使命感的色彩。这种无可考证但又植根于美国人信仰深处的宗教情怀,为他们"驱除野蛮"提供了情感上的动因。参加仲裁的人士宗教派别众多,天主教、清教和各福音教派在宗教信条上显然有不小的差异,但正是这种人道、友爱的基督教价值观让他们在仲裁的问题上统一了立场。在他们眼中,"文明世界"是基督化的,是充满道德、友爱和人道主义等种种温情的,这种道德弥漫的世界观使他们不愿意接受"文明世界"内部的战争。

除了宗教因素之外,由启蒙所带来的理性主义(rationalism)也强化了仲裁主义者对"文明世界"与仲裁关系的认识。"文明"一词本身就是启蒙运动的产物,代表了思想家们对人类社会的全新憧憬和设计。在这个全新的人类社会——也就是"文明社会"中,理性的力量接过了统治的权杖,而代表愚昧野蛮的暴君、贵族政治等则被扫进了历史的垃圾堆。②

在这个全新的人类社会中,国际关系也发生了翻天覆地的变化。在启蒙的思想体系中,战争主要不是源于国家间利益冲突,而是由于过去的人们大多无知、容易感情用事。新的人类社会却不是这样,它将由一个个理性、民主和善于妥协的国家所构成,战争将变得非常罕见。这可以说是启蒙思想家们创造出"文明"这个词的初衷之一。

对国际关系的"理性主义"认知带来的必然是"法治主义"(legalism)的主张,也就是要以法律取代国际关系中的暴力,甚至是政治和外交。多数仲裁主义者并不否认过去进行的战争的合法性,甚至认为战争在某些时候还是实现正义的必要手段。但是他们指出,战争曾经有存在

---

① John Kean, "Address by Bishop John J. Keane," *The American Conference on International Arbitration Held in Washington, D. C.*, New York: The Baker & Taylor Co., 1896, p. 122.
② "Civilization"一词的前身是"civility",后者主要指代贵族社会的礼节。"Civilization"一词在18世纪中期才正式出现,其含义与启蒙关联甚深。参见 Lucien Febvre, "Civilisation: Evolution of a Word and a Group of Ideas," in Peter Burke, ed., *A New Kind of History: from the Writings of Febvre*, New York: Harper & Torchbooks, 1973, pp. 20–21。

的空间,是因为那时在国际上没有真正的法律,国家为了自卫,不得不进行战争。而随着文明的进步,"文明"的基督教国家之间已经有了越来越完善的国际法,因此除非有违反国际法的事实发生在前,否则任何战争借口都是苍白无力的。① 仲裁主义者对法律的重视达到了如此的程度,以至于其中一些人认为,仲裁与调停(mediation)、斡旋(good office)的本质区别在于,它不是外交,而是法律。正因为如此,大国均势和妥协都是与仲裁原则相违背的,仲裁必须不分强弱,不讲利益交换,严格按照是非曲直来评判。这种"法律至上"的观念很大程度上是建立在对"文明"发展方向和"文明国家"特性的假设基础上的,这也预示了1899年海牙会议后美国国际法学家们所提出的仲裁制度改革措施,以及国际法学家会逐渐成为对仲裁制度最为热心的一个群体。

在启蒙"文明观"塑造下的仲裁思想中,与理性主义和法律主义同等重要的,当数"民主和平论"的论调。"民主和平论"最早的提出者之一——康德便是仲裁主义者们极为敬仰的思想家,康德的小册子《永久和平论》(Zum ewigen Frieden)也由和平协会秘书长本杰明·特鲁布拉德(Benjamin Trueblood)在1897年翻译成了英文。

"民主和平论"因仲裁主义者的主要论敌——强硬派而变得日益重要。在19世纪90年代,强硬派所鼓吹的金戈主义(jingoism)甚嚣尘上。仲裁主义者断定他们的军国主义思想来自欧洲残余的专制传统,民主社会不可能产生出这种主张。他们指责金戈主义者们充满了不可告人的、邪恶的目的,声称一旦这种军国主义思想被运用到美国,将会使美国深受其害,以至于步"专制国家"之后尘。在华盛顿会议上,查尔斯·艾略特声称金戈主义是欧洲专制主义的舶来品,与美国的民主政治传统格格不入。② 约翰·吉恩则将"军国主义"(militarism)③ 视为"凯撒主义"(Caesarism)的统治工具,是"文明的耻辱和诅咒"。他像一个布道者一样预言:随着世界民主化浪潮的到来,"文明世界已经再也无法忍受专制政治","军国主义"同"专制政治"一起,必将"被文明的进

---

① "Is Arbitration Practicable?" *The Outlook*, vol. 53, no. 10 (March 7, 1896), p. 425.
② Charles Eliot, "Address by Charles W. Eliot," *The American Conference on International Arbitration Held in Washington, D. C.*, New York: The Baker & Taylor Co., 1896, p. 131.
③ 在此处的语境下,"军国主义"实质上就是仲裁主义者经常指代的金戈主义。

步所消灭"。① 约翰·巴塞特·穆尔在批判金戈主义时，也运用了"民主和平"的思想。他认为，随着文明发展，民主社会中盲目仇外的情绪在逐渐消失。在过去的时代，对领土的野心，种族和信仰的对立，都造成了国民把外国人一律当敌人对待的状况。但"随着文明的成长，一个新的观念正在勃兴"。不论国家间处于多么严重的敌对状态，在"文明社会"中，外国人不再被看作天然的敌人，他们的土地也不再被视为贪欲的对象。穆尔推断说，在此基础上形成的"公众意见"，再辅以民主制度保障，会有效制约国家的战争行为。② 19 世纪末美国仲裁主义者的"理性主义"、"法治主义"以及"民主和平论"，构成了启蒙"文明"话语的重要内涵，加深了仲裁主义者对"文明国家"的虚幻认识。

不论是"基督文明"还是"启蒙文明"的话语，都是在道德和抽象政治观念的基础上建立的，缺乏对所谓社会历史发展规律的概括，因而难以回答仲裁的可行性问题。19 世纪中叶开始流行的社会达尔文主义，则给仲裁主义者提供了极丰富的思想资源，补上了理想化"文明世界"的最后一块拼图。社会达尔文主义是欧美种族主义和帝国主义思潮的主要理论基础之一，但其提倡和平的一面也为仲裁主义者所吸收利用。以赫伯特·斯宾塞等为代表的社会达尔文主义者认为，人类文明总的发展趋势是不断从好战的"军事社会"（militant society）向热爱和平的"工业社会"进化和过渡。美国社会达尔文主义思潮的代表人物约翰·菲斯克、约西亚·斯特朗等人热烈鼓吹"盎格鲁-撒克逊文明"主宰世界，但同时又声称这种"文明"将会为世界带来和平。③

仲裁主义者几乎原封不动地照搬了 19 世纪 80 年代菲斯克和斯特朗等人的思想言论，借以证明仲裁的可行性。他们经常提到几个"证据"，

---

① John Kean, "Address by Bishop John J. Keane," *The American Conference on International Arbitration Held in Washington, D. C.*, New York: The Baker & Taylor Co., 1896, p. 122.
② J. B. Moore, "International Arbitration," *The New World*, vol. 5, no. 18 (June 1896), pp. 225–226.
③ 仲裁主义者受到社会达尔文主义很深的影响。仲裁主义者们经常接触到的社会达尔文主义者有：英国哲学家赫伯特·斯宾塞，美国社会学家威廉·格拉姆·萨姆纳（William Graham Sumner）、约翰·菲斯克、约西亚·斯特朗等。许多社会达尔文主义者也是仲裁的支持者：斯宾塞参加了英国的仲裁运动；斯特朗本人也参加了 1896 年的华盛顿仲裁会议。

而这些都曾在美国社会达尔文主义的著作中反复出现过。第一个证据是国内人与人之间关系经过漫长的发展后，实现了"文明化"，"私人战争"（private war）被彻底废除。仲裁主义者认为国内法与国际法本质上都是社会进化的产物，二者具有相似的发展规律，因此在国内已经实现的目标，在国际上也迟早会实现，仲裁无非就是用国际法来审判国际争端而已。第二个"证据"是在联邦政府成立之前，13个北美殖民地之间，以及后来的州与州之间就像一个个独立的主权国家间的关系，也是相互纷争龃龉不断。而在联邦政府成立之后，美国最高法院通过公正的判决使各州的关系从此风平浪静。在仲裁主义者心目中，未来将要建立的仲裁法庭就是升级后的美国最高法院，它将不仅是审理州与州，而是要担负起审理国与国之间纠纷的重任。另外，仲裁主义者还普遍相信，国家间日益频繁的商业交往能使国际关系"文明"化。① 社会达尔文主义者关于"文明"发展进程的论述，正好为仲裁主义者论述仲裁可行性提供了支持。

通过运用"文明"的话语，仲裁主义者理想中的"文明世界"被宗教、道德、政治观念和社会理论等各种概念大杂烩般地充实起来，从而显得更为真切，更加触手可及。也许单个的"文明国家"在他们看来都是有缺陷的，可一旦提到整体的"文明国家"或"文明世界"，仲裁主义者便心生一种神圣的感情。这些都极大地增强了仲裁主义者们关于仲裁必将在19世纪末完全取代战争的信心。乐观的仲裁主义者们急于求成，将建成仲裁法庭的目标定在19世纪。查尔斯·芬纳（Charles Fenner）自信地说道，基督早就提出了"世界和平""兄弟之爱"等口号，经过19个世纪"基督文明"的缓慢进化，人类可以说已经不需要再做出进一步努力，就已经具备实现仲裁与和平的"文明水平"了。② 《展望周刊》杂志则评论道，仲裁的时机已经完全成熟，现在"只需要简单地将这个问题提出来，即在国际关系中用文明取代野蛮"，就能在国际事务中引发巨大的变革。③

---

① *The American Conference on International Arbitration Held in Washington, D. C.*, New York: The Baker & Taylor Co., 1896, p. 156.
② Charles E. Fenner, "Address by Charles E. Fenner," *The American Conference on International Arbitration Held in Washington, D. C.*, New York: Baker & Taylor, 1896, p. 143.
③ "An International Supreme Court," *The Outlook*, vol. 53, no. 9 (February 29, 1896), p. 386.

第六章 雅努斯的两面:"文明"国家间的和平与战争

在这种乌托邦的世界观下,权力和利益等因素在国际关系中所扮演的角色被最小化和非道德化了。仲裁主义者们大多认为,国际事务中的权力斗争和利益计算都是与理性和基督教道德相背离的,是需要被"文明化"的对象。在"文明"进化到高度发达的状态下,国际道德和国际法律将主导一切。这也导致仲裁主义者往往将批评仲裁的行为视为陈腐和思想守旧的表现,而以"文明进步"的大道理去笼统地回应批评者。纽约律师协会的威廉·巴特勒指出,16世纪法国国王亨利四世(Henry of Navarre)都能在胡格诺教徒与天主教徒之间维持和平,并提出欧洲共同体的设想,那么,现在"站在一个更高文明和基督信仰的层次上"耻笑仲裁的人本身便是愚不可及的。① 当《奥尔尼-庞斯福特条约》遭到反对时,《展望周刊》杂志说,这一条约只不过是"基督文明的逻辑和自然发展,即限制野蛮武力所统治的领域,扩大正义与理性所控制的领域",因而是与时代精神相符合的。②

仲裁主义者头脑中的"文明世界"不仅预设了仲裁的合法性和可行性,而且还导致他们对仲裁在国际事务中的作用有不切实际的认识。当索尔兹伯里在与奥尔尼的通信中提出"国家荣誉"和"国家完整"(national integrity)不能仲裁后,《和平倡议者》立即表示无法理解:当两个国家已经"发展到这样的文明阶段,可以庄严地承诺将所有争议问题付诸仲裁",难道会不尊重他国的国家完整吗?不过,该杂志又推论说,如果"两国退化成野蛮国家",他们倒是有可能不尊重彼此的存在,但这样一来两国的"文明"早已在仲裁水平线以下,他们的仲裁条约也早就不能算数了。③ 由此可见,在仲裁主义者那里,"文明"已经几乎成了具备仲裁能力的同义词。

许多仲裁主义者信奉社会达尔文主义。但他们的社会达尔文主义并不好战。尽管传统上社会达尔文主义往往与战争画等号,但将"文明"等同于和平事实上更符合社会达尔文主义思想家们的本意。赫伯特·斯

---

① William Allen Butler, "A Permanent Tribunal, the Best Solution," *The Advocate of Peace*, vol. 58, no. 9 (August and September 1896), p. 213.

② "Objection to the Arbitration Treaty," *The Outlook*, vol. 55, no. 5 (January 30, 1897), p. 334.

③ "Lord Russell's Address at Saratoga," *The Advocate of Peace*, vol. 58, no. 8 (August and September 1896), p. 197.

宾塞认为在工业文明阶段"文明国家"间的战争将会被消灭，他本人对英国的帝国主义政策和布尔战争等持尖锐的批判态度，曾经写作了《帝国主义与奴隶制》一书，将英国的帝国主义比作奴隶制；① 美国最负盛名的社会达尔文主义者、耶鲁大学教授威廉·格拉姆·萨姆纳也强烈批判战争和海外帝国扩张。约翰·菲斯克与约翰·伯吉斯都反对美西战争，甚至连布鲁克斯·亚当斯也持反对态度。伯吉斯在这场战争之后，变成了一个"反战、反帝国主义和反罗斯福"的知识分子。② 他们认为，社会达尔文主义遭到曲解和滥用。

作为社会达尔文主义者，约翰·菲斯克认为"英语种族"将征服世界，但他认为这会是一场和平的征服。他在《天定命运》一文中开篇便说：

> 现在我们称之为"文明"的变化过程含义很多，但毫无疑问，它首先意味着逐渐用和平取代战争状态。这是所有其他方面改进——"文明"这一术语所表达的意思——的先决条件。显然，工业的发展很大程度上依赖于停止或限制战争；更进一步说，随着工业阶段的文明逐渐取代军国主义阶段的暴政，……人们变得更不太可能摧毁生命和对他人施加痛苦；或者用流行的术语来说（它正巧与进化的信条十分吻合），他们变得更人性化，粗野的成分更少了。显然，我们称之为文明过程的首要阶段就是战争的普遍减少。③

菲斯克在文中反复强调，"文明"等于"和平"。但文章的字里行间还隐藏着另一个等式，即"文明"等于权力。他可以说是一位"帝国和平论"和"文明专制论"者。他在文中为罗马帝国、凯撒大帝、条顿骑士团、俄罗斯帝国等来自"文明世界"的军事征服者们大唱赞歌，视之为"文明"对"野蛮"的征服，是有利于和平的。事实上，他所反对的

---

① 〔美〕克里尚·库马尔著，石炜译：《千年帝国史》，北京：中信出版集团2019年版，第323页。
② James A. Field, Jr., "American Imperialism: The Worst Chapter in Almost Any Book," *The American Historical Review*, vol. 83, no. 3 (June 1978), p. 650.
③ John Fiske, "Manifest Destiny," *Harpers New Monthly Magazine* (December 1884-May 1885), p. 578.

只是欧洲的"文明和基督教"国家之间的战争:"正如我们所看到的,战争对于野蛮种族来说是必要的和最喜爱的;只要文明与野蛮相遇,它必然将十分频繁;但是在文明的、基督教的国家之间,战争是荒谬的。"他称赞俄国"最近"对奥斯曼帝国的战争,"解救了自己的近亲种族,迫使四个世纪以来对欧洲世界造成不可估量损失的、没有价值的野蛮人向它屈服",美国人对这场战争持同情态度;与之相反,德法的战争是"两个文明化的基督教国家为了莱茵河的边疆进行血腥的战争……我确信,将会遭到人类普遍舆论的谴责"。① 委内瑞拉危机期间,菲斯克还参加了仲裁运动。② 尽管菲斯克主张"文明"世界通过和平和自制的手段解决分歧,但主张对"野蛮"世界使用专制手段,这在和平主义者与仲裁主义者中十分常见,这也与后来的西奥多·罗斯福、李曼·阿伯特等一脉相承。"文明专制"和"文明自制"对他们来说并不矛盾,可以切换自如。

康奈尔大学校长雅各布·舒曼也是一位社会达尔文主义者。他曾担任第一届菲律宾委员会主席。他本人对占领菲律宾抱着矛盾的态度。一方面,他反对占领菲律宾,曾严厉抨击麦金莱的扩张政策,并声称统治"不文明的人民"将会损害美国的传统与制度;但另一方面,出于对中国市场的考虑,他又接受了麦金莱对他的任命,到达菲律宾后,很快意识到美国"别无选择",只能行使对菲律宾的"主权"。因此他自称是一个"勉强的扩张主义者"。他随即也遭到国内反帝主义者的猛烈批评,而国内帝国主义阵营也欣慰地看到,一个对当地情况不甚了解的反帝主义者真正到当地去考察之后,也会加入他们的阵营。③ 不过舒曼似乎真的被帝国主义者的"文明专制使命"俘获了;而后者在讲到"文明使命"的时候,可能只是将其作为其充满恶意的"文化种族"路线的掩饰。他很真诚地说,美国在菲律宾的目标不应是追逐经济利益:

> 要将我们的主权扩展到遥远的国家和异族人民,唯一合理的目

---

① John Fiske, "Manifest Destiny," *Harpers New Monthly Magazine* (December 1884 – May 1885), p. 589.

② John Fiske, "The Arbitration Treaty," *The Advocate of Peace*, vol. 59, no. 3 (March 1897), pp. 65–67.

③ Kenneth E. Hendrickson, Jr., "Reluctant Expansionist: Jacob Gould Schurman and the Philippine Question," *Pacific Historical Review*, vol. 36, no. 4 (November 1967).

标就是在被兼并的领地上建立良好的政府，提升当地人民的文明水平，训练他们建立进步的自治政府，进而获得最终独立。①

在国际事务方面，他是一个积极的"和平主义者"。1911年，在美国司法解决国际争端协会的第二次全国会议上，雅各布·舒曼发表了一篇演说，题为《文明向前的一步》，他的演说一开始便指责部分人对进化论的曲解：

> 有许多无知和受过半吊子教育的人们相信，进化论证明人不过是一种野兽……对他们来说，人只不过是所有动物中最强大和最狡猾的一种。我们称之为精神的那些事物——高等的心智，对美和真理的热爱，高尚的情操，无私与人道——对这些野蛮的批评者来说只不过是兽人（human animal）的外在装饰，其本质仍是野兽。倘若人类不过是众多动物中的一种，低等野兽中的高等野兽，那么人类争吵和战争的冲动便不仅是正常的，而且是无法根除的和不可或缺的。②

舒曼接下来所使用的实际上是斯宾塞"军事社会"到工业社会的理论：

> 人类不仅是道德和理性的存在，而且人类历史也为我们提供了人类智力、道德和精神能力进化的记录。从我们种族过去的历史中，我认为消灭国际战争是很有可能的。受到提升自己不倦本能的驱使，人类已经从原始进步到野蛮，又从野蛮进步到文明……文明人已不再懒惰、残忍和好战，他们变得更加勤奋、人道与和平。③

舒曼还声称，改革者们要求的建立国际仲裁法院、裁军和废除与军

---

① Kenneth E. Hendrickson, Jr., "Reluctant Expansionist: Jacob Gould Schurman and the Philippine Question," *Pacific Historical Review*, vol. 36, no. 4 (November 1967), p. 415.
② Jacob Gould Schurman, "A Forward Step in Civilization," *Maryland Peace Society Quarterly*, vol. 9, no. 3 (February 1912), p. 4.
③ Jacob Gould Schurman, "A Forward Step in Civilization," *Maryland Peace Society Quarterly*, vol. 9, no. 3 (February 1912), p. 5.

事有关的税收等举措尽管目前看来仍有些理想化,但"当我回想起人类有史以来所取得的道德上的进步,我便不认为在20世纪的基督文明当中,这些改革诉求是怪异的或不可能的"。① 舒曼在这里所使用的"基督文明"是与经济发展、社会和国际交往等相并列的,它们共同促进了追求和平的情感和观念。

在其准备的1913年诺贝尔奖获奖演说中,鲁特花了大量篇幅强调文明发展的缓慢性(the slow process of civilization)。他说,"文明"从原始社会发展到今天,积累了一定的成果,从而使"文明国家"间有可能建立仲裁法庭。但是,文明还没有发展到足以完全消灭战争的水平。在他准备的诺贝尔和平奖演说中,他批评和平主义者关于立即消除战争的想法:

> 限制这种和平模式可行性的是,它仅仅诉诸人性中文明的一面,而战争却是人的原始野蛮本性的产物。要想真正地消除战争起因,应该首先认识到,文明只是对野蛮的部分进行的一种不完整,而且某种程度上肤浅的修正。战争是人类在野蛮状态下的自然反应,而和平是习得的特性。要想将人类提升到战争被视为犯罪的永久和平状态,正如文明社会已经被提升到一个秩序稳固的状态一样(仅仅会被反社会的犯罪行为所破坏),我们就应该同自穴居人时代就已在人们身上根深蒂固的内在观念、冲动和习性打交道;这些观念和冲动在文明的外壳下,或多或少正在休眠,而且有可能被最为微小的事件所激发出来。②

为什么人类会有好战的倾向呢?鲁特用进化的学说解释了这个现象。在野蛮时期,适者生存的规律导致只有最善于打仗的人才能生存下来,并主导整个人类社会。对战争的热爱是深深植根于种族血液之中的,因为那些不热爱战争的人将不适应他们的环境,并逐渐消亡。那么,该怎样改变这种千百年来所养成的习性呢?鲁特认为,"根除、改变或抑制存

---

① Jacob Gould Schurman, "A Forward Step in Civilization," *Maryland Peace Society Quarterly*, vol. 9, no. 3 (February 1912), p. 9.

② Elihu Root, "Nobel Peace Prize Address," Robert Bacon and James Brown Scott, eds., *Addresses on International Subjects*, Cambridge: Harvard University Press, 1917, p. 157.

活于文明人身上的这种倾向不是心智上的劝说或训练的问题",而应该从改造整个人类的深层心理结构入手,这是一个漫长的、缓慢的过程,这个过程中进步不是用天或年,而是用代和世纪来衡量的。① 鲁特最喜欢重复的英国儿歌是"小狗一步一步挪,慢慢去多佛"（leg over leg the dog went to Dover）,这充分体现了他保守的文明进化思想。② 这番"文明"话语中主要包含两点意思：第一是满意于美国政府此时在仲裁方面的成果,认为不应当过快地推动仲裁；第二则是将仲裁和裁军区别对待,试图用仲裁来打消其他仲裁主义者关于裁军的呼声。事实上,鲁特本人既是仲裁主义者的领袖人物之一,同时也是海军协会（navy league）的重要成员。

斯坦福大学校长大卫·乔丹是一位生物学者,是达尔文进化论的忠实信奉者。他试图用进化的理论来解释战争将导致"文明"的衰落而非兴盛。他论证说,战争所带来的浩劫,往往使一个国家的精英人物损失殆尽,留下老弱病残来延续种族,这实际上起到了反向"自然选择"的作用。他将国家分成权力与司法两种性质。在英语表述中,"国家"（state）往往被直接叫作"权力"；但乔丹对这种约定俗成的表达方式并不赞同。他说道,"文明的运动将改变国家这一概念（the conception of state）,它将不再是'权力'而会是一个司法的中心"。③ 在乔丹看来,国家代表权力的概念是中世纪的,这个时期需要依靠权力去保护边界的安全；现代文明国家则表现为法律至上。"随着文明的进步,德国、英国、法国和美国将不再是权力,而是变成世界上有组织的文明的一部分。"④

因此,尽管存在过于理想化的问题,但相对于金戈主义的战争狂热病,仲裁主义者的"文明观念"的确有一些让美国外交政策温和化的作用。他们所提倡的"文明",实际就是让美国在外交政策中尽量避免直

---

① Elihu Root, "Nobel Peace Prize Address," in Robert Bacon and James Brown Scott, ed., *Addresses on International Subjects*, Cambridge: Harvard University Press, 1917, p. 157.
② Irwin Abrams, *The Nobel Prize and the Laureates: An Illustrated Biographical History (1901—2001)*, Nantucket: Watson Publishing International, 2001, p. 80.
③ David Starr Jordan, *War and Waste: A Series of Discussions of War and War Accessories*, Toronto: McClelland, Goodchild & Stewart Limited, 1913, p. 3.
④ David Starr Jordan, *War and Waste: A Series of Discussions of War and War Accessories*, Toronto: McClelland, Goodchild & Stewart Limited, 1913, p. 5.

接使用武力，这在很多情况下有利于实现美国的利益。

三 特殊主义 vs "普世主义"：金戈主义者的文明身份

在19世纪后期的英美，金戈主义者是一股重要政治力量。在委内瑞拉危机、美西战争和美菲战争中，这些金戈主义者都是极力主战的一方。他们也会高呼"文明"，但在他们看来"文明"意味着战争、暴力而非和平。总的来说，他们所谈的"文明"乃是文化、种族等地方性、非理性因素的伪装，与今天的"文明冲突"论者颇有类似之处。他们的言论往往带有"反文明"和反现代的气息，对社会达尔文主义的曲解也十分严重，与德国式的"文化主义"有不少共通之处。在镀金时代资本与金钱"夷平一切"的背景下，他们在美国社会中属于或多或少失意的阶层，例如，落魄的名门望族、军人和对社会不满的知识分子等，往往以"商业文明"和"金融文明"的批评者面目示人，当然也很容易被贴上"黩武主义"（militarism）的标签。①

金戈主义者最早是指在1878年俄土战争中主张对俄开战，防止其夺取君士坦丁堡的英国好战分子。② 它主要与美国社会的两类群体有密切关联，分别是金融文明中落魄失意的传统精英阶层（他们往往会被贴上托利党人的标签）和带有"草根"属性、同样在金融文明之下利益受损的中下层民众。当代英国历史学家休·库林汉姆（Hugh Cunningham）认

---

① 如熊彼特等人所强调的，"帝国主义"的首要特征是军国主义，是为了扩张而扩张，是贵族封建时代的残余，与资本主义关系不大，也与现代"文明"发展的潮流背道而驰。它更注重的是荣誉（honor）、威望（prestige）等价值观。当然，他们对"文明"的反叛和批评又是有限度的。正如约翰·斯图亚特·密尔作为同时代自由主义者的领袖，也在《文明：时代的征兆》一文中对居于领先地位的"文明人"耽于物质享受表示忧虑一样，美国多数"商业文明"的批评者所提倡的"野蛮"不过是补充性的，其"军国主义"倾向也远逊于德国的军国主义。见 William L. Langer, "A Critique of Imperialism," *Foreign Affairs*, vol. 14, no. 1 (October 1935), p. 110。

② "金戈主义"一直是狭隘和极端民族主义的代名词，例如1952年在《威廉玛丽季刊》上发表的题为《美利坚文明研究：金戈主义或是学术?》的一篇文章，便警告高校在进行"美利坚文明研究"课程的教学时要避免陷入盲目的自我欣赏和自大中。见 Arthur E. Bestor, Jr., "The Study of American Civilization: Jingoism or Scholarship?" *The William and Mary Quarterly*, vol. 9, no. 1 (January 1952), pp. 3-9。

为,金戈主义不是普通的爱国主义,而是19世纪末特殊历史情势的产物,它是一种"大众托利主义"(popular Toryism),反对的是"道德化的、非国家的和格莱斯顿式的自由主义"。① 另一位英国学者理查德·普莱斯考察了金戈主义者的阶级根源,也发现其支持者大多属于下层中产阶级,因为面对女性在工作上的竞争而特别强调自身的性别优势和试图彰显自己的所谓"男性气概",因此热衷于战争。② 这些学者的分析表明,金戈主义者与19世纪末全球化的利益受损者有较高的重合度,在其强硬好战的外衣下,掩盖着对"普世文明"的抗议与反叛。

事实上,同时代的评论者早已敏锐地意识到金戈主义与"普世文明"之间的矛盾与张力。1897年,美国和平协会会刊《和平倡议者》转载了一篇题为《金戈主义起源》的文章,该文章对金戈主义根源作了分析。文章开篇说道,"一个世纪前欧洲是世界主义的,今天它则是民族主义的和特殊主义者(particularist)的"。作者认为,启蒙运动和法国革命的理念代表着"世界主义"与文明,在这段时期,"彬彬有礼的社会(polite society)让各国有文化的人都感到宾至如归。康德对巴黎发生的事情远比对普鲁士的生活感兴趣。意大利和德国不过是地理名词而已,它们只是由小国构成的集合体,没有什么政治生活,但都对文化的普遍进步感兴趣"。"那些在大革命中衣衫褴褛、光着双脚的士兵将顽固的反动分子逐出法国的领土,他们不仅是为某些民族事业而战,也是为了某种他们隐约意识到的、普遍的人类事业而战。"

作者接着指出,"普世文明"和世界主义并未在大革命中轻易取得胜利,而是召唤出了特殊主义的幽灵:"命运开了一个奇怪的玩笑","大革命注定要招致对其所代表的世界主义的反动",因为拿破仑试图借机建立"威胁人类自由"的法兰西帝国,"祖国(la patire)的强烈情感"取代了"曾让革命者们热血沸腾的'观念'之运动"。"大革命推翻了旧的框架,但并未让欧洲变得世界主义,而是直接复兴了漫长岁月中

---

① Hugh Cunningham, "Jingoism and Patriotism," *History Workshop*, no.16 (Autumn 1983), pp. 189-190.
② Richard N. Price, "Society, Status and Jingoism: The Social Roots of Lower Middle-Class Patriotism, 1870-1900," in Geoffrey Crossick, ed., *The Lower Middle Class in Britain, 1870-1914*, New York: St. Martin's 1977, pp. 89-112.

潜藏在土壤下的、古老的生命胚胎。"接下来,德国、意大利、匈牙利、波兰、比利时、挪威和巴尔干地区的民族主义运动"通常会被认为是民主的",正如法国革命的"普世主义"造成民族主义的反叛一样,为争取民族独立、自由与民主的民族主义运动也释放出了巨大能量,造成了民族主义的过剩,也就是"金戈主义的反叛"(Jingo reaction)。在作者看来,这种反叛固然有其原因,却是极端有害的:"金戈主义就是过剩的民族主义。如果说民族主义是一种可能得到亚里士多德赞赏的美德的话,那么金戈主义就是这种情感决堤泛滥到荒谬的程度,为它所俘获的人也变得彻底不可理喻、寡廉鲜耻。"他断言:"只要像当下这样,某个特定民族乃至种族与其他民族或种族利益相对立的概念主宰着人们的心灵,那么任何服务于整个人类的、普遍的进步运动都不可能实现。"①

19世纪90年代后,美国国内极力主张吞并夏威夷的一群好战分子也被反对派称作"金戈主义者"。1896年12月,美国参议院外交委员会通过一项承认古巴独立的决议,被《和平倡议者》指责为"国会金戈主义(congressional jingoism)最顽固的堡垒","似乎认为他们可以在这个国家一呼百应,像委内瑞拉危机时一样让整个国家陷入兴奋和癫狂状态"。② 西奥多·罗斯福也经常遭受"金戈主义"的指责,导致他在1895年马萨诸塞州共和党人的一次集会中自我辩解说:"现在谈论'金戈主义'的人很多。倘若'金戈主义'指的是那些拥有决心和常识的美国人所坚持的政策,要求他国尊重我们的正当权利的话,那么我们就是'金戈主义者'(Jingoes)。"他接着说:"我认为,我们在3年前不兼并夏威夷不仅对美国,而且对白种人都是犯罪。我对英格兰没有一丝一毫敌对情绪,我只是希望美国人能站在美国人一边。英国人有很多令人羡慕的品质,其中最好的品质之一便是英国人会支持英格兰,而不会想方设法找到另外一个国家作为支持对象,以对抗自己的国家。"他吹嘘"共和党,也唯有共和党不仅是我们国家荣誉的伟大捍卫者,也是美洲大陆和平的捍卫者",但也表示,在共和党执政期间"唯一令人遗憾的就是我们同意关于在白令海捕猎海豹问题的仲裁"。他要求美国执行更为"坚

---

① "The Genesis of Jingoism," *The Advocate of Peace*, vol. 59, no. 4 (April 1897), pp. 88–91.

② "Senatorial Jingoism," *The Advocate of Peace*, vol. 59, no. 1 (January 1897), pp. 8–9.

决的外交政策"（a resolute foreign policy），来维护美国的门罗主义以及所谓的"和平"。①

如果如霍布森所言，草根民众大多是"金戈主义"的旁观者与附和者，② 那么罗斯福、布鲁克斯·亚当斯和洛奇等在金融文明下失意的贵族"托利党"人则无疑是"金戈主义"舆论的制造者与引导者。历史学家魏德纳指出，洛奇和罗斯福有着一种"贵族式的、反工业主义的情绪（anti-industrial ethos）"，他们的"强硬外交政策深深地植根于国内政治和社会结构……他们只是口头宣称外交政策优先，但其外交观点实际上是被国内政治所塑造的"。他们的国内政治考虑最突出的一点便是摆脱金钱政治的负面影响，"塑造强硬的国民性格（national character）"；"与他强硬民族主义相伴随的是对美国权力受到侮辱的过度担忧……其结果便是金戈主义，和将所有外交政策归结为国家荣誉和尊严的问题"。③

受布鲁克斯·亚当斯的影响，洛奇对英国"金融文明"和美国华尔街金融资本集团十分反感，认为他们的所作所为与"国家荣誉"是背道而驰的。1894年，他提出经济危机的原因是英国对世界发动了"金融战"。而在委内瑞拉危机期间，他在参议院控诉英国试图在美国制造金融恐慌，以达到外交目的。④ 他在信中表达了对金融资本的强烈不信任："只要牵涉到国家荣誉的问题出现，只要爱国主义情绪高涨，站在反对者

---

① "For an Honest Election," *The New York Times* (October 24, 1895).
② 霍布森在1901年出版的《金戈主义心理学》中也揭示了金戈主义本质上是现代社会里中下层民众对"文明"的反叛。他认为，金戈主义的支持者主要是中产阶级和劳工，对他们来说，"音乐厅和酒馆"是比"教会、学校、政治集会甚至媒体更为强大的教育机构"。事实上"金戈"的说法就源自音乐厅的一句歌词。霍布森认识到，金戈主义现象归根结底是"现代性"的产物。在他看来金戈主义不仅表现为好战的精神（这些之前也有），而更重要的是与一系列"新的工业和社会状况之复合体"相关，它们有助于"这种激情的增长"。除交通通信技术的发达、城镇人口的聚集之外，人们更加难以适应现代工业社会的复杂环境，因此相比过去简单朴素的农村生活，更容易被媒体毒害操纵，产生好战情绪，因此"尽管原始荒野为金戈主义提供了必不可少的精神食粮，但它本质上是'文明'共同体的产物"，是属于现代社会中大众"旁观者"而非亲自下场"搏斗撕咬者"的激情。见 John Hobson, *The Psychology of Jingoism*, London: Grant Richards, 1901, pp. 3-12。
③ William C. Widenor, *Henry Cabot Lodge and the Search for American Foreign Policy*, Berkeley: University of California Press, 1980, p. 77, pp. 80-89.
④ William C. Widenor, *Henry Cabot Lodge and the Search for American Foreign Policy*, Berkeley: University of California Press, 1980, p. 94.

一边的似乎永远是银行家和资本家。"委内瑞拉危机期间,《国民周刊》主编戈德金在社论中挖苦钱德勒、洛奇、弗莱、摩根、利文斯顿等"金戈主义者""手拉手围绕在克利夫兰身边,声嘶力竭地为他欢呼鼓噪";① 洛奇似乎也并不讨厌"金戈主义者"这个带贬义的标签。他在给他母亲的信中说道,一开始他力主在委内瑞拉问题上强硬,但效果不佳,"就像在旷野中呼喊",他作为一个"形单影只的金戈主义者也十分难受","但我现在已经不再孤单——已经有足够多的金戈主义者了"。②

阿尔弗雷德·马汉也颇像一个金戈主义者。1894 年,在谈到英美结成和平联盟时,他认为这个联盟言之尚早,一个重要理由是,美国国内并未充分认识到英美结盟的重要性,他们看不到"文明"面临着"野蛮"的威胁:

> 一个人倘若将目光投向海洋——它对世界所起的功用——即对国家繁荣和历史进程最为重要的因素,便不会不想改变我们国民对海上事务的态度。目前我们所讨论的问题之重要性不仅是涉及某个国家,而且涉及世界历史和人类的福利,我们当前所能看到的是,它与文明(实际上等同于欧洲及其在美国的后裔)的安全和力量息息相关。毕竟,什么是我们并非不切实际地夸耀的欧洲和美利坚文明?它是在野蛮沙漠中的一个绿洲,有许多的内部问题在撕裂它,它的发展最终不是依靠组织的简单外部修饰,而是依靠着这个组织的权力,即它如何通过威慑性地和有效地使用暴力(physical force)来表达自身意志,从而足以抗拒数量众多,但并未充分组织起来的外部野蛮人。在当前情形下,他们被欧洲出色的军事组织所阻拦,同时欧洲也成功地应对着内部的野蛮人。关于内部野蛮人所能造成的危害,我们经常不失时机地发出严厉的警告,使得人们很少能对此视而不见,听而不闻;但我们对外部可能造成的威胁并没有足够的注意,这些外部野蛮人与我们文明的精神格格不入;人们也没有意识到,要保存这一文明,国家间全副武装、保持警惕有多么必要,

---

① "The Week," *The Nation*, vol. 61, no. 1591 (December 26, 1895), p. 455.
② John A. Garraty, *Henry Cabot Lodge: A Biography*, New York: Alfred A. Knopf, 1965, p. 161.

欧洲的大国现在正是这样做的。在这个动荡和无政府的时代，即便我们不考虑军事训练对社会的巨大贡献（也就是说数量如此巨大的年轻人，在最容易受到影响的年纪，倘若能学会服从、秩序，对权威和法律的尊重，便能够有助于医治他们目无法律的病症），而指望着欧洲军人精神的消逝意味着世界将必定会向普世和平、普遍的物质繁荣和安逸而稳步前进，这可能仍是一个彻头彻尾的错误。让文明的代表们（representatives of civilization）放下他们的武器，减弱其辨别是非的能力，从战斗的动物变成待宰羔羊，是不可能实现上述诱人，但不怎么高贵的梦想的。①

马汉这里使用了"文明"与"野蛮"的修辞，其逻辑也与后世亨廷顿的"文明冲突"有颇多类似之处，不过他们笔下的"文明"用"文化"来代替可能会更为合理。之所以这么说，一个重要原因是二人都反对"普世主义"，对现代化带来的"舒适"与"和平"生活持怀疑态度。例如，马汉对罗马帝国"大一统"下的"普世和平"颇不以为然："在迦太基陷落后，罗马继续向前，从而没有了一个势均力敌的对手去争夺地中海文明的主宰权，她逐渐接近并实现了普世和平的统治……随着这一文明内部各国的争斗消失，物质繁荣、享乐奢侈之风也随之盛行，战斗的武器也从他们麻木的双臂间掉落"，最终，凯撒所建立的、抵御蛮族入侵的堤坝也被"野蛮人"破堤而入。而"不间断的安逸享乐，不受干扰的贸易，艰难困苦不复存在，所有的考验都被从生活中抹去——这些是我们现代的神灵；但是他们能拯救我们吗？……如果我们愿意，我们可以闭上眼睛不去看那些在我们文明之外的，数量众多的异族人，他们现在与我们相比没什么力量，是因为我们在拥有较高物质成就的时候，也仍保留着男性的战斗美德（这是那些异族人的首要优点）；但是即便我们忽视他们，我们脚下的大地也已经在颤抖，毁灭性的威胁正在从内部产生，要挫败这一切，唯有一直做好去战斗的准备。在国家的敌对中，在分歧的加剧中，在野心的冲突中，能够保存尚武的精神，仅靠它便能

---

① Alfred T. Mahan and Charles Beresford, "Possibilities of Anglo-American Reunion," *The North American Review*, vol. 159, no. 456 (November 1894), pp. 556-557.

最终应对那些毁灭性的力量,他们正在从内部和外部夹击,可能会淹没我们数百年的成就"。最终基于对这种战斗和尚武精神的强调,马汉进一步贬低了仲裁与和平联盟及其所代表的"普世主义"的价值:

> 美国从其跨大洋位置的必要性出发,清晰地定义其外部目标(external ambitions),进而成为令人生畏的海上强国,这不仅仅是,甚至也首先不是为了对普世和平的承诺;也不是为了与大不列颠在未来像亲人一样实现更友好的合作。世界的最美好期望与欧洲文明的命运息息相关,但它无法建立在普世和谐与不间断和平的梦想基础之上。相反,它只能建立在利益的竞争、民族性(nationality)的复兴之上——它们是社会主义最糟糕因子的解毒剂,它意味着每个人都怀着嫉妒争胜之心,都首先为自己考虑,而保护主义的浪潮也遍布整个世界,不论它经济学上是对是错,至少它是一个清楚的征兆——从这些刺耳的声音中,我们能听到那些处在世界前列的民族的铸剑为犁之危险;我们能听到一个令人欣喜的许诺,即数百年来奋勇征战所建立起的宏伟大厦并未开始腐朽。①

四 帝国的"普世和平":仲裁主义者的"文明"等级论

熊彼特认为,"帝国主义"是返祖现象,是欧洲封建残余势力造成的。由于美国社会中没有欧洲死而不僵的庞大贵族阶层,因此不存在"帝国主义"的土壤。在笔者看来,他的论点可能需要一些修正。一方面,正如前文所述,美国仍然存在少量的保守"婆罗门"精英阶层,他们也是"金融文明"的受害者,能够利用其文化政治的领导地位调动部分中下层民众,主张所谓"大众托利主义",构成反对仲裁,进行战争和帝国征服的强大力量;另一方面,即便是那些高唱"文明与和平"的仲裁主义者,也往往是"文明"等级和"帝国和平"的支持者。

---

① Alfred T. Mahan and Charles Beresford, "Possibilities of Anglo-American Reunion," *The North American Review*, vol. 159, no. 456 (November 1894), p. 558.

在仲裁运动中，精英们一直不忘顺带将"野蛮人"排斥在外。1896年《独立周刊》社论援引英国国际法学者洛里默的观点，认为不能与半文明国家仲裁：

> 毫无疑问，在文明国家间，仲裁是战争的高贵替代物。但同野蛮或者半文明国家之间的仲裁是不需要认真考虑的。正如洛里默教授指出的，和阿散蒂人无法仲裁；和土耳其苏丹仲裁也是不可能的。仍然有一些地方的人民的文明程度还不够高，无法成为国际法管理的对象，现在就想要将他们置于一般仲裁法庭的管辖下是徒劳无益的。①

美国和平协会秘书长本杰明·特鲁布拉德在1894年的《国际仲裁》一文中带着纡尊降贵的口气说道："在参与仲裁的国家中，还包括不少一般人眼里文明程度不太高的国家。"② 不仅如此，一些仲裁主义者支持占领菲律宾，支持美国在加勒比海、太平洋地区的帝国扩张，支持美国扩充海军军备、开通中美洲地峡运河。当然，他们也会打着"文明"与"和平"的旗号，他们可以被称作"帝国和平论者"。例如，约西亚·斯特朗一边鼓吹"英语种族"扩张到世界各地，一边积极地参加国内的仲裁会议，认为"和平"与"扩张"之间并不矛盾。哥伦比亚大学校长尼古拉斯·巴特勒是著名帝国主义者，他支持美国占领菲律宾，但也在1912年莫洪克湖国际仲裁会议上发表了题为《国际心灵》的著名演说，大谈"国际主义"。③ 伊莱休·鲁特亲自设计规划了美国的殖民政策，当然他也一直致力于倡导国际仲裁，并且获得了诺贝尔和平奖。美国参议员西奥多·马尔伯格在题为《扩张》的小册子中歌颂"帝国"，但他同时也是美国和平运动的领袖之一，在美国国内一直大力推动建立国联。④

---

① "Arbitration," *The Independent*, vol. 48, no. 2475 (May 7, 1896), p. 18.
② Benjamin Trueblood, "International Arbitration," *The Advocate of Peace*, vol. 56, no. 9 (September 1894), p. 205.
③ Nicholas Murray Butler, "The International Mind," *The Advocate of Peace*, vol. 74, no. 6 (June 1912), pp. 143-146.
④ 见 Theodore Marburg, *Expansion*, New York: John Murphy Company, 1900; Warren F. Kuehl, *Seeking World Order: The United States and International Organization to 1920*, Nashville: Vanderbilt University Press, 1969, p. 283。

著名公理会牧师,《展望周刊》主编李曼·阿伯特也是这样一位"帝国和平论者"。① 他几乎参加了所有重要的和平集会。在1896年全美华盛顿仲裁大会上,一位名叫斯莫里(Smalley)的参会者则公开提出要向英帝国学习,并赢得了会场的掌声:

> 我们不希望将我们的努力限制在自己的边界内。我们希望把我们的商业和制造业扩张到全世界。我们接受夏威夷的友好合并,这并不是金戈主义。我记得,我曾以记者的身份在华盛顿参加了一场运动,目的是限制格兰特总统获取西印度群岛的一个军港。今天我对此感到遗憾。我收回之前所说的一切言论。相信英格兰给我们提供了一个很好的榜样(shining example),而我们将在下个世纪在她身旁,作为一个伟大的文明化力量,将我们的旗帜插遍全世界。
>
> 在世界进步的当前阶段,除非我们成为一个海上强国,否则我们无法履行使命——它是商业和文明的使命,以及扩展人们建立自治政府权利的使命。②

正是因为斯莫里这样的"帝国和平论者"为数不少,因此在各类仲裁大会上,他们往往刻意不谈裁军问题,而只是想要在仲裁与和平理念方面建立共识。

罗斯福更是一个典型例子。他同时支持仲裁与占领菲律宾。当然,最重要的是他与马汉、布鲁克斯·亚当斯和约翰·洛奇等人支持扩大海军军备建设,因此一度被视为仲裁的敌人。1899年,在海牙和平会议召开,以及美国占领并镇压菲律宾的背景下,时任纽约州州长的罗斯福发表了题为《扩张与和平》的演讲,盛赞俄国向土耳其发动的战争给"保

---

① 阿伯特在他的《人的权利: 20世纪问题研究》一书中,便鼓吹这种"帝国和平论"。他认为世界在走向统一,但有着不同的方式。他认为美国应当摆脱传统的孤立政策,与列强协作,积极地对土耳其、亚美尼亚、古巴、菲律宾和中国等落后国家内部事务进行干预,或直接殖民。从这些来看,他可以说是一个典型的"文明主义"者。参见 Lyman Abbott, "The Rights of Man: A Study in Twentieth Century Problems, Chapter XI, American Foreign Prbolems," *The Outlook*, vol. 68, no. 8 (June 22, 1901), pp. 458-450。

② Martha D. Adams, "The Washington Conference," *The Advocate of Peace*, vol. 58, no. 5 (May 1896), p. 146.

加利亚、塞尔维亚、波斯尼亚和黑塞哥维那"带来了福音,"这些省份最终获得了独立,或被奥地利所统治",意味着"用野蛮领地的缩小为代价,换取文明领地的扩张",其利益是"无可估量"的。他反对托尔斯泰式的和平主义:"亚美尼亚的大屠杀仅仅是小规模地展示了,如果托尔斯泰的原则在文明人中得到普遍实施",将会发生什么样的悲剧。①

他也认识到,"文明共同体之间的战争是十分恐怖的,而随着国家变得越来越文明,我们有一切理由不仅是希望,而且相信它们会越来越罕见";"目前国家之间和平的增长仍严格地局限于文明国家之间。只有当争议双方都感到了这一点后,它才会到来。与野蛮国家之间,和平是例外的。在文明与野蛮的边界上,战争是常态,因为在野蛮状态下它必然如此……长期来看,文明人会发现他只有通过征服自己的野蛮邻居才能保持和平,因为野蛮人只会屈从于武力……"② 在这篇演说中,罗斯福眼里的"野蛮人"包括印第安人、印度人、阿尔及利亚人、土库曼人、摩尔人、菲律宾人和土耳其人等,而文明国家则包括英国、美国、俄国、法国、德国、墨西哥和中国。③ 罗斯福宣称:"文明的每一次扩张都带来了和平。换言之,伟大文明国家每一次扩张都意味着法律、秩序和正义的胜利。"他将英国在印度、法国在阿尔及利亚、俄国在中亚和美国在菲律宾的"扩张"都视为在"文明履行责任","所有的文明都是俄国、英国和法国扩张的受益者"。他声称美国与德国两个"文明"国家和平解决了萨摩亚问题,美国与墨西哥、加拿大之间也维持着和平的关系。当然,罗斯福并未完全排除"文明"国家间爆发战争的可能性,因此他认为,国际仲裁一方面不能应用于"野蛮国家",另一方面也不能涉及"文明国家"的"荣誉"、"国家主权"和"关键利益"等事项。

罗斯福在很多方面接近金戈主义,也曾经被指责为金戈主义者。不过

---

① Theodore Roosevelt, "Expansion and Peace," *The Independent*, vol. 51, no. 2664 (December 21, 1899), p. 3401.
② Theodore Roosevelt, "Expansion and Peace," *The Independent*, vol. 51, no. 2664 (December 21, 1899), pp. 3402-3403.
③ 关于中国,他认为是一个"停滞的强权"(stationary power),代表着"野蛮战争前枯萎的亚洲文明",而正是俄国对中亚的征服重新"恢复了和平与秩序"。参见 Theodore Roosevelt, "Expansion and Peace," *The Independent*, vol. 51, no. 2664 (December 21, 1899), p. 3403.

细究罗斯福的言论,便可发现他与金戈主义者在"文明"身份的认识上有一些差别。双方的帝国主义理念有着明显的不同。正如此前介绍的,尽管西奥多·罗斯福也有过"过度文明化"的担忧,崇尚"野蛮人美德"的"文化种族"倾向,但他并未像布鲁克斯·亚当斯等那样盲目崇拜中世纪武士精神,而只是认为现代"文明"需要武力的保护;他头脑中的"文明主义"同样强烈,这也体现在他对"文明国家间和平"的支持上,即便这种支持力度仍是有限的。① 一方面,他从未像马汉等人一样激烈地反对仲裁运动,在担任总统期间也任用著名国际主义者鲁特为国务卿,与英、法、德等国签订了一系列双边仲裁条约,同时还积极推动召开第二次海牙会议,还获得了诺贝尔和平奖;另一方面,他又主张建设强大的海军,将各项政策建立在武力的基础之上。他反对将仲裁中的例外条款,如荣誉、主权和关键利益等去掉。② 他是一个让仲裁主义者又爱又恨的人物。

概言之,"金戈主义者"和"仲裁主义者"那里,存在两种不同"文明"身份。前者注重特殊的"文明"身份(实为文化身份),后者崇尚"普世文明"身份。前者是以美利坚民族为中心来看待世界,而后者则偏向从世界的角度看待美国。前者激起的情感如狂风骤雨,浓烈而短暂,呈不规则和间歇的特点;后者引发的情感如和风细雨,恬淡但持久,即便常遇挫折,仍呈现稳步前进的特点。即便双方都支持"帝国","金戈主义者"欣赏的主要是"民族帝国",③ 它与"文化主义"的路径类

---

① 西奥多·罗斯福的"文明主义"还体现在他对日本的态度上。1904年日俄战争时,他在给斯普灵·赖斯的一封信中说道,"正像我们不再被人认为是白色祸患一样,我认为他们的文明已发达到这样的程度,如果有人指责他们是黄祸的一部分,他们也会觉得好笑的"。海因茨·哥尔维策尔则评价说:"在罗斯福的思想中,'文明的和不文明的'这一对立要比种族矛盾分量重得多。"见〔德〕海因茨·哥尔维策尔《黄祸论》,北京:商务印书馆1964年版,第98—99、87页。
② 1914年一战爆发后,罗斯福在《纽约时报》上发表题为《西奥多·罗斯福论缔结不明智和平条约》的文章,他在其中坚持认为,荣誉和关键利益不能纳入仲裁的范围内。见 Theodore Roosevelt, "Theodore Roosevelt on the Danger of Making Unwise Peace Treaties," *New York Times*(October 4, 1914), pp. 33-34。
③ 这有些类似德国学者特赖奇克、施密特对"普世帝国"(imperium, empire)的反对,和对民族帝国(Reich)与"大空间"等理论的崇尚。见陈伟《施密特的大空间理论》,《政治思想史》2010年第1期;〔德〕施密特著,方旭译《禁止外国势力干涉的国际法大空间秩序——论国际法中的帝国概念》,载娄林主编《地缘政治学的历史片段》,北京:华夏出版社2018年版,第84—157页。关于"帝国"一词的起源和普世主义意涵,见刘文明《"帝国"概念在西方和中国:历史渊源和当代争鸣》,《全球史评论》2018年第2期。

似,其指向是"帝国"间的竞争乃至战争;而仲裁主义者则自觉或不自觉地倾向于建立一个"普世帝国"(universal empire),更偏向"文明主义",其最终的指向是"帝国和平"。1900 年布尔战争期间,英国著名社会活动家威廉·斯特德在其主编的刊物《评论之评论》(Review of Reviews)中发表了一篇题为《真正的帝国主义》(True Imperialism)的文章,这篇文章也能为此种区分提供一个侧面的印证:他认为真正的帝国主义应当是基于常识与圣经十诫的帝国主义,是自然生长的帝国主义,而布尔战争则是基于傲慢和贪婪的错误的金戈帝国主义(Jingo Imperialism),它是"减去了常识与圣经十诫的帝国主义";"帝国必须建立在被统治者同意的基础之上……但我们所有的金钱都浪费在了屠戮和摧毁上。这是金戈帝国主义和反金戈帝国主义(Anti-Jingo Imperialism)的又一个区别"。他对塞西尔·罗德斯等殖民者为了缓解国内阶级矛盾而进行的布尔战争和"社会帝国主义"表示深恶痛绝。①

"文明主义"不一定比"文化主义"更为优越。"文化主义"从文化-种族本位出发,采取自下而上、自具体而抽象的路线,容易忽略和失去自我克制精神;"文明主义"从线性进化、理性等抽象的原则出发,走自上而下、自抽象而具体的路子,也很容易在现实中滥用这些原则,或掉入各种理性话语的陷阱中,从而走向蛮横的"文明专制",甚至再进一步转化为歇斯底里的"文化种族"路线。金戈主义无疑是一种极端民族/国家主义,它的"文明"身份使之不仅主张在国内将以华人为代表的"野蛮人"拒之门外,在国外暴力地对待"野蛮"人,同时对与其他"文明人"(如斯拉夫、拉丁乃至英国人)的关系也抱着必将发生冲突的悲观认识;而仲裁主义者的"文明"身份使之在对待"文明人"和"野蛮人"方面,则要呈现更加复杂,但并非毫无规律的面相。总体来说,与金戈主义的悲观色彩和冲突论、不可通约论相比,仲裁主义是乐观的,它相信国际关系从长远来看是和谐的,"文明"之间是可以沟通交流的,能够在历史时间中臻于至善。它在推行"文明专制"路线的同时,也多了几分"文明自制"的因子,尤其是对西方文明内部的国家而言。

---

① Richard Koebner and Helmut Dan Schmidt, *Imperialism: The Story and Significance of a Political Word, 1840-1960*, Cambridge: Cambridge University Press, 1964, p. 229; William Stead, "The True Imperialism," *The Review of Reviews* (May 1900), p. 443.

五 "盎格鲁-撒克逊文明"与国际仲裁的领导权

如前所述,从西奥多·罗斯福身上可以看到"文明主义"与"文化主义"的混合;这种情形也适用于在国际仲裁运动中起到重要作用的"盎格鲁-撒克逊文明"话语。① 按照本书的区分,"盎格鲁-撒克逊文明"似乎更应被称为"盎格鲁-撒克逊文化",但由于"盎格鲁-撒克逊文明"的表述显然在时人的言论中更为常见,且英美作为世纪之交"文明"标准的主要制定者,必定带有强烈"普世主义"的色彩,因此此处仍保留此说法。放在语境中看,它有些类似于英语中的"矛盾修辞法"(oxymoron),呈现"文化主义"与"文明主义"杂糅的现象。

1895—1896年委内瑞拉危机期间,英美开战的呼声给美国亲英派带来很大震动。他们诉诸"盎格鲁-撒克逊文明"或"英语种族"的话语来呼吁英美和平解决此问题。马萨诸塞资深共和党参议员乔治·霍尔在1895年12月22日清教徒登陆纪念日称,"我们本质都是英国人",这场战争将导致"英语文明作为世界进步主导因素的终结","将英语种族在世界上的商业优势拱手让给法国人、德国人和斯拉夫人"。② 苏格兰裔钢铁大王安德鲁·卡内基既是一个著名的"和平主义者",同时也是一个"英语种族"(English-speaking race)通过仲裁解决争端的支持者。他于1896年2月在《北美评论》上发表了《委内瑞拉危机》一文,将英国和美国比喻为"母与子"的关系,认为二者都有"扩张的本能",都是世界居于"主导地位的种族"(dominating race):

> 为了知道并理解这一事件,我们只需考虑到"英语种族"

---

① 关于"盎格鲁-撒克逊文明"话语在英美和平运动与"大和解"中所起的作用可参见 Bradford Perkins, *The Great Rapprochement: England and the United States, 1895–1914*, New York: Atheneum Press, 1968; Srdjan Vucetic, "A Racialized Peace? How Britain and the US Made their Relationship Special," *Foreign Policy Analysis*, vol. 7 (2011); Srdjan Vucetic, *The Anglosphere: A Genealogy of a Racialized Identity in International Relations*, Stanford: Stanford University Press, 2011。

② E. P. Powell, "International Arbitration," *The Arena*, vol. 17, no. 1 (December 1896–June 1897), p. 111.

(English-speaking race)一个首要的特征……即他们的土地占有欲(land hunger)……英语种族是世界的领导种族(boss race)。它善于获取,善于殖民,也善于统治。它在任何定居的地方创立法律和实施正义,二者都是这些地方之前所没有的。它容忍任何宗教,鼓励新闻自由;它缔造了自由的国度和自由的人民。①

这些言论听起来像是斯特朗与菲斯克关于"英语种族"或"盎格鲁-撒克逊种族"征服世界的预言。当然,他也委婉地承认英美攫取土地的手段实际上是不正当的:"我们种族的两个分支是如何获得这些渴望的领土的呢?唉,对于这个问题,严格的道德主义者们最好别去深究。我们可以假定,它是'不择一切手段的'",正如"小羊经常'弄脏'狼喝的水"一样。但他最终还是诉诸"文明"的利益来为之辩护:"不论采用的手段是什么……我们都会满足于一点理由,即对更高的人类利益而言,由我们这个种族来管理土地是最好的。这是一种进化,最适合生存的群体驱逐最不适合生存的群体;最优秀的取代最低劣的;文明的利益使得攫取土地成为必须。游牧的印第安人让位于西部草原上的农夫是正当的……因此,大不列颠'不择手段'地在世界各地获取土地是必要的,正如美国通过同样的手段攫取相邻的土地一样。"②

对英美扩张这一"不道德"行为的同情式谴责,导致卡内基用较为曲折的逻辑去讨论仲裁问题。他继续谈道,尽管英语种族都有扩张本能,但美国人毕竟是一个混血的民族,因此和平的成分要更多:"我并不想特别地指责大不列颠。大不列颠那边种族会做的事情,我们这边的种族也同样会做,毫无疑问已经做过了——尽管公平地说,在美国,通过与不那么具有征服精神的种族混血,迅速诉诸武力的自然本能已经多少被改变了。于是它提出了仲裁。"与此同时,英国也有进步:"在委内瑞拉或其他问题上,美国和大不列颠之间将不会有战争,因为美国对仲裁的承诺已经坚如磐石,而大不列颠则在缓慢但稳步地走向接受这一原则。"他

---

① Andrew Carnegie, "The Venezuela Question," *The North American Review*, vol. 162, no. 471 (February 1896), pp. 129-130.
② Andrew Carnegie, "The Venezuela Question," *The North American Review*, vol. 162, no. 471 (February 1896), p. 133.

尤其提及了英国前首相格莱斯顿对国际仲裁的贡献。正是在他担任首相期间,英美仲裁有了大的进展,例如,他在 1872 年说服英国议会接受了阿拉巴马仲裁,1885 年又使议会同意在委内瑞拉争端中使用仲裁的原则。卡内基赞扬格莱斯顿道,"在他的时代,他是仲裁最重要和最强有力的支持者"。"英语种族"与欧洲解决争端的方式不一样,欧洲一般会以战争来解决,而英语种族会以仲裁来解决。英美"文明"的仲裁方式将会摧毁和取代欧洲"野蛮"的战争方式。[1]

卡内基显然希望看到英美和平,但他也不愿完全否定"英语种族"的扩张行为。他在文中称,英国实际上无须过分担心仲裁,因为美国总统克利夫兰早有表态,会在仲裁中照顾英国的利益。[2] 美国也并非想要用和平仲裁阻止英国的扩张。卡内基这番关于和平仲裁与扩张的曲折言论,也部分折射出美国社会知识精英身上普世"文明主义"与特殊"文化主义"之间的张力。从"普世"角度来看,他声称要用"文明"的仲裁取代"野蛮"的战争;[3] 而从"文化主义"角度来看,他鼓吹英美种族的扩张,声称它对人类和"文明"是有益的。当然,"文明主义"在卡内基身上占据明显的优势,在引用伊索寓言中狼责怪小羊弄脏河水的隐喻时,他也掩面承认了英美扩张不道德的地方,同时他又显然认为,英美的扩张即便是有利于"文明"利益,也需要越来越多地在和平仲裁的前提下进行。[4]

几乎所有仲裁主义者身上都存在上述不均衡的二重属性,即带有

---

[1] Andrew Carnegie, "The Venezuela Question," *The North American Review*, vol. 162, no. 471 (February 1896), p. 143.

[2] 他说:"对我们这里的另一半种族来说,大不列颠仍可在欧洲、亚洲和非洲攫取任何它能攫取的领土,美国也会为其人民的散布而感到骄傲和满意,只要她能够自此允许由美国人来监督美洲大陆上的领土变更,并且在此问题上维护和平仲裁的原则。"见 Andrew Carnegie, "The Venezuela Question," *The North American Review*, vol. 162, no. 471 (February 1896), pp. 141-142。

[3] "倘若工业化的、爱好和平的共和国必须要拔剑而起,那么但愿它是为了在国际争端中维护和平仲裁这一取代野蛮战争的基督教方式。"卡内基的这句话与斯宾塞关于"工业文明国家更和平"的论断也颇为类似。见 Andrew Carnegie, "The Venezuela Question," *The North American Review*, vol. 162, no. 471 (February 1896), p. 139。

[4] 卡内基的"英语种族"也并非生物学意义上的种族,例如他认为美国由于混血的缘故而更爱好和平,同时他说"强者从弱者那里攫取领土并不是一个英国的特质(English trait),而是一个种族的特质(race trait)"。见 Andrew Carnegie, "The Venezuela Question," *The North American Review*, vol. 162, no. 471 (February 1896), p. 134。

"文化主义"印记的"文明主义"。① 委内瑞拉危机之后,英美爆发战争的可能性让美国诸多政治社会精英感到不寒而栗。他们大多认为,英美是两个最"文明"的国家,它们之间开战,将会给人类"文明"带来无可估量的损失。

1896 年 2 月华盛顿仲裁大会召开,其初衷便是要在英美之间建立常设仲裁法院,因此存在不少"盎格鲁-撒克逊文明"的声音。它与普世的"文明"话语构成了一定的紧张关系。例如,在 23 日上午的主题发言人马萨诸塞州阿姆赫斯特学院院长梅里尔·盖茨看来,中国、俄国等都没有真正地"文明化",因此给"盎格鲁-撒克逊文明"构成了威胁,而为了抵御这种威胁,"文明"世界应当通过仲裁团结起来,为尚未"文明化"的国家作示范;② 另一位主题发言人神学博士 J. W. 巴赫曼在提倡仲裁时,同样在高唱"盎格鲁-撒克逊种族"的骄傲:"仲裁体系将会给予盎格鲁-撒克逊种族(他们在世界上的地位是最值得自豪的)双倍的权力。当你们的力量联合在一起时,将会取得多么令人无法想象的进步和胜利啊!……让英语民族合并吧,他们将拓宽和加深文明的渠道(channel of civilization),实现宪政政府和宗教自由。他们将会成为全世界所尊敬的强权。"③

---

① 在《新形势下的扩张》一书中,斯特朗也表现出了这种两面性。他一方面有明显的"文化主义"色彩,在复数意义上使用"文明",认为"斯拉夫文明"和"盎格鲁-撒克逊文明"代表截然不同的原则,二者不可通约,因此号召与俄国争夺太平洋的控制权,要求美国建立起强大的海军,将其变为"盎格鲁-撒克逊家族"共同控制的"盎格鲁-撒克逊海";另一方面又展现出深厚的"文明主义",极力地用单数"文明"来为这一权力斗争提供合法性。他说道:"尽管美国在海军七大强国中仅仅排名第四,但英美的海军力量加起来比另外五强要更大。不仅为了英语人民,而且为了和平,为了文明,这个第一的位置永远都不应失去。"之所以如此,是因为海军对自由没有危害,"据说在世界历史上,从没有任何海军将领篡夺国内权力。海军可以保护陆地,但它无法征服陆地……盎格鲁-撒克逊家族在世界上处在这样的位置:他们通过海权能够保护自己,控制太平洋,代表文明实现其使命。海权可以增长到任何需要的地步,都能与其自由的制度保持完美的和谐。"见 Josiah Strong, *Expansion under New World-Conditions*, New York: The Baker and Taylor Company, 1900, p. 208。

② Merrill Edward Gates, "Address by Merrill Edward Gates," in *The American Conference on International Arbitration Held in Washington, D. C., April 22 and 23, 1896*, New York: The Baker & Taylor Co., 1896, p. 75.

③ Martha Adams, "The Washington Arbitration Conference (concluded)," *The Advocate of Peace*, vol. 58, no. 6 (June 1896), pp. 144–145.

因此颇为微妙的是，参会者大多有着"盎格鲁-撒克逊文明"或英语文明的自豪感，并以世界的领导者自居，正是由于英美这两个如此"文明"的国家却因委内瑞拉问题险些大打出手让他们引以为耻，他们才开始追求建立双边的常设仲裁法院。例如，华盛顿仲裁大会临时主席约翰·福斯特在开幕词中讲道："英语种族在伟大的高加索家族（Caucasian family）中数量遥遥领先，它被天命赋予了世界上文明和基督的最高利益。"①《纽约传道者》杂志评论说，英美这"两个伟大的国家，在文明标准方面最为紧密地结成了联盟，在权利事业方面也最为进步"，因此即便面临很大困难，建立一套仲裁体系仍是"可行的"。②也因为如此，在关于将这个常设仲裁法院扩展到其他"文明"国家还是仅限于英美两国的问题上，参会成员产生了分歧。佛蒙特州参议员乔治·埃德蒙斯担心其他国家将仲裁法院误解为英美结盟，试图对会议决议第一条提出修正，即在大不列颠后增加一句表述，改为"在本国与大不列颠之间，并尽快与其他文明国家"（and as far as possible with other civilized nations）建立常设仲裁法院，但遭到了美国和平协会秘书长本杰明、特鲁布拉德、乔治·雷顿等参会者的反对。雷顿直言，"在我看来，国际仲裁本身是文明进化的一个阶段，这个阶段目前还只有世界上最文明的两个国家能够达到"。双方一度争执不下，最终，在弗吉尼亚大学朱利斯·德雷尔的建议下，其措辞被改为"将这一体系尽可能早地扩展到所有文明国家"（and the earliest possible extension of such a system to all civilized nations），而埃德蒙斯也宣布撤回他之前的修正提议。③

1896年6月3~5日，在华盛顿会议结束后不久，美国东北部精英们又聚集在纽约州的莫洪克湖山庄，召开了第二次莫洪克湖国际仲裁会议。莫洪克湖会议在1895年之前主要讨论印第安人和黑人的美国化问题，它

---

① John Foster, "Remarks of Hon. John W. Foster," in *The American Conference on International Arbitration Held in Washington, D. C., April 22 and 23, 1896*, New York: The Baker & Taylor Co., 1896, p. 20.

② "The Book Table," *New York Evangelist*, vol. 67, no. 46, p. 10.

③ *The American Conference on International Arbitration Held in Washington, D. C., April 22 and 23, 1896*, New York: The Baker & Taylor Co., 1896, p. 103, p. 106, p. 108. 经修正后的决议第一条完整内容为："根据本次会议的判断，宗教、人道和正义以及文明社会的物质利益，要求在英国和美国间立即建立一个常设仲裁体系；并且将这一体系尽可能早地扩展到所有文明国家。"

的出发点既是人道主义的，也带有对其他种族的恐惧心理，即认为少数族裔倘若不及时地美国化，将给美国社会带来风险。① 这种恐惧心理同样也可以推广到国际事务上，这些精英们认为有必要将其他国家"盎格鲁-撒克逊"化，用仲裁等理性的手段处理国际争端。这次会议的参加者包括前参议员乔治·埃德蒙斯、《展望周刊》主编李曼·阿伯特、英国国际和平与仲裁协会主席霍奇森·普拉特，以及美国在华传教士丁韪良等。它设定的会议议程之一便是，仲裁法院是首先在英语国家之间开设，还是让其他国家也加入？ 会上"盎格鲁-撒克逊主义"仍然十分强烈，国际仲裁仍然被视为"英美文明含义的充分表达"，不过在向克利夫兰总统递交的请愿书中，它要求不仅与英国，而且也要与法国以及其他国家建立仲裁法院，来"保护文明的安全"。②

在委内瑞拉危机期间担任哈佛大学校长的查尔斯·埃利奥特也极力反对英美开战，指责西奥多·罗斯福、洛奇等叫嚣战争者是哈佛的堕落学生。1896 年，他在肖陶夸（Chautauqua）集会上发表题为《美国对文明的贡献》（American Contributions to Civilization）的演说，次年又搜集了一些其他演说和杂志文章，出版了与之同名的小册子。他所说的美国对文明的"五个贡献"分别包括：消除战争、宗教宽容、男子普选权、接纳移民和物质福利的传播。③ 他在演说中站在"文明自制"的路线上，对以罗斯福和洛奇为代表的"文化种族"路线进行了如下批评："没有必要通过战争来制造英雄。文明化的生活已经为英雄的成长提供了足够多的机会，而且比战争或者任何其他野蛮状态所提供的机会要更好。除

---

① 贵格派教友阿尔伯特·斯麦里（Albert Smiley）1869 年买下了纽约州的莫洪克湖山庄，并于 1883 年首次在这里举办莫洪克湖会议，原本是讨论如何让印第安人和黑人实现"文明化"和"美国化"，而随着国际仲裁成为国际的热点话题，莫洪克湖会议改头换面成为国际仲裁会于 1895 年首次召开，并通过宣言，宣称要"在文明国家之间"用仲裁来解决争端，同时敦促美国与英国签订仲裁条约。见 Cecilie Reid, "Peace and Law: Peace Activism and International Arbitration, 1895–1907," *Peace & Change*, vol. 29, no. 3 & 4 (July 2004); "Declaration of the Mohonk Arbitration Conference," *Advocate of Peace*, vol. 57, no. 8 (August 1895), p. 181。

② Benjamin Trueblood, "Permanent Anglo-American Arbitration: A Moral Necessity," in Martha Adams, *Report of the Second Annual Meeting of the Lake Mohonk Conference on International Arbitration*, The Lake Mohonk Arbitration Conference, 1896, p. 30.

③ The Editor, "Some American Contributions to Civilization," *The Dial* (February 1, 1898), p. 82.

了疯子,不会有任何人想要点燃一个城市,就是为了给救火队员以展现英雄主义的机会,或者散播霍乱或黄热病,为的是给医生和护士以展现无私奉献精神的机会,或者让成千上万的人们陷入极端贫困,为的是让某些有钱人能有在慈善事业上大显身手的机会。同理,只有疯子才会因为战争是英雄的学校就去支持它。"

不过,他的和平理念亦颇有"盎格鲁-撒克逊文明"的优越感,① 在走"文明自制"路线的同时,也带有"文明专制"乃至"文化种族"的意涵。例如,他在提到美国的大陆扩张时称,美洲大陆在过去也不乏战争,但"并不是对自由危害最大的战争"。这些战争的"主要动机是自我保护、反抗压迫、扩展自由和保卫国家的成果"。他对美国领土的扩张轻描淡写,认为美国虽然掠夺了印第安人和墨西哥人的领土,但多数领土是"通过购买和仲裁获得的"。②

从整个肖陶夸运动中也可以看出,在埃利奥特等美国精英人士身上,时常与"文明自制"相伴而行的"文明专制"或"文化种族"因素。肖陶夸是19世纪末20世纪初美国十分风行的成人教育和社会运动,最初由美国卫斯理宗教众(Methodists)组织,它反映了美国的主要理念,如宗教宽容、多元化、政教分离等,同时也反映了美国大众当时的"文明"观。有学者曾这样评论肖陶夸所组织的各种活动:

> 所有这些肖陶夸的观众们都认为自己及其祖先属于"基督文明"世界的一部分。正如罗伯特·威布(Robert Wiebe)所注意到的,这是一个很重要的认知方式,因为直到一战以前,美国人心目中的世界都还是由两个部分组成的:"在上面的是文明国家,主要是欧洲和美国;在下面的是帝国主义的臣民,包括亚洲、非洲和拉美的民众。有些国家横跨在这条分界线上——土耳其、日本甚至是俄国——总体而言,这条分界线使他们在其上下徘徊。"肖陶夸观众们的主要族裔背景将他们置于威布所说的顶端。肖陶夸的观众对其他文化感到好奇,但也并不愿意作为"文明人"而感到受威胁,因此

---

① 因此不足为怪的是一战爆发后,埃利奥特又极力主张美国加入对德作战。
② Charles W. Eliot, "America's Contributions to Civilization," *The Chautauquan*, vol. 24, no. 1 (October 1896), p. 53.

他们对"文明化原始人"的隐喻感到十分满意。①

《循道宗评论》也声称:"肖陶夸……是一个特别的文明化使者(civilizer),它抵消了美国式的炫耀之风(dashism),如果不是野蛮的话……在接下来对无知、黑暗和恶行的斗争当中,整个国家将转向肖陶夸来寻找希望。"② 正是在这种"文明"观念的驱使下,肖陶夸组织通过演说、布道、音乐会等大众娱乐活动来一方面鼓吹基督教伦理与和平运动,另一方面对其他文化充满了恐惧与好奇,因此强烈地希望美国政府推动对后者进行"文明化"。而埃利奥特的演说正可以被置于这一框架下来理解。

著名英国记者威廉·斯特德既是积极的和平主义者,希望通过仲裁来解决大国间的纠纷;同时他又希望英美联合。在他看来,二者都是自然而然的事情。在其著名的《世界的美国化》一书中,他鼓吹英美结成联盟,实现种族"团聚"(reunion),认为这并不是为了炫耀武力,充当上帝的"全能使者"(Vicegerent of the Almighty),而只是借助二者强大的力量,为世界树立"自由"与和平的典范。③ 1894 年,英美的一些知名人士包括卡内基、马汉、查尔斯·贝雷斯福德、阿瑟·怀特和乔治·克拉克在《北美评论》杂志上集中发表了一系列文章,讨论英美结成"盎格鲁-撒克逊联盟"的问题。约翰·霍布森尽管是著名的反帝主义者,但也主张以英美的"盎格鲁-撒克逊联盟"为核心,通过建立世界性的联邦来维持和平。

当然,究竟多大程度上维护英美和平,也跟两国的国内政治有很大关系。英国保守派当政时,一般对美国较为强硬,而自由派主政则有利于英美关系。随着英帝国地缘政治压力的增加,英国急切地想要改善英

---

① John E. Tapia, *Circuit Chautauqua: From Rural Education to Popular Entertainment in Early Twentieth Century America*, Jefferson: McFarland & Company, Inc., Publisher, 1997, p. 105.
② The Editor, "Progress of Civilization," *The Methodist Review*, vol. 5, no. 2 (March 1889), p. 303.
③ William Stead, *The Americanization of the World: The Trend of the Twentieth Century*, New York: Horace Markley, 1902, p. 437.

第六章　雅努斯的两面："文明"国家间的和平与战争

美关系；① 对美国而言，此种需要则并不算迫切。西部的平民党人、爱尔兰裔和德裔美国人等较为反英，他们将英国视为与美国东北部金融利益沆瀣一气的利益集团；有些则是单纯基于对母国的认同，而反对"盎格鲁-撒克逊"的文化种族霸权。此外，英国对"盎格鲁-撒克逊文明"的鼓吹偏向血缘，而美国方面则更强调语言、文化和制度。鉴于此种国内状况，加之美国拒绝"纷扰同盟"的传统，尽管英国以"盎格鲁-撒克逊文明"为口号多次向美国伸出橄榄枝，要求英美正式结盟，马汉等支持英美联盟的人也深知此举争议太大，因此最多只是建议双方成立"心照不宣的同盟"（tacit alliance），以避免引起德、法、俄等列强的警惕，和国内其他白人族裔的抗议。② 卡内基称赞英美联合是一个"高贵的梦想"，但也不客气地向英国人列出了横亘在其中的"五大阻碍"，包括英国的殖民帝国、英国对印度的占领、英国的君主制、英国的贵族院和英国的国教，问题显然都在英国这一边。

如何认识"盎格鲁-撒克逊文明"在仲裁运动中起的作用呢？它之所以自诩和平，原因也不算复杂：如爱德华·卡尔所说，国际秩序本身是由所谓"盎格鲁-撒克逊"国家主导的，至少在相当长一段时期内有利于英美，因此作为"守成国家"，维护和平实际也就维护了这套秩序。③ 不过我

---

① 例如1894年，英国作家亚瑟·席尔瓦·怀特甚至在《北美评论》上刊文建议英美之间成立一个不对等的"盎格鲁-撒克逊同盟"，这个同盟主要是防御性质的，而且倘若美国遭到欧洲其他国家入侵，英国需承担同盟义务；但在英国与欧洲大国开战的情况下，倘若与美国利益无关，美国只需要保持"友好中立"即可。见 Arthur Silva White, "Anglo-American Alliance," *The North American Review*, vol. 158, no. 449 (April 1894), p. 493。

② Alfred T. Mahan and Charles Beresford, "Possibilities of Anglo-American Reunion," *The North American Review*, vol. 159, no. 456 (November 1894)。

③ 例如，著名反帝国主义者爱德华·阿特金森在1896年华盛顿国际仲裁会议上说道："什么是我们的责任和机会呢？我们应当加入欧洲国家，出于偏狭的嫉妒情感去孤立大不列颠，恰恰是因为它的统治是公平的，它也不会将自己势力范围内的商业控制权单独留给自己吗？我们是否应当阻碍她，限制她，正像我们阻碍和限制她保护亚美尼亚的努力那样？我们应当与谁一起联合实施这一偏离正道的敌意行为，去努力限制她在所有其国旗飘扬之地依据同样也为我们所继承的普通法而行动？我们是否应当与法国结盟，即使这是唯一一个试图利用我们在内战中假想的弱点，来在墨西哥建立帝国统治的国家？我们是否应当与西班牙联合去征服古巴？我们是否应当与德国的容克贵族在'铁与血'的规则下联合——去实施特权与王朝统治？我们是否应当与俄国联合，它目前仍然是半文明的，即便可能对那些迄今为止肆虐世界最富饶区域的游牧民族来说，俄国在中亚的统治将会为他们带来市民的进步（civic progress）？"见 Edward Atkinson, "Address of Edward Atkinson," in Martha D. Adams, "The Washington Conference," *The Advocate of Peace*, vol. 58, no. 5 (May 1896), p. 122。

们通过上述内容也可以体察到，仲裁主义者在使用"盎格鲁-撒克逊文明"的时候，固然会表现出优越感与排他性，但也注意避免过分夸大。轻微的种族中心思想并非不可饶恕，更何况仲裁主义者们对"盎格鲁-撒克逊"的种族中心论亦有所觉察和警醒。例如，卡内基委婉地承认了英美对其扩张过程中的受害者有许多莫须有的"欲加之罪"，并且声称美国的种族已经失去了"盎格鲁-撒克逊"的扩张性，转而青睐仲裁了；在仲裁大会上，尽管"盎格鲁-撒克逊"的呼声极其响亮，但是最终参会者也承认了其他"文明"国家可以加入，只是时机尚不成熟而已。① 另外值得注意的是，在正式发行的小册子中，不少"盎格鲁-撒克逊文明"优越论的演说内容可能是被刻意删除了——这体现的可能是一种文明自制与自省意识。② 更重要的是，尽管仲裁主义的敌人并非帝国主义，而且许多仲裁主义者本身是"帝国和平论者"，但是在与其对手金戈主义者的斗争中，他们的确在抵制和清除很多传统帝国的观念。因此可以

---

① "盎格鲁-撒克逊文明"话语的独特之处可能在于它乃是由近及远的一种普世"文明"主义。例如，美国著名和平主义者埃德温·米德曾这样表述："它将是盎格鲁-撒克逊的世界（Anglo-Saxondom）；它将是条顿民族的世界（Teutondome）；它将是基督教的世界（Christendom）；它将是整个人类。"转引自 Cecilie Reid, "Peace and Law: Peace Activism and International Arbitration, 1895-1907," *Peace & Change*, vol. 29, no. 3 & 4 (July 2004), p. 533。

② 例如，1896年8月英国历史学家沃尔特·贝赞特（Walter Besant）在《北美评论》上发表了一篇颇具影响力的文章，鼓吹"盎格鲁-撒克逊文明"的扩张特性，声称盎格鲁-撒克逊人是一个不安、躁动且具有强大征服能力的种族。他相信在未来某个时候，需要让所有的"盎格鲁-撒克逊"国家联合在一起，否则他们相互之间也将有可能会走向战争。同年9月，《和平倡议者》杂志发表社论批评说："我们不认为，贝赞特先生和其他将盎格鲁-撒克逊扩张过分引以为荣耀的同类型作家对道德和宗教的力量给予了足够的重视，事实上正是道德和宗教力量才促成了这些伟大成就。这个伟大的、不断向外征服的文明并不是建立在躁动不安（restlessness）、精于操控（masterfulness）和对目标的执着上，尽管没有这些取得成功是不可能的。这些特性并不是天然的美德。它导致盎格鲁-撒克逊人在世界各地做了很多卑劣之事，倘若不被再造他们的宗教和伦理力量道德化到一定程度，他们将会走向解体和毁灭。使盎格鲁-撒克逊文明胜利的是它的道德和精神素质……我们承认，盎格鲁-撒克逊国家间仍然存在着战争的可能，因此我们就像他说的那样，应当建立一个仲裁法庭去减少和消除这些可能。但远比这更重要的是，我们应当将它作为盎格鲁-撒克逊文明领导世界的终极特征。" 见 The Editor, "The Future of the Anglo-Saxon Race," *The Advocate of Peace*, vol. 58, no. 8 (August and September 1896), p. 196。值得注意的是，尽管委内瑞拉危机刚刚过去不久，该刊物的社论仍对"盎格鲁-撒克逊文明"的和平与"普世"属性十分自信，认为它们不应只是避免战争而已，而且应当领导世界走向和平。

说，至少在国际仲裁的讨论中，"盎格鲁-撒克逊文明"结合的乃是"文明主义"和"文化主义"中较为有益的成分，避免了走向对外关系中的金戈主义和排华运动中的排外主义。

总之，"盎格鲁-撒克逊文明"的话语在排华、占领菲律宾和仲裁运动中频频出现，也表明此时美国精英人士的"文明"身份还处于再造之中。它既不同于今天对全球或西方文明的认同，也并非纯粹的"文化主义"。"盎格鲁-撒克逊"比日耳曼或斯拉夫更复杂的地方在于，它在居于全球文明最前列的同时，也充当了"局内人"的角色，对"局外人"进行排斥。[1] 在排华、占领菲律宾和仲裁这三个事件中，相比较而言排华的"文化种族主义"色彩更重，占领菲律宾次之，而仲裁在这方面则是最轻微的。在排华风潮中，伪装成"文明"并对"文明"进行反叛的"文化主义"几乎脱缰而去，而在仲裁运动中，"文化主义"的偏离总体是温和的，仅限于巩固了种族优越感和祖先崇拜的情结，并未造成切实的恶果。

六 "真正的文明"："文明自制"与反帝主义

仲裁主义者并不都是"帝国和平论者"。事实上，不少更具反省意识的仲裁主义者采用了"基督文明"和"真正的文明"（true civilization）的修辞，更接近反帝主义阵营。正如在法国革命之前，"真正的文明"这一话语被资产阶级用来抗议宫廷文明的繁文缛节一样，在金戈主义者叫嚣战争时，"真正的文明"话语也被用来作为抗议曲解达尔文主义，或将"文明"等同于战争与权力的言论。[2]

毕竟相比"文化主义"的态度，"文明主义"虽然也主张对"野蛮

---

[1] 正如埃里克·方纳对美国民族认同的评价一样，它是"公民民族主义"和"族裔民族主义"的结合，前者具有包容性和开放性，而后者则具有特殊性和排他性。"公民性和族裔性之间不仅是矛盾的，也是长期共生的。"见杜华《方纳的史学》，《读书》2022年第3期。

[2] 法国革命之后，本杰明·贡斯当就曾指出，战争是"野蛮人的冲动"，而商业是"文明人的游戏"（le calcul civilisé）。见 Anthony Pagden, "The 'Defence of Civilization' in Eighteenth-Century Social Theory," History of the Human Sciences, vol. 1, no. 1 (1988), p. 39.

人"实行适当的专制统治,但至少对"文明人"主张采取更为民主与和平的做法,实行更多的"自我控制"。可以说"文明主义"不仅包含对"野蛮人"的"文明专制",也存在另一条路线,即"文明"自制、自省和自我批评。此种自省和自我批评的思维在一定的情形下可能会导向宁科维奇所说的"情感转向"(emotional turn),乃至全球情感革命(global revolution of sensibility):"文明"既然会导致人类在情感上厌恶奴隶制、缠足和人殉等恶习,也会导致人类在情感上厌恶战争和帝国主义,将其视作邪恶的。[①] 当然,这对带强烈"文化主义"色彩的西奥多·罗斯福和马汉等人来说,就是多愁善感、温和柔弱以及胆小怯懦的表现。

1894年,美国著名进步主义记者本杰明·弗劳尔(B. O. Flower)在他本人所创办的《竞技场》杂志上发表《在青年人中助长野蛮习气》一文,指责美国政府乃至教会在学生中实行军国主义教育,甚至反对罗斯福等所提倡的体育精神:

> 不止是教会在助长年轻人的野蛮精神;实际上可以说,教会并没有抓住耶稣基督的至高理想,而是情愿让自己受到某些短视思想者言辞的蛊惑,并追随国家政策的方向而缺少自己的坚持。在美国的普通院校中引入军事训练,标志着专制欧洲的军事精神在与共和国长期以来所珍视的传统的较量中占据了上风。他们并不满足于在本应该是致力于和平和真正文明的大学学院里教授军事知识,现在美国的高中也已经在经受着这种令心灵枯萎、迟钝的诅咒,野蛮精神被如此无孔不入地培育着,以至于学生年龄层次更低一些的学校也正在受到这种传染病的威胁。5月18日这天,在我办公室窗外发生的一幕令我为之伤感了好几天。那是200多个12到19岁的少年,全身穿着军装,带着枪支在列队行进。他们前方的乐队正在奏响着流行军乐。而街上的野孩子们则羡慕地看着身着蓝色制服、铜纽扣,跟随军乐而行进的这群男孩们。任何善于思考的人们见到这幕景象,怎能不感觉到,本来放在文明表盘上(dial of civilization)的手又收

[①] Frank Ninkovich, "The Cultural Transformation of America's Civilizing Mission in the Twentieth Century," in Boris Barth and Rolf Hobson, *Civilizing Missions in the Twentieth Century*, Leiden: Brill, 2021, p. 49.

回去了呢？在这里我可以这样说出我最为深信不疑的事情，那就是只要孩子们的心灵仍然受到军事训练，就不可能有通往文明的途径；除非孩子们被教会对人类生命、权利和正义的尊重，否则他们将不会知道真正的文明是什么。①

在这段演说中，他用"野蛮""真正的文明""文明表盘""通往文明的途径"等话语来批判好斗与尚武精神的不合理性，认为真正的文明应该去除这些杂质，这与金戈主义者的看法是截然对立的。这样旗帜鲜明地将战争乃至与战争相关联的体育运动都定义为"野蛮"，反映了"文明自制"路线与"文化种族"路线的对立。1895 年 12 月，在克利夫兰总统发表了充满火药味的咨文后，《国民周刊》认为他已经与金戈主义同流合污，放弃了自己过去支持的"文明"方式，走向了野蛮之路：

> 在 1893 年 12 月 18 日他说，"万国法建立在理性和正义的基础上，指导文明国家公民或臣民个体间关系的准则也同样适用于开化的国家（enlightened nations）之间"。现在他却说，"今天美国在这个大陆上实际上拥有最高统治权，它的命令就是法律。为什么？不是因为纯粹的友谊或善意。这不完全是因为美国作为一个文明国家拥有高尚品格，也不是因为美国一直以来在待人处事上充满睿智和公平公正。而是因为它无限的资源加上孤立的地理位置，使得它能够主导现在的局面，而且实际上在任何或哪怕所有强权面前，它都是立于不败之地的"。堂堂一个文明人竟然用力扯掉自己的衣服，像充满兽性的野蛮人一样鬼哭狼嚎，这真是世所罕见。②

在这一天的社论中，它对金戈主义者进行了火力全开的批判，将其与土耳其人对亚美尼亚人的所作所为相提并论，认为二者都使用了"极其野蛮的方式"；它还提到，委内瑞拉危机期间一位众议院牧师在国会开幕祷告词中有"迅速地回击对我们国家的侮辱"，从而"保卫我们国境内的和

---

① B. O. Flower, "Fostering the Savage in the Young", *The Arena*, vol. 10, no. 3 (August 1894), p. 431.
② "The Week," *The Nation*, vol. 61, no. 1591 (December 26, 1895), p. 455.

平"之语，它对此评论说："在上帝那里，这番话将被剥去所有伪装，露出其赤裸裸的野蛮（naked barbarity）真面目……当然这些牧师不是唯一应当受谴责的群体。所有试图将他们对英格兰或任何其他国家的仇恨用爱国主义装潢起来的金戈主义者们，都跟这些牧师一样是大骗子……用现代文明人才有的爱国主义情感来形容这群好战的原始人，简直是亵渎。"①

1896年8月，英国高等法院王座庭庭长、首席法官（Lord Chief Justice of England）罗素男爵受邀访问美国，以改善英美关系。在萨拉托加，他为美国律师协会做了一场题为《国际法与仲裁》的著名演说。美国舆论早就得知他将就英美建立常设仲裁法庭发表演说，所以此事也备受关注。② 在演说末尾，罗素对西方人津津乐道的"文明"进行质疑，并对"真正的文明"做了一个经典阐述。他说道：

> 我们经常夸耀我们的进步，带着怜悯地轻蔑看着过去几代人的行为方式。但我们真的是无可指摘吗？我们的文明是名副其实的吗？难道无数的罪行不正是以它的名义来实施的吗？正如宗教也被这样利用过，也许更加弱小的种族很有可能最终会屈服，但我们是否一直都公正和充满关切地对待他们呢？难道文明不是经常通过刺刀强加给他们，而《圣经》也是通过海盗劫掠行为给予他们的？除了我们认为野蛮的种族，难道支配欲、财富欲和权力欲不应当为世界历史上最糟糕的、残酷和迫害的章节负责吗？很少有人——可能没有人——能够逃脱这一指责。到底什么是真正的文明？你可以通过它的成就来了解它。它不是支配、财富和物质奢侈享受；甚至不是一本伟大的文学作品，或教育的普及——诚然这些也是很好的。文明不是一层修饰；它必须深入到人类社会的心灵和内核。
>
> 它的真正的标志是对穷人和经受痛苦之人的关怀，对妇女的骑士风度和尊重；是不论种族、肤色、民族和宗教，对人类兄弟友爱之情的坦率承认；是限制和缩小武力的使用范围，尽量使之不要成为管理世界的主导因素；是对有秩序自由的热爱；是对凶狠、残忍

---

① "The Week," *The Nation*, vol. 61, no. 1591 (December 26, 1895).
② The Editor, "Lord Russell's Address at Saratoga," *The Advocate of Peace*, vol. 58, no. 8 (August and September 1896), p. 196.

和卑劣的憎恶；是对正义之事业的不懈奉献。文明在其真切的（true）和最高的意义上，必须要缔造和实现和平。①

罗素的演说引起了美国仲裁主义者的赞誉和共鸣。《展望周刊》说，"就凭罗素对文明的精彩定义，他的演说也值得一看"。② 1900年，罗素去世之后，《展望周刊》又在纪念他的文章中特意提到了这篇演说，并且摘录了他关于"文明"的"极其出色的定义"。③

1913年，斯坦福大学现代史教授爱德华·克雷比尔在杂志上对马汉的《军备与仲裁》一书进行了评论，指责马汉是"军国主义者"，并着重驳斥了他关于欧洲军备是为了防范亚洲文明入侵的观点："军国主义者说，倘若要在已经开始的这场冲突中成功抵御亚洲，欧洲文明必须建立在武力之上。"但在他看来，马汉混淆了"侵略者与抵抗者"，事实是欧洲才是侵略者，亚洲别无选择，只有抵抗和报复。他还引用了瑞典小说家古斯塔夫·詹森（Gustav Janson）的小说《战争的荣耀》（the Pride of War）中反抗意大利侵略的土耳其人的一段话：

> 文明……我不知道如何回答你。我在问你思想，你却给我一个名称——文明，就好像我没有将这个词放在舌头上翻来覆去品尝似的。但它的味道很坏，我再次把它吐了出来。当意大利的铁甲战舰开到的黎波里的港口时，文明要求土耳其军队不发一弹离开这个城市。但它无法阻止意大利人用炮弹将当地人的房子炸成碎片，或者屠杀房子的主人，如果他们还留在那里的话。每当我听到"文明"这个词时，我都有一种恶心的感觉。我所知道的是，它让异教徒拥有了精良的武器，以及当任何地方有利可图时，随意使用这些武器的能力……欧洲人并不介意在世界各地都采用这种方式。文明从来不会阻止他们屠杀和抢劫。这对他们是福音，但大多数情况下对他

---

① Lord Russell, "International Law: International Arbitration and Mediation," *The Virginia Law Register*, vol. 2, no. 6 (October 1896), pp. 421–422; Russell of Killowen, "International Law and Arbitration," *Forum* (October 1896), p. 192.

② "No Title," *The Outlook*, vol. 54, no. 9 (August 29, 1896), p. 357.

③ The Editor, "Lord Russell," *The Outlook* (August 18, 1900), p. 894.

人是厄运……穆斯林数量远比欧洲人多。让我们拿起武器，教会人们怎么使用它们吧……这才是好的土耳其人。正义不是空谈，就像欧洲人的文明一样。①

克雷比尔并非完全否定"文明"，而只是主张一种自我克制的"文明"观念。因为他接下来大段援引哥伦比亚大学校长尼古拉斯·巴特勒1912年出版的《国际心灵》一书来支持自己有关文明与和平的观点。《国际心灵》是巴特勒在莫洪克湖国际仲裁会议上发表的演说集。巴特勒在这本著作中多次提到"真正的文明"。他说道，"人类必须将战争视作一个病态现象"，必须要寻找病因，从而"为一个更高等和高贵的文明打下地基"。他将真正的"文明概念"（true conception of civilization）概括为"科学与哲学的发展、人文成就、道德和社会进步、工商业繁荣等"。② 作为卡内基基金会的主要领导人之一，巴特勒的"国际心灵"一说也成为该基金会的重要口号，用于帮助美国将自己心目中更为和平自制的"文明标准"推广到欧洲。

著名一神论派（Unitarian）牧师、反帝主义者查尔斯·多尔（Charles Dole）也持一种和平进化的思想。③ 他的文字中，充分地体现出一种线性的、进步的"文明主义"信仰。例如，委内瑞拉危机后，他对美国舆论以门罗主义为名、阻止"英语文明"进入委内瑞拉这个不幸的国家感到

---

① Edward Krehbiel, "Force and Finance vs. Human Fraternity," *The Dial*, vol. 54, no. 688 (January 16, 1913), p. 57.
② Nicolas Murray Butler, "The Carnegie Endowment and International Peace," *The Advocate of Peace*, vol. 73, no. 7 (July 1911), pp. 154-155; Nicholas Murray Butler, "The International Mind," *The Advocate of Peace*, vol. 74, no. 6 (June 1912), pp. 143-146.
③ 尽管多尔是一位基督教徒，但作为其中最为自由、和平，也最具"普世性"的一神论派牧师，他的线性"文明主义"思想可以说完全压倒了伪装成"文明"的"文化主义"（基督教信仰与"文明"的关系可参见第一章）。如多尔在论述基督神学的时候，曾大力强调建立"文明的神学"（theology of civilization）的必要性。他指出，既有"文明人的神学"，也有"野蛮人的神学"。在"文明的神学"中，"善意"（Good Will）占了统治地位。"文明除了是由善意来统治世界，还能是什么呢？"见 Charles Fletcher Dole, *The Theology of Civilization*, New York: Thomas Y. Crowell & Company, 1899, p. 85. 美国和平协会秘书长本杰明·特鲁布拉德等经常使用"基督文明进化"（the evolution of Christian civilization）的表述，也是此种"文明主义"的体现。

吃惊。① 他也不认为德国在南美的扩张会对美国造成威胁。1912 年，他在《门罗主义的得与失》一文中写道，德国人毫无疑问会大量移民南美。但德国移民是那种"最受欢迎的移民"："不论他们去哪里，都会伴随更高等的文明。"如果南美和中美洲的国家都"德国化"了，那么整个世界，包括美国，都将从中受益。② 美国依靠门罗主义抵御欧洲殖民帝国入侵、捍卫美洲自由的理由并不成立，因为只有"我们的邻居越文明"，"我们的自由"才越少受威胁。多尔声称，美国的门罗主义是自私的，是在用权力维护美国利益，阻碍了拉美国家的"文明化"：只要美国"继续试图扩张自己的权力，将自己的文明形式（forms of civilization）强加给所谓的'低劣者'（inferiors）"，那么门罗主义将不会有任何正义的根基，而只会引起"嫉妒、仇恨和战争"。③ 多尔坚称，"文明"国家之间不会发生战争。他还指出，很多人担心"黄祸"，但实际上没什么可担心的。因为自从佩里打开日本国门后，日本已经逐渐成长为一个"文明大国"（civilized power），"急切地想要适应现代环境的日本人民已经如此之开明，是不会选择再倒退回野蛮状态，而去发动一场旨在征服世界的疯狂圣战（insane crusade）的"。④ "如果说战争的阴云在我们和其他国家间聚集的话，那么这一定不是因为对手的野蛮"，而是美国人缺少"真正的文明"。⑤ 他认为，像过去匈奴人、印第安人那样给美国人带来危害的"野蛮人"已不复存在："谁是现代国家的敌人，他们在哪？……曾让我们的祖先为之恐惧的野蛮人已不再侵蚀我们的边境；让旧世界为之战战兢兢的、不知从地球何处冒出来的神秘野蛮人也已经再也看不到了。野蛮人如今被看作落后和可悲的人群，需要得到我们的怜悯，等着我们去文明化他们。""看看我们的那些邻居吧。英国、德国、俄国、法国、加拿大、墨西哥、

---

① Charles Fletcher Dole, "Address of Rev. Charles F. Dole," *Advocate of Peace*, vol. 59, no. 8 (August/September 1897), p. 196.
② Charles Fletcher Dole, *The Right and Wrong of the Monroe Doctrine*, Boston: World Peace Foundation, 1912, p. 6.
③ Charles Fletcher Dole, *The Right and Wrong of the Monroe Doctrine*, Boston: World Peace Foundation, 1912, p. 12.
④ Charles F. Dole, "War and the Spirit of Democracy," *The Advocate of Peace*, vol. 68, no. 11 (December 1906), p. 58.
⑤ Charles F. Dole, "War and the Cholera," *The Advocate of Peace*, vol. 65, no. 8 (August 1903), p. 146.

日本，他们总体上跟我们一样文明。"① 他也反对将俄罗斯视作仇敌。② 这与将斯拉夫文明视作最大威胁的"文化主义"形成了明显的对比。③

总之，"真正的文明"话语较为接近维多利亚鼎盛时代的文化特征，它强调绅士精神、自我控制、渐进变革、国际法治、线性进步以及和平的商业贸易等，不仅是一种典型的"文明主义"，而且在今天看来代表了"文明主义"中相对更好的成分——"文明自制"。④

如之前所分析的那样，基督教本来与"文明"存在一定的张力，对文明持批判，甚至反对的态度；⑤ 但当"基督文明"一词被频繁使用之

---

① Charles F. Dole, *The Spirit of Democracy*, New York: Thomas Y. Crowell & Co. Publishers, 1906, pp. 63-64.

② 他说道："人们说，俄国是个帝国，她的统治往往会扼杀个性，以及被支配种族的自由。的确，很少有美国人能够生活在俄国的体系之下，但是俄国所做的，与美国在菲律宾群岛所做的并无本质不同，只不过前者规模更大更粗糙，而美国做得更精致而已。俄国主张要文明化、教育和统一野蛮而异质的人们。俄国像美国一样想要海权。但同时俄国正在从专制主义可怕的无用功中学习。将所有人聚拢在一起的民主的精神每天都在渗入这个大帝国的每个城镇。人们正在阅读现代的书籍；普通人正在提问和思考；俄国的空气中正充满着新鲜的观念。俄国现在是一个专制国家，但是俄罗斯人民已经从这种冷漠中醒来，他们的发声正在被注意；民众的制度将要到来。庞大而深刻的力量正在为和平创造条件，尤其是对爱好自由的美国人民而言。" Charles F. Dole, "War and the Spirit of Democracy," p. 58. 作为美国和平协会的会刊，《和平倡导者》发表了大量类似的文章或社论，鼓吹一种看上去颇为幼稚的"文明主义"，反对关于"盎格鲁-撒克逊文明"与"斯拉夫文明"冲突的"文化主义"观点。还可参见 The Editor, "Anglo-Saxon or Slav," *The Advocate of Peace*, vol. 64, no. 10 (October 1902)。

③ Charles F. Dole, "War and the Spirit of Democracy," *The Advocate of Peace*, vol. 68, no. 11 (December 1906), p. 58.

④ 例如梅里尔·盖茨说到，为了避免罗马帝国被"野蛮人"入侵的悲剧重演，应当提前教会土耳其人、俄国人、中国人与非洲人这些"数量众多的种族"以"自我控制、正义、尊重法律"等习惯。见 Merill Edward Gates, "Address by Merill Edward Gates," in *The American Conference on International Arbitration Held in Washington, D. C., April 22 and 23, 1896*, New York: The Baker & Taylor Co., 1896, p. 75。

⑤ 1890 年，一位主教曾这样论述"文明"与宗教"使命"之间的关系："在它让传教士认为舒适是不可或缺的这一方面，文明对传教士是一个积极的阻碍。它只是关于尘世的；它容易让我们忘记尘世之外的生活，因此当我们感谢上帝对我们的赐福之时，我们永远需要记住，有一个事物比舒适更好，那就是关于福音的知识。文明因此是交到我们手上的、一个伟大而强有力的工具，为的是服务于那些仍处在其范围之外人们的利益，但它仅仅只是一个工具，而且当我们将目标确立为培育一个文明国家，而非一个神圣教会之时，它有可能会制造出令人畏惧的罪恶。重要的是，我们应当出于自己的真诚与质朴，让黑人与白人，印第安人与英国人都合为一体，因为他们都是耶稣基督已经救赎的对象。只有这样，文明才是上帝最伟大的赐福。"见 Bishop Steere, "Civilization in Relation to Missions," *Sunday at Home* (December 20, 1890), p. 125。

时，也就意味着它与"文明"结成同盟，分享着关于"文明"战胜"野蛮"的线性进步话语，而不是像德·梅斯特、夏多布里昂和威尔伯福斯等法国大革命后的基督教保守派一样，将基督精神与"文明"对立起来。在仲裁会议中，也总是少不了宗教界人士的身影。不仅是贵格派、一神论派这些长久以来鼓吹和平的教派，天主教、公理会等也加入了这一运动，他们与世俗的知识分子一样，用"基督文明"的进化等话语来支持仲裁。例如，美国密歇根大学校长詹姆斯·安吉利在1896年华盛顿仲裁大会致辞开篇中感叹："我确信，我们所有人都至少有一个感觉，那就是在和平之王（Prince of Peace）来到我们中间1900多年之后，竟然有如此多的国家频繁诉诸野兽和野蛮人的方式，而非理性人和兄弟之爱的方式去解决争端，这对我们今天的基督文明来说是一个悲伤的评语。"① 可以说这里的"基督"与"文明"几乎成了同义词。

从上述"真正的文明""基督文明"等话语中可以看出，并非所有仲裁主义者都是"帝国和平论"者；这些"文明"的身份意识也很容易指向反帝主义。威廉·萨姆纳、卡尔·舒尔茨、安德鲁·卡内基和詹姆斯·布莱恩等便是其代表。雅各布·舒曼尽管有一定的动摇，但也属于这一阵营。他们大多既主张仲裁，又主张裁军，并且主张放弃菲律宾，尽快让其独立。他们头脑中的观念主要是"文明主义"。他们往往如后来的熊彼特一样，将"帝国"视作封建残余和贵族的游戏，认为"帝国"是与社会达尔文主义的进步发展规律背道而驰的。

美西与美菲战争爆发之后，威廉·萨姆纳在《耶鲁大学法律杂志》（*Yale Law Journal*）上发表了《西班牙对美国的征服》一文，旗帜鲜明地反对美国占领菲律宾。在文中，萨姆纳运用社会达尔文主义理论批判了"帝国主义者"们对荣耀（glory）的追求，认为这是军国主义（militarism）时代的残余："对荣耀的渴望是一种流行病，它让人们丧失了判断力，让他们变得虚荣自负，看不到自己的真正利益，并且腐化了他们的良知。"② 萨姆纳称，"当下在欧洲大陆上，你到任何地方都可以看到

---

① James Angell, "Address of President Angell," in Martha D. Adams, "The Washington Conference," *The Advocate of Peace*, vol. 58, no. 5 (May 1896), p. 122.

② William Graham Sumner, "The Conquest of the United States by Spain," *The Freeman*, vol. 48, no. 12 (December 1998), p. 743.

军国主义和工业主义之间的冲突。你可以看到由人们的精力、希望和节俭带来的工业力量的扩张,你也可以看到这一发展进程被军事考虑带来的政策所阻碍、分散、削弱和挫败"。① 他反对美国拥有殖民地和附属(dependencies)。② 他指出,"人人平等"仅适用于美国国内,将其应用到国外将会遇到极大的麻烦:"美国人从一开始便坚持人人平等的信条。我们将其变成了绝对化的准则,使之成为我们的社会和政治理论的一部分……当我们看到,美国军队将这一国内的教条(domestic dogma)带到国外去,却必须要应用于不文明和半文明人民身上的时候,会令我们感到震惊",因此美国到菲律宾之后,便很快将这一观念抛诸脑后,采取了与西班牙几乎同样的殖民政策。③

英国著名经济学家约翰·霍布森则痛斥皮尔逊、吉丁斯等人对社会达尔文主义进行了曲解。他认为帝国主义所追求的荣耀、伟大等是虚幻的,反映的是少数阶层(如军人、银行家等)的特殊利益,而并不符合多数民众的利益,与其向外进行"粗放"的扩张,不如在国内进行"集约"化的发展;生存竞争并不是像动物一样相互残杀,最后由自然进行选择,强者胜出,进而推动"文明"的进步,而应当是进行"理性选择",让个体或种族能够在更高级的精神层面进行"优胜劣汰"。④

美国和平协会会刊《和平倡议者》也持温和反帝立场。它在一篇社论中也说道,"欧洲人应当留在非洲。黑暗大陆应当被欧洲文明所征服,只要这是真正的文明。但应当采取何种方法呢?面对欧洲国家的殖民专制、虚伪和嫉妒,却公然声称,非洲在欧洲的控制下变得更好了,是一个可悲的借口。在欧洲的控制之下,相比采用正确的方式,非洲已经变得无限糟糕了"。不过它也对英国殖民政策有一定好感:"那些曾激烈反对过以往大不列颠在埃及所为,和当下在栋古拉的远征的人,却认可了

---

① William G. Sumner, "The Conquest of the United States by Spain," *The Yale Law Journal*, vol. 8, no. 4 (January 1899), p. 186.
② 萨姆纳认为,由于气候原因白人不可能大规模移民菲律宾,因此称之为"附属"(dependency)比"殖民地"(colony)更为恰当。当时很多人也都意识到了这一点。
③ William G. Sumner, "The Conquest of the United States by Spain," *The Yale Law Journal*, vol. 8, no. 4 (January 1899), pp. 176—177.
④ 〔英〕约翰·阿特金森·霍布森著,卢刚译:《帝国主义》,北京:商务印书馆 2017 年版,第 155 页。

她对尼罗河国家和南非的服务。但这只是说，大不列颠并非都是专制和虚伪的人。在英国人民当中占绝对主导地位的真正基督文明也部分地外溢到了她所到达的土地，尽管不乏暴力、欺骗、虚伪和贪婪。"①

当然，无论是威廉·萨姆纳、安德鲁·卡内基还是《和平倡议者》杂志，他们在反对帝国主义的同时，也往往会从后门将"帝国"再请回来。他们并非否定殖民本身，而只是如伯克、密尔对东印度公司的批判一样，希望能有更好、更为"文明"的手段来建立一个"普世帝国"。这一悖论本质上也是源于他们头脑中的"文明主义"。这种"文明主义"固然有着自身的理性道德观——它不希望看到弱小民族遭受强者的欺压，但毕竟又表现为一种单数的、线性的和进化的"文明"观念，它往往将一个民族的弱小同其"文明"程度低下画等号，因而带着隐蔽的权力色彩，往往会站在欧洲中心的、强者的视角来看问题。他们对弱小民族的同情至多限于"恩护主义"，即对弱小民族施恩、保护和教导。

一个例子是，即便是和平主义者或反帝主义者，一般也对镇压义和团运动持肯定的态度。这与他们的"普世性文明主义"有关。在他们看来，国家之间的和平不是靠相互封闭得到的，而是需要进行密切的交往，也只有密切的交往才能促进国际主义与国际和平。许多和平主义者和反帝主义者信奉基督教，而基督教本身也是"普世主义"的，它追求自由传教的权利。他们认为闭关锁国是错误的政策。按照他们的逻辑，镇压义和团同样不是在与中国交战，而只是维护秩序的"警察行动"。

当然，我们也会发现一些反帝主义者公开对"文明"或"文明使命"抱着嘲讽态度，也会反对列强镇压义和团运动。1901 年，在《辛丑条约》签订后，马克·吐温在《北美评论》杂志上撰文，批判美国的帝国主义政策。他抨击美国占领菲律宾，以及八国联军对义和团的镇压。他认为义和团运动的根本原因在于传教士对当地人民的欺压。在 1900 年的圣诞夜，《纽约论坛报》刊登了一篇日本通讯作者激烈抨击传教士在东方进行"宗教侵略"的文章，马克·吐温摘录其中一段后讽刺说，也许仅仅是"部分文明化"的日本人才会这么认为，"完全文明化"的日本人就不一样了。他接着问道："我们是继续将我们的文明传播给那些坐

---

① The Editor, "Europe in Africa," *The Advocate of Peace*, vol. 58, no. 5 (May 1896), p. 103.

在黑暗中的人们，还是让他们能够有喘息的机会呢？"

马克·吐温对"文明化"中国的政策进行了曲折而隐微的嘲讽：

> 难道我们不应将我们所有的文明工具（civilization-tools）摆放在一起，看看我们除玻璃弹珠和神学，马克沁机关枪和赞美诗，杜松子酒以及启蒙进步的火炬（其功用明显是灵活的，偶尔也很擅长点燃村庄）外还有什么其他工具可供使用，然后权衡利弊，从而明智地做出是要继续之前的做法，还是改弦更张，开始一项新的文明事业（a new Civilization Scheme）的决定呢？难道这样不是审慎的做法吗？

马克·吐温反复强调，"将文明的福音传播给我们黑暗中的兄弟是一桩好的生意，并且获利丰厚……文明福音的托付（Blessings-of-Civilization Trust）倘若能得到谨慎而聪明的执行，将会再好不过"。初看起来，这似乎是对"文明福音"被扭曲和错误执行的惋惜之情。但他随后又点出了其实质：相比其他游戏，从"文明福音托付"中可以获得"更多的金钱、更多的领土、更多的主权"。不仅如此，"基督教世界最近这个游戏玩得非常糟糕……以至于（坐在黑暗中的兄弟们）开始对文明的福音变得狐疑起来。不仅如此——他们开始审查它"。尽管殖民者强调"文明的福音"是"优良的商业资产"，但这只是表面上的修饰，"从私下里观察"，"文明的福音"只是供出口的、包装完好的"一层外壳"，揭开"光鲜、美好和有吸引力的外表，将会展示我们文明中，供国内消费"的真实产品，才是"坐在黑暗中的顾客们用他们的鲜血、眼泪、土地和自由所换购的真实产品（Actual Thing）"。不仅如此，麦金莱、张伯伦、法兰西第三共和国的领导人、俄国沙皇和德国皇帝们"由于不熟悉这个游戏"，甚至连精美的包装也弃而不顾，而赤裸裸地将真实产品输送到黑暗之地。① 而对那些"黑暗中的兄弟们"来说，在首次购买到未加包装的"真实产品"后，他们将会惊呼："什么！基督徒打基督徒，仅仅是为了钱？……这是文明与进步吗？……是否有两种文明，一种是专供基

---

① Mark Twain, "To the Person Sitting in Darkness," *The North American Review*, vol. 172, no. 531 (February 1901), p. 166.

督教世界内部消费，另一种是提供给异教徒去消费的呢？"至此他们才算真正认清了"文明"的真相，在中国被迫签订《辛丑条约》，向西方国家支付巨额赔款后，一个中国编辑也许会问道："文明是尊贵和美妙的，但我们是否能够承受得起呢？……他们的文明真的比我们更好、更崇高、更高贵、更高尚吗？"

1899年10月布尔战争爆发后，海约翰、马汉、洛奇和西奥多·罗斯福等美国重要政治家以"盎格鲁-撒克逊"或"英语种族"代表"文明利益"和进步为由，支持英国的殖民战争。此前罗斯福在给亨利·怀特的信中写道，尽管他十分景仰布尔人，"但英语种族在南非占据主导地位才符合文明的利益，就如同美国作为英语种族的伟大分支，应当在西半球占据主导地位一样"。时任国务卿的海约翰认为英国的权力"整体上是为和平与文明而打造的"，因此它的失败将是"不祥之兆"。[①] 马克·吐温则认为英国发动这场战争是不道德的，也对美国舆论界支持英国时经常使用的"文明"话语十分厌恶。1900年1月，他在给美国牧师特维切尔（Rev. J. H. Twichell）的信中这样痛斥"文明"：

> 布尔人往往被视为不文明的，我不知道原因是什么。幸福欢乐、免于饥饿的食物、遮风挡雨的住宅、御寒的衣服、健康的劳动，适度而理性的进取心、诚实、友善、好客，对自由的热爱和为之而战的无穷勇气，面对灾难时的镇定和坚韧……，在困难和匮乏状态下的耐心，在胜利的时候不喧嚷吹嘘，满足于和平而简陋的生活，不去追求非理性的刺激——倘若有比这更高、更好形式的文明，我不知道它的存在，也不知道去哪里找。我们习惯于想当然地认为，需要增添许多艺术、智识和其他人为的事物，否则它就是不完整的。我们和英国人有这些玩意；但我们在上述其他的地方却缺了一大块。我认为布尔人的文明比我们更好。对我们的文明，我的感觉是它是一个破烂贫乏的东西，充满着残忍、虚荣、傲慢、刻薄和虚伪。我一听到这个词的发音就感到厌恶；对于这个词所代表的内容，我希

---

① Stuart Anderson, "Racial Anglo-Saxonism and the American Response to the Boer War," *Diplomatic History*, vol. 2, no. 3 (Summer 1978), p. 223.

望它下地狱，那里本来就是属于它的。

但即便马克·吐温对"文明"一词进行了激烈批判和嘲讽，也不可简单从字面意思去理解。事实上他对"文明"的态度是十分矛盾的。他更多地是厌恶"文明"被滥用，而非要颠覆"文明"本身。也许他的批判言论与前述"真正的文明"在逻辑上更为接近，体现为"文明自制"的心理。

在真正面临重大"考验"的时候，他甚至会支持"盎格鲁-撒克逊"或英美文明优越论。尽管他毫不掩饰他在某些情形下对"文明"的憎恶，却似乎仍然把英国当成是人类"文明"的希望，不愿意看到它在布尔战争中失败，进而造成连锁反应，引发欧洲列强的围攻，导致"进步"势力的大溃败："也许我们能够用更好的事物来替代它，但也许这是不可能的。尽管文明乏善可陈，但它是比真正的蒙昧（real savagery）更好的事物。因此我们不能在这段时期对英国进行严词谴责，也不能希望它输掉这场战争，因为英国的战败和衰落对于整个人类将是一场无可挽回的灾难。很自然地，我站在英国一边；但英国是错的……至少这是我个人的信念。"[①]

可以说，尽管他也很努力地反思"文明"使命，但他内在的文化身份仍然限制了他。他首先是一个美国人，一个为"盎格鲁-撒克逊文明"所内化之人。拥有此种身份意识的人反对英美"文明"，正如人要抓住自己的头发试图让自己离地一样。他在《哈克贝利·费恩历险记》等著作中对人类社会"文明"的腐蚀作用进行了指责，但最终还是不得不回归到人类社会之中。因此，与斯特德、霍布森、埃利奥特等一样，他的"反帝主义"仍然带着强烈的"盎格鲁-撒克逊"印记——英美可能是错的，但却不能因为反对它们，而丧失了"文明"的希望。这也许就是"文明自制"的限度所在。

[①] Max Lerner, *America as a Civilization: Life and Thought in the United States Today*, New York: Henry Holt and Company, 1987, p. 55; Mark Twain, "To Rev. J. H. Twichell, in Hartford," in Albert Bigelow Paine, ed., *Mark Twain's Letters*, New York: Gabriel Wells, 1923, pp. 694-695.

第七章 走向"国际政府":从帝国到联盟

20世纪初,随着"金融文明"带来的第一波通货紧缩危机逐渐平息,资本主义世界再次迎来一个繁荣期,全球化亦在一战前达到一个阶段性高潮。在精英们对美国的预期转向乐观的情况下,阴郁悲观的"文化主义"有所退潮,"文明主义"理念再度焕发活力。在这个大背景下,美国的"文明受托人"身份意识也随之高涨起来。当然,这种身份意识并非对欧洲帝国"文明"身份亦步亦趋的模仿,而是带有美国自身的特点。概括说来,这一时期美国的帝国构建路径主要有如下三个方面的表现。第一,美利坚帝国的"文明"身份从"盎格鲁-撒克逊文明"回归了"美利坚文明",开始与英帝国的治理模式分道扬镳,在经济上注重商业与市场,在政治上重视输出民主,手段也颇为灵活,与其国民哲学——实用主义的理念十分相符。第二,美利坚帝国带有"去中心化"的特点。美国官方在宣传话语上试图与欧洲保持距离,否认自己是一个欧洲式的"帝国",而宣扬美国自殖民地时期以来一以贯之的扩张和"联盟"政策。这种"对帝国性质的否认"(denial of empire)实际上也促使美国从以征服和占领为主的罗马帝国模式向间接控制为主的雅典帝国模式转变。第三,美利坚帝国更重视联合其他帝国主义列强(所谓"文明世界"),运用国际法和国际制度来构建其理想的国际秩序。它试图通过相对更温和的国际仲裁等"文明自制"手段促进世界的联合,建立西方集体霸权主导下的"国际联盟",实现从殖民帝国向所谓"国际政府"的过渡。这种"国际政府"类似于考茨基所说的"超帝国主义",而宣扬"国际政府"的文明话语可以说正是葛兰西式"文化霸权"的重要组成部分。

一 "美利坚文明"的"去盎格鲁-撒克逊化"

尽管"文化主义"类似于艾森斯塔特所说的、难以跨越边界的"原生集体身份"(primordial collective identity),与种族自大、封闭排外、返祖好战等社会心理有较强相关性,① 但有趣的另一面是,在加入欧洲帝国俱乐部后不久,美国所流行的"文化主义",即对"美利坚文明"独特性的坚定信念,以及对"欧洲文明"与"盎格鲁-撒克逊文明"的各种不满和批评,反倒构成了对传统帝国主义的解毒剂。②

马克·吐温在《致坐在黑暗中的人们》中,除同情义和团运动之外,还激烈地批评了麦金莱总统占领菲律宾的决策。他首先对麦金莱在古巴问题上选择继续坚持美国传统的行为表示了肯定,称这使得美国人"为之感到骄傲,为他在欧洲大陆人当中激起的极度不满而感到骄傲"。麦金莱曾宣称,强制合并古巴是"犯罪式的侵略",尊重古巴的独立地位"就像莱克星顿的枪声一样",对世界产生了良好的影响。但就在不到12个月后,麦金莱又面临"菲律宾的诱惑。这次的诱惑太强烈了,导致他犯了一个糟糕的错误:他玩起了欧洲人的游戏,张伯伦的游戏。这个错误是一个巨大遗憾,是一个严重的、不可撤销的错误。因为这是再次玩美国游戏的好时间、好地点。也不需要付出任何代价"。

但错误已然铸成。该如何挽回呢?马克·吐温用讽刺的口吻为美国领导人献计献策,即用"文明"和基督福音进行掩饰。③ 首先是坦白所犯的一切罪行。然后辩称,"每一桩事情都是为了最好的结果。我们知道

---

① Shmuel Noah Eisenstadt and Bernhard Giesen, "The Construction of Collective Identity," *European Journal of Sociology*, vol. 36, no. 1 (May 1995), p. 73.

② 霍夫斯塔特认为,"盎格鲁-撒克逊主义"的高潮阶段短暂地出现在世纪之交,随后便走向弱化。Richard Hofstadter, *Social Darwinism in American Thought*, Boston: Bacon Press, 1992, p. 183。19世纪末一度讨论十分热烈的"盎格鲁-撒克逊联盟"也走向消退。英国历史学家瑞奇认为,英美"盎格鲁-撒克逊团结的高潮阶段"在1895—1905年这十年间,随后因为对外扩张热情转入低潮、自由主义的复兴和人类学文化相对主义的兴起等原因而被削弱,尽管"盎格鲁-撒克逊"的表述不时也会被右翼继续使用。见 Paul B. Rich, *Race and Empire in British Politics*, Cambridge: Cambridge University Press, 1986, p. 26。

③ Mark Twain, "To the People Sitting in Darkness," *The North American Review*, vol. 172, no. 531 (February 1901), p. 171.

这一点。基督世界的每一个国家,每一位国家元首,基督世界90%的立法机关,包括我们的国会和50个州的议会,都不仅是教会成员,而且是文明福音信托机构(Blessings-of-Civilization Trust)的成员……这将让黑暗中的人心服口服",并且将让那位熟稔帝国游戏的大师(Master of the Game)① 加入"我们国家神明的三位一体中":"华盛顿代表解放者的利剑;林肯代表着奴隶们被砸碎的锁链,而那位大师则代表修补好的锁链。"②

这里需注意的不仅是马克·吐温反帝和同情义和团的思想,同时还有他对"欧洲游戏"和"美国游戏"的区分:他将麦金莱一分为二,认为他拒绝吞并古巴是明智的,是在继续"美国人的游戏",而吞并菲律宾则是对美国路线的偏离,是在玩欧洲人的游戏。他认为华盛顿和林肯才代表了真正可取的美国式"游戏",而诉诸"文明福音信托机构"的做法则已经与欧洲同流合污了,代表用"锁链"奴役"野蛮人"。

出于对"欧洲游戏"的不满,反帝主义者们阐发了一种类似于今天"文化多元"的思想路线。与马克·吐温区分"美国游戏"和"欧洲游戏"类似,美国"反帝主义"的领袖威廉·詹宁斯·布赖恩进一步区分了"美利坚文明"与"盎格鲁-撒克逊文明"。美国本身的文化多元现状、国内盛行的关于种族"熔炉"的神话为此提供了现实支撑。1899年,布赖恩发表题为《美国使命》(America's Mission)的演说,称"最近关于盎格鲁-撒克逊文明的言论很多",但他强调"美利坚文明"其实是多个伟大文明的混合体,综合了诸如希腊、拉丁、斯拉夫、凯尔特和条顿等文明的优点,"盎格鲁-撒克逊文明"仅仅是其中很重要的一支而已。同时在传播"文明"的方式上,双方也有着很大区别,"盎格鲁-撒克逊文明"依靠的是"堡垒和要塞",而"美利坚文明"依靠的是"其他种族"对自由和建立"自治政府"的渴望:③

---

① 指麦金莱。
② Mark Twain, "To the People Sitting in Darkness," *The North American Review*, vol. 172, no. 531 (February 1901), pp. 174-175.
③ Paul A. Kramer, "Empires, Exceptions, and Anglo-Saxons: Race and Rule between the British and United States Empires, 1880-1910," *The Journal of American History*, vol. 88, no. 4 (March 2002), p. 1340.

盎格鲁-撒克逊文明教个人保护自己的权利；而美利坚文明则教个人去尊重他人的权利。

盎格鲁-撒克逊文明教个人管好自己，美利坚文明则宣称法律面前人人平等，让所有人知道他最高的利益需要遵守这一指令："你应当爱邻如爱己。"

盎格鲁-撒克逊文明为了盎格鲁-撒克逊人的利益，用武力的手段将政府技艺运用到其他种族；而美利坚文明则将通过榜样的影响，在其他种族那里激起建立自治政府的愿望和保卫它的决心。

盎格鲁-撒克逊文明将它的旗帜带到了每一个地方，并用堡垒和要塞去保卫它。美利坚文明则要将它的旗帜印刻在所有渴望自由之人的心中。①

在1908年宾夕法尼亚州仲裁大会上，威廉·布赖恩再次提出了"美利坚文明"的说法："正如我相信奉献是衡量个人是否伟大的尺度一样，我相信奉献也是衡量国家是否伟大的尺度，没有任何其他国家能够达到我们的伟大程度，因为没有任何国家像我们一样，曾经且一直在为世界奉献。我们为世界提供了关于政府、教育和宗教的理念，我们注定要塑造世界。没有任何国家曾达到这一点。这一影响不会通过武力和暴力产生，因为我们的国家正在发展一种文明，它超越了过去的其他文明，它正在发展和兴起，在这个过程中它将通过其高贵的示范力量将其他的国家都吸引过来。"② 在"盎格鲁-撒克逊文明"被视为世界中心的时候，布莱恩却强调"美利坚文明"的独特性，这可被视作对"文明"的反叛，也是客观上有益的反叛。③

---

① Williams Jennings Bryan, "America's Mission," in *Speeches of William Jennings Bryan*, vol. 2, New York: Funk & Wagnalls Company, 1909, pp. 15–16.

② "Pennsylvania Arbitration Conference," *Friends' Intelligencer*, vol. 65, no. 22 (May 30, 1908), p. 345.

③ 布莱恩对"美利坚文明"与"盎格鲁-撒克逊文明"的区分，某种意义上是对以城市化、全球化、理性化和线性进化等为标志的主流"文明"之反叛，体现出"文化主义"的色彩。例如，他关于城市与乡村的名言："烧掉你们的城市而留下我们的农场，你们的城市会像魔法一样再次兴起；但倘若摧毁了我们的农场，这个国家每座城市的街道都将会长满荒草。"又如，他关于菲律宾的种族主义观点："共和党的竞选纲领认为，菲律宾群岛将会在美国的主权下被保留，但我们有权利要求共和党领导人（转下页注）

西奥多·罗斯福对"盎格鲁-撒克逊文明"的看法也在发生转变。年轻的罗斯福曾大量接触和阅读关于"盎格鲁-撒克逊主义"的著作，与其志同道合的约翰·伯吉斯、亚当斯兄弟、洛奇和马汉均是"盎格鲁-撒克逊主义者"，他也曾附和过"盎格鲁-撒克逊人"优越论的说法，煞有介事地谈论拉丁人、德意志人等其他白种人相比盎格鲁-撒克逊人的缺点；但到了 20 世纪初之后，罗斯福越来越频繁地表明他不相信"盎格鲁-撒克逊"或"雅利安"的远古优越论。1905 年，罗斯福开始明确否认"盎格鲁-撒克逊种族"的真实存在，表示倘若有机会重新写作，他将不会使用"盎格鲁-撒克逊"的表述；1907 年，他又公开质疑"雅利安种族"的存在，认为这只是"一个语言而非生物学概念"。1910 年，他在牛津大学发表题为《历史上的生物类比》（Biological Analogies in History）的演说，用嘲讽的语言批评了种族主义者的"祖先崇拜"和将条顿、雅利安等人为制造的名词"神圣化"的行径，宣称"盎格鲁-撒克逊这一术语本身是松散的和没有意义的"，"那些发展出高级文明，在世界事务中起到主导作用的社会大多都是人造的，这不仅体现在社会结构方面，也体现在它们包含着完全不同的种族类型方面。一个国家很少只属于一个种族，尽管其公民一般只说一种语言"。①一战爆发后，有盎格鲁-撒克逊主义者写信给罗斯福，要求他在一份支持英国的请愿书中

（接上页注③）对菲律宾未来的地位进行讨论。菲律宾人将会被作为臣民还是公民？难道我们要将 800 万到 1000 万亚洲人带到我们的政治体当中吗？他们在种族和历史上与我们是如此不同，以至于混合是不可能的……民主党的竞选纲领宣称，菲律宾人成为公民将会危及我们的文明。谁会有争议呢？难道还有别的选择吗？"保罗·克雷默将帝国主义者与布莱恩之间的争论视为"种族例外论"（racial exceptionalism）和"民族例外论"（national exceptionalism）的张力，但显然其背后还有"文明主义"与"文化主义"的冲突。见 Paul A. Kramer, "Empires, Exceptions, and Anglo-Saxons: Race and Rule between the British and United States Empires, 1880–1910," *The Journal of American History*, vol. 88, no. 4（March 2002）; Williams Jennings Bryan, "Imperialism," in *Speeches of William Jennings Bryan*, vol. 2, New York: Funk & Wagnalls Company, 1909, p. 29; Merle Eugene Curti, *Bryan and World Peace*, New York: Garland Publishing, Inc., 1971; Fred H. Harrington, "The Anti-imperialist Movement in the United States, 1898–1900," *Mississippi Valley Historical Review*, vol. 22, no. 2（September 1935）.

① 见 Thomas Dyer, *Theodore Roosevelt and the Idea of Race*, Baton Rouge: Louisiana State University Press, 1980, pp. 67–68; Thomas F. Gossett, *Race: The History of an Idea in America*, New York: Oxford University Press, 1997; Theodore Roosevelt, "Biological Analogies in History," *The Outlook*, vol. 95, no. 6（June 11, 1910）, p. 304。

签名，但他回信说道："我非常遗憾不能签署这份请愿书……你要求美国人宣称自己是盎格鲁-美利坚人。我不同意你所说的美国人应当自我宣称是盎格鲁-美利坚人，并因为英格兰是母国而站在她一边……我不认为这是美国人所应该具有的态度。正如德国不是我的母国一样，英国也不是我的祖国。"他宣称美国之所以应当对德宣战，是因为德国入侵比利时的行为破坏了国际法和国际信誉；① 倘若是英国做出同样的行为，美国也会站在德国一边惩罚英国。② 历史学者加里·格斯特（Gary Gerstle）认为，罗斯福本人在参与政治活动后，有从"种族爱国主义"（race nationalism）向"公民爱国主义"（civic nationalism）转变的趋势。他在担任总统后还曾数次与布克·华盛顿等黑人领袖共进晚餐，支持女性普选权，这都在当时引起了不小的反响，引发了白人男性至上主义者的敌视。③

反帝主义者、苏格兰裔富豪卡内基也有类似转变。在19世纪90年代，《北美评论》《大西洋月刊》等刊物发表了一系列讨论英美联盟与"盎格鲁-撒克逊"种族扩张之辉煌历史的文章，卡内基也是热心参与者。他承认"盎格鲁-撒克逊"是美国的母国，也一度赞成英美两国结成"盎格鲁-撒克逊"联盟。但他随即意识到美国不只有"盎格鲁-撒克逊"人，并声称美国与英国不一样的是，由于它的种族混合，美国相对英国纯种的"盎格鲁-撒克逊人"而言要更注重和平，征服基因也大为淡化，因此完全可以发展出更为和平、以仲裁为基础的国际秩序，而且这一秩序可以让英国和平的一面也得以充分发展。作为反帝主义者，卡内基还在1905年发文要求大英帝国解放它的殖民地，让印度独立。这些也都显示出他的"去盎格鲁-撒克逊化"倾向。④

罗斯福公开否认"盎格鲁-撒克逊"优越论，收敛种族主义和男性霸权的做法，以及布莱恩与卡内基的"去盎格鲁-撒克逊化"话语偏好

---

① 转引自伍斌《西奥多·罗斯福的移民"美国化"观及其影响》，《世界历史评论》2022年春季号；Theodore Roosevelt, "International Duty and Hyphenated Americanism," in *Fear the God and Take your Own Part*, New York: George H. Doran Company, 1916, p.143。
② Hans Morgenthau, *Politics among Nations: The Struggle for Power and Peace*, Beijing: Peking University Press, 1997, pp.15-16.
③ Gary Gerstle, "Theodore Roosevelt and the Divided Character of American Nationalism," *The Journal of American History* (December 1999).
④ Alan Raucher, "American Anti-Imperialists and the Pro-India Movement, 1900-1932," *Pacific Historical Review*, vol.43, no.1 (February 1974).

在20世纪初的确也变得越来越普遍。这不仅代表他们个人的转变，也是由于外在环境发生了变化。这其中包括很多外部客观原因，如英国的相对衰落、英日同盟的建立、俄国威胁的减弱以及美国国内种族的多元化现状（所谓盎格鲁-撒克逊人的后裔仅占10%）等，但更重要的可能还是美国社会阶级与种族矛盾的逐步缓和。随着《排华法案》和其他限制移民法令的出台，经济萧条的结束和进步主义改革的深入，19世纪末美国的阶级和种族矛盾都得到了一定程度的缓解，美国逐渐走出了19世纪70年代以来长期经济衰退的阴霾，对"美利坚文明"的预期也触底反弹，从悲观走向相对乐观。① 因此"文化主义"固然难免带有"文化种族"的焦虑、不安全感和排他性，但是在相对乐观、更少焦虑的情势下，良性的"文化多元"思想也随之产生（反之亦然），导致"文明"这一象征从"安全化"回归"去安全化"，有助于美国至少在表面上放弃"欧洲的游戏"，放弃对"盎格鲁-撒克逊文明"的盲目崇尚，转而将美国国内的"熔炉"乃至"马赛克"的"文明"模式推广至世界范围。②

与此同时，国际仲裁运动中关于对不"文明"国家实行"文明专

---

① 霍夫斯塔特比较了19世纪末的平民主义运动与20世纪初的进步主义运动，认为虽然二者都是对统治阶级的"反叛"，但是"进步主义作为一个更繁荣年代的产物，要更少怨恨"，而平民主义则充满着愤怒和情绪的宣泄；同样对移民抱有很深的恐惧和偏见，但进步主义对移民有更多的责任感，试图用"人道和建设性"的方式来推行"熔炉"模式，帮助移民美国化。见 Richard Hofstadter, *The Age of Reform: from Bryan to F. D. R*, New York: Vintage Books, 1955, pp. 133-134。此外，按马修·雅各布森的说法，随着19世纪末20世纪初美国的经济发展与帝国构建带来大量有色人种移民，美国国内种族主要矛盾发生了转移，过去受"盎格鲁-撒克逊"人排斥的爱尔兰人、犹太人等移民族群纷纷从"种族"（race）降格为"族裔"（ethnicity），白人作为新的统一种族随之产生。上述"种族炼金术"客观上也有助于打破"盎格鲁-撒克逊"的神话。见 Matthew Jacobson, *Whiteness of a Different Color: European Immigrants and the Alchemy of Race*, Cambridge: Harvard University Press, 1998。最后，值得注意的是，1924年美国通过种族主义的《移民法》后，博厄斯及其弟子的多元文化主义却也在这一时期变得日益流行，似乎也可以归因于这一系列移民法带来的"安全感"。
② 1904年，在塔夫脱拒绝就菲律宾独立给予明确承诺的情形下，美国最高法院大法官帕克的言论也体现了这种"文化多元"对"文明专制"在话语上的消解作用："我们已经为古巴尽到了义务。我们让她自己去拯救自己——在文明国家的前进路上找到自己的位置。难道我们要禁绝菲律宾人独立的希望吗？难道我们要阻止他们建设自己的文明，而把我们的强加给他们吗？文明是成长，而非掩饰；每一个种族都应当用自己的方式建设自己的文明。"见 "Survey of the World," *The Independent*, vol. 57, no. 2916 (October 20, 1904), p. 881。

制",而在"文明"国家内部实行仲裁和"文明自制"的"两分领域"假设也有所动摇,出现某些近似于"文化多元"的言论。1907年,一位名叫威廉·彭菲尔德(William Penfield)的仲裁主义者公然反对依据"文明"标准将落后国家排斥在外。他说:

> 在古代,希腊人认为欧洲由希腊人和非希腊人,或希腊人和"野蛮人"构成,后者带有低劣和轻蔑的意涵。此后这一概念被扩大和转换为基督与非基督或异教徒,"文明的"与"不文明的",或"文明人""野蛮人"之间的对立。半个世纪前,"文明"、"半文明"和"野蛮"被印制在地图上,用在美国的公共学校教育中。……这个普遍的观念也被引入到了国家间的关系中。(因为这种文明的偏见)现在也没有一个能够像在个人关系间一样普遍适用的、应用到各个国家之间的代表正义原则的仲裁机制。①

此外,随着国际仲裁运动的发展,美国在20世纪与越来越多的"文明"国家乃至不那么"文明"的国家(如墨西哥)签订了"普遍仲裁条约"(general arbitration treaty),这也证明此前认为只有英美两个"盎格鲁-撒克逊文明"国家间才能实行仲裁的担忧是多余的。倘若对20世纪初的仲裁会议记录与19世纪末仲裁会议记录做一番对比,也会发现将"盎格鲁-撒克逊文明"与国际仲裁联系在一起的话语越来越少见了。

"盎格鲁-撒克逊"优越论的鼓吹者姿态似乎也变得更为"谦逊",不再将民主制度与"盎格鲁-撒克逊文明"强行绑定。1915年,一位美国学者出版了一本著作,题为《盎格鲁-撒克逊的优越地位,或者种族对文明的贡献》。他不再使用"盎格鲁-撒克逊文明"的表述,而只是将"盎格鲁-撒克逊"视作为文明做出贡献的种族之一。他在序言中写道:"每一个种族都对文明做出过贡献……本书的写作目的不是讨论战争的原因、问题、效应和后果,而是讨论过去与现在的某些民族与种族对文明做出的有价值的贡献,讨论使盎格鲁-撒克逊人之所以获得优越地位,以及文明之

---

① William L. Penfield, "International Arbitration," *The American Journal of International Law*, (January and April 1907), p. 331.

所以能进步的原则、理念和制度。盎格鲁-撒克逊人无法垄断这些制度；所有种族都可以自由地将其吸收和运用到自己的宪法与生活中……总之，这本书不是在自我吹嘘，而是基于对全人类的热爱；不是为了制造种族仇恨，而是为了唤醒人类共同体的良知……不是为了不恰当地抬高盎格鲁-撒克逊种族，而是为了学习和向人们推荐那些能让盎格鲁-撒克逊人在文明和世界事务中变得如此强大的制度。"① 将英美的强盛归因于所有种族皆可采用的制度，而非"盎格鲁-撒克逊"优越的种族文化特性，无疑也是"去盎格鲁-撒克逊化"乃至走向"文化多元"思潮的一个征兆。②

"文化多元"思想的萌芽不仅是美国国内社会预期从悲观逐步转向乐观的产物，也与它在国际事务中"力不从心"有关。通过比较可以发现，此时反帝主义的"文明"话语与启蒙时代狄德罗、康德、孔多塞和伯克等人对殖民主义的批判颇为相似。如果说启蒙时代是出于东西方差距尚小、线性文明等级观念尚未完全确立、启蒙理性主义尚未发展成英法的实证主义和功利主义等原因，殖民主义容易遭到知识分子批判的话，③ 那么到了19世纪末，伴随着"文明"的深层互动，西方知识分子更深切地感受到了殖民的弊端，也感受到了自身力量的有限性。首先是伴随着殖民地民

---

① John L. Brandt, *Anglo-Saxon Supremacy or the Race Contributions to Civilization*, Boston: Richard G. Barger, pp. 5-6.
② 1938年，一位美国教授对美国的"盎格鲁-撒克逊迷思"（Anglo-Saxon myth）进行了回顾与批评。他在文章开头说道："现在仍然可以听到'我们的盎格鲁-撒克逊遗产'，或'盎格鲁-撒克逊文明'，或'两个伟大的盎格鲁-撒克逊国家'跨海携手的表述。"从作者的语气判断，"盎格鲁-撒克逊文明"的说法仍然存在，但相比19世纪末应当已是大大减弱了。见 Frederick G. Detweiler, "The Anglo-Saxon Myth in the United States," *American Sociological Review*, vol. 3, no. 2 (April 1938)。
③ 根据英国政治学者詹妮弗·皮茨的研究，早期的自由主义者之所以对"帝国"持批判的态度，很大程度是由于当时欧洲工业革命刚起步，"大分流"尚未完成，其实力尚不足以进行大规模殖民；同时东西方文明之间的实力差距尚小，欧洲对东方夹杂着鄙夷、欣赏等各种心态，但神秘和未知之感仍使欧洲知识分子不敢妄言殖民教化。而随着双方实力差距进一步拉大，东方在西方人眼中经历了一个"去魔化"（奥斯特哈默语）或神秘感消失的过程，崇敬之情下降而鄙夷之情上升，东方在"文明"阶梯上的位置被固定，"文明"的等级结构亦变得毋庸置疑，其亲自去占领、指导或教化的动机也愈益强化。再者，相比工业化时代兴起的实证主义和功利主义，启蒙理性思想的抽象道德色彩更强，因此也更易于反感殖民主义。见〔美〕詹妮弗·皮茨著，金毅、许鸿艳译《转向帝国：英法帝国自由主义的兴起》，南京：江苏人民出版社2012年版，第25页；〔德〕于尔根·奥斯特哈默著，刘兴华译《亚洲的去魔化：18世纪的欧洲与亚洲帝国》，北京：社会科学文献出版社2016年版，第29页。

族主义的兴起、科学技术的传播，东西方总体力量差距再次缩小，使得包括美国在内的西方国家认识到殖民主义越来越不符合时代潮流；其次则是亚洲和非洲地区或人口稠密，或气候炎热，更重要的是缺乏经济吸引力，使得白人无法大规模移民，而且全球"文明"的发展尤其给美国、澳大利亚和加拿大等"盎格鲁-撒克逊"的殖民领地带来大量"野蛮人"，在此情形下美国等西方国家不得不采取排斥移民的反"文明"政策；① 最后正如前面所说，美国式的实用主义也并不青睐经典帝国主义路径，这背后既有文化传统因素，同时也是由美国所处的权力结构决定的（尤其是美国缺乏强有力的中央政府来执行帝国政策）。② 这些都使得美国失去了对欧洲式"文明专制"的信心。

---

① 美西战争前，詹姆斯·布赖斯便告诫美国人不要效法英国进行海外领土扩张，他认为吞并"半文明"或"原始"且人口稠密的地区，如印度、非洲等只会给国家带来负担，无法增强其力量；加拿大、澳大利亚和南非等只是意外之喜，而眼下已经没有适合美国白人移民的地方了。见 James Bryce, "The Policy of Annexation for America," *Forum* (December 1897), p. 385。

② 例如，在1896年的华盛顿仲裁大会上，梅里尔·盖茨曾提到，国际仲裁并不是要取消民族主义和民族国家主权，也不是要建立世界帝国（world-empire）。他说，"我们相信民族国家的使命，民族特性和民族生活能够通过它找到强有力的表达，能够在世界上完成它们的天职。但我们将当前的努力局限于两个近亲国家的合作时，我们并不害怕说出诗人的愿景——'人类的议会，世界的联邦'"。他接着说，"虽然我们盎格鲁-撒克逊人厌恶被极端理论所支配，但我们不能害怕一个聪明和智慧的举措，仅仅是因为它对哲学家来说是合理的和在哲学上允许的，对诗人来说是美好和充满应许的。事实是，政治科学是社会正义的实用科学。政治是应用的道德"。见 Merrill Edward Gates, "Address by Merrill Edward Gates," in *The American Conference on International Arbitration Held in Washington, D. C., April 22 and 23, 1896*, New York: The Baker & Taylor Co., 1896, p. 73。可以说这种注重实用、"厌恶极端理论"、厌恶"世界帝国"的态度也导致美国在"帝国"构建上的投入是有限的。当代历史学家威廉·洛伊希滕贝格在分析帝国主义与进步主义的关联时也曾分析说，"帝国主义和进步主义同时兴起更重要的原因是，它们都是同样的政府哲学的表现，即倾向于不是通过手段，而是通过结果来作为任何行动的判断标准，正如约翰·杜威指出的那样，是对为行动而行动的崇拜，是一种对美国民主使命几乎宗教性的信仰……这是一个崇拜结果的时代，而不太关心理论的完善和理论间微妙的区别。进步主义者除了分享中产阶级对美国崛起为世界强国的普遍兴奋之情，以及在国家处于压抑状态（national stress）下帝国主义所带来的民族认同外，还可以仰慕任何可以清理屠宰场或连接两大洋的人物，仰慕不需要长年累月乏味的辩论，以及遵循法律先例，便可以将事情做好的人物"。同样地，这种基于一时热情而缺乏长远规划的实用哲学无疑也很容易会对"文明专制"类型的帝国失去兴趣。见 William E. Leuchtenberg, "Progressivism and Imperialism: The Progressive Movement and American Foreign Policy, 1896-1916," *Mississippi Valley Historical Review*, vol. 39, no. 3 (December 1952), p. 500。

从长时段看，美国的仲裁-反帝主义者们在"文明"观念上与狄德罗等启蒙思想家可谓前后呼应。他们试图回到早期启蒙思想，倡导与非西方世界进行更平等的交往，放弃"文明专制"路线。① 按埃利亚斯的解释路径，这主要是由于随着国际权力结构的变化，美国和西方感到无力继续支撑"文明专制"路线（其轨迹犹如一个对称的"抛物线"，在东西方权力差距顶点的时候产生了"文明专制"心理，而在两边稍低的时候则会产生近似"文化多元"的心理），但这同时也是其社会阶级矛盾在20世纪初改善、预期从悲观走向乐观的表现。简言之，"文化多元"是"文化主义的文明化"，是在特定国内外环境下更乐观、更少焦虑和不安全感的一种"文化主义"思潮。"文明"在19世纪末被"安全化"和种族主义化的过程中，又再次经历了"去安全化"和去种族化的过程。② 这一过程反映在这个时期的学术思潮上，可以看到德裔美国学者弗兰茨·博厄斯开创的文化相对主义思想开始兴起，尤其是在他的代表作《原始人的心灵》于1911年出版后，隐隐有替代一度在美国风行的摩尔根"单线文明进步"思想，以及诺顿"文化种族"主义思想的趋势，对白人或"盎格鲁-撒克逊"的优越论起到了有力的抑制作用。③

---

① "文化主义文明化"现象的一个表现是，一贯担忧"文明衰落"的亨利·亚当斯也开始站在反帝主义一边，1901年，他在给布鲁克斯·亚当斯的信中说道："现在我强烈倾向于反帝主义和反军国主义……倘若我们想要在政治上统治，我们将会陷于不利的境地。" 见William A. Williams, "Brooks Adams and American Expansion," *The New England Quarterly*, vol. 25, no. 2 (June 1952), p. 224。

② 笔者认为，"文化多元"与"文化种族"均强调文化的本质主义、特殊主义和不可通约性，因此同属"文化主义"，但后者焦虑而前者乐观，后者主张种族文化不平等而前者主张种族文化平等，后者更好战而前者更和平。

③ 美国"人类学之父"博厄斯是德国犹太人，他28岁才从德国移民到美国，此前在德国受到过系统的学术训练，可能也使得他的学说带有德国式的"文化主义"色彩（与尼采类似，他将文明人与野蛮人的区别比作家畜与野生动物的区别）。当然，美国自身的多元种族文化构成、相对乐观的社会经济环境也是博厄斯学说成长的重要土壤。另外，也不能过分夸大这一时期"文化主义文明化"及其背后社会预期乐观的程度。此时比博厄斯文化相对主义理论更为主流的除摩尔根的单线文明进步论外，还包括麦迪逊·格兰特（Madison Grant）、弗朗西斯·高尔顿（Francis Galton）、查尔斯·达文波特（Charles Davenport）等人的优生学和种族主义理论。反映在社会现实层面，排斥移民与殖民主义仍是美国社会的主旋律。博厄斯及其弟子的理论要到20世纪才在美国取得主导地位。此时即便在博厄斯本人的理论中也有不少科学种族主义和单线文明论的残余，更接近"文明自制"的心态。例如他宣称，"有充分数据支撑这一事实，即白人大脑的重量比大多数种族都重，尤其是比黑人的大脑重……因此我们（转下页注）

当然,"文化多元"的观念即便对反帝主义者来说也过于超前,尚处于萌芽阶段;他们主要倡导的还是"文明自制"路线。也就是说,他们虽然否定"文明专制",但也并未真正接受更具包容性的"文化多元"思想(反而还会借用"文化种族"的排他论),所谓"去盎格鲁-撒克逊化"也只能说是一个较为值得注意的起步,在某些方面有值得注意的迹象(即便今天也不能说实现了真正的"去盎格鲁-撒克逊化")。毕竟"文明自制"与文明等级论、阶段论和线性文明进步观念并不矛盾,在当时的思想环境下也更能为人所接受。二者的主要区别在于,"文化多元"主张文化之间的平等,线性文明进步和文明等级色彩已经非常淡,社会达尔文主义的思想因子也几乎消失;而"文明自制"仍是在社会达尔文主义的框架和文明线性进步论的前提下,有条件地承认不那么"文明"的种族也有能力建立自治政府,而无须对其使用"文明专制"手段。

在菲律宾马尼拉湾击败西班牙的美国海军将领杜威便是这样一位"文明自制"意义上的"反帝主义者"。他一直反对美国背信弃义地吞并菲律宾,并反复强调菲律宾比古巴更适合建立自治政府:既然古巴已经独立,菲律宾就更应该享受这样的待遇。[①] 1898年,杜威曾向美国参议院提供了一份官方报告说,"菲律宾人自治的能力不容怀疑。阿雷纳诺

(接上页注③)在这里发现了对白种人有利的一个决定性差异",与之相关的事实是,成绩好的学生与城市人口比成绩一般或农村人口的脑容量要更大,因此很可能"更大的脑容量往往伴随着更高的能力"。他只能得出一个不确定的观点:"我们的结论是,不同种族之间存在体质上的差别,这使它们在能力上很可能存在差别。但是目前没有确凿无疑的事实表明,某个特定种族一定不能达到更高等的文明水平。"但反过来说,博厄斯文化理论的兴起和引起外界关注这一事实本身就已经是"文化主义文明化"过程中一个巨大的进步,反映出某种长期的趋势。值得注意的是,博厄斯的文化相对主义在20世纪初还影响了杜波依斯、威廉·托马斯等学者,对后来文化多元论的大行其道起到了过渡和准备的作用。参见 Elazar Barkan, *The Retreat of Scientific Racism: Changing Concepts of Race in Britain and the United States between the World Wars*, Cambridge: Cambridge University Press, 1992, p. 79; Franz Boas, *Human Faculty as Determined by Race*, Salem: The Salem Press, 1894, p. 16; Franz Boas, "The Mind of Primitive Man," *Science*, vol. 13, no. 321 (February 22, 1901); William I. Thomas, "The Mind of Woman and the Lower Races," *American Journal of Sociology*, vol. 12, no. 4 (January 1907); Thomas McCarthy, *Race, Empire and the Idea of Human Development*, Cambridge: Cambridge University Press, 2009, p. 83。

① Carl Schurz, *For American Principle and American Honor*, Issued by the Anti-Imperialist League of New York, 1900, p. 10.

(Arellano)、阿奎那多（Aguinaldo）等领导者都是高度有教养的；9/10 的人会读和写；所有人都是某一方面熟练的手工生产者；他们勤奋、节俭、温和"。在一个最穷、最难引起人兴趣的省份，杜威派遣的两位士官受到了热情招待；即使在被视作野蛮人和食人族居住地的吕宋岛心脏地带，宴会上身着欧洲款式礼服的女子和绅士们的智慧与举止，也令他们"很难相信正待在这个被看成是半野蛮的地区"。这份报告还称美国人大多被几年前在巴塞罗那的一场展览误导，那次展览上，仅佩戴一块缠腰布的男子和身着简陋裙子的妇女被当作典型的菲律宾人。他们是在山区发现的伊哥洛特人，尚处在非常低的文明阶段，同塔加禄人还有很大差距。①

这种有意拔高菲律宾"文明"程度的做法在反帝主义者中屡见不鲜。他们并不认为菲律宾的"文明"已经达到了美国的水平，而是试图以"文明自制"路线取代"文明专制"的做法。1899年，一位马萨诸塞的反帝主义者写信给麦金莱总统说，"难道我们不是低估了菲律宾人的品质吗？我们急于下判断，认为他们的文明程度比野蛮人好不了多少。难道这数百万曾经被西班牙统治过的人民不是至少应当同委内瑞拉或任何西属美洲国家一样文明吗？我们发现他们有学校与教会，法庭和法律，他们跟我们一样热爱自由"。他进而批判了英国式的"文明专制"思想："我们之所以沉浸于这样的观念（可能是从英国传来的），认为他们需要盎格鲁-撒克逊人去统治和文明化他们"，只是因为菲律宾人的肤色不一样而已。相反，只要是"白人血统构成的共同体"，"无论他们在西班牙、俄罗斯或土耳其的统治下多么无知，多么受压迫，我们都不会梦想着要去那里强加我们的统治或我们的文明"。②

1900年的民主党竞选纲领同样体现了这种微妙的"文明自制"话语："可以删除为《独立宣言》所揭示之原则而辩护的每一行文字，抹去每一句话，征服战争仍会留下永久仇恨的印记，因为是上帝亲自将对自由的热爱置于所有人心中。他从未让一个种族在文明程度或智力上如此之低下，以至于他们会欢迎一个外来的主人……菲律宾人若是成为美

---

① "A Report from Travelers in the Philippines, 1898," *The Friend*, vol. 74, no. 10 (September 22, 1900), p. 74.

② "The Philippine Problem," *Maine Farmer*, vol. 67, no. 35 (June 29, 1899), p. 4.

国公民,不可能不威胁到我们的文明;他们若是成为美国臣民,不可能不威胁到我们的政府形式。由于我们既不愿意放弃我们的文明,也不愿意将我们的共和国转变成帝国,我们建议立即宣示我们国家的意图是:第一,给予菲律宾稳定的政府形式;第二,给予它独立;第三,保护它免遭外来干涉,正如我们给予中美洲和南美洲近一个世纪的保护一样。"① 由此可见,"文明自制"并不像"文化多元主义"一样,认为不同"文明"是平等的,它也仍然坚持"文明与野蛮之分"、"文明等级制"和社会达尔文主义,关键只是在于,它认为"文明专制"是有害的和得不偿失的,很难取得好的结果。

在这种"文明自制"的话语下,社会达尔文主义的旗帜人物——威廉·萨姆纳的反帝立场也就更容易被理解。他在反对将菲律宾并入美国联邦时曾这样说道,"联邦的首要原则是不可更改的:也就是联邦下面所有的州都应在同一文明和政治发展水平线上;它们需要有相同的观念、传统和政治信条;它们的社会标准和理念应当能够维持彼此间的和谐与同情"。萨姆纳称,想要帮助菲律宾等附属实现自治,就如同在国内给予黑人自由一样,是不可行和违背现实规律的,将会带来美国政治体制的倒退,从民主共和国走向帝国。萨姆纳实际上也支持在国内排斥移民,并将其与反对帝国联系起来:"3 年前,我们计划出台一项移民法,打算将那些不适合跟我们一起生活的移民阻挡在国门之外。但现在我们即将接纳 800 万野蛮人和半野蛮人,并且要支付 2000 万美元去得到他们。"②

因此反帝主义者绝非无的放矢或一味理想主义,而是的确揭示了美国亦步亦趋追随欧洲的弊病,分析了其中的利害关系,其"文明自制"路线可能更适应美国所处的权力结构和现实:它并非主张与外界全无瓜葛,而是主张以一种更加克制、更聪明的方式卷入,甚至与今天美国国际关系学者所倡导的"巧实力"(smart power)有异曲同工之处。也许正因为如此,反帝主义者的意见也逐渐被纳入美国外交决策精英的考虑中。

---

① Ian Tyrrell and Jay Sexton, "Introduction," in Ian Tyrrell and Jay Sexton, *Empire's Twin: U. S. Anti-imperialism from the Founding Era to the Age of Terrorism*, Ithaca: Cornell University Press, 2015, p. 2; *Democratic Party Platform of 1900*, July 05, 1900, https://www.presidency.ucsb.edu/documents/1900-democratic-party-platform.

② William G. Sumner, "The Conquest of the United States by Spain," *The Yale Law Journal*, vol. 8, no. 4 (January 1899), p. 189.

1900年，美国前国务卿理查德·奥尔尼在《我们外交政策的成长》一文中，明确支持美国摆脱过去的孤立状态，摆脱此前所谓"纷扰同盟"（entangling alliance）的禁忌，从"文明国家社会中一个消极、敷衍的成员变为一个真正积极的成员"。但奥尔尼并不认为占领菲律宾是美国奉行积极外交政策的题中应有之义，也不认为它会给美国带来任何利益，而只是形势所迫，"被强加"给美国的，是美国的负担。这样一来美国不仅变成了"美洲帝国"，而且还成为一个"亚洲帝国"，这种"帝国负担"容易引发列强间的嫉恨和争夺，是美国需要谨慎处理的：

> 事情已经造成。我们曾经是一个纯粹的美洲帝国——在那个时候，美国在出席国际会议、参加文明国家的协商时处在一个理想的位置，她既有很高的权威和声望，又有行动自由，使得我们可以永远将我们自己的利益放在首位，同时允许我们在与这些利益相容的情形下，在任何文明的事业需要的时间和地点，适当地做一些事情，发表一些意见……但我们现在不再简单地是一个美洲帝国——我们也变成了一个亚洲帝国，被那些正在东方争夺商业和政治优势的列强们都会卷入的敌意、嫉妒、尴尬和危险所环绕。我们将进入美国建国后的第二个百年，将用尽我们所有的能量和资源——对于维持北美的白人和黑人的良好统治与文明来说，它们并不算充裕，而现在我们却要向热带地区800万棕色人种许诺和提供同样的服务。①

即便是洛奇，在此之前也没有想过效仿英帝国的对外政策。1895年，他曾自豪地说："我们有着征服、殖民和领土扩张的纪录，这在19世纪无人能及。"但他接着又表示："像英国一样在世界各地攫取遥远的领地，并非美国合适的政策选择。我们的政府不习惯此种政策，我们也不需要，因为我们在国内已经有了足够的土地。"② 在美国与西班牙的马尼拉湾海战之前，洛奇并没有特别地提及菲律宾，更不用说永

---

① Richard Olney, "Growth of our Foreign Policy," *Atlantic Monthly*, vol. 85, no. 509 (March 1900), p. 296.
② Henry Cabot Lodge, "Our Blundering Foreign Policy," *The Forum* (March 1895), p. 16.

久占领了。① 在杜威的舰队击败西班牙、占领马尼拉之后,洛奇仍对菲律宾本身并不感兴趣,且受马汉影响,对是否要占领马尼拉以外的菲律宾领土犹豫不决;他一度还希望把这些地区转交给英国统治。但英国对此不感兴趣,反而盼着美国能加强在远东地区的影响力,从而帮助其制衡德、俄等国。英国更不会兼并这些领土来保卫美国在马尼拉的利益。随着1900年大选中持反帝主义立场的布赖恩失利,洛奇转而认为民意支持占领,而且保有菲律宾有助于打开中国市场、增强美国的战略地位,从而实现他与罗斯福倡导的"大政策"(Large Policy),于是在参议院公开支持占领菲律宾。② 但不久他又回到了之前的想法和主张。因为在洛奇和罗斯福看来,种族移民才是最为重要也最为有效的征服手段。在华人劳工移民美国之时,他们敏感地认识到美国可能会在种族文化上被其征服,因此赞成排华;同理,由于白人无法大规模向菲律宾移民、建立定居者殖民地(settlement colonies),即便菲律宾人接受了"美利坚文明",也很难真正与美国合并。他们也意识到美国国内的商业利益集团和公众都对占领政策不太热心,尤其当涉及高额的军费开支时更是如此。③ 按斯蒂芬·威海姆的说法,甚至连西奥多·罗斯福在1907—1908年也一度成为"反帝主义者,尽管是一个温和与不情愿的反帝主义者"。④

与此同时,虽然在占领菲律宾初期,美国的"帝国主义者"借用了"盎格鲁-撒克逊文明"的话语,美国对菲殖民政策的设计者鲁特、卢克·莱特等充分地研究了英国的殖民政策,英国的帝国主义者也为此感到兴奋;但在管理和统治菲律宾的过程中,美利坚帝国逐渐与英帝国分道扬镳,走向了"去盎格鲁-撒克逊化"的道路。部分原因是菲律宾所带来的经济利益有限,美国更重视菲律宾的政治建设而非经济建设,更

---

① William C. Widenor, *Henry Cabot Lodge and the Search for American Foreign Policy*, Berkeley: University of California Press, 1980, p. 110.
② Julius W. Pratt, "The 'Large Policy' of 1898," *The Mississippi Valley Historical Review*, vol. 19, no. 2 (September 1932), p. 236; William C. Widenor, *Henry Cabot Lodge and the Search for American Foreign Policy*, p. 115.
③ Julius Pratt, "Collapse of American Imperialism," *American Mercury*, XXXI (March 1934).
④ Stephen Wertheim, "Reluctant Liberator: Theodore Roosevelt's Philosophy of Self-Government and Preparation for Philippine Independence," *Presidential Studies Quarterly*, vol. 39, no. 3 (September), 2009, p. 505.

着迷于将"美利坚文明"中的民主自治和法治等带给菲律宾,以此作为美国"文明使命"中最重要的内容。① 他们相信英国人所能教给他们的东西是极其有限的,美国的殖民政策是例外的;美国在菲律宾实行的大众教育、资本主义市场经济、公共工程(医院、港口和公路等设施)和政治民主化等将会让欧洲的老牌帝国主义国家大惊失色、自惭形秽。诚如保罗·克雷默所言,美国在菲律宾的帝国治理成就增强了其自信,也强化了"民族例外主义"(美利坚文明)代替"种族例外主义"(盎格鲁-撒克逊文明)的过程,美国国内的种族主义被跨国的情境所重新定义。

在这种"民族例外主义"的驱动下,美国还以替菲律宾人利益着想为由,在菲律宾禁止输入华工。华人移民在菲律宾有着悠久的历史,是菲律宾经济发展不可或缺的一股力量。但华人在历史上也多次受到排斥以至屠杀。在刚刚占领菲律宾时,奥蒂斯将军(general Otis)就发布军事命令,禁止所有华人入境。1899年11月,美国总统派到菲律宾的舒曼委员会在其报告中也肯定了这一做法。② 不过由于许多菲律宾族群在很多美国人看来比较懒惰,因此要求引进华工的呼声比较强烈。但美国政府最终并未采纳。他们坚持要对菲律宾实行"教育",试图带给菲律宾"更高的文明"(麦金莱语),让菲律宾人成为与美国人平等的个体。这种追求"平等"和"自由"的种族主义引起了讲求实际的、"功利主义"的英国人的不理解。英国《伦敦时报》(*London Times*)发文抨击说,"将菲律宾人改造成美国人的希望是渺茫的,注定要失败的"。③一位长期在菲律宾居住的英国妇女也批评美国在菲律宾的排华政策:"听说在这些岛屿上,美国并不打算实行白人的统治,而是选择宣布平等的原则,这种对待马来人的方式真是颇为离奇……我只是希望我们不会因此得到一群难以管教的仆人。"

---

① Leisa Castañeda Anastacio, *The Foundations of the Modern Philippine State: Imperial Rule and the American Constitutional Tradition, 1898-1935*, Cambridge: Cambridge University Press, 2016, p. 25.

② *Report of the Philippine Commission to the President*, vol. 1, January 31, 1900, Washington: Government Printing Office, 1900, p. 159.

③ "Was the Exclusion of Chinese from the Philippine Wise?" *Christian*, vol. 77, no. 36 (September 4, 1902), p. 1404.

而美国的报刊则指责英国只顾经济利益，在马来西亚等英属殖民地的东南亚种植园中引进华工。即便是美国国内少数赞成引进华工的人也做出了这样的保证：

> 那些珍视菲律宾人利益的人并不是想要让中国人可以没有限制地进入这个国家。倘若采取这一措施，那么有理由相信，华人将会作为小贩和商人快速地散布到整个国家，通过他们更为节俭和更敏锐的商业头脑，逐渐让粗心、浪费而没有远见的菲律宾人欠下债务，以至于严重损害菲律宾人的发展机会。但另一方面，他们应当被鼓励去做那些迫在眉睫，以及菲律宾人自己没有能力或没有意愿去做的事情。①

该作者还特意提到，美国排斥华人是完全有必要的，因为要防止中国人从菲律宾前往美国。即便是这样，他的观点也遭到了驳斥。塔夫脱在菲律宾问题上最重要的顾问詹姆斯·勒罗伊（James Le Roy）反对在菲律宾引进华工的建议。他说，一些人声称"例如在马来半岛，英国人为东方国家做了最实际的工作。但我们在菲律宾是从不同的路线出发，一开始我们便决定与菲律宾人在政府中分享相当程度的权力，借用麦金莱总统对菲律宾委员会（civil commission）的训令，这个政府应当尽可能地'尊重他们的风俗、他们的习惯，甚至他们的偏见'。即便是迫切需要的国内改进因此被延迟，只要能让当地人参与发展过程的每一个步骤，难道我们不应当坚定地走下去吗？"② 他还一直坚称美国的殖民政策与英国有本质差别，前者是利他的，而后者是自私的。长期在当地任职，并担任过菲律宾第三任总督的亨利·艾德则在《北美评论》上宣称，"也许引进中国人很有可能让菲律宾群岛更快速地工业化，但是我们的目标首先不是发展菲律宾群岛，而是群岛上的人民"。③ 美国在殖民政策上试

---

① Jeremiah W. Jenks, "The Labor Problem in the Philippines," *The Independent*, vol. 54, no. 2814（November 6 1902）, p. 2629.
② James A. Le Roy, "Chinese Exclusion in the Philippines," *The Independent*, vol. 55, no. 2824（January 15, 1903）, 140.
③ Henry C. Ide, "Philippine Problems," *The North American Review*, vol. 186, no. 625（December 1907）, p. 513.

图摆脱欧洲和英国的模式，无疑有"反帝主义者"的贡献。某种程度上正是由于反帝主义者的不断批评，美国政府不得不强调其首要目标是培育菲律宾人的"自治能力"，为菲律宾并入联邦或最终独立做准备。①

美国人开始无视和贬低英国的殖民经验，甚至否定了19世纪90年代一度讨论热烈的"盎格鲁-撒克逊联盟"，这些事实导致英帝国主义者大为困惑与不解。他们只能感叹，美国人已经"不那么盎格鲁-撒克逊"，被国内的拉丁血统污染了。他们嘲笑美国在菲律宾的政治和教育改革，宣称这些徒劳无益。② 英国殖民地主办的刊物甚至被禁止提及菲律宾，因为美国在菲律宾的统治往往被殖民地精英用作批评英帝国的工具。③而美国媒体也对来自英国的批评愤愤不平，声称英国对美国的理想一无所知。作家亨利·韦伯斯特（Henry Webster）发表过题为《上帝和兄弟》（Gods and Brothers）的文章，指出了两国殖民政策的差别：对印度人而言，英国人是像上帝一样的存在；而美国人则只将自己定位成当地人的"兄弟"，没有高低贵贱之分。④ 韦伯斯特表示，这是由美国对整个人类的态度决定的。英国殖民者在菲律宾惊奇地发现，似乎看不到美国有什么在菲律宾获利的强烈欲望，而美国却总是在一些跟民主有关的问题上钻牛角尖。⑤ 美国人布朗内尔（Brownell）则在他的文章中宣称全欧洲在殖民地问题上的"自私政策"远不及美国的"利他政策"：

我们在菲律宾的政策（为了群岛上人民的教育和重生的政策）

---

① 伊恩·蒂勒尔和杰伊·塞克斯顿评价说，"布赖恩输掉了选举，他的反帝主义也作为失败的美国少数派的声明而留在了人们的记忆中。但吊诡的是，美国人及其政府很快就对正式的殖民地感到不安。从这个意义上讲，他的政策迅速在公众情绪中，甚至在政府行动中占了主导地位"。见 Ian Tyrrell and Jay Sexton, "Introduction," in Ian Tyrrell and Jay Sexton, *Empire's Twin: U. S. Anti-imperialism from the Founding Era to the Age of Terrorism*, Ithaca: Cornell University Press, 2015, p. 3。

② "Was the Exclusion of Chinese from the Philippines Wise?" *Christian*, vol. 77, no. 36 (September 1902), p. 1404.

③ Michael Adas, "Improving on the Civilizing Mission? Assumptions of United States Exceptionalism in the Colonisation of the Philippines," *Itinerario*, vol. 22, no. 4 (January 1988), p. 50; Alan Raucher, "American Anti-Imperialists and the Pro-India Movement, 1900–1932," *Pacific Historical Review*, vol. 43, no. 1 (February 1974).

④ "No Title," *Life*, vol. 57, no. 1490 (May 18, 1911), p. 968.

⑤ Wallace Rice, "A New Observer in the Philippines", *The Dial*, Vol. 37, No. 4, Jul 1, 1904, p. 7.

是世界上所有殖民国家耻笑的对象，因为和他们不同，我们的政策是无私的、非商业的，将归我们治理的人民真正当作人来看待，不仅让他们享有天赋的权利，而且还教会他们如何去捍卫这些权利，不论教育、工业和农业上的训练能否真正改变他们"马来人的本质"和东方人的习性。①

于1909—1913年担任美国驻菲律宾总督的威廉·福布斯（William Cameron Forbes）也在演说中表达了美国在菲律宾实行利他政策，甚至要无私地帮助其实现独立与统一的信息：

> 对菲律宾人我想说，如果美国希望阻止菲律宾人变成进步、幸福和统一的人民，阻碍你们积累财富和知识，以及阻碍你们发展变成统一国家的能力的话，我们就不会倾注我们所有的精力来贯彻各种措施，仅仅为了让你们未来的国家成为可能；我们也不会让群岛上所有人民学同一种语言；我们也不会组建菲律宾人的军队，教会他们战争的方法，而其中5000人的费用还是从美国国库中支出；我们就不会让菲律宾人担任重要职务；我们也不会致力于建设邮局、电报、电话、铁路、公路、蒸汽船等能够将菲律宾人更紧密地连成一个整体的各种设施。②

可以说尽管同为"帝国主义者"，但与历史上西班牙萨拉曼卡学派对教廷，法国启蒙运动对西班牙，英国功利主义者对法国殖民主义政策的贬低和道德指责类似，这个"鄙视链"也延伸到了美国。美国知识分子也自以为找到了新的、更加名副其实的"文明使命"。这是一种以实用主义哲学和美国例外为特征的"文明使命"。在缺乏足够思想意识形态资源调动国内支持，缺乏足够耐心、财富和权力资源进行长期"文明专制"的情况下，它标榜自治政府和法治，声称要帮助殖民地实现独立

---

① Atherton Brownell, "What American Ideas of Citizenship may do for Oriental Peoples," *The Outlook*, vol. 81, no. 17 (December 23, 1905), p. 975.
② Frederick Chamberlin, *The Philippine Problem 1898-1913*, Boston: Little, Brown, and Company, 1913, p. 228.

自主与现代化,以此使自己成为号令世界的"盟主"和为小国提供庇护的"封君",而非真正集权、大一统和军国主义化的"世界帝国"。①

二 "去中心化的帝国":联盟的无尽扩张

从美国对"扩张"一词的偏爱也可看出这种新的模式。当代学者塞缪尔·亨廷顿也声称,我们"可以说美国的扩张,而不能说美利坚帝国"。② 中国学者王晓德分析道,"美利坚合众国兴起于近代,在美国人眼中它并没有跨入帝国的行列,但向外扩张却成为其主流文化所体现的一个明显特征,深受这种文化熏陶的美国人从不讳言自己属于一个扩张民族……美国白人认为扩张并不是一个贬义词,而是反映出美利坚民族生气勃勃的开拓与冒险精神,实现盎格鲁-撒克逊种族传播基督文明,征服野蛮民族和落后文明的神圣使命"。③ 无论是"帝国主义"阵营的罗斯福、洛奇,还是"反帝主义"阵营的布赖恩、卡内基等,都标榜美国是在扩张而非建立帝国。他们大多并不否定美国的大陆扩张史。卡内基支持美国吞并夏威夷、波多黎各甚至古巴,唯一反对的只是吞并菲律宾。④ 民主党在其1900年的竞选纲领中,也声称不反对"扩张":"当我们占有了需要的领地,使它能够成为州而并入联邦,而当地的人民又愿意,且适

---

① 美国的"实用主义帝国"更类似于英帝国思想的"碎片",即科布登等自由主义者所特别青睐的"定居殖民地+非正式帝国"模式。见 Miles Taylor, "Rethinking the Radical Critique of Imperialism during the Nineteenth Century," *The Journal of Imperial and Commonwealth History*, vol. 19, no. 1 (1991), p. 7。

② 亨廷顿指出,"与之前所有的帝国不同,美利坚'帝国'(倘若用这个术语是合理的话)是一个功能性的帝国,而非领土的帝国……美国扩张最突出的特点是美国未能对外国领土建立正式和事实上的控制……美国的扩张不是体现在获得新的领土上,而是体现在它的渗透上……跨国主义是美国模式的扩张。它意味着'行动的自由'而非'控制的权力'。美国的扩张是多元化的扩张,其中各种不同的组织,政府的和非政府的,都试图在其他国家的领土上追求他们自己认为重要的目标……我们可以说西方的扩张,但不能说西方的帝国,因为有西班牙、荷兰、葡萄牙、法国和英国的帝国。同理我们可以说美国的扩张,但不能说美利坚帝国,否则就会有很多的美利坚帝国"。见 Samuel Huntington, "Transnational Organization in World Politics," *World Politics*, vol. 35, no. 3 (April 1973), pp. 343-344。

③ 王晓德:《美国外交的奠基时代(1776—1860)》,北京:中国社会科学出版社2013年版,第266—267页。

④ David Patterson, "Andrew Carnegie's Quest for World Peace," *Proceedings of the American Philosophical Society*, vol. 114, no. 5 (October 20, 1970), p. 373。

合成为美国公民时,我们不反对领土扩张。"同时它还支持"所有通过和平合法手段进行的贸易扩张"。① 布赖恩在1900年的一次题为《帝国主义而非扩张》(Imperialism, not Expansion)的演讲中说道:

> 那些支持合并菲律宾的人自称为扩张主义者,但他们实际上是帝国主义者。"扩张"一词描述的是获得同质化的人民所居住的领地,这些领地将会被划分为州,正如我们已有的州那样。帝国意味着种族和政府的多样性。②

无论是共和党还是民主党,都常会将杰斐逊称作"扩张主义者",用来解释杰斐逊购买路易斯安那的政策。例如,1899年,支持占领菲律宾的共和党政治家莫里斯·埃思(Morris Estee)称,"我可以大胆地说,美利坚共和国获取和控制菲律宾群岛根本不是帝国主义的行为,而且杰斐逊本人是支持领土扩张的,同时他不是一个帝国主义者"。③ 不过,二者话语策略指向的目标却不一样。民主党试图以此表明,杰斐逊的行为跟占领菲律宾不可同日而语,因为占领菲律宾是"帝国主义"而非"扩张";但共和党则正好借此证明,占领菲律宾与杰斐逊的行为是一脉相承的,二者都是"扩张"而非"帝国主义"(不过为了"浑水摸鱼",有时共和党也会故意称杰斐逊为"帝国主义者",这对民主党人来说是不可接受的)。共和党的"帝国主义者"强调海外扩张与大陆扩张的连续性,而民主党的"反帝主义者"则强调二者完全不一样。可能由于"扩张"相比"帝国"或"帝国主义"在美国具有更高的合法性,1900年一份反帝主义的报纸指责帝国主义者说,"我们的对手自知理亏,因此故意混淆帝国主义与扩张

---

① Ian Tyrrell and Jay Sexton, "Introduction," in Ian Tyrrell and Jay Sexton, *Empire's Twin: U. S. Anti-imperialism from the Founding Era to the Age of Terrorism*, Ithaca: Cornell University Press, 2015, p. 2; *Democratic Party Platform of 1900*, July 05, 1900, https://www.presidency.ucsb.edu/documents/1900-democratic-party-platform.

② 转引自 Paul A. Kramer, "Empires, Exceptions, and Anglo-Saxons: Race and Rule between the British and United States Empires, 1880 - 1910," *The Journal of American History*, vol. 88, no. 4 (March 2002), p. 1341。

③ Morris M. Estee, "Jeffersonian Principles," *Overland Monthly and Out West Magazine*, vol. 34, no. 199 (July 1899), p. 50.

的区别"。①

　　这导致英美在话语使用上出现了一个奇怪的分野，即除科布登、霍布森、格莱斯顿等少数"反帝主义者"之外，英国国内对"英帝国"的存在并无怀疑，对"帝国"一词亦无过多恶感，甚至经常引以为豪，而美国人则在"帝国"问题上存在巨大争议："反帝主义者"提出"美利坚帝国"的目的是进行指责，而许多人们所公认的"帝国主义者"，如西奥多·罗斯福、约翰·洛奇以及怀特劳·里德（Whitelaw Reid, 1837—1912）等，则往往在支持吞并菲律宾的同时又明确否定有"美利坚帝国"和"美利坚帝国主义"的存在，或至少很难心安理得地去将自己的国家冠以"美利坚帝国"的称号。② 他们与布赖恩一样，会使用"扩张""共和主义扩张"等来替代美国在美西战争后的对外政策，接受"扩张主义"和"扩张主义者"的称呼，但不接受"帝国主义"和"帝国主义者"的标签。③ 最

---

① 获取自 https://www.newspapers.com/newspage/229011534/；当时人们对"扩张"与"帝国主义"的区分还可参见 John J. Valentine, "Imperialism," in *The Oregon Native Son*, vol. 2, no. 5 (October 1900)。

② "Current History," *Congregationalist*, vol. 84, no. 43 (October 26, 1899), p. 601.《独立周刊》在1899年的社论中也声称，"帝国主义完全是想象的"，真实情况正如麦金莱总统所说，是为菲律宾人建立一个政府，"在为他们提供物质利益的同时，也促进他们在文明和智力上的进步"。见 "Work Before Congress," *The Independent*, vol. 51, no. 2661 (November 30, 1899), p. 3238。

③ 相比之下"帝国"比"帝国主义"的贬义色彩要弱一些，因此也有一些"帝国主义者"愿意接受美国为"帝国"，但不愿意接受美国是"帝国主义"的，因为后者是更严厉的指控。例如，前文中提到奥尔尼称美国不仅是一个"美洲帝国"，而且是一个"亚洲帝国"；在关于1900年《福勒克法令》（Foraker Act）是否合宪的判决中，最高法院法官引用了1820年最高法院首席法官马歇尔有关"美利坚帝国"的措辞。见 Juan R. Torruella, "Ruling America's Colonies: The Insular Cases," *Yale Law and Policy Review*, vol. 32. no. 57 (2013), p. 71; José Cabranes, "Citizenship and the American Empire," *University of Pennsylvania Review*, vol. 127, no. 391 (1978), p. 438; Julian Go, *Patterns of Empire, The British and American Empire, 1868 to the Present*, Cambridge: Cambridge University Press, 2011, pp. 57-58. 也有美国评论者直言，美国"忽然从一个为人所忽视的舒适状态变为在全世界都具有重要影响力的国家，它在海外拥有附属领地，具备所有帝国主义的外在表现。我们的政府突然从一个共和国转变成一个准帝国（quasi-empire）……我们误打误撞建立了一个殖民政府体系，尽管是在最人道和最爱国主义的动机下建立的"。参见 B. Lawton Wiggins, "Hellenic and Anglo-Saxon Ideals of Civilization and Citizenship," *The Sewanee Review*, vol. 17, no. 3 (July 1909), p. 258. 西奥多·罗斯福自称"扩张主义者"，但明确否认美国存在"帝国主义"和"帝国主义者"。只有阿尔弗雷德·马汉较少见地自称"坦率的帝国主义者"（frank imperialist）。见 Rubin Francis Weston, "Imperialism and Anglo-Saxon," in E. Nathaniel Gates, ed., *Race and U.S. Foreign Policy in the Age of Territorial and Market Expansion, 1840-1900*, London: Routledge, 2013, pp. 286-287。

顽固的帝国主义者贝弗里奇虽然愿意以赞美的语气称美国为"帝国",但他反对"帝国主义"的称呼,认为其具有压迫性,而且更愿称美国为"更大的共和国"(Greater republic)。[①]

美国在 19 世纪末 20 世纪初对"帝国"的否定有各种原因。第一,美国本身曾经是英国殖民地,建立的也是共和国而非君主制国家,因此对君主制和帝国统治有着天然的反感,而"共和国"与"帝国"在词义上是对立的;[②] 第二,美国的西部扩张主要是通过拓殖和白人移民的方式完成的,与英帝国统治大量有色人种的状况存在较大差别;第三,美国的联邦制是一种"去中心化"的权力结构,与帝国的中央集权对比明显;[③] 第四,"帝国"往往意味着军国主义和战争,与美国的地缘政治和理念均格格不入;第五,"帝国"意味着终将衰落,即便是罗马帝国,最终也逃不开这种命运。而自波利比乌斯的政体演变论提出以来人们的

[①] Alfred Beveridge, "For the Greater Republic, not for Imperialism," in Alexander K McClure, ed., *Famous American Statemen & Orators: Past and Present*, vol. 6, New York: F. F. Lovell Publishing Company, 1902, p. 3.

[②] Taesuh Cha, "Republic or Empire: The Genealogy of the Anti-Imperial Tradition in U. S. Politics," *International Politics*, vol. 56 (2019); William Jennings Bryan, *Republic or Empire? The Philippine Question*, Chicago: The Independence Company, 1899; Edwin Burritt Smith, *Republic or Empire?* Chicago: American Anti-Imperialist League, 1900.

[③] 主张占领菲律宾的李曼·阿伯特曾这样表述几种不同"联盟"模式:"所有这些国民生活的阶段今天都能在世界上看到。在经济上和政治上相互独立的部落,不仅一直彼此漠不关心,还经常彼此敌对——这是非洲。每个国家都有自己单独的生活,但会彼此进行偶然和临时的联合(occasional and temporary alliances),承认某些共同的义务,发展出了他们称为国际法的事物,并且最后在我们今天,同意建立一个法院,来解决他们的分歧——这是欧洲。通过一个强大的中央权力征服其他国家,在几百年里意志坚定、百折不回、势不可当地持续追求同一个目标,通过先进征服部落后来实现某种形式的国家统一——这是俄国。一个帝国在不断进化,各个分支从其身上长出,并且与它以及相互之间同气连枝,每个分支有着自己独立的生活,同时又各自依赖着中央机构——这是大不列颠。联邦化的各国在一个国家联盟中联合,有一个共同的司法机构,共同的代表机构,同时有着单个的地方政府——这是合众国。同时除了部落国家外,上述所有情形——俄国、欧洲、大不列颠和美国——都标志着朝向人类统一进步的各个阶段,自世界开始思索以来,它便是诗人和梦想家所憧憬的对象。"在阿伯特看来,俄国是中央集权式的帝国,英国是一个相对较为松散的"世界帝国"(world empire),而美国则是最为理想化的联邦模式。从这里也可以观察阿伯特本人的微妙态度,即他并不反对英俄的帝国,甚至从"文明"进步的角度还抱有好感,但显然他更认可美国的方式,也有意地不将美国称作"帝国"。见 Lyman Abbott, "The Rights of Man: A Study in Twentieth Century Problems, Chapter XI, American Foreign Problems," *The Outlook*, vol. 68, no. 8 (June 22, 1901)。

一个共识是，实行混合体制的共和国比帝国有更强的生命力。① 美国的"共和扩张"相比"帝国专制"，或者定居殖民主义（settler colonialism）相比寄生性的"种姓帝国主义"而言，毫无疑问有更大的优势。因此早在 1883 年，约翰·西利（John Seeley）便呼吁英国放弃有色人种占多数的殖民地，将种族多元化的英帝国变成种族同质化的、"更大的不列颠"（Greater Britain）。② 而约翰·西利和查尔斯·皮尔逊等也十分羡慕美国的定居殖民主义模式。英帝国的"联邦化"在 20 世纪看上去是大势所趋。从某种意义上说，英美在相互攻讦的同时，也在互相学习对方"文明使命"的长处。

从政策路径来看，"扩张"与"帝国主义"话语的确存在微妙差别。③ 1900 年，一位读者写信给《岗顿杂志》，抱怨第一任菲律宾委员会主席雅各布·舒曼已经变成"一个彻头彻尾的扩张主义者"，因为舒曼一直在谈美国"介入世界事务和贸易的扩张使命"。这位读者声称，舒

---

① 《俄亥俄农夫》杂志中的一篇社论开篇如是说道："'帝国主义'这一术语看起来暗含着政治家们的明显用意，即这个国家将不再仅仅作为一个共和国存在，它由州和将要成为州的领地构成，同时实行民主的政府形式；而是要变为一个帝国，它有着中心的帝国权力，同时有着殖民地和附属领地，并且一直保持此种状态。"见 The Editor, "Imperialism and the Philippines," *Ohio Farmer*, vol. 94, no. 15 (October 13, 1898), p. 271。

② 巴勒克拉夫认为，西利主要是出于地缘政治的考虑，希望能通过帝国联邦的方式解决英国本土疆域狭小的问题，使英国成为与美俄并驾齐驱的、拥有广袤领土的大国，避免沦为二流国家，但这也说明"去中心化的帝国"开始成为时尚。Geoffrey Barraclough, *Introduction to Contemporary History*, Harmondsworth: Penguin Books, 1967, p. 100. 对英帝国有好感的卡内基则称英帝国只是"名义上，而非现实中的。她的自治殖民地都是独立的国家，只是向同一个君主效忠"，当然"你可以像某些英国政治家最近的言论一样，尽情地将这个帝国贬低为拼拼凑凑的产物，只有通过特惠关税才能变成一个真的帝国，但它取得的出色成就是任何其他种族都无法望其项背的"。见 Andrew Carnegie, "An Anglo-French Understanding," *The North American Review*, vol. 181, no. 587 (October 1905), p. 513。

③ 美国的"去中心化帝国"、"联盟"或"扩张"政策有其历史传统。对包括杰斐逊、托马斯·哈特·本顿和詹姆斯·门罗等在内的领导人来说，他们最初设想的都是在大陆上建立一系列"独立的共和国"（separated republics），而并非建立一个横跨北美大陆的"帝国"；按本顿的说法，是"将共和国西部的边界划在落基山脉之巅"；在"太平洋沿岸播撒了新权力的种子之后，新的政府应当与母国分开，就像子女在成年后与父母分开一样"。因此一定程度上说，过去西部的领土均类似于"临时殖民地"，它们可进可退：进可加入联邦，退可独立，成为美国在美洲大陆上的、拥有共同价值观和文化的"盟友"。这看上去是一种更加"去中心化"和"民主"的扩张方式。见 Bradford Perkins, *The Creation of a Republican Empire, 1776 – 1865*, Cambridge: Cambridge University Press, 1993, pp. 172-173。

曼"混淆了在世界各地保护美国商业、推行完全合理与正当的商业扩张政策，与致力于政治兼并和控制的军事征服政策，二者完全是两码事……一边是竞争性的工业扩张，另一边是强行的政治扩张"。该杂志则回复道，"这个区分的确是非常关键的。无疑，所有的进步都是扩张，但并非所有扩张都是进步。相反，仅仅是政治权威的扩张可能是倒退和堕落。扩张如果代表着向更高形式的政府与文明的政治进化，便应当遵守一种根本的政策，它与任何其他领域的生长规律没有多少差别"。接下来，该杂志将门户开放与有益的扩张等同起来："让一个国家将它的权力通过军事力量扩展到其他国家唯一的理由，应当是保护已经启动的工业和社会发展进程不受干扰与摧毁。东方的门户开放是一个最具智慧的政策，因为它能让西方先进的工业涌入东方，是社会和政治进步的自然先驱（natural forerunner）。这一文明的机遇（opportunity for civilization）值得被需要和被保护，也是促使我们向新领地扩张，并用武力来保护新领地的唯一理由。"① 可见，"扩张"话语的确一定程度上蕴含着美国帝国主义的"新"路径，也非常符合美国国内的政治结构与政治文化，相比传统帝国"文明专制"的色彩有所减弱，"文明自制"路线则有了更多的展现。②

可以说按照扩张的原则，在美国主导下加入"联邦"或成为美国"盟友"对菲律宾来说才是更有可能的路径。早在1887年，一个英国人便如是说道：

> 加入美利坚联盟会被当成合作伙伴。而成为英帝国的殖民地则根本就不是合作伙伴。英帝国总是牺牲自己附庸的利益来让自己得利。美利坚联合体（American body corporate）的每一根静脉和动脉血管中，血液都在自由地流动。每一个公民都分享着自己民族的命运。大不列颠让她的殖民地自己照顾自己，拒绝他们的索取，把他

---

① E M J. "Dr. Schuman's Expansionist Views," *Gunton's Magazine* (July 1900), p. 84.
② 美国的"反帝主义者"大多宣扬以"文明自制"为指导的对外扩张路线。例如，舒尔茨在反对占领菲律宾时也反复强调，"帝国主义者一直试图否认的一个事实是，倘若我们公正地对待菲律宾人和他们独立的权利"，"只是请求菲律宾给予所有我们需要的加煤站和商业设施，以及所有文明化的机构（civilizing agencies），一切我们渴求的、所谓在亚洲进行贸易的'立足点'，他们是不会拒绝的"。见 Carl Schurz, *For American Principle and American Honor, 1900*, Issued by The Anti-Imperialist League of New York, p. 13。

们不想要的东西强加给他们。倘若我是一个西印度人,我认为在星条旗下我将会比现在更安全。①

美国决策者也的确试图将这种更为优越的"联邦"模式维持下去。1900年12月,当美国大选尘埃落定之时,在菲律宾总督塔夫脱的帮助下,倾向于与侵略者合作的菲律宾富裕的上层人物成立了联邦党(Federal Party, Federalistas),在其纲领中,他们表示要"让自己美国化",接受美国的"原则、政治习惯和特殊的文明",并最终成为"美国联盟"(American Union)的一个州(state)。② 波多黎各也有类似以成为美国联邦成员为目标的联邦党。

塔夫脱成为菲律宾第一任总督后,尽管他不愿明确承诺让菲律宾独立,但仍打着"为菲律宾人的菲律宾"旗号,其目标也是让菲律宾尽快成立自治政府。为此,塔夫脱与菲律宾美军司令麦克阿瑟针锋相对,在菲律宾创建警察(constabulary)制度,让更熟悉当地情形的警察和民兵取代军队统治;为了在菲律宾实行代表选举制度(Popular Assembly),成功地争取到洛奇的支持以反对贝弗里奇;在1901年《丁立关税法》(Dingley Tariff Act)中为菲律宾进入美国市场的产品削减了25%的关税,③ 似乎塔夫脱的确正在向他所说的菲律宾自治政府迈进。④ 塔夫脱也并未完全否认菲律宾有独立的可能性。他虽然宣称"将为了促进菲律宾人民的自治能力和繁荣,无限期地保有(indefinite retention)菲律宾群岛",但又声称菲律宾是否独立,取决于具备了自治能力的菲律宾人民的选择。他认为,随着菲律宾人民享受到关税的好处,即便有了自治能力之后,菲律宾与美国的关系也将类似于澳大利亚、加拿大与英国的关系,而非完全独立。⑤

---

① John Fretwell, "Newfoundland and the Jingoes, an Appeal to England's Honor," *Foreign and Commonwealth Office Collection*, 1895, p. 1.
② Michael Hunt, Steven Levine, *Arc of Empire: America's Wars in Asia from the Philippine to Vietnam*, Chapel Hill: The University of North Carolina Press, 2012, p. 49.
③ 1909年塔夫脱当选总统后又制定《佩恩-阿德里奇关税法》,实现了菲律宾与美国的自由贸易,菲律宾的糖、烟草、大麻和椰子油等产品可以免税进入美国市场。
④ Daniel B. Schirmer & Stephen Rosskamm Shalom, eds., *The Philippines Reader: A History of Colonialism, Neocolonialism, Dictatorship, and Resistance*, Quezon City: The South Press, 1987, p. 43.
⑤ "To Retain the Philippines for Many Years," *The Independent*, vol. 58, no. 2938 (March 23, 1905), p. 635.

民主党的上台更是加速了这一进程。1916年，尽管塔夫脱极力反对，威尔逊的民主党还是力主通过《琼斯法》（Jones Act），明确承诺在未来让菲律宾独立。而菲律宾在未来也将成为美国"盟友"，而非正式领土，也非殖民地。1929年世界经济大危机爆发之后，美国与菲律宾的自由贸易难以为继，尤其是与菲律宾农产品存在竞争关系的美国农民群体强烈要求让菲律宾独立。1934年，在以反帝著称的富兰克林·罗斯福总统的推动下，《菲律宾独立法》（Philippine Independence Act）① 首次给出了菲律宾独立的时间表。根据该法令规定，菲律宾成为一个美利坚合众国治下的"邦联共和国"（commonwealth），② 这一术语来自英帝国邦联化的进程，意思是有"享有一定内部自主权"（internal autonomy）的领地（territory）。这个"邦联共和国"被允许制定自己的宪法，并且可以选举总统。这也意味着美国承认菲律宾已经具备了"自治"（self-government）的能力。但美国总统拥有干预"菲律宾邦联共和国"的权力。10年后，菲律宾将获得独立。

总之，基于传统、理念和地缘政治等各种因素，美国的精英们并不太情愿建立一个正式的"美利坚帝国"。在建立以去中心化为特点的新州之可行性被证明有限之后，它诉诸的不是集中化方式，而是进一步地去中心化，即对所谓的"不文明"地区，除了美西战争之后所获取的两个殖民地（菲律宾和波多黎各）外，主要通过建立受保护国（古巴和巴拿马）、接管海关税收（多米尼加、海地和利比亚）、贷款换监督（loan-for-supervision，墨西哥和中国），再辅之以炮舰外交（gunboat diplomacy）或占领的方式来实现其统治的目标；专业的财政人员和银行家等非政府组织人员则成为帝国统治的手段与工具。③ 而对"文明"国家，他们则

---

① 又称《泰丁斯-麦克杜菲法》（Tydings-McDuffie Act）。
② 或翻译成"菲律宾自由邦"。
③ 见 Emily S. Rosenberg, *Financial Missionaries to the World: The Politics and Culture of Dollar Diplomacy, 1900-1930*, Cambridge: Harvard University Press, 1999, pp. 92-93. 按奥斯特哈默的说法，这可以被称作一种"恩护的帝国主义"，因为它是打着保护的旗号，而非直接占领和管理殖民地。查尔斯·多尔在1912年也隐约感觉到这一点。例如他说道，"现在流传着这样一种说法，美国对整个美洲大陆拥有保护权（protectorate）或宗主权（suzerainty）。从北冰洋到巴塔哥尼亚，由一个强权来行使某种统治权或宗主权被认为是天定命运的方向。波多黎各是我们的。古巴几乎是我们的。许多人相信加拿大在某一天也希望与我们合并。在我们的南边，没有民族展现出稳定的良治（good government）。巴拿马的新运河为我们控制整个大陆增加了新的理由"。Charles Fletcher Dole, *The Right and Wrong of the Monroe Doctrine*, Boston: World Peace Foundation, 1912, p. 10.

试图通过国际法、国际仲裁和国际组织避免纷争。美国的进步主义者也试图将他们在国内阶级改革中的做法和经验投射到国际上。他们非常重视组织的力量。正如国内的劳资关系改革、消费者权益保护等都必须依赖一个强大的组织一样，国际和平同样需要和平主义者们和民主派很好地团结，从而建立强有力的国际组织。这种呼吁国际秩序与和平、呼吁"文明"的思想逐渐发展为国际共管和国际警察，用当时流行的词表述便是"国际政府"（international government）或"联盟"（alliance, league, union 等）。它们被视为"帝国"的升华或替代。[1]

1900 年，在海牙和平会议、美国征服菲律宾，以及英国布尔战争等一系列重大事件的背景下，美国著名期刊《萨维尼评论》（*The Sewanee Review*）的创办者、哥伦比亚大学教授威廉·特伦特（William Peterfield Trent）在该刊物上发表题为《战争与文明》的文章，首先援引富兰克林的名言"没有坏的和平，没有好的战争"，以及托尔斯泰的和平主义思想，抨击罗斯福"奋发有为生活"（strenuous life）的好战言论；与此同时，他还意识到19世纪英国的"文明使命"可能会遭遇与18世纪拿破仑类似的命运，遭遇俄国的挫败："俄国作为法国革命的防波堤（break-

---

[1] 李曼·阿伯特在文章中还讲述了这样一个"去中心化帝国"或"世界联盟"的美好前景："但它们在这个过程中认识到了统一的价值；同时现在一个更真切的，尽管不那么明显的统一开始显现。这些独立国家同时也是敌人；它们彼此作战；但战争结局不是臣服，不是同化，而是协商。它们彼此订立条约，它们彼此结成同盟——有些时候是进攻性的，有些时候是防御性的，有些时候是纯粹商业性质的；它们彼此形成了短暂的、归属与联合的关系。商业——也就是不同国家产业的交换——开始出现；这一交换也将各国在一个无形的统一体中被连接起来了。相比通过征服的统一，它不那么明显，但更为真切。接下来殖民开始了；国家将人口从它的中心送到新的和人口相对稀少的地区，产生了我说的它的民族树分支（shoots of its national tree）。这样走向人类统一的第三个步骤开始了；一个像大不列颠那样的、伟大的世界帝国（world-empire）成长起来，它就像罗马帝国一样伴随着征服，就像罗马帝国一样有一个中心，但与罗马帝国不同的是，它实际上是通过殖民进程而产生的。它有多样化的人口（heterogeneous populations）、不同的语言、陌生的宗教，但构成该帝国的大小共同体仍由对共同利益的承认、对共同目标的某种认可而形成了紧密的联系。在此之外，存在着作为社会进步目标的、朝向人类统一的更大一步。独立的国家自由地联合，形成一个永久的联邦。他们为每个国家保留着地方自治权，而将管理共同利益的职责让渡给了新的统一体。因此一个伟大的世界帝国成长起来了，不是基于一个国家对另一个国家的征服或同化，而是由各个国家在一个共同的有机体（common organism）之中自愿联合。"见 Lyman Abbott, "The Rights of Man: A Study in Twentieth Century Problems, Chapter XI, American Foreign Problems," *The Outlook*, vol. 68, no. 8 (June 22, 1901), pp. 447-448。

water），会再次成为盎格鲁-撒克逊帝国主义的防波堤吗？……1800 年我们看到，波拿巴试图像亚历山大大帝一样去征服东方，最终却宣告失败；1900 年，盎格鲁-撒克逊种族各个分支试图在东方扩展他们的立足之地，并被它们在欧洲的敌人们嫉妒地注视着。也许历史学家们将会把这一年作为英国结束其亚洲统治的开端。"他因此对传统帝国主义持有强烈反对态度，认为它注定将会失败。

那么英国是否摆脱了这种帝国必定要走向自我毁灭的命运呢？特伦特称，在 19 世纪的"东方文明"与"西方文明"关系中有两个具有决定性意义的进步。第一个决定性的进步是日本被欧洲化了，"西化的种子在中国已经种下，在印度已经发芽"，俄国也在亚洲进行了比英法更"有益"的殖民扩张。特伦特强调，俄国的殖民扩张比英法要更好，因为英国在印度只是建立了一个"军事和文职部门的种姓制度"（military and civil service castes），法国的殖民不过是一种武力征服（advance of arms）。而俄国则"如同我们西部的拓荒者一样，是定居者和铁路的征服"。这对"文明"来说是一个好消息，是"文明的一个收获"（gain for civilization）。

特伦特认为第二个决定性的进步，同时也是"更大的、目前在文明掌握之中的收获"就在于，欧洲和美国的政治家开始学会将武力和理性结合起来，用理性指导武力：

> 虽然在上帝和深思熟虑的人们眼中，文明国家间战争的盛行，以及好战的诗人、博学的舰长和好斗的牧师①为其辩护的粗糙理论都令人作呕，但我们不能因此就忘记了，在理性尚不足以主导局面时，理性指导下的武力便是为世界提供良好治理的必备工具。只要人们都希望如此，那么理性完全可以单独主宰文明国家间的关系……但是在野蛮的人群之间，或文明与野蛮之间，理性的力量却是不足的。因此不可避免的一个推论就是，文明国家间的战争是错误的……但倘若它被文明用来作为对付野蛮的警察执法措施（police

---

① 根据上下文，这里"好战的诗人"应当指的是吉卜林，"博学的舰长"指的是马汉，好斗的牧师指的可能是英国的帝国主义者塞西尔·罗德斯（Cecil Rhodes）。

measure），则仍然是合乎情理的。①

他接着说道:"我们清楚地看到,在文明掌握之中的一个巨大收获,便是区分了战争作为文明国家仲裁者,以及作为惩罚顽固野蛮行为的警察执法措施的两种作用。"他认为,属于前一种情形的战争包括美墨战争、克里米亚战争、美西战争和布尔战争,这些战争"应当由每一位爱国者进行最严厉的谴责",而警察执法措施的典型事例便是镇压义和团运动,"值得每一位爱国者给予最大的支持"。②

从特伦特上述言论来看,倘若说在反对占领菲律宾问题上,马克·吐温代表了许多美国精英人士的想法,那么他对镇压义和团的谴责显然是少数派的意见。墨西哥人、布尔人和西班牙人在特伦特的眼里都并不算"野蛮",因此美国对其开战是非正义的行为,但镇压义和团毫无疑问是"正义"的。特伦特所建议设立的,恰好是马克·吐温所讽刺的"文明信托福音机构",或者是一个用"文明"来对"野蛮"行使执法权的国际政府。

如果说特伦特只是一个大学教授和意见领袖,其理念与行动之间尚有差距的话,那么安德鲁·卡内基、西奥多·罗斯福和伊莱休·鲁特等作为金钱和权力的代言人,则对美国的外交政策有着更举足轻重的影响。早在19世纪80年代,卡内基便自命为"反帝主义者"。在他看来,"帝国主义"与"美国主义"是截然对立的:"帝国主义意味着海军和陆军力量的支持;道德力量、教育、文明不是帝国主义的后盾;这些是构筑更高文明,构筑美国主义的道德力量。"③ 他曾被哈里森总统任命为代表,参加了1889—1990年的泛美会议,这次会议的重要议程就是响应国务卿布莱恩的建议,与拉美国家签订多边仲裁条约。④ 1901年,他将自

---

① W. P. Trent, "War and Civilization," *The Sewanee Review*, vol. 8, no. 4 (October 1900), pp. 391-392.

② W. P. Trent, "War and Civilization," *The Sewanee Review*, vol. 8, no. 4 (October 1900), p. 392.

③ Andrew Carnegie, "Americanism versus Imperialism," *The North American Review*, vol. 168, no. 506 (January 1899), p. 5.

④ David Patterson, "Andrew Carnegie's Quest for World Peace," *Proceedings of the American Philosophical Society*, vol. 114, no. 5 (October 20, 1970), p. 372.

己的钢铁厂出售,全力投身国际和平事业。他慷慨地斥资为 1899 年成立的海牙常设仲裁法院(Permanent Court of Arbitration)修建和平宫。① 1910 年,受到塔夫脱"无限制仲裁条约"的激励,他宣布每年捐出 50 万美元的巨款(金额是另一位书商埃德温·吉恩所建世界和平基金会的 10 倍)用于成立卡内基国际和平信托基金会(Carnegie Endowment for International Peace),邀请鲁特、詹姆斯·斯科特和尼古拉斯·巴特勒等仲裁主义者负责董事会工作,对和平运动与和平组织进行选择性资助。他自称"仲裁的使徒"(apostle of arbitration),极力主张英美法德四个最为"文明"的国家签订多边仲裁条约,建立常设的仲裁法庭。"仲裁"在 19 世纪末 20 世纪初的美国极为流行,被李普曼称作"今日美国的魔法之词(magic word)",② 而汉斯·摩根索则称"到了 19 世纪末,所谓的仲裁运动获得了相当程度的大众支持和热心拥趸,它的主要信条是通过国际法庭来强制解决所有国际争端。它的公共影响力可以与后来公众寄予希望的大众运动,例如国联、联合国和世界国家相提并论"。③ 卡内基发表过一篇演说,题为《作为勇气与文明之母的战争》,痛斥金戈主义者以国家荣誉为由,阻挠国际仲裁机制发挥作用。④ 1904 年开始,他还在多个国家设立了卡内基英雄基金(Carnegie Hero Fund),专为表彰"救人者"而非"杀人者",表彰热爱和平的英雄,而非像金戈主义者那样的好战分子。

1905 年,卡内基进一步从倡导仲裁条约发展为倡导"和平联盟"。他在苏格兰圣安德鲁斯大学发表长篇演说,追溯了古希腊的"近邻同盟会议"(Ambictyonic Council),格劳秀斯、普芬道夫、宾刻舒克(Bynkersoek)以及瓦泰尔等国际法学家的贡献,1856 年《巴黎条约》、1871 年《华盛顿条约》和 1874 年《布鲁塞尔宣言》等意义重大的国际条约和会议,克吕塞(Émeric Crucé)、法国国王亨利四世、圣皮埃尔、洛林

---

① The Editor, "The Palace of Peace at the Hague," *The Chautauquan*, vol. 72, no. 27 (March 7, 1914), p. 531.
② Walter Lippmann, *The Stakes of Diplomacy*, New York: Henry Holt and Company, 1916, p. 136.
③ Hans Morgenthau, *Politics among Nations: The Struggle for Power and Peace*, New York: Alfred A. Knopf, 1948, p. 341.
④ Andrew Carnegie, *War as the Mother of Valor and Civilization*, New York: The Peace Society, 1910, p. 4.

公爵、威廉·佩恩、边沁、康德、密尔等人关于建立国际组织的构想，自 1899 年海牙会议召开以来仲裁和世界法院的快速进展，以及列强对义和团运动的镇压。卡内基认为，这些都为一个新的国际政府——和平联盟的诞生建立了基础："五个国家通力合作，镇压了最近在中国发生的骚乱，救出了被困在北京的代表。事实非常清楚，这五个国家可以消除战争。即便假设只有三个国家形成了一个和平联盟（league of peace），邀请其他所有国家加入，并同意由于在文明世界任何角落发生的战争都会影响，且常常是严重影响到所有国家，任何国家都不应诉诸战争，而应当将国际争端提交海牙会议或任何其他和平解决问题的仲裁机构，对那些拒不执行的国家，联盟同意宣布禁止与其来往——想一想今天一个国家被世界孤立是什么境况。这个联盟同样保留相应的权利，即当不干涉政策可能会或者已经无法阻止战争时，它们将会使用必要的武力去维持和平，在这种情况下每一个联盟成员都应同意依照其人口和财富比例，来提供必需的武力或金钱。"① 卡内基"国际政府"的思想还更直接地体现在此文的标题上：《和平终于到来了——一个和平的国际联盟》。

但如前所述，卡内基支持美西战争，也支持兼并夏威夷和波多黎各，支持列强镇压义和团。他只是反对占领菲律宾，认为它并非合适的"扩张"对象，而只会造就一个"美利坚帝国"，从而埋葬"美利坚共和国"。② 这也印证了当代历史学家大卫·帕特森对卡内基的评价："他的泛美主义本质是家长制的（paternalistic），因为尽管他对拉美的感受很在意，也公开厌恶美国军事干预后者的国内事务，但他假定美国是西半球最'文明'的国家，因此应当领导和保护'劣等'的南部邻居。"③ 与特伦特的主张类似，卡内基以多边仲裁条约为基础的"国际政府"很难与"帝国"完全分割开来；它以"文明等级"为预设，声称要维护"文明的利益"，并以为这是美国例外的体现，而所谓"国际政府"实则是马克·吐温所讽刺的"国际信托福音机构"。

---

① Andrew Carnegie, "Peace to Come at Last—A Peace League of the Nations," *The Advocate of Peace*, vol. 67, no. 11 (December 1905), p. 253.
② Andrew Carnegie, "Americanism versus Imperialism," *The North American Review*, vol. 168, no. 506 (January 1899), p. 12.
③ David Patterson, "Andrew Carnegie's Quest for World Peace," *Proceedings of the American Philosophical Society*, vol. 114, no. 5 (October 20, 1970), p. 373.

西奥多·罗斯福更是对这样一个维护"文明利益"的国际政府表示热烈支持。鲁特称,罗斯福将"每一个国际问题都放在这样的背景趋势下考察,即文明通过它而发展,同时某些特殊文明也经由它前进或衰落"。① 按照宁科维奇的看法,罗斯福头脑中充斥着"文明意识形态",这是指导其外交政策的重要原则。在巴拿马运河事件中,受到著名国际法学家约翰·巴赛特·穆尔的指点,罗斯福用"文明的托付"(the trust of civilization) 以及"集体文明利益"(the interest of collective civilization) 来为美国的行为辩护。这样,便可以突破国际法的限制,对哥伦比亚采取"文明专制"的手段,强行支持巴拿马独立,并顺势获得开凿权。②

尽管罗斯福的具体手段引发了很大争议,但"文明利益"的说法的确有较大的号召力。它使得美国将自身的特殊地缘政治利益与"文明利益"等同起来,堂而皇之地推行其新型的殖民政策,而将不服从其指令的国家或地区界定为"文明的敌人"。鲁特说,"依据历史所提供的明显经验,和此问题所有负责任研究者的普遍判断,往返此运河通道的控制权都应掌握在美国手中,美国的关键利益不会允许它被转移给其他国家。确定无疑的是,没有默许英国占领埃及的国家会对这一点持异议"。③ 美国在巴拿马建立了运河区,使其成为"国中之国",这一情形一直延续到20世纪末。

在美国试图控制巴拿马运河的同时,西半球拉美国家严重的债务问题对美国的门罗主义构成了挑战。1902年,委内瑞拉由于拖延英、德债务,导致两国舰队打算联合对其进行封锁和干涉,罗斯福不得不派出舰队捍卫门罗主义,此次事件即第二次"委内瑞拉危机"。1904年,也就是在美国攫取巴拿马运河开凿权后的第二年,西奥多·罗斯福还顺势抛出了门罗主义的"罗斯福推论",试图继续以"文明利益"为由,进一步扮演整个西半球的"国际警察"。他说道:

在美洲,长年累月的错误做法,或文明社会纽带松弛所导致的

---

① 转引自 Frank Ninkovich, "Theodore Roosevelt: Civilization as Ideology," *Diplomatic History*, vol. 10, no. 3 (July 1986), p. 223。
② 参见本书第四章。
③ Elihu Root, "The Real Monroe Doctrine," *Proceedings of the American Society of International Law at Its Annual Meeting*, vol. 8 (April 22-25, 1914), p. 20.

虚弱，可能最终会导致美洲像其他地区一样，需要某个文明国家的介入。而在西半球，美利坚合众国对门罗主义的坚持可能会迫使美国无论如何不情愿……去行使国际警察的权力。①

换言之，由于担心欧洲列强对西半球的干涉损害门罗主义的威望和完整性，同时也难以否认这些小国需要接受大国的"文明使命"，罗斯福不得不主张由美国亲自来行使警察权力。罗斯福随后将此推论运用到多米尼加问题上。多米尼加共和国是位于圣多明各岛上的一个小国，由于拖欠欧洲列强的债务有沦为殖民地的风险，罗斯福决定接管其海关，派专门的财政官员帮助它合理分配和使用税收，一部分用于政府开支，另一部分用于偿还债务，从而建立一个"好政府"，这为后来塔夫脱的"金元外交"树立了先例。

值得注意的是，在多米尼加问题上，罗斯福明确拒绝了吞并它的建议。他声称，就像一条"巨蟒不愿将豪猪倒着吞下肚一样"，他也没有兴趣去兼并这个小国。这与他在菲律宾问题上的转变是一致的。他很早便写信给约翰·洛奇，认为菲律宾是美国的"阿喀琉斯之踵"，需要投入巨大的资金和人力才能防御；而问题是美国民众在美西战争结束后尽管一度迸发出帝国主义的激情与狂热，但这种热情很快就烟消云散了，因此不会支持美国在菲律宾的建设。面对此局面，只能做好放弃菲律宾的准备。就任总统后不久，威尔逊也在一次宴会上宣称，美国不会再"通过征服占领哪怕一寸海外领土"。倘若从"文明"观念的角度来看，也可以将其视为美国对"文明"的偏离终于让位于资本主义的内在逻辑。

但是即便扮演加勒比地区的警察也并非易事，更不用说西半球了。塔夫脱等仍然坚持传统对门罗主义的理解，认为需要将包括"从中美洲到墨西哥湾和加勒比海、奥里诺科河和亚马孙河，再到麦哲伦和火地岛"在内的整个西半球置于美国的保护之下；马汉则认为美国不应干涉欧洲与南美的关系，而应当集中力量保护美国在加勒比海和巴拿马运河的利益。② 此

---

① James R. Holmes, "Theodore Roosevelt and Elihu Root: International Lawmen," *World Affairs*, vol. 169, no. 4 (Spring 2007), p. 190.

② James R. Holmes, "Theodore Roosevelt and Elihu Root: International Lawmen," *World Affairs*, vol. 169, no. 4 (Spring 2007), p. 192.

外,"罗斯福推论"提出之后,拉美国家认为这是美国推行帝国主义和干涉拉美内政的正式宣言,因此也对罗斯福的咨文进行了激烈指责。

面对此情形,罗斯福迅速公开否认了美国要对整个西半球行使国际警察权力的意图,并对智利、巴西和阿根廷等南美国家进行了安抚。罗斯福在1906年的国情咨文中说道:

> 在南美的许多地方,关于美国对其他美洲共和国的态度和目标有许多误解。现在流行着一种看法,即我们对门罗主义的主张意味着或隐含着这样的前提:我们是高人一等的,有权让门罗主义所包含的国家成为保护国。没有比这更不符合事实的了……美国的传统政策并不自认为高人一等,也无意寻求优势地位,让西半球的国家遭受压迫,以及让它们的命运被欧洲列强所控制。[1]

国务卿鲁特在其中起到了重要作用。作为美国最著名的公司律师之一,鲁特在国际事务上也奉行"法治主义",试图用法律化的语言界定美国与南美国家的关系。1906年,罗斯福派遣鲁特到拉美进行友好访问,并参加了在巴西里约热内卢召开的美洲国家会议。在此期间,鲁特代表罗斯福对门罗主义做了新的解释,对1904年的"罗斯福推论"进行澄清。他们放弃了1895年美国国务卿奥尔尼关于美国在美洲大陆上"享有实际主权"的说法,认为美国行使的是"保护的权利"(right to protect)。鲁特后来进一步使用"文明"话语来揭示所谓"真正的门罗主义"(Real Monroe Doctrine):

> 国际法的根本原则是独立主权原则。其他所有国际法准则都建立在这个原则基础之上。这是保护弱国不受强国侵害的首要和必要原则。遵守这一原则是维持文明世界和平与秩序的必要条件。通过宣布这一原则,文明的共同判断(common judgement of civilization)赋予了最小和最弱的国家以控制自己本国事务、不受任何外来强权

---

[1] Elihu Root, "The Real Monroe Doctrine," *Proceedings of the American Society of International Law at Its Annual Meeting*, vol. 8 (April 22–25, 1914), pp. 14–15.

(不论它有多强大)干涉的自由。门罗主义并不侵犯这一权利。门罗的宣言意味着美国的利益和权利牵涉到一个条件的维持,这个条件就是所有美洲国家的独立。①

罗斯福和鲁特对"罗斯福推论"范围的限制,以及对"门罗主义"不侵犯美洲国家独立与平等权利的解释,一定程度上的确缓解了南美国家的忧虑,得到这些国家官方的赞赏。作为"文明"国家,罗斯福还推动它们参加第二次海牙会议,支持拉美国家要求欧洲列强放弃"强制收债"的主张,实行"德拉戈主义"。詹姆斯·霍尔姆斯(James Holmes)称,这体现了美国在对外关系中平等而非威权的特性;但正如上文鲁特所说,美国对拉美享有"保护的权利",即便这一权利不会被任意解释和滥用,它至少也是一种家长制的、恩护主义的平等。"文明"等级的偏见是如此根深蒂固,从而使得"文明利益"等同于"文明国家"的利益,而"文明国家"往往也是最强大的国家。

在对世界秩序的构想上,罗斯福仍以"文明"为最高判断标准,希望美国能继续维持"门罗主义"的传统,集中精力发展美洲的"文明",而将亚洲事务交给俄国或日本按照"文明的利益"去管理,实行"亚洲的门罗主义",这样才能维护世界秩序。他并不像斯特朗、马汉和布鲁克斯·亚当斯那样,相信美国在中国有巨大的经济利益。为此,他甚至愿意放弃美国在亚洲的"门户开放"政策。罗斯福并非不重视"权力均势"的传统手段,但他往往将"文明"置于"权力均势"之上。他推崇为"文明""公正""正义",甚至为"男子气概"和种族而战,但从未公开说要为"权力均势"而战。② 同时,由于"权力均势"本身含义较为模糊,也容易引起美国舆论的厌恶,而"文明"能够赋予美国外交政策以更具吸引力的内容和意义。从现代资本主义的发展来看,显然"文明"世界的和谐与繁荣要比单纯的均势更重要。罗斯福并非一个"零和主义者"。正是由于罗斯福秉承要让"文明"国家和解的目标,他调停了

---

① Elihu Root, "The Real Monroe Doctrine," *Proceedings of the American Society of International Law at Its Annual Meeting*, vol. 8 (April 22-25, 1914), p. 13.

② Frank Ninkovich, "Theodore Roosevelt: Civilization as Ideology," *Diplomatic History*, vol. 10, no. 3 (July 1986), p. 241.

日俄战争以及两次摩洛哥危机，签订了一系列仲裁条约，推动了第二次海牙会议的召开。因为这些贡献，他在1910年获得了诺贝尔和平奖。5月，他在挪威奥斯陆发表获奖演说，再次用"文明"作为概念工具阐述了他的和平与秩序观念。罗斯福在此次演说中声称，世界和平正在沿着两条道路行进，一条道路是国际仲裁："当然，有些国家是如此落后，一个文明社会（civilized community）不应与它们签订仲裁条约，至少要等到我们在建立某种形式的国际警察行动方面，取得远比目前大的进展之时（再考虑签约的事宜）。但是所有真正的'文明社会'都应当在彼此之间签署有效的仲裁条约。"① 另一条道路是海牙会议与海牙法院："有人说得很好，第一次海牙会议在所有国家间创立了一份大宪章；它为我们树立了一个理念，它在某些方面已经实现了，而要全部实现，我们所有人都应努力……倘若让我来冒昧提供建议的话，如果世界各国的政治家在设计建立世界法院之时，研究最高法院在美国的做法可能会有所助益。我不禁认为，美国宪法在建立最高法院，以及提供相应手段来维护各州之间和平与良好关系方面，也为通过海牙法院与海牙会议来确立某种形式的、维护世界和平与正义的世界联邦，提供了有一定价值的范例。"②

总之，罗斯福的"文明"观念类似于古罗马的双面神雅努斯，一边是"反现代性"和对"过度文明化"与"文明衰落"的担忧，它表现为"反智主义"和帝国的冲动，其同路者是布鲁克斯·亚当斯与阿尔弗雷德·马汉；另一边则是仲裁、国际法和国际政府，其同路者是以伊莱休·鲁特为代表的美国国际法律师。在毅然决然发动美西战争、夺取菲律宾、夏威夷和波多黎各等殖民地方面，"反智主义"起到了巨大的助推作用；而在管理和建设殖民地，处理与西方列强的关系方面，美国国际法律师则扮演了难以替代的角色。美国有由律师担任国务卿，协助总统处理外交事务的传统。从1892年到1920年，除威廉·詹宁斯·布赖恩以外，每一位国务卿都是美国国际法协会成员，并在其中发挥着重要作用。美国国内的和平协会也大多将法律等同于和平，即认为只要各国

---

① Theodore Roosevelt, "Mr. Roosevelt's Nobel Address on International Peace," *The American Journal of International Law*, vol. 4, no. 3 (July 1910), p. 701.
② Theodore Roosevelt, "Mr. Roosevelt's Nobel Address on International Peace," *The American Journal of International Law*, vol. 4, no. 3 (July 1910), p. 701.

遵守国际法，便不会有战争。因此在19世纪末20世纪初，美国的职业律师、宗教人士、劳工组织、女性主义者等均将国际仲裁视为实现其崇高目标最重要的手段。①

罗斯福的下一任总统威廉·塔夫脱则在其前任基础上将所有政策向前推进了一步。如果说罗斯福对美国的实力限度极为敏感，只去做有把握的事情的话，那么塔夫脱的很多主张则超出了美国的实力限度，至少是超出了罗斯福等现实主义者所估计的实力。罗斯福仅仅满足于充当加勒比海地区的"国际警察"，塔夫脱则试图用金元外交对加勒比海地区进行更全面的改造，在这些"不文明"国家达不到要求时，选择积极干涉；罗斯福在华保持克制政策，满足于同日本的"君子协定"，承认日本在华的特殊利益，不希望与之就"门户开放"发生冲突，而塔夫脱则积极地卷入远东事务，强硬要求日本遵守"门户开放"政策，并且加入对华借款的银行团；罗斯福将国际仲裁视为美国外交的有益补充，而塔夫脱则试图用国际仲裁来替代外交，他提出了"无限制仲裁"，将所有"可裁决"（justiciable）的争端都纳入国际仲裁的范围内。罗斯福的做法类似于德国学者卡尔·施密特所说的"大空间"理论，他实际上承认日本、英法，甚至阿根廷和智利等国的"文明"程度堪与美国匹敌，因此希望它们各自维持区域内的和平、践行各自的"门罗主义"；而塔夫脱则不满足于罗斯福的权力有限论，开始试图将美国版本的"门罗主义"推行至全世界，他所借助的是自己拿手的金元外交以及国际法治。

尽管塔夫脱的无限制仲裁条约并没有成功，但随着国际仲裁运动的推进，许多国际法律师继续将希望寄托在国际法治的进一步完善上面，他们希望建立一个更加职业化、制度化和常规化的世界法院，希望对国际法进行法典化改造，进而希望将国际联盟或和平联盟变成一个世界性的立法机构。如果对菲律宾、多米尼加和巴拿马运河区等殖民地或保护国来说，美国的"技术专家"（如科学家、工程师和经济学家等）发挥着巨大作用的话，那么在处理与主权国家或"文明"国家之间的关系时，国际法律师则不可或缺。国际法律师试图通过仲裁条约—仲裁法院—

---

① Stephen Wertheim, "The League of Nations: A Retreat from International Law?" *Journal of Global History*, vol. 7, no. 2 (July 2012), p. 214.

世界法院—国际组织—国际政府这样一条循序渐进的路线来实现世界和平。他们所倡导的仲裁在过去是"怪人之奇思异想",而到20世纪已经"成为常见的外交政策",这可以说是"文明自制"路线的一个成果。①

与此同时,随着一战的爆发,也有许多"业余"的和平主义者对国际法逐渐失去了兴趣。威尔逊便是一个典型的例子。尽管国际法律师们也倡导和平与国际主义,但威尔逊认为,法律带有保守和维持现状的色彩。基于党派偏见、个人性格与误解等各种因素,威尔逊对共和党支持的海牙路线不仅丝毫不感兴趣,而且往往流露出不屑一顾和憎恶的情绪。威尔逊对国际法和律师一直抱有偏见。他在大学中曾经短暂学习过法学,但随后就转向了他真正感兴趣的政治学。他曾公开表示,自己不喜欢律师为他起草条约。他在先后四次起草的国联盟约中,均有意不拟关于世界法院的条款,甚至删除了其密友豪斯上校建议的、关于世界法院的相关内容。② 他对当时一些著名"法治主义者"如尼古拉斯·巴特勒、洛威尔、大卫·米勒等人十分粗暴无礼。他的态度引发了共和党"法治主义者"的反感,加剧了双方的对立。鲁特抱怨威尔逊一心只想建立一个国际行政机构(international executive),而非国际法院,因为他将自己想象成了全世界的总统;威尔逊的国务卿兰辛也在日记中抱怨威尔逊是一个"精通仇恨的人"(wonderful hater);③ 拉福莱特也曾攻击说,威尔逊的"拙劣"国联方案源于他曾"是一名失败的律师,只能成为大学教授"。④

在美国加入国联失败后,连一些国际法律师也对国际法的作用产生了怀疑。他们认为,国际法离不开政治手段的帮助和支持。1920年夏

---

① 历史学家比尔斯在《和平史》(*History of Peace*)中说道,"我惊奇地发现现如今关于和平的每一个想法都已被一个世纪前的组织机构所倡导,当代世界范围内形形色色的和平运动都可以不间断地追溯到拿破仑战争末期英美国家中的一些贵格教徒那里……1878年之后和平的历史已成为国际关系历史的组成部分,曾经被视为是怪人之奇思异想的仲裁和裁决现在已经成为常见的外交政策"。转引自〔美〕汉斯·摩根索著,杨吉平译《科学人对抗权力政治》,上海:上海译文出版社2017年版,第34页。
② Stephen Wertheim, "The League that wasn't: American Designs for a Legalist-Sanctionist League of Nations and the Intellectual Origins of International Organization, 1914–1920," *Diplomatic History*, vol. 35, no. 5 (November 2011), p. 825.
③ David Patterson, "The United States and the Origins of the World Court," *Political Science Quarterly*, vol. 91, no. 2 (Summer 1976), p. 292.
④ John Milton Cooper, Jr., *Breaking the Heart of the World: Woodrow Wilson and the Fight for the League of Nations*, Cambridge: Cambridge University Press, 2001, p. 227.

天，国际联盟行政院（Council of the League）任命的法律咨询委员会（Advisory Committee of Jurists）在海牙开会，决定建立新的世界法院；美国代表团也参加了此次会议，团长为前国务卿鲁特。鲁特运用他的智慧，创造性地解决了第二次海牙会议中未能达成协议的、关于大国和小国间如何分配法官名额的问题（即由国联大会与行政院共同选举法官）。由于他在建立该法院中的作用甚大，这个计划被美国媒体夸张地称作"鲁特计划"（Root Plan）。但该计划在国内受到了共和党保守派的激烈批评。其罪状之一便是，作为一个表面上的独立法律机构，它与国际联盟这一政治机构有着说不清道不明的关系。保守派主张"法律"的自治，要求世界法院与国际联盟撇清关系，否则便不会加入国联。而以汉斯·凯尔森、曼尼·哈德森等为代表的法治国际主义者们则试图通过先进入世界法院的方式迂回加入国联，这事实上也反映了这些国际法律师们思想立场的转变。他们愿意让世界法院与国联产生联系，二战后发生的事情表明，他们也愿意让世界法院从属于联合国。正如科斯肯涅米等学者所注意到的，美国的"法治国际主义"在二战后也逐渐失去独立性，服务于冷战等政治需要，变得更符合美国的国家哲学，即"实用主义"化了。

  英美跨国的"反帝主义"也因此相互影响，并且产生出了对"国际政府"的新思路。霍布森借用了亚当·斯密对重商主义的分析，从经济的角度指出，帝国的成本大于收益，列强的主要经济收入源于相互之间的贸易而非与殖民地的贸易，与其竞相争夺殖民地，不如各国进行合作与联合，建立一个国际政府。这样一个国际政府将采取联邦的方式，英帝国也将联邦化。它将避免像自然界一样进行残酷的"自然选择"，而是实现人类社会的"理性选择"，使"劣等种族"更加"人道地"遭到淘汰。霍布森也意识到"劣等种族"将会像罗马帝国晚期的蛮族一样，对西方构成威胁，但他认为之所以会产生这种后果，同样也很可能是因为西方国家专注于低级的"生存竞争"：它们满足于寄生性的帝国主义政策，甚至像古罗马帝国灭亡前夕采取的做法一样，将帝国军队与防务交给"野蛮人"。霍布森并不反感民族主义与爱国主义的情感，相反还认为这二者相比于空洞的"世界主义"（cosmopolitanism）是进步的，并且相信这种良性的民族主义下一步将发展出更健康的国际主义。但问题在于，它们会被少数统治阶层所利用，继而偏离国际主义的方向，最终落入帝国主义的陷阱中。唯有将帝国联邦化、建立国际政府才能将它们从陷阱中解救出来,并且霍布森希望这种联邦化不是假的、形式上的、仍未脱离帝国主义的联邦化,而是有实质性内容的、与帝国主义划清界限的联邦化。①

基于他本人在《帝国主义研究》一书中已经阐发了的国际政府思想,霍布森在1915年出版了题为《走向国际政府》的小册子,强调世界各国应当不仅满足于把国家联合成"和平联盟",而且应当更进一步将其转化为"国际政府"。② 他认为应当有一个国际议会(international council),"让文明国家承担教化低等种族的职责"。但他反对基于自私动机的、由"文明国家"中的"人渣"所进行的"文明委托",因为这样将会给"低等种族"带来灾难。③ 从霍布森的论述可以看到,在他那里,帝国与国际政府,帝国主义与国际主义在许多方面较为相似,也很容易被混淆。他指出,"近代帝国主义的特殊形态,并非在所有情况下都是不合理的",但需要满足三个条件。第一,"对低等种族的干涉,其主要目的必须是保证世界文明的安全和发展,而不是干涉国的特殊利益";第二,"此等干涉必须能够改进和提高被干涉地区人民的品性";第三,"上述两个条件一定不能任由干涉国擅自决断,而是必须由文明人类组织的代表机关来处理"。④ 简言之,与马克·吐温类似,霍布森并不信任个体的所谓"文明"国家,但又仍然相信"文明"将战胜"野蛮",因此寄希望于一个"文明"国家组成的、公正无私的多边机构,即"文明的神圣托付"(the sacred trust of civilization)。⑤

霍布森的看法与美国一直以来的联邦主义优越感不谋而合。他们相信美国的联邦制是最优越的体制,它实际上是主权国家之间的联合,始

---

① 〔英〕约翰·阿特金森·霍布森著,卢刚译:《帝国主义》,北京:商务印书馆2017年版,第289—311页。
② J. A. Hobson, *Towards International Government*, London: George Allen & Unwin Ltd., 1915, p.7.
③ William L. Langer, "A Critique of Imperialism," *Foreign Affairs*, vol.14, no.1 (October 1935), p.116.
④ 〔英〕约翰·阿特金森·霍布森著,卢刚译:《帝国主义》,北京:商务印书馆2017年版,第205页。
⑤ 关于"文明托付"的说法在世纪之交十分流行。例如1898年,麦金莱也曾经于亚特兰大的一次演说中宣称,菲律宾是"文明委派给我们的伟大托付"(great trust that civilization has imposed upon us)。见 Frank Ninkovich, *The United States and Imperialism*, Malden: Blackwell Publishers Inc., 2001, p.39。

终保留了主权国家的自治权力，而非像帝国一样要征服、消灭和吞并弱小的主权国家。约翰·菲斯克认为，古罗马帝国之所以功亏一篑就是因为其在当时的条件下不懂得采取联邦制，而是建立了中央集权的帝国。①1905年，卡内基骄傲地宣称，美国与英法的状况都不相同，"它不是一个国家，而是由45个国家在同一面旗帜下联合而成立的。它们可以相互自由交流。除了将部分权力委托给位于华盛顿的国家大会外，每一个国家都享有主权"。②1910年，西奥多·罗斯福在接受诺贝尔和平奖的演说中展望，美国的联邦制和最高法院模式可以推广到世界范围，从而建立一个世界性的和平联盟。他认为海牙会议已经有此迹象，并且称赞海牙会议通过的文件是未来世界的"大宪章"。③1915年，美国著名女性和平主义者露西亚·米德认为"美国就是世界上最大的和平社团。虽然各自的条件和面积大小各异，但是48个国家（州）之间的自由贸易与和平始终如一。我们国家的最高法院就是世界法院的先驱……以瑞士与荷兰代表的联邦原则到了美国之后，扩展到了整个大陆"。④

即便到今天，当代美国学者在这方面的优越感也不遑多让。外交史学家大卫·亨德里克森（David Hendrickson）指出，美国建立之初面临的内战风险远比今天所想象的要高；十三州批准的宪法实际上是一个"和平条约"，通过此条约，美国既未继续深陷邦联国会时期的软弱和无政府状态，也未矫枉过正滑向帝国，从而像罗马、英帝国一样在对外扩张中走向堕落；不仅如此，该"联盟范式"（unionist paradigm）对国联与联合国的建立都有很大影响。⑤丹尼尔·杜德利称，美国在北美大陆上建立了一个"费城体系"（Philadelphian system），以之作为"欧洲威斯特伐利亚体系"和权力平衡体系的替代品，从而也避免了像欧洲一样，

---

① John Fiske, *American Political Ideas Viewed from the Standpoint of Universal History*, New York: Harper & Brothers, Franklin Square, 1885, pp. 107-108.
② Andrew Carnegie, "An Anglo-French Understanding," *The North American Review*, vol. 181, no. 587 (October 1905), p. 514.
③ Theodore Roosevelt, "International Peace," *The Advocate of Peace* (June 1910), pp. 146-147.
④ Lucia Ames Mead, *Outline of Lessons on War and Peace*, World Peace Foundation, February 1915, p. 39.
⑤ David C. Hendrickson, *Peace Pact: The Lost World of the American Founding*, Kansas: University Press of Kansas, 2003, p. 7.

国与国之间纷争不断。①

与习惯于"攻守同盟"、权力均势的欧洲相比，美国通过结合更紧密的联邦制避免了重走欧洲的道路，这在美国的知识分子们看来，无疑也是"美利坚文明"优于"欧洲文明"的地方。这种联邦制的好处在于它能实现"和平的扩张"，在扩大其领土的同时，避免"帝国"的弊病。在他们眼中，"帝国"与理性的扩张，或麦迪逊所说的"扩展共和国"（extended republic）是截然不同的。前者意味着大量的军费和税收，意味着种族、宗教和文化的多元性，将极大地增加统治的成本和难度；而后者只需要简单地复制"费城体系"即可，它实行一种去中心化的统治，同文同种的白人社会将组成州，并自愿加入联邦，接受联邦政府的协调，而无须沉重的赋税和供养大规模的常备军，将国家变成"兵营国家"（garrison state）。

三 "超帝国主义"下的西方文明与他者

霍布森关于"文明"国家之间建立国际政府的建议也与卡内基倡导的"和平联盟"（league of peace）颇为相似。它们都是"反帝主义者"给出的方案，尚带有较多的"文明自制"色彩。而在罗斯福这样更加倾向于"文明专制"和"文化种族"的"帝国主义者"看来，这个建立在无私基础上的联盟或国际政府只适合保护"文明"国家，倘若应用到"不文明国家"身上，便会导致列强间的争端。1910年6月，罗斯福在《展望周刊》上发文，讨论当时反帝主义设计的方案：将菲律宾置于国际协议（international agreement）的保护下。他对此表示反对，声称这种做法混淆了两种不同的国家。一种是瑞士和荷兰这样的"文明"小国，他们同英美等大国的区别仅仅体现在国家大小上，完全有能力"维护国内秩序、实现实质性正义和保护外国人的权利"，只是无法应对外来侵略而已。这时才需要列强联合保障其安全，"丝毫不需要干涉它们，或试图去发展它们，或防止它们自己伤害自己。只需保护它们免遭外来侵略，

---

① Daniel Deudney, "The Philadelphian System: Sovereignty, Arms Control, and Balance of Power in the American State-Union, circa 1787–1861," *International Organization*, vol. 49, no. 2 (March 1995).

文明与人道的需要便可以充分得到满足"。而另一种"不文明"国家与之没有可比性："保护其免遭外来侵略，从人类角度看可能会导致最坏的事情发生。"他认为殖民主义为"文明"带来了好处："任何支持阿尔及利亚人反对法国人，或支持突厥斯坦人反对俄国人，或支持苏丹人反对英国人，或支持巴拿马人反对美国人的安排，都将是反对人类和文明利益的安排，同时也是对土著人自身利益的损害。"与此同时他还认为，"任何为了被干涉国自身利益，为了促进它在秩序和文明方面之成长而进行的干涉"，"实际经验"都表明最有效率的做法是由一个国家，而非靠多个国家来进行干涉。他宣称最大的教训就是英美德联合共管萨摩亚，给予了萨摩亚本地酋长过多的自主权："在我当总统期间萨摩亚唯一的麻烦就是我们无法满足土著人诚恳的请求，即我们应当完全占领和统治属于我们的那部分岛屿，真正地进行管理，而非将如此多的责任交给当地酋长。"因此，对菲律宾来说，由列强联合共管也并非好的选择，因为它会导致列强间的冲突和彼此嫉恨，"将会阻碍它沿着进步和文明道路发展，将会导致无穷无尽的毁灭性内战"。①

罗斯福毫无疑问采取了帝国主义的思路，即由单独的强权负责管理其区域内的"不文明"国家；而霍布森也并不全然避讳帝国主义，他自称自己所提倡的是"国际帝国主义"。正如列宁所评价的那样，霍布森实际上是试图用一种他心目中理想的帝国联盟去反对另一种帝国联盟。②当代英国历史学家邓肯·贝尔（Duncan Bell）也指出，霍布森的《帝国主义研究》一书常被误解为反帝著作，实则是主张建立一个"泛撒克逊"共同体，霍布森本人也说"基督教化身为多个文明帝国，每个帝国后面都跟着几个尚未开化的附庸国。我认为这是当前态势下最合理的发展趋势；同时，这也是帝国间主义（inter-Imperialism）坚实土壤上最有希望结出永久和平果实的做法"；③此外，希法亭、拉法格、布哈林、考

---

① Theodore Roosevelt, "The Management of Small States which are Unable to Manage themselves," *The Outlook* (July 2, 1910), pp. 462–463.
② 刘长军、韩海涛、李惠斌编著《列宁〈帝国主义是资本主义的最高阶段〉研究读本》，北京：中央编译出版社2017年版，第377页。
③ 〔英〕邓肯·贝尔：《种族、空间与全球秩序》，载〔美〕彼得·J. 卡赞斯坦主编，魏玲、王振玲、刘伟华译《英美文明与其不满者：超越东西方的文明身份》，上海：上海人民出版社2018年版，第45—46页。

茨基和卢森堡等马克思主义者从金融垄断资本的角度分析了帝国主义的根源，并断言一个压迫性的国际联盟很可能会由此产生。① 列宁则言辞激烈地认为这种联盟很难持久：

> 所以，资本主义现实中的（而不是英国牧师或德国"马克思主义者"考茨基的庸俗的小市民幻想中的）"国际帝国主义的"或"超帝国主义的"联盟，不管形式如何，不管是一个帝国主义联盟去反对另一个帝国主义联盟，还是所有帝国主义大国结成一个总联盟，都不可避免地只会是两次战争之间的"喘息"。和平的联盟准备着战争，同时它又是从战争中生产出来的，两者互相制约，在世界经济和世界政治的帝国主义联系和相互关系这个同一基础上，形成和平斗争形式与非和平斗争形式的彼此交替。聪明绝顶的考茨基为了安定工人，使他们与投到资产阶级方面去的社会沙文主义者调和，就把一条链子上的这一环节同另一环节割开，把今天所有大国为了"安定"中国（请回忆一下对义和团起义的镇压）而结成的和平的（而且是超帝国主义的，甚至是超而又超的帝国主义的）联盟，同明天的、非和平的冲突割开，而这种非和平的冲突，又准备着后天"和平的"总联盟来瓜分譬如说土耳其，如此等等。考茨基不提帝国主义和平时期同帝国主义战争时期之间的活生生的联系，而把僵死的抽象概念献给工人，是为了使工人同他们那些僵死的领袖调和。②

---

① 例如，列宁曾经这样总结考茨基的"超帝国主义"论：考茨基这样写道，资本主义不是不可能再"从纯粹经济的观点看来，经历一个新的阶段，即把卡特尔政策应用到对外政策上的超帝国主义的阶段"也就是全世界各帝国主义彼此联合而不是互相斗争的阶段，在资本主义制度下停止战争的阶段，"实行国际联合的金融资本共同剥削世界"的阶段；"……现在的帝国主义的政策会不会被一种新的超帝国主义的政策所取代，这种新的超帝国主义的政策，将以实行国际联合的金融资本共同剥削世界来代替各种金融资本的相互斗争。不管怎样，资本主义的这样一个新阶段是可以设想的。至于它能否实现，现在还没有足够的前提对此作出判断"。见刘长军、韩海涛、李惠斌编著《列宁〈帝国主义是资本主义的最高阶段〉研究读本》，北京：中央编译出版社2017年版，第356、376页。

② 刘长军、韩海涛、李惠斌编著《列宁〈帝国主义是资本主义的最高阶段〉研究读本》，第378页。

霍布森和马克思主义者的研究无疑是深刻的，但也许他们过分关注经济，而忽略了种族、文明和意识形态因素，同时更忽略了世界霸权的作用。在面临共同威胁时，这样一个"帝国主义联盟"无疑是可以暂时形成的，列宁认为瓜分完中国或土耳其后，列强又会陷入纷争而不可能结成联盟，但倘若这种来自东方的种族、文明和意识形态威胁是持久的呢？倘若在帝国主义中有一个核心的霸权国家呢？由于时代的局限性，列宁无法预料到这些历史将如何发展。在这方面当时年轻的记者沃尔特·李普曼则颇有预见性。他的论述也一定程度上能够反映和揭示当时美国政治文化精英的国际秩序观念。李普曼在1915年出版的《外交的赌注》一书中，提出建立国际政府或世界国家的方案。他提倡国际主义："对外国人的同情（sympathy）是最无私、最为文明的一种同情"；[①] 他也相信，国家之间将会走向联合，避免战争。他所谈论的国际政府不仅指列强之间的协调组织，而且一直与殖民地密切相关。这也表明，所谓"国际主义""国际政府"及其所代表的国联始终要维持两种秩序。用当时的话说，一是"文明"国家之间相对平等的秩序，二是"文明"与"不文明"国家之间的等级秩序。而无论是罗斯福、布鲁克斯·亚当斯等帝国主义者，还是霍布森、列宁等反帝主义者均普遍认为，后者具有更为决定性的作用。李普曼也接受了这种观点。

沃尔特·李普曼认为殖民地是列强竞逐角力并可能引发全面战争的祸乱之源。他引用马汉的看法说到，当前世界上"未开发的物质资源名义上掌握在政治上落后的国家手中"，这才是目前国际关系和外交中最大的风险。那么，如何来避免因争夺殖民地而引发战争呢？李普曼提到反帝主义者的主张，即美国只能在家"文明化"自己，管好自己的事情，而不要去建立殖民地。李普曼不同意这种看法。他说，尽管西方殖民者的许多罪行令人发指，"但显而易见的事实是，各国人民之间的关联已经达到如此的程度，以至于国际自由放任是不切实际的。商业计谋、征服欲望、朗姆酒、圣经、来复枪、传教士、商人以及特许经营权（concessionaries）等都将两个文明紧紧联系在一起，问题需

---

① Walter Lippmann, *The Stakes of Diplomacy*, New York: Henry Holt and Company, 1916, p. 56.

要解决,而不是逃避"。他为帝国主义辩护说,"文明使命"与各国利益息息相关。土耳其、波斯、中国以及非洲在政治上过于落后,无法为外国的商业、宗教等利益提供保护,换言之也就是"不文明",才会招致帝国主义的侵略。

李普曼还提到和平主义者的主张,即拒绝在任何情况下使用武力。他对这种主张不以为然:"不惜任何代价求取和平的政策对国际主义是一个威胁。最有可能采取这一政策的人恰恰是其力量最为世界政治所需要的人。半文明的侵略者是不会被感化的。"他声称"对不惜代价求取和平(peace at any price)之宣传更严重的指控是,它的实现不仅意味着要放弃武力,而且还会使得武力集中在最不民主的帝国手中。西方文明越弱小,专制主义便会越强大……倘若世界上有军备,毫无疑问它更应当为在民主制下文明化的人民所掌握"。李普曼毫不掩饰,他说的专制帝国正是俄国和日本。

李普曼认为,需要将落后地区"组织"起来,改变帝国主义国家间相互争夺的状况。他将这种情况比作南北战争爆发前夕,美国的西部边疆:"美国人十分理解未能组织起来的领地(unorganized territory)会导致的风险,十分清楚地意识到为什么这是一个'问题'。"南部之所以倾向独立,是由于北方试图禁止在边疆的领地实行奴隶制,从而使得南方永远地居于劣等地位。"直到组织西部的问题得到解决,和平与联邦才是可能的。而世界的问题就是美国边疆问题更复杂的放大版。"

那么"门户开放"是否能解决这一问题呢?李普曼指出了"门户开放"的不足。因为真正的"门户开放"意味着非歧视性的、机会均等的原则,但这很难实现。美国国内就是如此。美国国内的铁路就对垄断企业和农民实行不同的运费政策,美国的官员也会照顾"特殊利益"集团。"在美国国内关闭门户的这些力量同样也会作用于那些受到帝国主义控制的弱小国家。商人群体也倾向于在附属领地(vassal territory)培育政治权力,此后,领土完整与门户开放就成了滑稽的闹剧。"① 正是这个原因使欧洲各国最终走向了世界大战。在大战结束之后,这个问题也仍

---

① Walter Lippmann, *The Stakes of Diplomacy*, New York: Henry Holt and Company, 1916, p. 116.

然存在:"这些问题源于弱小国家的混乱和落后。这场战争将加剧他们的混乱与落后。它将让整个欧洲为之精疲力竭。它可能会改变权力均势,但无论各国最终的相对地位如何,他们仍要重启被中断的任务,即让整个世界在政治上适合现代商业的运转。他们可能更多地听从一个强权,更少地听从另一个强权,但是将地球上没有组织起来的地方国际化,仍然会继续需要人们的注意。这是一个令人困惑而自感愚蠢的任务。他们也许会战至'最后一人',但他们无法逃避这个问题,通过战争他们也无法解决这个问题。他们也许会让自己彻底耗尽精力,以至于非洲和亚洲将会变得如此强大,无法被欧洲'文明化'了。但他们仍然很可能要重建国际结构——他们曾经建设得如此之差,并且如此可怕地毁灭了的国际结构。"①

李普曼秉持着进步主义的思路,试图将美国国内改革的政治经验推广到世界范围,尤其是对殖民地的管理上。他反对无序的自由竞争,认为在现代社会,任何群体都必须自我组织起来获得权力,才能捍卫自己的权益。例如在美国,只有权力集中在联邦政府手上,才能真正保障民主政治;按照无政府主义者的主张不要政府权力,公司将会更加肆无忌惮;而劳工运动也发现,除非劳工们通过组织形成强大的力量,否则很难让雇主做出让步。他意识到,"这听起来很像权力均势的理论。但它就是这样,我们无须被坏的名词所吓到。如果哪里有压迫性的权力,它或者应当被别的权力抵消,或者应当被用来服务于被我们视作文明的利益。因为那些试图建立一个安全的、有组织的民主世界,志在实现国际合作的人们必然会遇到反对他们的力量"。那么这些民主力量会不会被自己手中的权力所腐蚀呢?李普曼说,倘若"民主派不确定自己是否能保持信仰,倘若他们总是害怕被诱惑,那么他们将不是一个更美好世界的合格公仆"。②

正是由于"文明"国家不能放弃与非"文明"国家的接触,不能放弃军备,而是需要组织起来维护世界秩序,因此一个由"文明"国家控制的、拥有一定军事力量的国际政府或国际组织是有必要的:

---

① Walter Lippmann, *The Stakes of Diplomacy*, New York: Henry Holt and Company, 1916, pp. 125-126.
② Walter Lippmann, *The Stakes of Diplomacy*, New York: Henry Holt and Company, 1916, pp. 221-222.

对于世界的理想状况应当是，权力集中在那些追求"文明化"目标的国家手中。实际上不需要真正使用多少武力。仅仅是它的存在便可以使侵略者受到制约，使建立在同意和教育基础上的政府成为常态。正是由于胁迫是政治中最糟糕的工具，胁迫的手段必须掌握在那些最不情愿使用它的人手中。为了驯服公司的权力，我们必须增强政府的权力。①

他在末尾"和平的战略"一章中建议，所有的和平主义者都应当是爱国主义者。因为倘若一个"世界国家被建立起来，那么必然是通过各国政府来建立的。它与国际主义者的关系，就像是工会与工业民主一样——作为一个权力组织，它可以让新的思想占据主导地位"。因此，让国际主义者仍然做一个爱国者，并不是让他们"不论对错都支持自己的国家，而是以之作为影响国际政治的手段……他仍然是一个民族主义者，是因为这是他为国际主义服务的唯一有效方式。他将自己的国家完好地保存下来，是为了托付给那个拥抱文明的、更伟大的国家（greater state）"。而德国社会主义者的失败之处并不在于"他们不去做摧毁德意志帝国的事情，而在于他们无法控制帝国的政策。倘若他们在这方面成功了，他们可能会将德国权力转变成文明无可比拟的守卫者"。②

也许正因如此，封底对这本书要旨的介绍称，作者试图要"让爱国主义文明化"。但是显然，李普曼的这种"文明"观是建立在对东方的偏见和恐惧之上的。在他的国际政府或世界联邦中，"不文明"国家无疑处于次要的、受保护的地位；"文明"国家之所以要团结起来，也是因为害怕因争夺殖民地而爆发全面战争："这个观念并非过分具有野心……使它特别可能的是，它抓住了外交的真正问题，它所提供的不是一副万能灵药，而是一种方法和开始被采用的技巧。这是国际主义，但它不是人类议会这样苍白的事物，而是专注于那些国际主义最明显被需

---

① Walter Lippmann, *The Stakes of Diplomacy*, New York: Henry Holt and Company, 1916, p. 221.
② Walter Lippmann, *The Stakes of Diplomacy*, New York: Henry Holt and Company, 1916, pp. 228–229.

要的，容易发生冲突的地区。"① 他还注意到东西方的冲突：

> 随着东方变得越来越强大、骄傲和更好地组织起来，东方对西方的压力也变得更加紧迫，我们将会问，它们（西方国家）是否还会为了当前的外交赌注进行自杀性的战争。过去看似"关键"的分歧将会被放在新的视角下审视，而要求西方文明统一的呼声也会得到更有兴趣、更急切的聆听。出于在亚洲保护西方权力的愿望，出于对亚洲入侵的恐惧，可能会产生最强烈的动机，去建立一个超国家（super-national state）……它将不简单地是一个全世界的组织，由一个世界议会来管理，由全球居民的同等投票权利来选举产生。它将是当前大国某种形式的联邦，而且很可能不是一个平等的联邦。它的权力中心可能是西方国家的联盟，它对世界其他地区的关系有点像是普鲁士对其他德意志邦国的关系，或者英格兰对其帝国的关系。毫无疑问将会有将权力掌握在西方人民手中的努力……在现实生活中，这个更大的国家（Greater State）很可能最多不超过西方商业文明的范围。②

---

① Walter Lippmann, *The Stakes of Diplomacy*, New York: Henry Holt and Company, 1916, p. 135.
② Walter Lippmann, *The Stakes of Diplomacy*, New York: Henry Holt and Company, 1916, pp. 176-177. 英国"反帝主义者"约翰·霍布森则从经济角度谈到东方和西方，尤其是西方联盟与中国可能发生的冲突："西方国家更广泛的同盟，即欧洲大国联邦向我们展示的前途就是，这个联邦不仅不会推进全世界的文明事业，反而有造成西方寄生性的巨大危险：产生出这样一批先进的工业国家，这些国家的上层阶级从亚非两州获得巨额的贡款，并且利用这种贡款来豢养大批驯服的家臣，他们不再从事大宗的农产品和工业品的生产，而是替个人服务，或者在新的金融贵族监督下从事次要的工业劳动。让那些漠视这种理论（应当说前途）、认为这个理论不值得研究的人，去思考一下已经处于这种状态的目前英格兰南部各区的经济条件和社会条件吧。让他们想一想，一旦中国受这种金融家及其政治方面和工商业方面的职员'投资者'的经济控制，使他们能从这个世界上所知道的最大的潜在富源汲取利润，以便在欧洲消费，这套方式将会扩展到怎样巨大的程度。当然，情况是极为复杂的，世界上各种力量的变化也难以逆料，所以不能很有把握地对未来作出某种唯一的预测。但是，现在支配着西欧帝国主义的那些势力，是在向着这个方向发展的。如果这些势力不遇到什么抵抗，不被引上另一个方面，它们就确实会朝着完成这一过程的方向努力。"转引自刘长军、韩海涛、李惠斌编著《列宁〈帝国主义是资本主义的最高阶段〉研究读本》，北京：中央编译出版社，2017年版，第363—364页。

倘若将其放在整个20世纪的历史进程中，李普曼的这番"预言"是有一定前瞻性的，也部分体现了"文明"对帝国征服者和支配者看待世界事务的框架性作用，是一种重要的元叙事。美利坚文明、盎格鲁-撒克逊文明和西方文明（当然也包括单数的"文明"）等话语都在塑造美国的"文明"身份。对"文明"国家（主要是西方国家）采取仲裁、国际法和国际联盟的手段，而对"不文明"国家（主要是不发达国家）使用武力是其题中应有之义。它与17世纪国际法学家维多利亚的观点并无本质区别。讽刺的是，首先反叛"文明"，发动世界大战的恰恰是"欧洲文明"中举足轻重的国家——德国。也因此，德国在很长时间内都被视为"欧洲文明"，但又不是"西方文明"的成员。美国知识界开始越来越多地谈论"西方文明"及其敌人，而美国也将作为西方的领袖，加冕成为"文明的受托人"和保护者，来构建国际政府或和平联盟。正如从布鲁克斯·亚当斯、西奥多·罗斯福、马汉到李普曼，再到亨廷顿所反复强调的那样，与这个"文明"对抗的不外乎是传统的几个大国：俄国、日本、中国以及德国。在英美等所谓"文明"国家的主流叙事中，它们并非所有时候都是"文明"之敌，而且实际上也能成为"文明"国家，甚至被纳入"西方文明"体系中，"西方文明"的叙事也能及时做出调整；但最重要的是"西方文明"话语往往是由于不断受到"野蛮人焦虑"的刺激而制造和再生产的，因此叙事者们会主张以"西方"为主体，结成强有力的军事同盟和国际政府，利用集体霸权遏制、排斥、接触和改造"野蛮"国家。① 1904年，《独立周刊》发表了题为《帝国主义与国际联盟》的社论说道：

> 殖民的时代已经结束，建立在美国自治原则（doctrine of Home Rule）上的国际组织时代开始了……美国最初是由大西洋沿岸的一些国家联合而形成的，在它诞生后的第一个一百年里，注定要扩张到太平洋和墨西哥湾……当美国将它的所有领地都组织为州后，它将完成它的自然生长过程。它的第一个世纪的使命就结束了，它将

---

① William I. Thomas, "The Significance of the Orient for the Occident," *American Journal of Sociology*, vol. 13, no. 6 (May 1908); Robert A. Williams, Jr., *Savage Anxieties: The Invention of the Western Civilization*, New York: Palgrave Macmillan, 2012.

被召唤去实现更宏伟的目标,即将世界各国组织成为一个联盟,每个主权国家成为它的一个成员。除非我们走出这一步,否则我们的成长就不会停止。①

上述这个"联盟"的无尽扩张过程充满了目的论色彩,代表美利坚色彩的"文明主义"。毋庸讳言,所有主权国家的大联盟是一个美妙的乌托邦。但将其与美国向太平洋和墨西哥湾的扩张视作前后相继的关系,而将印第安人和墨西哥人等扩张对象遭受的苦难屈辱融入这一"文明"的宏大叙事中,又有暗暗夹带"文化主义"的嫌疑。战胜弱小的邻居会被视为"文明"战胜"野蛮"的体现,而当遇到更强大的东方时,东西方"文明冲突"便往往会更令人焦虑。总之,"后轴心"的"文明使命"往往也伴随或导致"前现代"的"文化使命",在历史运动的过程中实现"文明主义"与"文化主义"的和解,谨慎地运用权力去缓解二者的冲击与震荡,而非让权力为某一方所支配,也许才是上善之道。

---

① The Editor, "Imperialism and Union of Nations," *The Independent*, vol. 57, no. 2914 (October 6, 1904), p. 815.

结　语

　　1904年，在罗斯福以文明的名义攫取巴拿马运河开凿权之后，美国反帝主义者索恩顿·弗利特（Thornton Van Vliet）在《纽约时报》上发表题为《巴拿马与文明》的文章评论道，曾经帝国主义征服使用的借口是基督教，但随后人们发现这个借口难以令人信服，随即便找到了新的托词，那就是"文明一词。现在，任何强国的专断行为都可以诉诸文明进步的必要性"。他问道："这个被极力吹嘘的文明，这个所有其他不论如何庄严的事物都必须在它面前退避三舍的文明，究竟是何方神圣？"他接着指责道，"它不可能将野蛮种族从野蛮状态中拯救出来，因为在现代文明的恶习等各种影响下，这些种族只会凋零消亡。它也不可能用欧洲和美国文明取代其他以及东方的古老文明，因为西方文明似乎只能刮去这些文明的一层外壳——看一看印度和中国就知道了。显然，这里所说的文明不值得狂热地去支持，因为这个文明中很大的成分是满足名义上所谓文明人的权力欲和潜藏的兽性……在这场对文明的宣传浪潮中，首要和主导性的成分是在经济上剥削落后种族，去夺取他们的财产，控制他们的贸易……这个文明意味着战争、权力和金钱——其中最主要的是金钱"。① 从这段评论中可以看出，"文明"叙事与美利坚帝国的共谋关系已经被某些历史当事人所深切感受到了。与马克·吐温一样，他们对"文明"的指责也不可谓不尖锐。而且正如下文将要谈到的，随着"文明世界"内部的冲突加剧，"文明"一度名誉扫地，甚至被从国际法的正式语言中清除了出去。另外，美国正在成为西方文明的核心国家，以及最为重要的"文明受托人"，也需要某种"文明"身份与元叙事来"名正言顺"地行使其"普世主义"霸权。在上述新的情势下，欧洲和美国的"文明"身份将有怎样的发展呢？"文明主义"与"文化主义"有何种新的表现，又带来了哪些风险和挑战？以下将围绕"文明使命"、

---

① Thornton Van Vliet, "Panama and Civilization," *New York Times* (January 10, 1904), p. 23.

"文明标准"、"全球文明"与"文明冲突"等今天常谈论的主题,来对本书的研究进行总结和引申。

一 "文明"标准的改良与"终结"

丹尼尔·戈登(Daniel Gordon)认为,以萨义德为代表的后殖民主义者对"文明"概念进行了过分的指责,将其与殖民统治和种族主义作了过于紧密的联系。他举例说,在纽伦堡审判开幕时,罗伯特·杰克逊(Robert Jackson)有这样一句话:"我们要去谴责和惩罚的罪行是如此有预谋算计,如此充满恶意,如此有破坏性,以至于文明不能容许我们忽略这些罪行,因为倘若它们再次出现的话,文明将不会存活。"林肯也曾经使用"文明"话语谴责南部虐杀黑人战俘。[1] 安德鲁·菲利普斯(Andrew Phillips)则呼吁"从帝国拯救文明",认为"文明"话语有和平主义与好战两副面孔,不同意对其进行片面的指责。[2]

戈登等人的观点对后殖民主义的偏颇之处的确有所纠正。正如埃利亚斯所言,"文明"是西方的自我意识,这种自我意识并不都是感觉良好的,也会带有自我批评的因素。因此在考察"文明"概念时,需要分清"主要"与"次要"的自我意识。从基督教信仰、宫廷优雅礼节到启蒙理性,再到科学实证主义、全球工业资本主义和实用理性主义,我们的确能够隐约发现有着连续性的"文明"身份意识。这种"文明"话语无疑首先是近代西方社会生产关系在观念层面的投射。尤其是伴随着工业化大生产、城市化、理性科层组织和全球化等社会巨变而来的冲击,"文明"优越感在表面上膨胀的同时,也在经历着较深层次的自我反省与批评,甚至引发"情感"的转向。批评的来源首先是敏感的西方知识分子,但受压迫的民众(包括汤因比所谓"内部无产者"和"外部无产者"),利益和地位受影响的阶层(包括所谓贵族托利党人、军人阶层、宗教组织等),也都发出了反叛或偏离"文明"的声音,从而使"文明"

---

[1] Daniel Gordon, "'Civilization' and the Self-Critical Tradition," *Society*, vol. 54, no. 2 (March 2017), p. 108.
[2] Andrew Phillips, "Saving Civilization from Empire: Belligerency, Pacifism and the Two Faces of Civilization during the Second Opium War," *European Journal of International Relations*, vol. 18, no. 1 (2011).

话语成为一曲混合的交响乐，而非独奏。

因此，"文明"话语不仅代表着现代性，而且代表现代性引发的反应。以理性化、实证主义、功利主义和科学主义等为标志的"现代性"体现在主流的"文明"话语中，它对国内社会与国际社会的传统结构、观念（"文明"标准）等造成了冲击，并引发了非理性、保守主义、浪漫主义、历史主义和有机体论的反应，或波兰尼所说的"保护机制"。它们哀叹社会的"过度文明化"，担心"文明"周期论的重演，甚至像德国一样宣传"文化"对"文明"的战争，试图用文化去改造现代社会的工业和机械文明，矫正其各种弊端。在国际关系层面，主流"文明"话语导致欧洲国家以欧洲的社会文化为参照，设立"文明"标准，要求其他国家和地区遵从这一标准；否则，便要以传播"文明"为由，在落后地区推行"文明使命"和"文明化"政策。但这套以理性、科学为主的"文明"标准所取得的成果较为有限，只有日本、泰国等达到了它设定的要求，而其他国家除少数买办精英对其表示一定的认同之外，大多数人则对"文明使命"和"文明标准"抱着愤恨与反感的态度，甚至德国也站在了这套"文明标准"的对立面。

1918年，在美国国际法协会执行委员会的一次会议中，时任该协会主席的鲁特使用"文明话语"对德国进行了激烈的、长篇大论的攻击。他说道：

> 你们知道，按构成文明的所有因素来衡量，德国人仅仅只是半文明的。文明不依赖于苯胺颜料（aniline dyes）。① 在文明的进步中，精神层面远比其他方面更加重要，但她在精神层面的进步仍未超过13世纪。她有着不正常的本能，这也许代表着她的野蛮，并且将她与其余的文明人区分开来。她缺乏宽容，缺乏意识到他人正当权利的能力，这使得德国和德国人都成为野蛮人……在这场可怕的战争中，……德国展示了人类发展早期阶段的特征和早期阶段的文明；当我这样说是冷静地考虑了自己的措辞的：他们过去4年里展示了德国的国民性，使得我们除了得出结论认为，德国人以所有真正构

---

① 苯胺颜料是重要的工业产品，鲁特这一比喻的意思可能是精神文明比物质文明更重要。

成文明的因素来衡量，都是半文明人外，很难再有其他答案。这场战争就是本世纪的文明和过去的半文明之战。

许多人会做出让人极为愤怒的事情，但他们其实是知道这些事情会让人愤怒的，这就是文明的作用，它为良知（conscience）设立标准。德国人却没有这样的良知标准。他们的良知是中世纪的。①

鲁特甚至以"文明"标准对德国引以为豪的组织能力进行了指责，认为它相比协约国就像是水母与鸟类的区别："他们的组织（organization）尽管看起来很了不起，但从文明的标准看，只是低等组织（lower organization），正如水母是比鸟类低等的组织一样。"德国是"低等组织"，因此它可以不顾政治经济学规律，不考虑通货膨胀等因素，搞指令性的战时经济："德国没有经济学规律。所有事情都建立在命令的基础上。之所以能够这样，是因为公共的意愿被抹杀，个人被置于最高规则的支配之下。"② 尽管73岁高龄的鲁特仍然坚持19世纪的"文明"观念，但总体而言，德国用"文化"对"文明"的反叛，日本将"文明"与权力等同，都使得"经典文明"标准和共识遭遇了巨大的挫折。③ 而且换个角度看，协约国一方面号称集体对抗德国"野蛮"，另一方面在战后瓜分战利品的做法似乎也很难称得上是"文明"。

一战后，西方国家也试图对"文明"标准进行一定程度的改变。为了避免再次发生世界大战，西方在英美主导下建立了国际联盟，试图重建国际秩序。1922年，在国际联盟成立后不久，常设国际法院（Permanent Court of International Justice）也正式宣告成立，它形式上独立于国际

---

① *Proceedings of the American Society of International Law at the Meetings of Its Executive Council*, Washington D. C. : Published by the American Society of International Law, 1919, p. 19.
② *Proceedings of the American Society of International Law at the Meetings of Its Executive Council*, pp. 20–21.
③ 1918年，国联方案的提出者迪金森（E. D. Dickinson）仍然试图按人口数量和"文明"标准来确定国联代表数量，使国联成为一个等级制的机构。他说："倘若所有民族都同等文明，那么组织将很简单，但不幸不是这样。人口数量原则必须用设计衡量每个民族所达文明程度的某些测试来加以补充。"他认为，"这很难衡量。大概最好是通过考虑到财富与权力，不仅是潜在的财富与权力，而且是在有必要之时，在一定时期内可以动员起来的财富与权力"。E. D. Dickinson, "A League of Nations and International Law," *The American Political Science Review*, vol. 12, no. 2 (May 1918), p. 310.

联盟，但又与之有着各种联系，例如，为国联提供法律咨询，国联的成员国自动成为法院成员国等。① 在《常设国际法院规约》第 38 条的讨论过程中，有"为文明国家所承认的一般法律原则"之表述，有与会的法学家曾主张去掉其中的"文明"一词，虽然他的主张未得到采纳，但一定程度上也表明"文明"的标准开始模糊。② 此外，规约中还声称该法院的法官要"代表文明的不同形式"（different forms of civilization）和"世界的主要法律体系原则"。③

对于土耳其、德奥等同盟国以及沙皇俄国的殖民地，美国总统威尔逊强烈反对列强将其作为战利品来兼并和瓜分；为此，在南非政治家史末资将军提出的设计方案基础上，国联采用"委任统治"制度（mandate system）。这一制度实际是将殖民统治置于国际联盟的监督之下，要求接受委任统治的国家向国联提供年度报告，证明其统治目的是为"增进当地人的福利和建立自治政府"，甚至促成尚缺乏自治能力的国家最终走向独立。它仍然打着"文明"的旗号，例如国联盟约第 22 条指出：

> 凡殖民地及领土于此次战争之后不复属于从前统治该地之各国，而其居民尚不可自立于今世特别困难状况之中，则应适用下列之原则，即此等人民之福利及发展成为文明之神圣任务（sacred trust of civilization），此项任务之履行应载入本盟约。

19 世纪"文明"标准无疑主要是被用来排斥不"文明"国家，或吞并其领土的托词；国联盟约则受到威尔逊"民族自决"口号的影响，将殖民地的"自治"或者最终独立作为"文明的神圣任务"，而向列强进行问责。正如迪龙·泰特姆（Dillon Tatum）所说，国联的委任统治是"解散了帝国的制度，而创立了一个'神圣的委托机构'（sacred trust），逐渐让被

---

① The Editor, "The 'Root Plan' for a World Court," *The Literary Digest* (October 2, 1920), p. 15.
② 宋杰：《〈国际法院规约〉第 38 条：起草过程与启示》，《国际法研究》2019 年第 4 期。
③ Elihu Root, "The Permanent Court of International Justice," *Proceedings of the American Society of International Law at Its Annual Meeting*, vol. 17 (April 26-28, 1923), p. 2.

支配的民众获得自决权"。① 法国社会党政治家阿尔贝特·萨罗（Albert Sarruat, 1872—1962）是一位开明的殖民者，他在 1931 年出版的《殖民的荣耀与奴役》（*Grandeurs et Servitudes Coloniales*）一书中宣称，"每当人们提到文明时，他们实际上指的是利他主义"，最初殖民只是"为了私利；是强者对弱者的单方面掠夺"，而现在则是"为了促进人类团结的慷慨奉献"。② 相比较而言，尽管实际执行情况仍大打折扣，这些也可以说是对"经典文明"标准的一个改良，其包容性得到了一定的提升。

西方智识群体往往更是走在政治家的前面。两次世界大战期间，如果说政治家仍在试图改良"经典文明"标准的话，那么许多知识分子、国际法律师则已经在考虑抛弃单一的欧洲"文明"标准了。他们开始对"文明"等级制和优越感进行质疑，此前零星的"文明自制"之声逐渐嘹亮。1918 年，法国作家乔治·杜哈曼（George Duhamel）出版了自传体小说《文明，1914—1917》（*Civilization, 1914-1917*），得到当年的龚古尔奖（Le Prix Goncourt），且迅速地被译成各国文字，畅销一时。小说主人公是一位外科医生，讲述了他在西线血腥残酷的堑壕战中，逐渐从鄙视所谓不文明人到反思西方文明的心路历程。此书统御性的主题便是西方国家津津乐道的"文明"，作者对此进行质疑，并用一种典型的"文明自制"论口吻，呼吁"真正的文明"："文明，真正的文明，我是常常想到的，那应该是齐声合唱着颂歌的一个大合唱队……应该是会说'大家相爱'、'以德报怨'的人。"③ 1938 年，涂尔干的弟子兼外甥马塞尔·毛斯（Marcel Mauss）宣称"文明是一个坏词……而文化更坏"。④ 除此之外，这个时期《文明是一种疾病吗？》《文明是一个失败吗？》《不文明的

---

① Dillon Stone Tatum, *Liberalism and Transformation: The Global Politics of Violence and Intervention*, Ann Arbor: University of Michigan Press, 2021, p. 48.
② Patrick Petitjean, "Science and the 'Civilizing Mission': France and the Colonial Enterprise," Benediky Stutchey, ed., *Science Across the European Empires, 1800-1850*, Oxford: Oxford University Press, 2005, p. 117.
③ Georges Duhamel, *Civilization, 1914-1917*, Translated by E. S. Brooks, New York: The Century Co., 1919; 中文版见乔治·杜哈曼《文明》，载《傅雷译文集》（第十四卷）合肥：安徽人民出版社 1984 年版。
④ Emmanuelle Saada, "France: Sociability in the Imperial Republic," in Margrit Pernau, ed., *Civilizing Emotions: Concepts in Nineteenth-Century Asia and Europe*, Oxford: Oxford University Press, 2015, p. 69.

文明》《对文明的反叛》《文明向何处去?》《文明需要宗教吗?》等对"文明"持悲观怀疑态度的著作标题十分常见。① 在法西斯主义兴起、大战日益迫近的阴影下,这种悲观情绪再次袭来。1939 年,英国法学家 W. 弗里德曼（W. Friedmann）在《欧洲文明的解体与国际法的未来》一文中哀叹:"欧洲文明塑造了现代国际法。但是欧洲文明仍是过去那样吗? 如果不是,这些改变又怎样影响到国际法呢?"他认为国际法需要考虑到"不同文明日渐增加的反差"（the growing contrast of civilizations）。② 英国法学家赫尔斯·劳特派特（Hersh Lauterpacht）对此前盛行的、詹姆斯·洛里默（James Lorimer）有关国际法适用对象的"三分法"进行了激烈批评,英国哲学家罗宾·科林伍德（Robin Collingwood）则认为"文明与野蛮社会的划分"已经过时了。他们反对再用"文明"标准对非西方国家进行排斥。③

　　少数族裔、工人阶级、妇女、殖民地人民等过去被视为"野蛮"或至少是有待"文明化"群体的觉醒,传统托利主义影响的式微,社会主义、共产主义等受压迫者意识形态的成熟,使得"文明标准"和"文明专制"风光不再,"文明自制"乃至"文化多元"意识日益兴起。1928 年,英国著名费边社会主义者莱昂纳多·伍尔夫出版了《帝国主义与文明》一书,对"文明"话语与帝国主义的关系进行了反思。④ 1939 年,思想偏左的美国总统富兰克林·罗斯福也曾带着怀疑的口吻问道:"我常感到好奇的是,我们究竟有什么权利称其他民族是落后的……他们真的

---

① Stanton Coit, *Is Civilization a Disease?* Boston: Houghton Mifflin Company, 1917; Clarence Darrow and Frederick Starr, *Is Civilization a Failure?* The Workers University Society, 1920; Morris and Benjamin Schwartzberg, *Uncivilized Civilization*, Chicago: The New Era Publishing Co., 1920; Lothrop Stoddard, *The Revolt against Civilization: The Menace of the Under Man*, New York: Charles Scribner's Sons, 1922; Scott Nearing, *Where is Civilization Going?* New York: Vanguard Press, 1927; Reinhold Niebuhr, *Does Civilization need Religion?* New York: The Macmillan Company, 1928.

② W. Friedmann, "The Distinction of European Civilisation and the Future of International Law, Some Observations on the Social Foundations of Law," *The Modern Law Review*, vol. 2, no. 3 (December 1939), p. 195, p. 214.

③ Brett Bowden, *The Empire of Civilization: The Evolution of an Imperial Idea*, Chicago: The University of Chicago Press, 2009, pp. 126-127.

④ Leonard Woolf, *Imperialism and Civilization*, London: The Hogarth Press, 1928.

完全是不文明人吗?"① 1929 年,博厄斯的学生、美国人类学家罗伯特·路威(Robert Lowie)则以《我们是文明的吗?》(Are we Civilized?)为著作标题,讽刺西方的"文明自大狂"心理。② 在大萧条时代,美国共产党为工人运动内部清除种族主义的不良影响也做出了重要贡献。③ 法国黑人作家弗兰茨·法农(Frantz Fanon,1925—1961)和艾梅·赛泽尔(Aimé Césaire,1913—2008)在他们的著作中对所谓"文明使命"进行了辛辣的讽刺。由于法国共产党不愿意与该国标志性的"文明使命"划清界限,导致赛泽尔在 1956 年选择退党。④

这种趋势在二战后更加明显。随着民族主义在落后地区的进一步扩散和走向激进,最终"文明使命"破产,"文明标准"话语不再流行,甚至"文明"一词本身在二战后也往往会引起与帝国主义和殖民主义相关的联想,学者们有意或无意地用"文化"来取代它(尽管"文化"观念也曾被用来推动德国的对外扩张)。⑤ 因此二战后,特别是 20 世纪 60 年代非洲国家纷纷独立之后,经典的"文明"标准则宣告寿终正寝。尽管联合国下属的国际法院(International Court of Justice)《规约》第 38 条

---

① 转引自 Frank Ninkovich, "The Cultural Transformation of America's Civilizing Mission in the Twentieth Century," in Boris Barth and Rolf Hobson, *Civilizing Missions in the Twentieth Century*, Leiden: Brill, 2021, p. 41。

② Robert H. Lowie, *Are we Civilized? Human Culture in Perspective*, New York: Harcourt, Brace and Company, 1929; 中译本见罗伯特·路威著,吕叔湘译《文明与野蛮》,北京:生活·读书·新知三联书店 2005 年版。

③ 马修·雅各布森认为,"建立在莫斯科模式"基础上的美国共产党对种族压迫的剖析,以及对"白人沙文主义"的自我反省在"白人组织当中十分突出",领先其他白人组织多达"数十年"。尤其是 20 世纪 30 年代党内对一位名叫奥古斯都·约金能(August Yokinen)的北欧裔美国共产党员"白人沙文主义"行为的数次大规模公审最引人注目。《纽约时报》亦对此事感到新奇,在头版报道了其中一次公审。见 Matthew Jacobson, *Whiteness of a Different Color: European Immigrants and the Alchemy of Race*, Cambridge: Harvard University Press, 1998, pp. 253-254。

④ Françoise Vergès, "Aimé Césaire," in *The Palgrave Encyclopedia of Imperialism and Anti-imperialism*, in Immanuel Ness and Zak Cope eds., New York: Palgrave Macmillan, 2021, p. 299.

⑤ 江文汉认为,"文明标准"不再流行主要有两点因素:第一是两次世界大战期间,泰国、中国等与列强间废除了不平等条约,国际社会从欧洲向外扩张的"边疆"消失,"文明"标准失去了区分与排他的功能;第二是德、日、意等法西斯都是符合"文明"标准的国家,他们的反人类行为使得"文明"标准失去了信誉。见 Gerrit W. Gong, *The Standard of "Civilization" in International Society*, Oxford: Clarendon Press, 1984, p. 243。

仍照搬《常设国际法院规约》的第38条，未曾去掉"文明国家"字眼，但随着非殖民化浪潮的到来，从观念层面看，"文明"在西方世界成了殖民主义的象征，容易唤起殖民地人民耻辱的历史记忆，倡导世界革命的苏联则几乎在所有的国际文件中拒绝使用"文明国家"一词；从实际上看，以"文明"程度低而剥夺他国平等权利的做法至少在正式法律文件中消失，"文明"国际法扩张的边疆亦基本不复存在了，所有主权国家在国际社会中，名义上都是平等的参加者。①

此外，西方思想家对以奥斯维辛集中营为象征的"野蛮"行为进行了深刻反思。这也是一度被公认为"文明"国家，而非"野蛮"国家的罪行。对"文明"抱有好感的埃利亚斯意识到"去文明化"与"文明化"往往会同时出现，汉娜·阿伦特揭示"平庸之恶"，哈贝马斯感到启蒙是"未竟的事业"，但也有不少激进左派学者在尼采、弗洛伊德的基础上，对"文明"价值与现代性进行了重估。他们意识到，现代社会也很难摆脱"野蛮"，至多只能压抑或隐藏它。《疯癫与文明》《爱欲与文明》等书名便代表着他们对"文明"的一种批判乃至反叛。莱因霍尔德·尼布尔称，无论是对理性还是非理性的崇拜都会导致"暴政"，这一论断似乎也适用于"文明主义"与"文化主义"。②

二 西方与他者：美利坚帝国的新"文明标准"

在上述背景下，单线"文明"标准由于其殖民色彩而多少成为禁忌，用"文明"来划分世界各个地区，并且讨论它们之间的关系则蔚然成风。例如1946年，汤因比出版了《文明经受考验》，继续其巨著《历史研究》的思路，用"文明"作为范式来对世界历史的演化模式进行总结，对未来的各种可能性进行思考。他指出，"文明"比国家有着更长的生命，国家大多只有二三百年的历史，而"文明"往往存在上千年之久；要理解像美国这样的国家，仅仅从"五月花"号和一些具体的方面

---

① 见 Georg Schwarzenberger, "The Standard of Civilisation in International Law," *Current Legal Problems*, vol. 8, no. 1 (1955)。
② 〔美〕莱因霍尔德·尼布尔著，方永译：《自我与历史的戏剧》，上海：上海三联书店2018年版，第106页。

理解是不够的，而必须要了解欧洲从古希腊、罗马到中世纪，再到地理大发现的历史；当然，无须了解东欧或伊斯兰地区。这实际上构成了"文明"的界限，也使得"文明"成了某种研究的单位。[①] 卡罗尔·奎格利、诺贝特·埃利亚斯、布罗代尔和艾森斯塔特等学者同样热衷于"文明史"与文化类型学的书写。他们的做法之所以能被接受，乃是由于这里的"文明"很大程度上已经是"文化"了。

当然，在世界大战的阴影下，汤因比、科林武德和布罗代尔等人也都不可能不关注大写的"文明"，只不过这里大写的"文明"更多的是如何通过"文明自制"手段来化解西方内部的仇恨与战争。这些学者往往会憧憬建立一个世界政府。汤因比认为，要保存"文明"有两种道路：一种是拳击锦标赛，最强大的国家成为最终的胜利者；另一种是建立一个合作性的世界政府。他倾向于后一种方案。但埃利亚斯的理论似乎更倾向前一种方案。他在《文明的进程》结尾说道：

> 一直存在着战争危险。战争，换句话说，还不仅仅是和平的反面。战争是势所必然，其理由是显而易见的：在迄今为止的历史行程中，较小联合体的战争是较大联合体的和平无可避免的阶段和手段。职能分工越是发展，竞争对手相互间的依赖越大，社会建构的敏感性也肯定越强，战争的宣泄给所有参加者所带来的风险和振荡也就会越大。因而在我们这个时代人们愈益感受到这样的倾向：国家间进一步的淘汰性斗争通过风险小、危险小的其他强力手段来加以裁决。不过事实是，当今也和过去一样，相互间交织关系的强制却是促成了这种争斗，促成了覆盖于全球大部分地区的暴力垄断的形成；通过恐怖与斗争才达至和平。人们看到，在世界各地，部分是交织于世界各地的紧张关系背后，业已出现了最新一级的紧张关系。各种形式的国家联盟和超国家单位的席卷全球的紧张关系体系已露端倪；淘汰性的斗争和为霸权而进行的斗争已在全世界拉开了序幕；形成世界暴力垄断的前提，形成全世界政治中心机关的前提，

[①] 〔英〕阿诺德·汤因比著，王毅译：《文明经受考验》，上海：上海人民出版社 2016 年版，第 184—185 页。

因之促成和平的前提也业已出现。……只有在国际和国内的紧张关系解决和克服之后，我们才能有权说，我们是文明化了。①

埃利亚斯在两次世界大战期间出版的这本著作中，似乎认为只有通过全面战争导致世界性暴力的垄断或世界政府，才能最终带来"文明"与和平。他并不太看好和平解决方案，而更倾向于拳击锦标赛方案。他基于过去的历史强调暴力垄断带来外在强制，随即带来内化和形成"超我"，最终实现真正的"文明化"。

拳击锦标赛与英美知识界所强调的自由联合似乎是背道而驰的。英美国内虽然不乏"世界政府"的呼声，但它们往往寄希望于将其建立在各国自愿联合的基础之上：过去用战争与流血冲突所换来的"文明"已是无可更改，但从今往后，需要以自愿为原则，以世界舆论为支撑，形成一个世界性的联邦。尽管世界联邦或欧洲联邦的呼声在两次世界大战期间，包括二战后初期都甚为流行，不仅得到了诺曼·安吉尔、H.G. 威尔斯等理想主义者，甚至还得到了沃尔特·李普曼、莱因霍尔德·尼布尔、丘吉尔等所谓现实主义者的支持。直至今日，也有亚历山大·温特（Alexander Wendt）等建构主义者对某种形式的世界政府寄予期望。

当然，将拳击锦标赛与自由联合完全对立也不符合实际情况。自由联合背后同样不乏权力的作用。因为被汤因比所否定、埃利亚斯所隐约赞成的拳击锦标赛方案还有一种变体，就是埃利亚斯在书末尾所说的"各种形式的国家联盟和超国家单位"。这也再次反映了"文明"与权力冲突和权力垄断之间的密切关系。从人类历史上看，"文明"的确往往是由强制和冲突带来的，冲突最多只能被缓解，而不能被彻底消灭。尽管世界政府无望建立，但"文明"标准仍需要由一个垄断暴力机构的组织或国家（或国家联盟）来设定。在设定全球"文明标准"的能力方面，也许联合国更具合法性，但在执行方面美国和北大西洋联盟似乎要更胜一筹。也因此"集体安全""安全共同体""安全群岛""基于规则的国际秩序""自由国际秩序"等说法往往局限于少

---

① 〔德〕诺贝特·埃利亚斯著，袁志英译：《文明的进程：文明的社会起源和心理起源的研究，第二卷》，北京：生活·读书·新知三联书店1999年版，第356—357页。

数西方国家内部,而被排斥在外的国家或群体则是有待"文明化"的。古代东亚的朝贡体系、古罗马帝国、奥斯曼土耳其帝国体系等亦可以被视作古代的"安全共同体"。它们往往会有某个帝国作为"文明标准"的制定者和维护者。

的确,只要有帝国中心存在,"文明标准"便不会消失,而只是换了一身装扮,因为我们可以将"文明"这个字眼去除,却不能抹掉它指代的理念和思维习惯本身,也无法抹掉"文明标准"背后的制定者——美国或整个西方,也可称为美利坚帝国或西方帝国。当"文明"一词今天不再作为国际政治事务中的常用语,而只是回归到礼仪和卫生习惯的原初含义之后,它包含的现代化、人权、法治、民主、市场经济等政治标准就分散开来,成为今天西方发达国家对"发展中国家"和"失败国家"所设定的新标准。美国人类学家詹姆斯·斯科特说:"当带着极端帝国主义的修辞学不自觉地谈论游牧异教徒的'文明化'和'基督教化'的时候,对于现代听众,这些词汇都有些过时或粗野,或者只是各种野蛮行为的委婉说法。当然,如果用'发展'、'进步'和'现代化'来替代这些名词",情况也没有多少改变。"① 布赖特·鲍登、约翰·霍布森和佩里·安德森等当代左翼激进学者指出,二战后国际关系学中所谓无政府状态假设是错误的,等级制才是常态;美国以国际货币基金组织、世界银行等为政策工具,实际上都是在创造新的"全球文明"标准。② 事实上,冷战期间西方对"自由"与"专制"世界的两分法便直接继承了"文明"与"不文明"的两分法。正如有学者所说的,所谓的非"民主"国家不是因为其行为,而是因为它的存在本身便被"民主"世界视为威胁,遭到孤立和排斥。③

---

① 〔美〕詹姆士·斯科特著,王晓毅译:《逃避统治的艺术:东南亚高地的无政府主义历史》,北京:生活·读书·新知三联书店 2019 年版,第 115 页。
② John M. Hobson, "The Twin Self-Delusions of IR: Why 'Hierarchy' and not 'Anarchy' is the Core Concept of IR," *Millennium: Journal of International Studies*, vol. 42, no. 3 (2014), pp. 557-575; Brett Bowden and Leonard Seabrooke eds., *Global Standard of Market Civilization*, London: Routledge, 2006; Perry Anderson, "The Standard of Civilization," *New Left Review*, vol. 143 (September-October 2023), pp. 5-29.
③ Christopher Hobson, "Democracy as Civilisation," *Global Society*, vol. 22, no. 1 (2008).

亨廷顿有一个著名的三段论，将冷战前的主要大战界定为国家之间因民族主义而起的冲突，将冷战界定为意识形态冲突，并预测后冷战时代"文明"冲突将成为最主要的对抗形式。但这并不意味着"文明"冲突是冷战后才有的，或者在此之前是可以忽略不计的。中世纪的十字军东征，近代欧洲对外的"文明使命"、殖民扩张主义和帝国主义，欧美国家对亚裔移民的排斥，美国对第三世界的"现代化"政策，伊朗、阿富汗20世纪70年代以来的"原教旨主义"，甚至包括美苏的冷战，这些又何尝不带有"文明冲突"的色彩呢？只不过在近代，西方与非西方文明力量的对比太过悬殊，加上作为"西方文明的内战"，一战和二战影响过于深远，掩盖了在此期间的"文明冲突"。事实上，一战被西方人称作"文明"与"文化"之战，罗斯福多次强调与纳粹的战争是为"文明"而战，以艾奇逊、①杜勒斯等为代表的许多美国决策者便将苏联和共产主义视为西方文明遭遇到的严峻挑战，只不过在他们的"文明"话语中，一战、二战和冷战本质上是"文明"与"野蛮"的冲突。②

如果说二战前西方文明内部由于缺乏"核心"国家的多中心状态而冲突不断，二战后美国作为核心国家便使得西方知识分子期盼已久的"西方文明的统一"成为现实。③ 按照美国"去中心化"的传统帝国构建路径，北大西洋公约组织更是成为西方文明近乎完美的体现。美国为进行对苏冷战，不仅致力于建立和巩固北约联盟，而且十分注重树立跨大

---

① 例如艾奇逊曾声称，北约所面临的不仅是"对我们国家而且是我们所生活在其中的文明"的威胁，"要理解这一威胁，我们需要回到2000多年前，回到西方文明开始的时候"。转引自 Christopher Hemmer and Peter J. Katzenstein, "Why is There No NATO in Asia? Collective Identity, Regionalism, and the Origins of Multilateralism," *International Organization*, vol. 56, no. 3 (Summer 2002), p. 585。

② 布罗代尔指出，盎格鲁-撒克逊人和德国人对苏联的共产主义坚决排斥，而法国和意大利则态度暧昧，这同样与"文明"有关："时间上更近的一次拒斥的例子并非完全是政治性的（也不是毫无异议的），这就是长期以来工业化的西方和盎格鲁-撒克逊的北美（包括加拿大在内）与马克思主义和各社会主义共和国极权统治之间的分野。德意志和盎格鲁-撒克逊各国对后者断然说'不'：法国和意大利——甚至包括伊比利亚半岛——对此的答复则更加复杂，更加模糊。这极有可能是一个文明对另一个文明的排斥。"见〔法〕费尔南·布罗代尔著，常绍民、冯棠、张文英、王明毅译：《文明史：人类五千年文明的传承与交流》，北京：中信出版社2017年版，第34页。

③ F. S. Marvin, ed., *The Unity of Western Civilization*, London: Oxford University Press, 1915.

西洋的认同，"西方文明"更是在二战后成为美国大学中的课程。过去美国人谈到"我们的文明"时毫无疑问指的是"美利坚文明"，现在则还有可能指的是"西方文明"。当代学者帕特里克·杰克逊谈到，二战后西方在政治和社会经济层面改造德国的同时，还改造了其"文明"身份，将它纳入"西方文明"的范围内。① 克里斯托夫·海默（Christopher Hemmer）和卡赞斯坦也注意到，由于美国的文明与种族身份观念，美国在亚洲并没有建立起一个北约一样的多边组织，而采取了双边同盟形式。② 在此种情形下，美国社会的"西方文明"认同和归属感更加被强化；也许正因为如此，国际政治学者中，亨廷顿更是赋予了"文明"以行动者的地位，认为"文明"可以像民族国家一样，成为捍卫自身利益的行为体。

对这个塑造现代"文明"标准的美利坚帝国，今天学界尚有争议。其原因有二：第一，美利坚帝国似乎主要是平等的国家联盟；第二，无论是西方文明还是美利坚文明都具有多元性。这二者使得美利坚帝国始终令人捉摸不定，处于一种似是而非，非帝国但又是帝国的状态。

---

① Patrick Thaddeus Jackson, *Civilizing the Enemy: German Reconstruction and the Invention of the West*, Ann Arbor: The University of Michigan Press, 2006.
② 海默与卡赞斯坦说道："基于文明、族裔、种族和宗教联系，以及共同历史记忆，对欧洲人民而非东南亚人民的认同被认为是十分自然的。这些不同层面的相互认同，是冷战初期阶段美国在与欧洲和亚洲国家建立同盟关系时，偏好不同制度形式的重要原因……在美国的政治辩论中，人们会发现经常提到一个'共同的文明'，一个'共同体'，一种共享的'精神'，'相似观念的人民'和'共同的观念'……与之类似，美国欧洲盟友的修辞中也会提到一个'西方的精神联邦'，保护'西方堡垒'，'我们自己文明的美德与价值'，以及'北大西洋共同体是一个真正的国家联合体（commonwealth of nations），它共享着同样的民主和文化传统'。这一情感最终在北大西洋公约组织的条约序言中得到体现，它确认了成员国们要'捍卫其人民的自由、共同遗产和文明'。" Christopher Hemmer and Peter J. Katzenstein, "Why is There No NATO in Asia? Collective Identity, Regionalism, and the Origins of Multilateralism," *International Organization*, vol. 56, no. 3 (Summer 2002), pp. 592-593. 有关北约或欧盟扩张与"西方文明"之间的关系还可参见 Yiannis Stivachtis, "Democracy, the Highest Stage of 'Civilised' Statehood," *Global Dialogue*, vol. 8, no. 3/4 (2006); Yiannis Stivachtis, "Civilization and International Society: The Case of European Union Expansion," *Contemporary Politics*, vol. 14, no. 1 (March 2008); Yiannis Stivachtis, "'Civilising' the Post-Soviet/Socialist Space: An English School Approach to State Socialization in Europe, The Case of NATO and the Council of Europe," *Perspective*, vol. 18, no. 2 (2010); Sarah Carreira da Mota, *NATO: Upholding Civilisation, Protecting Individuals, The Unconscious Dimension of International Security*, Coimbra: Universidade de Coimbra, 2016。

自基佐以来，到包括艾森斯塔特、亨廷顿在内的几乎所有学者都认为，欧洲或西方文明的一个重要特点便是其多元性。从历史上看，分权、民主、市场经济和民族自决等价值的确是从西方的理念发展而来。可以说，西方文明的多元性造就了政治自由和民主。如果说在二战前，西方仍然有明显的帝国存在，那么二战后，随着非殖民化的展开，帝国似乎已经成了明日黄花。因为从内部多元性转向外部多元性，从倡导个体的权利转向尊重族群的权利，即便不是必然的，也符合历史的逻辑。

因此，西方文明自诞生以来便具有的多元性，可能的确有助于国内和国际的文化多元主义构建，使其多了不少人道主义和"文明"的色彩，甚至渐渐变得不像帝国，也不太喜欢帝国主义乃至帝国的称呼。19世纪的约翰·西利便认为英国"被称作帝国有些不太合适，因为帝国的称呼太过军国主义"。[①] 为避免引起争议，维多利亚女王的皇帝称号仅限于印度；法兰西第三共和国虽然统治着大片殖民地，但也有意地回避将自己称作帝国，同时法国人往往将"帝国"与拿破仑叔侄建立的国内政体相联系；德意志帝国及其皇帝更多象征的是国家统一与强盛，而非殖民地。[②] 美国同样如此。有学者曾这样描述美国的自我认知，"美国从来都不是真正'帝国主义'的，它是'扩张主义者'，它实行'仁慈同化'，它承担'白人的负担'。它遵循自己的'天定命运'"，但是"占取殖民地和建立帝国被认为是其他国家而非美国的追求"。[③]

斯蒂芬·沃尔特指出，西方的君主制联盟和自由主义联盟较为松散，不太强求意识形态的完全一致，官方的意识形态争论也比较少见，因此其联盟往往能维持较长时间。[④] 因此，如大卫·雷克所说，尽管美国是大西洋同盟中最强大的一个，但它以一种相对平等的同盟体系面貌出现，

---

① John Seeley, *The Expansion of England*, London: Macmillan and Co., 1888, p. 37.
② Richard Koebner, "The Concept of Imperialism," *The Economic History Review*, New Series, vol. 2, no. 1 (1949), p. 7.
③ Mary Ann Heiss, "The Evolution of the Imperial Idea and U. S. National Identity," *Diplomatic History*, vol. 26, no. 4 (Fall 2002), p. 511; Whitney T. Perkins, *Denial of Empire: The United States and Its Dependencies*, Leyden: A. W. Sythoff-Leyden, 1962.
④ Stephen Walt, "Alliance Formation and the Balance of World Power," *International Security*, vol. 9, no. 4 (Spring 1985), p. 22；〔美〕斯蒂芬·沃尔特著，周丕启译：《联盟的起源》，上海：上海人民出版社 2018 年版。

并推行其"文明"标准,对霸权国的损耗较小。简言之,他们认为西方文明的多元性培育了其平等、妥协和沟通协商的精神,能将帝国附属变成相对平等的"同盟","文明"标准是以一种相对自愿的方式产生的,而其他文明似乎更依赖威权和等级特性,其平等协商的精神是欠缺的,或仍然有待培育。

但这些并不能完全否定"帝国"的本性,否则便有玩"白马非马"游戏的嫌疑。如库马尔所说,历史上的"帝国"大多本身是文化多元的,宗教和文化宽容是其重要特点,从波斯帝国到罗马帝国,再到奥匈帝国、奥斯曼帝国和英帝国等都是如此;宽容仁厚的帝国同样可以创造灿烂的文化,可以赢得不同民族的效忠;民族主义并不一定比帝国具有更高的合法性;单一和同质化的共同体可能比异质的、多元化的共同体更容易引发暴力冲突;历史上的"文化多元"帝国治理方式甚至为今天如何超越威斯特伐利亚体系,防止民族主义过度泛滥提供了一定的借鉴——欧盟的治理与神圣罗马帝国便存在诸多相似之处。[①]"全其部落、顺其土俗"是减少对帝国统治反抗的秘诀之一。今天同样也是如此。一方面,近代以来西方的帝国扩张、全球资本主义的发展和科学技术的进步,将大量的有色人种引入一国,造成文化多元的事实。另一方面,其民主和分权的机制,其"自由"价值逻辑的延伸,当代社会信息交通的便利,也使得多元文化主义而非强制同化,成了即便不是最佳,也是最少冲突的一条道路。当然,从个人权利与境况来看,今天的多元文化主义无疑要远远胜过之前"帝国"的宽容政策。后者亦不乏大规模屠杀和迫害其他文化群体的记录,基督徒、犹太人或穆斯林往往都是被迫害的对象;人权的改善并不能否定"帝国"性质。

此外,虽然在西方文明内部,美国冷战期间的同盟关系是较为平等和自愿的,体现出西方文明的多元性特征;但这种精神并不适用于美国在其他地区建立的同盟体系,它们往往带有胁迫、威权和等级的色彩,

---

[①] 〔美〕克里尚·库马尔著,石炜译:《千年帝国史》,北京:中信出版集团2019年版;Andreas Osiander, "Sovereignty, International Relations, and the Westphalian Myth," *International Organization*, vol. 55, no. 2 (Spring 2001), pp. 251-287.

更确切地说是一种"不对称的联盟",否则便难以维持。① 事实上,帝国的形式也包括霸权或单极结构下的军事联盟。② 雅典帝国表现为提洛同盟;罗马帝国也有一系列"盟友"。即便是国联和联合国,最初也是在此种西方或盎格鲁-撒克逊人主导的理念下设计的。用芭芭拉·基思(Barbara Keys)的话来说,便是"帝国主义的国际化"。③ 当代美国历史学者约翰逊也认为美国早在19世纪晚期就已暗地里与英国形成了非正式的、心照不宣的联盟,他将其称作"同盟帝国主义"(alliance imperialism),④ 此种联盟实际也暗含在国联的计划中。在从阿尔弗雷德·丁尼生、约翰·西利到斯特德、扬·史末资和阿尔弗雷德·齐默恩等政治文化精英一脉相承的理念中,英帝国一直是特别的帝国,肩负着捍卫人类"自由"的责任,英联邦实际上便是"第三英帝国";国联或联合国的构建逻辑也与其一致,即通过"人类的议会、世界的联邦"垄断权力,进而推行盎格鲁-撒克逊人制定的"文明"标准。⑤ 只不过事实证明过分包容的联盟无法满足此需要,因此只能退而求其次,首先建立西方世界内

---

① 例如,斯尔詹·武切蒂奇便对"盎格鲁-撒克逊"国家引以为豪的"多元文化主义"表达了怀疑:"加拿大马赛克模式和美国大熔炉模式之间的互动,或者说文化间主义的魁北克和加拿大其他地区的多元文化模式的互动,体现了一种更宏观的政治趋势,而这一趋势成了英美文明的新标志。英语民族在评估自身为了实现公民融合所采取的政策时,总是在不断地比较自己和他者,比如法国的共和主义或者德国的主导文化。盎格鲁-撒克逊制造的多元化模式市场被作为良治的标准,其他共同体应该努力实现这样的标准;这和19世纪把'文明'作为良治标准的做法不无相似之处……这种对多元文化主义的自豪感容易蜕变成上文所探讨的道德优越感。如果说良治曾经从几个世纪反对暴政争取自由的斗争中诞生,那么现在这一斗争则以争取对文化多样性的平等认可的方式持续。无论哪种方式,英美文明都可以把自己定位为这个星球的领袖。"斯尔詹·武切蒂奇:《寻找自由的英美文明:从种族优越论到多元文化政治》,载〔美〕彼得·卡赞斯坦主编,魏玲、王振玲、刘伟华译《英美文明与其不满者:超越东西方的文明身份》,上海:上海人民出版社2018年版,第156—157页。
② 关于单极结构下的军事同盟,见 Stephen Walt, "Alliances in a Unipolar World," *World Politics*, vol. 61, no. 1 (January 2009)。
③ Barbara J. Keys, "The League of Nations and the Internationalization of Imperialism," *Diplomatic History*, Vol. 40, no. 3 (2016), p. 1.
④ Courtney Johnson, "'Alliance Imperialism' and Anglo-American Power after 1898: The Origins of Open-Door Internationalism," in Alfred W. McCoy, Josep M. Fradera, and Stephen Jacobson, eds., *Endless Empire: Spain's Retreat, Europe's Eclipse, America's Decline*, Madison: The University of Wisconsin Press, 2012, p. 122.
⑤ 〔美〕克里尚·库马尔著,石炜译:《千年帝国史》,北京:中信出版集团2019年版,第310页。

部的联盟。二战结束后,随着欧洲帝国和英帝国的衰落解体,美国当仁不让地取而代之,获得联盟的主导权。因此似乎可以说,在西方文明内部,美国可能只是一个获得拥戴、具有较高合法性的霸权,近乎"冬日可爱";但在西方文明以外,美国便可能是手段更为残酷的"帝国",近乎"夏日可畏"。这似乎也可以解释戴高乐等"反美"的西方领导人也更倾向于称美国为霸权国家,而非"帝国主义"。①

再者,西方文明虽然具有多元性,但也有较强烈的零和思维。尽管如沃尔特所说,无论是欧洲的君主制还是自由主义联盟,其内部甚少因观念分歧而爆发激烈冲突,但它对联盟外部仍然有一种征服的冲动,而非甘心处于防御的地位。孙砚菲在《零和扩张思维与前现代帝国的宗教政策》中,便提到过西方文明的零和思维。詹姆斯·库尔思2001年在《国家利益》上发表的一篇文章中总结美国自由派的北约东扩主张时说道,他们要将波罗的海三国纳入北约组织,从而建立一个"美利坚邦联"(American Commonwealth of Nations):

> 经过7个世纪和至少4次相继的转型(incarnation),这些国家已经代表了西方文明扩展的最东端。它们很长时间以来,便将自己视为"西方的东部"(East of the West),而其他欧洲人也是这么认为的……今天,在它们恢复国家独立10年以后,波罗的海国家已经十分成功地建立和体现了美国的自由民主、自由市场和法治的价值观。②

但正如库尔思所言,所谓"美利坚邦联"很容易让人想起"美利坚帝国主义"。美国的"去中心化"帝国主义或霸权造就了二战以来隐性的"文明"标准,但这套标准仍然主要盛行于所谓"西方文

---

① 这与一些学者对英帝国的区分有异曲同工之处:对白人的定居殖民地而言,存在"帝国"但不存在"帝国主义";"帝国主义"只是针对有色人种。见〔美〕克里尚·库马尔著,石炜译《千年帝国史》,北京:中信出版社集团2019年版;Mira Matikkala, *Empire and Imperial Ambition: Liberty, Englishness and Anti-Imperialism in Late-Victorian Britain*, London: I. B. Tauris, 2011.

② James Kurth, "The Next NATO: Building an American Commonwealth of Nations," *The National Interest*, no. 65 (Fall 2001), p. 15.

明"内部；零和思维或救世论思想使得它不可能甘于西方联盟体系内部，而仍要尝试扩展这个"美利坚邦联"，在传统基础上更新"文明"标准。

三 "失去灵魂"的西方文明？

西方文明又并非终点，否则便是与其扩张本性相背离。由于美利坚帝国往往以"联盟"形式表现出来，它的联盟体系也在进一步扩展。詹姆斯·库尔思指出，在苏联解体后，北约试图进一步扩张。由此带来的问题是，西方文明这个符号已经不适应需要了；需要一种全球文明或世界文明才能更好地塑造符合新北约的"文明"标准。按库尔思的看法，这也是美国作为一种"后轴心文明"发展的必然逻辑。后冷战时代美国的单极霸权无疑为其进一步推行"文明主义"，设定全球文明标准提供了支撑。库尔思认为，为了顺利实现这种扩张，多元文化主义是这套新"文明标准"的重要构成和题中应有之义。[①]

在西方文明走向全球文明的过程中，左派学者看到了希望，而右派学者则看到了代价。库尔思便对多元文化主义怀有恐惧。在亨廷顿发表《文明冲突？》一文后，他立即指出，真正的冲突和隐患实际上在国内而非国外，是国内多元文化主义的威胁，而非国外其他文明的威胁。库尔思对美国的保守主义并不满意，认为它太过"自由主义"，与欧洲的保守主义完全是两回事。他反对美国的"后轴心文明"，甚至主张回归传统的基督教信仰和西方文明。他也对北约东扩忧心忡忡，认为东扩不仅会刺激俄罗斯，而且会导致西方文明"失去灵魂"。

当然，多元文化主义是否会导致西方文明失去灵魂仍有待商榷：需注意的是，它至少某种程度上是多元化"西方文明"和"文明自制"的延续。美国领导下的西方文明发展为全球文明，倡导多元文化主义有其内在逻辑性，因为最初它便以多元性著称。新的"文明"话语在努力反省、克服经典"文明"话语在种族、阶级、意识形态和性别方面的偏

[①] Michael C. William and Iver B. Neumann, "From Alliance to Security Community: NATO, Russia, and the Power of Identity," *Millennium: Journal of International Studies*, vol. 29, no. 2 (2000), pp. 357–387.

见，也在为真正的"文明"而抗争。有趣的是，"文明的自制"和自省路线甚至带来了对"文明"一词的否定，带来了多元文化主义。不论"文明"一词是否由于帝国主义色彩而被放弃（正如"negro"一词的命运一样），我们都需要意识到，自启蒙运动以来，"文明"的概念始终处于运动与张力之中。在19世纪，它大多数时候扮演了帝国主义共谋者的角色，而在新的条件下，它完全可以呈现崭新的面貌，起到截然不同的作用。也许正是因为多元文化主义和新左派的巨大影响，才导致保守派纽特·金里奇（Newt Gingrich）等人打响"文化战争"，导致19世纪的经典"文明"标准以新的面孔出现；对"文化左派"持批判态度的美国哲学家理查德·罗蒂（Richard Rorty）也承认，"右派所嗤笑的'政治正确'已经让美国社会变得比30年前文明得多"。"文明自制"与"文化多元"似乎具有更多的亲和性。

多元文化主义也可以被称为后冷战时代的"文明主义"，尽管它打的是"文化"的旗号。毕竟多元文化主义仍主要体现在社会层面，而政治层面仍是西方的人权、民主、自由、法治和市场经济等价值理念。按罗尔斯的看法，双方完全可以并行不悖，共筑"重叠共识"。不仅如此，多元文化主义甚至可以成为西方文明新的价值，甚至发展成新的"排他性"教义乃至引发狂热，走上新的"文明专制"路线。毕竟它与19世纪"文明"标准的一个共性在于，西方仍然在充当标准的设定者，不论它是"文明"，还是人权、法治等。今天伊曼纽尔·阿德勒（Emanual Adler）等多元文化主义者们热衷于建构所谓"安全共同体"，强调"实践"而非事先预设意识形态立场，甚至不主张用"软实力"来胁迫他国，其效果如何，仍有待观察。① 总之，需注意的是，多元文化主义目前看来，可能仍是一种在西方权力占绝对优势地位下"文明自制"的体

---

① 美国政治学家迈克尔·多伊尔首先提出了这个概念。它最初是基于康德的"永久和平论"理念，认为通过自由主义可以构建安全共同体。最近，伊曼纽尔·阿德勒等学者尝试在多元文化主义的基础上构建"安全共同体"。阿德勒声称，欧洲的文明要高于美国文明，因为与美国仍然执着于"军国主义"手段来维持秩序相比，欧洲国家甚至不依赖"软实力"，而主要是通过实践理性、意义协商来沟通调解各"文明"之间的矛盾。见〔美〕伊曼纽尔·阿德勒著，王振玲译《欧洲文明：实践共同体视角》，载〔美〕彼得·卡赞斯坦主编，秦亚青、魏玲、刘伟华、王振玲译《世界政治中的文明：多元多维的视角》，上海：上海世纪出版集团2012年版。

现，难免带着纡尊降贵的色彩，颇有些类似英帝国在 19 世纪中期采取的梅因式"文化主义"统治方式，它试图放弃密尔式的"文明专制"，转而采取表面上尊重土著文化习俗的间接统治；它向前一步固然可以走近真正的"文化多元"，同样也可以后退到"文明专制"乃至"文化种族"。

事实上，"文明自制"前进的希望和后退的隐患一直是并存的。西方文化主义的阴影并未散去。倘若说文化多元主义和"全球文明"口号是新的"文明主义"，那么文明冲突论与文化保守主义者便是新的"文化主义"。在文化多元主义这一"文明"大趋势的冲击下，美国文化保守主义者往往既反对美国的所谓"普世文明"使命，也反对内部的文化多元主义，继续提倡以英美文明为中心的"番茄汤模式"，① 为此还主张对国外的移民进行限制。毕竟"文明"扩张既会带来巨大的机会，也会带来难以预料的风险，导致"文化身份"的丧失：这如同江河入海，之前的身份便不再有意义。而仔细分析从 19 世纪的勒庞、马汉，到 20 世纪的亨廷顿和库尔思等保守派提倡的"多元文明"便可发现，他们笔下的"文明"往往实质上是"文化"，是"文化种族"路线的体现。他们关心的是不可通约性而非通约性，是特殊性而非普遍性。

不难理解的是，不仅德国、俄国等相对弱势国家的舆论中会产生"文化主义"思潮，会出现对"文明"的"反叛"，在英美法等强势国家中同样会出现"文化主义"，这主要是源自保守派的主张，它表现为恐惧"野蛮"人，排斥移民，发明传统，"言必称希腊"，批判启蒙与自由主义，将其视为乌托邦或"灵知主义"，以及言不由衷的多元主义——例如将市场、民主和人权等视为"西方文明"的产物，视为"东方文明"没有能力与意愿去学习的。由于这些保守派喜爱用古典去批判启蒙，因此他们难免有食古不化、抱残守缺的嫌疑；或者用卡赞斯坦的话来说，他们终究还是在用静态、一元的眼光去看待"文明"，因此也就产生出"轴心文明"自古不变，"文明"之间界限畛域分明，"文明"自身铁板

---

① 番茄汤模式按亨廷顿的解释，是"将盎格鲁-新教文化比喻为一锅番茄汤，移民可以往里面添加种种辅料和调味品，使之更加味美汤浓，但这基本上依然是一锅番茄汤"。换言之，美国的种族构成可以多元，但文化必须一致。见〔美〕塞缪尔·亨廷顿著，程克雄译《谁是美国人？美国国民特性面临的挑战》，北京：新华出版社 2011 年版，第 97 页。

一块和"文明孤立主义"等类似的误解。

亨廷顿式"文明冲突论"可能还并非"文化主义"与"文明主义"最坏形式的组合。它仍是较为单纯的"文化主义",建立在生物种族论、文化不可通约论,以及对其他"文明"或文化的恐惧和排斥心理上。它主张的是收缩而非扩张。但危险的是,它很容易像19世纪末美国入侵菲律宾一样,产生"文明专制"与"文化种族"的结合。在此组合下,"文化种族"提供的是好战尚武精神和"去文明化"手段,"文明专制"提供的是所谓正义与合法性。而且亨廷顿等较保守的"文化种族"收缩药方也并非就与"文明专制"不能相容。在他们的话语中,"西方文明"与"非西方文明"(the rest)之间的冲突看似是平等的文化之争,但他们内心究竟将所谓"非西方文明"看成是"文明"还是"野蛮",就不得而知了。谨慎而保守的学者亨廷顿仍然认为世界将是"多元文明共存的世界"而非"普世文明的世界",而不那么谨慎的小布什总统和尼尔·弗格森(Niall Ferguson)则毫不犹豫地将伊斯兰"原教旨主义"界定为"野蛮"。倘若解除政治正确的束缚,亨廷顿、小布什总统等人也许就不会尽力克制自己,而可能如同他们的前辈阿尔弗雷德·马汉、布鲁克斯·亚当斯、西奥多·罗斯福与荷马李等一样,以捍卫西方文明的名义,更无所顾忌地表达带"文明专制"和"文化种族"色彩的观点,推动美国从多少带一定开放包容性的"普世帝国"转变为更狭隘自私的"特殊帝国"。

汤因比、艾森斯塔特、保罗·利科、马赫迪·莫扎法里和布鲁斯·马兹利什等学者都在寻找为全世界所接受的、大写的"全球文明"。但这一使命也面临双重陷阱:既要避免将"全球文明"等同于强势的"西方文明",[①] 也要避免陷入过度的、完全没有是非、"逢西方必反"的所

---

① 伊朗裔挪威学者莫扎法里某种程度上就陷入了这一极端。他似乎并不讳言"全球文明标准"就是"西方文明标准",并且声称不赞同这一标准的便是不"文明"国家。见 Mehdi Mozaffari, "The Transformationalist Perspective and the Rise of a Global Standard of Civilization," *International Relations of the Asia-Pacific*, vol. 1 (2001)。奥斯特哈默也直言,"在我们的政治话语中,如果说某人是'反西方'的,那是特别严厉的批评,意味着极端的、残暴的压迫运动,以及向西方施压的国家领袖和政治人物"。见〔德〕于尔根·奥斯特哈默著,陈浩译《全球史讲稿》,北京:商务印书馆2021年版。

谓"多元文化主义"。① 对这一问题，也许卡赞斯坦给出了有启发意义的解答：正如历史上国际主义和民族主义的关系一样，国际主义稀薄而民族主义厚重；同理，"全球文明"是一种松散、稀薄和多维多元的"文明"，它既给予人类世界某种浅层共识，同时也让各民族有足够自主性去践行自己的使命。"它提供的是一个脚本，往往不被遵循，但却是当前世界各地政治权威和合法性的基础。所有政体都声称以促进个人福祉为宗旨，并且承认所有人都享有与生俱来的权利。这些过程的存在强化了文明内在的多元主义，也同时削弱了将单一标准强加于人的帝国主义和接受所有政治实践的相对主义。"② 倘若误将浅层共识视作深层共识，并违背雷蒙·阿隆提倡的"审慎"原则而贸然使用武力来推行，不仅走向"文明专制"的误区，还有可能导致"文化种族"的激烈反弹，构建"普世帝国"的做法将间接地催生军国主义和虚无主义，引起地缘政治学狂想。这种"文化种族论"以及随之而来的军国主义和虚无主义绝非仅限于弱势的"东方文明"，"西方文明"同样如此；并且在后者那里的危害还会更大，因为它掌握着主导性的权力，有可能将"文明专制"与"文化种族"的破坏力充分释放出来。

今天美利坚帝国权力主导和塑造着全球"文明标准"，并且总体呈现"文明自制"的特点，"文明专制"色彩相对较淡（这尤其体现在"西方文明"内部）③。这种"文明自制"与该帝国多面相的权力结构有关：它至少包括国民权力、政府权力和社会权力，总体有利于"文明自制"路线。从国民权力结构来看，尽管美国强大的国民权力有可能导致"文明专制"心态，但从政府权力结构来看，联邦政府相对较弱的资源汲取能力会使"文明专制"在实行中很快遇到挫折；从社会权力结构来看，美国国内托利主义和利益受损民众中会产生"文化种族"情绪，这些从程度上讲，均不如欧洲激烈，仍在可控范围内，也无法动摇"美国例外"的主流信念，最多制造出一个机会主义和实用主义的"帝

---

① Ian Buruma, *Occidentalism: The West in the Eyes of Its Enemies*, New York: The Penguin Press, 2004.
② 〔美〕彼得·J. 卡赞斯坦：《多个文明与多形态全球主义》，载〔美〕彼得·J. 卡赞斯坦主编，魏玲、王振玲、刘伟华译《英美文明及其不满者：超越东西方的文明身份》，上海：上海人民出版社2018年版，第322页。
③ 也可称为"文明干涉"路线。

国"——它既缺乏长远眼光，也缺乏长期持续投入和经营的耐心、决心和忍受力。因此"文化种族"和"文明专制"相结合的情况往往是间歇性的，往往只是在决策者低估美国权力结构的复杂性，产生认知偏差乃至谬误的情况下才会发生。"越南综合症"与"伊拉克综合症"虽反复发作，但烈度不大，也并不持久。不过"文明专制"路线与"文化种族"路线是否会出现长期紧密结合的情况？这可能取决于上述三种权力结构的动态演变过程，以及美国决策者对这一过程走势的预期。首先，美国国民权力由盛转衰；其次，政府权力加强；最后，国内种族阶级矛盾又走向尖锐化。三者倘若同步发生，可能彼此强化、共振而产生危害。因为国民权力相对衰落与种族阶级矛盾尖锐容易引发"文化种族"的焦虑与恐慌，使美国社会陷入歇斯底里式的不安全感，导致"文化种族"路线的"脱缰"和失去控制；而政府权力集中化又会导致其为"文明专制"提供资源的能力增强。① 这种情形某种程度上说，是由大写的"文明"之运动带来的：包括世界经济和权力重心的转移、种族的混杂、意识形态的冲突、不同阶级和利益集团的浮沉起落等。

因此，它也不仅是某一个国家的错误或责任，而是所有国家都会面临的威胁。学界常津津乐道于德国"文化"与英法"文明"的对立，并对前者持不留情的批判态度，视为"德意志特殊道路"的一个具体表现，是与对外征服的欲望紧密联系的；② 但较少被提到的是，作为欧洲和西方文明的一员，德国式"文化主义"实际上是在西方各国都有的，只是程度存在差别而已。事实上，美国作为自诩的"文明受托人"，从

---

① 关于决策者对其权力衰落的动态预期可能引发更明显和更激烈"帝国主义"行为，包括从自由贸易走向保护主义、从海军主义（navalism）走向军国主义（militarism）以及将非正式帝国转化为正式帝国等现象的论述请参见 Julian Go, *Patterns of Empire: The British and American Empire, 1868 to the Present*, Cambridge: Cambridge University Press, 2011, p. 236-238; Jeanne Morefield, *Empire without Imperialism: Anglo-American Decline and the Politics of Deflection*, Oxford: Oxford University Press, 2014;〔美〕戴尔·科普兰著，黄福武、张立改译：《大战的起源》，北京：社会科学文献出版社 2017 年版。

② Wallace Notestein and Elmer E. Stoll, eds., *Conquest and Kultur: Aims of the Germans in Their Own Words*, Washington: Government Printing Office, 1917; Moshik Temkin, "Culture vs. 'Kultur', or a Clash of Civilizations: Public Intellectuals in the United States and the Great War, 1917-1918," *The Historical Journal*, vol. 58, no. 1 (March 2015), pp. 157-182; Brett Bowden, "The Ideal of Civilization: Its Origins and Socio-political Character," *Critical Review of International Social and Political Philosophy*, vol. 7, no. 1 (2004), pp. 25-50.

一开始便一直是受到"文化主义"袭扰,焦虑、分裂和躁动不已的,而非永远是光鲜亮丽、不容置疑的受托人。在这种情况下如何驯服和规训"文明",让权力转移"软着陆",缓冲它所带来的动荡,防止"文化主义"的脱缰,可能对"人类大家庭"将是一个更严峻的考验。执"文明"之牛耳者,也当慎之又慎。

参考文献

一　中文文献

（一）中文原始材料

〔美〕阿尔弗雷德·马汉著，范祥涛译：《亚洲问题及其对国际政治的影响》，上海：上海三联书店 2007 年版。

〔英〕埃德蒙·伯克著，何兆武等译：《法国革命论》，北京：商务印书馆 1999 年版。

〔法〕邦雅曼·贡斯当著，阎克文等译：《古代人的自由与现代人的自由》，北京：商务印书馆 1999 年版。

〔法〕伏尔泰著，梁守锵译：《风俗论：论各民族的精神与风俗以及自查理曼至路易十三的历史》（下），北京：商务印书馆 1985 年版。

〔美〕荷马李著，李世祥译：《无知之勇——日美必战论》，上海：华东师范大学出版社 2019 年版。

〔法〕基佐著，程洪奎、沅芷译：《欧洲文明史：自罗马帝国败落起到法国革命》，北京：商务印书馆 2015 年版。

〔法〕孔多塞著，何兆武、何冰译：《人类精神进步史纲要》，南京：江苏教育出版社 2006 年版。

〔法〕乔治·杜哈曼著，傅雷译：《文明》，载《傅雷译文集》（第十四卷），合肥：安徽人民出版社 1984 年版。

刘长军、韩海涛、李惠斌编著：《列宁〈帝国主义是资本主义的最高阶段〉研究读本》，北京：中央编译出版社 2017 年版。

〔德〕卡尔·考茨基著，王学东编：《考茨基文选》，北京：人民出版社 2008 年版。

〔美〕罗伯特·路威著，吕叔湘译：《文明与野蛮》，北京：三联书店

2005 年版。

〔法〕托克维尔著，董果良译：《论美国的民主》（上卷），商务印书馆 1995 年版。

〔英〕托马斯·潘恩著，马清槐译：《潘恩选集》，北京：商务印书馆 1982 年版。

〔英〕约翰·阿特金森·霍布森著，卢刚译：《帝国主义》，北京：商务印书馆 2017 年版。

〔英〕詹姆斯·斯图亚特·密尔著，汪瑄译：《代议制政府》，北京：商务印书馆 1984 年版。

（二）中文著作及译著

〔英〕阿诺德·汤因比著，刘北成、郭小凌译：《历史研究》（插图本），上海：上海人民出版社 2019 年版。

〔英〕阿诺德·汤因比著，王毅译：《文明经受考验》，上海：上海人民出版社 2016 年版。

〔美〕阿瑟·埃尔曼著，张爱平、许先春、蒲国良等译：《文明衰落论：西方文化悲观主义的形成与演变》，上海：上海人民出版社 2007 年版。

〔美〕艾伯特·赫希曼著，李新华、朱东进译：《欲望与利益：资本主义走向胜利前的政治争论》，上海：上海文艺出版社 2003 年版。

〔英〕爱德华·卡尔著，秦亚青译：《二十年危机 1919-1939：国际关系研究导论》，北京：商务印书馆 2021 年版。

〔英〕埃里克·霍布斯鲍姆著，贾士蘅译：《帝国的年代》，北京：中信出版社 2017 年版。

〔美〕安德鲁·怀特著，黄一川译：《中间地带：大湖区的印第安人、帝国和共和国（1650—1815 年）》，北京：中信出版集团 2021 年版。

〔德〕奥斯瓦尔德·斯宾格勒著，吴琼译：《西方的没落》，成都：四川人民出版社 2020 年版。

〔美〕巴林顿·摩尔著，王茁、顾洁译：《专制与民主的社会起源：现代世界形成过程中的地主与农民》，上海：上海译文出版社 2013 年版。

〔英〕保罗·肯尼迪著，蒋葆英等译：《大国的兴衰》，北京：中国经济出版社1989年版。

〔美〕彼得·J.卡赞斯坦主编，秦亚青、魏玲、刘伟华、王振玲译：《世界政治中的文明：多元多维的视角》，上海：上海世纪出版集团2012年版。

〔美〕彼得·J.卡赞斯坦主编，魏玲、王振玲、刘伟华译：《英美文明及其不满者：超越东西方的文明身份》，上海：上海人民出版社2018年版。

〔美〕彼得·J.卡赞斯坦主编，魏玲、韩志丽、吴晓萍译：《中国化与中国崛起：超越东西方的文明进程》，上海：上海人民出版社2018年版。

〔美〕布鲁斯·马兹利什著，汪辉译：《文明及其内涵》，北京：商务印书馆2020年版。

〔美〕戴尔·科普兰著，黄福武、张立改译：《大战的起源》，北京：社会科学文献出版社2017年版。

〔美〕多萝西·罗斯著，王楠等译：《美国社会科学的起源》，北京：生活·读书·新知三联书店2019年版。

〔法〕费尔南·布罗代尔著，常绍民、冯棠、张文英、王明毅译：《文明史：人类五千年文明的传承与交流》，北京：中信出版社2017年版。

〔美〕汉娜·阿伦特著，陈周旺译：《论革命》，南京：译林出版社2011年版。

〔美〕戈登·伍德著，朱妍兰译：《美利坚共和国的缔造：1776—1787》，南京：译林出版社2016年版。

〔德〕海因茨·哥尔维策尔著：《黄祸论》，北京：商务印书馆1964年版。

〔美〕汉斯·摩根索著，杨吉平译：《科学人对抗权力政治》，上海：上海译文出版社2017年版。

〔英〕赫德利·布尔著，张小明译：《无政府社会：世界政治中的秩序研究》，上海：上海世纪出版集团2020年版。

〔西〕胡里奥·克雷斯波·麦克伦南著，黄锦桂译：《欧洲文明如何塑造现代世界》，北京：中信集团2020年版。

〔德〕卡尔·施密特：《禁止外国势力干涉的国际法大空间秩序》，娄林主编:《地缘政治学的历史片段》,北京:华夏出版社,2019年版。

〔美〕卡鲁娜·曼特娜著,何俊毅译:《帝国的辩解:亨利·梅因与自由帝国主义的终结》,上海:华东师范大学出版社2018年版。

〔美〕克里尚·库马尔著,石炜译:《千年帝国史》,北京:中信出版集团2019年版。

〔英〕C. A. 贝利著,于展、何美兰译:《现代世界的诞生:1780—1914》,北京:商务印书馆2013年版。

〔丹〕莱娜·汉森著,孙吉胜、梅琼译:《作为实践的安全:话语分析与波斯尼亚战争》,北京:世界知识出版社2016年版。

〔美〕莱茵霍尔德·尼布尔著,方永译:《自我与历史的戏剧》,上海:上海三联书店2018年版。

〔英〕雷蒙·威廉斯著,高晓玲译:《文化与社会:1780—1950》,长春:吉林出版集团有限责任公司2011年版。

〔英〕雷蒙·威廉斯著,刘建基译:《关键词:文化与社会的词汇》,北京:生活·读书·新知三联书店2005年版。

李剑鸣:《美国的奠基时代(1585—1775)》,北京:中国人民大学出版社2011年版。

李剑鸣:《美国社会和政治史管窥》,广州:广东高等教育出版社2021年版。

李剑鸣:《文化的边疆:美国印第安人与白人文化关系史论》,天津:南开大学出版社2022年版。

梁志明主编:《殖民主义史》,北京:北京大学出版社1999年版。

刘禾主编:《世界秩序与文明等级:全球史研究的新路径》,北京:三联书店2016年版。

刘文明主编:《全球史理论与文明互动研究》,北京:中国社会科学出版社2015年版。

〔美〕路易斯·哈茨,张敏谦译:《美国的自由主义传统》,北京:中国社会科学出版社2003年版。

〔美〕罗伯特·卡根著,袁育胜、郭学堂、葛腾飞译:《危险的国家:美国从起源到20世纪初的世界地位》,北京:社会科学文献出版社2016年版。

〔英〕马克·索尔特，肖欢荣等译：《国际关系中的野蛮与文明》，北京：新华出版社2002年版。

〔美〕马克·威斯顿·贾尼斯，李明倩译：《美国与国际法：1776－1939》，上海：上海三联出版社2018年版。

〔德〕马克思、恩格斯：《共产党宣言》，载《马克思恩格斯选集》（第一卷），北京：人民出版社2012年版。

〔德〕马克斯·韦伯著，阎克文译：《经济与社会》（第一卷），上海：上海人民出版社2019年版。

〔日〕麻田贞雄著，朱任东译：《从马汉到珍珠港：日本海军与美国》，北京：新华出版社2015年版。

〔美〕迈克尔·亨特著，褚律元译：《意识形态与美国外交政策》，北京：世界知识出版社1999年版。

〔美〕莫妮卡·普拉萨德著，余晖译：《过剩之地：美式富足与贫困悖论》，上海：上海人民出版社2019年版。

〔英〕尼尔·弗格森著，曾贤明、唐颖华译：《文明》，北京：中信出版社2012年版。

〔德〕诺贝特·埃利亚斯著，王佩莉译：《文明的进程：文明的社会起源和心理起源的研究》（第一卷），北京：生活·读书·新知三联书店1998年版。

〔德〕诺贝特·埃利亚斯著，袁志英译：《文明的进程：文明的社会起源和心理起源的研究》（第二卷），北京：生活·读书·新知三联书店1999年版。

〔日〕入江昭著，李静阁等译：《20世纪的战争与和平》，北京：世界知识出版社2005年版。

〔法〕乔治·杜比、罗贝尔·芒德鲁著，傅先俊译：《法国文明史Ⅱ：从17世纪到20世纪》，上海：东方出版中心2019年版。

〔美〕塞缪尔·芬纳著，王震、马百亮译：《统治史》第3卷，华东师范大学出版社2014年版。

王立新：《意识形态与美国外交政策：以20世纪美国对华政策为个案的研究》，北京：北京大学出版社2007年版。

王晓德：《美国外交的奠基时代（1776-1860）》，北京：中国社会科学文献出版社 2013 年版。

王晓德：《美国文化与外交》，天津：天津教育出版社 2008 年版。

〔挪〕文安立著，牛可等译：《全球冷战：美苏对第三世界的干涉与当代世界的形成》，北京：世界图书出版公司 2014 年版。

〔美〕沃尔特·拉菲伯著，石斌、刘飞涛译：《美国人对机会的寻求，1865-1913》，载〔美〕孔华润主编，王琛等译《剑桥美国对外关系史》（第二卷），北京：新华出版社 2004 年版。

〔美〕西达·斯考切波著，何俊志、王学东译：《国家与社会革命：对法国、俄国和中国的比较分析》，上海：上海世纪出版集团 2017 年版。

杨生茂：《美国外交政策史 1775—1789》，北京：人民出版社 1991 年版。

〔德〕于尔根·奥斯特哈默著，陈浩译：《全球史讲稿》，北京：商务印书馆 2021 年版。

〔德〕于尔根·奥斯特哈默著，刘兴华译：《亚洲的去魔化：18 世纪的欧洲与亚洲帝国》，北京：社会科学文献出版社 2016 年版。

〔英〕约翰·霍布森著，孙建党译：《西方文明的东方起源》，济南：山东画报出版社 2009 年版。

〔美〕詹姆士·斯科特著，王晓毅译：《逃避统治的艺术：东南亚高地的无政府主义历史》，北京：生活·读书·新知三联书店 2019 年版。

〔英〕詹妮弗·皮茨著，金毅、许鸿艳译：《转向帝国：英法帝国自由主义的兴起》，南京：江苏人民出版社 2012 年版。

张小明：《从"文明标准"到"新文明标准"：中国与国际规范变迁》，北京：九州出版社 2021 年版。

张智：《约瑟夫·德·梅斯特反启蒙思想中的野蛮与文明》，上海：复旦大学出版社 2012 年版。

郑非：《帝国的技艺：统治不可统治之地》，桂林：广西师范大学出版社 2021 年版。

（三）中文论文

〔美〕本杰明·史华慈著，张放译：《政治的宗教：对汉娜·阿伦特思想的若干反思》，《现代哲学》2012 年第 6 期。

刘文明：《19 世纪欧洲"文明"话语与晚清"文明"观的嬗变》，《首都师范大学学报》（社会科学版）2011年第6期。

李宏图：《"文明"与"野蛮"的话语指向：反思约翰·密尔的文明观》，《中国历史研究院集刊》2020年第2期。

潘亚玲：《"文明标准"的回顾与西方道德霸权》，《世界政治与经济》2006年第3期。

王立新：《美国传教士对中国文化态度的演变（1830-1932）》，《历史研究》2012年第2期。

王立新：《美国国家身份的重塑与"西方"的形成》，《世界历史》2019年第2期。

二 英文文献

（一）美国政府公文与文件集

Annual Report of Major General Arthur MacArthur, U. S. Army, Commanding, Division of the Philippines, Military Governor in the Philippine Islands, Vol. 1, Manila: Manila P. I, 1901.

Canal Record, Ancon, Canal Zone: Isthmian Canal Commission Printing Office, 1908.

Chinese Immigration: The Social, Moral and Political Effect of Chinese Immigration, Sacramento: State Printing Office, 1876.

Cleveland, Grover, *Presidential Problems*, New York: Books for Libraries Press, 1971.

Commager, Henry Steele, ed., *Documents of American History*, Vol. 1, New York: Appleton-Century-Crofts, 1973.

Congressional Globe

Correspondence Concerning the Convention Between the United States and Colombia for the Construction of An Interoceanic Canal Across the Isthmus of Panama, 58th Congress, 2d Session, Document No. 51, Washington: Government Printing Office, 1904.

Diplomatic History of the Panama Canal, Correspondence Relating to the Negoti-

ation and Application of Certain Treaties on the Subject of The Construction of an Interoceanic Canal, and Accompanying Papers, Washington Government Printing Office, 1914.

Ruhl Bartlett, ed., *The Record of American Diplomacy: Documents and Readings in the History of American Foreign Relations*, New York: Alfred A. Knopf, 1954.

"Preservation and Civilization of the Indians: Letter from the Secretary of War, to the Chairman of the Committee on Indian Affairs", February 21, 1826, 19th Congress 1st Session.

Report of E. S. Otis, Commanding Department of the Pacific and 8th Army Corps, Military Governor in the Philippine Islands, Manila: Manila P. I, 1899.

Report of the Philippine Commission, the Civil Governor, and the Heads of the Executive Departments of the Civil Government of the Philippine Islands, 1900-1903, Washington: Government Printing Office, 1904.

Report of the PhilippineCommission to the President, Vol. 2, Washington: Government Printing Office, 1901.

Report of the United StatesPhilippine Commission to the Secretary of War, 1901, Part 1, Washington: Government Printing Office, 1901.

Roosevelt, Theodore, "Message from the President of the United States Transmitting a Statement of Action in Executing the Act entitled 'an Act to Provide for the Construction of a Canal connecting the Watering of the Atlantic and Pacific Oceans', Approved June 28, 1903", *58th Congress, 2nd Session, Senate Document No. 53*, Washington: Government Printing Office, 1904.

McKinley, William, *Instructions of the President to The Philippine Commission*, April 7, 1900, Washington: Government Printing Office, 1900.

"Testimony Taken by Philippine Commission Relating to Religious Orders: The Archbishop of Manila Aug 7, 1900", *Senate Document No. 190*, 56th Congress, 2nd Session.

（二）报纸杂志

Advocate of Peace

Appleton's Popular Science Monthly

American Journal of International Law

Century Illustrated Magazine

Current Literature

Forum

Frank Leslie's Popular Monthly

Gunton's Magazine

Harper's New Monthly Magazine

The Outlook

New York Evangelist

New York Observer

New York Times

Christian Observer

Congregationalist

Current Opinion

Godey's Magazine

Herald of Gospel Liberty

Life

Littell's Living Age

The American Antiquarian and Oriental Journal

The American Lawyer

The Arena

The Chautauquan

The Cosmopolitan

The Dial

The Friend

The Independent

The Living Age

The Open Court

The New World

The North American Review

The United States Magazine and Democratic Review

The Watchman

The Youth's Companion

Ohio Farmer

Overland Monthly and Out West Magazine

Presbyterian Quarterly and Princeton Review

Scientific American

Zion's Herald

(三) 个人文集、通信、日记、演说、小册子等

Abbott, Lyman, "The Rights of Man: A Study in Twentieth Century Problems, Chapter XI, American Foreign Problems," *The Outlook*, vol. 68, no. 8 (June 22, 1901).

Abbot, Willis J., *Panama and the Canal in Picture and Prose: A Complete Story of Panama, As Well As the History, Purpose and Promise of Its World-famous Canal—the Most Gigantic Engineering Undertaking Since the Dawn of Time*, New York: Syndicate Publishing Company, 1913.

Adams, Brooks, *America's Economic Supremacy*, New York: The Macmillan Company, 1900.

Adams, Brooks, "A Problem in Civilization," *The Atlantic Monthly*, vol. 106, no. 1 (July 1910).

Adams, Brooks, *The Law of Civilization and Decay: An Essay on History*, New York: The Macmillan Company, 1896.

Adams, Brooks, *The New Empire*, New York: The Macmillan Company, 1902.

Adams, Charles Francis, ed., *Memoirs of John Quincy Adams*, vol. 1–7, Philadelphia: J. B. Lippincott & Co., 1875.

Adams, John, *A Defence of the Constitution of Government of the United States of America*, London: Dilly and Stockdale, 1794.

Adams, John, *The Works of John Adams*, Boston: Little, Brown and Company, 1856.

George Herbert Adams, *Why Americans dislike England*, Philadelphia: Henry Altemus, 1896.

Aldana, Abelardo, *The Panama Canal Question: A Plea for Colombia*, New York: [s. n.], January 1904.

Allen, Arthur M., *Where are We at? An Outline of the rise and progress of American Moral and Enlightened Civilization*, New York: Anti-Tory, 1902.

An American Business Man, "Is the Monroe Doctrine a Bar to Civilization?" *The North American Review*, vol. 176, no. 557 (April 1903).

Arguments in Favor of Immigration, Published by the California Immigrant Union, February, 1870.

Arias, Harmondio, *The Panama Canal: A Study in International Law and Diplomacy*, London: P. S. King and Son, 1911.

Arnold, Matthew, *Civilization in the United States: First and Last Impression of America*, Boston: Cupples and Hurd Publishers, 1888.

Asquith, Herbert, *The War of Civilization, A Speech by the Prime Minister in Edinburgh*, London: Methuen& Co. Ltd, 1915.

Bacon, Robert and Scott, James Brown, eds., *Addresses on International Subjects by Elihu Root*, Cambridge: Harvard University Press.

Bacon, Robert and Scott, James Brown, eds., *The Military and Colonial Policy of the United States, Addresses and Reports by Elihu Root*, Cambridge: Harvard University Press, 1916.

Bacon, Robert, ed., *Latin America and the United States*, Cambridge: Harvard University Press, 1917.

Bernhardi, Friedrich Von, *German and the Next War*, Toronto: McClelland, Goodchild & Stewart, Limited Publishers, 1914.

Beveridge, Alfred, "For the Greater Republic, not for Imperialism," in Alexander K McClure, ed., *Famous American Statemen & Orators: Past and Present*, vol. 6, New York: F. F. Lovell Publishing Company, 1902.

Beveridge, Albert, *The Meaning of the Times and other Speeches*, Indianapolis: The Bobbs-Merrill Company Publishers, 1908.

Bishop, Joseph Bucklin, *Issues of A New Epoch: The Coal Strike, Panama, Philippines and Cuba*, New York: Scot-Thaw Company, 1904.

Bishop, Joseph Bucklin, *The Panama Gateway*, New York: Charles Scribner's Son's, 1913.

Boas, Franz, *Human Faculty as Determined by Race*, Salem: The Salem Press, 1894.

Boas, Franz, "The Mind of Primitive Man," *Science*, vol. 13, no. 321 (February 22, 1901).

Brand, H. W., ed., *The Selected Letters of Theodore Roosevelt*, New York: Cooper Square Press, 2001.

Brandt, John L., *The Anglo-Saxon Supremacy, or Race Contributions to Civilization*, Boston: The Gorham Press, 1915.

Brownell, Atherton, "What American Ideas of Citizenship may do for Oriental Peoples," *The Outlook*, vol. 81, no. 17 (December 23, 1905).

Bryan, Williams Jennings, *Republic or Empire? The Philippine Question*, Chicago: The Independence Company, 1899.

Bryan, Williams Jennings, *Speeches of William Jennings Bryan*, vol. 1-2, New York: Funk & Wagnalls Company, 1909.

Bryce, James, *The American Commonwealth*, New York: Macmillan and Co., 1893.

Bryce, James, "The Policy of Annexation for America," *Forum* (December 1897).

Bryce, James, *Modern Democracies*, New York: The Macmillan Company, 1921.

Bunau-Varilla, Philippe, *Panama: The Creation, Destruction, and Resurrection*, London: Constable & Company, Ltd., 1913.

Burke, Edmund, *Reflections on the Revolution in France*, New Haven: Yale University Press, 2003.

Bushnell, Horace, *Barbarism the First Danger, A Discourse for Home Missions*, New York: American Home Missionary Society, 1847.

Butler, Nicolas Murray, "The Carnegie Endowment and International Peace," *The Advocate of Peace*, vol. 73, no. 7 (July 1911).

Butler, Nichols Murray, *The International Mind: An Argument for the Judicial Settlement of International Disputes*, New York: Charles Scribner's Sons, 1913.

Jefferson, Thomas, *Notes on the State of Virginia*, Philadelphia: Prichard and Hall, 1788.

Calhoun, John, *The Papers of John C. Calhoun: A Disquisition on Government and a Discourse on the Constitution and Government of the United States*, Columbia: University of South Carolina, 2003.

Calhoun, John, *Speeches of John C. Calhoun: Delivered in the Congress of the United States From 1811 to The Present Time*, New York: Harper& Brothers, 1843.

Calhoun, John, *The Paper of John C. Calhoun*, Columbia: The University of South Carolina, 1998.

Carnegie, Andrew, *A league of Peace: A Rectorial Address Delivered to the Students in the University of St. Andrews, 17th, Oct*, 1905, New York: The New York Peace Society, 1911.

Carnegie, Andrew, "Americanism versus Imperialism," *The North American Review*, vol. 168, no. 506 (January 1899).

Carnegie, Andrew, "An Anglo-French Understanding," *The North American Review*, vol. 181, no. 587 (October 1905).

Carnegie, Andrew, *Autobiography of Andrew Carnegie*, Boston: Houghton Mifflin Company, 1902.

Carnegie, Andrew, "Peace to Come at Last—A Peace League of the Nations," *The Advocate of Peace*, vol. 67, no. 11 (December 1905).

Carnegie, Andrew, "The Venezuela Question," *The North American Review*, vol. 162, no. 471 (February 1896).

Carnegie, Andrew, *War as the Mother of Valor and Civilization*, New York: The Peace Society, 1910.

Chamberlin, Frederick, *The Philippine Problem 1898–1913*, Boston: Little,

Brown, and Company, 1913.

Coit, Stanton, *Is Civilization a Disease?* Boston: Houghton Mifflin Company, 1917.

Conant, Charles A., "The Economic Basis of 'Imperialism'," *The North American Review*, vol. 167, no. 502 (September 1898).

"Contract Labor in the Hawaiian Islands," *American Economic Association Publications*, vol. 4, no. 3 (August 1903).

Darrow, Clarence and Starr, Frederick, *Is Civilization a Failure?* The Workers University Society, 1920.

Dee, M. J., "Chinese Immigration," *The North American Review*, vol. 126, no. 262 (May-June, 1878).

Dickinson, E. D., "A League of Nations and International Law," *The American Political Science Review*, vol. 12, no. 2 (May 1918).

Dole, Charles Fletcher, *The Right and Wrong of the Monroe Doctrine*, Boston: World Peace Foundation, 1912.

Dole, Charles Fletcher, *The Theology of Civilization*, New York: Thomas Y. Crowell & Company, 1899.

Dole, Charles Fletcher, "War and the Spirit of Democracy," *The Advocate of Peace*, vol. 68, no. 11 (December 1906).

Duhamel, Georges, *Civilization, 1914-1917*, Translated by E. S. Brooks, New York: The Century Co., 1919.

Durkheim, E. and Mauss, M., "Note on the Notion of Civilization," *Social Research*, vol. 38, no. 4 (Winter 1971), pp. 811-813.

Eliot, Charles W., "America's Contributions to Civilization," *The Chautauquan*, vol. 24, no. 1 (October 1896).

Estee, Morris M., "Jeffersonian Principles," *Overland Monthly and Out West Magazine*, vol. 34, no. 199 (July 1899).

Fiske, John, *American Political Ideas Viewed from the Standpoint of Universal History*, New York: Harpers & Brothers, Franklin Square, 1885.

Fiske, John, "Manifest Destiny," *Harpers New Monthly Magazine* (December 1884-May 1885).

Flower, B. O. , "Fostering the Savage in the Young", *The Arena*, vol. 10, no. 3 (August 1894).

Foner, Philip, ed. , *The Anti-Imperialist Reader*, vol. 1, New York: Holmes & Meier Publishers, Inc. , 1984.

Fraser, John Foster, *Panama and What it Means*, New York: Cassell and Company, Ltd. , 1913.

Fretwell, John, "Newfoundland and the Jingoes, an Appeal to England's Honor," *Foreign and Commonwealth Office Collection*, 1895.

Friedmann, W. , "The Distinction of European Civilisation and the Future of International Law, some Observations on the Social Foundations of Law," *The Modern Law Review*, vol. 2, no. 3 (December 1939).

Gerrity Frank X. , ed. , *The Collected Works of William Howard Taft*, vol. 2, Athens: Ohio University Press, 2003.

George, Henry, *Progress and Poverty: An Inquiry into the Cause of Industrial Depressions and of Increase of Want with Increase of Wealth*, The National Single Tax League Publisher, 1879.

George, Henry, "The Chinese in California," *New York Tribune* (May 1, 1869).

Gjerde, Jon, ed. , *Major Problems in American Immigration and Ethnic History*, New York: Houghton Mifflin Company, 1998.

Giddings, Franklin H. , "Imperialism?" *Political Science Quarterly*, vol. 13, no. 4 (December 1898).

Goodwin, Daniel, "Civilization: American and European," *American Review: A Whig Journal of Politics, Literature, Art and Science*, vol. 3, no. 6 (June 1846).

Gordon, Elizabeth, *What We Saw at Madame World's Fair: Being a Series of Letters from the Twins at the Panama-Pacific International Exposition to Their Cousins at Home*, San Francisco: Samuel Levinson Publisher, 1915.

Gorgas, William Crawford, *Sanitation in Panama*, New York: D. Appleton and Company, 1915.

Healy, Patrick J. and Chew, Ng Poon, *A Statement for Non-exclusion*, San Francisco, 1905.

Hinsdale, Burke Aaron, *The Old Northwest: The Beginnings of our Colonial System*, Boston: Silver, Burdett, and Company, 1899.

Hobson, J. A., *Towards International Government*, London: George Allen & Unwin Ltd., 1915.

Huntington, Ellsworth, *Civilization and Climate*, New Haven: Yale University Press, 1915.

"Is it Civilization or Extermination?" *The American Antiquarian and Oriental Journal*, vol. 22, no. 1 (January/February 1900).

Jordan, David Starr, *America's Conquest of Europe*, Boston: American Unitarian Association, 1913.

Jordan, David Starr, *Imperial Democracy*, New York: D. Appleton and Company, 1899.

Jordan, David Starr, *War and Waste: A Series of Discussions of War and War Accessories*, Toronto: McClelland, Goodchild & Stewart Limited, 1913.

Kant, Immanuel, "Idea for a Universal History from a Cosmopolitan Perspective," Pauline Kleingeld, ed., *Toward Perpetual Peace and Other Writings on Politics, Peace, and History*, translated by David L. Colclasure, New Haven: Yale University Press, 2006.

Kidd, Benjamin, *Social Evolution*, New York: The Macmillan Company, 1898.

Kidd, Benjamin, *The Control of the Tropics*, New York: The Macmillan Company, 1898.

Krehbiel, Edward, "Force and Finance vs. Human Fraternity," *The Dial*, vol. 54, no. 688 (January 16, 1913).

Lawrence, T. J., *The Principles of International Law*, Boston: D. C. Heath & Co., Publishers, 1911.

Lease, Mary, *The Problem of Civilization Solved*, Chicago: Laird & Lee, 1895.

Lease, Mary, "The Curse of Militarism: The Problem of Civilization Solved," *Current Literature*, vol. 17, no. 3 (March 1895).

Lodge, Henry Cabot, "England, Venezuela, and the Monroe Doctrine," *The North American Review*, vol. 160, no. 463 (June 1895).

Lodge, Henry Cabot, *Speeches and Addresses, 1884-1909*, Boston: Houghton Mifflin Company, 1909.

Lorimer, L L. D, James, *The Institutes of the Law of Nations: A Treatise of the Judicial Relations of Separate Political Communities*, Edinburgh: William Blackwood and Sons, 1883.

Madison, James, *Letters and other Writings of James Madison*, New York: R. Worthington, 1884.

Mahan, Alfred Thayer, *Armament and Arbitration*, Clark, New Jersey: The Lawbook Exchange, Ltd, 2004.

Mahan, Alfred Thayer, *Interest of America in Sea Power, Present and Future*, Boston: Little, Brown, and Company, 1898.

Mahan, Alfred Thayer, "Needed as a Barrier to Protect the World from an Invasion of Chinese Barbarism," *New York Times* (February 1, 1893).

Mahan, Alfred T. and Beresford, Charles, "Possibilities of Anglo-American Reunion," *The North American Review*, vol. 159, no. 456 (November 1894).

Marburg, Theodore, *Expansion*, New York: John Murphy Company, 1900.

Marvin, F. S., ed., *The Unity of Western Civilization*, London: Oxford University Press, 1915.

Mead, George Herbert, "America's Ideals and the War," *Chicago Herald* (August 2, 1917).

Mead, Lucia Ames, *Outline of Lessons on War and Peace*, World Peace Foundation, February 1915.

Meng, L. Kong, Cheong, Cheok Hong, and Mouy, Louis Ah, eds., *The Chinese Question in Australia, 1878-79*, Melbourne: Published in Ordinary to the Victorian Government, 1879.

Merwin, Henry Childs, "On Being Civilized Too Much," *Atlantic Monthly*, vol. 79, no. 371 (June 1897).

Mitchell, A. M., John, *An Essay on the Best Means of Civilising the Subjects of* the British Empire in India, and of Diffusing the Light of the Christian Religion Throughout the Eastern World, Edinburgh: Printed by James Ballantyne, 1805.

Mill, John Stuart, *On Liberty*, London: Roberts & Green, 1854.

Miller, Hugo H., *Economic Conditions in the Philippines*, Boston: Ginn and Company, 1913.

Mills, J. Saxon, *The Panama Canal: A History and Description of the enterprise*, New York: Thomas Nelson and Sons, 1913.

Motley, John, *Historic Progress and American Democracy*, New York: Charles Scribner and Co., 1869.

Nearing, Scott, *Where is Civilization Going?* New York: Vanguard Press, 1927.

Niebuhr, Reinhold, *Does Civilization need Religion?* New York: The Macmillan Company, 1928.

Notestein, Wallace and Stoll, Elmer E., eds., *Conquest and Kultur: Aims of the Germans in Their Own Words*, Washington: Government Printing Office, 1917.

Official Guide: Panama-Pacific International Exposition, San Francisco, 1915, San Francisco: The Wahlgreen Company, 1915.

O'Sullivan, John L., "Annexation," *The United States Magazine and Democratic Review*, vol. 17, no. 85 (July 1845).

Panama Pacific International Exposition, San Francisco, 1915, San Francisco: Panama-Pacific International Exposition Company, 1914.

Pearson, Charles, *National Life and Character: A Forecast*, London: Macmillan and Co., 1894.

Pepperman, W. Leon, *Who Built the Panama Canal?* New York: E. P. Dutton & Company, 1915.

Perla, Leo, *What is National Honor?* New York: The Macmillan Company, 1918.

Phelan, James D., "Why the Chinese Should Be Excluded," *The North American Review* (November 1901).

Proceedings of the American Society of International Law at the Meetings of Its

Executive Council, Washington D. C. : Published by the American Society of International Law, 1919.

Proceedings of the National Arbitration and Peace Congress, New York, April 14th to 17th, 1907.

Publicationsof the World Peace Foundation, vol. 2, Boston: World Peace Foundation, 1912.

Publications of the World Peace Foundation, vol. 3, Boston: World Peace Foundation, 1913.

Richard K. Cralle, ed. , *Speeches of John C. Calhoun, delivered in the House of Representatives, and the Senate of the United States*, New York: D. Appleton and Company, 1854.

Riis, Jacob, *Theodore Roosevelt, the Citizen*, New York: The Macmillan Company, 1904.

Roosevelt, Theodore, *Address of Hon Theodore Roosevelt Before the Naval War College*, Washington: Government Printing Office, 1897.

Roosevelt, Theodore, *American Ideals and Other Essays*, New York: The Knickerbocker Press, 1904.

Roosevelt, Theodore, "Character and Civilization," *The Outlook* (November 8, 1913).

Roosevelt, Theodore, "Expansion and Peace," *The Independent*, vol. 51, no. 2664 (December 21, 1899).

Roosevelt, Theodore, "National Life and Character," *The Sewanee Review*, vol. 2, no. 3 (May 1894).

Roosevelt, Theodore, *Presidential Addresses and State Papers*, vol. 1-7, New York: The Review of Reviews Company, 1910.

Roosevelt, Theodore, "The Law of Civilization and Decay," *Forum* (January 1897).

Roosevelt, Theodore, "The Management of Small States which are Unable to Manage themselves," *The Outlook* (July 2, 1910).

Roosevelt, Theodore, "Theodore Roosevelt on the Danger of Making Unwise Peace Treaties," *New York Times* (October 4, 1914).

Roosevelt, Theodore, *The Strenuous Life: Essays and Addresses*, New York: Charles Scribner's Sons, 1903.

Roosevelt, Theodore, *The Works of Theodore Roosevelt*, New York: P. F. Collier & Son, Publishers, 1897.

Root, Elihu, *Speech of Hon. Elihu Root as Secretary of War at Peroria, Illinois, Sep 24, 1902*, Washington: Gibson Bros., 1902.

Ross, Edward, *Changing America: Studies in Contemporary Society*, New York: The Century Co., 1912.

Ross, Edward, *The Changing Chinese: The Conflict of Oriental and Western Cultures in China*, New York: The Century Co., 1920.

Rush, Benjamin, *Essays, Literary, Moral and Philosophical*, Philadelphia: Thomas and William Bradford, 1806.

Russell, Thomas H., *The Panama Canal: Pictorial View of the World's Greatest Engineering Feat Linking the Atlantic and Pacific Oceans*, Chicago: The Hamming Publishing Co., 1913.

Sampson, Martin W., "A Problem of American Civilization," *The Sewanee Review*, vol. 28, no. 3 (July 1920).

Seymour, Horatio W., "Democratic Expansion", *The North American Review*, vol. 179, no. 572 (July 1904).

Schurz, Carl, *For American Principle and American Honor, 1900*, Issued by The Anti-Imperialist League of New York, 1900.

Schurz, Carl, "'Manifest Destiny'," *Harper's New Monthly Magazine* (June/November 1893).

Schurman, Jacob Gould, "A Forward Step in Civilization," *Maryland Peace Society Quarterly*, vol. 9, no. 3 (February 1912).

Schwartzberg, Morris and Benjamin, *Uncivilized Civilization*, Chicago: The New Era Publishing Co., 1920.

Scott, James Brown, ed., *American Addresses at the Second Hague Peace Conference*, Boston: World Peace Foundation, 1916.

SeagerII, Robert, ed., *Letters and papers of Alfred Thayer Mahan*, vol. 1-3, Annapolis, Maryland: Naval Institute Press, 1975.

Seeley, John, *The Expansion of England*, London: Macmillan and Co., 1888.

Shaw, Albert, *A Cartoon History of Roosevelt's Career*, New York: The Review of Reviews Company, 1910.

Smith, Edwin Burritt, *Republic or Empire*? Chicago: American Anti-Imperialist League, 1900.

Spencer, Herbert, "Imperialism and Slavery," in *Facts and Comments*, New York: D. Appleton and Company, 1902.

Stead, William, *The Americanization of the World: The Trend of the Twentieth Century*, New York: Horace Markley, 1902.

Stead, William, "The True Imperialism," *The Review of Reviews* (May 1900).

Steere, Bishop, "Civilization in Relation to Missions," *Sunday at Home* (December 20, 1890).

Stoddard, Lothrop, *The Revolt against Civilization: The Menace of the Under Man*, New York: Charles Scribner's Sons, 1922.

Strong, Josiah, *Expansion under New World-Conditions*, New York: The Baker and Taylor Company, 1900.

Strong, Josiah, *Our Country: The Possible Future and Its Present Crisis*, New York: The Baker & Taylor Co., 1885.

Strong, Josiah, *The United States and the Future of the Anglo-Saxon Race*, London: Saxon and Co., 1889.

Sumner, Charles, *The Barbarity of Slavery: Speech of Hon Charles Sumner*, New York: The Young Men's Republican Union, 1863.

Sumner, William G., "The Conquest of the United States by Spain," *The Yale Law Journal*, vol. 8, no. 4 (January 1899).

Taft, William Howard, *Missions and Civilization*, New York: Fleming H. Revell Company, 1908.

Taft, William Howard, *The United States and Peace*, New York: Charles Scribner's Sons, 1914.

Talley, George A., *The Panama Canal: An Elucidation of Its Governmental Features as Prescribed by Treaties; a Discussion of Toll Exemption and the*

Repeal Bill of 1914; and other Pertinent Chapters, Wilmington: The Star Publishing Co., 1915.

Taylor, Miles, "Rethinking the Radical Critique of Imperialism during the Nineteenth Century," *The Journal of Imperial and Commonwealth History*, vol. 19, no. 1 (1991).

The Legacy of the Exposition: Interpretation of the Intellectual and Moral Heritage Left to Mankind by the World Celebration at San Francisco in 1915, San Francisco: Panama-Pacific International Exposition Company, 1916.

The Campaign Book of the Democratic Party, Washington D. C.: R. O. Polkinhorn, Printer, 1882.

The Panama Canal and Our Relations with Colombia, Washington, 1914.

"The Price of Civilizing Filipinos," *Harper's Bazaar*, vol. 33, no. 22 (June 2, 1900).

"The Way of Our Civilization," *The Independent*, vol. 77, no. 3399 (January 26, 1914).

Thiwing, Charles F., *Education in the Far East*, Boston: Houghton Mifflin Company, 1909.

Thomas, William I., "The Mind of Woman and the Lower Races," *American Journal of Sociology*, vol. 12, no. 4 (January 1907).

Thomas, William I., "The Significance of the Orient for the Occident," *American Journal of Sociology*, vol. 13, no. 6 (May 1908).

Todd, Frank Morton, *The Story of the Exposition, Being the Official History of the International Celebration Held at San Francisco in 1915 to Commemorate the Discovery of the Pacific Ocean and the Construction of the Panama Canal*, vol. 1-3, New York: The Knickerbocker Press, 1921.

Trent, W. P., "War and Civilization," *The Sewanee Review*, vol. 8, no. 4 (October 1900).

Turner, Frederick Jackson, "The Problem of the West," *Atlantic Monthly*, vol. 78, no. 467 (September 1896).

Turner, Frederick Jackson, "The Significance of Frontier in American History," in *Annual Report of the American Historical Association for the Year* 1893,

Washington: Government Printing Office, 1894.

Twain, Mark, "To Rev. J. H. Twichell, in Hartford," in Albert Bigelow Paine, ed., *Mark Twain's Letters*, New York: Gabriel Wells, 1923.

Twain, Mark, "To the People Sitting in Darkness," *The North American Review*, vol. 172, no. 531 (February 1901).

Valentine, John J., "Imperialism," in *The Oregon Native Son*, vol. 2, no. 5 (October 1900).

Wenzer, Kenneth C., ed., *Henry George: Collected Journalistic Writings*, London: Routledge, 2019.

Weston, Rubin Francis, "Imperialism and Anglo-Saxon," in E. Nathaniel Gates, ed., *Race and U.S. Foreign Policy in the Age of Territorial and Market Expansion, 1840–1900*, Routledge, 2013.

Wiggins, B. Lawton, "Hellenic and Anglo-Saxon Ideals of Civilization and Citizenship," *The Sewanee Review*, vol. 17, no. 3 (July 1909).

Wilberforce, William, *A Practical View of the Prevailing Religious System of Professed Christians, in the Higher and Middle Classes in this Country Contrasted with Real Christianity*, London: T. Cadell, 1797.

Williams, Daniel R., *The Odyssey of the Philippine Commission*, Chicago: A. C. McClurg & Co., 1913.

Woolf, Leonard, *Imperialism and Civilization*, London: The Hogarth Press, 1928.

Woolf, Stuart, "French Civilization and Ethnicity in the Napoleonic Empire," *Past & Present*, vol. 124, no. 1 (1989).

Worcester, Dean, "Some Aspects of the Philippine Question, An Address Delivered under the Auspices of the Club, at Central Music Hall, Chicago, Nov 15, 1899", *Hamilton Club of Chicago Serial Publications*, No. 13.

Worcester, Dean, *The Philippine: Past and Present*, Vol. 2, New York: The Macmillan Company, 1914.

Wright, Hamilton, *American Across the Seas: Our Colonial Empire*, New York: C. S. Hammond & Company, 1909.

(四) 著作与论文

Abrams, Irwin, *The Nobel Prize and the Laureates: An Illustrated Biographical History (1901 – 2001)*, Nantucket: Watson Publishing International, 2001.

Adas, Michael, "Contested Hegemony: The Great War and the Afro-Asian Assault on the Civilizing Mission," *Journal of World History*, vol. 15, no. 1 (March 2004).

Adas, Michael, *Dominance by Design: Technological Imperatives and America's Civilizing Mission*, Cambridge: Harvard University Press 2006.

Adas, Michael, "Improving on the Civilizing Mission? Assumptions of United States Exceptionalism in the Colonisation of the Philippines," *Itinerario*, vol. 22, no. 4 (January 1998).

Adas, Michael, *Machines as the Measure of Men: Science, Technology, and Ideologies of Western Domination*, Ithaca: Cornell University Press, 1990.

Adas, Michael, "The Great War and the Decline of the Civilizing Mission," in Laurie Sears, ed., *Autonomous Histories: Particular Truths*, Madison: University of Wisconsin Press, 1993.

Alexandrowicz, Charles H., "The Juridical Expression of the Sacred Trust of Civilization," *The American Journal of International Law*, vol. 65, no. 1 (January 1971).

Alexandrowicz, Charles. H., *The Law of Nations in Global History*, Oxford: Oxford University Press, 2017.

Allerfeldt, Kristofer, "Wilson's Pragmatism? Woodrow Wilson, Japanese Immigration, and the Paris Peace Conference, "*Diplomacy and Statecraft*, vol. 15, no. 3 (2004).

Ameringer, Charles D., "The Panama Lobby of Philippe Bunau-Varilla and William Nelson Cromwell," *The American Historical Review*, vol. 68, no. 2 (January 1963).

Anastacio, Leisa Castañeda, *The Foundations of the Modern Philippine State: Imperial Rule and the American Constitutional Tradition, 1898 – 1935*,

Cambridge: Cambridge University Press, 2016.

Anderson, Perry, "The Standard of Civilization," *New Left Review*, vol. 143 (September-October 2023).

Anderson, Stuart, "Racial Anglo-Saxonism and the American Response to the Boer War," *Diplomatic History*, vol. 2, no. 3 (Summer 1978).

Anghie, Anthony, "Francisco De Vitoria and the Colonial Origins of International Law," *Social & Legal Studies*, vol. 5, no. 3 (1996).

Anghie, Antony, *Imperialism, Sovereignty, and the Making of International Law*, Cambridge: Cambridge University Press, 2004.

Ankerl, Guy, *Global Communication Without Universal Civilization*, Geneva: Inu Press, 2000.

Axeen, David, "'Heroes of the Engine Room': American 'Civilization' and the War with Spain," *American Quarterly*, vol. 36, no. 4 (Autumn 1984).

Bailyn, Bernard, *The Barbarous Years: The Peopling of British North America: The Conflict of Civilizations, 1600–1675*, New York: Alfred A. Knopf, 2012.

Barkan, Elazar, *The Retreat of Scientific Racism: Changing Concepts of Race in Britain and the United States Between the World Wars*, Cambridge: Cambridge University Press, 1992.

Beard, Charles and Beard, Mary, *The American Spirit: A Study of the Idea of Civilization in the United States*, New York: The Macmillan Company, 1942.

Bederman, Gail, *Manliness and Civilization: A Cultural History of Gender and Race in the United States, 1880–1917*, Chicago: The University of Chicago Press, 1995.

Benveniste, Emile, "Civilization: A Contribution to the History of the Word," in Coral Gables, ed., *Problems in General Linguistics*, translated by Mary Elizabeth Meek, FL: University of Miami Press, 1971.

Bestor, Jr., Arthur E., "The Study of American Civilization: Jingoism or Scholarship?" *The William and Mary Quarterly*, vol. 9, no. 1 (January 1952).

Black, Isabella, "American Labour and Chinese Immigration," *Past & Present*, no. 25 (July 1963).

Blake, Nelson M., "The Olney-Pauncefote Treaty of 1897," *The American Historical Review*, vol. 50, no. 2 (January 1945)

Bowden, Brett, ed., *Civilization: Critical Concepts in Political Science*, vol. 1-6, London: Routledge, 2009.

Bowden, Brett, "Civilization and Its Consequence," in *Oxford Handbooks Online*, Oxford: Oxford University Press, 2015.

Bowden, Brett, *The Empire of Civilization: The Evolution of an Imperial Idea*, Chicago and London: The University of Chicago Press, 2009.

Bowden, Brett, "The Ideal of Civilization: Its Origins and Socio-political Character," *Critical Review of International Social and Political Philosophy*, vol. 7, no. 1 (2004).

Bowden, Brett and Seabrooke, Leonard, eds., *Global Standards of Market Civilization*, New York: Routledge, 2006.

Boyle, T., "The Venezuela Crisis and the Liberal Opposition, 1895-1896," *The Journal of Modern History*, vol. 50, no. 3 (September 1978).

Bradley, Mark Philip, "Becoming 'Van Minh': Civilizational Discourse and Visions of the Self in Twentieth-Century Vietnam," *Journal of World History*, vol. 15, no. 1 (March 2004).

Bradley, Mark Philip, *Imaging Vietnam and America: The Making of Postcolonial Vietnam, 1919-1950*, Chapel Hill: The University of North Carolina Press, 2000.

Burton, David H., *Theodore Roosevelt: Confident Imperialist*, Philadelphia: University of Pennsylvania Press, 1968.

Buruma, Ian, *Occidentalism: The West in the Eyes of Its Enemies*, New York: The Penguin Press, 2004.

Cabranes, José, "Citizenship and the American Empire," *University of Pennsylvania Review*, vol. 127, no. 391 (1978).

Campbell, John P., Taft, "Roosevelt, and the Arbitration Treaties of 1911," *The Journal of American History*, vol. 53, no. 2 (September 1966).

Calavita, Kitty, "The Paradoxes of Race, Class, Identity, and 'Passing': Enforcing the Chinese Exclusion Acts, 1882–1910," *Law & Social Inquiry*, vol. 25, no. 1 (Winter 2000).

Cannadine, David, *Ornamentalism: How the British saw their Empire*, Oxford: Oxford University Press, 2001.

Césaire, Aimé, *Discourse on Colonialism*, translated by Joan Pinkham, New York: Monthly Review, 2000.

Cha, Taesuh, "Republic or Empire: The Genealogy of the Anti-Imperial Tradition in U.S. Politics," *International Politics*, vol. 56 (2019).

Cha, Taesuh, "The Formation of American Exceptional Identities: three-tier Model of the 'Standard of Civilization' in US Foreign Policy," *European Journal of International Relations* (2015).

Chafer, Tony and Sackur, Amanda, eds., *Promoting the Colonial Idea: Propaganda and Visions of Empire in France*, London: Palgrave Macmillan, 2002.

Chang, Gordon H., "Whose 'Barbarism'? Whose 'Treachery'? Race and Civilization in the Unknown United States—Korea War of 1871," *The Journal of American History*, vol. 89, no. 4 (March 2003).

Coates, Benjamin Allen, *Legalist Empire: International Law and American Foreign Relations in the Early Twentieth Century*, Oxford: Oxford University Press, 2017.

Cohen, Mark Nathan, *Health and the Rise of Civilization*, New Haven: Yale University Press, 1989.

Coit, Margaret L., *John Calhoun: American Portrait*, New York: Houghton Mifflin, 1950.

Coker, William S., "The Panama Tolls Controversy: A Different Perspective," *The Journal of American History*, vol. 55, no. 3 (December 1968).

Conklin, Alice, *A Mission to Civilize: The Republican Idea of Empire in France and West Africa, 1895–1930*, Stanford: Stanford University Press, 1997.

Conroy-Krutz, Emily, *Christian Imperialism: Converting the World in the Early American Republic*, Ithaca: Cornell University Press, 2015.

Cooper, Jr., John Milton, *Breaking the Heart of the World: Woodrow Wilson and the Fight for the League of Nations*, Cambridge: Cambridge University Press, 2001.

Craig, Albert M., *Civilization and Enlightenment: The Early Thought of Fukuzawa Yukichi*, Cambridge: Harvard University Press, 2009.

Cunningham, Hugh, "Jingoism and Patriotism," *History Workshop*, no. 16 (Autumn 1983).

Curti, Merle Eugene, *Bryan and World Peace*, New York: Garland Publishing, Inc., 1971.

Curti, Merle, *The Growth of American Thought*, New York: Harper & Row Publishers, 1951.

David Noble, *Death of a Nation: American Culture and the end of Exceptionalism*, Minneapolis: University of Minnesota Press, 2002.

Detweiler, Frederick G., "The Anglo-Saxon Myth in the United States," *American Sociological Review*, vol. 3, no. 2 (April 1938).

Deudney, Daniel, "The Philadelphian System: Sovereignty, Arms Control, and Balance of Power in the American State-Union, circa 1787–1861," *International Organization*, vol. 49, no. 2 (March 1995).

Dierksheide, Christa, "'The Great Improvement and Civilization of that Race' Jefferson and the 'Amelioration' of Slavery, 1770–1826," *Early American Studies* vol. 6, no. 1 (Spring 2008).

Doyle, Michael W., *Empires*, Ithaca and London: Cornell University Press, 1986.

Dyer, Thomas, *Theodore Roosevelt and the Idea of Race*, Baton Rouge: Louisiana State University Press, 1980.

East, John P., "Eric Voegelin and American Conservative Thought," *Modern Age: A Quarterly Review* (Spring 1978).

Elias, Norbert, *The History of Manners*, New York: Pantheon Books, 1978.

Elster, John, *Alchemies of the Mind: Rationality and the Emotions*, Cambridge: Cambridge University Press, 1999.

Ericson, David, ed., *The Liberal Tradition in American Politics*, London:

Routledge, 1999.

Eisenstadt, Shmuel Noah and Giesen, Bernhard, "The Construction of Collective Identity," *European Journal of Sociology*, vol. 36, no. 1 (May 1995).

Febvre, Lucien, "Civilisation: Evolution of a Word and a Group of Ideas," in Peter Burke, ed., *A New Kind of History: from the Writings of Febvre*, New York: Harper & Torchbooks, 1973.

Field, Jr., James A., "American Imperialism: The Worst Chapter in Almost any Book," *The American Historical Review*, vol. 83, no. 3 (June 1978).

Fieldhouse, D. K., *The Colonial Empires: A Comparative Survey from the Eighteenth Century*, London: The Macmillan Press, 1982.

Forbes, Duncan, *Hume's Philosophical Politics*, Cambridge: Cambridge University Press, 1985.

Friedberg, Aaron L., *In the Shadow of the Garrison State: America's Anti-Statism and Its Cold War Grand Strategy*, Princeton: Princeton University Press, 2000.

Gallagher, John and Robinson, Ronald, "The Imperialism of Free Trade," *The Economic History Review*, vol. 6, no. 1 (1953).

Gardner, Lloyd C., LaFeber, Walter F. and McCormick, Thomas J., *Creating of the American Empire*, vol. 1: *U. S. Diplomatic History to 1901*, Chicago: Rand McNally College Publishing Company, 1976.

Gerstle, Gary, "Theodore Roosevelt and the Divided Character of American Nationalism," *The Journal of American History* (December 1999).

Gillon, Benjamin Thomas, *The Triumph of Pragmatic Imperialism: Lord Minto and the Defence of the Empire, 1898–1910*, Department of History, University of Glasgow, PhD thesis, 2009.

Go, Julian, "'Civilization' and Its Subalterns," *Review of International Studies*, vol. 43, part 4 (2017).

Go, Julian, *Patterns of Empire: The British and American Empire*, 1868 *to the Present*, Cambridge: Cambridge University Press, 2011.

Gold, Martin, *Forbidden Citizens: Chinese Exclusion and the U. S. Congress: A Legislative History*, Alexandria: The Capitol Net Inc., 2012.

Gong, Gerrit, *The Standard of "Civilization" in International Society*, New York: Oxford University Press, 1984.

Gordon, Daniel, "'Civilization' and the Self-Critical Tradition," *Society*, vol. 54, no. 2 (March 2017).

Gossett, Thomas F., *Race: The History of an Idea in America*, New York: Oxford University Press, 1997.

Gould, Lewis L., *Theodore Roosevelt*, New York: Oxford University Press, 2012.

Graham, Terence, *The "Interest of Civilization"? Reaction in the United States Against the "Seizure" of the Panama Canal Zone, 1903–1904*, Lund: Esselte Studium, 1983.

Greenberg, Amy S., *Manifest Manhood and the Antebellum American Empire*, New York: Cambridge University Press, 2005.

Gyory, Andrew, *Closing the Gate: Race, Politics, and the Chinese Exclusion Act*, Chapel Hill: University of North Carolina Press, 1998.

Halili Jr., Servando D., *Iconography of the New Empire: Race and Gender Images and the American Colonization of the Philippines*, Diliman: The University of the Philippine Press, 2006.

Hall, Catherine, *Civilising Subjects: Metropole and Colony in the English Imagination, 1830–1867*, Chicago: University of Chicago, 2002.

Harrington, Fred H., "The Anti-imperialist Movement in the United States, 1898–1900," *Mississippi Valley Historical Review*, vol. 22, no. 2 (September 1935).

Hayward, J. E., "Solidarity: The Social History of an Idea in Nineteenth Century France," *International Review of Social History*, vol. 4, no. 2 (1959).

Hayward, J. E., "The Official Social Philosophy of the French Third Republic: Leon Bourgeois and Solidarism," *International Review of Social History*, vol. 6, no. 1 (April 1961).

Heiss, Mary Ann, "The Evolution of the Imperial Idea and U. S. National Identity," *Diplomatic History*, vol. 26, no. 4 (Fall 2002).

Helman, Arthur, *The Idea of Decline in Western History*, New York: The Free Press, 1997.

Hemmer, Christopher and Katzenstein, Peter J., "Why is there no NATO in Asia? Collective Identity, Regionalism, and the Origins of Multilateralism," *International Organization*, vol. 56, no. 3 (Summer 2002).

Hendrickson, David C., *Peace Pact: The Lost World of the American Founding*, Kansas: University Press of Kansas, 2003.

Hendrickson, Jr., Kenneth E., "Reluctant Expansionist: Jacob Gould Schurman and the Philippine Question," *Pacific Historical Review*, vol. 36, no. 4 (November 1967).

Higham, John, "Indian Princess and Roman Goddess: The First Female Symbols of America," *Proceedings of the American Antiquarian Society*, 1990.

Hobson, Christopher, "Democracy as Civilisation," *Global Society*, vol. 22, no. 1 (2008).

Hobson, John M., *The Eurocentric Conception of World Politics: Western International Theory, 1760–2010*, Cambridge: Cambridge University Press, 2012.

Hobson, John M., "The Twin Self-Delusions of IR: Why 'Hierarchy' and not 'Anarchy' is the Core Concept of IR," *Millennium: Journal of International Studies*, vol. 42, no. 3 (2014).

Hodge, Carl C., *U. S. Presidents and Foreign Policy: From 1789 to the Present*, Santa Barbara, California: ABC-CLIO, Inc., 2007.

Hofstadter, Richard, *Social Darwinism in American Thought*, Boston: Beacon Press, 1955.

Hofstadter, Richard, *The Age of Reform: From Bryan to F. D. R*, New York: Vintage Books, 1955.

Hofstadter, Richard, "Cuba, the Philippines, and Manifest Destiny," in Richard Hofstadter, *The Paranoid Style in America Politics and other Essays*, Cambridge: Harvard University Press, 1965.

Hofstadter, Richard, "Turner and the Frontier Myth," *The American Scholar*, vol. 18, no. 4 (Autumn 1949).

Hoganson, Kristin, *Fighting for American Manhood, How Gender Politics Provoked the Spanish-American and Philippine-American Wars*, New Haven: Yale University Press, 1998.

Hollinger, David A., "The Problem of Pragmatism in American History," *The Journal of American History*, vol. 67, no. 1 (June 1980).

James R. Holmes, "Theodore Roosevelt and Elihu Root: International Lawmen," *World Affairs*, vol. 169, no. 4 (Spring 2007).

Holmes, James R., *Theodore Roosevelt and World Order: Police Power in International Relations*, Washington: Potomac Books, Inc., 2006.

Horseman, Reginald, *Race and Manifest Destiny: the Origins of American Racial Anglo-Saxonism*, Cambridge: Harvard University Press, 1981.

Hoxie, Frederick, *Talking back to civilization: Indian Voices from the Progressive Era*, Bedford: St. Martins, 2001.

Hubbard, Elbert, ed., *Fra Magazine: Exponent of American Philosophy*, July 1911 to December 1911, Whitefish: Kessinger Publishing, LLC, 2003.

Hudson, Charles M., ed., *Four Centuries of Southern Indians*, Athens: The University of Georgia Press, 2007.

Hunt, Michael, *Ideology and U.S. Foreign Policy*, New Haven: Yale University Press, 2009.

Hunt, Michael, "The Hierarchy of Race," Michael L. Krenn ed., *Race and U.S. Foreign Policy from Colonial Times through the Age of Jackson*, New York: Garland Publishing, Inc., 1998.

Hunt, Michael and Levine, Steven, *Arc of Empire: America's Wars in Asia from the Philippine to Vietnam*, Chapel Hill: The University of North Carolina Press, 2012.

Huntington, Samuel, "Transnational Organization in World Politics," *World Politics*, vol. 35, no. 3 (April 1973).

Immerwahr, Daniel, *How to Hide an Empire: A History of the Greater United States*, New York: Farrar, Straus and Giroux, 2019.

Iriye, Akira, *From Nationalism to Internationalism U.S.: Foreign Policy to 1914*, London: Routledge, 2002.

Iriye, Akira, "The Second Clash: Huntington, Mahan, and Civilizations," *Harvard International Review*, vol. 19, no. 2 (Spring 1997).

Jackson, Patrick Thaddeus, *Civilizing the Enemy: German Reconstruction and the Invention of the West*, Ann Arbor: The University of Michigan Press, 2006.

Jacobson, Matthew Frye, *Whiteness of a Different Color: European Immigrants and the Alchemy of Race*, Cambridge: Harvard University Press, 1998.

Jennings, Justin, *Killing Civilization: A Reassessment of Early Urbanism and Its Consequences*, Albuquerque: University of New Mexico Press, 2016.

Jones, Gregg, *Honor in the Dust: Theodore Roosevelt, War in the Philippines, and the Rise and Fall of America's Imperial Dream*, New York: New American Library, 2012.

Jones, Howard, *Crucible of Power: A History of American Foreign Relations to 1913*, Wilmington: Scholarly Resources Inc., 2002.

Joyce, Appleby, "Republicanism in Old and New Contexts," *The William and Mary Quarterly*, vol. 43, no. 1 (January 1986).

Kane, Thomas M., *Theoretical Roots of U.S. Foreign Policy: Machiavelli and American unilateralism*, New York: Routledge, 2006.

Kaplan, Lawrence S., "Frederick Jackson Turner and Imperialism," *Social Science*, vol. 27, no. 1 (January 1952).

Kasson, John F., *Civilizing the Machine: Technology and Republican Virtues in America, 1776-1900*, New York: Hill and Wang, 1976.

Kautzer, Chad, "Rorty's Country, Rorty's Empire: Adventures in the Private Life of the Public," *Radical Philosophy Review*, vol. 6, no. 2 (2003).

Kautzer, Chad and Mendieta, Eduardo, eds., *Pragmatism, Nation, and Race: Community in the Age of Empire*, Indianapolis: Indiana University Press, 2009.

Keen, Benjamin, *The Aztec Image in Western Thought*, Rutgers: Rutgers University Press, 1990.

Kohn, Edward, *This Kindred People: Canadian—American Relations and the Anglo—Saxon Idea, 1895-1903*, Quebec City: McGill—Queen's University Press, 2004.

Kohn, Margaret and O'Neill, Daniel I., "A Tale of two Indias: Burke and Mill on Empire and Slavery in the West Indies and America," *Political Theory*, vol. 34, no. 2 (2006).

Keene, Edward, *Beyond the Anarchical Society: Grotius, Colonialism and Order in World Politics*, Cambridge: Cambridge University Press, 2002.

Keller, Ulrich, *The Building of the Panama Canal in Historic Photographs*, New York: Dover Publications, Inc., 1983.

Keys, Barbara J., "The League of Nations and the Internationalization of Imperialism," *Diplomatic History*, vol. 0, no. 0 (2016).

Kinney, Jay, *A Continent Lost, a Civilization Won: Indian Land Tenure in America*, Baltimore: John Hopkin's Press, 1937.

Koebner, Richard, "The Concept of Imperialism," *The Economic History Review*, New Series, vol. 2, no. 1 (1949).

Koebner, Richard and Schmidt, Helmut Dan, *Imperialism: The Story and Significance of a Political Word, 1840-1960*, Cambridge: Cambridge University Press, 1964.

Koskenniemi, Marti, "Empire and International Law: The Real Spanish Contribution," *University of Toronto Law Journal*, vol. 61 (2011).

Koskeniemi, Martin, *The Gentle Civilizer of Nations: The Rise and Fall of International Law, 1870-1960*, Cambridge: Cambridge University Press, 2001.

Kramer, Paul A., "Colonial Crossings: Prostitution, Disease, and the Boundaries of Empire during the Philippine-American War," in Emily S. Rosenberg and Shanon Fitzpatrick, eds., *Body and Nation: The Global Realm of U. S. Body Politics in the Twentieth Century*, Durham and London: Duke University Press, 2014.

Kramer, Paul A., "Empires, Exceptions, and Anglo-Saxons: Race and Rule between the British and United States Empires, 1880-1910," *The Journal of American History*, vol. 88, no. 4 (March 2002).

Kramer, Paul A., "Imperial Openings: Civilization, Exemption, and the Geopolitics of Mobility in the History of Chinese Exclusion, 1868–1910," *The Journal of the Gilded Age and Progressive Era*, vol. 14 (2015).

Kramer, Paul A., *The Blood of Government: Race, Empire, the United States and the Philippine*, Chapel Hill: The university of North Carolina Press, 2006.

Kuehl, Warren F., *Seeking World Order: The United States and International Organization to 1920*, Nashville: Vanderbilt University Press, 1969.

Kurth, James, "The Next NATO: Building an American Commonwealth of Nations," *The National Interest*, no. 65 (Fall 2001).

Lael, Richard L., "Struggle for Ratification: Wilson, Lodge, and the Thomson-Urrutia Treaty," *Diplomatic History*, vol. 2, no. 2 (January 1978).

LaFeber, Walter, "A Note on the 'Mercantilist Imperialism' of Alfred Thayer Mahan," *The Mississippi Valley Historical Review*, vol. 48, no. 4 (March 1962).

LaFeber, Walter, *The Panama Canal: The Crisis in Historical Perspective*, Oxford: Oxford University Press, 1989.

Lake, Marilyn and Reynolds, Henry, *Drawing the Global Color Line: White Men's Countries and the International Challenge of Racial Equality*, Cambridge: Cambridge University Press, 2008.

Langer, William L., "A Critique of Imperialism," *Foreign Affairs*, vol. 14, no. 1 (October 1935).

Lears, T. J. Jackson, *No Place of Grace: Antimodernism and the Transformation of American Culture, 1880–1920*, New York: Pantheon Books, 1981.

Lee, Erika, "The 'Yellow Peril' and Asian Exclusion in the Americas," *Pacific Historical Review*, vol. 76, no. 4 (November 2007).

Lerner, Max, *America as a Civilization: Life and Thought in the United States Today*, New York: Henry Holt and Company, 1987.

Leuchtenberg, William E., "Progressivism and Imperialism: The Progressive Movement and American Foreign Policy, 1896–1916," *Mississippi Valley Historical Review*, vol. 39, no. 3 (December 1952).

Levin, Michael, *Mill on Civilization and Barbarism*, London: Routledge,

2004.

Linklater, Andrew, *The Idea of Civilization and the Making of the Global Order*, Bristol: Bristol University Press, 2021.

Linklater, Andrew, *Violence and Civilization in the Western State-Systems*, Cambridge: Cambridge University Press, 2016.

Lippmann, Walter, *The Stakes of Diplomacy*, New York: Henry Holt and Company, 1916.

Lippmann, Walter, *U. S. Foreign Policy: Shield of the Republic*, Boston: Little, Brown and Company, 1943.

Letters of Kwang Chang Ling, The Chinese Side of the Chinese Question, by a Chinese Literate of the First Class Communicated to the San Francisco Argonaut, of the Dates of August 7th, 10th, 17th, and September 7th, 1878.

Lewis, Robert, "Frontier and Civilization in the Thought of Frederick Law Olmsted," *American Quarterly*, vol. 29, no. 4 (Autumn 1977).

Louden, Robert B., *Kant's Impure Ethics: from Rational Beings to Human Beings*, Oxford: Oxford University Press, 2000.

Loveman, Brian, *No Higher Law: American Foreign Policy and the Western Hemisphere since 1776*, Chapel Hill: The University of North Carolina Press, 2010.

Lubet, Steven, *Fugitive Justice: Runaway, and Slavery on Trial*, Cambridge: Harvard University Press, 2010.

Mallan, John P., "Roosevelt, Brooks Adams, and Lea: The Warrior Critique of the Business Civilization," *American Quarterly*, vol. 8, no. 3 (Autumn 1956).

Malik, Kenan, "Why the Victorians were Colour Blind," *New Statesman* (May 7, 2001).

Mann, Michael, *The Sources of Social Power*, vol. 1 – 4, Cambridge: Cambridge University Press, 2012.

Matikkala, Mira, *Empire and Imperial Ambition: Liberty, Englishness and Anti-Imperialism in Late-Victorian Britain*, London: I. B. Tauris, 2011.

Matsuda, Matt K., *Empire of Love: Histories of France and the Pacific*, Oxford: Oxford University Press, 2005.

Mazlish, Bruce, *Civilization and Its Content*, Stanford: Stanford University Press, 2004.

McCarthy, Thomas, *Race, Empire and the Idea of Human Development*, Cambridge: Cambridge University Press, 2009.

McCartney Paul T., *Power and Progress: American National Identity, The War of 1898, and the Rise of American Imperialism*, Baton Rouge: Louisiana State University Press, 2006.

Mehta, Uday Sign, *Liberalism and Empire: A Study in Nineteenth-Century British Liberal Thought*, Chicago: The University of Chicago Press, 1999.

Mennell, Stephen, *The American Civilizing Process*, Cambridge: Polity Press, 2007.

Merk, Frederick, *Manifest Destiny and Mission in American History: A Reinterpretation*, New York: Alfred A. Knopf, 1970.

Miller, Stuart Creighton, *Benevolent Assimilation: The American Conquest of the Philippines, 1899-1903*, New Haven: Yale University Press, 1982.

Miner, Dwight Caroll, *The Fight for the Panama Route: The Story of the Spooner Act and the Hay-Herrán Treaty*, New York: Octagon Books, Inc., 1960.

Miwa, Hriono, *Civilizing Missions: International Religious Agencies in China*, New York: Palgrave Macmillan, 2008.

Missal, Alexander, *Seaway to the Future: American Social Visions and the Construction of the Panama Canal*, Madison: University of Wisconsin Press, 2008.

Monroe, Dan, *Shapers of the Great Debate on the Civil War: A Biographical dictionary*, Westport: Greenwood Press, 2005.

Mota, Sarah Carreira da, *NATO: Upholding Civilisation, Protecting Individuals, The Unconscious Dimension of International Security*, Coimbra, 2016.

Mozaffari, Mehdi, "The Transformationalist Perspective and the Rise of a Global Standard of Civilization," *International Relations of the Asia-Pacific*, vol. 1 (2001).

Nasaw, David, *The Chief: The Life of William Randolph Hearst*, New York: Houghton Mifflin Company, 2000.

Ninkovich, Frank, *Global Dawn: The Cultural Foundation of American Internationalism, 1865 – 1890*, Cambridge, Massachusetts: Harvard University Press, 2009.

Ninkovich, Frank, *Modernity and Power: A History of the Domino Theory in the Twentieth Century*, Chicago: The University of Chicago Press, 1994.

Ninkovich, Frank, "The Cultural Transformation of America's Civilizing Mission in the Twentieth Century," in Boris Barth and Rolf Hobson, *Civilizing Missions in the Twentieth Century*, Leiden: Brill, 2021,

Ninkovich, Frank, "Theodore Roosevelt: Civilization as Ideology," *Diplomatic History*, vol. 10 (Summer 1986).

Ninkovich, Frank, *The United States and Imperialism*, Malden: Blackwell Publishers Inc., 2001.

Novak, William J., "The Myth of 'Weak' American State," *The American Historical Review*, vol. 113, no. 3 (June 2008).

O'Neill, Daniel I., *The Burke-Wollstonecraft Debate: Savagery, Civilization, and Democracy*, Philadelphia: Pen State University Press, 2007.

Osiander, Andreas, "Sovereignty, International Relations, and the Westphalian Myth," *International Organization*, vol. 55, no. 2 (Spring 2001).

Pagden, Anthony, "The 'Defence of Civilization' in Eighteenth–Century Social Theory," *History of the Human Sciences*, vol. 1, no. 1 (1988).

Page, Melvin E., *Colonialism: An International Social, Cultural, and Political Encyclopedia*, Santa Barbara: Abc-Clio, Inc., 2003.

Park, John S. W., *Elusive Citizenship: Immigration, Asian Americans, and the Paradox of Civil Rights*, New York: New York University Press, 2004.

Parsons, Lynn, "'A Perpetual Harrow upon My Feelings': John Quincy Adams and the American Indian," *The New England Quarterly*, vol. 46, no. 3 (September, 1973).

Patterson, David S., "Andrew Carnegie's Quest for World Peace," *Proceedings, American Philosophical Society*, vol. 114, no. 5 (October 20, 1970).

Patterson, David S., "The United States and the Origins of the World Court," *Political Science Quarterly*, vol. 91, no. 2 (Summer 1976).

Patterson, Thomas, ed., *Major Problems in American Foreign Relations*, vol. 1-2, Toronto: D. C Heath and Company, 1995.

Pearce, Roy, *Savagism and Civilization: A Study of the Indian and the American Mind*, London: The University of California Press, 1988.

Pennanen, Henna-Riika, *Material, Mental, and Moral Progress: American Conceptions of Civilization in Late 19th Century Studies on "things Chinese and Japanese*, Jyväskylä: University of Jyväskylä, 2015.

Perkins, Bradford, *The Great Rapprochement: England and the United States, 1895-1914*, New York: Atheneum Press, 1968.

Perkins, Whitney T., *Denial of Empire: The United States and Its Dependencies*, A. W. Sythoff-Leyden, 1962.

Pernau, Margrit, "Great Britain: The Creation of an Imperial Global Order," in Margrit Pernau, Helge Jordheim, et al., *Civilizing Emotions: Concepts in Nineteenth-Century Asia and Europe*, Oxford: Oxford University Press, 2015.

Persaud, Randolph B., "Killing the Third World: Civilisational Security as U. S. Grand Strategy," *Third World Quarterly* (January 2009).

Persram, Nalini, ed., *Postcolonialism and Political Theory*, Lanham: Lexington Books, 2007.

Petitjean, Patrick, "Science and the 'Civilizing Mission': France and the Colonial Enterprise," Benediky Stutchey, ed., *Science Across the European Empires, 1800-1850*, Oxford: Oxford University Press, 2005.

Phillips, Andrew, "Saving Civilization from Empire: Belligerency, Pacifism and the two Faces of Civilization during the Second Opium War," *European Journal of International Relations*, vol. 18, no. 1 (2011).

Pickering, Mary, "Positivism in European Intellectuals, Political, and Religious Life," in Warren Breckman and Peter E. Gordon, eds., *The Cambridge History of Modern European Thought*, vol. 1, 2019.

Pike, Frederick B., *The United States and Latin America: Myths and Stereotypes of Civilization and Nature*, Austin: University of Texas Press, 1992.

Pitts, Jennifer, *A Turn to Empire: The Rise of Imperial Liberalism in Britain and France*, Princeton: Princeton University Press, 2005.

Pitts, Jennifer, "Empire and Legal Universalisms in the Eighteenth Century," *American Historical Review*, vol. 117 (2012).

Pratt, Julius W., "Collapse of American Imperialism," *American Mercury*, XXXI (March 1934).

Pratt, Julius W., "John L. O'sullivan and Manifest Destiny," *New York History*, vol. 14, no. 3 (July 1, 1933).

Pratt, Julius W., "The 'Large Policy' of 1898," *The Mississippi Valley Historical Review*, vol. 19, no. 2 (September 1932).

Price, Richard N., "Society, Status and Jingoism: The Social Roots of Lower Middle-Class Patriotism, 1870–1900," in Geoffrey Crossick, ed., *The Lower Middle Class in Britain, 1870–1914*, New York: St. Martin's 1977.

Pringle, Henry Fowles, *Theodore Roosevelt: A Biography*, New York: Blue Ribbon Books, 1931.

Prucha, F. P., "Andrew Jackson's Indian Policy: A Reassessment," *The Journal of American History*, vol. 56, no. 3 (December 1969).

Purdy, Jedediah, "Property and Empire: The Law of Imperialism in *Johnson v. M'Intosh*," *The George Washington Law Review*, vol. 75, no. 2 (February 2007).

Rasmussen, Dennis C., *The Infidel and the Professor: David Hume, Adam Smith, and the Friendship that Shaped Modern Thought*, Princeton: Princeton University Press, 2017.

Raucher, Alan, "American Anti-Imperialists and the Pro-India Movement, 1900–1932," *Pacific Historical Review*, vol. 43, no. 1 (February 1974).

Rausch, David A., *Native American Voice*, Michigan: Baker Books, 1994.

Reid, Cecilie, "Peace and Law: Peace Activism and International Arbitration, 1895-1907," *Peace and Change*, vol. 29, no. 3 &4 (July 2004).

Rich, Paul B. , *Race and Empire in British Politics*, Cambridge: Cambridge University Press, 1986.

Rosenberg, Charles E. , "Pathologies of Progress: The Idea of Civilization as Risk," *Bulletin of the History of Medicine*, vol. 72, no. 4 (Winter 1998).

Rosenberg, Emily S. , *Financial Missionaries to the World: The Politics and Culture of Dollar Diplomacy, 1900-1930*, Cambridge: Harvard University Press, 1999.

Rundell, John and Mennell, Stephen, eds. , *Classical Readings in Culture and Civilization*, New York: Routledge, 1998.

Saada, Emmanuelle, "France: Sociability in the Imperial Republic," in Margrit Pernau, ed. , *Civilizing Emotions: Concepts in Nineteenth-Century Asia and Europe*, Oxford: Oxford University Press, 2015.

Sandmeyer, Elmer Clarence, *The Anti-Chinese Movement in California*, Urbana: University of Illinois Press, 1991.

Saxton, Alexander, *The Indispensable Enemy: Labor and the Anti-Chinese Movement in California*, Berkley: University of California Press, 1971.

Schirmer, Daniel B. & Shalom, Stephen Rosskamm, eds. , *The Philippines Reader: A History of Colonialism, Neocolonialism, Dictatorship, and Resistance*, Quezon City: The South Press, 1987.

Schoultz, Lars, *Beneath the United States: A History of U.S. Policy Towards Latin America*, Cambridge: Harvard University Press, 2003.

Schultz, Bart and Varouxakis Georgios, eds. , *Utilitarianism and Empire*, Lanham: Lexington Books, 2005.

Schuyler, Robert Livingston, "The Climax of Anti-Imperialism in England," *Political Science Quarterly*, vol. 36, no. 4 (December 1921).

Schuyler, Robert Livingston, "The Rise of Anti-Imperialism in England," *Political Science Quarterly*, vol. 37, no. 3 (September 1922).

Schwarzenberger, Georg, "The Standard of Civilisation in International Law," *Current Legal Problems*, vol. 8, no. 1 (1955).

Serge Richard, ed. , *A Companion to Theodore Roosevelt*, Oxford: Wiley &

ing, London: Routledge, 2001.

Vucetic, Srdjan, "A Racialized Peace? How Britain and the US Made their Relationship Special," *Foreign Policy Analysis*, vol. 7 (2011).

Vucetic, Srdjan, *The Anglosphere: A Genealogy of a Racialized Identity in International Relations*, Stanford: Stanford University Press, 2011.

Walker, David and Sobocinska, Agnieszka, eds., *Australia's Asia: From Yellow Peril to Asian Century*, Crawley: UWA Publishing, 2012.

Werking, Richard H., "Senator Henry Cabot Lodge and the Philippines: A Note on American Territorial Expansion," *Pacific Historical Review*, vol. 42, no. 2 (May 1973).

Wertheim, Stephen, "Reluctant Liberator: Theodore Roosevelt's Philosophy of Self-Government and Preparation for Philippine Independence," *Presidential Studies Quarterly*, vol. 39, no. 3 (September), 2009.

Wertheim, Stephen, "The League of Nations: A Retreat from International Law?" *Journal of Global History*, vol. 7, no. 2 (July 2012).

Wertheim, Stephen, "The League that wasn't: American Designs for a Legalist-Sanctionist League of Nations and the Intellectual Origins of International Organization, 1914 – 1920," *Diplomatic History*, vol. 35, no. 5 (November 2011).

Weinberg, Albert, *Manifest Destiny, A Study of Nationalist Expansionism in American History*, New York: The John Hopkins Press, 1935.

Welch, Richard E., "Atrocities in the Philippines: The Indictment and the Response," *Pacific Historical Review*, vol. 43, no. 2 (May 1974).

Wells, Harry K., *Pragmatism: Philosophy of Imperialism*, London: Lawrence & Wishart, Ltd, 1954.

Whelan, Frederick G., "Oriental Despotism: Anquetil-Duperron's Response to Montesquieu," *History of Political Thought*, vol. 22, no. 4 (Winter 2001).

Widenor, William C., *Henry Cabot Lodge and the Search for an American Foreign Policy*, Berkley: The University of California, 1980.

Williams, John, "Pluralism, Solidarism and the Emergence of World Society in English School Theory," *International Relations*, vol. 19, no. 1 (2005).

William, Michael C. and Neumann, Iver B., "From Alliance to Security Community: NATO, Russia, and the Power of Identity," *Millennium: Journal of International Studies*, vol. 29, no. 2 (2000).

Williams, Walter L., "United States Indian Policy and the Debate over Philippine Annexation: Implications for the Origins of American Imperialism," *The Journal of American History*, vol. 66, no. 4 (March, 1980).

Williams, Jr., Robert A., *Savage Anxieties: The Invention of the Western Civilization*, New York: Palgrave Macmillan, 2012.

Williams, William Appleman, "Brooks Adams and American Expansion," *The New England Quarterly*, vol. 25, no. 2 (June 1952).

Williams, William Appleman, *The Tragedy of American Diplomacy*, New York: W. W. Norton & Company, 2009.

Wolters, Raymond, "Race War on the Pacific Coast," *The Occidental Quarterly*, vol. 8, no. 1 (Spring 2008).

Wood, Gordon, *Empire of Liberty: A History of the Early Republic, 1789–1815*, New York: Oxford University Press, 2009.

Wood, Gordon, *The Creation of the American Republic, 1776–1787*, Chapel Hill and London: The University of North Carolina Press, 1998.

Zunz, Olivier, *Why the American Century?* Chicago: The University of Chicago Press, 1998.